國家圖書館出版品預行編目資料

華人政治神學:恢復與調適 / 郭承天文 . --
新北市 : 韋伯文化國際出版有限公司,
2021.08
　面；　公分
　　ISBN 978-986-427-442-0（平裝）

1. 神學　2. 基督徒　3. 政治思想
242　　　　　　　　　　　110012472

華人政治神學：恢復與調適

作　　者　郭承天
發 行 人　陳坤森
編　　輯　李律儀
美　　編　簡恩馨
出 版 社　韋伯文化國際出版有限公司
地　　址　新北市永和區永和路二段 285 號 6 樓
網　　址　www.weber.com.tw
粉 絲 團　www.facebook.com/estersbook
電子信箱　weber98@ms45.hinet.net
電　　話　(02)22324332
傳　　真　(02)29242812
出版日期　2021 年 8 月
Ｉ Ｓ Ｂ Ｎ　978-986-427-442-0
定　　價　550 元

華人政治神學：恢復與調適

Chinese Political Theology: Restoration and Adaptation

郭承天 著

獻給李錦蓉、郭在約、郭在得

他們從家庭生活中讓我學習到華人政治神學的多面向

目錄

第五章　華人基督教的宗教排他、多元、與包容

第六章　創造論與演化論

第七章　兩性平等與互補

第八章　同性戀

第九章　安樂死

第十章　死刑

第十一章　經濟正義

第十二章　國族主義

第十三章　後生態神學

第十四章　結論

表格目錄

序言

　　兩件突發的事件對於本書的寫作，產生了決定性的影響。第一個事件是 2013 年 11 月 30 日，臺灣 18 個宗教團體在基督宗教的帶領下，舉辦了一個 30 萬人的大遊行，反對同性婚姻的立法。遊行之後，我和幾位基督徒學者立刻涉入協商，希望能夠避免基督教團體與同志團體更嚴重的衝突。我們很快地發現，其實雙方的立場有交集，就是不動現有的婚姻法，而是「另立專法」去保障同性戀的家庭權。本來以為這場紛爭可以很快落幕，但是雙方的強硬派都低估了對方的政治動員能力，而且持續使用挑釁的言詞激怒對方陣營，使得這場紛爭一直延續到 2019 年 5 月立法院通過同性戀婚姻專法為止。在這個過程中，我意外的發現臺灣和香港的大部分神學家與牧師，對於同志議題或同志神學，並沒有深入的瞭解，大都只是引用美國極端保守派的片段論述，而引起教會內年輕人和臺灣民眾普遍的反感。如果關於同性戀的爭議是如此，那麼華人基督教會對於其他「後現代」議題（如兩性平等、安樂死、經濟正義、生態等）的爭議又是如何看待呢？結果發現也是如此：沒有一套適合華人社會的政治倫理論述，而只是抄襲美國極端保守派的片段論述。這讓我興起了撰寫本書的動機。

　　第二個事件是我在開始撰寫這本書的第九章「安樂死」的時候，於 2019 年 1 月確診罹患肺腺癌末期，醫生判斷只有三年可以活。「主啊！祢這麼快就要我去天堂報到嗎？」這是我第一個念頭。離開門診室，第二個念頭就是趕快去簽署「病人自主權利同意書」，將來長期躺在病床上極端痛苦時，可以提早去天堂。這個念頭成為本書第九章的核心論點之一。第三個念頭是思考接

下來三年，如何把家庭、研究工作、與教會服事安排好。家事的安排，比較好處理。在思考研究工作與教會服事的時候，馬上碰到一個困境：我三年內能做甚麼？作為一個基督徒學者，過去抱著雄心壯志，要改變這個社會。現在只剩三年，不要說改變社會了，連照顧自己每天的生活起居都是個問題。從這個困境，想到初代教會的使徒們，不正是抱著同樣的心態，來面對工作與教會服事嗎？「主耶穌就快要來了！」（雖然我去主耶穌那裡可能比較快），這個前提決定了當代華人教會的任務目標，就是「廣傳福音」，而不是把時間與精力放在政治、經濟、社會議題的爭議上。對於這些爭議，華人教會不是不需要瞭解，而是要學習初代教會，「堅持真理正確，盡量政治正確」，才能廣傳福音。

　　本書對於華人基督教面臨倫理議題的挑戰，是主張「和睦」作為一種工具價值，而不是目的價值。和睦是達到傳福音目的的一種方法，而且不是唯一的方法，甚至不是常常有短期正面效果的方法。古今中外的歷史不乏這種例子。當「和平之子」出現時，雙方的極端派都會譴責和睦派的軟弱與妥協，甚至為了破壞和平協議，而迫害與殺害和平之子，以免失去他們各自的支持者。耶穌和使徒們不是要藉著福音，使人彼此和睦以及與神和睦？他們的下場如何呢？歷代的殉道者又如何呢？我有一位華人基督徒學者朋友，他有神的呼召要在華人學術界傳福音。傳福音過程中，雖然不及保羅困苦經歷的千分之一，但是也經常因為堅持基督教倫理和學術倫理，而遇到不信主、甚至其他基督徒的恐嚇、毀謗、破壞、排擠、和欺壓，以致偶而有灰心喪志的念頭：自己既然已經「因信稱義」了，何必麻煩還要去傳福音呢？然而，他認為神給每一位基督徒的恩賜都不一樣：「有使徒、有先知、有宣教士、有牧者、和教師，為了要裝備聖徒，做服事的工作，建立基督的身體」（弗 4:11-12）。作為一位教師，就必須做好教師的責任。作為一位基督徒，更必須做好基督徒的責任，也就是傳福音。這

本書也是向所有努力在各自工作崗位上盡責又不忘傳福音的華人基督徒學者致敬。願一切榮耀歸與神。

　　我個人的神學訓練與信仰經歷，可能影響了本書各章的立場。在 1994 年 7 月在一個美國華人獨立教會受洗前，我是一個自由派的政治經濟學者。受洗後的一年，我回到臺灣的政治大學政治系教書。一方面在美南浸信會的差會（景美浸信會）長期聚會，另一方面到中華福音神學院的延伸制進修，因此就神學方法的訓練和信仰經歷而言，都趨於保守。但是因為開始研究政教關係，又從臺灣基督長老教會的著作和牧師們，學習到自由派神學的看法。尤其是在 2004 夏天，承蒙「亞洲神學」的大師宋泉盛教授 (CS Song) 的推薦，到舊金山的 Graduate Theological Union 擔任一年的訪問學者，受到自由派神學的進一步洗禮，但是也看到自由派神學的缺點。這些神學訓練相互衝突的經歷，可能反映在本書中：有些書章立場偏向自由派，另有些篇章卻偏向保守派。在訪學期間所參加的教會，是靈恩派的靈糧堂，因此至今也常常會讓聖靈也進入我的寫作內容。結束訪學，回到臺灣沒有幾年，就從浸信會輾轉來到一個對政治冷漠的貴格會，這可能與本書主張「消極的政教分立」有關。不過，對於本書立場有決定性影響的信仰經歷，是這幾年經由聖靈親自教導，自學而出版的《閱讀聖經希伯來文速成》以及《閱讀聖經希臘文速成》兩本書。在寫作的過程，我學習到從（原文）聖經看神學，而不是一昧地從宗派神學看聖經，因此能夠跳脫西方宗派神學霸權的宰制。這在本書第一章第二節有進一步說明。

　　本書的出版得到許多天使們的幫助，才能順利完成。首先是我的太太李錦蓉，她不但持續耐心照顧到我的身心靈狀態，而且對於我的神學寫作，常常提供務實的寶貴建議。事實上，她是我與神的橋樑，因為認識她，我才認識神。感謝她陪我走過身心靈都非常豐盛的一生，毫無遺憾。其次是我的兒子郭在約以及女

兒郭在得。他們每日的歡笑，總是能夠恢復我工作與傳福音的疲累。再來是為了出版本書所要處理的複雜學術行政工作，而奉獻許多時間、耐心、和體力的研究助理們：張證豪、陳立、何好柔、曾加力、和陳怡慧；願神紀念他們的同工和辛勞。二十多年來，我在服務的政治大學開授通識課「基督教與社會」。大部分選課的同學都不是基督徒。他們在課堂的討論以及書面報告中，持續地提醒我如何用大學生能夠理解的方式，向他們介紹基督教倫理。這些教學經驗也融入了本書之中。本書的研究經費得到臺灣科技部三年的支持（107-2410-H-004-135；108-2410-H-004-151-MY2），感謝批准本書申請計畫的審查委員們。

第一章
華人政治神學的困境

本章摘要：

現有的華人政治神學大多是「錯上加錯，不等於正確」(Two Wrongs don't Make a Right)。

一百多年來華人教會成長有限的主要原因之一，可能是華人教會教育與宣教所依賴的政治神學，仍然是基督教信徒佔社會人口多數的西方教會所發展出來的政治神學，有「後天失調」的問題。更嚴重的是，當代西方政治神學經過一千五百年的演變，在諸多政治議題的立場，已經與聖經和初代教會的原意愈行愈遠，有「先天不足」的問題。因此，華人政治神學需要「恢復」聖經與初代教會的原意，並且「調適」華人政治環境。「正確加正確，才等於正確」。

主題經文：

「使人和睦的人有福了！因為他們必稱為上帝的兒子」（太 5:9）。

案例 1.1: 北京家庭教會

2008 年前後，北京一所家庭教會的領導們，因為一直找不到「合法的」主日崇拜場所，激烈地討論是否要去公園崇拜，還是分散到其他家庭教會聚會？後來教會因此分裂：堅持去公園崇拜的部分牧師、長老、和信徒們，都立即被取締，甚至長期軟禁，主日崇

拜變成網路崇拜。分散到其他家庭教會的大部分信徒，則繼續聚會，只是偶而受到公安的干擾。爭論過程中，教會的兩派似乎都有西方政治神學的根據，但是哪一種作法是「正統」，哪一種是「異端」？

案例 1.2：香港雨傘革命

2014 年香港爆發了「雨傘革命」，有些基督教會積極支持雨傘革命，有些基督教會則反對參與。到了 2019 年「雨傘革命」更擴大成「反送中運動」。教會的兩派似乎都有西方政治神學的根據，但是哪一種作法是「正統」，哪一種是「異端」？

案例 1.3：臺灣同性婚姻

2013-2019 年臺灣社會被「同性婚姻」議題激化對立，基督宗教帶頭反對同性婚姻，引起大多數媒體和年輕人的反感。同時，有少數的牧師經常在媒體出現，支持同性婚姻，批判主流教會違反「神愛世人」的教導。教會的兩派似乎都有西方政治神學的根據，但是哪一種神學觀點是「正統」，哪一種是「異端」？

案例 1.4：把福音從中國傳回歐洲

2016 年上半年，筆者在荷蘭萊登大學 (Leiden University) 擔任訪問講座教授。在教學與研究之餘，還到歐洲各地參訪華人教會和當地著名的教堂，就發現了一個很有趣的對比。有許多歐洲的教堂被拍賣改裝成餐廳或酒吧。有些教堂主日崇拜時，信徒寥寥無幾，而且多半是老態龍鍾的白髮信徒。而觀光景點的教堂雖然人聲鼎沸，但是大都集中在教堂內大型的紀念品銷售站。問到這個現象時，有一位德國的資深學者，不好意思地告訴我說：「我是天主教徒，但是成年以後 40 年來，就沒有去過教堂了」。反而是當地的華人教會逐漸購買了正在被拍賣的西方教堂，以容納快速增加的華裔信徒。而信徒中間，也有不少當地的歐洲人固定參與，是熱心傳教的華人信徒所邀請來的。許多歐洲的華人教會立志要「把福音從中國傳回歐洲」。

第一節　西方政治神學的後天失調

　　回顧西方神學在中國近百年來的宣教果效，似乎在教會內部是分裂多於和睦，對外則是基督教在社會的形象是負面大於正面。內憂外患之下，教會成長必然遲緩。[1] 從清末民初，西方基督宗教宣教士大批來到中國時，引起了祭祖之爭、教會特權、建立基督教國家、和反共戰爭的爭議。到了 1990 年以後基督宗教在兩岸三地引起了「後現代化議題」爭議，如男女平權、離婚、墮胎、創造論與演化論、同性婚姻、基因技術、和安樂死，似乎都在教會內以及教會與社會大眾之間，造成很大的困擾。教會內，使信徒喪失信心；教會外，讓基督教披上了「西方帝國主義的工具」和「麻煩製造者」的印象。而且這些議題都涉及相關政治與法律的爭議，使得各教會不得不表明一套政治神學，做為教會與信徒參與政治或遵守法令的參考。

　　畢竟，基督宗教在一百多年前傳到中國社會時，他們的西方母會已經享有一千五百年的政治優勢，信徒人數佔社會上的多數，以及高度哲學化神學的宗教地位。而且他們的國家體制也都在過去兩三百年持續地民主化。西方宣教士夾帶著這些優勢到中國宣教時，並不想調整這些優勢心態，而是以「白人的負擔」心態，把西方神學翻譯成「漢語神學」，教導中國信徒完全信服西方神學即可。大部分的華人神學家與神職人員受到西方神學的教育後，也不敢挑戰西方神學的聖殿。只能依樣畫葫蘆地，根據中文翻譯後的西方神學，來教導信徒完全信服。甚至連華人教會至今最通用的聖經《和合本》，都是一百年前西方宣教士所帶領的翻譯團隊所完成的譯本，一直到 2010 年《和合本修訂版》出現為止。這造成了華人基督徒兩大信仰上的困難：一是《和合本》的中文語言習慣仍是一百年前的

---

[1] 由於華人社會的基督徒／新教信徒遠多於天主教徒，以下以「基督徒」通稱之，除非上下文另有需要特別提及「天主教」。

「白話文」習慣；二是《和合本》中的重要翻譯錯誤，仍被保留下來。[2]

西方神學的不切實際，不只是在上述爭議中顯露出來，更在所謂的「漢語神學」中暴露無遺。從漢語神學的出版著作題目，就讓人懷疑它們與華人信徒的信仰生活有何關係？一般的華人信徒會去看這些書籍嗎？例如，香港漢語基督教文化研究叢刊中的《批判理論與漢語神學》以及《詮釋學與漢語神學》兩本書，裡面的論文題目包括：「霍克海默：黑格爾的信徒」、「阿多爾諾：否定的神學」、「本雅明：廢墟的寓言」、「艾伯林：非道德的，而是神學的」、「利科：反思哲學中的神聖見證」。[3] 這些論文研究的對象，都不是聖經人物，更不是華人神學家，如何讓華人信徒堅定信心和積極傳福音？

這些經過一千五百年「西方哲學化」的「中文西方神學」，讓華人信徒讀起來（如果有少數人去讀的話）感覺高深莫測、聱牙艱澀，而且又與信徒生活好像沒有直接關係，甚至通篇論文沒有引用幾句聖經經文。除了耶穌和保羅以外，就算是其他在天堂的門徒們，現在可能也看不懂這些西方神學著作。這些漢語神學著作，又能夠對於華人基督教的倫理觀，產生信仰生活上的影響嗎？對於一般的華人信徒而言，他們只希望神學家們能夠告訴他們一些簡單實用的倫理法則：我該支持同性婚姻（或其他的生活倫理爭議）嗎？該或不該？主要的聖經根據是什麼？漢語神學家為什麼一定要我先讀懂德國哲學家康德 (Immanuel Kant; 1724-1804) 的《道德形上學》(The Metaphysics of Morals)，[4] 才有資格或能力去遵行聖經的倫理法則？讀過《道德形上學》之後，「十誡」的「孝敬父母」、「不可謀殺」、「不可姦淫」、「不可偷盜」、「不可作假見證害人」，就不用遵守了嗎？如果還是要遵守，那麼我為什麼要絞盡腦汁、似懂非懂地

---

[2] 郭承天 (2020a; 2020b)。

[3] 曾慶豹 (2007a; 2007b)。多少華人讀者可以從下面一段引自曾慶豹 (2007a: 70) 所編輯的論文，得到基督教倫理的啟示？「（阿多爾諾）又用阿伽門農 (Agamemnon; 希臘神話中的一位國王) 的沈默體現了犧牲就是神話。美學要求阿伽門農保持沈默，他的沈默是對命運的屈從；但是他又向他的女兒宣告了她的命運，從而在倫理學上成為一名英雄」。

[4] Kant (1785/1996).

去讀它，因為我又不懂德文本的《道德形上學》？

　　本書並不是反對華人基督教要與西方神學／哲學對話，也並不完全否定西方神學的價值與對華宣教的貢獻。但是華人神學家在思考華人基督教倫理時，一定要先從書海無涯的西方基督教倫理學開始嗎？先讀英文的神學歷史（例如，Philip Schaff 的八冊、5,652 頁著作 History of the Christian Church），[5] 再讀法文的著作（例如，加爾文整套的聖經註釋），再讀德文的著作（例如，馬丁路德的「大信條」、「小信條」、「致農民書」），再讀拉丁神學家的著作（例如，St. Thomas Aquinas），最後才去讀希臘文新約和希伯來文舊約？為什麼華人基督徒不能夠先讀重新翻譯過的聖經，直接從聖經歸納出倫理教訓，藉著聖靈的帶領與力量，實踐符合華人處境的倫理生活？

　　西方基督教政治神學在一百年前傳到中國社會時，它的西方母會不但享有上述的宗教優勢地位，而且已經融入了民主哲學與倫理實踐。宗教自由權利（包括言論、集會、結社、行動、參政等權利）被西方教會視為理所當然的「天賦人權」和「自然權利」。而且在教會內外都有民主制度的保障，成為日常生活的一部份。但是當時的中國社會剛剛從兩千多年君主專制制度之下解放出來，成為無政府狀態。先後經歷了軍閥割據、抗日戰爭、和國共內戰。國共內戰後，國民黨政府流亡到臺灣，實施戒嚴統治一直到 1987 年解嚴。中國共產黨則建立了所謂「民主集中制」的中華人民共和國，至今仍然拒絕接受西方的民主制度。而中華傳統文化裡面又沒有「人權」或「民主」的概念。當華人基督徒接觸到西方宣教士傳進來的民主政治神學，不但馬上與傳統文化產生衝突，而且直接挑戰了專制的政府。本章一開始提到的前兩個案例，就是西方政治神學「後天失調」的案例。

　　從二十世紀末期以來，臺灣、香港、與中國大陸的基督教神學家，紛紛引進歐美「社會福音派」與「新保守派」的政治神學，建構屬於華人社會的政治神學，並鼓勵華人基督徒積極參與政治。臺灣的基督徒雖然只佔總人口約百分之五左右，但是過去 60 年來參與

---

[5] Schaff (2016).

臺灣政治的重大事蹟，皆引起國際關注。1970 年代臺灣基督長老教會的三個公開聲明（主張民主化、宗教自由、與臺灣獨立），挑戰戒嚴時期的國民黨政府。解嚴後，他們持續支持民進黨，協助促成 2000 年的政黨輪替，並持續推動臺灣獨立。[6] 臺灣的神學家們因應民主政體的建立，提出鼓勵基督徒參與政治的神學主張。[7] 然而，長老會的臺獨主張，引起部分「國語教會」（多為 1949 年以後從大陸來臺基督徒所建立）的反彈，而積極支持國民黨以及海峽兩岸基督徒的交流。這些「國語教會」更領導組成「臺灣宗教團體愛護家庭大聯盟」，於 2013 年 11 月 30 日舉行了 30 萬信徒的大遊行，反對同性婚姻立法，並於 2015 年組成「信心希望聯盟」的基督教政黨，參與 2016 年的立法委員選舉。[8]

佔香港總人口約 10% 的基督徒，積極參政始於 1990 年代初期，主要原因是面臨 1997 年 7 月 1 日香港主權將回歸中國。他們很快地達成共識：不主張「港獨」，但是要積極地保護香港公民權並擴大民主化。從 1997 年開始，他們每年主導「七一大遊行」，向香港政府與北京訴求加快民主化的腳步，要求公民直選立法局議員以及香港行政長官。關於宗教自由、移民權益、公民權、平反六四天安門、聲援法輪功的宗教自由等議題，他們也持續地關切並試圖影響香港政府的決策。[9] 2014 年「雨傘革命」的主要領導人之中，就包括朱耀明、黃春生、戴耀廷、黃之鋒等牧師或「雨傘基督徒」；而「港獨」的聲音也開始在香港基督教界中迴響。[10] 到了 2019 年「雨傘革命」更進一步擴大成「反送中運動」，基督教會繼續扮演著重要的領導角色。

中國大陸自清末民初，就由留歐美的華人神學家（如沈嗣莊、羅運炎、吳耀宗、趙紫宸）和基督徒政治家（如孫中山）把「社會

[6] Rubinstein (2003); Kuo (2008).

[7] 郭承天 (2001)；林芳仲 (2007)；Huang (2005)；莊信德 (2015)。

[8] 郭承天 (2015a; 2015b)。

[9] Leung and Chan (2003); Ma (2007); Kuo (2012).

[10] 趙崇明 (2013)；龔立人 (2015)。

福音神學」(Social Gospel) 引進中國，[11] 鼓勵華人基督徒積極參政。這種「社會福音」的政治神學最終協助促成了中華民國的建立與鞏固。1949-1979 年間雖然受到共產黨極左派的迫害，官方的基督教「三自教會」仍然依循社會福音政治神學的精神，積極支持中國共產黨的統治和政策，接受政府對於教會的神學教育和人事的主導安排。[12]1979 年改革開放以後，基督徒人口快速成長至數千萬人，約佔全國人口比例約 3-6%。若以這個速度成長，中國可能在 2030 年之前就有三億基督徒，成為世界上基督徒人口最多的國家。[13]浙江省溫州市更因為基督徒人數眾多，聞名於世，被讚譽為「中國的新耶路撒冷」。[14] 過去二十年，華人社會（中國大陸、香港、臺灣、美國華人）的基督徒開始建構新一波的政治神學，關切中國大陸的宗教自由與民主化。[15] 這些都造成政治統治者、華人傳統信仰、與華人教會之間的緊張關係。

西方政治神學不但是有上述爭議的「後天失調」（無法適應華人社會），而且可能是「先天不足」（偏離聖經倫理），使得當代華人教會不能、也不應全盤接受西方政治神學。下一節就質疑西方政治神學的「先天不足」。

第二節　西方政治神學的先天不足

近百年來，西方政治神學不但在中國社會出現了嚴重的適應問題，在西方社會本身似乎也出現了嚴重的適應問題，以致於基督宗

---

[11] 關於「社會福音神學」的討論，見本書第十一章。

[12] 中國基督教三自愛國運動委員會、中國基督教協會 (2006)。

[13] Stark and Wang (2016: 114).

[14] Cao (2011).

[15] 國家宗教事務局宗教研究中心 (2010)；江丕盛 (2008)；楊鳳崗 (2012)；郭承天 (2014a)。

教信徒的比例在二次大戰後持續下降，除了美國以外，至今甚至不到社會總人口的百分之五十。華人教會還能期待這個奄奄一息的西方政治神學，在華人社會迴光返照，促進華人教會的快速增長嗎？

從十九世紀開始，歐洲的政治神學鼓勵基督徒參政，固然產生了一些指標性的政治成果，如廢除奴隸制度、推動社會福利制度、保護少數族群、以及增進兩性平等。但是也有著名的例外；例如，德國神學家 Carl Schmitt(1934/2005) 一方面替「國族國家」(nation-state) 提供了宗教的合法性，另一方面卻強力地為納粹政權辯護。受他政治神學影響的德國和奧國多數基督宗教教會，也默許基督徒官兵參與屠殺猶太人的慘劇。雖有神學家 Dietrich Bonhoeffer(1959) 和 Paul Tillich (1998) 力排眾議，但是勢單力薄，受到德國和奧地利多數教會的排擠。歐洲是政治神學的發源地，尤其自十九世紀以後受到「社會福音神學」的影響，教會積極涉入政治與社會議題。[16] 然而戰後面對世俗化的衝擊，卻無法阻擋教會信徒不斷的流失，以致歐洲許多國家的基督宗教信徒人口比例都已經降到 30-50% 左右。[17] 尤其是面對戰後接連而來的政治社會議題挑戰，如性別平等、墮胎、離婚、種族平等、經濟正義、生態、同性婚姻、以及移民問題，歐洲教會要麼因為堅持傳統的教條，而導致年輕人大量離開教會或者不願踏入教會而沒落；要麼因為過於媚俗、放棄傳統教條，而失去了宗教聖潔與神聖性以致墮落。

1980 年代以來美國保守派教會在共和黨總統 Ronald Reagan、George Bush 父子、以及 Donald Trump 任職期間積極參與政治，推動保守派基督教倫理的立法，包括限制墮胎權、禁止同性婚姻、打擊工會、刪減社會福利措施、提倡自由市場競爭、以及主張經濟發展優先於生態保護。雖然一時或有所得，通過了這些基督教倫理立法，但是後來多被國會修改淡化，或是被美國大法官會議宣告違憲，似乎白忙了一場。更糟糕的是，基督徒的積極參政不但所獲有限，反而因為參政的目標與手段有極大的爭議，而引起教會之內以

---

[16] 郭承天 2001:（第五章）。

[17] "Religion in Europe," Wikipedia, 2021.2.24.

及基督教團體之間的嚴重對立，直接或間接造成信徒人口的流失。
而許多積極參政的牧師和政治人物，如 Jerry Falwell、Pat Robert-
son、Jesse Helms、Ralph Reed 等人，常常因為發言不當，成為公
眾輿論的笑柄。Jesse Jackson 牧師於 1984、1988 年兩度參與民主
黨總統候選人競爭，不但引起保守派與自由派基督教團體的對立，
後來更因自己發生外遇，而含羞退出政壇。另外，保守派基督徒使
用暴力攻擊「計畫生育」(Planned Parenthood) 診所的醫護人員，
以及騷擾或傷害同性戀的例子層出不窮，讓社會輿論質疑這些教會
的愛心與同情心何在？總結過去三十年來基督教團體積極參政的成
果，就如美國神學家 Ronald J. Sider 所認為的，是「一場災難」(a
disaster)[18]。

　　本書認為西方教會近 60 年快速沒落、而且必然沒落的主要原因
之一，是因為他們的政治神學偏離了聖經教導，已經有 1,500 年了。
一個罪人年老時要悔改，都有「再回頭已是百年身」的無力感，更
何況是個被 1,500 年偏差教義所綑綁的教會？

　　就歐美政治神學的起源而言，從第四世紀開始，就逐漸偏離了
聖經與初代教會所主張的「政教分立」神學。身為不同外族帝國統
治下的少數宗教，聖經舊約的作者們以及新約的作者們，所主張的
政治神學可能是以如何維續這個信仰團體的生存與宗教自由為主，[19]
而並不太關心如何把自己的宗教倫理，通過政府政策強加在國內外
多數的異教人民身上。即使在以色列王國時期（含猶大國與以色列
國），先知們所提出的政治評論與建議，可能還是從整個信仰團體
內部的角度來看，要求身為信徒的國王與權貴們，要遵循信徒與上
帝所訂的盟約。至於國內外的異教人民，因為他們並不是訂立這盟
約的一方，因此不必適用這個宗教的倫理，除非他們自願加入這個
信仰團體。耶穌的門徒們設立初代教會時，終日唯恐遭受到猶太教
的陷害和羅馬官員的監禁殺害，哪有膽量公開鼓吹羅馬帝國採納基

---

[18] Sider (2012).

[19] 關於「政教分立」、「政教分離」、「政教合一」等政教關係類型的
討論，見本書第四章。

督教倫理，作為帝國的法律？[20]對於聖經舊約的作者們以及新約的作者們而言，信徒所要積極建立或盼望的「上帝國」或「天國」，若不是指世上的教會，就是指末日審判之後的「新天新地」、「新耶路撒冷」、由三一神親自作王統治的世界國度，而與在撒但掌權之下的任何世俗政權都沒有太大的關連。這種政治神學主張可以稱為「宗教積極而政治消極的政教分立神學」。

　　但是第四世紀的教會突然碰到了一個前所未有的政治神學窘境：身為長期受政治壓迫、宗教少數的基督教會，竟然成為異教羅馬皇帝Constantine the Great所提倡的國家宗教了。從少數忽然變成多數，從受壓迫者忽然變成壓迫者，再加上政治特權的誘惑，當時教會的多數領導者認為，過去的政教分立神學必須被修正。基督教歷史學家 Elaine Pagels (2012) 就藉著當時《啟示錄》詮釋學的變化，詳細地描述了這一時期政教關係與政治神學的轉變，從政教分立神學到政教合一神學。羅馬帝國不再是那「大淫婦」，而是取代了教會成為「地上天國」；羅馬帝國的中央政權所在地羅馬，不再是邪惡的「巴比倫城」，而是「新耶路撒冷城」；羅馬皇帝不再是「666」的「敵基督」，而是「復活的先知」（即使 Constantine 可能是在臨死前才匆匆受洗成為基督徒）。那麼在這個「新天新地」、「基督王國」、「千禧年」裡面，還有「假先知」嗎？有！就是那些在神學上或教會內敢挑戰羅馬大主教地位的主教與神學家們。[21]這種「創意解經」有困難嗎？一點也不，因為第三世紀的教父 Origen (185-254) 就首先主張聖經經文的字面意義不一定等同於更深層的靈意，而開創了極具彈性「靈意解經法」之先河。[22]

　　Origen 可能也是尼西亞會議之前 (Council of Nicene, 326AD)，唯一主張可以把羅馬帝國基督化的早期教父；但是他「創意解經」的基督論，也讓他的神學在第二次 Council of Constantinople (553) 時

---

[20] Esler (2000); Ludlow (2009); Crossan (1998); Freeman (2009); Josephus (2003); Kaiser (1998); Sheldon (1988); Schaff (2016).

[21] Pagels (2012).

[22] Norris (2000: 1019).

被宣告為異端。根據聖經字面意義，耶穌即將再臨的「末世論」(eschatology)，變成象徵性、耶穌不必再臨的「啟示論」(apocalypse)[23]。

　　在這些主教們彼此向皇帝爭寵、打擊「異端」的風潮中，提倡基督教不遺餘力的羅馬皇帝 Constantine，就曾受他們邀請主持兩次重要的教義辯論，並且以公權力執行之，違者被開除教籍或放逐邊境[24]。初代教會的地方自主、神職人員與長老平權、集體領導、以及輪流領導的類似民主管理模式，也逐漸被中央集權、一人領導、和終生領導的教皇專制制度所取代。[25]一場教會內的政治惡鬥就在天主教成為國教的前後掀起波濤，並且持續到中世紀。

　　西元 410 年，蠻族入侵羅馬，羅馬帝國與天主教都面臨滅絕的危機。曾經被天主教壓迫的異端和其他傳統宗教，趁機指責當權派天主教是導致羅馬帝國衰敗的元兇，並呼籲羅馬皇帝恢復傳統宗教與宗教自由。神學家兼主教 Augustine of Hippo (354-430) 為此撰寫《上帝之城》(The City of God)。他一方面呼籲羅馬皇帝的世俗政權 (City of Man) 不要侵犯天主教會的教權 (City of God)。另一方面他針對異端和傳統宗教的挑戰，主張天主教不是羅馬帝國衰敗的原因，反而是因為這些異端和傳統宗教還沒有完全被消滅，才導致羅馬帝國的衰敗。因此，為了要恢復羅馬帝國的光榮，羅馬世俗政權就要接受「上帝之城」的指導，來「矯正異端」[26]。藉此，Augustine 提供了基督宗教第一部完整的政教合一神學。接下來的「千禧年」雖然看到天主教的擴展，但是也看到了政教合一神學所導致教皇與神職人員私生活的腐敗、多位教皇並立、天主教神學與民間信仰混和、以及諸多審判異端的慘案。

　　十六世紀 Martin Luther 和 John Calvin 所領導的宗教改革運動，促成了許多基督教宗派的興起。他們提倡「全民皆祭司」(priesthood of all believers) 的神學，挑戰「教皇是上帝在人世間唯一代言人」的

---

[23] Crossan (1998: chap. 15); Freeman (2009: chap. 10).

[24] Leadbetter (2000: 1079-1081); Ludlow (2009: 108-118).

[25] Edwards (2000); Freeman (2009: chap. 26); Schaff (2016: Vol.1).

[26] Augustine (1962).

宗教威權。他們把拉丁文聖經翻譯成當地語言，並實施主日學教育，讓平信徒可以直接讀經禱告，挑戰了天主教神職人員所壟斷的解經權。他們改革教會決策體制，除了一元領導以外，另增加了長老制 (Presbyterianism) 與會眾制 (Congregationalism) 以及不同組合的教會體制，使得教會決策開始民主化。但是對於這些宗教改革實驗的政治影響，爭議自始不斷。Martin Luther 宗教改革初期，發表政治神學信函，支持具有平等理念的農民革命。但是自己因為被天主教教皇懸賞追殺，需要貴族們的政治庇護，因此後來又發表新的政治神學信函，譴責農民革命[27]。而 John Calvin 的政治神學雖然在日內瓦成功地實踐了長老制治國，建立了「新耶路撒冷城」，卻仍延續了政教合一神學與貴族政治制度。

　　Calvin 對於政教關係的神學看法是：「賢能的君王是上帝賜給人民的恩典，暴虐的君王是上帝懲罰人民罪惡的工具」。所以不論君王是好是壞，人民都應該順服。[28]日內瓦議會還把一位長期批判且跟蹤 Calvin 的神學家，用「民主」（多數）決議的方式把他吊死。很遺憾的是，往後的西方神學家，甚至包括當代的華人神學家，在發展他們的政治神學時，仍以 Martin Luther 和 John Calvin 的政治神學為樣本，因此也不斷地在重複類似Martin Luther 和 John Calvin的「地上天國」政教合一神學，不小心就會侵犯教會內外的民主人權，並且過份涉入社會與經濟政策的爭議。

　　John Locke 可能才真正是現代民主神學之父。他的著作《政府二論》(Two Treatises of Government) 是當代西方政治哲學家所必讀的經典著作。Locke 花了半本書的篇幅，挑戰當時流行的「君權神授」政治神學，而認為聖經經文並沒有提供專制君王的宗教合法性。那麼政治統治者的權利來源為何？Locke 引用聖經「人類是依照上帝的形象所造」，天生就具有基本人權（「天賦人權」）。在自然狀態下，人民與一位統治者立約，將「部分」的個人權利信託給統治者，讓他為集體謀福。如果統治者違反這個「世俗契約」(contract)，人

---

[27] Tappert (1967).

[28] Calvin (1559/1989: 670-671).

民就可以收回他們本來就具有、從上帝而來的權利，並廢止這個契約、發動革命。另外，Locke 也關心宗教自由權利（但不適用於無神論者）；畢竟，他要提出對抗「君權神授」的另一套政治神學，必須先要有宗教自由權利，才能提倡他的「天賦人權」。Locke 的「天賦人權」政治神學，替代了「君權神授」政治神學，為現代西方基督宗教國家的民主政治提供了關鍵的宗教合法性。[29]

　　不過，Locke 的政治神學在當時君主專制與貴族統治的歐陸國家，並沒有產生具體的政治影響，反而是在一百年之後的美洲殖民地開花結果。根據郭承天 (2002) 的研究，歐陸的基督宗教移植到美洲殖民地之後，由於當地的交通不便、信徒教育水準較高、宗派多元化、神職人員量少質差等因素，產生了極大的變化：就是神學的民主化以及教會權力結構的民主化。

　　Locke 的政治神學固然深深地吸引了美國的建國之父，但是對於當時一般基督徒更具政治影響力的人，可能是新聞評論人 Thomas Paine 的通俗政治神學著作《常識》(Common Sense)。這一位「不可知論者」(agnostics) 以聖經經文為根據，詳細地批判英國君王制度與貴族體制的宗教合法性，而主張民主政治與獨立建國。對於當時的美洲殖民地居民而言，美洲就是上帝賜給他們的「新天新地」。美國的憲法甚至就是參考當時美洲殖民地聯邦長老會體制所制訂。也就是說，美國是先有穩固的「教會民主」，然後才發展出全國的民主政治。[30] 而 Tocqueville 所描述十九世紀初期的美國民主，就是一個理想中的民主政教關係模型。美國的制憲者所立定的政教分立原則 (separation of state and church)，是延續 Locke 提倡的「權力分立」(separation of powers)，是指政權與教會要在行政體系上相互分立，在公共事務權力上要相互制衡，而不是後來華人知識份子錯誤翻譯成的「政教分離」，以為是彼此完全不干涉。[31]

　　到了十九世紀，歐美新興的「國族國家」(nation-state) 逐漸進行

---

[29] Locke (1685/1955).

[30] Paine (1776/1995).

[31] Tocqueville (1969).

民主憲政改革，並且採納政教分立的原則以團結國內天主教與基督教信徒，政教關係逐漸穩定下來。當歐美教會的政治自主權得到一定程度的保障之後，教會開始藉著民主體制以及其政治多數的影響力，積極推動基督宗教倫理的立法。[32] 這時歐美資本主義快速興起，造成了階級對立、壓榨童工、財富分配不均、以及奴隸制度的惡化。歐美基督徒政治家提出了「社會福音神學」，推動基督教公平正義倫理的立法，也迅速形成風潮。[33] 到了二十世紀上半葉，社會福音神學加入了性別平等、種族歧視、以及民主體制等議題。[34] 另一方面也藉著對於第三世界的宣教，以及第三世界基督教神學生到歐美國家留學，社會福音神學迅速地傳到第三世界。總的來說，社會福音神學仍然是一種政教合一神學，只是多了民主的成分與憲法的限制。

　　二十世紀歐美的社會福音神學對於第三世界的政治民主化與政教關係，會因為當地的政治、宗教環境不同，而有不同程度的影響。身為基督徒的孫中山建立了亞洲第一個「民主」共和國，但是立刻陷入軍閥割據。他的「三民主義」似乎含有一定比例的社會福音神學成分，但是曲高和寡。同為基督徒、但是軍閥出身的蔣介石，對於民主制度和社會福音神學都沒有興趣。他藉著訴求國族主義而統一了中國，卻抵擋不住訴求社會公平正義的共產黨。社會福音神學要麼被多數的本土宗教信徒所忽視，要麼就被無神論的共產主義所吸收。社會福音神學對於開發中國家影響比較深遠的，是半世紀之後 1970 年代的拉丁美洲國家、南韓、以及臺灣，分別出現了「解放神學」(Liberation theology; Gutierrez 1988)、「民眾神學」(Minjung theology; Park 1993; Suh 2001)、以及「鄉土神學」或「出頭天神學」（宋泉盛 1998）。三者的共同處都是意圖建立「地上天國」，把基督宗教的公義倫理，實踐在世俗國度上，因此仍然是民主式的政教合一神學。由於天主教在拉丁美洲國家是絕對多數的宗教，因此解放神學的政治影響力最大，在 1970 年代迅速成為政治神學的顯學，

---

[32] 郭承天（2001：第五章）。

[33] Curtis (2001); Mackey (1994); Rauschenbusch (1914/2011); Smith (2000).

[34] Niebuhr (1932); Tillich (1998).

並促成了後來拉丁美洲國家的政治民主化，至今政治影響力仍然顯著。民眾神學在南韓政治亦然，因為基督教和天主教雖非最大宗教，但是加起來也佔總人口約百分之四十（基督徒約 30％，天主教徒約 10％）。南韓民主化以後，有兩位反對黨領袖成為南韓總統：金泳三（長老會信徒）和金大中（天主教），他們即是民眾神學的擁護者及受益者。繼任的盧武鉉（天主教徒）與李明博（長老會信徒）也都有反對威權政府的資歷。臺灣長老教會雖然積極支持反對運動，但是受限於整體基督宗教信徒人數比例不高，對於臺灣整體的民主化貢獻不如拉美國家和南韓顯著。

上述以基督宗教為核心的「政教合一」的政治神學傳統，不論是以神權統治、君王統治、或民主政體的形式出現，都顯然地與聖經和初代教會的「政教分立」原意背離，更無法適用在基督宗教為少數宗教的華人社會。因此，華人政治神學必須另起爐灶，如本書次標題所主張的：「恢復」聖經與初代教會的政教關係原意，且能夠「適應」現代的華人社會。

第三節　章節簡介

本書試圖根據基督教初期教會的政治神學以及當代的政教關係理論，重建一套適合華人社會的華人政治神學，並且應用在重大的時代政策議題上：政教關係、宗教多元、創造論與演化論、兩性平權、同性戀、安樂死、死刑、經濟正義、國族主義、以及生態議題。這十個政策議題的分析，不但是建立在本書所發展出來的華人政治神學共同基礎上，而且這些議題在理論上與實務上彼此相互影響，不像是當代許多基督教倫理學著作予以各自獨立的分析。最後，在分析這些議題時，除了介紹主要的政治神學論點以外，本書也根據華人政治神學提出創意的理論與務實的作法。

第二章「華人政治神學的三一神命令論」是本書的理論章節。

第一節把政治神學建立在當代「心腦神學」(neurotheology) 的人性論發現上，也就是主張一個合理與務實的政治神學，應該兼顧人類的理性、感性、與神性。第二節處理現代基督教倫理教科書所常提到的四種倫理神學：道德倫理論、自然法、神聖命令理論、以及先知型倫理。本書以神聖命令論為基礎，融入其他三種倫理神學。但是許多倫理神學的爭議，起因於引用不同的聖經經文以及對於聖經經文不同的詮釋。第三節主張倫理神學第一步先要確認聖經清楚的立場，就是歸納檢選「直接相關」的經文，然後對於經文的上下文以及經文背景作客觀的分析，分成三類經文與立場之間的關係：聖經有單一立場、有兩個以上的立場、或沒有立場。本書所處理的議題，絕大多數屬於「後現代」議題。當神學家們根據聖經對於這些後現代議題提供兩個以上的立場時，信徒應該如何選擇？甚至當聖經對於某些後現代議題，沒有立場時，信徒又應該何去何從？第四節試著從聖經大量經文中，重建「靈智」的神學方法，作為基督教倫理的判斷工具。第五節則是檢選西方政治神學中，可供華人政治神學借鏡者，以協助華人教會適應「後現代」的政治環境。

第三章「心腦神學的人性論」也是本書的理論章節；畢竟，倫理神學既然是處理人與人之間的神學，怎能沒有一個符合聖經的人性論作為基礎？不同於過去系統神學處理「人論」的方式，本書是參考心腦神學對於人性的新科學發現：亦即人生來就有感性、理性、與神性，而且（有限）理性常常是感性的奴隸，但是神性卻可能增強或抑制感性與理性。基督教政治神學應該建立在感性、理性、與神性的均衡發展上，而聖經提供了非常多的經文證實上述的人性論。

第四章到第十三章把第二章的「華人政治神學」，有系統地應用在華人社會的十個重大時代議題。每一章首先介紹議題背景，其次二至四節比較與批判現有的相關政治神學，最後根據「華人政治神學」，提出具有創意且包容的政治神學主張。

第四章「當代中國的政教分立、政教分離、與政教規矩」主張當代華人政教關係神學，應該結合中國傳統的政教規矩以及西方的政教分立神學。第五章「華人基督教的宗教排他、多元、與包容」

主張當代華人基督教會對待其他宗教，應採取教會內的排他以及教會外的包容。第六章「創造論與演化論」認為聖經包含了創造論與演化論，而且彼此相輔相成。第七章「兩性平等與互補」認為聖經不但主張男女平等，而且要相互包容。第八章「同性戀」主張教會必須堅持教會內禁止同性性行為，但是不必反對教會外為同性家庭所設立的法律。第九章「安樂死」建議華人基督徒可以選擇合法的消極安樂死或積極安樂死。第十章「死刑」認為聖經明顯支持死刑，沒有支持廢死刑；但是教會可以主張政府要審慎執行死刑。第十一章「經濟正義」發現聖經並沒有對於具體複雜的經濟政策進行評論。教會只要倡導勤奮工作、公平交易、與合理的財富分配原則即可。第十二章「國族主義」認為由於聖經並沒有直接討論到現代的統獨議題，華人基督教會可以採取彼此包容的民主統合神學。第十三章「後生態神學」主張「後生態」時代的教會應以搶救靈魂為主要目標，並以民主方式在教會內以及社區內形成共識，選擇合法且合適的生態行動，不致妨礙福音行動。第十四章「結論」的第一節將全書各章的結論，做一個表格摘要與比較，說明華人政治神學對於各議題的主要創意論點。第二節則簡單地說明如何應用華人政治神學在其他重大政策爭議上，如醫療科技（複製人、代理孕母、基因修補）、老人福利、毒品合法化、色情產業、賭博產業、投資與借貸、以及移民，對於後續更深入的研究，期望有拋磚引玉的作用。

第四節　本書格式說明

　　本書寫作的主要對象，是華人基督教神學家、神職人員、神學生、以及資深信徒。為了包容不同類型讀者的讀書需要，每一章的結構安排如下：首先是「本章摘要」，包含了一、兩句話的簡短摘要，和稍長的摘要。其次是「主題經文」，便於講道、講課時的主要參考經文。

　　第三部分是「案例」，大都是華人教會所經歷過的實際案例，而盡量不用華人所不熟習的西方教會案例。在本書的每一個倫理議題書章一開始，都會舉出一個以上的例子，作為華人基督徒在實際生活中，可能碰到的倫理爭議。這種「個案教學法」(case method approach) 是十九世紀從美國哈佛大學法律學院以及商學院發展出來，後來受到歐美法律學院以及商學院的普遍採用，最近十年來才被引進宗教研究領域。它的主要目的，是幫助個人和團體做出比較好的決策。在基督教倫理領域裡，它也可以幫助個別信徒和教會做出比較好的倫理判斷。[35] 在實際操作上，一個「個案」的參與者要考慮到個人的經驗，其次是教會的權力結構，第三是相關的事實，第四是個案的大環境，第五是干擾因素，第六是參與者之間的關係，第七是釐清主要的和次要的倫理爭議，最後是從幾種倫理行動之中，找出最佳的選擇。[36] 從這些步驟來看，基督教倫理的「個案教學法」充分地結合心腦神學的神性腦、理性腦、與感性腦。本書各章所提供的個案以及章節內容，可以滿足操作步驟的第三、四、七項的需要。而第一、二、五、六、八項，因為涉及個別信徒與教會的特性，就需要各自判斷，也可能會導致最後不同的倫理選擇。尤其是第七項釐清主要的和次要的倫理爭議時，個別信徒與教會對於聖經、神學、個別教會傳統、教會的結構、以及世俗價值的看法不同時，對於哪些是主要倫理依據、哪些是次要倫理依據，都可能有不同的認定，而導致不同的倫理選擇。[37] 如此進行基督教倫理的個案教學法，好處是可以有更大的包容性和多樣性，壞處是可能墮落成「道德無政府狀態」(moral anarchy)。　本書採用個案教學法的精神，但是融合了三一神命令論，就是在彰顯聖經的清楚倫理立場是高過（但也不排除考慮）神學、個別教會傳統、教會的結構、以及世俗價值。當聖經的倫理立場是單一立場，其他的倫理標準只能是輔助的考量。當聖經的倫理立場是複數立場，其他的倫理標準可以在這些複數立

---

[35] 本節參考 Stivers et al. (2012)，並結合本書主張的三一神命令論。

[36] Stivers et al. (2012: 4-5).

[37] Stivers et al. (2012: 6-7).

場裡面找到呼應的經文。當聖經對於某一倫理議題沒有立場時，才可依序考慮其他的倫理價值。這是有秩序、有範圍的「多樣性中的統一」(unity in diversity)，而不是「道德無政府狀態」。[38]

　　第四部分是各章的論述主體。其中又分為第一節的議題背景，數節的不同神學觀點介紹，以及最後一節的本書包容觀點。與各章議題直接相關的經文，都盡量分類做成表格，便於讀者做完整的查經和分析。

　　本書所引用的中文聖經經文，由於各章初稿寫作日期不同，主要來自《和合本》以及《和合本修訂版》。這些經文都是使用《信望愛聖經工具》網站下載 (https://bible.fhl.net/)。但是根據各章上下文的需要，許多經文會按照聖經原文的意思修正。聖經希伯來文與希臘文的原文字句，來自英文聖經軟體 BibleWorks 9。它的希伯來文聖經版本是根據 Hebraica Stuttgartensia 版本編輯成的 Michigan-Claremont Hebrew text (1981-1982)；希臘文聖經是採用 Nestle-Aland 第 27 版的 Novum Testamentum Graece。本書也使用 BibleWorks 9 內建的希臘文字典 Bauer, Walter and Frederick William Danker. 2001. A Greek-English Lexicon of the New Testament and Other Early Christian Literature, 3rd ed. Chicago, IL: University of Chicago Press (BDAG) 與希伯來文字典 Koehler, Ludwig, et al. 2001. The Hebrew and Aramaic Lexicon of the Old Testament, Brill Academic Publishers (Hal) 以及 Holladay, William I. 1972. A Concise Hebrew and Aramaic Lexicon of the Old Testament, Grand Rapids, MI: William B. Eerdmans (Hol)。聖經原文的英文拼音，則是筆者自創的簡易拼音法，以利華人學習聖經原文。[39] 參考書目引註格式，以簡單為主。其中專書頁碼如果是紙本書，就使用傳統的頁碼，如「頁 12-14」或「pp. 12-14」；如果是電商網站 Amazon 所提供的電子書而且沒有傳統頁數的，就使用電子書 Location 的頁碼，如「L2345-2567」。

[38] 「多樣性中的統一」是歷史神學家的用語，形容初代教會在神學與禮儀上彼此之間的異同。Dunn (2006).

[39] 郭承天 (2020a ;2020b)。

　　本書各章版權說明如下：本書的第一章、第二章的第二節到第五節、第七章、第十章、第十一章、以及第十四章等六章，為本書新作。有三章（四、六、九）的初稿改寫成期刊論文出版，然後再修改後納入本書。另有五章（三、五、八、十二、十三）改寫自筆者先前的出版著作。第三章「心腦神學的人性論」修改自 Cheng-tian Kuo. 2018. Church, Capitalism and Democracy in Post-Ecological Societies: A Chinese Christian Perspective. Eugene, OR: Wipf & Stock，pp. 15-32, 54-88, 199-203。第四章「當代中國的政教分立、政教分離、與政教規矩」修改自郭承天 (2019)，〈現代中國的政教分立、政教分離、與政教規矩〉，以及郭承天 (2001)《政教的分立與制衡》。第五章「華人基督教的宗教排他、多元、與包容」修改自郭承天。2005。「宗教容忍：政治哲學與神學的對話」。中央研究院人文及社會科學集刊，17 卷 1 期，125-157 頁。第六章「創造論與演化論」修改自郭承天。2021。「創造論與演化論：從衝突到互補」，臺灣宗教研究，20 (1): XX。第八章「同性戀」修改自郭承天。2014。「平衡基督信仰與同性戀權益」，臺灣宗教研究，13 卷 2 期，41-72 頁。第九章「安樂死」改寫自郭承天。2020。「華人基督教與安樂死的選項」，臺灣宗教研究，19 (1):1-36。第十二章「國族主義」修改自郭承天。2014。國族神學的民主化：臺灣與中國大陸。臺北：政治大學出版社。第十三章「後生態神學」大都翻譯自 Kuo, Cheng-tian. 2018. Church, Capitalism, and Democracy in Post-Ecological Societies: A Chinese Christian Perspective. Eugene, OR: Wipf & Stock, pp. 1-7, 89-127。

參考書目

中國基督教三自愛國運動委員會、中國基督教協會，編。2006。*基督教愛國主義教程（試用本）*。北京：宗教文化出版社。

江丕盛、楊思言、梁媛媛，編。2008。*宗教價值與公共領域：公共宗教的中西文化對話*。北京：中國社會科學出版社。

宋泉盛，編著。1998。*出頭天*。二版，臺南：人光出版社。

林芳仲，編。2007。*臺灣新而獨立的國家：臺灣基督長老教會人權宣言聖經與神學論述*。臺北：臺灣基督長老教會總會信仰與教制委員會。

國家宗教事務局宗教研究中心，編。2010。*中國五大宗教論和諧*。北京：宗教文化出版社。

莊信德，主編。2015。*公共神學論文集*。臺北：主流出版社。

郭承天。2001。*政教的分立與制衡：從聖經看政教關係*。臺北：中華福音神學院出版社。

——。2002。「基督教與美國民主政治的建立：新制度論的重新詮釋」。*中央研究院人文及社會科學集刊*，14卷2期，175-209頁。

——。2008。「公共宗教的三種類型以及在華人社會的適用性」。江丕盛、楊思言、梁媛媛，編。*宗教價值與公共領域：公共宗教的中西文化對話*。北京：中國社會科學出版社，317-346頁。

——。2012。*末世與啟示：啟示錄解析*。臺南：臺灣教會公報社。

——。2014a。*國族神學的民主化：臺灣與中國大陸*。臺北：政治大學出版社。

——。2015a。「平衡基督信仰與同性戀權益」，*臺灣宗教研究*，13卷2期，41-72頁。

——。2015b。「臺灣同性戀家庭權立法的政治心理學分析」，*臺灣宗教研究*，14卷2期，3-30頁。

——。2020a。*閱讀聖經希臘文速成：重建華人基督教的起初*。臺南：

臺灣教會公報社。

──。2020b。*閱讀聖經希伯來文速成：重建華人基督教的起初*。臺南：臺灣教會公報社。

曾慶豹。2007a。*批判理論與漢語神學*。香港：漢語基督教文化研究所。

──。2007b。*詮釋學與漢語神學*。香港：漢語基督教文化研究所。

趙崇明。2013。*佔領中環與教會政治*。香港；基道出版社。

龔立人。2015。「雨傘運動：時機還是災禍」。莊信德，主編。*公共神學論文集*。臺北：主流出版社，73-90 頁。

Augustine of Hippo. 1962 *The Political Writings*. Henry Paolucci (ed.). Washington, DC: Regnery Gateway.

──. 1993. *The City of God.* Trans. Marcus Dods. New York: The Modern Library.

Bonhoeffer, Dietrich. 1959. *The Cost of Discipleship.* New York: Simon & Shuster.

Calvin, John. 1559/1989. *Institutes of the Christian Religion.* Trans. Henry Beveridge. Grand Rapids, MI: WM. B. Eerdmans Publishing Company.

Cao, Nanlai. 2011. *Constructing China's Jerusalem: Christians, Power, and Place in Contemporary Wenzhou.* Stanford, CA: Stanford University Press.

Crossan, John Dominic. 1998. *The Birth of Christianity: Discovering What Happened in the Years Immediately after the Execution of Jesus.* New York: HarperCollins Publishers.

Curtis, Susan. 2001. *A Consuming Faith: The Social Gospel and Modern American Culture*. Columbia, MO: University of Missouri Press.

Dunn, James D. G. 2006. *Unity and Diversity in the New Testament: An Inquiry into the Character of Earliest Christianity*. 3rd ed. London: SCM Press.

Edwards, Mark. 2000. "The Development of Office in the Early Church."

In Philip F. Esler, ed. *The Early Christian World.* Vol. 1 & II. New York: Routledge, pp. 316-329.

Freeman, Charles. 2009. *A New History of Early Christianity*. New Haven, CT: Yale University Press.

Gutierrez, Gustavo. 1988. *A Theology of Liberation*. 2nd ed. Maryknoll, NY: Orbis Books.

Huang, Po-ho. 2005. *From Galilee to Taiwan: Toward a Theology of Chhut-thau-thi*. Manila: Association for Theological Education in South East Asia.

Josephus. 2003. Josephus: *The Complete Works*. Trans. William Whiston. Nashville, TN: Thomas Nelson Publishers.

Kaiser, Walter C. Jr. 1998. *A History of Israel: From the Bronze Age through the Jewish Wars*. Nashville, TN: Broadman & Holman Publishers.

Kant, Immanuel. 1785/1996. *The Metaphysics of Morals*, ed. Mary Gregor. New York: Cambridge University Press.

Kuo, Cheng-tian. 2008. *Religion and Democracy in Taiwan*. Albany, NY: State University of New York Press.

——. 2012. "Institutional Choices of Church-State Relations in Chinese Societies." In Baogang Guo and Chung-chian Teng, eds. *Taiwan and the Rise of China: Cross-Strait Relations in the Twenty-first Century*. Lanham, MD: Lexington Books, pp.123-144.

Leadbetter, Bill. 2000. "Constantine." In Philip F. Esler, ed. *The Early Christian World*. Vol. 1 & II. New York: Routledge, pp. 1069-1087.

Leung, Beatrice, and Chan Shun-hing. 2003. *Changing Church and State Relations in Hong Kong*, 1950-2000. Hong Kong: Hong Kong University Press.

Locke, John. 1683/1993. *Two Treaties of Government*. Rutland, VT: Charles E. Tuttle.

——. 1685/1955 *A Letter Concerning Toleration*. New York: The Liberal

Art Press.

Ludlow, Morwenna. 2009. *The Early Church*. New York: Palgrave Macmillan.

Ma, Ngok. 2007. *Political Development in Hong Kong: State, Political Society, and Civil Society*. Hong Kong: Hong Kong University Press.

Mackey, James P. 1994. *Power and Christian Ethics*. New York: Cambridge University Press.

Norris, Fred. 2000. "Origen." In Philip F. Esler, ed. *The Early Christian World*. Vol. 1 & II. New York: Routledge, pp. 1005-1026.

Pagels, Elaine. 2012. *Revelations: Visions, Prophecy, and Politics in the Book of Revelation*. New York: Penguin Book.

Paine, Thomas. 1776/1995. *Rights of Man, Common Sense, and Other Political Writings*. Edited with an introduction by Mark Philp. New York: Oxford University Press.

Park, Andrew Sung. 1993. *The Wounded Heart of God: The Asian Concept of Han and the Christian Doctrine of Sin*. Nashville, TN: Abingdon Press.

Rauschenbusch, Walter. 1914/2011. *Christianizing the Social Order*. Eugene, OR: Wipf and Stock Publishers.

Rubinstein, Murray A. 2003. "Christianity and Democratization in Modern Taiwan: The Presbyterian Church and the Struggle for Minnan/Hakka Selfhood in the Republic of China." In Philip Clart and Clarles B. Jones, eds. *Religion in Modern Taiwan: Tradition and Innovation in a Changing Society*. Honolulu: University of Hawaii Press.

Schaff, Philip. ed. 2016. *The Complete Works of the Church Fathers*. Seattle, WA: Amazon Digital Services.

Schmitt, Carl. 1934/2005. *Political Theology: Four Chapters on the Concept of Sovereignty*. Trans. George Schwab. Chicago, IL: University of Chicago Press.

Sheldon, Henry C. 1988. *History of the Christian Church, Vol. 1, The*

Early Church. New York: Hendrickson Publishers.

Sider, Ronald J. 2012. *Just Politics: A Guide for Christian Engagement*. Grand Rapids, MI: Brazos Press.

Smith, Gary Scott. 2000. *The Search for Social Salvation: Social Christianity and America*, 1880-1925. Lanham, MD: Lexington Books.

Stark, Rodney, and Xiuhua Wang. 2016. *A Star in the East: The Rise of Christianity in China*. West Conshohocken, PA: Templeton Press.

Stivers, Laura A., Christine E. Gudorf, and James B. Martin-Schramm. 2012. Christian Ethics: *A Case Method Approach*, 4th edition. Maryknoll, NY: Orbis Books.

Suh, David Kwang-sun. 2001. *The Korean Minjung in Christ*. Eugene, OR: Wipf and Stock Publishers.

Tappert, Theodore G., ed. 1967. *Selected Writings of Martin Luther: 1523–1526*. Philadelphia: Fortress Press.

Tillich, Paul. 1998. *Against the Third Reich: Paul Tillich's Wartime Radio Broadcasts into Nazi Germany*. Ed. Ronald H. Stone and Matthew Lon Weaver. Louisville, KY: Westminster John Knox Press.

Tocqueville, Alexis de. 1969. *Democracy in America*. ed. J.P. Mayer. Garden City, NY: Anchor Books.

Wikipedia, "Religion in Europe," https://en.wikipedia.org/wiki/Religion_in_Europe, 2021.2.24.

Yang, Fenggang. 2012. *Religion in China: Survival & Revival under Communist Rule*. New York: Oxford University Press.

第二章
華人政治神學的三一神命令論

本章摘要：

　　華人政治神學的理論基礎，必須建立在一個符合人性的「三一神命令論」之上，兼顧聖經經文的明顯立場，以及靈智對於不同時空環境倫理議題的彈性回應。

　　華人政治神學首先必須建基在一個符合聖經與科學的人性論上，才不致發展出偏離聖經、人性、與實際的政治倫理立場。其次，華人政治神學的根基是「三一神命令論」，要以聖經經文的明顯立場為本，兼顧上帝的律法、耶穌的聖愛、以及聖靈的特殊啟示。為了要與當代西方神學進行對話，華人政治神學仍須從浩瀚的西方政治神學中，選出部分有代表性的著作，一方面提醒華人政治神學不要重蹈覆轍，另一方面能夠驗證共同的聖經倫理立場。藉著上述的方法論，當代華人政治神學應該是有秩序、有範圍的「多樣性中的統一」，而不是「道德無政府狀態」或持續受到西方政治神學霸權的宰制。

主題經文：

　　「我們已知祂使萬事互相效力，有益於愛神的眾人，就是依照祂旨意被呼召的人」（羅 8:28）。

案例 2.1：瞎子摸象 [1]

　　一位國王召集來五位瞎子，分別站在大象前後左右，觸摸這隻大象。摸到象鼻的瞎子，説：「這隻大象好像一根大水管」。摸到象牙的，説：「不對！大象好像一根大錐子。」摸到大象身體的，説：「不對！不對！大象好像一座牆。」摸到象腳的，説：「不對！不對！不對！大象好像一根石柱。」最後，摸到象尾巴的，説：「不對！你們都不對！大象好像一根草繩。」一千五百年來，西方神學家帶著各自的盲（優）點來研讀聖經，不就像是瞎子摸象嗎？華人政治神學在方法論上和本體論上，如何在一個共同基礎上，多一些包容，才能使「萬事互相效力，有益於愛神的眾人」（羅 8:28），並且避免「瞎子引導瞎子，兩人都跌進坑裡」（太 15:14）？

第一節　政治神學的人性論 [2]

　　本書認為西方政治神學過去對於人性的分析，大都依賴政治哲學的邏輯推論方法，並受到從亞里斯多德 (Aristotle, 384-322 BC) 一直到康德 (Immanuel Kant, 1724-1804) 的理性主義的影響，呈現出偏頗的人性論，以為人類可以依賴理性，就可以建構一個理想的政治秩序。相對的，本書採用近三十年「心腦神學」(neurotheology) 的實證研究成果，主張一個理想與務實的政治秩序，必須建立在理性、感性、與神性的均衡人性論上；這也是聖經對於人性論的看法。聖經中的心腦神學在本書第三章詳細討論，本節只簡介心腦神學的基本概念。

　　1980 年代末期以來，心腦科學 (neuroscience；或譯「神經科

---

[1] 「瞎子摸象」的寓言雖然源自佛教經典，但是本書第五章將引用許多聖經經文，說明上帝偶而會藉著其他宗教的人士或言論，來教導信徒如何瞭解與遵守聖經的教訓，以免進入偏差神學的死胡同。

[2] 本節修改自 Kuo (2018: 15-24, 44-45)。

學」、「腦神經科學」）藉著快速發展的腦神經顯影技術，[3] 以及大量的人體實驗，已經嚴重地衝擊到人類過去三千年來對於人性的假設和倫理規範。其中有兩個重大的發現，足以推翻過去以人類理性發展出來的哲學與倫理論證。其一是人類並不是哲學家所想像的那麼理性；更糟的是，「理性是感性的奴隸」。[4] 其二是人類天生具有神性，不一定受到理性和感性的控制，甚至可以反過來控制理性和感性。心腦科學怎麼推論與證實這些發現？

　　簡單的說，人類頭腦的基本單位是「神經元」（neuron；或稱「神經細胞」）。[5] 每一個正常成年人的頭腦是由大約 860 億個神經元所構成。這些神經元就像小型電腦晶片一樣，會藉著接收器「樹突」(dentrites) 從其他的神經元接收訊息，這些訊息經過神經元的細胞核 (nucleus) 處理過以後，藉著「軸突」(axons) 釋放出化學與電子物質，影響到其他神經元的反應，而促成人類的思想與行為。一些功能相近的神經元聚在一起，就構成各種的腦功能區。腦神經科學對於腦功能的分類，會根據研究目的不同，而有不同的分類。就本書而言，我們可以區分為感性腦、理性腦、與神性腦。

　　感性腦位於頭腦的中央，稱為「邊緣系統」(limbic system) 的區域，包括了主要負責接收外來訊息（對於人類五官刺激）的「丘腦」(thalamus)；負責生存所需、激發暴力與情慾的「杏仁核」(amygdala)；負責記憶的「海馬迴」(hippocampus)；以及產生愛心、同情心、號稱「良心」的「前扣帶迴」(anterior cingulate)。杏仁核如果不受到

---

[3] 常見的腦神經顯影技術如「核磁共振成像」(magnetic resonance imaging, MRI)；「功能性核磁共振成像」(functional magnetic resonance imaging, fMRI), 以及「腦磁波儀」(magneto encephalography,MEG)。

[4] 「理性是感性的奴隸」原來是英國哲學家休謨 (David Hume, 1711-1776) 的名言。但是他的推論一方面沒有科學的證據，另一方面被同時代德國哲學家康德的理性哲學所掩蓋，因此直到近代心腦科學發展之後，才受到社會科學家的重視。

[5] 以下關於「心腦神學」的介紹，參考 Barrett (2011); Fingelkurts and Fingelkurts (2009); Herculano-Houzel (2009); Jeeves (2013); Newberg and Waldman (2009); Persinger (1987); Ramachandran and Blakeslee (1998); Rappaport and Corbally (2020); Sternberg (2010)。

適當的控制，就是「私慾」和「自私」的起源，也就是聖經裡面所說的「罪性」。而耶穌和使徒們所傳達的愛，就是來自前扣帶迴的正常運作。

理性腦位於頭腦的前方，稱為「前葉」(frontal lobe, 或稱「前額葉」)。它是「人類成為萬物之靈」的原因，因為人類的前葉按照身體的比例，比其他動物都大，而且更細緻與精密。在前葉裡面，位於眉心後面的是「腹內側前額葉皮質」(ventromedial cortex)。這可能是哲學家康德的最愛，因為它負責理性地判斷道德行為。

神性腦位於頭腦的後上方，稱為「頂葉」(parietal lobe)。它是研究宗教行為的心腦神學家 (neurotheologians) 最感興趣的功能區。頂葉的主要功能在處理時間與空間的概念，它也是處理宗教、意識形態、國族主義、甚至外星人概念的功能區。它藉著釋放出大量的「腦內啡」(endorphins, 或稱「內啡肽」) 以及 α- 粒子 (α- particles)，可以控制或導引理性腦與感性腦的功能。如果聖靈是住在基督徒身體裡面，頂葉可能就是祂的住處，而不是在心臟。

感性腦、理性腦、與神性腦彼此之間如何運作？靠著形成思想的「迴路」(circuits)。舉一個例子說明。當一個男人在晚上的森林公園裡，看到一個美艷的女人獨自慢跑，這個美艷女人的形象訊息，首先會快速進入感性腦中間的丘腦。丘腦簡單的判斷一下這個訊息，就交給杏仁核來處理，因為這是有關男人傳宗接代的事。丘腦同時也把這訊息傳給海馬迴以及前葉（理性腦），看看過去有沒有類似的女人記憶，以及如何對待這個女人。如果這個男人是已經有多年性侵「迴路」的強姦犯，負責替感性腦合理化的前葉就告訴性慾高漲的杏仁核：「上前搭訕，甚至與她發生性關係」。可是，反過來說，如果這個男人有屬靈的迴路充滿在頂葉（神性腦）裡面，頂葉就會釋放出大量的腦內啡和 α- 粒子，抑制杏仁核的性衝動，同時引起前扣帶迴的同情心，並且激發理性腦中的「腹內側前額葉皮質」，放棄侵犯這個女人的意念，反而陪著這個女人走到安全的地方。不過，「靈性充滿」的強度與持續性，是需要平時有讀經、禱告、服事的紮實訓練，不然神性腦很容易被感性腦和理性腦的聯盟所壓制。畢

竟，「理性是感性的奴隸」。

　　本書認為一個符合聖經而且又務實的政治神學，必須建立在均衡的人性論基礎上，也就是均衡的神性、感性、理性上。基督徒的倫理行為，同時受到先天與後天的影響。後天的影響是來自學習。學習的第一步，是使用理性從聖經學習到政治倫理的功課。學成之後，這位基督徒就是一個「義人」嗎？不一定。理性的學習之後，並不表示會自動地實踐這個倫理規範。事實上，倫理的內容常常與感性衝突，而且「理性是感性的奴隸」，總會想出一些理由不去遵守聖經的倫理。保羅說他是個罪魁，因為他常常「立志行善由得我，行出來由不得我」（羅 7:18）。這時，就要看這位基督徒平常對於自己神性的訓練，是否能夠控制住理性與感性的叛逆聯盟。

第二節　三一神命令論

　　當代西方基督教倫理學大致可以分為四派：[6] 道德倫理論 (Virtue Ethics)、自然法 (Natural Law)、先知型倫理 (Prophetic Ethics)、以及

---

　　[6] 關於以下基督教倫理學四個學派的討論，參考 Wilkens (2017: 6-30)。對於基督教倫理的學派，不同的神學家有不同的分類法，例如：Gill (2014: 4-8) 結合了神學的倫理學以及哲學的倫理學，然後分類為義務論 (Deontological ethical arguments)、結果論 (Consequential ethical arguments)、以及個人主義論 (Personal ethic arguments)。這個分類有部分符合 Wilkens 的神聖命令理論、自然法學派、以及道德倫理觀，但是這種分類的內容過於深奧，本書不予採用。而 Wells 等人 (2017: 127-232) 的分類法也是融合了神學與哲學：普遍倫理／每一個人的倫理 (Universal; ethics for everyone)、抗爭倫理／被排斥者的倫理 (Subversive; ethics for the excluded)、以及教會倫理／教會本身的倫理 (Ecclesial; ethics for the church)，比較像是 Wilkens 的神聖命令論加上道德倫理觀、先知型理論、以及用教會行動來整合前兩者。Geisler (1989: 17-132) 則分為非律論 (antinomianism)、處境論 (situationism)、普遍論 (generalism)、無條件的絕對論 (unqualified absolutism)、衝突的絕對論 (conflicting absolutism)、以及分級的絕對論 (graded absolutism)。與 Geisler 分類非常相似的是方鎮明 (2001: 2-28)。

神聖命令理論 (Divine Command Theory)。本書是以最後的「神聖命令理論」為基礎，融合前三個倫理學派。

　　基督教的道德倫理觀 (Virtue Ethics) 建立在希臘哲學家 Plato (427-347 BC) 和 Aristotle (384-322 BC) 的道德倫理觀。Plato 和 Aristotle 不排除使用理性來建構一個倫理觀，但是他們比較強調「修身養性」的道德實踐，並在一個道德團體內向聖賢學習。他們高舉四種道德：節制 (moderation)、勇氣 (courage)、審慎 (prudence)、以及正義 (justice)。基督教的道德倫理觀就把「修身養性」的道德實踐，引進基督教會裡。除了上述的四種道德以外，另外加上信、望、愛。而學習的典範，則是耶穌。

　　自然法學派 (Natural Law) 主張人類有一些自然天性，其中最重要的是理性。人藉著理性可推論出一套符合上帝所創造自然法的倫理規則，這一套倫理規則具有普世性，可適用在所有人類的群體。基督教的自然法學派甚至認為這一套自然法倫理規則，在聖經寫成之前就存在。最基本的自然法倫理規則有四 :(1) 追求善、避開惡；(2) 保護生命、抵抗威脅；(3) 生養後代；(4) 瞭解他人、和平相處。

　　先知型倫理 (Prophetic Ethics) 有四個特色 :(1) 強調社會公平正義，而不是個人道德修養；(2) 教會組織要向早期教會一樣更民主，而非專制或少數領導；(3) 要改革政治、經濟、社會制度所造成的「集體罪惡」(corporate sin)；(4) 強調行動，而非神學理論的思辯。十九世紀末以來的「社會福音派」(Social Gospel) 就是屬於先知型倫理。[7] 本書第十一章討論「經濟正義」時，對於社會福音派會有更深入的介紹。

　　最後，神聖命令理論 (Divine Command Theory) 只接受上帝在聖經中所啟示的倫理規則。它強調三個重點 :(1) 順服高於理性（自然法學派）或修練（道德倫理派）；(2) 上帝的智慧高於人的理性，因為人的理性在始祖犯罪後，已經有缺陷；(3) 上帝是最高的主宰，沒有其他的倫理標準可以用來評論上帝的倫理。

　　本書所主張的「華人政治神學三一神命令論」比較接近「神

---

[7] 「社會福音派」的代表著作有 Rauschenbusch (1917); Niebuhr (1932)。

聖命令理論」，但是並不排除其他三派的倫理觀其中符合聖經所主張的倫理立場。[8] 畢竟，在全球化多元社會中，基督教徒可以、也應當在教會內完全服從神聖命令。但是在教會外有許多其他宗教信仰或無神論者，若要與他們和平相處，就必須靠著聖靈、理性、與個人道德修養（尤其是愛心），適當地宣傳與應用神聖命令。「神聖命令論」的主要倡議者之一 Richard J. Mouw，就認為「神聖命令論」的核心是「三一神倫理」。第一位格 (First Person) 的倫理強調遵守舊約律法；第二位格 (Second Person) 的倫理強調「效法耶穌」(imitatio Christi) 的倫理行為，尤其是祂所強調的愛；第三位格 (Third Person) 則是勸導基督徒要聆聽聖靈的指示，並且依靠聖靈的力量與智慧，堅持倫理行為。[9] 本章第四節更進一步討論從第三位格所產生的「靈智」對於倫理行為的意涵。

　　「三一神命令論」應用在當代倫理議題，有四個優點。第一，它有神聖性。它直接訴諸三一神作為倫理行為的神聖來源（第一位格）、理想典範（第二位格）、與豐沛的動力（第三位格）。第二，它的神聖性導致了它的最高性與簡單性。面對不同時空環境的世俗倫理，基督徒在教會內可以維持相同的神聖倫理，而不至於完全被世俗化，或是淪為「只要我喜歡，什麼不可以？」的「道德相對論」(moral relativism)，甚至是「道德無政府狀態」(moral anarchy)。[10] 第三，它有調適性。當神聖命令與世俗倫理相容時，基督徒可以心安理得地共同支持世俗倫理；當世俗倫理違背神聖命令時，基督徒可以堅守教會內的神聖倫理，不屈服於世俗倫理，甚至可以去改變世俗倫理；當神聖命令沒有討論到（後現代的）特定世俗倫理，基督徒可以本著愛心，藉著理性，去與世俗倫理對話，達到 John Rawls

---

[8] 大部分的西方神學家都採取不同程度的神聖命令論，例如：Gustafson (1981); Mouw (1990: 150-175); Grudem (2018); Pettegrew (2000)。

[9] Mouw (1990)；方鎮明（2001：34-62）也主張「三一神倫理」。

[10] 諷刺的是，「只要我喜歡，有什麼不可以」是 1990 年臺灣的一位基督徒歌手李明依的流行廣告歌曲。

所謂的「反思均衡」(reflexive equilibrium) 的倫理，[11] 讓基督徒「可以平安度日」（提前 2:2）。第四，它有穩定性。它是多數教會、長久以來所接受的信仰教條。因此，也最容易被不同時空環境中廣大的信徒所接受。

　　然而，即使「三一神命令論」有上述的優點，神學家與信徒仍會質疑它是屬於哪一宗派的「神聖命令」？畢竟，除了上述不同「位格」倫理的差異，不同的基督教宗派，不但會選擇不同的聖經經文來支持自己的立場，甚至對於同一條經文也有不同的解釋與應用。如何解決這些教會內的「道德相對論」？本書的第二個倫理神學方法就是「聖經清楚立場」。

第三節　聖經清楚立場

　　本書所謂的「聖經清楚立場」就是指「所有直接討論到該倫理議題的聖經經文所表達的清楚立場」。這一句話有兩個重點：一個是「直接討論」，另一個是「清楚立場」。「直接討論」不但是指該段經文字面上的含意，更重要的是上下文含意，明顯地是在討論到某一個倫理議題。一般的聖經希伯來文與希臘文教科書，都會強調聖經字詞的含意，常常有「一字多義」的情形，字詞的正確含意要看上下文來決定。例如，十誡的第五誡「要孝敬父母」、第七誡「不可通姦」、第八誡「不可偷竊」，都是直接討論到個別的倫理議題。聖經中雖然沒有「同性戀」一詞，但是從上下文與經文考據，大約有 12 處經文是直接討論到這個議題（本書第八章）。然而聖經明確討論到的墮胎（其實是「流產」），只有一處經文（本書第七章）。而與安樂死相關的「自殺」，也只有六處經文（本書第九章）。只是歷代神學家喜歡加上許多間接經文來創造或加強他們的倫理立場，並且通常趨向保守的立場，就像是猶太教的律法師把

---

[11] Rawls (1996).

Talmud（口傳的傳統規矩）加到舊約五經的倫理立場上。因此，當代保守派神學家必須仰賴「上帝的主權」、「上帝造人」、「不可謀殺」等間接經文，來建構一套複雜的「反墮胎」或「反安樂死」論述。

這種把間接經文當作聖經倫理立場的解經法，一方面可能會造成正反雙方都可以引用該節經文作為自己論證的根據，而導致聖經自相矛盾、不可靠的錯覺。例如，支持與反對安樂死的論證都引用了「生有時，死有時」（傳3:2）以及「我赤身出於母胎，也必赤身歸回；賞賜的是耶和華，收取的也是耶和華。耶和華的名是應當稱頌的」（伯1:21）。但是這一段經文是在討論「後現代」的安樂死議題嗎？雙方可能都過度解讀了。另一方面過度解釋間接經文可能會違反聖經的教訓：「我吩咐你們的話，你們不可加添，也不可刪減，使你們遵守耶和華你們上帝的命令，就是我所吩咐你們的」（申4:2）以及「我警告一切聽見這書上預言的人：如果有人在這預言上加添甚麼，神必把記在這書上的災禍加在他身上。這書上的預言，如果有人刪去甚麼，神必從這書上所記的生命樹和聖城刪去他的份」（啟22:18-19）。

其次，當聖經中所有直接相關的倫理經文，都收集完整後，聖經清楚立場就可以使用歸納法歸納出。但是這並不保證聖經對所有的倫理議題，都有單一的立場。聖經對於不同倫理議題的立場有三種可能：單一立場、複數立場、以及沒有立場。聖經在有些倫理議題上，有單一立場；例如，不可祭拜其他宗教的神明、要孝敬父母、譴責通姦與淫亂、不可偷竊、支持死刑、反對同性戀等。另外有一些倫理議題，贊成與反對雙方都可以找到相當多的直接經文根據；例如，政教關係、男女平等、離婚、經濟正義、以及保護生態。然而，還有一些倫理議題，聖經要麼只有很少經文（「很少」姑且定義為少於四處經文）直接討論到，要麼就因為這個倫理議題在聖經時代還沒有出現，而完全沒有討論到；例如，人工墮胎、複製人、基因修補。

本書選擇「四」作為判斷聖經立場相關經文數目的分界點，有

下列主觀的原因。在小學數學作業裡面，畫平行線時，老師會要求學生在一條線的等距處，先點上不同的兩點，然後根據這兩點可以畫成一條平行線。如果只畫上一點的話，這一條平行線很可能不會與原來的線平行。為了更精確，老師也會要學生多點上一點，三個平行點畫出來的線，一定是精確的平行線。牧師們講道時，常常使用一節主題經文。如果講道內容沒有提到其他相關的經文，我們就無法確認這節經文是否能夠代表聖經立場。因此，最少需要兩節經文，才能推論出與聖經立場平行的一個論點。為了更精確，有三處經文更好。但是聖經很少認為數字「三」有神聖意涵（除了三一神以外），因此本書使用有神聖性與完整性意涵的「四」，作為判斷聖經立場相關經文數目的分界點。如果一個立場有四處（含）以上的直接經文支持，本書就認定這是聖經立場；如果不到四處經文，就表示聖經對此倫理議題沒有立場。

　　本書的倫理神學方法論主張是：建立在「三一神命令論」的基礎上，聖經對於某一倫理議題如果只有單一立場，就應該堅持遵守這個立場。如果聖經經文允許多個立場，則教會應該根據本身所處的時空環境，選擇其中之一適當的立場，但是不嚴格排除其他的立場。如果沒有足夠多的聖經經文，支持或反對任何一個倫理議題，教會就應該本著愛心，使用靈智來處理個別信徒所遭遇的倫理困境。其實，不論聖經經文有幾個立場或者沒有立場，「三一神命令論」都主張以「三一神的方式」來處理倫理爭議，兼顧神性、感性（愛心）、與理性（本書第三章）。[12] 基督教的愛心是指在聖潔、正義、倫理範圍內的憐憫、恩慈、熱情、與犧牲自我，而不是無倫理界線的情慾之愛。[13] 理性則是指考慮到信徒所處的國際社會、國家、社

---

[12] 關於應用神性、感性、理性的分類於神學研究中，見 Barrett (2011); Newberg and Waldman (2009); Kuo (2018)。

[13] 西方神學家常常區分聖經中的「愛」為 ἀγαπάω(agapao; 聖愛)、φιλέω(filew; 友愛)、ερος(eros; 情慾之愛)或 ἐπιθυμία (epithumia; 私慾)、以及很少出現在聖經的 στοργος (storgos; 親情；羅 1:31；羅 12:10；提後 3:3 是以複合字出現)。但是《七十士譯本》不太區分前三者的個別用法。到了新約才有比較明顯的區別，雖然互用的情形還是不少，例如，林前

會、社區、家庭的特殊時空環境，在不違反神聖性與愛心的前提下，彈性地採用世俗的倫理規範。這也是使徒們在外族人中間宣教時，所採取的務實（情境）倫理標準。[14]

　　區分聖經的清楚立場是否為單一、複數、或者沒有立場，可以部分解決「三一神命令論」的一個應用困境，就是基督教倫理如何與世俗倫理對話。世俗論者認為基督教神學家動不動就訴諸聖經為倫理的唯一依據，這對於非基督徒而言，並沒有說服力。但是有些基督教神學家為了跟世俗倫理對話，卻走向另一個極端：完全不提到聖經的依據，或者根本就拒絕跟世俗倫理對話。[15] 分析聖經的清楚立場，讓基督徒可以堅持自己神聖性的同時，也可以跟世俗倫理對話，表明自己相同、相異、或開放的倫理觀點。本章第五節介紹基督教倫理如何與世俗倫理對話。

　　「三一神命令論」與「聖經清楚立場」這兩個倫理應用方法，呼應了 Evan C. Hock 的基督教倫理神學的五個特色：神學的倫理、聖經的倫理、福音的倫理、頌讚的倫理、以及盟約的倫理。[16]「神學的倫理」是指基督教倫理必須是「以神為中心」的倫理。「聖經的倫理」是指基督教倫理必須記載在聖經裡面。「福音的倫理」是指基督徒必須宣揚和實踐這些倫理。「頌讚的倫理」是指基督徒的作為要能夠榮耀神。最後，「盟約的倫理」是指信徒藉著信心與團契來實踐倫理。

---

13 章的「愛的真諦」主要是指教會弟兄姊妹之愛，但是使用的「愛」是 ἀγάπη。大部分的神學家仍接受這三種「觀點」的區分，而且這種區分是以「神與人」以及「人與人」之間倫理關係為基礎。見 Geisler (1989: 46-51); Driskell (2012)。

[14] 雖然自由派神學家也主張愛心與理性，但是本書與他們的差異是：聖經的倫理立場不都是複數，而可能是單一、複數、或沒有立場；以及愛心與理性不可以違背聖經立場。自由派倫理神學的例子有 Wogaman (2011)。

[15] 神學家 McKenzie(1995) 討論基督教神學家與世俗倫理學家對話時，所產生的困境。結論是他認為這種對話不會有好的結果。基督徒最好先把福音傳開，大家的倫理觀念就會類似了。

[16] Hock (1996).

第四節　靈智與政治神學[17]

　　「靈智」在希臘文新約中，主要的對應字是 νοῦς (nous)，出現過 21 次。這 21 次當中，只有 3 次不是出現在保羅書信中，[18] 可見保羅對於這個字的重視程度。《和合本修訂版》把 nous 翻譯成「理智」、「悟性」、「心（地／中／意／志／思／術）」、「智慧」、「心竅」、「了解」。[19] 其實，在大部分經文中，都可以統一翻譯成「靈智」；例如，「不要效法這個世界，只要心意更新而變化」（羅 12:2），可以翻譯成「不要效法這個世界，只要靈智更新而變化」。有趣的是，綜合保羅對於 nous 的用法，他可能認為「靈智」(nous) 與「靈」(πνεῦμα; pneuma) 兩個字是可以互換的；例如，林前 2:14-15 才提到「屬靈人」(πνευματικῶς; pneumatikws)，下一節就馬上說道：「誰曾知道主的心？誰會教導他？至於我們，我們有基督的心」（林前 2:16）；這裡的「心」原文就是 nous。[20] 林前 14:15 也是個好例子：《和合本修訂版》翻譯成「我要用靈禱告，也要用理智禱告；我要用靈歌唱，也要用理智歌唱」；其實可以翻譯成。「我要用靈禱告，也要用靈智禱告；我要用靈歌唱，也要用靈智歌唱」更明顯的一節經文是「你們要把自己的心志更新」（弗 4:23）；「心志」的原文其

---

[17] 陳尚仁 (2021:94-117) 主張應用「智德」（「兼具理性與道德的德行」）在教牧倫理上。他比較從中世紀神學家阿奎那 (Thomas Aquinas, 1225-1247) 的德行論切入，本書的「靈智」比較從聖經的相關經文和心腦神學切入。

[18] 路 24:45；啟 13:18；啟 17:9。

[19] 《和合本修訂版》把 νοῦς (nous) 翻譯成「理智」的經文有林前 14:14-15, 19。翻譯成「悟性」的經文有啟 13:18。翻譯成「心（地／中／意／志／思／術）」的有多 1:15；羅 1:28、羅 7:23, 25、羅 11:34、羅 12:2、羅 14:5；林前 1:10、林前 2:16；帖後 2:2；弗 4:17, 23；提前 6:5；提後 3:8。翻譯成「智慧」的有啟 17:9。翻譯成「心竅」的是路 24:45；翻譯成「了解」的是腓 4:7。沒有翻譯出來的經文有西 2:18。

[20] νοῦς, BDAG#3.

實是兩個字「靈智的靈」。[21]

　　「靈智」的動詞是 νοέω (noew)，可以翻譯成「慎思」或「深入瞭解」。「慎思」在希臘文新約中至少出現過 16 次。雖然約有一半是出現在非保羅書信中，但是用法與保羅的用法相似。[22]「慎思」是「仔細的想一想／瞭解」，而不是一般的「想一想／瞭解」；是靠著聖靈進行的思考，而不是衝動的想法。最具代表性的兩句經文是：「我所說的話，你要考慮（慎思），因為主必在凡事上給你聰明」（提後 2:7）；「你們讀了，就會知道我所深入瞭解基督的奧祕」（弗 3:4）。

　　在新約與 nous 意思相近的字有「智慧」(σοφία; sofia)、「悟性／瞭解」(σύνεσις; sunesis)、「良心」(συνείδησις; suneideisis)、和「悟性／心」(διάνοια; dianoia)。[23] 其中「智慧」(sofia) 在新約出現最多次，至少 62 次，而且大部分與三一神的特性有關；例如，「耶穌的智慧和年紀，並來自上帝和人的恩典，都持續增長」（路 2:52）；使徒們選出第一屆的執事們，提到的條件是：「你們要從你們中間選出七個有聲望、被靈和智慧充滿的人」（徒 6:3）；以及「基督就是上帝的能力，上帝的智慧」（林前 1:24)，而且「你們靠著基督耶穌，上帝就使祂成為我們的智慧、正義、聖潔、和救贖」（林前 1:30）。而「智慧」與「靈智」同時出現的經文是信徒能夠分辨那隻獸的能力：「在這裡要有智慧；有靈智的人必須計算獸的數目！」（啟 13:18）。

　　「悟性」(sunesis) 與「靈」和「智慧」並存的代表經文，是保

----

[21]「心志」的原文是 πνεύματι τοῦ νοὸς。

[22] 太 15:17；太 16:9, 11；太 24:15；可 7:18；可 8:17；可 13:14；約 12:40；徒 13:27；羅 1:20；林後 2:11；弗 3:4, 20；來 11:3；提前 1:7；提後 2:7。

[23]《和合本修訂版》把 σοφία (sofia) 翻譯成「智慧」的經文有 62 處；由於經文數太多，僅以太 11:19；可 6:2；徒 6:3；羅 11:33 為例。把 σύνεσις (sunesis) 翻譯成「悟性」的經文有西 1:9。在弗 3:4，「深入瞭解」與「悟性／瞭解」並用，可見兩個概念的類似。把 συνείδησις (suneideisis) 翻譯成「良心」的經文有 28 處：徒 23:1、徒 24:16；羅 2:15；羅 9:1；羅 13:5；林前 8:7, 10, 12、林前 10:25, 27-29、林後 1:12、林後 4:2；林後 5:11；提前 1:5, 19；提前 3:9、前 4:2、提後 1:3、來 9:9, 14、來 10:2, 22；來 13:18、彼前 2:19；彼前 3:16, 21。把 διάνοια (dianoia) 翻譯成「悟性」的經文有約一 5:20；翻成「心」的有彼後 3:1。

羅為歌羅西教會的禱告詞：「（我們）不斷為你們禱告和祈求，使你
們滿有一切屬靈的智慧和悟性，瞭解上帝的旨意」（西 1:9）。另外，
在彼後 2:12 與猶 1:10，《和合本修訂版》翻譯提到的「沒有理性
的牲畜」中的「沒有理性」，原文是 ἄλογος (alogos)，是與「道成肉身」
的「道」(logos) 有相同字根。所以意指耶穌的「道」，也有「理性」
的意思。

　　保羅書信常用的「良心」(suneideisis)，也常常與三一神的特性
相關，接近「靈智」的意思；例如，「我自己盡力經常持守無責的
良心，來對待上帝和人們」（徒 24:16）；保羅勸導羅馬信徒要順服政
府，「不只是因為嚴懲，也是因為良心」（羅 13:5）；以及保羅勉勵
提摩太「你要有信心和良善的良心」（提前 1:19)。

　　最後，與「靈智」(nous) 意思與用法相近的希臘字是「悟性／心」
(dianoia)。「上帝的兒子已經來到，並且賜給我們悟性，使我們認識
那位真理者」（約一 5:20)。這裡的「悟性」不是指一般的知識，而
是一種屬靈的認知能力，與「靈智」的意思相同。同樣的，彼得寫
信給教會領導們的書信，也提到「在這兩封信裡，我都藉著激發真
誠的悟性，來提醒你們，要記得聖先知預先所說的話和主救主的命
令，就是使徒們所傳給你們的」（彼後 3:1-2)。這裡的「悟性」(《和
合本修訂版》翻譯成「心」)，也不是一般死背的知識，而是要靠著
聖靈才能記得與實踐舊約和新約的教導。

　　上述是 nous 以及其相關字在新約中的用法。而 nous 在舊約
七十士譯本中，出現過 13 次；[24] 對應的希伯來文字最多的是 leib
（心）；其他的有 :ozen（耳朵），daat(辨別力)；以及 ruach（靈）。[25]
七十士譯本使用 nous 的方式，大都與新約 nous 的含意類似，都不
是指一般的智慧與知識，而是能夠認識上帝奧秘或教導的一種能力。

---

[24] 出 7:23；書 14:7；伯 7:17, 20；伯 33:16；伯 36:19；詩 118:105；箴
29:7；賽 10:7, 12；賽 40:13；賽 41:22。

[25] 這些與「靈智」(nous) 相關的希伯來文字以及《和合本修訂版》的翻譯，
最多的是 לֵב (leib；心；出 7:23；書 14:7；伯 7:17；賽 10:7；賽 41:22)；
其他的有 :אֹזֶן (ozen；耳朵；伯 33:16)；דַּעַת (daat; 辨別力；箴 29:7)；רוּחַ
(ruach; 靈；賽 40:13)。

　　不過，在舊約裡面，最接近新約「靈智」(nous) 含意的希伯來文字是出現過 160 次的「智慧」חָכְמָה(haakmaah)，對應的希臘文是 sofia（智慧）。[26] 在舊約書卷中，haakmaah 出現最多次的是箴言（32次），其次是傳道書（28 次），接著是約伯記（18 次）。尤其是在箴言裡面，「智慧」不但是一種來自上帝的能力，更等於上帝的本身。這個「智慧」不但可以幫助人遠離色情的誘惑，還可以「行善守義」，「承受尊榮」，「建立家室」，「使父親喜樂」，「平息王怒」，「必蒙拯救」，以及「止息眾怒」。箴言甚至把這個「智慧」擬人化，祂會「在街市上呼喊，在廣場上高聲吶喊」，呼叫以色列人悔改，歸向祂」。[27]

　　箴言書的解經家 Tremper Longman III 不同意傳統神學對箴言的輕視，以為箴言只是世俗生活智慧而沒有重要的神學內涵。他認為箴言至少有兩個重要的神學內涵：箴言裡面提到的智慧婦人，就是指上帝；而新約多處經文認定耶穌就是智慧的顛峰。箴言的前言就是以「敬畏耶和華是知識（等同「智慧」）的開端；愚妄人藐視智慧和訓誨」（箴 1:7），作為箴言的摘要：智慧等同上帝，愚妄等同異教神明。而新約多處經文以箴言的內容為本，來描述耶穌；例如：「（耶穌）逐漸長大並強健，充滿智慧，又有上帝的恩典持續在祂裡面」（路 2:40）；耶穌喜歡用「比喻」，而希伯來文的「箴言」(מָשָׁל ; mashal) 翻譯成希臘文時，就是「比喻」(παροιμία; paroimia)；保羅也兩次提到「耶穌就是上帝的智慧」；以及約翰說明耶穌就是「道」，而且「道就是神」。[28]

　　「智慧」(haakmaah; sofia) 在以色列人建會幕或聖殿的時候，表示一種屬神的智慧；是知識和靈性的結合，才能完成蒙上帝喜悅的細節工作；「凡有智慧，心裡受感動的婦女都來紡山羊毛」（出

---

[26] 希伯來文的「智慧」是 חָכְמָה (haakmah)。

[27] 箴 2:10, 20、3:35、箴 14:1、15:20、箴 16:14、28:26、29:8。擬人化的「智慧」有箴 1:20-23、箴 4:6-8。

[28] Longman (2006: 57-59, 65-68). 路 2:40；林前 1:30；西 2:3。其他把耶穌與智慧並論的經文有太 11:19；西 1:16；約 1:1, 10。

35:26）。「智慧」可以是一種符合上帝心意的政治判斷；例如，大衛時代，一個有「智慧」的婦人，把叛軍首領示巴殺死，拯救了全城的人。「智慧」可以幫助以色列人抵擋外敵；「祂是你這世代安定的力量，豐盛的救恩、智慧和知識；敬畏耶和華是錫安的至寶」（賽33:6）。[29] 在這些經文中，「智慧」（*haakmaah; sofia*）又常常與「聰明」、「知識」並列，可能表示「知識」與「技術」也是「智慧」很重要的成分。[30] 而把智慧、聰明、知識、聖靈，合在一起最具代表性的經文是「耶和華的靈必住在他身上，就是使他有智慧和聰明的靈，謀略和能力的靈，知識和敬畏耶和華的靈」（賽11:2）。

　　「靈智」作為本書「三一神命令論」的核心概念，除了必須在上帝律法的指導下運作，以及效法耶穌處世的智慧以外，還必須與聖靈結合，這也是本書為何把 *nous* 翻譯成「靈智」的原因。如何結合？簡單的說，就是使用「聖靈所結的果實」作為動機與方法；這些是：「仁愛、喜樂、和平、忍耐、恩慈、良善、信實、溫柔、節制」。另外，加拉太書的作者還特別強調：「律法並不反對這些事」（加5:22-23）。

　　綜上所述，當靈智以及其他相近的概念（智慧、聰明、知識、良知等）與三一神結合在一起時，它代表了理性、感性（愛）、與神性的完美結合。光是理性而沒有神性，可能落入世俗倫理的判斷，甚至是異教倫理的判斷，造成「屬人的智慧」，隨波逐流，莫衷一是。[31] 有了理性與神性的結合，卻沒有感性，則不免失之僵化與冷酷無情。光是感性而沒有理性與神性，則容易墮落與濫情。而光是神性而沒有理性學習到的知識以及愛的動力，則無法落實到生活實踐中，解決基督徒在多元社會中所碰到的實際問題，如本書所討論的各種「後現代議題」。

---

[29] 建會幕或聖殿的智慧（出 35:26、36:1-2、代上 28:21）；有智慧的婦人（撒下 20）；智慧抵擋外敵（賽 33:6）。

[30] 智慧與聰明、知識並列經文的例子有：出 31:3、出 35:31, 35、36:1；申 4:6；王上 5:9；代下 1:10-12；賽 33:6；但 1:17。

[31] 約 15:19；林前 2；林後 1:12；約一 4:5。

　　應用在華人政治神學的議題上，靈智的具體操作方法，顯現在五個「區分」上：(1)區分宣教與政治倫理；(2)區分聖經倫理立場的數目；(3)區分「教內」與「教外」；(4)區分教會與信徒身份；以及(5)區分時空環境。

　　(1)區分宣教與政治倫理。耶穌建立教會的目的是在宣教，信徒的「大使命」也是宣教（太28:18-20）。依照聖經倫理建立地上世俗的天國或所謂的「基督王國」，不是教會的目的，也不是信徒的大使命。當世俗的政治倫理符合聖經倫理，而且有助於宣教時，教會當然可以公開表明支持。但是當世俗的政治倫理，會造成教會分裂、有害宣教時，教會就不適合參與世俗政治倫理的論辯，甚至去推動特定的政府政策。這需要用靈智去判斷。

　　(2)區分聖經倫理立場的數目。從本書各實體章節的結論來看，聖經對於當代的倫理議題，有時持著單一立場，有時複數立場，有時則沒有立場。如果是單一立場，教會必須堅持這單一立場。如果是複數立場，教會必須包容不同的立場。如果沒有立場，只要沒有違反聖經其他的重大倫理，教會不適合表達任何立場。這需要用靈智去判斷。

　　(3)區分「教內」與「教外」。保羅在寫給處在多元社會的哥林多教會時，在倫理的教導上，特別區分了「教內的人」和「教外的人」。對於「教內的人」要嚴格要求遵守不可淫亂、貪婪、欺騙、或拜偶像。如果有這樣的信徒，其他的信徒就不可與他們交往，「甚至一同吃飯」，而且要把他們趕出去。但是對於「教外的人」則不必，因為審判「教外的人」的是神，不是教會。如果教會把聖經倫理也強加在「教外的人」，那麼信徒「就應該陸續離開這世界」，因為他們無法不與「教外人士」做生意，獨自生存下去（林前5:9-12）。這需要用靈智去判斷。

　　(4)區分教會與信徒身份。不論聖經的倫理立場數目為何，教會的倫理立場必須根據聖經的立場；信徒亦然。但是這是指當聖經對於某一倫理議題，只有一個立場時說的。當聖經對於某一倫理議題，有複數立場或者沒有立場時，教會就必須包容信徒有不同的立

場，或者教會就不表態支持任一立場。但是信徒沒有這個限制。信徒可以根據各自靈智的引導，選擇聖經倫理複數立場之一，致力推廣這個立場。或者當聖經對於某一議題沒有立場時，信徒可以支持世俗倫理的立場，作為傳福音的工具。也就是說，教會表達倫理立場時，有比較多的限制；信徒則比較少。這需要用靈智去判斷。

（5）區分時空環境。聖經對於許多重大的倫理議題，不但是有複數立場，甚至這些立場彼此矛盾，讓教會與信徒不知何去何從？男人地位高於女人，或者男女平等？支持奴隸制度，或者反對奴隸制度？譴責富人或者效法富人？同情窮人或者責備窮人？要殲滅異教徒，或者與異教徒和平相處，甚至可以服事異教徒的領導？要支持死刑或者廢死？要保護大自然環境，或是歡迎耶穌再來時毀滅大自然環境？大部分的這些矛盾，其實並不是矛盾。這些倫理立場都為了在不同時空環境，有助於信徒與教會的生存，以及有助於推廣福音，所設立的。就像是一個 GPS 導航系統，一下子叫我們左轉，一下子叫我們右轉，我們難道可以對這個導航系統抱怨說：「你倒底是要我們左轉還是右轉？」聖經是教會與信徒的導航系統，有時要左轉，有時要右轉，有時則是直走；甚至走過頭了，就要後退。但是目的地（宣教）總是沒有變。

耶穌派遣門徒們出去宣教時，提醒他們：「我派遣你們就像羊群進入狼群中間；所以你們必須靈巧像蛇，純潔像鴿子！」（太10:16）。耶穌面對外族統治者和猶太愛國主義份子的挑戰，說出了：「我的王國不屬這世界」（約18:36）。保羅說：「不可被這世代所塑造，但是靈智必須更新而變化，使你們可以驗證上帝的旨意為何是良善、合理與完美的」（羅12:2）。他以身作則的說：「我已知道怎樣處卑賤，也已知道怎樣處富裕；或飽足或飢餓，或富裕或缺乏，任何事情，任何情況，我都學到了祕訣；就是我靠著那加給我力量的，凡事都能做」（腓4:12-13）。他又說：「對猶太人，我就成為猶太人，為要贏得猶太人；對律法以下的人，我雖然不在律法以下，還是成為律法以下的人，為要贏得律法以下的人。對沒有律法的人，我就成為沒有律法的人（我雖然不在上帝的律法之

下，但是在基督的律法之下），為要贏得沒有律法的人。對軟弱的人，我就成為軟弱的人，為要贏得軟弱的人。對甚麼樣的人，我就成為甚麼樣的人，為要多救一些人」（林前 9:20-22）。這些都是用靈智去判斷不同時空環境中，如何選擇符合聖經倫理立場的最好例子。

在結束這一節之前，需要回答一個可能的疑問：如果靈智這麼重要，為什麼西方傳統和現代的神學家都不太討論到這個主題？本書認為這可能是受到諾斯底主義 (Gnosticism) 在基督教歷史上的壞名聲之影響。「靈智」(nous) 這個概念，本來是古希臘哲學的一個重要議題，意指人類的一種思考能力，是能夠修身養性，洞悉人間真理甚至是宇宙創造奧秘的能力，也等於「道」(logos；不等於約翰福音的「道」)。[32] 這個概念被早期教會（尤其是保羅）引進後，轉變成本節所討論的屬三一神的智慧，可以用來判斷倫理以及認識三一神。但是在教會引進這個古希臘哲學概念時，有些教會的知識份子主張全然接受這個哲學概念，而使得基督信仰變成多神論、玄學、或者禁慾主義。神學的 νοῦς (nous；靈智) 變成了哲學的 γνῶσις (gnwsis；知識、洞見)，也成為諾斯底主義 (Gnosticism) 的名稱來源。這也是保羅在許多書信中批判的對象。[33] 而後代的神學家似乎只看到保羅的批判，就「把嬰兒與洗澡水一起倒出去」。反而忽略了保羅自己多麼倡導靈智的重要性。任何人只要提到靈智，就可能馬上被冠上諾斯底主義的異端大帽子。就像本書第六章討論到創造論和演化論時，主張創造論與演化論可以相容的基督徒，可能就會遭到某些保守神學的批判，深怕科學打擊了基督教信仰。第十一章討論到社會福音神學時，由於社會福音神學主張神學與社會科學結合，也被傳統神學認為是諾斯底主義的遺毒。是否真是如此？可能還需要用靈智去判斷。

[32] King(2003); Wikipedia, "nous," https://en.wikipedia.org/wiki/Nous, 2020.9.4.

[33] 保羅可能對於諾斯底主義的批判：加 4:3, 9；西 2:8, 20；來 5:12；提前 1:4、4:7；提後 4:3-4；多 1:14；彼後 1:16。

第五節　揀選西方政治神學

本書雖然對於「後尼西亞」(post-Council of Nicaea, 325-) 的西方政治神學，持著高度懷疑態度，但是一方面華人政治神學不可避免地已經受到西方政治神學的影響，另一方面也必須繼續與西方政治神學對話，以適應新的時空環境。因此，基於包容的方法論與本體論，本書所主張的當代華人政治神學，選擇了下列西方政治神學的部分，作為包容的對象：Thomas Hobbes 的盟約政治神學、John Locke 的契約政治神學、Immanuel Kant 的理性倫理學、以及當代西方基督教倫理學主要著作。

Thomas Hobbes 的「盟約政治神學」(political theology of covenant)，建構了完整的「君權神授」論述。簡單的說，Hobbes 的理想政治制度，是由一群原來生活在「自然狀態」(state of nature)的人們，因為要避免自然狀態的戰爭與混亂，而共同決議推選出一位君王，並且授權他全權管理他們。這個「授權」是「不可逆的」，也是「完全的授權」；「不可逆」是人們不能因為後來不喜歡君王的統治而反悔這個授權；「完全的授權」是人們把所有的自主權力，都交出來給君王，而沒有保留任何個人的權力，以便君王可以「全權」統治他們。這位君王「全權」統治他們的範圍，包括世俗事務（行政、立法、司法），也包括宗教事務。君王雖然是人民推選出來管理政府，但是他的地位超越了政府。他不用對人民負責，他只對上帝負責。[34]根據 Leviathan 後半本書（第三部、第四部）關於聖經解經的討論，本書認為 Hobbes 的「盟約政治神學」的神聖基礎，是舊約的盟約和彌賽亞觀念，以及新約的耶穌基督。

舊約中的盟約觀念有三個特殊性：(1) 它是上帝單方面所制訂的盟約 (covenant)，不是上帝與信徒協商後的契約 (contract)。在希伯來

---

[34] Hobbes (1651/1955:113-120); Hood(1964:160-161, 210, 233-234, 240-243).

文法的表現上，「盟約」一字若是指上帝的盟約，幾乎都會以「附屬型」出現，所以要翻譯成「我／祢／祂（上帝）的盟約」。[35] (2) 這個盟約制訂之後，就永遠有效，不會因為信徒違約而失效。這是因為上帝制訂祂的盟約以後，曾經指著自己發誓，要永遠遵守自己訂定的盟約。即使後來以色列人民一再地違反這個盟約，這個盟約仍然有效，因為上帝發過誓要永遠維持這個盟約。(3) 這個盟約的內容一方面包括上帝必救贖、保護以色列人的應許；另一方面包括以色列人所必須遵守的宗教儀式與道德倫理規定。這些宗教儀式與道德倫理規定，包山包海，涉及信徒生活的社會、經濟、政治、宗教活動。舊約中的這些盟約觀念，充分反映在 Hobbes 的人民／君王之間的盟約：這個盟約是神聖的，是永遠有效的，不可逆的，而且君王對於人民的管轄權是「全權」的。

另外，Hobbes 理想中的這位君王，幾乎就是舊約彌賽亞和新約耶穌基督的化身。他／祂保護人民，救贖人民免於戰爭。他／祂是全國人民的父王，集行政、司法、立法大權於一身，甚至可以審判宗教爭議，作為詮釋聖經的最高權威。人民必須全心全意地服從這位君王，如同服從耶穌基督一樣。

Hobbes 的君權神授觀點，與西漢《春秋繁露》和東漢《白虎通義》的「天子」觀點，幾乎完全相同。後者不但給予中國皇帝最高的行政、司法、與立法權力，並且藉著「天命」之說，以及「天子」的稱號，給予皇帝最高的宗教詮釋權與領導權。本書第四章第四節將詳細討論這種中國傳統「政教規矩」的由來，以及至今在中國大陸的實踐。

John Locke 的「契約政治神學」(political theology of contract) 被視為現代民主思潮「天賦人權」、「三權分立」、「革命論」、「政教分立論」之發端。Locke 的推論也是從充滿戰爭與混亂的「自然

---

[35] 「我的（盟）約」的例子有：創 6:18（上帝與挪亞立約）；創 17:2（上帝與亞伯蘭立約）；出 6:4（上帝提到祂與亞伯拉罕、以撒、雅各立約）；出 19:5（上帝與出埃及的以色列民立約）；王上 11:11（上帝廢棄祂與所羅門的王位約定）。

狀態」開始。人們聚集在一起討論要推選一位政治領導者來保護他們，並且要與他訂約，確定彼此的權利義務關係。不過，與 Hobbes 不同的是，Locke 的「契約」是「可逆的」，而且不是「完全的授權」。它是「可逆的」，因為人民若不滿意政治領導者的統治（政府違約），這個契約就失效，人民就可以發動革命，另外推選一位政治領導者。這個契約不是「完全的授權」，因為人民還保留了上帝創造人類時，同時賜給人們的「人權」，包括生命權和財產權；這些是政治領導者所不能強奪的。另外，政府只能管理人民的世俗行為，不能干涉人民的信仰自由，更不能判定那個宗教是正統或異端，因為「政府無能、也無權」干涉宗教。[36]

　　就像 Hobbes 一樣，Locke 的「契約政治神學」也是從聖經而來。首先，在舊約中，「盟約」與「契約」都是同一個字 בְּרִית (beriit)。本書根據它出現的上下文，翻譯成「盟約」(covenant) 或「契約」(contract)，以區別 Hobbes 和 Locke 的不同用法。舊約的盟約大都是指上帝與以色列人所訂立的「祂的盟約」；但是有少數的經文，是指以色列人與其他族群（人與人）所訂定的「契約」。這個「契約」可能有上帝的見證，但是大都是雙方各自向各自的神明起誓，所訂立的契約。[37] 因此，訂約的雙方只要有一方違約，這個契約就無效，另一方不必繼續遵守約定的義務。

　　契約與盟約的第二個差異，是契約的內容範圍有限，通常是為了單一議題所設，不像上帝的盟約內容包山包海。Locke「政府二論」所形容的人民/政治領導者之間所定的約，就是這種「人與人」之間所定的「契約」，不是「盟約」。因此，人民並沒有把所有的權利（尤其是「天賦人權」），交付給政治領導者。政府也要採取「三權分立」的制度，制衡政治領導者。政治領導者不是彌賽亞，也不是基督，所以「無能、也無權」干預宗教事務。當政治領導者違犯這個契約、侵害到人民利益時，人民有權利推翻政府，另推選政治

---

[36] Locke (1683/1993); Dunn (1969).

[37] 例如，雅各與拉班的工作契約（創 29、34），以及雅各與示劍人為兒女所定的婚約。

領導者。在 Hobbes 的「盟約政治神學」裡面，人民怎能有權推翻彌賽亞／耶穌的統治呢？但是站在當時英國政黨「輝格黨」(Whig) 所主張「議會至上論」一方的 John Locke，藉著批判當時主張以「君權神授說」維護專制王權的「保守黨」(Tory) 政治家 Sir Robert Filmer，間接否定了 Hobbes 的「盟約政治神學」。[38] 本書第四章第三節的華人政治神學將討論如何結合 Locke 的「天賦人權」、「政教分立論」、與「三權分立」，並考慮到中國傳統的「政教規矩」，作為當代華人社會的政教關係模式。

　　為了與近代與現代西方政治哲學對話，當代華人政治神學也應該選擇性的包容 Immanuel Kant 的理性倫理學。轉換成一般華人可以懂的詞語，簡單的說，Kant 的《道德底形上學》是使用「理性」的思考，從一些「先驗的格律」（先於經驗的法則；例如「自由」、「道德普遍性」、「使個人完美」、「使別人快樂」），來討論一般倫理教條的複雜性，如不可說謊、不可自殺、不可吝嗇、不可阿諛、不可傲慢、不可誹謗、不可嘲笑、不可有同性戀行為、要愛人與尊敬別人等。他的《道德底形上學》在當時特別引起爭議的，是他的道德學說並不需要承認或否認上帝的存在，也不需要上帝的認可或否定。Kant 所主張的倫理教條即使與聖經所主張的倫理律法，有很多相近，但是他堅持這是經過理性思考所得出來的結論，並非因為這些是上帝所說的，就盲目地遵循。[39] 而教會當然可以成為社會道德的提供者，但是這教會必須是「理性的教會」，不要老是訴諸上帝的權威來要求人們盲目地遵守道德倫理，而是要用理性的推論，說明某項道德規範是能夠「使個人完美」並且「使別人快樂」。[40]

　　本書在討論各項政治神學議題時，就會強調「自由」、「道德普遍性」、「使個人完美」、「使別人快樂」等，所必須採取的包容態度。但是，從本書第三章所討論到人性的理性、感性、與神性來看，Kant 的「理性」倫理學必然受限於理性的思考，只能補充、

---

[38] Dunn (1969: 43-57, 77-83) .

[39] 同時參考 Kant (1785/1996) 以及李明輝譯注的康德的「道德底形上學」。

[40] Kant (1996).

而不能取代一般的宗教倫理學。更何況，道德倫理本來就具有高度的時空性質，要把德國式的道德倫理學，全部適用在當代華人社會，可能就會產生「過與不及」的倫理災難。

　　除了上述西方政治哲學以外，對於當代華人政治神學影響最大的西方政治哲學概念，可能是「人權」與「平等」。因為在聖經裡面，並沒有現代觀念的「權利」與「平等」，而是強調「權柄」、「責任」以及「順服人的一切制度」。但是現代國家的出現，伴隨著「權利」與「平等」價值的普世化。現代華人基督徒不得不瞭解如何與這些世俗價值對話。

　　聖經中有 77 處經文使用到「權柄」(ἐξουσία; eksousia) 一字。例如：「國度、權柄、榮耀，全是祢的」（太 6:13）；「人子在地上有赦罪的權柄」（太 9:6）；或者「天上地下所有的權柄都賜給我了」（太 28:18）。[41]。當然，要把這些「權柄」換成「權利」也不是不可以，但是這就與經文原意差很多。許多英文譯本和中文譯本，常常誤把「權柄」(eksousia) 翻譯成「權利」（或是英文的 right）。《和合本修訂版》只有六處經文，誤把「權柄」翻譯成「權利」，算是翻譯上很大的進步。這些經文都出現在保羅寫給哥林多教會的書信中，討論到使徒們是否有「權柄」（不是「權利」）向各教會要求對他們的個別奉獻。[42] 其他中英文譯本誤把同樣這個希臘文字「權柄」翻譯成「權利」的經文非常多，不予列舉，只舉一例：《和合本修訂版》正確地翻譯約翰福音 1:12「凡接納祂的，就是信祂名的人，他就賜他們權柄作上帝的兒女」。但是《新譯本》翻譯成「凡接受祂的，就是信祂名的人，祂就賜給他們權利，成為神的兒女」。而 NIV 翻譯成 "Yet to all who did receive him, to those who believed in his name, he gave the right to become children of God"。這些中英文聖經的譯者，可能都受到康德倫理哲學的影響，把康德對於「權利」的理論，讀

---

[41] 查詢「信望愛聖經工具」關鍵字「權柄」。「權柄」的例句：太 6:13、9:6、28:18。

[42] 「權柄」的原文是 ἐξουσία。《和合本修訂版》誤把「權柄」翻譯成「權利」的經文是：林前 9:4-6, 12, 15, 18。

進了聖經。

另外，七十士譯本與新約有 20 處經文出現了 ἴσος (isos) 這個形容詞。[43] 它的意思大多是指測量用的「等於」、「等同於」、「相同」；例如：在約翰福音 5:18 猶太人指責耶穌「稱上帝為祂的父，把自己和上帝看為同等」。只有一處經文可能有「平等」的意思，就是在馬太福音 20:12「葡萄園做工」的比喻裡，先入園的工人抱怨他們的工資與後入園的工人是「一樣的」。即使在這處經文裡，isos 可能也沒有現代「平等權利」的觀念。顯然地，是否要給工人「平等」的薪資，是園主人的「權柄」，而不是工人的「權利」。[44]

與 isos 同字根的名詞 ἰσότης (isoteis)，似乎也有「平等」的意思。[45] 保羅寫給哥林多教會的書信中，提到當時在希臘半島的眾教會，發起了收奉獻給使徒的運動。可能是各教會對於收奉獻的標準不一，比較富裕的哥林多教會被要求多奉獻一些，就引起哥林多教會裡面有些人的抱怨。保羅解釋說（《和合本修訂版》）：「我不是要別人輕鬆，你們受累，而是要均勻：就是要你們現在的富餘補他們的不足，使他們的富餘將來也可以補你們的不足，這就均勻了」（林後 13-14）。NASB 把 isoteis 翻譯成 "equality"，可以翻譯成「平等」。但是本書認為根據上下文以及 BDAG 所提供的其他翻譯選項，翻譯成「公平」或「合理」(fairness) 可能比較適當，也就是現代政治哲學家 John Rawls 所說的「正義即是合理」(justice is fairness)。[46] 畢竟，使徒們不可能要求所有的教會都奉獻相同的數目，更不可能要求所有的信徒都奉獻相同的數目，而是要按照個別信徒與教會的能力和熱誠去做。同樣的，保羅在歌羅西書中討論到主人與僕人關

---

[43] 「平等」的希臘文形容詞是 ἴσος (isos)。出現過的經文（含七十士譯本）有：出 30:34；利 7:10；民 12:12；申 13:7；伯 41:4；箴 25:10；結 40:5-8；結 41:8；結 45:11；太 20:12；可 14:56, 59；路 6:34；約 5:18；徒 11:17；腓 2:6；啟 21:16。

[44] France (2007: 745-748).

[45] 「平等」的希臘文名詞是 ἰσότης (isoteis)。在聖經裡（含七十士譯本），這個字只出現過三次：林後 8:13-14；西 4:1。

[46] Verbrugge and Harris (2008: L8561-8581); Rawls (1996: xxxii).

係時，鼓勵作僕人的信徒「必須凡事聽從你們肉身的主人，不要只在眼前服事像是討人喜歡，而是要以單純、敬畏主的心思服事」（西3:22）；這是僕人的責任。而保羅接下來鼓勵作主人的信徒說：「你們作主人的對待僕人必須公正與合理！因為你們已知道，你們也有一位主在天上」（西4:1）。這裡的「合理」(isoteis)，不太可能是指「平等」，因為保羅並沒有推翻奴隸制度的想法，而是強調僕人與主人都必須各盡其責。「主人對待僕人必須公正與合理」，可能是說主人該給僕人的工資都要按時給，不可以藉故扣薪水，當然也不可虐待僕人。[47]

　　保羅對於奴隸制度的看法，其實反映了早期希臘文化對於「正義」或「義人」的看法，而不是現代人權理論的「權利」或「平等」觀念。「正義」或「義人」的希臘文是 δικαιοσύνη (dikaiosunei)。[48] 本書認為早期希臘知識份子或官員對於「義」的定義，應該是遵循希臘哲學家柏拉圖 (Plato, 主前約 428-348) 在《理想國》(The Republic) 裡面的定義，就是：「正義即是把你自己的事情做好，而且不要干擾其他人」。簡單的說，「正義」就是「盡責」、「盡本分」的意思。《理想國》並不是一個階級「平等」的國度，因為這裡面有哲王、監護人、輔助者，他們共同管理一般的人民，包括窮人和奴隸。《理想國》是一個各階級「各盡本分」的國度，而不是一個各階級「平等」的國度。如果為了強調「平等」，國家讓普通人民來管理的話，就成為「暴民政治」（英文翻譯是 democracy）。[49] 使徒時代的希臘文化仍在極盛的狀態，這也是為什麼使徒們選擇使用口

---

[47] 西 3:22；4:1。Pao (2012: 271-273, 277)。

[48] 與「義」字同一字根的希臘文有名詞的 δικαιοσύνη（義）、名詞的 δικαίωμα（義行）、形容詞的 δίκαιος（正義的）、副詞的 δικαίως（正義地）。形容詞加上冠詞就是（義人）。另外有一個同字根的名詞 δικαίωσις，在舊約與新約確有相當不同的意思。這個字在利未記的經文：「無論是寄居的，是本地人，都依照同一條例」（利 24:22），是指「條例」或「標準」。但是在羅馬書：「耶穌被出賣，是為我們的過犯；他復活，是為使我們稱義」（羅 4:25），是指「稱義」、「宣告無罪」。本書反對翻譯成「稱義」的部分原因，如正文所述；另外的原因，則是這是個名詞，不是被動語態的動詞。

[49] Plato(1987: 145, 311-315).

語希臘文作為傳福音的工具。因此，可以合理的推論，新約書卷對於「義」的定義，還是屬於柏拉圖式的定義，就是「盡責」或「盡本分」。而西元前三世紀完成的七十士譯本可能更是如此。

「上帝／三一神是正義的」，因為上帝是「守約施慈愛的上帝」，祂必須按照祂所定盟約的內容，「盡責地」施恩給順服盟約信徒，或者當信徒違反盟約時，懲罰信徒。[50] 而一個順服盟約的信徒，就是一位「義人」、「盡責的人」。挪亞在上帝面前是一位「義人」，因為挪亞順服上帝賜給他的盟約，乖乖地建造方舟。約伯記提到的「義人」是要「持守所行的道」。箴言書對於義人的定義是「行為正直」的人。何西阿對於義人的定義也類似：「耶和華的道是正直的，義人行在其中」（何 14:9）。馬利亞的丈夫約瑟被稱為是個「義人」，可能是因為約瑟堅守舊約律法，來處理馬利亞婚前懷孕的事，並不是因為約瑟同意女權運動的「性自主權」。馬太稱呼亞伯是個「義人」，可能是指亞伯虔誠地行使祭祀的禮儀，而該隱並沒有「盡責地」獻上祭品。彼拉多的夫人稱呼耶穌是個「義人」，可能是因為耶穌向來奉公守法，該繳的稅也繳了。希律認為施洗約翰是個「義人」，可能是因為施洗約翰終生持守律法，甚至批判希律違反猶太人的婚姻律法。施洗約翰的父母親都是「義人」，因為他們「遵行主的一切誡命和條例，沒有可指責的」（路 1:6）。「百夫長哥尼流是個義人」，因為他「敬畏上帝」。以上對於「義人」定義的例子，幾乎都可以翻譯成「盡責的人」或「盡律法責任的人」。[51]

「正義」(righteousness) 這個概念後來被西方神學家加上一個翻譯，變成「公義」(justice)，最後甚至變成「平等」(equality)，可能與聖經原意差距不小。「公義」(justice) 原來的意思可能是指羅馬的審判官，要根據法律專業職責來判案，不可有私心和偏見。雖然是把「盡責」從個人倫理領域，應用到公共領域，但是仍然是以「盡責」

[50]「三一神是正義的」例句經文有：申 32:4；拉 9:15；詩 7:11、45:7；詩 50:6、51:14；賽 41:10、45:21；但 9:14；帖後 1:5-6；來 1:9；約一 1:9、3:7；啟 16:7。

[51] 對於「義人」的定義，例句經文有：創 7:1；伯 17:9；箴 20:7；何 14:9；太 1:19、23:35、27:19；可 6:20；路 1:6；徒 10:22。

為核心概念。所以，路加福音提到一位「不義的官」的故事，可能
要翻譯成「不盡責的官」比較適當。[52] 這位審判官收到一位寡婦不
斷申冤的案子，本來應該「盡責地」馬上審理，但是他拖延一陣子。
要不是這寡婦「不停地來糾纏」這審判官，他才給這寡婦申冤。這
審判官並沒有做壞事（中文的「不義」似乎有此意涵），但是他沒
有「盡責」，因此他是一位「不盡責的官」，而不是「不義的官」。
耶穌用這個比喻來說明「上帝難道不會為祂的選民申冤嗎？他們晝
夜向祂呼喊，祂會拖延他們嗎？」。上帝是正義的，因為祂「盡到
盟約的責任」。至於這個比喻中提到「寡婦」的身份，似乎與審判
官是否盡責，沒有太大關係。因為接下來耶穌說上帝為祂的選民申
冤，不是為祂的寡婦申冤。這個比喻裡面，沒有處理「公義」、「公
平」、或「平等」的問題，而只是在處理「盡責」的問題。但是西
方神學家，尤其是社會福音派神學家把近代康德或馬克斯的「權利」
與「平等權」，讀進聖經，造成了基督教政治神學的大分裂。總而
言之，聖經對於「正義」或「義人」的看法，應該是「義務觀」，
而不是「權利觀」；強調「盡責」，而不是「平等」。

　　路德和加爾文對於「職分」(vocation) 的重視，也呼應上述對於
「義」的觀點。信徒要接受上帝的「呼召」(calling)，使用自己的
恩賜在各自的職分上盡到本分，不論這個職分是神職或世俗職務，
更不論這些職分是否「平等」。「全民皆祭司」(priesthood of all be-
lievers) 是強調信徒不論在任何職務上，都要盡到榮耀神的責任，但
是沒有提到每個人的薪水和福利，是否要平等。[53]

　　如果「權利」和「平等」是世俗價值，不是聖經的倫理，那麼
現代的華人基督徒應該如何看待這兩個世俗價值？有的基督徒可能
認為，既然權利與平等不是聖經倫理，那麼基督徒就不用遵守這兩
個倫理。如果這位基督徒是一位「盡責」的公司員工，從來不抱怨
別的員工薪水比自己多、工作量卻比自己少，而且也放棄所有休假

---

[52] 路 18:1-8。大部分的聖經英文譯本，把「不義的」官仍翻譯成 unrigh-
teous，而不是「不公正」(unjust) 的官。

[53] Schuurman (2003); Gustaf (2004).

的權利，那麼他的老闆一定很高興。但是如果這位基督徒是公司老闆，任意決定員工的工資多少，並且不給員工放假，那麼他的大部分員工要麼會向政府相關部門舉發，要麼就集體辭職，到別家尊重權利與平等的公司。看來基督徒可以運用靈智做合適的判斷，要麼「嚴以待己，寬以待人」，要麼也可「順服人的一切制度」，替自己與他人爭取合法的權利與平等。

　　值得一提的是，平等與權利雖然不是聖經倫理價值，但是在美國獨立革命時，他們的政治菁英與神職人員，就把平等與權利予以神聖化，內化成為他們的政治神學，現在也成為普世價值。最具代表性的文字就是他們的《獨立宣言》(Declaration of Independence)，宣告「人生而平等」(all men are created equal)；[54] 其中的 "created" 原來就是指「上帝創造人類」的意思，但是聖經裡面找不到這句話。另外，《獨立宣言》也宣告：「上帝賜給人類一些特定、不可剝奪的權利，包括生命、自由、和追求快樂」；這句話也從來沒有出現在聖經裡。甚至，如果「追求快樂」是一種權利的話，那麼摩西似乎就不應該命令利未人去殺死西奈山下正在「追求快樂」的以色列人了。[55]

---

[54] National Archives, "Declaration of Independence: A Transcription." https://www.archives.gov/founding-docs/declaration-transcript, 2020.9.10.

[55] 出 32。有些神學家認為西奈山下的以色列人所進行的「快樂」，其實就是性行為，甚至是雜交 (Hamilton 2011: 533-534)。關於美國獨立時，如何把自由、平等、權利等世俗價值予以神聖化，見郭承天 (2002)。

參考書目

方鎮明。2001。*情理相依：基督徒倫理學*。香港：浸信會出版社。

陳尚仁。2021。*21 世紀教牧倫理學*。臺北：校園書房。

郭承天。2002。「基督教與美國民主政治的建立：新制度論的重新詮釋」。中央研究院人文及社會科學集刊，14 卷 2 期，175-209 頁。

Barrett, Justin L. 2011. *Cognitive Science, Religion, and Theology: From Human Minds to Divine Minds.* West Conshohocken, PA: Templeton Press.

Bauer, Walter, and Frederick William Danker (BDAG). 2001. *A Greek-English Lexicon of the New Testament and Other Early Christian Literature.* 3rd ed. Chicago, IL: University of Chicago Press.

Driskell, Robert. 2012. *"Different Types of Love from the Bible: A Christian Study."* https://www.whatchristianswanttoknow.com, 2012.11.18.

Dunn, John. 1969. *The Political Thought of John Locke: An Historical Account of the Argument of the "Two Treatises of Government."* Cambridge: Cambridge University Press.

F.C. Hood. 1964. *The Divine Politics of Thomas Hobbes: An Interpretation of Leviathan.* Oxford: Clarendon Press.

Fingelkurts, Alexander A., and Andrew A. Fingelkurts. 2009. "Is Our Brain Hardwired to Produce God, or Is Our Brain Hardwired to Perceive God? A Systematic Review on the Role of the Brain in Mediating Religious Experience." *Cognitive Process*, 10: 293-326.

Geisler, Norman L. 1989. *Christian Ethics. Grand Rapids*, MI: Baker Book House.

Gill, Robin. 2014. *A Textbook of Christian Ethics*. 4th ed. New York, NY: Bloomsbury T&T Clark.

Grudem, Wayne. 2018. *Christian Ethics: An Introduction to Biblical Moral Reasoning*. Wheaton, IL: Crossway.

Gustafson, James. 1981-1984. *Ethics from a Theocentric Perspectives*. 2 vols. Chicago, IL: University of Chicago Press.

Hamilton, Victor P.2011. *Exodus: An Exegetical Commentary*. Grand Rapids, MI: Baker Academic.

Herculano-Houzel, S. 2009. "The Human Brain in Numbers: A Linearly Scaled-up Primate Brain." *Frontiers in Human Neuroscience*, 3(31): 1-11.

Hobbes, Thomas. 1651/1955. *Leviathan*. Oxford: Basil Blackwell.

Hock, Evan C. 1996. "Theology and Ethics." *A Quarterly Journal for Church Leadership*, 5(4): 33-52.

Jeeves, Malcolm. 2013. *Minds, Souls and Gods: A Conversation on Faith, Psychology and Neuroscience*. Downers Grove, IL: InterVarsity Press.

Kant, Immanuel. 1785/1996. *The Metaphysics of Morals*, ed. Mary Gregor. New York: Cambridge University Press. 康德。1785/2015。道德底形上學，李明輝，譯注。臺北：聯經。

Kant, Immanuel. 1996. *Religion and Rational Theology*. Trans. Allen W. Wood and George Di Giovanni. New York: Cambridge University Press.

King, Karen L. 2003. *What is Gnosticism?* Cambridge, MA: Harvard University Press.

Kuo, Cheng-tian. 2018. *Church, Capitalism and Democracy in Post-Ecological Societies: A Chinese Christian Perspective.* Eugene, OR: Wipf & Stock

Locke, John. 1683/1993. *Two Treaties of Government.* Rutland, VT: Charles E. Tuttle.

Longman, Tremper, III. 2006. Proverbs. *Baker Commentary on the Old Testament Wisdom and Psalms*. Grand Rapids, MI: Baker Academic.

McKenzie, Michael. 1995. "Christian Norms in the Ethical Square: An

Impossible Dream?" *Journal of the Evangelical Theological Society*, 38(3): 413-427.

Mouw, Richard J. 1990. *The God Who Commands*. Notre Dame, IN: University of Notre Dame Press.

National Archives, "Declaration of Independence: A Transcription." https://www.archives.gov/founding-docs/declaration-transcript, 2020.9.10.

Newberg, Andrew, and Mark Robert Waldman. 2009. *How God Changes Your Brain: Breakthrough Findings from a Leading Neuroscientist*. New York: Ballantine Books.

Niebuhr, Reinhold. 1932. *Moral Man and Immoral Society: A Study in Ethics and Politics*. New York: Charles Scribner's.

Pao, David W. 2012. *Colossians and Philemon*. Grand Rapids, MI: Zondervan

Persinger, Michael. 1987. *Neuropsychological Bases of Belief*. New York: Praeger.

Pettegrew, Larry. 2000. *"Theological Basis of Ethics."* The Master's Seminary Journal, Fall: 139-153.

Plato. 1955/1987. *The Republic*. New York: Penguin Books.

Ramachandran, V.S., and Sandra Blakeslee. 1998. *Phantoms in the Brain*. New York: HarperCollins Publishers.

Rappaport, Margaret Boone, and Christopher J. Corbally. 2020. *The Emergence of Religion in Human Evolution*. New York: Routledge.

Rauschenbusch, Walter. 1914/2011. *Christianizing the Social Order*. Eugene, OR: Wipf and Stock Publishers.

Rawls, John. 1996. *Political Liberalism*. 2nd ed. Columbia, NY: Columbia University Press.

Rawls, John. 1999. *A Theory of Justice*. 2nd ed. Cambridge, MA: Harvard University Press.

Schuurman, Douglas J. 2003. *Vocation: Discerning Our Callings in Life*.

Grand Rapids, MI: Wm B. Eerdmans.

Sternberg, Robert J. 2010. *Cognitive Psychology*, 5th ed. Belmont, CA: Wadsworth.

Stivers, Laura A., Christine E. Gudorf, and James B. Martin-Schramm. 2012. *Christian Ethics: A Case Method Approach,* 4th edition. Maryknoll, NY: Orbis Books

Verbrugge, Verlyn D., and Murray J. Harris. 2008. *1 & 2 Corinthians. The Expositor's Bible Commentary*. 2nd ed. Grand Rapids, MI: Zondervan.

Wells, Samuel, Ben Quash, and Rebekah Eklund. 2017. *Introducing Christian Ethics*. 2nd ed. Hoboken, NJ: Wiley Blackwell.

What Christians Want to Know, https://www.whatchristianswanttoknow. com, 2019.5.1。

Wikipedia, *"nous,"* https://en.wikipedia.org/wiki/Nous, 2020.9.4.

Wilkens, Steve. 2017. *Christian Ethics: Four Views*. Downers Grove, IL: IVP Academic.

Wingren, Gustaf. 2004. *Luther on Vocation*. Trans. Carl C. Rasmussen. Eugene, OR: Wipf and Stock Publishers.

Wogaman, J. Philip. 2011. *Christian Ethics: A Historical Introduction*. 2nd ed. Louisville, KY: Westminster John Knox Press.

第三章
心腦神學的人性論[1]

本章摘要：

近代心腦神學發現人類具有天生的理性、感性、與神性。大量的聖經經文也討論到人類的理性、感性、與神性，並且主張信徒要維持這三者之間的均衡。

近代心腦神學藉著最新的科學儀器和大量的實驗，確認了人類具有天生的理性、感性、與神性。聖經的教導也同樣地可以分為理性、感性、與神性。令人驚訝的是，雖然聖經號稱是「神本」的經典，但是關於神性的教導，僅佔全部 1,189 書章中的 100 章。相對來說，大約有 300 個聖經書章，是關於感性的教導，幾乎是關於神性的三倍。但是為了控制人類的感性，聖經又花了 300 多個書章來鼓勵信徒追求智慧並遵守法律。事實上，聖經的模範人物大都是具有平衡的神性、理性和感性；聖經中也大約有 400 個書章，教導神性、理性和感性，要均衡的發展。

主題經文：

「你要盡心、盡性、盡意，愛主你的神」（太 22:37）。

---

[1] 本章大部分翻譯自 Kuo, Cheng-tian. 2018. Church, Capitalism, and Democracy in Post-Ecological Societies. Eugene, OR: Wipf & Stock, pp. 15-32, 54-88, 199-203。感謝何妤柔的翻譯。

案例 3.1：理性是感性的奴隸 [2]

　　一位剛從西方頂尖神學院畢業的神學博士，回國應聘到一間有五千位信徒的大教會擔任助理牧師。三年以後，教會把他解聘了。他簡訊給他的博士論文指導教授，抱怨五年來的神學訓練，害他丟了牧師職位。他的指導教授覺得很奇怪，就簡訊問他：「你有按照《講道學》講道？」他回答說：「有。」「你有根據《系統神學》教導信徒認識上帝、耶穌、聖靈、教會、救恩、人性、罪、天使、以及聖經的歷史？」「有，都有教導。」「你有使用《宣教學》鼓勵信徒宣教？」「有，有，有；這些都是當初這個教會的執事會要求我做的。我都做到了啊！」他的指導教授更覺得奇怪了，就問他：「那麼他們解聘你的理由是什麼？」這位神學博士很氣憤地說（簡訊上還加上一個氣憤的臉圖）：「他們說，我的講道和主日學課程都很無聊。**_而且_**（紅色粗體字、加斜體字、加底線），他們說三年來我都沒有請他們吃過一頓飯，沒有愛心！」

第一節　議題背景

　　本書第二章第一節已經簡介過心腦神學對於政治神學的影響。心腦神學發展至今已有三十多年的歷史，雖然仍有改進與發展的空間，但是心腦神學家所累積大量的科學證據，已足夠我們建構一個符合聖經的心腦神學。聖經與心腦神學的關係，簡單的說，就是在教導信徒，如何靠著聖靈（神性腦）分辨是非（理性腦），並且鼓起勇氣去做該做的事（感性腦）。也就是本章的主題經文：「你要盡心（神性腦）、盡性（感性腦）、盡意（理性腦），愛（感性腦）主你的神」（太 22:37）。[3] 華人政治神學的人性論，就是建立在這種心

---

[2] 此案例修改自郭承天。2020。閱讀聖經希臘文速成。臺南：教會公報社，頁 320。

[3] 此處經文的對比三個心腦神學概念，只是筆者的主觀選擇，因為聖經

腦神學上。

　　我們可以在聖經中找到心腦科學論證的證據嗎？答案不僅是
「是的」，而且可以說上述心腦科學的論證幾乎解釋了整個聖經。
在下文中，聖經的分析單位是書卷的書章，而不是個別經節，因為
後者的絕對數量超出了本章受限的範圍。聖經各章的總數接近 1,200
章，儘管在下面的討論中，會介紹每章的代表性經文，但是在書章
中觀察主要的心腦神學主題要比在各節經文更容易。此處把聖經的
書章分為三類：神性腦、感性腦、和理性腦。但是，即使是那些隨
意閱讀這些書章的人，也會發現這些聖經書章經常涵蓋多個類別。
實際上，大多數聖經書章都涵蓋了神性腦、感性腦、和理性腦的三
個類別。只是，出於分析目的，仍可以在這些聖經書章中找到三個
主要主題之一（請參閱表一）。以下各節的開頭說明了對聖經各章
進行分類的標準。

第二節　聖經中的神性

　　聖經中與神性腦有關的書章，其目的在喚起信徒對於超然、無
所不能、無所不在、和榮耀的神的感覺。這些聖經書章中大多數與
感性腦和理性腦的書章重疊，因為後兩類的書章中始終有神的存在。
但是，在這些書章中的神大都是以獨立主體存在，使關於神性腦的
各章與其他兩個類別截然不同。神自己就是超然、無所不能、無所
不在和榮耀的。無論是藉著感性上的感覺還是理性的推理，屬於個
人的神在神性腦的這些書章中並不突出。

　　在如此強調神的聖經中，可能會讓以神為中心的神學家驚訝，
因為這些章的數量僅佔全部 1,189 章中的 100 章左右，不到 10%。

作者並沒有讀過心腦神學的著作，目前也沒有神學家使用心腦神學來有系
統地分析聖經經文。

這個數字支持了一種神學論點，即基督教的神主要是屬於個人的神。聖經雖然是關於神的，但是更多是關於屬於人的神。[4]

以神為中心的經文始於創世記第一章。創世記 1:1-25 描述了創造宇宙、時間、和地球的全能神。直到創世記 1 章的最後五節經文，人類才與神建立關係。約伯記進一步揭示了超越個人感性和理性思考的超然神。完全正直的約伯認為這上帝是他個人的上帝，他遵循上帝為他規定的所有宗教儀式和道德準則。這個「個人的」上帝用 10 個孩子，7 千隻羊，3 千匹駱駝，5 百對牛和 5 百匹母驢，作為他的豐厚回報。撒但以現代心腦科學家在實驗中會使用的方式挑戰上帝：約伯遵從上帝，是因為上帝有獨特的超越和榮耀，還是因為上帝是個人的上帝，向奉獻的信徒們提供了恩寵？上帝接受了挑戰，讓撒但隨意折磨約伯。當約伯遭受撒但的折磨而失去一切時，他感到上帝對待他不正義，並且對他的困境如此冷漠，他因而在心中向上帝抱怨。約伯的朋友認為約伯一定在他的思想或行為上做錯了事，才受到上帝的嚴厲懲罰。他們敦促約伯悔改，但是約伯拒絕這樣做。雙方一直圍繞在個人的上帝展開無休止的辯論，直到上帝在第 38 章中直接向約伯談到祂的超越。「我立大地根基的時候，你在哪裡？你若明白事理，只管說吧！你知道是誰定地的尺度，是誰把準繩拉在其上嗎？地的根基安置在何處？地的角石是誰安放的？」（伯 38:4-6）。在這些開場白之後，上帝繼續用創造和自然法的眾多問題轟炸約伯，以揭發約伯微不足道的理性。最後，約伯放棄了任何成為有理智的人的想法，意識到上帝不僅是他的個人的上帝，更是超越一切創造和自然法則的先驗上帝：「我知道，祢萬事都能做；祢的計畫不能攔阻。誰無知使祢的旨意隱藏呢？因此我說的，我不明白；這些事太奇妙，是我不知道的 ......。因此我撤回，在塵土和爐灰中懊悔」（伯 42:4-6、12-13）。約伯瞭上帝的超越之後，才再一次

---

[4]　本書的神學立場並不是「以人為中心的神學」(antropocentric theology)，也不是「以神為中心的神學」(theocentric theology)，而是強調神與人之間「關係」的神學，就如聖經大多數經文所描述的。關於「以人為中心的神學」在經濟正義與生態議題所產生的困難，見本書第十一章和第十三章的討論。

透過獎勵 10 個孩子，1 萬 4 千隻羊，6 千匹駱駝，1 千對牛和 1 千匹母驢，成為約伯個人的上帝。

　　詩篇約有 18 章的內容讚美上帝的超越、無所不能、和榮耀。這裡舉例說明一些例子。「耶和華的聲音在眾水上，榮耀的神打雷；耶和華打雷在大水之上 …… 耶和華的聲音使火焰分岔」（詩29:3,7）。「諸山未曾生出，地與世界祢未曾造成，從亙古到永遠，祢是神。祢使人歸於塵土，說：『世人哪，你們要歸回。』在祢看來，千年如已過的昨日，又如夜間的一更」（詩 90:2-4）。詩人敦促所有信徒、天使、主人、生物、和宇宙，讚美上帝的創造和自然法則，包括管理「世上的君王、萬民、領袖、和世上所有的審判官」（詩148:11）。

　　傳道書明白地嘲諷了人類理性的局限，以及人們對於和平與快樂生活的感性幻想。傳道者說：「虛空的虛空，虛空的虛空，全是虛空」（傳 1:2）。對於那些尋求關於世界的全面知識的人，傳道者建議他們不要胡說八道，因為「已有的事，後必再有；已行的事，後必再行。日光之下並無新事」（傳 1:9）。現代的教授當然可以從傳道者的另一個提醒中受益：「著書多，沒有窮盡；讀書多，身體疲倦」（傳 12:12）。對於那些竭盡全力來積累財富的人，傳道者之所以宣告那仍是虛空，乃因「我見日光之下有一件令人憂傷的禍患，就是財主積存財富，反害自己」（傳 5:13）。他進一步警告富人：「就是人蒙神賜他財富、資產和尊榮，以致他心裡所願的一樣都不缺，只是神使他不能享用，反被外人享用。這是虛空，也是禍患」（傳 6:2）。除了理性和感性手段之外，還有什麼方法可以過著和平與快樂的生活？傳道者總結說：「敬畏神，謹守祂的誡命，這是人當盡的本分」（傳 12:13）。

　　約拿書揭示了神有時可以凌駕於人類的理性和感性之上。約拿是一個以民族為中心的（國族主義者）先知，他把國族主義投射在上帝身上，使其作為國族主義的上帝，僅僅屬於以色列人且只為了以色列人。他不明白為什麼以色列人的上帝會派他去亞述首都尼尼微，宣告上帝即將對這座罪惡之城的毀滅。亞述人世世代代一直是

以色列人的大敵，在這位不情願的先知於尼尼微宣告了此信息之後，亞述人悔改了，得以免於毀滅。約拿有種種出於國族理性和國族情感的理由對上帝發怒，這也是他所做的。在約拿書的結尾，上帝耐心地向約拿解釋了祂的普世性和超然本性：「何況這尼尼微大城，其中不能分辨左右手的就有十二萬多人，還有許多牲畜，我豈能不愛惜呢？」（拿 4:11）。上帝不僅是以色列人的上帝，而且還是人類乃至所有生物的上帝。

約翰福音從舊約中超越的神出發，旨在提出耶穌是神的論點，因此，耶穌也是超越、無所不在、無所不能、和榮耀的。在約翰福音的第一章，作者採用共 34 節經文來闡述耶穌的三一神性質。但是，約翰福音 1:1 的希臘文就總結了這種三位一體的神學：（和合本修訂版）「太初有道，道與上帝同在，道就是上帝」(Ἐν ἀρχῇ ἦν ὁ λόγος, καὶ ὁ λόγος ἦν πρὸς τὸν θεόν, καὶ θεὸς ἦν ὁ λόγος)。由於英語語法的侷限性，New American Starnd Bible (NASB) 版本（和其他英語版本）未能完全反映希臘文本的真實含義。首先，等同動詞 ἦν (ein) 是未完成時態，表示一個動作持續了一段時間，不應以過去時態來翻譯，這會表示成該動作在過去發生後，並且在過去已結束。因此，更好的翻譯應該是這樣的：「在太初一直有道，道一直與上帝同在。」也就是說，當上帝創造宇宙時，道（耶穌）就在那裡。道不是上帝伴隨著宇宙一起創造的，上帝不能、也不會創造自己。第二，經文的最後一部分「道就是上帝」也沒有完整地表達希臘文的含義。一方面，它應該被翻譯成「道一直就是神」；另一方面，「神」(θεός; theos) 沒有冠詞，很可能表示神的特質，而不是上帝的實質。因此，最好將希臘文翻譯成「道有神性」（或者，道就是神）。在新約中，大多數經文使用「上帝」來指稱三一神的第一個位格，尤其是在同一經文中提到第二（耶穌）或第三（聖靈）位格時。如果擁有冠詞，「神」通常表示三一神或其他宗教的神（翻譯成「神明」）。[5] 最後，我們別忽略了經文中的「和」(καί; kai)。這整節經文有兩個「和」，這意味著該節的三個句子應該緊密地聯繫在一起，即使內容不一樣。

---

[5] Wallace (1996:257-259, 266-269).

kai 的這兩個用法，牢固地確立了耶穌的三一神地位和先驗性，這是其他宗教的創教主都無法分享的。

　　希伯來書進一步闡述了耶穌的聖潔、超越、和三一神的本質。首先，耶穌的神學地位絕對高於舊約中的所有天使和所有先知。關於天使，耶穌是「（上帝）立祂為承受萬有的，（上帝）也藉着祂（耶穌）創造宇宙。祂（耶穌）是上帝榮耀的光輝，是上帝本體的真像，常用祂（上帝）大能的命令托住萬有。祂（耶穌）洗淨了人的罪，就坐在高天至大者的右邊。祂所承受的名比天使的名更尊貴，所以祂遠比天使崇高」（來 1:2-4）。即使像摩西這樣的偉大先知，他們也只是上帝的好僕人。無論他們多麼出色，他們仍然是僕人。但是，耶穌是上帝的兒子，因此屬於另一類。希伯來書的作者做了一個明顯的區別：「摩西作為僕人，向上帝的全家盡忠，為將來要談論的事作證；但是基督作為兒子，治理上帝的家。我們若堅持因盼望而有的膽量和誇耀，我們就是祂的家了」（來 3:5-6）。

　　希伯來書繼續強調耶穌在亞倫等大祭司面前的獨特地位。亞倫由摩西任命成為了以色列的祭司。然而，照著麥基洗德的等次，耶穌被上帝任命為唯一的一位為了全人類的祭司。耶穌是「這樣一位聖潔、無邪惡、無玷污、遠離罪人、高過諸天的大祭司，對我們是最合適的；祂不像那些大祭司，每日必須先為自己的罪，後為子民的罪獻祭，因為祂只一次將自己獻上就把這事成全了」（來 5:10、7:26-27）。

　　最後，在新約中經常提到聖靈的超越。在新約中聖靈的存在有四種形式：聖靈把力量賜給接受者（耶穌或信徒）；聖靈是神聖和真理；聖靈來自上帝；聖靈住在接收者（耶穌或信徒）中。當我們討論感性腦時，我們將回到第一種形式，因為這些經文中的大多數，尤其是使徒行傳中的那些經文，都描述了聖靈與其接受者之間的個人關係。

　　除了經常用「聖」(ἅγιος; *hagios*) 一詞來賦予聖靈的地位外，還有一些新約經文以其他方式提及聖靈的神聖性。馬太福音 28:19 關於聖靈的三一神本質，說到：「所以，你們要去，使萬民作我的門徒，

奉父、子、聖靈的名給他們施洗。」馬可福音 3:29 提及聖靈的神聖性：「凡褻瀆聖靈的，卻永不得赦免，而要擔當永遠的罪。」路加福音 12:10 也是如此。其他經文（特別是在約翰福音中）把聖靈稱為「真理」（ἀλήθεια; aleitheia)：「就是真理的聖靈，乃世人不能接受的」（約 14:17)；「但是我要從父那裡差保惠師來，就是從父出來的那真理的靈」（約 15:26)；以及「但是真理的靈來的時候，祂要引導你們進入一切真理」（約 16:13)。

約翰福音中的這些經文，以及新約其他經卷中的更多經文，也明確提及聖靈是來自上帝，把聖靈的宗教地位提升為上帝的宗教地位。這些其他經文包括：「祂（耶穌）既被高舉在上帝的右邊，又從父受了所應許的聖靈，就把你們所看見所聽見的，澆灌下來」（徒 2:33)；「我們是這些事的見證人；上帝賜給順從的人的聖靈也為這些事作見證」（徒 5:32)；「上帝怎樣以聖靈和能力膏了拿撒勒人耶穌，這都是你們知道的」（徒 10:38)；「只有上帝藉着聖靈把這事向我們顯明了」（林前 2:10)；「然而，屬血氣的人不接受上帝的靈的事」（林前 2:14)；「這聖靈是從上帝而來，住在你們裡面的」（林前 6:19)；「願主耶穌基督的恩惠、上帝的慈愛、聖靈的感動常與你們眾人同在」（林後 13:14)；「不要使上帝的聖靈擔憂」（弗 4:30)；以及「所以，那棄絕這教導的不是棄絕人，而是棄絕那把自己的聖靈賜給你們的上帝」（帖前 4:8)。

與聖經心腦神學最相關的是提及居住在接受者（耶穌或信徒）中的聖靈。「祂（耶穌）從水裡一上來，就看見天裂開了，聖靈彷彿鴿子降在祂身上」（可 1:10)；[6]「於是使徒按手在他們頭上，他們就領受了聖靈」（徒 8:17)；「聖靈降在一切聽道的人身上」（徒 10:44)；「保羅給他們按手，聖靈就降在他們身上」（徒 19:6)；「你要靠着那住在我們裡面的聖靈，牢牢守住所交託給你那美好的事」（提後 1:14)；「聖靈就是上帝藉着我們的救主耶穌基督厚厚地澆灌在我們身上的」（多 3:6)；以及「祂在我們身上蓋了印，並賜聖靈在我們心裡作憑據」（林後 1:22)。

---

[6] 也可參考路 3:22 和約 1:32。

聖經沒有明確指出聖靈在人體中的位置。此外，聖經的大多數作者很可能認為聖靈是在人類的心臟中。例如：「祂在我們身上蓋了印，並賜聖靈在我們心裡作憑據」（林後 1:22）。考慮到當時有限的醫學知識，這種原始的猜想就不足為奇了。許多古代哲學家犯了同樣的錯誤。但是，在新約中，大多數這些經文指出，大腦可能是聖靈存在的位置。[7]特別是，在大多數這些經文中，作為直接接受者的希臘文語法使用直接受格，而不是所有格或間接受格，暗示著聖靈如同字面上進入人體而不是停留在人體之上。[8]例如，在馬可福音 1:10：「祂（耶穌）從水裡一上來，就看見天裂開了，聖靈彷彿鴿子降在祂身上。」NASB（新美國標準版聖經）表示「descending upon Him」。然而，希臘文是 καταβαῖνον εἰς αὐτόν 不僅使用 αὐτόν（Him; auton）的直接受格，而且介系詞 εἰς（eis）經常被翻譯成「進入」。因此，正確的翻譯應該是：「聖靈彷彿鴿子降入祂裡面。」同樣地，「保羅給他們（以弗所信徒）按手，聖靈就降在他們身上」（使 19:6）。第一個「他們」是間接受格 αὐτοῖς（autois），所以「給他們按手」是正確的；　保羅的手無法進入信徒裡面。　然而，第二個「他們」是介系詞片語帶有直接受格 ἐπ' αὐτούς（ep autous），　NASB 翻譯成「the Holy Spirit came on them」是不正確的，應該是「the Holy Spirit came into (or inside) them.」總而言之，如果人腦中有合適且舒適的器官來承載聖靈，那麼頂葉可能是最佳選擇。

根據聖經，人的大腦可以容納聖靈，也可以容納邪靈。人腦中存在的聖靈與邪靈之間存在三種邏輯關係：(1) 有聖靈而沒有邪靈；(2) 沒有聖靈，而有邪靈；　(3) 聖靈和邪靈都存在。聖經經文支持前兩個關係，但是不支持第三個關係。聖經指出，那些先知、使徒和信徒一旦得到聖靈，就不會被邪靈所佔有。只有那些從未接受過聖靈的人和那些聖靈離開了他們的人，邪靈才能進入他們的大腦。耶穌和祂的使徒為其進行驅魔的鬼附者，都是非基督徒。[9]

[7] 可 1:10；徒 8:17, 19:6.

[8] Wallace (1996:369–371, 376).

[9] 太 9:32-34；可 1:21–28；路 4:31–37；徒 8:7, 10:38, 16:18; 19:12.

聖經中有兩個可能的例外，但是這些例外僅證明了這規則。掃羅的案例是個例外。撒母耳膏掃羅為以色列王後，他就領受了聖靈。但是在他多次違抗撒母耳之後，聖靈先離開了他，然後，邪靈進入了他的頭腦（撒上 10:9、16:14）。當耶穌責備彼得：「撒但，退我後邊去吧！你是絆我腳的；因為你不體貼上帝的意思，只體貼人的意思」（太 16:23）。彼得是被鬼附嗎？可能不是。一方面，耶穌可能指的是在彼得腦海中惡魔的想法，而不是在他腦海中的惡魔。否則，耶穌對彼得執行簡單的驅魔就可以了。另一方面，五旬節之前聖靈尚未降臨在使徒們身上，使徒們說話可能不受聖靈引導，猶大的情況也是如此。「這時，撒但入了那稱為加略人猶大的心 …… 他去和祭司長和守殿官商量，怎樣把耶穌交給他們」（路 22:3-4）。再一次，如果撒但如同字面上的意思進入了猶大的思想，那麼，猶大就不應對耶穌受害承擔責任。耶穌一個簡單的驅魔儀式就可以解決問題。同樣，亞拿尼亞和他的妻子撒非喇也是如此（徒 5:1–11）。

第三節　聖經中的感性

聖經中大約有 340 章討論了神與人類感性之間的個人關係。這些書章可以進一步分為兩類 :(1) 神與人類感性之間的互惠關係；(2) 神為祂的信徒提供了恩典和保護，超越了對正義和人類理性的考量。

第一類構成了這些聖經書章的絕大多數。他們描述或規定了神與人類感性之間的互惠關係。一方面，神為信徒提供保護、恩典、和祝福，以滿足他們的感性需求，例如：安全、食物、財產、幸福，以及以父子形式與上帝建立獨特的個人關係。另一方面，敦促信徒們去愛、讚美、向神說話和唱詩，以取悅神。神所祝福的「幸福」在聖經中是如此重要的主題，「幸福」一字就在 127 節經文、以 20 種詞性出現。[10] 即使當耶穌、祂的門徒、和前尼西亞時期的殉道者遭

---

[10] 運用 BibleWorks 搜尋新約和七十士譯本中的「幸福/有福了」($\mu\alpha\kappa\acute\alpha\rho\iota o\varsigma$;

受羅馬和猶太人的迫害時，他們仍繼續鼓勵基督徒以超越的觀點感到快樂：「在悲傷中尋求快樂，在痛苦中享受快樂，在悲傷中快樂，在興奮中死亡。」[11]

創世記描述上帝創造世界的最後階段是創造人類。「上帝說：『我們要照著我們的形像、按照我們的樣式造人，使他們管理海裡的魚、空中的鳥、地上的牲畜，和全地，並地上所爬的一切昆蟲』」（創 1:26）。在上帝與人類之間的這些關係中，有兩件事很突出：第一，人類與其他生物屬於不同的創造類別；只有人類是按照神的形象創造的。其他動物，包括猿猴和黑猩猩，都是神創造的，但是並非按照神的形象。其次，上帝沒有委派人類以外的其他動物來「管理」全地。

創世記第 2 章進一步闡述了神與人之間的私人和排他性關係：「耶和華上帝用地上的塵土造人，將生命之氣吹進他的鼻孔，這人就成了有靈的活人」（創 2:7）。人類的生命源於上帝的氣息。沒有其他動物能像人類一樣獲得上帝的氣息。此後，這名男子被安置在伊甸園中，並為他創造了一個女人。

然而，由於人類理性無法約束人類的慾望，上帝與人類之間的這種私人和排他性關係很快就被破壞，這將在下一節關於理性腦中進行討論。上帝以大洪水對於人類的背叛進行了報復，這場大洪水摧毀了除諾亞一家之外的大多數人類。洪水退去後，上帝與挪亞建立了盟約，以保證祂和人的個人關係，並且把地球的統治權委託人類的。「神賜福給挪亞和他的兒子，對他們說：『你們要生養眾多，遍滿了地。凡地上的走獸和空中的飛鳥都必驚恐，懼怕你們，連地上一切的昆蟲並海裡一切的魚都交付你們的手』」（創 9:1-2）。

巴別塔的比喻可能描述了人類（挪亞的後裔）向世界其他地區的遷徙過程，以及他們到那裡以後創立的新宗教。上帝選擇了順從的亞伯蘭，與人類續約：「我必使你成為大國，我必賜福給你，使你的名為大；你要使別人得福 …… 地上的萬族都必因你得福」（創

makarios)。 μακάριος 的希伯來同義詞是 אַשְׁרֵי (ashireii)。

[11] McMahon (2006:76-96, 83).

12:2-3)。這個盟約是上帝與祂的人類信徒之間個人和專屬的：「我是全能的上帝。你當在我面前行走，作完全的人，我要與你訂立我的盟約，使你的後裔極其繁多」（創 17:1-2）。上帝與祂的信徒之間的保護和祝福之盟約，從亞伯拉罕傳到了以撒和雅各。上帝向以撒解釋了盟約的持續性：「你要寄居在這地，我必與你同在，賜福給你，因為我要將這一切的地都賜給你和你的後裔。我必堅定我向你父親亞伯拉罕所起的誓。我要使你的後裔增多，好像天上的星，又要將這一切的地賜給你的後裔，並且地上的萬國都必因你的後裔得福，因為亞伯拉罕聽從我的話，遵守我的吩咐、誡令、律例和教導」（創 26:3-5）。上帝向雅各重申了盟約：「我是全能的神；你要生養眾多，將來有一族和許多的民族從你而來，又有許多君王從你生出。至於我賜給亞伯拉罕和以撒的地，我必賜給你；我必賜這地給你的後裔」（創 35:11-12）。

約瑟的故事講述了一個孤獨而堅定的信徒，他對上帝認識不多，並反覆遭受致命的威脅。首先，是他的哥哥們試圖殺害他，其次是一位埃及大官的誘人妻子，以及最後對法老的夢做出解釋。然而，上帝不僅保護約瑟免於這些威脅，而且把這些威脅變成了約瑟轉運的機會。此外，在上帝的祝福下，不僅約瑟最終升到了僅次於法老王的重要地位，雅各的全家在飢荒中找到了一個避風港，此後迅速繁衍。因此，上帝與亞伯拉罕、以撒、和雅各的盟約，得以延續下去（創 37、39-41）。

出埃及記的開始是對以色列人的祝福和兇兆。雅各一家在埃及定居約四百年後，以色列人迅速從一個只有 40 名成員的家族組織，發展成為一個擁有 200 萬人口的民族。[12] 但是，當「有不認識約瑟的新王起來」時，上帝的祝福就成了兇兆。這位新國王可能是外國（西克索）統治者，大約在公元前 1,730 年推翻了法老王室。西克索王朝擔心「以色列人的子民比我們還多，又比我們強盛。」他們更加

---

[12]　出 12: 40–41。出埃及後第二年，摩西進行了一次人口普查，算出以色列的男性總人口為六十萬三千五百五十名（民 1:45-46）。如果當時以色列人的平均家庭有四名成員，那麼總人口就很容易超過 200 萬。

擔心以色列人可能與法老王室，結成政治聯盟以驅逐西克索人。因此，新國王開始虐待以色列人並實施種族屠殺。[13]

上帝為以色列民預備了美好的計畫，培養了一個強大的領袖摩西。最初，摩西剛從種族屠殺中逃脫出來，然後被新「法老」的公主奇蹟般地救出並收養。摩西在王室中接受了紮實的教育和領導能力培訓，這是其他以色列人無法做到的。他長大後可能發現了自己的種族血統，並殺死一名企圖殺害以色列人的埃及人，從而與自己的人民建立聯繫。但是，以色列人不願意信任在皇室長大的人。摩西逃到沙漠，部分原因是他的罪行被暴露，但是更有可能是因為他無意中捲入了王室內部的繼承鬥爭。[14]

就像約瑟一樣，堅定的信徒經常遇到的苦難，往往轉變為上帝對個人的祝福，摩西在八十歲時就從沙漠中脫穎而出，成為一位能幹且受人尊敬的領袖。在上帝的呼召下，他回到埃及挑戰新法老，重複地引用上帝的指示：「放走我的子民。」[15]

那麼領袖摩西和一群沒有武器的奴隸，怎能挑戰強大的法老王，要他「放走我的子民」？摩西藉著十災和過紅海，從上帝那裡得到了個人的祝福。[16] 十災中最引人注目的是十災都擊打了埃及人，卻沒有對任何以色列人造成傷害。穿越紅海的時機使得 200 萬以色列人可以安全通過，而分開的紅海又以精確的時機，摧毀了追趕的埃及軍隊。這是說明上帝的保護和祝福是屬於個人的，並且只屬於祂的信徒。

上帝帶領以色列人離開埃及，以色列人沒有因此死於水和食物都短缺的曠野，或是死於當地部落的攻擊。上帝曾向以色列人保證，

---

[13] 出 1:8, 122; Hamilton (2011: 6-10)。

[14] Hamilton (2011:28-32).

[15] 出 5:1、7:2、7；16、8:1、8:20、9:1、9:13、10:3。

[16] 出 7-14。關於紅海位置和 200 萬以色列人如何越過漢密爾頓海的爭議。Exodus. 217-219. 這些另類解釋之間的折衷之處在於，以色列人越過了拉美西斯以東的一個河口。然而，這是一個奇蹟，因為使地變乾和洪水淹沒的時機摧毀了追趕的埃及軍隊。

出埃及的最終目的地將是「流奶與蜜之地。」[17] 在整個旅程中，上帝
應該承擔全部責任，以提供水、食物、和安全。因此，「耶和華走
在他們前面，日間用雲柱引領他們的路，夜間用火柱照亮他們，使
他們日夜都可以行走」（出 13:21）。當他們找不到水時，上帝使瑪拉
的苦水可以飲用，並使水從磐石中流出來。當他們找不到主食和肉
時，上帝向他們提供了鵪鶉和每日的嗎哪。當亞瑪力人、迦南人、
亞摩利人、巴珊人和米甸人的當地部落與以色列人作戰時，上帝幫
助以色列人打敗了他們。[18]

　　在舊約中，不僅是以上帝的恩典，而且還以宗教儀式，揭示了
上帝與信徒之間的個人關係。儘管出埃及記和民數記中也包含宗教
儀式的零散經文，但是在利未記和申命記中，它們得到了總結和擴
展，尤其是從申命記第 12 章到第 20 章。藉著參加宗教儀式，信徒
能夠感受到各種宗教情感：上帝的超越與聖潔、自我與上帝的合一、
音樂的激動與安撫、唱歌和祈禱的喜悅、香火和獻祭的香氣。即使
是飲食、禁食、和節期中的各樣禁忌，也會產生宗教虔誠和聖潔的
感覺。

　　摩西在以色列人穿越約旦河進入「流奶與蜜之地」之前就去世。
他任命了一位稱職的繼任者約書亞，以完成他的出埃及任務。佔領
巴勒斯坦的過程再次重申了上帝與信徒之間的關係，既是個人關係
又是排他性關係的主題。如同摩西奇蹟般地穿越紅海，約書亞模仿
摩西，同樣奇蹟般地帶領以色列人穿越了約旦河：在以色列祭司把
腳踩入水中的那一刻，約旦河的水被切斷了。從上游流下來的水就
像紅海分開一樣，「豎立成壘」，在所有以色列人過河之後，河水
又流下來。在以色列人開始軍事行動之前，上帝下令再次舉行割禮
儀式，以與新一代以色列人延續盟約。之後，戰爭所帶來的血和屍
體，充滿了約書亞記的其餘部分。反覆提及的經文證明了這些戰鬥
的殘酷：「他們把城中所有的，都用刀殺盡」、「以色列人擊殺他們，
沒有留下一個倖存者，也沒有一個逃脫」、「以色列人徹底擊敗他

---

[17] 出 3:8、3:17、13:5、33:3。

[18] 出 13:1、15:23、17:6-16、民 20:2-13、21-24。

們，直到把他們滅盡」或「約書亞沒有留下一個倖存者。」藉著這些描述，聖經支持上帝與祂的信徒之間的關係，這種關係是如此的私人和排他，以至於現代的護教者在捍衛這一佔領過程中殘酷的種族屠殺的合理性上，遇到了麻煩。約書亞用經常引用的一段經文，為以色列人總結這個經卷，該經文捍衛了上帝與信徒之間的個人關係：「你們不能事奉耶和華，因為祂是神聖的上帝，是忌邪的神，必不赦免你們的過犯罪惡。你們若離棄耶和華去事奉外族的神明，耶和華在降福之後，必轉而降禍給你們，把你們滅絕」(書 24:19-20)。以色列人順服的回答，再次確認了這種個人關係：「不，我們要事奉耶和華」(書 24:21)。[19]

　　路得記在解釋上帝與祂的信徒之間的個人關係時，發生了重大變化。此變化係藉由兩次轉變。首先，它把分析單位從族群層面轉移到更個人化的個體層面，重點是路得本人。其次，它從以色列人的種族，轉變為嫁給以色列人的「異教徒」女人。儘管她有不同的種族 / 宗教血統，但是路得只因她成為信奉上帝的信徒的妻子，並同時也轉變為信徒，而得到了上帝的個人祝福。當路得的丈夫在異族他鄉去世後，她對婆婆說：「妳的子民就是我的子民；妳的上帝就是我的上帝。」她和婆婆一起搬回伯利恆，並得到了上帝的祝福，嫁給了大財主波阿斯。從此以後，她不僅在這個富裕的家庭中過著幸福的生活，而且還能夠生下一個無法與前夫生育的孩子。此外，這個孩子不是其他人，而是大衛王的祖父。沒有路得，舊約的其餘部分將不得不重新編寫，整個新約也需要重新編寫。這全是因為一位異教徒的婦女，在關鍵時刻做出了與上帝建立個人關係的關鍵選擇。上帝與祂的信徒之間的關係會比這更「個人化」嗎？[20]

　　撒母耳記上和撒母耳記下的內容，闡述了比聖經中的其他任何人都更詳細的個人化關係：上帝與大衛之間的關係。大衛是一個出生在有八個兄弟的牧羊人家庭的無名小卒。然後，他無緣無故（他既沒有表示對上帝的堅定信仰，也不是因為他的智慧和體力）就被

---

[19] 申 13:15、 20:13、書 3:14-17、 6:21、 8:22、10:28-40、11:8-22。

[20] 得 1:16、 2:1、4:17。

撒母耳所膏，繼掃羅之後成為以色列的下一個合法國王。他被撒母耳揀選與膏立，只因上帝告訴撒母耳：「我既厭棄掃羅作以色列的王，你為他悲傷要到幾時呢？你把膏油盛滿了角；來，我差遣你到伯利恆人耶西那裡去，因為我在他兒子中已看中了一個為我作王的」（撒上 16:1）。那就是大衛。然而，一旦掃羅知道他的王位和繼承人受到的潛在威脅，對大衛來說，這種祝福似乎反而更像是一個詛咒。掃羅曾多次企圖藉著謀殺大衛來挫敗上帝的計畫，但是無濟於事。大衛被驅逐到異國他鄉，遭受種種苦難，在此期間，他寫了很多詩篇來讚美上帝不斷保護他。最後，透過在與非利士戰爭中結束掃羅的生命，上帝的意志戰勝了掃羅的宗教叛亂（撒上 19–31）。

大衛繼承掃羅之位成為以色列國王之後，他的王位繼續面臨內憂外患。但是由於他對上帝充滿信心，他一一消除了這些威脅，最終贏得了以色列人的政治和宗教合法性。「以色列眾支派來到希伯崙見大衛，說：『看哪，我們是你的骨肉。從前掃羅作我們王的時候，率領以色列人出入的是你。耶和華也曾對你說：你必牧養我的子民以色列，你必作以色列的君王』」（撒下 5:1-2）。為了感謝上帝的眷顧，大衛計畫建造聖殿。上帝透過和大衛立下個人化的盟約，來回應大衛的忠誠：「你的家和你的國必在我面前永遠堅立，你的王位也必堅定，直到永遠」（撒下 7:16）。此盟約的效力從舊約的大衛王一直延續到新約中他的後裔耶穌。

像路得記一樣，以斯帖記講述了一個忠實的女信徒的故事，該信徒在上帝與以色列人繼續發展的關係中發揮了關鍵作用。與路得記不同，這次是關於以色列發生種族滅絕的可能性。在波斯國王亞哈隨魯統治下，猶太裔的高官末底改與另一位屬於歷來敵對族裔的高官哈曼，展開了激烈的政治鬥爭，而個人權力鬥爭很快演變成一場種族戰爭。事實證明，猶太人的一神教是國王下令進行種族屠殺的主因，因為國王提倡敵對官員推薦的一種皇帝崇拜的儀式。以斯帖皇后要求猶太人為她禁食三天三夜，然後才冒著生命危險介入這場政治混亂。經過複雜的情節，以斯帖以哈曼騷擾她為由陷害他，並治他死罪。末底改以哈曼之死為基礎，說服國王允許猶太人對哈

曼的民族進行種族屠殺。他們甚至設立了一個宗教節日（普珥節）
來慶祝這一報仇。[21]

　　在描述上帝與祂的信徒之間的個人化關係時，以斯帖記不同於
其他經卷的是：以斯帖記整本書中都沒有直接提到上帝。上帝並沒
有明確選擇以斯帖為皇后，以準備兩個種族之間的對決；上帝也沒
有明確命令末底改參與與哈曼的權力鬥爭；上帝沒有告訴末底改和
以斯帖如何陷害他們的政治敵人；上帝也沒有指示末底改實施種族
屠殺來報復他的種族敵人。但是，在所有這些關鍵時刻，上帝的缺
席反為祂的信徒們提供了更加有力的保證，那就是無論危機發生與
否，無論上帝有沒有明確的同在，上帝與祂的子民之間的個人盟約，
都將保持不變。

　　詩篇中的大多數書章，都是關於大衛在敵人攻擊或個人不法行
為造成個人危機時，向上帝的祈禱文。無論出於何種原因，詩篇作
者都懇求上帝保護自己或賜予憐憫。有時，詩人提醒上帝祂與信徒
的盟約。因此，詩篇經常在教會中使用，以向信徒們提供安慰和保
證。苦難將過去，而上帝將藉著這些苦難與祂的信徒同行。

　　當以色列的鄰居攻擊以色列時，上帝告訴以色列王：「你求我，
我就把列國賜你為基業，把地極賜你為田產。你必用鐵杖打破他們，
把他們如同陶匠的瓦器摔碎」（詩 2:8-9）。當掃羅王不斷地尋索大衛
的性命時，大衛向上帝懇求：「我的上帝啊，求你救我脫離仇敵，
把我安置在高處，脫離那些起來攻擊我的人」（詩 59:1）。當大衛自
己的兒子押沙龍攻擊他時，他懇求上帝說：「耶和華啊，求祢興起！
我的上帝啊，求祢救我！ 因為祢打斷我所有仇敵的腮骨，敲碎了惡
人的牙齒」（詩 3:7）。當詩篇作者違抗了上帝而犯罪時，他仍然可以
懇求上帝的寬恕、贖罪、和人身保護：「耶和華啊，求祢不要在怒
中責備我，不要在烈怒中懲罰我 …… 耶和華啊，求祢轉回搭救我，
因祢的慈愛拯救我」（詩 6:1,4）。詩篇作者始終對自己與上帝的關係
充滿信心：「耶和華是我的產業，是我杯中的福分； 我所得的，祢
為我持守」（詩 16:5）。

[21] 帖 2-3; 4:16; 5–7; 9:17–22.

　　關於上帝與信徒之間的個人關係，這些主題在詩篇的其他書章中都有重複（見表一）。詩篇 23 篇是信徒中最熟悉的詩篇，代表了這些主題的綜合：「耶和華是我的牧者，我必不致缺乏 …… 祂使我的靈魂甦醒，為自己的名引導我走義路 …… 在我敵人面前，祢為我擺設筵席；祢用油膏了我的頭，使我的福杯滿溢。我一生一世必有恩惠慈愛隨着我；我且要住在耶和華的殿中，直到永遠」（詩 23: 1, 5–6）。

　　公元前 587 年左右，巴比倫人襲擊了耶路撒冷，附近的以東部落與以色列人有血緣關係，[22] 他們沒有來幫助以色列人。更糟的是，他們利用了巴比倫的入侵，洗劫了耶路撒冷，並俘虜了以色列難民，把他們轉交給敵人。因此，先知俄巴底亞譴責以東族要滅亡。他還對所有襲擊耶路撒冷的國家表示譴責。儘管以色列王國滅亡，俄巴底亞仍承諾說：「必有拯救者上到錫安山，審判以掃山，國度就歸耶和華了」（俄 1:21）。

　　上帝與舊約中信徒之間的個人關係，被耶穌與門徒之間更加親密的關係所取代，因為耶穌的身心都與他們同在。馬太福音、馬可福音、路加福音、和約翰福音四卷書，提供了約 24 個故事。耶穌在這些故事中，治癒了痲瘋病人、癱子、盲人、啞巴、瘋子，病人和被鬼附的人；祂甚至使人們從死人中復活。[23] 這些關於治癒和驅魔的故事，把耶穌描述為個人的神，祂總是試圖滿足信徒的感性（生存）需求。

　　耶穌在福音書中向信徒們展示了自己是一個充滿愛心和貼心的

---

[22] 創 25:30; 36:1, 8.

[23] 以下經文按時間順序記錄了這些治癒和驅魔的情況。括號中的引文與不同的福音書引用的故事相同：約 4:46–54; 可 1:21-28（路 4:31–37); 太 8:14–17（可 1:29–34; 路 4:38–41); 太 2:4（可 1:40–45; 約 5:12–16); 太 9:1-8（可 2:1–12; 約 5:17–26); 約 5:1–4); 太 12:9–14（可 3:1–6); 路 6:6–11; 太 12: 15–21（可 3:7–12; 路 6:17–19); 太 8:5–13（路 7:1–0); 路 7:11-17; 太 8:28–34（可 5:1–20; 約 8:26–39); 太 9:18-26（路 5:21–43; 約 8:41–56); 太 9:27–31; 太 9:32–34; 太 14:34-36（可 6:53–56); 太 15:21–31（可 7:24–37); 太 16:5–12（可 8:14–26); 太 17: 14–21（可 9:14–29; 約 9:37–43); 約 9:1–41; 路 13:10–17; 路 14:1–24; 路 17:12–19; 太 20:29–34（可 10:46–52; 約 18:35–43).

神，而耶穌在啟示錄中向自己的信徒們展示了自己是尋求正義和報仇的個人化上帝。耶穌發動了七號和七碗的審判之後，只有真正的信徒才能免受所有這些自然和超自然的災難。耶穌完成對人類和生物的審判後，所有過去的信徒將復活。然後，上帝接手審判死者和邪靈。此後，上帝再創造一個新天新地，保留了信徒和三一神共同居住的地方。「至於膽怯的、不信的、可憎的、殺人的、淫亂的、行邪術的、拜偶像的和一切說謊話的人，他們將在燒着硫磺的火湖裡有份；這是第二次的死」(啟 21:8)。

以上聖經書章強調了神與信徒之間個人化關係的重要性和堅定性。但是，當這種關係與神的律法或人類理性相衝突時，是否應保持這種關係的重要性和堅定性？如果信徒違反神的律法，神會違反袖與信徒的盟約嗎？當神的信徒們面臨生命威脅時，他們是否應該打破這一盟約？以下聖經書章再次確認了在這種情況下，上帝與信徒之間人際關係的重要性和堅定性。

按照大多數人的標準，雅各的一生言行並不比一個無賴好。從出生開始，他就抱著雙胞胎兄弟以掃的腳跟，對母親的生命構成了潛在的威脅。小時候，當以掃為了把食物帶到餐桌上而去打獵時，雅各則留在安全的家裡，還用一碗紅豆湯欺騙以掃的長子名分。當他的父親以撒在床上垂死並準備向兒子們說出最後的祝福時，雅各為了以掃的長子祝福而騙了以撒。由於擔心以掃的報復，雅各逃到舅舅的住所，他欺騙舅舅，使他自己的牲畜變得更多、更健康，然後帶著這些財產與舅舅的兩個女兒一起逃走。在回家的路上，快要遇到可能向他報復的哥哥以掃之前，雅各把妻子和孩子擺在自己面前。這算什麼男人、丈夫、和父親？隨著他逐漸老去，他寵壞最小的兒子約瑟，並造成約瑟後來的苦難。[24]

為何如此可惡的壞蛋仍然得到上帝的豐富祝福？這是因為上帝與雅各的父親以撒和祖父亞伯拉罕訂立了盟約，他們的後裔將成為一個大民族。這是因為上帝在雅各的母親利百加懷孕期間向她許諾說：「兩國在妳腹中；兩族要從妳身上分立。這族必強於那族；將

---

[24] 創 25:24–33; 27–32.

來大的要服侍小的」（創 25:23）。這也是因為雅各非常了解上帝與信徒之間的個人關係，因此他從未停止藉著向上帝頻繁獻祭，來提醒上帝祂的盟約。

同樣，以色列人對上帝犯下了各種罪惡，應予以種族屠殺，但是上帝忍住了最後想消滅他們的怒氣，因為祂與亞伯拉罕、以撒、和雅各訂過個人的盟約以保護他們的後代。上帝派遣摩西把他們帶出埃及，但是以色列人並不感謝這種幫助。他們詛咒摩西和亞倫：「願耶和華鑒察你們，施行判斷，因為你們使我們在法老和他臣僕面前有了臭名，把刀遞在他們手中來殺我們」（出 5:21）。上帝如何回應這樣的抱怨？在重申了祂與亞伯拉罕、以撒、和雅各的盟約之後，上帝命令摩西按照指示施展十災。以色列人目睹了十災並經過了紅海，現在對上帝的恩典感到滿意嗎？沒有。他們離開埃及僅兩個月，便想回去。他們向摩西和亞倫抱怨說：「我們寧願在埃及地死在耶和華手中！那時我們坐在肉鍋旁，吃餅得飽。你們卻將我們領出來，到這曠野，要叫這全會眾都餓死啊！」（出 16:3）。上帝對他們做了什麼？上帝向以色列人提供了大量的嗎哪和鵪鶉。但是當上帝和摩西正努力在西奈山建立宗教律法時，以色列人卻在製造一頭金牛犢並且狂歡，所以上帝告訴摩西祂已經受夠了並且想要消滅他們。摩西迅速使上帝想起了祂與亞伯拉罕、以撒、和雅各的個人盟約，這絕不可被打破。「於是耶和華改變心意，不把所說的災禍降給祂的子民」（出 32:14）此後，以色列人繼續向上帝抱怨和犯罪。上帝經常懲罰他們，但是當摩西使祂想起盟約時，上帝總是會停止滅絕他們。

詩篇的作者們可能意識到上帝對祂罪惡子民的憤怒，受到祂個人盟約的限制。因此，他們教導他們的子民呼求上帝要以正義和憐憫對待他們。這是詩篇中許多書章的主題。大衛在與拔示巴有染之後所寫的第 51 篇，就是這個主題的典範：「上帝啊，求祢按照祢的慈愛恩待我！按照祢豐盛的憐憫塗去我的過犯！」（詩 51:1），以及「上帝啊，祢是拯救我的上帝；求祢救我脫離流人血的罪！」（詩 51:14）。

　　雅歌採用戲劇形式來描述上帝對以色列人的耐心，儘管他們與
外族神明發生宗教通姦。猶太釋經傳統挑出三節重複的經文（歌 2:7；
3:5；8:4）作為這一神學信息的核心。猶太復國主義者將這些經文視
為上帝應許恢復以色列王國的承諾。上帝透過牧羊人的口，耐心地
呼召那些通姦的以色列人自願重建他們的個人關係：「耶路撒冷的
女子啊，我指著羚羊或田野的母鹿囑咐你們，不要喚醒，不要挑動
愛情，等它自發」（歌 3:5）。[25]

　　耶利米哀歌從詩篇中汲取了民族苦難的主題。以色列王國在巴
比倫帝國的統治下，於公元前 587 年不復存在。該書的作者耶利米
先知，沒有為以色列的苦難辯解。耶利米哀歌前四章的要旨是，以
色列人應該受到各種集體的苦難，因為「耶路撒冷犯了大罪」。以
色列人犯了宗教和肉體的通姦罪，先知傳講謊言，祭司羞辱了聖殿，
國王和官員無視社會正義。以色列人應該遭受各種苦難，因為「耶
和華是正義的」。但是，在以色列人受到應有的懲罰之後，上帝會
來拯救以色列人並重建他們。「耶和華啊，求祢使我們回轉歸向祢，
我們就得以回轉。求祢更新我們的年日，像古時一樣」（哀 5:21）。
耶利米預言說，上帝不會永遠忘記我們，也不會拋棄我們這麼久。
畢竟，上帝是祂信徒的個人上帝，且僅屬於祂的信徒。摧毀以色列
王國的所有敵人，最終將遭受比以色列人更大的痛苦。

　　哈巴谷書寫於哀歌之前，但是都針對相似的神學問題，涉及上
帝與信徒之間的關係。上帝為什麼要使用一個更加罪惡和殘暴的異
教民族（迦勒底人和巴比倫人）來懲罰上帝自己的子民？上帝難道
不是以色列人的神，僅屬於以色列人嗎？上帝為什麼不藉著以色列
的先知、祭司、或祂大能的手，來懲罰以色列人？

　　先知哈巴谷以為，他的論點和祈禱很可能會改變上帝要藉著迦
勒底人去懲罰以色列人的想法。但是，他不確定上帝會改變祂的主
意。哈巴谷書能確定的是：最終，上帝仍將是以色列人的上帝。「雖
然無花果樹不發旺，葡萄樹不結果，橄欖樹也不收成，田地不出糧
食，圈中絕了羊，棚內也沒有牛」（哈 3:17），哈巴谷為以色列人祈

---

[25] Ravitzky and Swirsky (1996:40-78, 211–33).

禱，「然而，我要因耶和華歡欣，因救我的上帝喜樂」（哈 3:18）。上帝可能回應了哈巴谷書的祈禱，但是仍然按照祂的計畫，派巴比倫人擊敗迦勒底人。而以色列人一直拒絕悔改自己的罪孽，因此，巴比倫帝國最終還是併吞了以色列王國。

回顧過去，以色列國的滅亡對於以色列人的敬虔而言，是因禍得福。在巴比倫流亡期間，以色列人重建耶和華的宗教並淨化信仰。更重要的是，以色列人現在將更加重視彌賽亞，因為他們不能、也不敢指望在不久的將來，以色列王國會復興。藉著四個天使騎著馬的異象、四個工匠、和一個拿著測量尺的人，先知撒迦利亞向以色列人宣告上帝赦免了他們的罪孽，不是因為以色列人做了一些好事而得來的，而是因為上帝的恩典。除了贖罪以外，上帝還應許能夠重建信仰群體（但不是世俗的以色列國家）的彌賽亞的到來。先知撒迦利亞說：「錫安哪，應當大大喜樂；耶路撒冷啊，應當歡呼。看哪，你的王來到你這裡！祂是正義的，並且施行拯救，謙和地騎著驢，騎著小驢，驢的駒子」（亞 9:9）。

正如撒迦利亞所說的那樣，上帝派遣彌賽亞耶穌拯救罪人，並揭開了關於上帝與信徒之間屬於個人關係的新書章。一方面，耶穌作為三一神，藉著醫病和趕鬼，延續上帝對信徒的恩典；另一方面，上帝使道成肉身的耶穌，戰勝人類感性的弱點（撒但的三個試探）來事奉上帝。因此，藉著耶穌樹立的榜樣，加強了上帝與信徒之間的個人關係。

耶穌的出生對耶穌的父母馬利亞和約瑟，是一個巨大的挑戰。馬利亞克服用理性來思考天使提出生下耶穌的要求，這可能會導致處女懷孕的她被石頭砸死。約瑟想要偷偷休掉婚前懷孕的馬利亞是「理性的」，而不是讓自己成為親戚眼中的笑柄。但是他們對上帝的熱情勝過人類的理性思考，他們一起走上了通往不確定目的地的險惡旅程（太 1:18–25）。

處女懷孕也沒有使耶穌在祂的事奉上佔得先機。在童年時期，耶穌可能因為處女懷孕且誕生馬槽裡的屈辱，遭受心理和生理上的打擊。耶穌被撒但試探三次之後，踏上了更加危險的旅程，前往某

個死亡目的地。根據人類的「理性」，耶穌本可以與撒但達成一項
非凡的協議，成為猶太人的宗教領袖（第二個誘惑），或者甚至更
好地，成為世俗王國的領袖（第三個誘惑）。然而，耶穌用釘十字
架交換了這些試探。祂多麼「不理性」！實際上，祂的頂葉可能在
空間和時間上重新定義其理性，使祂成為完全的理性。祂正在最大
限度地提高地上和天上的神性價值，這些價值觀的時空是永遠的，
而不僅限於當代當地。

耶穌的門徒似乎對祂被釘十字架做出了「理性的」決定：他們
從釘十字架的過程中逃出來，似乎準備在釘十字架後的頭幾天就背
棄祂。畢竟，他們的教主已經走了，類似的死刑可能降臨到他們。
但是耶穌的復活改變了他們所有的理性計算。與耶穌相似，他們的
頂葉藉著耶穌的復活，得到令人震驚的治療，並重擊大腦中以前的
「理性」迴路。他們現在準備不惜一切代價，鞏固耶穌的事工。此外，
他們承擔了更具挑戰性的大使命，要把福音傳到地極。[26]

在耶穌的事工期間，出於神學和政治原因，猶太教對於向其他
民族傳教並不感興趣。出於神學原因，猶太教僅是上帝與猶太人之
間的盟約，「成為猶太人」需同時擁有猶太人的血統和對耶和華的
信仰。雖然有少數其他民族的人加入了該宗教（例如他瑪、喇合、
和路得），但是猶太人自被擄到巴比倫以來一直沒有鼓勵與外族通
婚，更不用說傳教了。[27]由於政治原因，猶太人被擄後成為少數宗教，
皇帝和多數宗教都可能把任何試圖進行積極傳教的嘗試，視為政治
威脅。

猶太基督徒挑戰保羅在列族之間的福音事工時，可能同時想到
宗教和政治原因。但是，可能存在於頂葉的聖靈藉著擴大時空的框
架，改變了他們的宗教和政治思想。從神學上講，宗教將不再僅限
於猶太人民。在傳教過程中，至高無上的上帝轉變為三一神，而聖
靈在其中扮演了重要角色。在政治上，使徒把以色列王國分為兩個
部分：世俗的以色列王國不復存在，在時間上與基督教無關；而基

---

[26] 太 26-28; 可 14–16; 路 22–24; 約 12–21。

[27] 太 1; 拉 10; 尼 13。

督徒則應積極建立以色列的天國，就是教會。不幸的是，猶太人尋求羅馬帝國的幫助來粉碎基督徒。然而，「非理性」的殉道者並沒有受到阻撓，他們把受到聖靈所啟發的理性，傳遞給其他基督徒。在後來的三百年，他們從猶太教少數宗教中的少數宗派，成長為羅馬帝國的多數宗教。

第四節　聖經中的理性

　　人類學家和心腦神學家認為，人腦前葉（額葉）的演化突破，把智人與其他人種區分開來，並賦予智人統治世界的能力。前葉的主要功能是理性思維，智人藉著這種思維制定了複雜的社會規範、規則、和制度來規範個人行為，並維護共同安全和福利。當個人違反這些規範、規則、和制度時，他們將受到其領導人的懲罰。聖經，特別是舊約，包含許多書章，闡述了上帝對違法者的懲罰。這些關於理性的 350 章聖經書章的內容表明，上帝不僅是愛，正如上面所描繪的，祂也是正義；祂的愛是正義的。

　　Martin Luther 解釋了「原罪」是因為自由意志，是上帝創造男人和女人就給予其不可撤銷地的自由意志的結果。[28] 夏娃和亞當憑著自己的意願吃了智慧樹的禁果，被上帝趕出伊甸園。從心腦神學的角度來看，這僅僅是貪婪的感性腦凌駕了神性腦的結果。作為感性腦的奴隸，理性腦別無選擇，只能為夏娃和亞當的行為辯護。夏娃首先吃了智慧樹的果實，因為她充滿感性與貪婪。「於是女人見那棵樹好作食物，又悅人的眼目，那樹令人喜愛，能使人有智慧」（創3:6）。然後，她的理性腦接受了那條蛇詞藻華麗的謊言：如果他們吃了它，「你們一定不會死！」亞當甚至不理會他理性腦的抵抗而吃下智慧果。當上帝要處置亞當的犯罪時，亞當動用了他的理性腦，

---

[28] Luther (1957).

並試圖歸咎於夏娃和上帝：「祢賜給我、與我一起的女人，是她把那樹上所出的給我，我就吃了」（創 3：12）。夏娃害怕受到懲罰，她的理性腦也全力以赴，將責任推給了蛇。然而，沒有任何藉口能夠說服全知和正義的上帝，亞當和夏娃因此都被趕出了伊甸園。[29]

關於所多瑪的罪惡故事，自 1980 年代初以來，保守派教會和自由派教會之間就一直處於理性和感性的爭論之中。所多瑪的「罪」到底是什麼？上帝告訴亞伯拉罕說：「所多瑪和蛾摩拉罪惡極其嚴重，控告他們的聲音很大」（創 18：20）。保守派教會認為這兩個城市的罪是同性戀。自由派教會反駁說，這兩個城市的罪要麼是對陌生人的不友善，要麼是他們打算強加給陌生人的（團體）暴力性行為。[30] 無論哪種方式，都是所多瑪人的感性腦過度狂野，以至於他們違反了上帝所訂一項必須處死的律法。

為了維持一支由以色列人和其他少數族裔組成的超過 200 萬人的出埃及群體的秩序和團結，摩西頒布了一套完善而合理的律法體系。以色列領導人和具有不同程度或不同種類感性需求的少數民族，立即對律法制度提出了挑戰。就金牛犢一事而言，亞倫對宗教領導權的貪婪與人民的解放情緒相吻合，再加上少數民族對宗教多元化的偏愛，形成了一個政治宗教聯盟，以挑戰正在制訂中的摩西律法。金牛犢事件後，亞倫倖免，但是他對權力的無限渴望依然存在，他和他的姐姐米利暗密謀，要使摩西因他的異族婚姻而喪失名譽。祭司利未支派的領導人，忌妒摩西和亞倫在宗教和政治階級制度中的領導作用，他們發動了政變。在什亭，以色列人向律法提出挑戰，因為他們「與摩押女子行淫」，並「跪拜她們的神明」。在對摩西及其律法制度的所有這些挑戰中，上帝果斷地站在摩西這邊，並嚴厲懲罰了違法者（民 25：1–2）。

申命記，特別是第 21 至 33 章，重申並擴展了出埃及記和民數記的律法。摩西總結了如何看待這些律法的後果：興盛或滅亡。如

---

[29]　創 3：4, 6, 12–13.

[30]　創 18：20. 對於關於所多瑪罪的神學辯論，請參見 Boswell 的代表作品 Boswell, *Christianity and Homosexuality*, and Gagnon, *Bible and Homosexual*。

果遵守這些律法，就會興盛起來：「我今日所吩咐你的，就是要愛耶和華你的上帝，遵行祂的道，謹守祂的誡命、律例、典章，使你可以存活，增多，而且耶和華你的上帝必在你所要進去得為業的地上賜福給你」(申 30:16)。如果褻瀆律法，必會導致滅亡：「倘若你的心偏離，不肯聽從，卻被引誘去敬拜別神，事奉它們，我今日向你們申明，你們必定滅亡」(申 30:17-18)。

以色列王國歷史上的政治領導人、祭司們、和先知們重申了這些律法。那些膽敢挑戰律法的人面臨著嚴厲懲罰的後果。以色列忠誠且最偉大的國王大衛與拔示巴通姦，並謀殺了她的丈夫烏利亞。宮庭先知拿單發現並詛咒大衛。此後不久，上帝「擊打烏利亞的妻子為大衛生的孩子」，並在他的宮殿中開始了一連串的兄弟謀殺和政變，以懲罰大衛的通姦和謀殺（撒下 12–20）。

所羅門繼位後，為上帝建造了聖殿並推廣了禮拜儀式。上帝感到高興，並以民族的興盛和強大回報了他。但是，國家的興盛和強大，敗壞了所羅門。「所羅門有妃七百，都是公主；還有嬪三百。這些妃嬪誘惑他的心」(王上 11:3)，使所羅門離開上帝。他開始在他的宮殿和全國範圍內推廣多神信仰。由於道德和宗教罪行，上帝在所羅門死後將以色列王國一分為二，並最終以其道德和宗教罪行，摧毀了以色列王國。

以色列人的政治和宗教領袖在流亡期間瞭解了上帝律法的重要性，他們決心不重蹈祖先的覆轍。先知以斯拉和尼希米集中精力重建整個宗教。以斯拉重建了聖殿，尼希米重建了耶路撒冷的城牆，並且都頒布了嚴格的摩西律法，以加強以色列人民的身體和屬靈能力（拉 3–10; 尼 1–13）。

詩篇主要是關於禱告與神的祝福，因此，是一本加強信徒與神的個人關係的指南。然而，詩篇同樣是一本關於上帝的律法和審判的經卷，因此旨在加強信徒的理性：認識律法可以得福，忽視律法則必遭難。在本章表一中引用的各詩篇中，[31] 第 1 篇和第 119 篇最

---

[31] 詩篇中強調法律和理性的書章包括詩 1、14、15、19、36、37、50、52、53、58、72-76、81-83、101、111、112、119、132、137。

具代表性。第1篇從律法和理性的提醒開始：「不從惡人的計謀，不站罪人的道路，不坐傲慢人的座位，惟喜愛耶和華的律法，晝夜思想祂的律法；這人便為有福！」(詩1:1-2)。詩篇119篇的176節經文對詩篇第1篇進行了詳細闡述和擴展，並且可能在信徒的感性腦和理性腦之間建立且加強了神經迴路。

　　箴言是智慧和理性的經卷。它鼓勵信徒們理性地思考，以便在充滿誘惑和陷阱的世界中，過著長壽和充裕的生活。箴言可以使信徒「懂得智慧和訓誨，明白通達的言語，使人領受明智的訓誨，就是正義、公平、和正直，使愚蒙人靈巧，使年輕人有知識、有智謀」(箴1:2-4)。儘管箴言中包含所有實用建議，但是最終的智慧卻來自上帝和上帝的律法。「敬畏耶和華是智慧的開端，認識至聖者便是聰明」(箴9:10)。諷刺的是，智慧之王所羅門和箴言作者未能堅持真正的智慧，陷入箴言所警告的誘惑和陷阱之中。

　　先知不斷提醒以色列人遵守上帝律法的重要性與後果。以色列人作為一個民族的理性考量很簡單：繁榮與滅亡取決於這民族是否遵守上帝的律法。很少有以色列先知能比以西結更深刻地證明這一理性的考量。以西結既是先知又是祭司。他目睹了巴比倫人入侵耶路撒冷，並與其他以色列人一起流亡，直到死於異國他鄉。他敦促以色列人藉由嚴格遵守上帝的律法來更新宗教生活。以色列人必須為他們的多神信仰、叛逆、道德腐敗、和不公正付出代價；因此，他們經歷了流亡。然而，在以色列的滅亡之中，以西結也經常提供盼望並承諾復興。如果以色列人決定恢復遵守上帝的律法的話，上帝就永遠不會離開以色列人，即使在流亡期間也是如此：「主耶和華如此說：我雖將以色列全家遠遠流放到列國，使他們分散在列邦，我卻要在他們所到的列邦，暫時作他們的聖所」(結11:16)。在刑罰結束時，「我必從列國帶領你們，從列族聚集你們，領你們回到本地」(結36:24)。但是，如何確保祂的信徒不會再次違反上帝的律法呢？上帝宣布：「我必把我的靈放在你們裡面，使你們順從我的律例，謹守遵行我的典章」(結36:27)。理性的上帝與屬於個人感性的上帝不可分離，反之亦然。

　　以西結所暗示的聖靈，提供了舊約與新約之間的關鍵連結。儘管福音書中很大一部分描述了耶穌的愛，但是使徒們卻不遺餘力地靠著聖靈，用上帝的律法使耶穌的愛更顯完整。然而，保羅建立的教會卻很快的出現了異端。保羅在給帖撒羅尼迦人的第二封信中，警告異端成員說：「那抵擋者高抬自己超過一切稱為神明的人，和一切受人敬拜的人，甚至坐在上帝的殿裡，自稱為上帝」（帖後2:4）。耶穌將如何對待這個人？「主耶穌要用口中的氣滅絕他，以自己來臨的光輝摧毀他」（帖後2:8）。信徒如何遵守上帝的律法？保羅說要依靠聖靈，「因為祂揀選你們為初熟的果子，使你們因信真道，又蒙聖靈感化成聖，得到拯救」（帖後2:13）。保羅在寫給提摩太的第一封信中，重申了反對異端的信息。在以弗所的教會裡，他提醒教會領袖「不可傳別的教義 ... 也不要聽從無稽的傳說和冗長的家譜；這樣的事只會引起爭論，無助於上帝的計畫」（提前1:3-4）。對於那些違反上帝律法的人，保羅會把他們交給撒但（提前1: 20）。

　　除了宗教正統信仰之外，使徒還需要根據上帝的律法來制定新的行為準則，以加強對成長中的教會的管理。使徒們專門寫了幾封信來解決這些問題，例如：提摩太前書2-6章、提摩太後書2-4章、提多書1-3章、腓利門書、雅各書1-5章、彼得前書2-3章、約翰一書1-5章、約翰二書、和約翰三書。它們涉及個人品格、婚姻、性別平等、教會領袖的決策、教會成員之間的相處、對待弱勢的成員、如何與非信徒打交道、教會與國家之間的關係、以及信仰與工作之間的關係等問題。

　　由於上帝的律法和上帝的審判是不可分離的，因此新約也把很大一部分投入到上帝的審判問題上。彼得警告信徒們：「因為時候到了，審判要從上帝的家開始；若是先從我們開始，那麼，不信從上帝福音的人將有何等的結局呢？」（彼前4:17）。他在彼得後書中繼續了審判的主題：「但是主的日子要像賊一樣來到；那日，天必在轟然一聲中消失，天體都要被烈火熔化，地和地上的萬物都要燒盡」（彼後3:10）。在聖經中，對於神的最終審判最完整的論述是在

啟示錄中。耶穌會親自主導審判計畫，並以極高的精確度執行它。不信的人、巫師、不道德的人、兇手、偶像崇拜者、撒謊者、背道者、魔鬼、和邪靈，都將被扔進火與硫磺的湖中。只有虔誠的信徒才能與三一神一起居住在新天新地。

　　除了上述提倡宗教律法和恐嚇違法者的聖經書章之外，聖經還包含數章，為了鼓勵信徒要順服上帝和祂的律法，而控制自己的感性腦。當有人告訴亞伯拉罕明年終於可以有一個孩子時，當時亞伯拉罕已經一百歲，妻子撒拉也有九十歲。以撒的誕生一定給他們帶來了歡樂、得意、和寧靜；但是時間不長。當以撒成年後，上帝試鍊亞伯拉罕，要他把以撒作為對上帝的活祭。亞伯拉罕沒有做錯任何事，以撒也沒有做錯事，但是當他們需要服從上帝時，他們的基本感性需求就排在第二位。儘管創世記並沒有解釋亞伯拉罕為何執行獻祭，並幾乎殺害了他唯一的孩子，但是希伯來書 11:19 提供了一種解釋：「（亞伯拉罕）他認為上帝甚至能使人從死人中復活，意味著他得回了他的兒子。」憑著對上帝無所不能的信念和過去的經驗，亞伯拉罕成功地克服了保護孩子的普遍渴望。這是來自上帝的理性腦做出的決定。

　　箴言的作者可能意識到人類的貪婪有多麼強大和具有破壞性，因此他們專門寫了幾章作為警告。箴言 4:14-15 呼應詩篇 1:1，教導信徒如何應對試探：只要躲避他們。「不可行惡人的路，不要走壞人的道；要躲避，不可經過，要轉離而去。」婚姻以外的慾望最具破壞性，「因為陌生女子的嘴唇滴下蜂蜜，她的口比油更滑，後來卻苦似茵蔯，銳利如兩刃的劍」（箴 5:3-4）。如何避免？如同箴言所說，把性慾只用在妻子身上（箴 5:3–4, 15–23）。這些經文似乎對通姦和亂倫的破壞力還警告不夠，箴言的作者在箴言 6-7 章中重複了同樣的信息。

　　箴言為生活在以色列王國保護下的信徒提供了道德守則，但是但以理書卻提供了生活在由異族統治者統治的不安全土地上的信徒的榜樣。信徒的幸福和貪婪不再是宗教領袖的主要顧慮。以色列人的生存一直受到在外國領土上佔支配地位和相互競爭的民族的不斷

威脅。但以理和他的朋友們小時候就受到考驗：吃還是不吃？這是
個問題。他們決定壓制對獻給外族神明的肉的感性渴望，取而代之
的是，只虔誠地吃潔淨的蔬菜。但是當他們長大成為皇帝的臣僕時，
他們受到了更為嚴峻的考驗。拜還是不拜？這是個問題。這次他們
決定壓抑對自己死亡的恐懼，而不是為了崇拜皇帝而樹立的黃金偶
像。取而代之的是，他們接受懲罰，被扔進熊熊大火。上帝的天使
從火中救出他們，並使他們免除刑罰。儘管但以理在此事件中的角
色和宗教信仰仍有神學的辯論（他沒有被扔進火爐中），但是他藉
著公開挑戰伯沙撒王，表達了他對上帝的宗教承諾，因為伯沙撒王
褻瀆了從耶路撒冷猶太聖殿中奪走的聖器。實際上，但以理詛咒了
伯沙撒王，並於當晚導致國王的去世。但以理即使面對新的國王大
利烏，也並沒有放棄其宗教承諾。大利烏命令三十天內，所有公民
除了國王以外，不能向任何神明敬拜，否則就會被扔進獅子坑中。
但以理抑制了自己對死亡的恐懼，並繼續每天三次向上帝敬拜。他
被扔進獅子坑，但是上帝差遣使者封住獅子的口。他毫髮無損地從
坑裡出來，並得著赦免。但以理書似乎為羅馬統治下的基督教信徒，
提供了殉道者的榜樣。

　　哈該書處理信徒的另一種感性渴望。他們應該把時間和資源分
配在裝修房屋和日常需求上，還是建造聖殿？在大流士統治初期，
大多數以色列人選擇了前者。因此，猶太先知和祭司敦促以色列人
完成聖殿的建造。作為回應，以色列人在四年內完成了該工程。哈
該書可能是想要建造教堂的教會領袖們最喜歡的書卷之一。他們藉
著引用經文來鼓勵捐款：「我必震動萬國，萬國的珍寶都必運來，
我就使這殿充滿榮耀。這是萬軍之耶和華說的」（該 2:7）。

　　聖經中沒有人比耶穌更能控制人類的慾望。魔鬼非常了解人類
的主要弱點是：肉體的慾望、宗教上的驕傲、和對政治的貪婪。魔
鬼在這三個方面都誘惑了耶穌，但是耶穌對上帝的堅定承諾，成功
地拒絕了這些試探。耶穌預見了自己死後信徒將面臨同樣的困難。
因此，祂宣告了詳細的生活規範、審判、和末日，以鼓勵祂的信徒

們為了屬靈的救贖而接受威脅生命的挑戰。[32]

　　在使徒中，保羅可能是談論控制慾望的最佳人選，因為他可能隨時被人類的慾望所吸引。總的來說，他對人類的慾望有很好的研究，但是他知道自己本人也不例外。他承認自己不僅是罪人，而且是「在罪人中我是個罪魁」。他承認「我看出肢體中另有個律和我內心的律交戰，把我擄去，使我附從那肢體中罪性的律」（羅 7:23）。用心腦神學的術語來說，保羅當然擁有強大且一直困擾著他的感性腦。他知道「住在我裡面的，就是我肉體之中，沒有善。因為立志為善由得我，只是行出來由不得我」（羅 7:18）。他大聲喊著：「我真苦啊！誰能救我脫離這必死的身體呢？」（羅 7:24）。幸運的是，他的神性腦戰勝了他的感性腦。「感謝上帝，靠著我們的主耶穌基督就能！這樣看來，一方面，我內心順服上帝的律，另一方面，肉體卻順服罪性的律了」（羅 7:25）。

　　如何應對失控的感性腦？保羅在寫給教會的信中花了很大的篇幅。保羅在給哥林多教會的第一封信中，提供了有關慾望、婚姻、偶像崇拜、儀式、和屬靈驕傲的詳細吩咐。在他所寫的以弗所書、歌羅西書、和提摩太的信中，也有類似的吩咐。[33]

　　但是我們從心腦神學中知道，理性腦只是感性腦的奴隸。保羅的理性道德準則如何成為遏制感性腦的有效手段？保羅似乎在他的論點中意識到了這個漏洞。為了遵守法律而需要的力量，必須來自理性或律法以外的其他來源；也就是說，來自神性腦。這可能就是為什麼他也把自己與其他強調律法和理性的使徒們（例如彼得和雅各）區分開來的原因。保羅在羅馬書中的中心主題是，沒有三一神的幫助，人們就不能遵守律法或做任何善事。保羅在信中反覆使用「藉著相信」一詞（ἐκπίστεως，*ek pistews*；διὰπίστεως，*dia pistews*）[34] 來教導信徒們如何克服感性上的挑戰；也就是藉著與神性腦

---

[32] 太 4: 1–11; 可 11–14; 路 4:1–13。

[33] 林前 1–15; 弗 4–6; 林後 2–3; 帖前 4–5。

[34] 儘管 ἐκ 可被翻譯為「因為」，但是根據大多數上下文應翻譯為「藉由」。 διὰ 也可以翻譯為「因為」，但是這不是常見用法，根據上下文仍

建立思想迴路。[35]

第五節　聖經中的平衡人性

　　到目前為止，聖經中的書章由於相對強調一種腦或另一種腦，而被劃分為神性腦、感性腦、和理性腦。但是從整體而言，聖經教導讀者以平衡的方式發展所有三部分的大腦，並加強大腦各部分之間的相互聯繫。以下 370 個聖經書章就是這樣的例子。

　　大洪水的故事始於上帝對人類犯罪的懲罰（刺激理性腦），接著是上帝對諾亞的祝福（加強感性腦），最後是上帝創造了以彩虹立約的新世界（紮根於神性腦）。上帝對諾亞的宣告中總結了上帝的超越、憐憫、和正義：「彩虹出現在雲中，我看見了，就要記念上帝與地上一切有血肉的生物所立的永約。……這就是我與地上一切有血肉的立約的記號」（創 9:16-17）。

　　在摩西去世之前，他講述並教導了以色列人出埃及四十年間上帝的榮耀（神性腦）、賜福（感性腦）、法律和懲罰（理性腦）。他以「摩西之歌」總結了所有這些教訓，其中上帝自稱：「看！我，惟有我是上帝；我以外並無別神。我使人死，我使人活；我擊傷人，也醫治人，沒有人能從我手中救出來」（申 32:39）。這就是無所不能、熱情、和正義的上帝。

　　上帝的無所不能、熱情、和正義，在士師記中給以色列人帶來了祝福和審判的循環。上帝會派出一位稱職的領袖（士師）打敗敵人，以此來祝福以色列人。但是，在得到祝福之後，以色列人立即違背了上帝的律法。上帝藉著允許敵人攻擊以色列人來對以色列人

偏好翻譯成「藉著」(Wallace, Greek Grammar, 368-369, 371-372)。

[35] 羅 1:17, 3:22, 3:28, 3:30, 3:31, 4:11, 4:13, 4:18, 4:20, 5:1, 5:2, 9:30, 15:13; 2Co 4:13; 加 2:16, 2:20, 3:8, 3:11, 3:14, 3:22, 3:23, 3:24, 3:25, 3:26; 弗 2:8, 3:12; 腓 3:9; 西 3:12; 帖前 1:13; 帖後 1:1, 2:13; 提前 1:2; 提後 3:15

實施審判。以色列人遭受了巨大的痛苦並真誠的悔改，祈求上帝的祝福。因此，上帝又賜予祝福。這樣持續了四百年，上帝任命十二位士師來拯救以色列人。

在作為先知、祭司、和士師的撒母耳的統治下，這種祝福和審判的循環不斷重複。在撒母耳統治結束時，以色列人已經厭倦了這種循環。他們把造成這種循環的原因，歸結為以色列人缺乏世俗的王國。他們想要世俗的解決方案，而不是宗教的解決方案。儘管上帝警告說世俗解決方案永遠行不通，但是以色列人堅持要如此行。因此，上帝只能把木劍當作寶劍用，祂會任命一位「好王」來管理信仰團體（撒上 1–8）。

但是，第一任國王掃羅未能調和政治和宗教領導人矛盾的雙重責任。最後，政治領導的「誘惑」和「理性思考」壓倒了宗教領導的職責。掃羅對以色列人本來是完美的國王；他很英俊，比任何一個人都高，由撒母耳按照上帝的指示親自挑選，並賜予了主的靈。他帶領以色列人打敗了他們的鄰居。但是由於擔心在戰前失去以色列人的政治支持，他違背了上帝的誡命。從那時起，一切就開始走下坡。基於他的「理性思考」，他不服從上帝關於如何打仗的指示。基於他的「理性思考」和對王位的戀棧，他尋索大衛的生命，而大衛是被上帝任命接替掃羅的。他懷疑祭司亞希米勒正在協助大衛的逃生，就殺害了祭司亞希米勒和他的大部分家庭成員。最後，他從交鬼的婦人那裡尋求軍事建議，並用自己的生命和三個兒子的生命付出了代價。

在整個以色列王國的歷史中，祝福和審判的循環一直持續著。「好王」受到了祝福，例如猶大國的希西家和約西亞，他們真誠地遵守上帝的律法並改革了宗教。但是「好王」很少見。猶大和以色列的所有其他國王都因違反上帝的律法而惡名昭彰。世俗王國被證明與屬靈王國不能並立，因為世俗王國總是以犧牲上帝的律法和憐憫為代價，使國王傾向於政治理性和感性。在這些循環的最後，上帝摧毀了猶大和以色列的世俗王國，並迫使以色列人生活在一個純粹的宗教團體中，過著理性、感性、和神性之間平衡而相互聯繫的

生活。

　　詩篇中有幾章傳達了平衡理性、感性、和神性三者的教導。[36]詩篇18篇是具有典範性的。它的第一部分從感性上訴諸上帝的保護開始，「耶和華救他脫離所有仇敵和掃羅之手」。接著詩人說：「耶和華我的力量啊，我愛祢！」(詩18:1)。然後，詩篇的第二部分讚美上帝的無所不能和超越。從18篇16節到18篇19節重複了感性訴求。接著，上帝的正義和審判充滿了詩篇18篇19-28節的經文。從18篇29節到詩篇18篇的結尾，再次出現了個人化上帝的主題。

　　先知書中大多數的書章也投入了對等的部分，來加強信徒的理性腦、感性腦、和神性腦。以賽亞書第9章提供了以賽亞書的要旨。從9章1節至9章5節，上帝向以色列人展示了自己作為個人化的上帝，其中上帝承諾消滅以色列人的敵人。9章8節至9章21節向以色列人介紹了上帝，祂是一位理性的上帝，祂對叛逆的以色列人不加憐憫地執行連續不斷的嚴厲審判。但是，以賽亞書9章最重要且最常被引用的經文是9章6-7節，它們描述了三一神的無所不能和超越：「因有一嬰孩為我們而生；有一子賜給我們。政權必擔在祂的肩頭上；祂名稱為『奇妙策士、全能的上帝、永在的父、和平的君』。祂的政權與平安必加增無窮。祂必在大衛的寶座上治理祂的國，以公平正義使國堅定穩固，從今直到永遠。萬軍之耶和華的熱心必成就這事」(賽9:6-7)。在其他先知書中，以平衡的方式重覆了類似的理性、感性、和神性主題。[37]

　　舊約中關於理性、感性、和神性的平衡教導，在耶穌的均衡生活中得以實現。祂對病人和被鬼附者表現出同情心；祂向信徒們傳授道德準則，並且祂試圖說服猶太人祂是三一神，就是他們所期望的彌賽亞。馬太福音、路加福音、和約翰福音都平等地傳達了這些主題。[38]例如，八福可以分為理性、感性、和神性，儘管神學家對於

---

[36]　詩9-12、17、18、25、26、31、33、34、78、89、94、98、99、106、107。

[37]　賽1–66; 耶1–52; 何1–14; 珥1–3; 摩1–9; 彌1–7; 番1–3; 瑪1–4。

[38]　太5–7; 10–16; 17–25; 路4–21; 約4–1。

八福的定義可能有釋經學上的分歧。「心靈貧窮的人有福了！ 因為天國是他們的」(太 5:3)、「為義受迫害的人有福了！ 因為天國是他們的」(太 5:10)、以及「人若因我辱罵你們，迫害你們，捏造各樣壞話毀謗你們，你們就有福了！」(太 5:11)，這些經文可能是關於神性的教導。「哀慟的人有福了！因為他們必得安慰」(太 5:4)、「謙和的人有福了！ 因為他們必承受土地」(太 5:5)、「憐憫人的人有福了！ 因為他們必蒙憐憫」(太 5:7)、「使人和睦的人有福了！因為他們必稱為上帝的兒子」(太 5:9)，這些可能是關於惻隱之心的教義。而「飢渴慕義的人有福了！ 因為他們必得飽足」(太 5:6) 和「清心的人有福了！ 因為他們必得見上帝」(太 5:8)，這些可能是關於理性的教導。

最後，聖經不僅教導理性、感性、和神性的均衡發展，而且教導了三者之間的相互聯繫。用心腦科學的術語來說，它不僅刺激前葉，邊緣系統、和頂葉中神經元的個體生長，而且藉著這些腦部中每個神經元的樹突和軸突的生長，刺激這些腦部之間的「迴路」。在羅馬書 3-15 章、加拉太書 3-6 章和腓立比書 1-4 章中，「因信稱義 / 藉信成義」的教義似乎符合這種心腦神學的目的。保羅說，因為人類本來就有罪性，有罪性就會犯罪，因此所有人類都被判處死刑。他們可以遵循理性的律法來逃避懲罰嗎？不行，他們永遠無法做到，因為他們的想犯罪的感性會奴役他們的理性，只會使事情變得更糟。正如保羅所解釋的那樣：「所以，凡血肉之軀沒有一個能藉著律法的行為而在上帝面前成義，因為律法本是要人認識罪性」(羅 3:20)。那麼，一個人如何擺脫有罪性的感性和理性所形成的不良「循環」呢？「藉著相信，要顯明上帝的義」，保羅宣告了解決方案，「因為祂用忍耐的心寬容人先前所犯的罪，好使今時顯明祂的義，讓人知道祂自己為義，也使相信耶穌的人成義」(羅 3:25-26)。用心腦神學的術語來說，有罪性的感性需要藉著神性腦的過濾器來清除，理性應該從有罪性的感性轉向神性腦。只有當神性腦發出電子和化學的信號時，信徒才能得到強大而正確的幫助，完成義行。

　　本章根據聖經，提供了政治神學的人性論基礎，也就是人類天生就具有理性、感性、和神性。當我們要建構與實踐一套華人政治神學，以回應「後現代」議題對於華人基督徒的挑戰時，必須兼顧基督徒的理性、感性、和神性，才能同時「堅持真理正確」與「盡量政治正確」。以下各章逐一討論這些議題。

表一　聖經中的人性論

心腦神學類型	聖經書章	標準
神性	創 1（上帝的創造） 伯 1–42（上帝凌駕於人類的理性和感性之上） 詩 8、29、65、90、93、96、97、104、113、114、117、135、145–150 傳 1–12（人類的理性和感性是虛妄；敬畏上帝） 拿 1-4（上帝凌駕於約拿的理性和感性之上） 約 1:1–34（耶穌的超越） 來 1–10（耶穌的超越）	強調三一神神的超越、無所不能、無所不在以及榮耀，通常是屬乎他自己的，也藉著自己並為了自己的。
神性＋感性	創 1–2（上帝與人類）、9（上帝保佑挪亞）、12–18、20–35（上帝保佑亞伯拉罕、以撒、雅各）、37–50（上帝保佑約瑟） 出 1– 12（上帝保佑摩西）、13–19、21–25（上帝保佑以色列人出埃及） 民 11、20–24、31（上帝保佑在曠野的以色列人） 申 12–20（宗教儀式） 書 1–24（上帝保佑以色列人佔領巴勒斯坦）	強調上帝與信徒的感性關係。上帝提供保護、恩典和祝福來滿足人類的感性，同時敦促信徒們去愛、讚美、向上帝說話和唱詩，以取悅上帝。

心腦神學類型	聖經書章	標準
	得 1–4 撒上 16–30（上帝保佑大衛） 撒下 1–10（上帝保佑大衛） 斯 1–10（藉著以斯帖，上帝保護以色列人免遭種族滅絕） 詩 2、3、5–7、13、16、20–24、27、28、30、35、40–49、54–57、59–64、66–71、77、79、80、84、87、88、91、92、95、100、102、105、108–110、115、116、118、120–129、133、134、136、138–144 俄（上帝將審判以東並承諾以色列的復興） 太 8–9（耶穌醫治病人） 可 1–3（耶穌醫治並且祝福） 路 4、6、7（耶穌醫治病人） 啟 8–9、16–20（耶穌和上帝發動了審判，但是饒恕了信徒） 啟 21–22（信徒在新天新地中）	
	創 28–35（上帝保佑雅各） 出 5、11–21、31–34（上帝保佑以色列人出埃及） 詩 32、38、51、85、86、103、130 歌 1–8（上帝原諒以色列的宗教不忠） 哀 1–5（耶利米懇求上帝減輕以色列人的痛苦，儘管他們有罪） 哈 1–3（上帝審判迦勒底人並拯救了罪惡的猶大） 亞 1–14（上帝除去了以色列的罪過，並承諾了彌賽亞的到來） 太 1；路 1–2（耶穌的降生） 太 4；可 1；路 4（耶穌選擇死亡超越了世俗價值觀）	超越正義與人類理性

心腦神學類型	聖經書章	標準
	太 26-28；可 14–16；路 22–24；約 12–21（耶穌被釘十字架和最大的誡命） 徒 1–28（使徒、保羅和基督徒受到猶太人和羅馬人的迫害，但是受到聖靈的引導）	
神性＋理性	創 3–4（原罪）、19（所多瑪） 出 20–40（摩西律法和金牛犢） 利 1–27（摩西律法） 民 1–19、25–30、35、36（摩西律法和以色列叛亂） 申 21–33（摩西律法） 撒下 11–20（上帝審判大衛） 王上 3–10（所羅門的興衰） 代下 1–9（所羅門的興衰） 拉 3–10（以斯拉重建聖殿並恢復摩西律法） 尼 1–13（尼希米重建了耶路撒冷的城牆，並頒布了摩西律法） 詩 1、14、15、19、36、37、50、52、53、58、72–76、81–83、101、111、112、119、132、137 箴 1–31（道德守則和實用主義） 結 1–48（上帝審判以色列人和眾民族；恢復聖殿和律法） 帖前 2（耶穌會審判異端） 提前 1（上帝會審判異端） 提前 2–6（教會治理） 提後 2–4（教會治理） 多 1–3（教會治理） 門（教會治理） 各 1–5（教會治理） 彼前 2–3（社會道德規範） 彼前 4（上帝的審判） 彼後 2–3（基督再臨的審判）	強調上帝的律法和審判

心腦神學類型	聖經書章	標準
	約一 1–5（教會治理） 約二（教會治理） 約三（教會治理） 啟 1–20（最後的審判）	
	創 22（亞伯拉罕獻以撒） 箴 4–7（針對性慾的警告） 但 1、3–6（上帝保護做出艱難選擇，遵守律法的但以理） 該 1–2（聖殿和律法比個人需要更重要） 太 4:1–11；路 4:1–13（耶穌受試探：生存、驕傲、政治） 可 11–14（耶穌宣告規則、審判、世界末日） 羅 1–3（保羅宣告了對眾民族、猶太人和人類之慾望的審判）、7（保羅解釋了上帝如何控制自己的感性） 林前 1–15（保羅關於控制慾望、婚姻、偶像崇拜、儀式和神性驕傲的教義） 弗 4–6（保羅關於控制慾望、婚姻和家庭生活的教導） 西 2–3（保羅關於控制慾望和家庭生活的教導） 帖前 4–5（保羅關於控制慾望和教會生活的教導）	控制慾望
神性＋感性 ＋理性	創 6–9（挪亞） 申 1–30（摩西敘述了上帝的祝福和審判）、32（摩西的歌） 士 1–21（上帝對以色列人的祝福和審判的循環） 撒上 1–8（士師撒母耳）、9–15、31（上帝保佑與審判掃羅） 王上 1–22（上帝保佑和審判列王）	強調了所有三個要素。三種腦之間的聯繫得到加強。

心腦神學類型	聖經書章	標準
	王下 1–25（上帝保佑和審判列王）	
	歷下 10–36（上帝保佑和審判列王）	
	詩 9-12、17、18、25、26、31、33、34、78、89、94、98、99、106、107	
	撒上 1-66（三一神的上帝審判了以色列人和其他民族，但是對悔改的以色列人充滿熱情）	
	耶 1-52（上帝審判以色列人和其他民族，但是恩寵悔改的以色列人）	
	何 1-14（上帝審判通姦的以色列人，但是答應寬恕悔改）	
	珥 1-3（上帝用蝗蟲懲罰以色列人，但是應許恩典）	
	摩 1-9（上帝審判以色列人和其他民族，但是應許以色列將復興）	
	彌 1-7（上帝審判猶大國和以色列國，但是應許彌賽亞會帶來和平）	
	番 1-3（上帝審判猶大和列國，但是應許猶大國的復興）	
	瑪 1–4（瑪拉基譴責祭司和以色列人，但是應允恩典）	
	太 5-7；、10-16、 17-25（耶穌醫治並宣講了八福、條例和祝福）	
	路 4-21（耶穌醫治並宣講了八福、條例和祝福）	
	約 4-21（耶穌醫治並宣講了條例和祝福）	
	羅 3-15（因信稱義／藉信成義）	
	加 3-6（因信稱義／藉信成義）	
	腓 1-4（因信稱義／藉信成義）	

註：聖經的大多數書章都包括對所有三種腦的刺激和教育。這些類別是主觀上相對的重點。神性＋感性的書章數最多，其次是神性＋感性＋理性，然後是神性＋理性。神性＋感性的重要性表現在其普遍性，且在理性之上。神性＋感性＋理性通常是較長的書章。

參考書目

郭承天。2020。*閱讀聖經希臘文速成：重建華人基督教的起初*。
　　臺南：臺灣教會公報社。

Kuo, Cheng-tian. 2018. *Church, Capitalism, and Democracy in Post-Ecological Societies*. Eugene, OR: Wipf & Stock.

Wallace, Daniel B. 1996. *Greek Grammar beyond the Basics: An Exegetical Syntax of the New Testament*. Grand Rapids, MI: Zondervan.

McMahon, Darrin M. 2006. *Happiness: A History*. New York: Grove Press.

Hamilton, Victor P. 2011. *Exodus: An Exegetical Commentary.* Grand Rapids, MI: Baker Academic.

Ravitzky, Aviezer, and Michael Swirsky. 1996. *Messianism, Zionism and Jewish Religious Radicalism.* Chicago, IL: University of Chicago Press.

Luther, Martin. 1957. *The Bondage of the Will. Trans*. J.I. Packer and O.R. Johnston. Grand Rapids, MI: Felming H. Revell.

Boswell, John. 1980. *Christianity, Social tolerance, and Homosexuality: Gay People in Western Europe from the Beginning of the Christian Era to the Fourteenth Century*. Chicago, IL: University of Chicago Press.

第四章
當代中國的政教分立、
政教分離、與政教規矩[1]

本章摘要：

　　當代華人政治神學應該結合中國傳統的政教規矩以及西方的政教分立神學。

　　過去一百多年來，大部分的華人學者與政治菁英認為現代中國社會的政教關係，在實然面和應然面，不是屬於「政教分離」，就是「政主教從」。然而，重新考證西方政教關係理論和中國政教關係的實踐之後，本章主張現代中國社會試驗了三種政教關係模式：政教分立、政教分離、與政教規矩。每一種政教關係都是在特殊時空環境與政治條件下所產生，對於宗教自由的保護與限制也有所不同。不同華人社會的基督徒需要考慮這三種特殊時空環境，選擇適當的政治神學回應與應用，才可「平安度日」，順利「把福音傳到地極」。

主題經文：

「注意！我派遣你們就像羊群進入狼群中間；所以你們必須靈巧像

---

[1]　本章第一節到第三節修改自郭承天（2019）。第四節修改自郭承天（2001）。後者的主要論證受到「社會福音派」神學的影響，本書做了重要的修正。

蛇，純潔像鴿子！你們必須防備那些人！因為他們必把你們交給公會，也必在他們的會堂裡鞭打你們，並且你們必為我的緣故，被帶到統治者和君王之前，對他們和外族人作見證」（太 10:16-18）。

案例 4.1：九十五條論綱

四川成都的家庭教會「秋雨之福更正教會」於 2015 年 8 月提出了「九十五條論綱」。他們的政治神學主張，沿用西方民主神學，堅持「政教分立」、拒絕政府涉入教會內部事務，更反對「基督教中國化」政策，因此成為中國政府嚴厲打擊的「邪教」之一。該教會的信徒人數，一直盤旋在三、四百人附近。[2]

案例 4.2：北京家庭教會聯合聲明

「自進入 2018 年 2 月以來，中國家庭教會面臨著新的環境，北京、上海、四川、廣東、河南等地遇到來自各方面不同的壓力，聚會場所被無端干擾，信徒的正常信仰生活被侵犯和攔阻，嚴重傷害了信教群眾的情感和愛國熱情，造成社會矛盾，並且有愈演愈烈之勢，我們不僅需要在這個時代作出美好的見證，更需要竭力在神的面前持守真道，作上帝無愧的工人和忠心有見識的僕人。同時我們也呼籲政府尊重家庭教會的歷史和現狀，尊重宗教工作的方法及規律，尊重信教公民的基本信仰自由及權利。」[3]

第一節　議題背景：
「政教分離」一字之差、百年誤國

「政教分立」是世界上第一個民主國家美國，所設立的現代民

---

[2] 秋雨之福更正教會。2015。〈我們對家庭教會立場的重申（九十五條）〉（九十五條論綱），https://www.cclifefl.org/View/Article/4248。

[3] 〈北京家庭教會聯合聲明〉，博訊，2018，boxun.com。

主國家政教關係典範。[4] 它是美國「三權（權力）分立」(separation of powers) 民主憲政原則的衍生品，也是在制憲會議上與美國憲法草案同時通過的「人權條款」(Bills of Rights) 十個修正案中的第一個修正案，所建立的政教關係原則。政教分立是指政府機構與宗教團體之間要維持彼此分立、相互制衡的關係，就如同美國政府的行政、立法、司法，要維持彼此分立、相互制衡的關係。政教關係的彼此分立，一方面是指政府機構與宗教團體的行政組織，要彼此分開，誰也不是誰的上司，而且各自獨立自主地運作。國家領導人不能指派宗教團體的負責人，宗教團體的領導人也不可指派國家官員。政府不應該過份干涉宗教的教義與行政，宗教團體也不應該要求建立國家宗教，或者把自己特殊的宗教儀式強加在其他宗教的公民身上。

另一方面，在政治與宗教實務上，政治與宗教又不可能、也不應該完全分開獨立，而是要相互制衡。大部分的宗教團體是社會倫理道德的發起者與實踐者，他們提供政府行政、立法、與司法的倫理基礎。當國家政策或政治人物違反這些倫理規範時，宗教信徒自然有權利、也有義務，起來反對國家政策或政治人物。但是也不可否認的，任何宗教、宗派、以及個別宗教團體，總是有少數人會違反良善的國家法令與公序良俗。這時，政府就有權利與義務，依法行政，規範、約束、與懲罰這些宗教人士。在美國政教關係的憲政實務上，確立了五個重要原則：「不得建立國教」(non-establishment of religion)、「宗教行使自由」(free exercise of religion)、「不歧視」(non-discrimination)、「不過份牽連」(non-excessive entanglement)、以及「比例原則」(proportionality principle)。

許多華人學者把美國 separation of church and state 原則翻譯成「政教分離」，從上述的討論看來，這是相當嚴重的誤解。因為華人學者既然不會把 separation of powers 翻譯成「三權分離」，而是「三權分立」，那麼為什麼要把 separation of church and state 翻譯成「政

---

[4] 關於美國立憲時對於政教分立原則更詳細的討論，見 Eidsmoe (1987);
嚴震生 (1998)；以及郭承天 (2002: 175-209)。

教分離」，而不是「政教分立」？下一節會討論到，從一百年前至今中國菁英們所提倡的「政教分離」，其實不是源自美國模式的政教關係原則，而是 1905 年的法國模式。

美國獨立以後，政教分立原則逐漸為西方民主國家（含二次大戰後的法國）所接受，作為相關行政、立法與司法行為之依據。臺灣在 1987 年解嚴後，涉及政教關係的行政、立法與司法，逐漸採納西方國家的政教分立原則；甚至在宗教自由的實質保障上，已超越了西方基督宗教國家。1997 年以前在英國殖民統治下的香港，也充分享受政教分立的宗教自由，雖然當時宗教團體對於評論或涉入政府政策其實不太感興趣。[5]

政教分立原則要能建立與順利運作的政治前提是民主政治。沒有民主政治的三權分立與相互制衡，就不可能有穩定的政教分立與制衡。在民主政治中，政府不能因為國家領導人個人的宗教偏好或者國會多數的宗教選擇，而違憲、違法、大力提倡或嚴厲壓迫其他特定宗教。在民主政治中，宗教雖然可以藉著動員信徒在選舉中投票，影響公共政策的制訂與執行，但是不能跨越憲法與法律的規範，強勢推動國家宗教或者迫害其他宗教。

可能因為上述政教分立與民主政治的密切關係，1911 年以來的中國政權，包括民國時期的國民黨政府（1911-1949）、在臺灣戒嚴時期的國民黨政府（1949-1987）、或是中國共產黨政府（1911 至今），似乎都不願提倡政教分立，而是提倡 1905 年版法國式的政教分離原則。

第二節　政教分離與華人社會

1911 年當中華民國政府成立時，中國的政治領導們以及知識份

5　郭承天 (2008: 317-346)。

子所期待與接受的政教關係原則，不是美國式的政教分立原則。孫
中山可能是當時唯一真正瞭解與熱心倡導政教分立原則的中國政治
人物。這可能與他幼年移民美國，成為美國公民有關。他在一些公
開演講與信函中，正確地說明政教分立的意涵，包含了彼此分立、
相互制衡的成分。但是孫中山的政教分立主張，曲高和寡。雖然貴
為中華民國的大總統，他絲毫不能撼動當時中國政治領導們與知識
份子對於法國式政教分離原則的熱情擁抱。[6]

　　在中華民國成立之前，法國已在 1905 年通過了一個法案《政
教分離法》(Loi Concernant la Separation des Eglises et de l'Etat)，主
張以「世俗原則」 (laïcite) 來規範政教關係。這個法案的原始版本
首先規定法國政府要停止補助教會（第二條）；沒收教會大部分的
動產與不動產，因為它們都是國家財產（第三至七條）；管控教會
人員的薪資以及教會財務（第八至十五條）；嚴格禁止神職人員在
宗教場所，評論政府政策或政治人物（第十六條）；禁止 6-13 歲孩
童接受教會教育(第二十條)；禁止教會人士在教堂外公開宣教（第
二十三條）；教會人士在教堂內的講道不得「誘惑愚民致釀禍亂」
（第二十四條）。[7]總言之，這個法案容許政府強力干預宗教團體內
部的人事安排、財務管理、和講道內容，甚至把宗教團體納入教育

---

[6] 對於孫中山「政教分立」這些觀點的分析，見 Kuo (2016)。

[7] 這些條文是根據該法第一版的翻譯，見〈法國政教分立頒律〉，《中外
日報》（上海），1906 年 12 月 9 日。當時多個中國報章雜誌對於法國這個
法令，非常讚許；請參考《東方雜誌》社，〈羅馬：羅馬教皇因法國政教
分立大肆反對〉，頁 26；《東方雜誌》社，〈法國政教分立新律〉，頁 4-12；
《法政雜誌》社，〈法國之政教分離問題〉，頁 2；〈法國：法國政教實
行分離〉,《外交報》（上海），1910 年，第十卷第 10 期第 27 頁；〈法國：
政教分離問題〉，《廣義叢報》（重慶），1907 年，第 128 期第 10 頁；〈第四、
法國政教分離案〉，《新民叢報》（橫濱），1906 年，第四卷第 2 期，第
90-91 頁；〈論歐洲政教分離之交涉〉，《外交報》（上海），1906 年，第
六卷第 24 期，第 15-16 頁；《雨澤隨筆》雜誌社，〈政教分離大計〉，頁 6。
本書讀者若在一般網站上搜尋 "French law on the Separation of the Churches
and the State"，找到的版本可能是經過一百多年修正後的最新版本。上述這
些違反民主與人權的條文在近幾十年已被刪除，見 https://en.wikipedia.org/
wiki/1905_French_law_on_the_Separation_of_the_Churches_and_the_State 之
修法說明。

部的管轄範圍內。這種強勢的「國家主義」(étatisme) 以及歐洲天
主教國家盛行的「反神職主義」(anti-clericalism)，正好符合當時中
國政治領導們以及知識份子們的期待。[8] 當時的中國不斷遭受西方
帝國主義侵略，而滿清政府的顢頇以及義和團的荒謬反擊，使得中
國的菁英們都希望建立起一個強勢國家，能夠動員所有的社會團體
（包括宗教團體），來復興中華國族。

　　中國的政治領導們與知識份子所期待的政教關係，是單行道的
政教分離：政府不要離開宗教，反而是要強力控制宗教；但是宗教
要離開政治，絕對不可批判政治，只能完全服從政府政策。他們可
能認為美國式的政教分立，對於中國的建國計畫，緩不濟急，會削
弱政府力量，阻礙國家的現代化。尤其他們看到基督宗教隨著帝國
主義入侵中國，某些傳教士仗著不平等條約的保護，四處買地建造
教會，並且批判中國傳統宗教，就更加支持建立強有力的政府，防
止基督宗教全盤控制中國文化和社會。[9]

　　民國初年的「建立儒教為國教」運動，加深了中國知識份子對
於宗教控制國家的疑慮。「五四運動」從「反帝」到「反基督教運
動」，最後在無神論者的導引下，擴大成為「反一切宗教」運動。
就是在這種環境氛圍中，國民黨政府根據法國式政教分離原則，
於 1929 年通過了允許政府嚴格控管傳統宗教團體的《監督寺廟條
例》。但是在缺乏宗教團體真誠支持下，中華民國政府在 1911-
1949 年間，一直無法有效地統治中國大陸。先是軍閥割據，後是
軟弱抗日，最後陷入慘烈的國共內戰。而且一直到 1947 年才通過
第一部正式的憲法，而通過不到一年，在大陸又被國民黨《動員戡
亂臨時條款》凍結後帶到臺灣，38 年以後才解凍。在大陸，1954
年中華人民共和國憲法正式取代了中華民國憲法。

---

　[8] 關於歐洲天主教的「反神職主義」，見 Jelen and Wilcox (2002: chaps.
2-4)。

　[9] 查時傑 (1994); 葉仁昌 (1992)。

第三節　政教分立與華人社會

　　國民黨政府在 1949 年退到臺灣以後，起初仍然繼續依照法國式政教分離原則，對於所有的宗教團體進行管控。曾經受過蘇聯共產黨訓練的蔣經國，在他父親蔣介石默許下，試圖加強黨國體制對於宗教團體的控制。但是這個管控並不是太深入與廣泛，大都只限於政治忠誠度的管控，而沒有對於教義、儀式節期、組織管理等內部事務，進行過份的干預。[10] 一直到解嚴之後，由於民主制度強調人民主政以及保障人權（含宗教自由），臺灣的政治領導們與知識份子不得不開始放棄法國式政教分離的舊思維，而轉向美國式政教分立原則。[11] 最具代表性的例子，就是修訂了十八年至今還沒有通過立法的《宗教團體法草案》。

　　解嚴之後、民進黨執政時期 (2000-2018)，臺灣的大法官會議在 2004 年做出第 573 號解釋案，宣告《監督寺廟條例》違憲。[12] 臺灣政府官員突然失去了控制宗教團體（佛、道、民間宗教）的法寶，就急著另立新法，順便也把基督宗教（原來登記在財團法人或社團法人法律之下）納入管制。但是政治環境已經不同了；政府不但解嚴、民主化了，連執政黨都換人了。《宗教團體法草案》因此經過了四個階段的大協商，每每快要完成立法程序，卻又功虧一簣。

　　第一階段的大協商是宗教抵制政府控管，以爭取宗教自由。許多宗教團體（尤其是基督宗教團體）本來就登記在財團法人法或社團法人法之下，運作多年無事，為何要被另一個新法所約束？協商的結果，就是臺灣政府放棄部分的管控（法律用詞從「指導」與「管

---

[10] 曾慶豹 (2017)。

[11] Kuo (2008:chap.1).

[12] 關於《宗教團體法草案》的內容與爭議，參考張家麟、蔡秀菁 (2015)。

理」改為「輔導」與「鼓勵」，核可制改為登記制等），並且提供鼓勵措施（可以設立有大學資格的「宗教研修學院」、減免稅賦、經營事業等）。但是這些鼓勵措施引起了中大型宗教團體與小型宗教團體之間的矛盾，因為這些鼓勵措施大都有團體規模底線的規定。

　　因此，第二段的協商結果，就是降低團體規模的限制，利益大放送。這又引起了主管稅務的財政部大大的恐慌，擔心財團利用宗教外衣，行逃稅之實。所以第三階段的協商，就在財政部和主管宗教事務的內政部民政司宗教輔導科之間進行。但是由於內政部民政司宗教輔導科的法律以及政治位階，在臺灣政府體制內屬於最低，因此他們只能對於財政部所提的嚴格資格限制以及減少鼓勵措施，照單全收。可是，這不就又回到第一階段的疑慮，政府管得太多、鼓勵措施又不夠？因此，第四階段的協商在 2016 年 6 月最後一個版本出現以後就停頓了。臺灣政府使用現有的其他法令，把宗教團體視同一般的公益團體來管理，宗教團體則充分享受民主體制下的宗教自由，但是沒有多一些特權。[13]

第四節　政教規矩與華人社會

4.1 中共政教規矩的近因[14]

　　海峽的另一岸，中華人民共和國成立後，起初也延續了國民黨政府在大陸統治時期的政教分離原則。但是在文化大革命時期（1966-1976），中共試圖消滅所有的宗教。極左派共產黨員認為沒有了宗教，以後也就不需要擔心政教關係了。然而，如本書第二章第五節所述，John Locke 早就主張過：政府無能力、也無權改變人民

[13]　此段的歷史乃根據筆者擔任臺灣內政部宗教事務諮詢委員的觀察（2012-2018 年）。

[14]　關於中華人民共和國的政教關係歷史，見 Yang (2012); Goossaert and Palmer (2011); Ashiwa and Wank (2009)。

的宗教信仰。當代心腦神學也發現，宗教性本來就是人性的一部份（見本書第三章）。[15] 因此，文革的消滅宗教政策固然嚴重打擊了所有的宗教，但是卻無法完全消滅宗教，反而造就了各宗教的殉道者，成為其他信徒的信心模範，更加堅守信仰。這也成為文革之後，大陸各宗教大復興的火車頭。

　　文革的消滅宗教運動不但沒有達到預期的目標，更傷害到中國共產黨本身的宗教合法性。畢竟，現代人類出現在地表上以後，沒有一個政權不依賴宗教來提供它的宗教合法性，藉以維持社會秩序、共體國難、以及抵禦強敵。當文革大規模的攻擊宗教，它同時也腐蝕了中國共產黨的宗教合法性。而且消滅宗教的同時，也消滅了宗教所提供的倫理道德。1979 年以來的改革開放，出現了「倫理真空」的社會環境。人民一切「向錢看」、「窮得只剩下錢」、「笑貧不笑娼」；商人無所忌憚地進行「食品毒害」、「環境污染」、「豆腐渣工程」；黨政官員則是上行下效地陷入「貪汙腐化」、「人奶宴」、「妻妾成群」、「潛規則」之中。

　　面對著這些「亡國亡黨」的危機，中共不得不重新拉攏宗教，重建其宗教合法性，並且藉著宗教來重塑社會道德、維持社會秩序、建立官箴，以構建「和諧社會」並配合推廣「社會主義核心價值」。但是，這些政教互動關係的基本原則是什麼？對於中共領導而言，西方民主國家和解嚴後臺灣的政教分立原則，絕對不可應用在中國，因為政教分立預設了多黨競爭、三權分立的民主憲政制度，這將危及中國共產黨的一黨統治，並且挑戰中共對於宗教的嚴格管控。

　　那麼回到與強化民國時期的政教分離原則呢？這既不理想、也不實際。習近平倡導的「新時代社會主義建設」、「宗教中國化」、「提倡社會主義核心價值」，以及「擁護（無神論）共產黨的統治」，都需要積極動員宗教團體來配合。如果宗教團體藉口政教分離，來抵制政府干預宗教團體內部事務，甚至拒絕配合這些政策，那該如何？如果宗教團體根據政教分離原則，要求中共實現憲法所保障的宗教自由、要求中國共產黨退出宗教團體，那又該如何？過去二十

---

[15] 參考本書第二章第一節與第三章。

年來，中共政權藉著推展中華文化，似乎在中國傳統的政教關係中，摸索到一種新的模式，稍微加以修正後，就可輕鬆適用在當代的中國政教關係；這可稱之為「政教規矩」原則。這裡要強調的是，政教規矩與美國式的政教分立，就歷史源頭和內容而言，幾乎沒有關係。政教規矩是以法國式的政教分離為湯底，加上列寧式黨國體制的調味料，然後烹煮中國「老祖宗傳下來的規矩」，所形成的「具有中國特色」的政教關係模式。

4.2 中國歷史上的政教規矩

　　由於「政教規矩」是本書第一次提出的理論概念，姑且定義為：在中國特定時空環境下，政府與宗教團體相互理解且遵守的一套互動規矩，包含正式的法律規章以及非正式的行為規範。中國歷史上，與「規矩」相近的字詞有：綱紀、度制（制度）、宗法、禮儀、禮樂、法度、規則等，但是都可涵蓋在規矩之內。由於本章篇幅的限制，不便做過多的歷史與政治哲學討論，這裡只簡短的說明中國政教規矩的歷史與政治神學根據。中國歷史上，首先對於政教關係做系統性論述、並且成為歷代規範政教關係的經典著作，非屬漢朝董仲舒的《春秋繁露》不可。漢朝初年的六位皇帝（西元前 256-141 年），雖然政權尚稱穩固，但是一直陷在一個政權合法性的危機中。漢高祖劉邦本是大秦王朝的亭長（類似今日警察派出所所長），因為押送犯人不力，讓犯人逃跑了。自知死罪難免，乃藉口「斬白蛇起義」，革命推翻了大秦帝國。根據儒家的政治法統 / 政統論述（下文詳述），劉邦是大逆不道的叛臣，違反了春秋君臣大義。叛臣的兒孫仍然是叛臣，整個漢朝朝廷將無法洗去這個政治「原罪」，而給未來的宮廷政變或農民暴動留下了革命的藉口。董仲舒熟稔儒家著作，發現漢朝的政權合法性危機，無法在儒家思想裡找到出路，但是可以在漢朝初期盛行的道教思想中找到出路。也就是說，宗教性的天命和氣數可以超越政治倫理性的君臣關係，作為政權合法性的基石，而且因為其神聖性，這個基石就比「理性儒家」論述更為穩固。「受

命改制」因此成為政權合法性的新根基。[16]

　　政教規矩的「規矩」一詞，也正是採取《春秋繁露》第一卷書開宗明義的定義：「春秋之道，奉天而法古 …… 弗修規矩，不能正方圓」。誰來定規矩？新王！因為「新王必改制」。新王「受命於天，易姓更王，非繼前王而王也」。[17] 如下所述，習近平的「恢復中華文化」、「新時代社會主義核心價值」以及相關的「法治」改革，其思想模式，似乎與《春秋繁露》的政治神學如出一轍。

　　到了東漢章帝時期，為了加強統治的合法性與效能，在洛陽北宮的白虎觀召集了全國學術會議，把討論的成果編輯成《白虎通》（或稱《白虎通義》）。《白虎通》一方面延續了《春秋繁露》的「君王受命於天」、「新王改制」的政治神學，而重複強調「受命之君，天之所興」、「王法天誅者，天子自出者」。[18] 另外，《白虎通》在《春秋繁露》的宗教政治倫理基礎上，提出「五行 → 情性 → 汁中 → 神明 → 道德 → 文章」的宇宙論，並輔以「三綱六紀」，把道教思想、政府治理、與社會倫理，結合成一套緊密的政治神學以及政治實踐標準。[19] 除此之外，《白虎通》更主張皇帝具有唯一、最高、且排他的宗教詮釋權。這是因為當時除了儒學內部有禮儀派與經學派之爭，民間出現了大量神秘的圖讖經緯，文人各自解讀，嚴重影響到皇帝的合法性與統治效能。因此，《白虎通》的結論不但授予皇帝最高的政治合法性，也給予皇帝最高且排他的宗教詮釋權。由於「王者承天統理，調和陰陽 …… 符瑞並臻」，[20]《白虎通》就設計一套皇帝專屬的宗教儀式（如封禪）來詮釋與回應符瑞。[21]

　　歸納抽理上述漢朝之後「政教規矩」的核心概念有二：「政

---

[16] 韋政通 (1996：148-149)；吳龍燦 (2013：65)。

[17] 董仲舒著，賴炎元譯註 (2010：12-13)。

[18] 《白虎通義》〈瑞贄〉，〈三軍〉。

[19] 《白虎通義》〈天地〉，〈三綱六紀〉。

[20] 《白虎通義》〈封禪〉。

[21] 關於《白虎通》政治神學的分析，見林聰舜 (2013：第八章)；肖航 (2017)。

統」(political orthodoxy) 與「道統」(religious orthopraxy)。[22] 政統有排他性：皇帝只有一個，皇室也只有一個。所有的政治團體（中央官僚體系、諸侯、地方官員、屬國）和社會宗教團體，都要明確表態支持當朝的皇室是唯一的政統，不可以支持其他的皇族或叛臣為政統。也不可以不表態支持現任的皇帝，因為不表態支持，其心必異。臣民沒有政治中立的空間，沒有西方所謂的「私領域」(private sphere)。[23] 就宗教團體而言，就是要表態支持皇帝是唯一的「真命天子」，是他們的神明所認可的政治領袖。

　　相對於「政統」的排他性，「道統」在傳統中國可以指政治思想派別（儒、墨、道等），也可指各宗教（儒教、佛教、道教等）。道統沒有排他性。國內可以有多種宗教並存、各宗派並存，且各有各的道統。皇帝只要求這些宗教和宗派表態效忠唯一的政統（天子），而不會要求國土內只有一個道統。皇室可能選擇一個或多個宗教或宗派的領導人，作為「國師」。皇帝可能偏好特定一個宗教，但是通常也不會排斥其他宗教。

　　中國歷史上，政統與道統互動的經驗，產生了高度的「政教包容性」(mutual inclusiveness of state and religion)，而不是西方的「政教合一」(integration of state and church)，也不是「政教分立」(separation of state and church)，更不是某些中國宗教學者說的「政主教從」。[24] 這些概念的前提，都假設了兩個大致可以區隔的團體，只是彼此權力關係不平衡。這是因為西方基督宗教團體自創立以來，就有高度的行政自主權（神聖性、稅收、教育、神職體系），有別於中國傳統宗教大都附屬在各層級的世俗行政體系中。也就是說，中國傳統「政教包容」的「包容」有「包含」與「容忍」的兩個面向。

---

[22] 在中國傳統文獻中，比較常使用「正統」，而不是近代常用的「政統」。「政統」一詞可能是牟宗三（1970/1997）所創。關於「道統與政統之間」的關係，本章採用余英時 (1987) 的觀點。Orthodoxy 和 orthopraxy 是國際的中國研究學者最近對於「政統」和「道統」提出的翻譯 (Dessein 2017: 199-232)。

[23] Chau (2017: 117-142).

[24] 卓新平 (2011)。

對方可以納入自己體制的一部分，就彼此包含；對方不可納入自己體制的部分，就彼此容忍。政教包容是政治包含了宗教，宗教也包含了政治。

政治包含了宗教的具體表現，就是皇室有皇室家庭的宗教信仰、皇帝自主決定政策提倡特定宗教、以及政府各層級設有宗教官員主管各級政府的祭祀禮儀和管理宗教團體。中國傳統的宗教祭司，下從家庭、家族、地方官府、上至皇室，都是政治領袖的附屬品，不像西方基督宗教的祭司系統，有獨立的神聖與財源基礎。[25] 宗教包含了政治的具體表現，就是宗教團體為特定的皇室，發展出一套政治神學、宗教儀式、並動員信徒支持皇室。顯而易見的，不管是政治包含了宗教或者是宗教包含了政治，都大大地增加了政權的宗教合法性、社會的安定、以及國家的戰力。中國傳統的君王對於政教包容，和樂不為？

在中國歷史上，政教包容的政教關係是「不對等的相互依賴關係」(asymmetrical interdependence)，而不是政教之間的權力平衡，但是也很少發展成西方「教皇控制君王」或者「君王控制宗教」的情況。近二十年來研究中國政教關係的某些宗教學者所主張的中國「君王控制宗教」的說法，可能沒有紮實的歷史事實根據。[26] 的確，中國歷史上有「三武一宗」的滅佛慘案，宋徽宗有「召佛歸道」之舉，明朝雍正皇帝有試圖嚴格控制各大宗教的政策。但是這些控制宗教的政策，都是短暫的、並不長久；並且只限於大城市，而不及於鄉野深山的眾多寺廟。絕大多數的朝代，都是採取政教包容原則，很難判斷是「政主教從」或「教主政從」，因為後者的論證是根據西方政教關係歷史發展出來的，預設了兩個不太重疊的團體組織。這不是中國的歷史經驗。「政主教從」的說法出現在中國，是民國以後「反教運動」支持者所提出的政教關係模式，可能是政教分離論的分支。

中國的政教包容很少導致宗教失去其特色和主體性。中國傳統

---

[25] 張榮明 (1997)。

[26] Goossaert and Palmer (2011).

宗教常常被西方學者歸類為「混和宗教」(religious syncretism)，意指儒、釋、道的「三教合一」，尤其存在於民間信仰之中。但是「混和宗教」的理論概念和實務上是否產生污染神聖性的憂慮，也是源自於基督宗教的一神論和排他性。在尼西亞會議（Council of Nicaea, 西元 364 年）之後，基督宗教就不斷地整肅教會內的「異端」，嚴格防止其他宗教思想或儀式進入教會內。這種強烈的排他性，使得基督宗教傳到中國後，馬上造成適應的問題，也成為後來中共政權一直強調「宗教中國化」的原因。中國傳統宗教本來就是多神信仰，排他性不強（除了少數極端宗教人士），很能夠在神學、儀式、尤其是在每日生活中，包容其他宗教。而宗教包容的結果，並沒有讓儒、釋、道失去其特色與主體性。兩千多年來，儒還是儒，釋還是釋，道還是道。「三教合一」（應該解釋成「三教包容」）到了宋朝集其大成，從此成為中國政教規矩的常態。[27] 以蘇軾為代表，是「在朝為官，身為儒；回家養生，遵循道；仕途失意，則交一個和尚朋友學四大皆空，成為佛」。就算是進入一間三教包容的寺廟，同時供奉著佛祖、三清祖師、以及孔子，信徒們也大概也知道哪個神明是屬於哪個宗教，根據各神明的特性來調整祈禱內容。[28]

中國的政教包容並不能超越政統的政治限制。如前所述，皇帝不容許反對皇室的宗教團體存在，也不容許不表態支持皇帝的宗教團體存在。皇帝是唯一的真命天子，是天命的唯一立法者、執行者、與詮釋者，相當於今日的立法、行政、司法權集於一身。宗教團體不可以有敵對的政治神學，不然就會被戴上「邪教」或「淫祠」的政治帽子，即刻予以殲滅。

只要在政統的政治範圍內，中國的政教包容給予宗教團體相當高的宗教自由。宗教團體可以決定自己的人事安排與神學內容，神職人員可以到處傳教，宗教團體可以隨意蓋自己的宗教建築物，信徒也可以自由進出宗教場所或者在家舉辦宗教儀式。這種宗教自由度絕對比西方中世紀來得高，甚至比當代某些嚴格執行政教分離的

---

27 汪聖鋒 (2010)。

28 劉聰、王黎芳 (2014)。

民主國家（如法國）還要高。當代的法國禁止公立學校的師生穿戴明顯宗教服飾，判定「山達基教派」(Scientology) 為「邪教」，而且禁止穆斯林婦女在海灘穿著包住身體的泳裝。瑞士則禁止建築物有細高的尖塔；雖然法令沒有明文歧視伊斯蘭教，但是大家都知道這是針對清真寺的一般設計而定的。[29]

　　政教規矩雖然在中國歷史上促成高度的宗教自由，但是這種高度的宗教自由卻也因為專制君主制度而導致了高度的不穩定性。每逢改朝換代、皇帝駕崩、甚至皇帝在位期間對於宗教偏好的突然轉變，都可能造成短期的宗教迫害。佛教的「三武一宗」之禍，就是因為改朝換代和皇室繼承問題，結合了傳統儒教和道教的宗教聯盟，對於先前朝代或皇帝所提倡的佛教，實施激烈的滅教政策。唐朝有韓愈的「諫迎佛骨」。宋徽宗的「召佛歸道」表面是「三教合一」，實則「崇道抑佛」。明朝朱元璋靠著民間信仰白蓮教起義，得天下以後，卻提倡藏傳佛教，反過來嚴厲迫害白蓮教。

4.3 現代中共的政教規矩

　　中共在重新建構政教規矩時，融入了列寧式的黨國體制，成為一個具有中國特色的國家宗教，可稱之為「中國愛國主義」。[30] 經過三十多年來的建構與夯實，這個國家宗教已經具有其他世界主要宗教的所有特性：它的神明叫做中國、漢、龍、或黃帝。[31] 它的政治神學是中國、社會主義、共產黨統治的「三位一體」政治神學。它的先知們包括馬、列、毛、鄧，和後來的總書記們；而現任的總書記永遠是那一位「最偉大的先知」，負責總結與詮釋過去先知們的著作。它的祭司們就是九千萬的黨員、全國教育系統的教師、以及「愛國」的宗教教職人員。它有護衛天使，就是人民解放軍、武警、和公安。它有國定宗教假日與散佈在所有大城市的愛國教育基地。

---

[29] U.S. State Department (2018).

[30] 　Kuo (2017: chap.1).

[31] 　中國學者趙汀陽就認為「中國」是一個政治神學概念，見趙汀陽 (2015)。

它的敵對惡魔是日本、美國、國內獨立運動與民主運動，尤其是無孔不入的「五毒」團體：疆獨、藏獨、臺獨（含港獨）、法輪功、民運份子。[32]

　　根據過去二十年到中國的實地研究經驗以及與國際學者的學術交流經驗，並且印證美國國務院歷年的中國宗教自由報告，和China Aid 所累積近年來中國宗教自由爭議事件的資料庫，[33] 筆者把這些主要的政教規矩分為兩個層級，包括國家層級的十項規矩，以及執行層次的五項規矩。[34] 國家層級的規矩類似民主國家的憲法與法律位階，執行層次的規矩則類似行政命令與細則位階。以下分別說明。

　　國家層級的主要政教規矩有十項：黨主席詮釋與制訂規矩、不對稱相互包容的政教關係、國家安全高於宗教權益、宗教差異、宗派差異、地方差異、不碰五毒、限制國際牽連、黨員不信宗教、黨委書記都是漢人。

　　(1) 黨主席詮釋與制訂規矩。雖然中國政府正在推動「法治 / 法制」，[35] 但是法律的執行與解釋，還是根據各政策領域的規矩。最根本的規矩，就是黨主席詮釋與制訂規矩，就如前述中國傳統的皇帝是「天命」的唯一詮釋者，也是法律規章的制訂者，更是法律規章的最高執行者，高於所有法律規章。相對於西方民主國家的法治原則是憲法高於法律、法律高於行政命令、行政命令高於施行細則、施行細則高於慣例，當代中國的「法治」實踐，是規矩高於施行細則、施行細則高於行政命令、行政命令高於法律、法律高於憲法；

---

[32]　Kuo (2017: chap.1).

[33]　China Aid 可能是美國國務院撰寫中國宗教自由報告時，所引用最多的資料來源。其網站為 http://www.chinaaid.org/。

[34]　以下的「政教規則」修改自郭承天 (2017)。這些政教規則的個別項目，可能都是研究大陸政教關係學者熟悉的。但是本章首次將這些政教規矩整理出來，並對比「政教分立」與「政教分離」原則。

[35]　兩岸法律學者大都認為中共所推動的「法治」，其實是中國傳統法家、具有政治工具性質的「法制」(rule by law)，不是西方民主、具有目的與程序正義的「法治」(rule of law)。一位中國法學家用象徵意義來說明這兩者的差別：「法治是水治；法制是刀治」。關於宗教領域的「法治」討論，見陳至潔、王韻 (2015)。

而憲法大都是做為參考用，更無法拘束國家領導人。

　　以 2017 年 8 月新修訂的《宗教事務條例》第三十五條為例：「信教公民有進行經常性集體宗教活動需要 …… 由信教公民代表向縣級人民政府宗教事務部門提出申請，縣級人民政府宗教事務部門徵求所在地宗教團體和鄉級人民政府意見後，可以為其指定臨時活動地點。」這一條條款的設立，本來主要是為了解決基督教「家庭教會」以及天主教「地下教會」的登記問題，讓家庭（地下）教會不必受到官方三自（愛國）教會的管制，算是中共改進宗教自由的措施。但是這一條以及《宗教事務條例》本身的法律根據為何？沒有。因為中華人民共和國憲法第 36 條雖然明訂了：「中華人民共和國公民有宗教信仰自由。」但是《宗教事務條例》是國務院所定的行政命令，不是全國人民大會的法律；行政命令直接跳過法律，來界定和約束憲法所定的宗教自由。《宗教事務條例》第三十五條訂定了以後，於 2018 年 6 月又公告了施行細則《宗教臨時活動地點審批管理辦法》。該《辦法》中的第十三條規定：「宗教團體對臨時活動地點的活動負有教務指導職責。臨時活動地點的活動應當接受宗教團體的教務指導。」這又把官方三自愛國教會對於家庭教會的管理權借屍還魂；這是施行細則高於行政命令。至於地方官員要不要執行、多嚴格執行這細則的第十三條，則是看過去家庭教會與地方官員的關係如何；這是政教規矩高於施行細則。

　　2018 年 3 月 12 日中國人民代表大會通過修憲案，一方面確認中國共產黨在中國憲政體制的領導地位（憲法第一條第二款後增加：「中國共產黨領導是中國特色社會主義最本質的特徵」），另一方面取消國家主席連任的限制（憲法第七十九條第三款刪除「國家主席、副主席連續任職不得超過兩屆」）。這勢將把「黨主席詮釋與制訂規矩」的規矩，推到極致，超過憲法，也集中在黨主席一人，有如傳統中國的天子。用十九大報告的話來說，就是以「習近平同志為核心的黨中央」為「根本保證，完善全面依法治國領導體制」。在這個前提下，才能「堅持把全面貫徹實施憲法作為首要任務」和「加

快法制中國建設步伐」。[36] 這種「法治」可能有助於減少黨政官員執行公權力時，常見的濫權行為，而且可用來作為協調各種法律間矛盾的起點。但是因為各種政教規矩的束縛，這種「法治」是否能夠確保宗教自由，減少黨政官員的濫權，以及將來甚至朝向西方憲政體制的「司法審查」(judicial review) 制度以廢棄侵犯宗教自由的各種現有法令，都有很大的不確定性。[37]

(1) 中國在胡錦濤統治時期的政教關係，曾經有可能從政教分離轉向政教分立。當時許多黨政官員與學者們開始提倡西方「憲政愛國主義」(constitutional patriotism)、「審議民主」(deliberative democracy)、「基層民主」(town hall democracy)、「問責」(accountability)、「立法監督」(legislative supervision)、「交疊共識」(overlapping consensus) 等民主思想與制度。[38] 但是這些討論最後都威脅到中國共產黨的一黨統治地位，引起「毛左」的反彈。到了習近平時代，這些西方的憲政思想浪花，要麼融入了「中國特色」而變質，要麼就歸於平靜。

(2) 不對稱相互包容的政教關係。把中國傳統政教包容原則，按照列寧式黨國體制修正後，中共政權是主張共產黨領導的政府，有完全的權利干涉宗教內部事務。宗教團體只能被動支持政府，不能主動反對政府政策或批評國家領導人。宗教團體沒有任何法律或政治根據，可以聲稱宗教自主權，免於政府干涉其教義與人事。他們要經常表態支持政府政策，並且藉著各宗教的全國宗教團體，成為中共黨國體制統治機器的一部份，被包容在政府機構與政策內。

(3) 國家安全高於宗教權益。比較傾向支持宗教自由的國家宗教事務局，雖然是國務院的一級單位，但也只是一個副部級編制的行政單位，其政治與法律位階遠低於其他的國家安全單位，如統戰部、軍隊、武警、公安等。甚至在處理青少年的宗教教育上，國家宗教

---

[36] 汪永清 (2017: 280-281)。

[37] 《新修訂〈宗教事務條例〉釋義》編寫組於宗教事務條例的上述解釋，充分反映出「政教規矩」的重要性。

[38] 許章潤 (2010)；唐晉 (2009)；高健、佟德志 (2010)。

局也要遵從教育部所頒布的禁令。2018 年 4 月以後，根據「國務院機構改革方案」，國家宗教局保留其原來名稱，但要被併入統戰部。[39]在本章完成以前，中共尚未確認併入的細節。這可能嚴重影響《宗教事務條例》的執行，以及對於宗教自由的保障或侵犯。在《條例》中，國家宗教局是該法的執行單位；歸屬中共統戰部之後，將來宗教自由是更受尊重或者更受約束？若是配合國務院機構精簡原則，國家宗教局將以更少的預算和人事，來執行擴權後的《條例》，會不會反而助長政教規矩的不穩定性？[40]

(4) 宗教差異。就中共官方五大宗教而言，中共政權對於佛教最為寬容，道教次之，基督教第三，天主教第四，回教（伊斯蘭）最後。而無神論的「中國愛國主義」國家宗教，則高於所有其他宗教。

(5) 宗派差異。同一宗教內不同的宗派，也可能會受到天壤之別的待遇。「漢傳佛教」最受禮遇，但是「藏傳佛教」（尤其與達賴喇嘛關係密切者）會受到嚴密控視。「道廟道教」（全真派）深受黨政幹部與知識份子歡迎，但是許多「民間道教」（正一派）、「民間佛教」、或「佛道雙修」，因為擅長神秘道術或者有「彌勒降世」的「革命思想」，仍被中共官方戴帽子歸類為「邪教」，受到嚴打。[41]官方「三自」基督教會受到官方保護，大部分家庭教會則會被官方騷擾。官方天主教（「愛國會」）也是得到官方保障，但是只效忠教宗、不願加入愛國會的地下天主教會，常常受到壓迫。對於寧夏回族自治區的漢化回族，中共政權提供許多優惠，政教關係大致良好，但是對於新疆的維吾爾族，則是嚴厲對待。

(6) 地方差異。北京負責宗教事務的黨政幹部，常常自嘲「令不出北京」，表示地方黨政幹部對於地方宗教團體的態度，具有決定

---

[39] 受訪者 AGM 認為「宗教事務條例的主導者是國宗局，並且沒有完全徵求統戰部的意見。」這可能是後來國宗局被要求併入統戰部的原因？

[40] 中國宗教學者與牧師們對這些問題的看法也不一。見恩典城市，〈如何面對新條例？教會論與策略反思座談會〉，2018 年 8 月 8 日下載。

[41] 目前官方訂定的「邪教」團體有 23 個，其中與臺灣宗教團體有關係的有：一貫道、先天大道、呼喊派、東方閃電、法輪功、新約教會、真佛宗、統一教。

性的影響。一般來說，宗教自由比較寬鬆的地方，包括了中國大陸中南部省分的江蘇、浙江、福建、廣東、四川。宗教活動管制比較多的地方，也是中國政教衝突新聞最多的地方，包括了河南、河北、山東、北京、東北三省、新疆、西藏。[42]《條例》通過後，可預期原來宗教比較自由的地方，可能更自由；原來比較迫害宗教的地方，迫害更加劇；宗教自由介於兩者之間的地方，則有更大的不確定性與爭端。不過，因為受到其他政教規矩（改朝換代、新法上路）的影響，2017 年至今，中國政府全面對於宗教自由嚴加管制，連過去宗教自由比較開放的浙江和廣東，都出現了高頻率的迫害宗教事件。

(7) 不碰「五毒」。臺灣獨立運動（含港獨）、新疆獨立運動、西藏獨立運動、法輪功、民主運動，是大陸政教關係的絕對禁忌。2014 年香港的「雨傘運動」，不但涉及民主運動，也涉及港獨，而且受到香港基督宗教團體的大力支持。因此，基督教兩會在 2017 年把香港中文大學崇基神學院列到政治黑名單上，不承認該學院畢業的神學生符合大陸宗教教職人員的資格。

(8) 限制「國際牽連」。兩岸的宗教交流，盡量不要有其他「境外勢力」的參與，即使是兩岸在第三地的華僑，更不要說那些試圖「顛覆政府、破壞統一」的國際宗教團體或人權團體。臺灣的宗教自由對於大陸黨政幹部和宗教團體的說服力，比起世界其他任何一個國家都強有力。臺灣的宗教團體不一定需要「挾洋自重」，反而可能引起大陸批判為帝國主義的「走狗」、「買辦」。

(9) 黨員不信宗教。一般漢族的共產黨員比較嚴格禁止信教，少數族群（回、苗、藏等）的共產黨員可以信教。下述的「改朝換代」以及「宗教差異」等因素，會影響到黨員信教的禁令。例如，夏寶龍在擔任浙江省委書記時 (2012-2017)，一方面大拆教堂的十字架，另一方面嚴格檢查黨員的宗教信仰。除此以外，各省市大都採取「我不問、你不講」的寬容政策。

(10) 黨委書記都是漢人。少數民族地區縣市級以上的黨委書記，

42　見 China Aid, News, View Persecution by Chinese Province, http://www.chinaaid.org/p/view-persecution-by-chinese-province.html.

目前都是由漢人擔任。不只是新疆、寧夏、西藏這些政教衝突最激烈的地方，少數民族的官員最高只能擔任自治區政府的主席，而不能擔任自治區的黨委書記，就算是其他幾乎沒有政教衝突事件的少數民族地區，黨委書記也一律由漢人擔任。例如，湖北張家界市（省轄地籍市）的市黨委書記，向來由漢人擔任，而非當地「土家族」人。香港的太上政府「中央人民政府駐香港特別行政區聯絡辦公室」的主任，也一直是由非香港人擔任。

執行層次的主要規矩有五項：保護宗教「權益」而非「自由」，改朝換代、新法上路、國家重大會議與節日期間宗教權益受限，四個底線「公安、大型戶外、擾鄰、外國人」，一次「定性」永遠「定性」，積極支持「宗教中國化」。

(1) 保護宗教「權益」而非「自由」。雖然中共政權自稱對於國內「宗教自由」保障完善，[43] 但很不喜歡海外人士在大陸領土上，談到宗教自由，因為他們認定海外人士談到的宗教自由，一定與民主憲政的政治議題有關。中共可以接受海外人士在大陸，討論如何滿足個人「宗教情感」的政策，也會檢討黨政幹部對於人民「宗教權益」不合理的傷害。但是宗教行為一定不可以涉及政治目的（顛覆中共政權、破壞中國統一），也一定要在《宗教事務條例》與政教規矩範圍內進行。許多兩岸與國際宗教交流活動，為了不給地方黨政幹部造成困擾，大都改名叫做「文化交流」、「民俗文化」、「民俗文化研究」、「觀光活動」、或「考察文化產業」。

本書第二章第五節討論到聖經對於宗教自由的定義，不是根據現代西方自由主義的「權利」(right) 觀點，而是「責任」(duty) 的觀點。有趣的是，當代中共政府對於宗教自由的定義，似乎比較接近聖經的「責任」觀點；中共稱之為「信仰自由」。他們認為中國人民以及在中國的外國人有宗教信仰自由，但是沒有西方社會所謂的宗教自由。[44] 差別在哪裡？中共的「信仰自由」是指人民有選擇不同信仰的自由，或者有不信的自由（共產黨員不可以選擇宗教信

---

[43] 國務院新聞辦公室 (2018)。

[44] 國家宗教事務局 (2017:1-24)。

仰）。但是選定以後，大部分的宗教行為都要受到政府的規範，信
徒和宗教團體有「義務」遵守這些規範，甚至要服從中國共產黨的
領導。而西方國家的「宗教自由」則是指人民不但有選擇不同信仰
的自由，而且大部分的宗教行為都不受到政府的規範，因為這是屬
於人民的「宗教自由」。因此，信徒和宗教團體沒有「義務」去遵
守過份干涉宗教自由的政府法令。中西方對於「宗教／信仰自由」
看法的根本差異，恐怕也不是短期內可以調和的。

　　(2) 改朝換代、新法上路、國家重大會議或節日期間，宗教權益
會暫時受限。習近平上臺之後，黨內的「毛左」就在黨政圈和學術
圈興起「小文革」的政治低氣壓。[45] 某些新上任的地方官員，即使
是在上述比較有宗教自由的地方，也可能「新官上任三把火」，找
當地的宗教團體開刀，如 2014 年浙江的「拆十字架」事件。新修訂
的《宗教事務條例》於 2018 年 2 月 1 日正式生效。掌管宗教事務的
黨政幹部，總要證明《條例》的成效。因此，2018 年的上半年，就
是製造「業績」或「祭旗」最活躍的時候。河南省、河北省各種侵
犯信仰自由的舉動（宗教場所懸掛社會主義核心價值標語、懸掛國
旗、禁止黨員與青少年進入等），就是這類型規矩的政教衝突。大
部分的宗教團體和地方政府都已深知這個規矩，所以這期間宗教活
動都會自我約束、比較低調。

　　(3) 四個底線：不可有公安事件、大型戶外活動、擾鄰行為、太
多外國人參與。除了事先得到官方允許，一般的宗教團體活動只要
不在公開場所舉行，不大規模舉行，沒有太多外國人（含港澳臺同
胞）參加，以及沒有造成鄰居生活不方便（大聲唱詩歌與禱告、作
法鈴鐺、播送佛經、燒濃香、停車擁擠等），地方的公安大都會睜
一隻眼、閉一隻眼，不去騷擾這些宗教活動。

　　(4) 一次「定性」永遠「定性」。大陸國安與公安最討厭有人製
造宗教之間或宗教與非宗教信徒之間的激烈衝突，宗教團體為了維

---

[45] 「毛左」是北京學者們通用的術語，描述在文革時代長大的年輕人，對
於毛澤東還是懷有崇高敬意，並且繼續推行毛澤東思想與鬥爭方法，所以，
「毛左」常常與「小文革」並論。「毛左」又稱「新毛主義」，見張倫 (2017)。

護本身宗教權益，所採取對抗行動的種類，就會決定「定性」的嚴重性。比較起來，向上級單位口頭抱怨，最能被容忍，不太會被定性。書面抱怨（如法院訴訟），就比較嚴重一點，可能會被定性。更嚴重的是「告洋狀」，很可能會被定性。最嚴重的是發動「集體事件」。若是引起國內外媒體注意，甚至有流血衝突時，就會被國安單位認定為「邪教」、「反政府」、或「宗教性質的獨立運動」。這種作法與傳統中國訂定「淫祠」、「邪教」的標準類似。而這些團體或個人，一旦被定性，似乎從來沒有人能夠從黑名單除名（法輪功、達賴喇嘛）。成功「平反」的例子，幾乎不存在。被定性的邪教團體，即使後來致力改善私下關係，只能有助於基本宗教活動的進行，但是無助於消去「邪教」的政治標籤（例如，一貫道和基督教的「呼喊派」）。

　　(5) 積極支持「宗教中國化」。這是習近平政權上任後，針對「外來宗教」（伊斯蘭、天主教、基督教）所推動的宗教政策，期待這些外來宗教能夠提倡正確的政治認同、文化融合、與社會融入。那麼中國傳統宗教（佛教與道教）就不需要「中國化」嗎？是不是只要他們能夠調整現在過份商業化的歪風即可？綜合北京與上海受訪者的反應來看，似乎中共中央對於什麼叫做「宗教中國化」並沒有詳細說明，也沒有具體的推行方案，而是開放給宗教文化界各自解讀。[46] 對於無神論學者來說，宗教中國化只限於與儒家化與法家化，而不是與佛教和道教作對話。[47] 中共並沒有興趣藉著「宗教中國化」，提倡佛教或道教；「宗教中國化」也不是放任宗教去搞「公共神學」(public theology)，去對抗和批判中共政權；[48]「宗教中國化」甚至不是「儒化共產黨」，[49] 而是藉著「共產黨化儒家」，來

---

[46] 受訪者 KA、SNEY、XXR、TZ。

[47] 薛焱 (2016)。習近平說過：「我國古代法制蘊含著十分豐富的智慧和資源，中華法系在世界幾大法系中獨樹一幟。要注意研究我國古代法制傳統成敗得失……汲取營養、擇善而用」。見習近平 (2017: 118)。

[48] 李向平 (2016)。

[49] 彭濤 (2016)。

「共產黨化」所有的宗教。「宗教中國化」就是中共政權要求所有的宗教，都增加愛國主義的教育訓練和行動，支持中國共產黨統治、習近平的領導核心、社會主義制度、以及維護國家統一與領土完整。因此，佛教與道教也要中國化，以實踐這些政治要求。一位宗教教職人員用一句話總結「宗教中國化」的內涵，就是「要所有的宗教都聽話」。[50]

第五節　聖經中的政教分離與政教分立[51]

　　依照前述關於「政教分離」（政治與宗教彼此不干預）與「政教分立」（政治與宗教彼此分立與制衡）的定義，本節蒐集了這兩種政教關係立場的聖經經文根據，分析如下。

　　首先，聖經中沒有「政教分離」或「政教分立」的詞彙。「政教分離」或「政教分立」是近代西方政治神學家所發展出來的理論，然後強加在聖經經文的詮釋上。聖經中的「政府/政權」與「宗教/信仰」，是否等同於現代國家的政府與宗教，都是個大問題，更何況聖經時代的各國政府都是君王體制，除了希臘民主短暫出現過以外，民主思想與制度是聖經作者所前所未聞的。當我們要從聖經經文，推論出現代華人基督徒政治倫理規範，必須採取更包容的眼光，來詮釋與應用這些經文。

　　其次，在上述的前提之下，我們可以使用西方政治神學家所發展出來的「政教分離」和「政教分立」理論，把聖經直接相關的經文做此分類，並且評估它們對於當代華人社會的應用性。

　　聖經中可能用來支持「政教分離」的經文，至少有18處（表二）。但是政治神學家對於這些經文是否支持「政教分離」的立場，仍有

---

[50] 受訪者 HG。

[51] 本節修改自郭承天（2001）。

爭議。[52] 以其中最常被討論的兩處經文（羅 13:1-7；彼前 2:13-17）為例。羅馬書 13:1-7 說：

「在上有權柄的，人人要順服，因為沒有權柄不是來自上帝的。掌權的都是上帝所立的。 所以，抗拒掌權的就是抗拒上帝所立的；抗拒的人必自招審判。 作官的原不是要使行善的懼怕，而是要使作惡的懼怕。你願意不懼怕掌權的嗎？只要行善，你就可得他的稱讚；因為他是上帝的用人，是與你有益的。你若作惡，就該懼怕，因為他不是徒然佩劍；他是上帝的用人，為上帝的憤怒，報應作惡的。 所以，你們必須順服，不但是因上帝的憤怒，也是因着良心。 你們納糧也為這個緣故，因他們是上帝的僕役，專管這事。凡人所當得的，就給他。當得糧的，給他納糧；當得稅的，給他上稅；當懼怕的，懼怕他；當恭敬的，恭敬他。 」

　　政教分離主張者常引用這段經文中的第一、二節，也就是到「必自招審判」就結束。這一段經文比「凱撒的物當歸給凱撒」那一段經文（太 22:15-22），對於臣民的順服要求更嚴格。因為這一段經文不但沒有區分凱撒的和神的物，而且給予屬世政權神聖的合法性。所以，臣民對於在上掌權者的順服，是全面性的。近代的專制政權，例如希特勒和種族歧視時代的南非政府，都非常喜歡使用這段經文，來要求人民的順服。

　　但是政教分離論使用這段經文作為依據，可能犯了斷章取義的錯誤。神學家提出幾個理由，認為這段經文並不能作為對政權無條件服從的依據。首先，「順服」一詞的希臘原文 ὑποτάσσω（hupotassw）意思是「在其位之下」。[53] 如果是軍事用語，這個詞有「一個領導者之下有秩序的整理部隊」；但是如果是非軍事用語，這個詞的意思是「自願的退讓、合作、負擔責任、以及肩負重擔」。因此，在這一段經文中，該詞並沒有「服從」或「順服」的強烈命令意思，

---

[52] 郭承天（2001：第二章）。

[53] BDAG, ὑποτάσσω, #1.

而比較是在一個社會組織體系中「各盡其職」的意思。[54] 這個意思
與保羅其他寫作的教導比較相近；在這些教導中，保羅期望基督徒
在婚姻、家庭、主僕、教會職分、男女關係上，能夠「自願的」各
盡其職，而不是被迫的服從。[55]

其次，這一段經文的目的以及時空背景，可能不像政教分離論
所認為的有普遍性。有些神學家認為保羅寫這段經文的時空背景，
是因為在巴勒斯坦地區有猶太民族主義份子為了抗稅而暴動。為了
防範羅馬基督徒也學習這種暴動，而造成傳播福音的困擾，保羅因
而有此告誡。[56] 大部分的神學家都不接受這種看法，認為羅馬基督徒
可能不會受到遠方巴勒斯坦事件的影響。而且在西元 66 年猶太人反
抗羅馬政權以前，羅馬的猶太人還在猶太會堂中為凱撒和羅馬人民
獻祭，可見羅馬猶太人的民族主義可能比較溫和。[57] 但是，羅馬的基
督徒和羅馬的一般公民當時的確在抱怨政府繁複的稅捐。為了凸顯
基督徒的守法精神，保羅要求羅馬的基督徒更不可以隨同羅馬公民
起舞，以免讓羅馬政府認為這些大部分沒有公民權的基督徒意圖推
翻政府統治。因此，第一節到第五節的勸誡，其目的是為了第六節
和第七節所討論的議題，亦即「納糧」和「上稅」的事。[58] 至於「納
糧」和「上稅」以外的政府命令是否要無條件的遵守，則並沒有說。

第三，從經文第三節到第五節，是在解釋基督徒為什麼要「順
服」政府。從另一個角度來看，這三節經文也是在說明一個理想政
府所應該盡到的義務，也就是說一個政府要人民順服它就應該要符
合這些條件。[59] 這些條件就是政府必須要獎善懲惡，「作官的原不
是要使行善的懼怕，而是要使作惡的懼怕。你願意不懼怕掌權的嗎？
只要行善，你就可得他的稱讚」(羅 13:3)。第五節又說明：「所以

[54] Stuhlmacher (1994: 199); Ziesler (1989: 309-10).

[55] 例如，林前 7: 20-24；弗 4: 16；弗 5: 22～6: 9；提前 5: 1-8。

[56] EBCNT 羅 13:1-7。

[57] Stuhlmacher (1994: 199) 引自 Josephus 的歷史記載.

[58] Stuhlmacher (1994: 201); Schreiner (1998: 678-79).

[59] Stott (1994: 341); Schreiner (1998: 688)。

你們必須順服，不但是因上帝的憤怒，也是因著良心」（羅 13:5）。
在這裡，保羅所謂的「行善」和「良心」，應該都是指支持律法體
系的基本規範，也就是神的公義標準。反過來說，一個政權如果不
鼓勵行善、不申冤、不刑罰那作惡的、不符合良心的，人們就不用
去順服這個政權。保羅這一段經文與當時羅馬政府對待基督徒的態
度並沒有衝突。當時羅馬政府採取宗教容忍政策，並沒有特別歧視
基督徒，羅馬皇帝尼祿壓迫基督徒是在羅馬書寫成之後才開始的。

第四，這一處經文的最後一節（羅 13:7）尤其有其微妙的含意，
「凡人所當得的，就給他。當得糧的，給他納糧；當得稅的，給他
上稅；當懼怕的，懼怕他；當恭敬的，恭敬他。」在《和合本》中，
「當」這個字出現了五次，其希臘文原意就如中文的翻譯一樣，是
「所欠的」、「所當得」的條件式語句意思。所以這一節的意思就是：
如果合情、合理、合法的事，我們就應該去做；反過來說，如果不
合情、不合理、不合法，則我們不用去做。因此，基督徒對於政權、
法令、政治領導者的服從，是有條件的；這種服從必須以神的律法
精神為最終的判斷標準。

最後，順服政府的命令並不排除同時批判政府的命令。耶穌和
眾使徒都順服的接受羅馬政府的拘禁和刑罰，但是他們也都批評羅
馬政府的行為是錯的。[60] 因此，這一段經文並沒有禁止言論自由。
第二段經文例句用來支持「政教分離」立場的，是彼得前書 2:13-
17。「你們為主的緣故要順服人的一切制度，或是在上的君王， 或
是君王所派懲惡賞善的官員。 因為上帝的旨意原是要你們以行善來
堵住糊塗無知人的口。 雖然你們是自由的，卻不可藉着自由遮蓋惡
毒，總要作上帝的僕人。 務要尊重眾人；要敬愛教中的弟兄姊妹；
要敬畏上帝；要尊敬君王。」

這一段經文雖然乍看之下，與前面討論過保羅所寫的羅馬書
13:1-7 很像，兩者都強調對於政權的服從，所以也應該是延續當時
猶太教和基督教順服異教統治的傳統。但是大部分的神學家都認為
兩者之間有許多重要的差異，使得這一段經文更不適合作為政教分

---

[60] 太 23:37，路 18:31-34，徒 4:19、16:35-37。

離論的根據。[61]

首先，也是最重要的差異是，彼得沒有給予世俗政權神聖的地位。保羅說「沒有權柄不是出於上帝」（羅 13:1）。但是彼得卻說君王和官員是「人的制度」，並沒有提到是「上帝所命的」。[62] 同樣的，官員只是「君王所派」的，並沒有提到上帝的旨意或授權。這一句經文一下子就把政權放到它應該在的位置，就是世俗社會。[63] 其次，彼得在順服政府的勸告上，加上了更多的條件。[64] 這包括「為主的緣故」、「要作上帝的僕人」、官員是要能夠「罰惡賞善的」、而且順服的目的是要人們「行善」，這也是出自「上帝的旨意」，不一定是君臣的旨意。最後，第十七節是四個對等的命令語句，尊敬眾人、親愛弟兄、敬畏神、和尊敬君王，其中「尊敬君王」不但不高於其他的命令，或獨立成為一個教導，反而被排在最後。更重要的是，彼得所使用的希臘文「尊敬」君王，與「尊敬」眾人是相同的字 τιμάω（timaw）；意思是對待君王的態度與對待眾人的態度是相同的。但是對於上帝卻是要「敬畏」φοβέω（fobew）。彼得也說對待上帝要像是上帝的僕人一樣，全部的主權都交與上帝，對於上帝的命令是無條件的服從；但是彼得並沒有把君王與臣民的關係放在可對比的地位。君王的等級顯然不同於、且低於上帝。[65]

彼得對於政權的態度不同於保羅，可能是因為時空背景的不

---

[61] Achtemeier (1996: 180-81) 整理出六個主要差異。這裡將它們簡化合併之。

[62] 這裡「一切制度」的希臘原文 πάση ἀνθρωπίνῃ κτίσει，按照世俗希臘文的翻譯是可以翻成「人的制度」。但是在聖經希臘文裏，則有「神所創造」的意思。不過，即使「一切制度」有神聖的意思在，這個字的前面已經有「人的」形容詞，似乎應該按照彼得的原意翻譯比較適當。

[63] Goppelt (1993: 185)；McKnight (1996: 149)。Calvin (1996: 1Pe 2:13-14) 不做此區分，還是堅持信徒應該服從代表神的世俗統治者，不論統治者是否濫用權力。

[64] EBCNT 彼前 2:15；Achtemeier (1996: 182-84)。

[65] EBCNT 彼前 2:17；Goppelt (1993: 190)；Achtemeier (1996: 186)。Calvin (1996: 1Pe 2:17) 為了強調服從政府的義務，把這一節經文解釋成：「任何人敬畏神、親愛教中的弟兄以及全人類，就會尊敬君王」。Calvin 這種解經可能把自己的政治主張讀進經文裡面去了。

同。[66] 保羅寫羅馬書的時候，羅馬政府還沒有開始壓迫基督徒，而且羅馬書的收信者是居住在羅馬的基督徒。而彼得寫彼得前書的時候，羅馬政府已經開始壓迫帝國轄下各地的基督徒。同時，彼得憂慮有些基督徒為了逃避迫害，轉而接受帝王崇拜的儀式和教義。這種帝王崇拜的風氣，在彼得前書收信者所居的小亞細亞地區（現今土耳其）更為昌盛。因此，彼得不再強調政權的神聖性，反而增加了一些順服政權的先決條件。

這不是說彼得在跟保羅唱反調。彼得還是延續了早期基督徒對於政權服從的態度。但是就像耶穌提到「凱撒的物當歸給凱撒」、保羅在羅馬書十三章所加的順服條件、以及在提多書所使用的條件式語句，這些經文都顯示出早期基督教的一貫立場其實並沒有變動。這個立場也就是對於政權的有限服從。[67] 這可以從彼得所用的「順服」一詞看出；其希臘原文 ὑποτάσσω (hupotassw) 與保羅所用的「順服」一詞相同，都不是指「服從」，而是指「各盡其職」或「各盡其份」的意思。大部分中文聖經翻譯本採取「順服」、「順從」、「服從」的翻譯，可能是因為詞句流暢的關係。而大部分的英文翻譯本在這裡都不用 obey 一詞，而是用 subject to 或者是 submit，則更符合原文的意思。

那麼這段經文的目的在那裡？也就像是記載耶穌、保羅言行的類似經節，這一段經文的目的，不是在建立一個政教關係的理論，而是在鼓勵基督徒建立起一個聖潔良善的生命。第十六節經文：「雖然你們是自由的，卻不可藉着自由遮蓋惡毒，總要作上帝的僕人」（彼前 2:16)，其實才是這一段經文的核心。而在這一段經文的前面，彼得已經說明來意：「你們在外邦人中要品行端正，好讓那些人，雖然毀謗你們是作惡的，會因看見你們的好行為而在鑒察的日子，歸榮耀給上帝」（彼前 2:12)。彼得擔心小亞細亞的基督徒受到當時

---

[66] Achtemeier (1996: 181-82)。McKnight (1996: 154) 認為這一段經文有其時空背景，因此不適用在現代社會。這種說法又過於極端，忽略了早期基督教教義內已經有足夠的彈性，使這些順服政府的經文不至於導致盲從。

[67] Goppelt (1993: 180).

猶太民族主義者的影響，高唱希臘式的自由，而忘記了耶穌關於聖潔生活的教導，尤其是向外族人見證和傳福音的義務。[68]

上述是「政教分離」理論的經文根據，有一定的相關性，但是仍存在一些解經的爭議。那麼「政教分立/制衡」理論的經文根據呢？根據筆者的分析，「政教分立」的相關經文，最少有 87 處（表三與表四），而且它們的神學爭議比較少，似乎能夠順利地應用在現代國家（尤其是民主政體）的政教關係上。

表三的 60 處經文是以色列建國以前與建國時期的政教分立的相關經文。其中最具代表性的經文，是列王紀下十一章到十二章第三節，記載祭司耶何耶大保護猶太幼主約阿施、發動政變殺害異教皇后、恢復約阿施的王位、最後自封輔政大臣，教導幼主直到能夠執政為止。

這是宗教反對政治的例子，涉及政治和宗教的議題。南國猶大王亞哈謝死後，發生骨肉相殘的宮廷政變。亞哈謝的母親亞他利雅為了篡位，追殺有繼承權的孫輩。亞哈謝的同父異母妹妹約示巴就把亞哈謝的兒子約阿施偷出來，藏在耶和華的聖殿中寄養。約示巴的夫婿就是當時的大祭司耶何耶大。過了七年，祭司耶何耶大就當眾膏立約阿施為王。女王亞他利雅知道新王的膏立，就進聖殿察看，結果在回宮的路上被擁護新王的部隊所殺，新王隨即入宮登基。祭司耶何耶大繼續輔政，直到新王成年（代下 24:1-2）。

祭司耶何耶大為何要反對女王亞他利雅？亞他利雅在猶大國的宗教和政治正統地位，有很大的問題。她是北國亞哈王之女。南國猶大王約沙法與亞哈王聯姻，為兒子約蘭娶亞他利雅為媳。因此就王族繼承來說，亞他利雅是北國人，不應繼承猶大支派的王位。就宗教正統而言，猶大國仍以耶和華崇拜為主，聖殿也在南國的管轄之內。而女王亞他利雅自幼受到其家庭環境的影響，崇拜巴力。篡位之後，更大力推廣巴力崇拜，建壇立廟，並且設立巴力的祭司，引起猶大支派極大的不滿。

聖經中並沒有記載耶和華是否有事先曉喻大祭司耶何耶大去輔

---

[68] Goppelt (1993: 187-88)；McKnight (1996: 142).

助幼主，但是耶何耶大根據宗教的傳統和律法來判斷，主動負起撫育教導幼主的責任。不但抗拒了女王殘殺皇室遺族的命令，而且冒著身家性命的危險，暗中撫育幼主，圖謀復位。新王登基之時，耶何耶大率領利未人組成的軍隊保護新王的安全（代下 23:7）。[69] 甚至在新王登基之後，他繼續輔政，直到幼主成年。在輔政期間，祭司耶何耶大使得政教合一，將王權置於宗教權之下，大力推動宗教改革，甚至幫國王娶了兩個妻子（代下 24:3），而沒有像政教分離論者所主張的不問政治，凡事順服君王。

　　表四的經文是以色列亡國以後的政教分立的相關經文。其中最具代表性的經文，是使徒行傳 4:19-20。「彼得和約翰回答他們說：「聽從你們，不聽從上帝，在上帝面前合理不合理，你們自己判斷吧！我們所看見所聽見的，我們不能不說。」

　　這是宗教反對政治的例證，涉及宗教議題。耶穌釘十字架以後，使徒們繼續傳講耶穌救恩的信息和耶穌復活的神蹟，讓許多猶太人成為基督徒。猶太的祭司們就下令逮捕使徒彼得和約翰等人，第二天邀請官府一同審訊使徒們（徒 4:5-6），並且恐嚇彼得等人不可再「奉耶穌的名講論教訓人」（徒 4:18）。彼得和約翰就以此回答審訊他的人。

　　彼得的這些話也許不是針對在場的官府代表說的，[70] 因為主審的是猶太祭司，彼得似乎也以神學根據反過來質問祭司。另外，彼得接著以先知的使命感補充說：「我們所看見聽見的，不能不說」（徒 4:20）。所以這一場對話，似乎是宗教內正統和異端之辯，而不涉及政教制衡關係。[71] 但是因為有官府代表在場，猶太祭司們很可能想借用官府的公權力來恐嚇使徒們，因此彼得的回答，也可能是對著官府代表說的。審判之後，官府代表也的確恐嚇了使徒們，只

---

[69] EBCOTFN, 2Ki 11:8.

[70] 這些官府的代表有很多是大祭司家族，但是他們主要的職務是行使羅馬政府的政策。見啟導本，p.1538，註腳 4:5。

[71] Calvin (1996, Ac 4:19) 的解經，循此假設。不過，他也聲明：「我們必須服從有權柄的君王和其他的人，只要他們不侵犯神的權利和權柄」。

是使徒們依舊熱心的傳講耶穌的福音，不顧官府的警告。所以，這一段經文仍然可以視為宗教反對政治的例證。另一段經文，使徒行傳5:29，彼得和眾使徒回答說：「我們必須順從上帝，勝於順從人」，雖然與這裡的經文類似，但是並不能視為政教制衡的直接依據。因為這時彼得所處的情境，是一個宗教情境，並沒有提到是否有官府代表在場。

在這一段經文中，有些神學家認為彼得和約翰的回答，可能是受到蘇格拉底的影響。蘇格拉底在雅典審判官面前答覆指控時，曾說；「我應該服從神而不是你們，只要我還活著而且有力氣，我將永遠不會放棄實踐和教導哲學」。[72] 蘇格拉底被審判的故事，曾經廣泛的流傳在羅馬希臘世界，因此可能也影響到巴勒斯坦地區的聖經作者。不過，大部分的神學家認為彼得和約翰的回答，不一定受到蘇格拉底的影響。一方面猶太歷史上有太多的先例，如本書所述，描述宗教人物為了擁護神的旨意和律法，去違抗和挑戰世俗君王的命令。彼得和約翰不一定需要借用外族的蘇格拉底例子，來支持他們的宗教勇氣。另一方面，任何宗教幾乎都會有類似的故事，這並不是表示一個宗教是在借用另一個宗教的故事。因此，彼得和約翰的回答比較適合解釋成猶太和基督教的傳統教訓，而不是受到外國流行哲理的影響。

第六節　華人基督教的政教分立

1987 年以後，政教關係在臺灣逐漸拋棄了法國式的政教分離，而轉向美國式的政教分立。到現在經過了三次政權轉換，鞏固的民主政體也鞏固了政教分立，使得臺灣的宗教團體享有全世界最自由的宗教行使權利。香港基督宗教在 1997 年以後，積極涉入民主運動，

---

[72] Witherington (1997: 197).

甚至與港獨運動若離若即，引起中共中央極度的關切。短期內香港的政教分立可能愈來愈轉向政教分離，但是長期而言，中共中央必不能容忍這種「政治異端」的出現，這也是 2020 年以後香港的民主自由度大幅滑落所見證的。

就如傳統中國的政教規矩，中共的政教規矩對於宗教自由有一定程度的保障，但是這些保障具有高度的不穩定性。中共政教規矩對於宗教自由有一定程度的保障，是相對於西方中世紀的神權統治，以及當代伊斯蘭國家的政教合一而言。當代中共政權容許五大宗教並存、容許大部分的宗教活動在政府核可的宗教場所內正常舉行、容許信徒變換宗教信仰、也容許個人低調的社會宣教行動。若對於《宗教事務條例》採取批判的觀點，的確可以找到許多限制宗教自由的條文。可是這些限制自由的條文，絕大多數是已經實施多年的規矩，甚至在有些地方更嚴格地實施，毫無宗教自由可言。

即令如此，由於缺乏民主政治制度的保障，上述的政教規矩，如改朝換代、重大節慶、地方差異等，就使得大陸的宗教自由具有高度的不穩定性，也讓美國國務院的中國宗教人權報告，每年都有充分的案例可以寫。習近平政權積極提倡「法治」，對於過去地方官員依照政教規矩辦事的傳統，能有多少嚇阻作用？對於宗教自由的保障，能有多少穩定性？可以預期的是，2017 年 8 月國務院公佈新修訂《宗教事務條例》之後，原來與地方官員關係融洽的宗教團體，他們的宗教權益可能得到進一步的保障；原來與地方官員衝突很大的宗教團體，他們的宗教權益可能得到進一步的壓縮。

另外，2017 年中共十九大報告的相關文獻中，在強調「民主、自由、平等、文明、和諧、法治、敬業、友善」等社會主義核心價值的同時，卻更高舉「實現偉大夢想必須進行偉大鬥爭」、「政治掛帥」、「敢於鬥爭」；在堅持「鞏固和發展愛國統一戰線」的同時，又批判共產黨員「不信馬列信鬼神、不信理想信方術、不敬人民敬大師」、甚至把「西方三權分立、多黨制那一套奉為圭臬」。[73] 這

---

[73] 王偉光 (2017：146-152)；舒啟明 (2017：306-312)；陳希 (2017：449-454)。《十九大黨章修正案學習問答》說：「那些不信馬列信鬼神，熱衷於西方

些「毛左」的言論更增加了中共宗教自由的不確定性。短期內，不論《宗教事務條例》修得再好，或者國家宗教局併入統戰部以後可能會更包容宗教自由，但是若沒有三權分立制度性的保障，宗教權益只能隨著地方官員的喜好，隨政治風向飄盪。就長期而言，若沒有實質多黨制的政治汰換，宗教權益也只能寄望「千載一聖、五百年一賢」的聖君出現，而不能像臺灣的政教分立長期、穩定地保障宗教權益。

　　華人基督徒如何從聖經經文，來選擇適當的政教關係立場？聖經經文並沒有討論到中國式的「政教規矩」，但是可以找出18處支持「政教分離」的立場，另有87處經文支持政教分立。而且支持「政教分離」的立場的18處經文，似乎都有一些神學爭議；支持「政教分立」的經文，比較沒有神學爭議。然而，從整本聖經作為上帝與信徒立約的背景來看，這些「政教分離」與「政教分立」的經文絕大多數都是指「信仰團體內」的政教分離與分立。當一個現代國家是由不同信仰團體所構成，而且政府體制有了多了民主的選項，這些聖經經文就可以根據不同的政治時空環境，提供「政教分離」或「政教分立」行動的神聖性。

　　在不同政治體制下的華人教會，應該採取不同的政教關係神學，以適應特殊的政治體制，使得基督徒「得以平安度日」、順利將福音傳遍中國社會。在中國大陸，似乎盡量配合政府的宗教政策為佳，並參考地方的「政教規矩」，靈活地發展教務。至於個別的基督徒有意推動政治改革，則可以參考「政教分立」的政治神學。臺灣的基督教會因為有「政教分立」制度完善的保障，反而可以考慮退出大部分的政治爭議，回歸本業，專心傳教。個別的基督徒要加入政黨、參與選舉，則各依聖靈感動，在政界作耶穌的見證。香港的教會與信徒，可視時空環境的變動，混和使用「政教規矩」與「政教分離」，來繼續建立教會。

宗教或算命看相、燒香拜佛的人，一個也不能發展入黨，這是保證新黨員政治合格必須堅守的底線」，頁139。

參考書目

〈法國：法國政教實行分離〉，《外交報》(上海)，1910 年，第十
　　卷第 10 期，第 27 頁。

〈法國：政教分離問題〉，《廣義叢報》(重慶)，1907 年，第 128
　　期第 10 頁。

〈法國政教分立頒律〉，《中外日報》(上海)，1906 年 12 月 9 日。

《東方雜誌》社。1906。「羅馬：羅馬教皇因法國政教分立大肆反
　　對」，東方雜誌，第三卷第 4 期，頁 26。

《東方雜誌》社。1907。「法國政教分立新律」，東方雜誌，第四
　　卷第 2 期，頁 4-12。

《法政雜誌》社。1906。「法國之政教分離問題」，法政雜誌，第
　　一卷第 1 期，頁 2。

《雨澤隨筆》雜誌社。1910。「政教分離大計」，雨澤隨筆，第一
　　卷第 10 期，頁 6。

「法國政教分離案」，新民叢報(橫濱)，1906 年，第四卷第 2 期第
　　90-91 頁。

「論歐洲政教分離之交涉」，《外交報》(上海)，1906 年，第六卷
　　第 24 期第 15-16 頁。

十九大黨章修正案學習問答編寫組。2017。十九大黨章修正案學習
　　問答。北京：黨建讀物出版社。

王偉光。2017。〈實現偉大夢想必須進行偉大鬥爭〉，《黨的十九
　　大報告輔導讀本》編寫組。黨的十九大報告輔導讀本。北京：人
　　民出版社，頁 146-152。

王韻。2015。「國內維權，國際賦權，與跨國倡權：基督新教的跨
　　國倡議運動與兩岸三地的宗教人權」，政治學報，59，頁 55-80。

牟宗三。1970/1997。「略論道統、學統、政統」，生命的學問，臺北：
　　三民文庫，頁 60-71。

余英時。1987。*士與中國文化*。上海：人民出版社。

吳龍燦。2013。*天命、正義與倫理：董仲舒政治哲學研究*。北京：人民出版社。

李向平。2016。基督教中國化的社會學研究。北京：宗教文化出版社。

汪永清。2017。〈深化依法治國實踐〉，《黨的十九大報告輔導讀本》編寫組，*黨的十九大報告輔導讀本*。北京：人民出版社，頁 278-284。

汪聖鋒。2010。*宋代政教關係研究*。北京：人民出版社。

林聰舜。2013。*漢代儒學別裁：帝國意識形態的形成與發展*。第八章「帝國意識形態的重建：扮演『國憲』基礎的『白虎通』思想」。臺北：臺灣大學出版中心，213-261 頁。

肖航。2017。*王道之綱紀：〈白虎通義〉政治思想研究*。北京：商務印書館。

卓新平。2011。〈論「政教關係」：「全球化」的宗教與當代中國〉，http://iwr.cass.cn/zjyzz/201103/t20110316_3109339.shtml，2018 年 8 月 8 日下載。

查時傑。1994。*民國基督教史論文集*。臺北：宇宙光。

韋政通。1996。*董仲舒*。臺北：東大圖書公司。

唐晉編，2009，《邁向大國之路的中國民主》五冊。北京：人民日報出版社。

孫中山著，秦孝儀主編，1989，《國父全集》十二冊。臺北：近代中國出版社。

恩典城市，如何面對新條例？教會論與策略反思座談會，http://www.chinapartnership.org/blog/2018/3/-，2018 年 8 月 8 日下載。

高健、佟得志主編，2010，《中國民主叢書》六冊。天津：天津人民主版社。

國家宗教事務局。2017。*新修訂宗教事務條例釋義*。北京：宗教文化出版社

國務院新聞辦公室。2018。「*中國保障宗教信仰自由的政策*

和實踐」白皮書，http://www.scio.gov.cn/zfbps/32832/Docu-ment/1626514/1626514.htm，2018 年 8 月 8 日下載。

張倫。2017。*失去方向的中國*。臺北：博大。

張家麟、蔡秀菁。2015。〈國家對「宗教團體法草案」的思維與詮釋〉，陳至潔、王韻。主編，《法制的侷限與希望：中國大陸改革進程中的臺灣、宗教與人權因素》，臺北：政治大學國際關係研究中心，頁 175-221。

張榮明。1997。*殷周政治與宗教*。臺北：五南。

習近平。2017。*習近平談治國理政第二卷*。北京：外文出版社。

許章潤，編。2010，*憲法愛國主義*。北京：法律出版社。

郭承天。2008，「公共宗教的三種類型以及在華人社會的適用性」，江丕盛、楊思言、梁媛媛編，*宗教價值與公共領域：公共宗教的中西文化對話*。北京：中國社會科學出版社，頁 317-346。

───。2001。*政教的分立與制衡：從聖經看政教關係*。臺北：中華福音神學院出版社。

───。2002。「基督教與美國民主政治的建立：新制度論的重新詮釋」，*中央研究院人文及社會科學集刊*，14，2，2002，頁 175-209。

───。2017。『大陸《宗教事務條例》與「宗教中國化」』，*展望與探索*，15，10，頁 25-31。

───。2018。*兩岸宗教交流之研究：以基督宗教為例*。臺北：行政院大陸委員會。

───。2019。「現代中國的政教分立、政教分離、與政教規矩」。*華人宗教研究*，13(1):95-129。

陳至潔、王韻。主編，2015，*法制的侷限與希望：中國大陸改革進程中的臺灣、宗教與人權因素*。臺北：政治大學國際關係研究中心。

陳希，〈培養選拔幹部必須突出政治標準〉，《黨的十九大報告輔導讀本》編寫組。2017。*黨的十九大報告輔導讀本*。北京：人民出版社，頁 449-454。

彭濤。2016。*儒化共產黨？當代中國「儒家復興」之政治命運*。臺北：開學文化。

曾慶豹。2017。*約瑟和他的兄弟們：護教反共、黨國基督徒與臺灣基要派的形成*。臺南市：臺灣教會工報社。

舒啟明。2017。〈鞏固和發展愛國統一戰線〉，《黨的十九大報告輔導讀本》編寫組。*黨的十九大報告輔導讀本*。北京：人民出版社，頁 306-312。

新修訂〈宗教事務條例〉釋義編寫組。2017。*新修訂〈宗教事務條例〉釋義*。北京：宗教文化出版社。

葉仁昌。1992。*五四以後的反對基督教運動：中國政教關係的解析*。臺北：久大。

董仲舒著。*春秋繁露今注今譯*。賴炎元譯註，2010。臺北：臺灣商務印書館。

趙汀陽，2015，「中國作為一個政治神學概念」，*江海學刊*，05，頁 12-30。

劉澎。2016。*中國需要〈宗教法〉*。北京：普世社會科學研究所。

劉聰、王黎芳。2014。《三教歸一：佛教與道教、儒教》。河南：中洲古籍出版社。

薛焱。2016。*當代中國主流文化認同研究*。北京：社會科學文獻出版社。

嚴震生。1998。*美國最高法院與宗教自由*。新店：志一出版社。

福音證主協會，迪威多媒體。1996。*證主聖經百科全書（光碟版）*。香港：福音證主協會，迪威多媒體。以下簡稱「證主聖經」。引用其中的資料時，用的格式是：證主聖經＼(xxx)(nnn)。其中 xxx 代表檢索的主題或關鍵字，nnn 代表該資料的編號。Expositor's Bible Commentary 以下簡稱 EBC，其中引用舊約的解經時，用 EBCOT 或 EBCOTFN（書卷名）（章節）；新約的解經用 EBCNT 或 EBCNTFN（書卷名）（章節）。EBCOT 和 EBCNT 比較多經文整體文意的解析；而 EBCOTFN 和 EBCNTFN 比較多個別字詞的詮釋。

Achtemeier, P.J., and E.J. Epp. 1996. *1 Peter: A Commentary on First Pe-ter.* Philadelphia: Fortress Press.

Ashiwa, Yoshiko, and David L. Wank, eds. 2009. *Making Religion, Mak-ing the State: The Politics of Religion in Modern China*. Stanford, CA: Stanford University Press.

Calvin, John. 1996. *Calvin's Commentaries*. Grand Rapids, MI: Baker Book House.

Chau, Adam Yuet. 2017. "The Nation in Religion and Religion in the Na-tion." in *Religion and Nationalism in Chinese Societies*, ed. Cheng-tian Kuo. Amsterdam: Amsterdam University Press, pp. 117-142.

ChinaAid, News, *View Persecution by Chinese Province*, http://www.chi-naaid.org/p/view-persecution-by-chinese-province.html.

Danker, Frederick William. 2000. *A Greek-English Lexicon of the New Testament and Other Early Christian Literature*. 3rd ed. (BDAG), Chi-cago, IL: University of Chicago Press.

Dessein, Bart. 2017. "Religion and the Nation." in *Religion and National-ism in Chinese Societies*, ed. Cheng-tian Kuo. Amsterdam: Amsterdam University Press, pp. 199-232.

EBCOT, EBCOTFN, EBCNT, EBCNTFN，見上述中文參考書目「福音證主協會」說明。

Eidsmoe, John. 1987. *Christianity and the Constitution: The Faith of Our Founding Fathers*. Grand Rapids, MI: Baker Books.

Goossaert, Vincent and David A. Palmer. 2011. *The Religious Question in Modern China*. Chicago, IL: University of Chicago Press.

Goppelt, L., F. Hahn, and J.E. Alsup. 1993. *A Commentary on I Peter.* MI: Wm. B. Eerdmans Publishing Co..

Jelen,Ted G, and Clyde Wilcox. 2002. *Religion and politics in compara-tive perspective: the one, the few, and the many*. New York: Cambridge University Press,

Kuo, Cheng-tian. 2008. *Religion and Democracy in Taiwan*. Albany, NY: State University of New York Press.

Kuo, Cheng-tian. 2016."In the Beginning, There Were Hermeneutical Mistakes of Church-State Relations in Modern China," 史匯，19, pp. 175-200。

Kuo, Cheng-tian. ed. 2017. *Religion and Nationalism in Chinese Societies*. Amsterdam: Amsterdam University Press.

McKnight, Scot. 1996. *1 Peter.* Grand Rapids, MI: Zondervan Academic.

Schreiner, T.R. 1998. Romans. MI: Baker Publishing Group.

Stott, J.R.W. 1994.*The Message of Romans: God's Good News for the World*. IL: InterVarsity Press.

Stuhlmacher, P. 1994. *Paul's Letter to the Romans: A Commentary*. Presbyterian Publishing Corporation.

U.S. State Department. *International Religious Freedom Report for 2017*. https://www.state.gov/j/drl/rls/irf/religiousfreedom/index.htm?d#wrapper.for 2018.08.08.

Wikipedia,(1905 *French law on the Separation of the Churches and the State)*https://en.wikipedia.org/wiki/1905_French_law_on_the_Separation_of_the_Churches_and_the_State.

Yang, Fenggang. 2012. *Religion in China: Survival and Revival under Communist Rule*. New York, NY: Oxford University Press.

Ziesler, J.A. 1989. *Paul's Letter to the Romans*. SCM Press.

表二　政教分離的聖經經文

經文出處	經文內容或大意
(1) 出 22: 28	「不可毀謗神；也不可毀謗你百姓的官長。」
(2) 出 28-29	祭司制度設立。
(3) 撒上 13: 8-14	掃羅王因親自獻祭，而被廢棄王位。
(4) 王上 12: 31、13: 33	耶羅波安王將不屬利未人的凡民立為祭司，而遭到神的詛咒。
(5) 代下 24: 20-25	約阿施王殺大祭司的兒子撒迦利亞，而遭神譴。
(6) 代下 26: 16-20	烏西雅王因強要在香壇上燒香，而被懲罰長了大麻瘋。
(7) 箴 24: 21-22	「我兒，你要敬畏耶和華與君王，不要與反覆無常的人結交，因為他們的災難必忽然而起。耶和華與君王所施行的毀滅，誰能知道呢？」
(8) 傳 8: 2-5	「我勸你遵守王的命令；既指神起誓，理當如此。不要急躁離開王的面前，不要固執行惡，因為他凡事都隨自己的心意而行。王的話本有權力，誰敢問他說『你做甚麼』呢？凡遵守命令的，必不經歷禍患；」。
(9) 傳 10: 4	「掌權者的心若向你發怒，不要離開你的本位，因為柔和能免大過。」
(10) 傳 10: 20	「你不可咒詛君王，也不可心懷此念」
(11) 賽 8: 21	「他們必經過這地，受艱難，受飢餓；飢餓的時候，心中焦躁，咒罵自己的君王和自己的神」。
(12) 太 22: 15-22（可 12: 13-17；路 20: 20-26)	耶穌說：「凱撒的物當歸給凱撒，神的物當歸給神」。
(13) 徒 23: 5	保羅說：「弟兄們，我不曉得他是大祭司；經上記著說：『不可毀謗你百姓的官長』」。

(14) 羅 13: 1	「在上有權柄的,人人當順服他,因為沒有權柄不是出於神的。凡掌權的都是神所命。所以,抗拒掌權的就是抗拒神的命;抗拒的必自取刑罰」。
(15) 提前 2: 1-3	「我勸你,第一要為萬人懇求、禱告、代求、祝謝;為君王和一切在位的,也該如此,使我們可以敬虔、端正、平安無事的度日。這是好的,在神我們救主面前可蒙悅納」。
(16) 多 3: 1	「　你要提醒眾人,叫他們順服作官的、掌權的,遵他的命,預備行各樣的善事」。
(17) 彼前 2: 13-17	「你們為主的緣故,要順服人的一切制度,或是在上的君王,或是君王所派罰惡賞善的臣宰。因為神的旨意原是要你們行善,可以堵住那糊塗無知人的口。你們雖是自由的,卻不可藉著自由遮蓋惡毒,〔或譯:陰毒〕總要作神的僕人。務要尊敬眾人,親愛教中的弟兄,敬畏神,尊敬君王」。
(18) 彼後 2: 9-10	「主知道搭救敬虔的人脫離試探,把不義的人留在刑罰之下,等候審判的日子。那些隨肉身、縱污穢的情慾、輕慢主治之人的,更是如此。他們膽大任性,毀謗在尊位的,也不知懼怕」。

表三　政教分立論的經文（建國以前與建國時期）

經文出處	經文內容或大意	政教制衡類別
以色列立國前的政教分立		
(1) 創 14: 17-20	祭司麥基洗德祝福亞伯蘭（亞伯拉罕）戰爭勝利。	宗教支持政治（政治議題）
(2) 創 41	約瑟為埃及法老解夢並轉達神旨。	宗教支持政治（政治議題）
(3) 出 1: 15-19	希伯來收生婆違抗埃及王命令，而存留希伯來男嬰性命。	宗教反對政治（宗教議題）
(4) 出 1: 22～2: 1-2（來 11: 23）	「法老吩咐他的眾民說：「以色列人所生的男孩，你們都要丟在河裏；一切的女孩，你們要存留她的性命。」有一個利未家的人娶了一個利未女子為妻。那女人懷孕，生一個兒子，見他俊美，就藏了他三個月」。	宗教反對政治（宗教議題）
(5) 民 27: 15-23	檢選約書亞為摩西繼承人，與祭司以利亞撒共治以色列民。	政教制衡
(6) 民 34: 17-29	約書亞與祭司以利亞撒共同分地給十二支派。	政教制衡
(7) 申 17: 14-20	立王的規定	政教制衡
撒母耳記與列王紀的政教分立		
(8) 撒上 15: 24-25	掃羅對撒母耳說：「我有罪了，我因懼怕百姓，	

	聽從他們的話，就違背了耶和華的命令和你的言語。現在求你赦免我的罪，同我回去，我好敬拜耶和華」。	神權高過君權
(9) 撒上 22: 20-23	大衛保護大祭司的後裔。	政治支持宗教（政治議題）
(10) 撒下 12	先知拿單譴責大衛犯姦淫並詛咒之。	宗教反對政治（私德議題）
(11) 撒下 24	大衛王數點百姓遭先知迦得詛咒。	宗教反對政治（私德議題）
(12) 王上 1	祭司撒督和先知拿單幫助所羅門鞏固繼承權。	宗教支持政治（政治議題）
(13) 王上 2: 13-35	所羅門王以政治理由更換祭司並殺人於祭壇。	政治反對宗教（政治議題）
(14) 王上 11	先知亞希雅選立耶羅波安為王，對抗背棄神的所羅門王。	宗教反對政治（政治、宗教議題）
(15) 王上 12: 20-24	神人示瑪雅阻止南國去爭討北國。	宗教反對政治（政治議題）
(16) 王上 12: 25~ 13: 10	神人咒詛耶羅波安背棄神的行為，不接受耶羅波安的賞賜。	宗教反對政治（宗教議題）
(17) 王上 14: 1-18	先知亞希雅詛咒耶羅波安背棄神的行為。	宗教反對政治（宗教議題）
(18) 王上 15: 25~ 16:13	先知耶戶詛咒巴沙王背棄神和殺耶羅波安全家的行為。	宗教反對政治（宗教、私德議題）
(19) 王上 18: 16-46	先知以利亞責備亞哈王拜偶像之後，叫以色列民刀殺亞哈王的 450 位假先知。	宗教反對政治（宗教議題）

(20) 王上 19: 15-17	不知名先知以利亞奉命膏立君王。	宗教反對政治（政治、宗教議題）
(21) 王上 20: 13-30	不知名先知指點亞哈王軍事，對抗入侵的亞蘭。	宗教支持政治（政治議題）
(22) 王上 20: 31-43	先知責備並詛咒亞哈王縱敵。	宗教反對政治（政治議題）
(23) 王上 21	先知以利亞責備並詛咒亞哈王奪取拿伯的葡萄園並殺害拿伯。	宗教反對政治（私德議題）
(24) 王上 22: 1-40	先知米該雅詛咒在對外戰爭上不服從神旨的南北國王。	宗教反對政治（政治議題）
(25) 王下 1	亞哈謝王因要去求問異教神祇而遭到先知詛咒並殺害使者。	宗教反對政治（宗教議題）
(26) 王下 3	先知以利沙幫助以色列王、猶大王戰爭獲勝。	宗教支持政治（政治議題）
(27) 王下 9: 1-13	由於以色列的約蘭王離棄神，先知以利沙吩咐門徒膏立軍長耶戶為王，並吩咐擊殺亞哈王全家。	宗教反對政治（政治、宗教議題）
(28) 王下 11~12: 3	祭司耶何耶大護猶太幼主約阿施並膏立之。	宗教反對政治（政治、宗教議題）
(29) 王下 18-19	先知以賽亞允許並祝福猶大希西家王抵抗亞述獲勝。	宗教支持政治（政治議題）
(30) 王下 20: 1-11	先知以賽亞醫治希西家王。	宗教支持政治（私德議題）
(31) 王下 21: 1-17	眾先知詛咒興盛異教的猶大王瑪拿西。	宗教反對政治（宗教議題）
(32) 王下 22-23	猶大王約西亞吩咐祭司和全國潔淨聖殿和禮儀。	政治支持宗教（宗教議題）

歷代志的政教分立		
(33) 代上 17	先知拿單阻止大衛建聖殿。	宗教反對政治（宗教議題）
(34) 代上 23-26	大衛王制訂祭司和利未人的職責。	政治支持宗教（宗教議題）
(35) 代下 8: 14-15	「所羅門照著他父大衛所定的例，派定祭司的班次，使他們各供己事，又使利未人各盡其職，讚美耶和華，在祭司面前做每日所當做的；又派守門的按著班次看守各門，因為神人大衛是這樣吩咐的。王所吩咐眾祭司和利未人的，無論是管府庫或辦別的事，他們都不違背」。	政治支持宗教（宗教議題）
(36) 代下 11: 14-15	「利未人撇下他們的郊野和產業，來到猶大與耶路撒冷，是因耶羅波安和他的兒子拒絕他們，不許他們供祭司職分事奉耶和華。耶羅波安為邱壇、為鬼魔〔原文是公山羊〕、為自己所鑄造的牛犢設立祭司」。	宗教反對政治（政治、宗教議題）
(37) 代下 12: 1-12	先知示瑪雅譴責詛咒羅波安王和眾首領背棄神的行為，預言戰爭失敗	宗教反對政治（政治議題）

(38) 代下 15	先知亞撒利雅鼓勵猶大亞撒王攻城掠地和復興宗教。	宗教支持政治（政治、宗教議題）
(39) 代下 16: 1-12	先見哈拿尼譴責詛咒猶大王亞撒在軍事聯盟的事上不尋求神。	宗教反對政治（政治議題）
(40) 代下 19: 1-3	「猶大王約沙法平平安安地回耶路撒冷，到宮裏去了。先見哈拿尼的兒子耶戶出來迎接約沙法王，對他說：『你豈當幫助惡人，愛那恨惡耶和華的人呢？因此耶和華的忿怒臨到你。然而你還有善行，因你從國中除掉木偶，立定心意尋求神』」。	宗教反對政治（政治議題）
(41) 代下 20: 13-25	利未人雅哈悉建議猶大王約沙法組織利未人，以禱告頌讚擊退外族聯盟軍隊。	宗教支持政治（政治議題）
(42) 代下 21: 8-20	先知以利亞詛咒猶大王約蘭的異教崇拜和殺害兄弟。	宗教反對政治（宗教、私德議題）
(43) 代下 24: 17-26	祭司撒迦利亞責備猶大王約阿施異教崇拜而遭謀害，死前詛咒全國君民。	宗教反對政治（宗教議題）
(44) 代下 25: 5-13	神人阻止猶大王亞瑪謝招募以色列傭兵。	宗教反對政治（政治議題）
(45) 代下 25: 14-28	先知譴責詛咒猶大王亞瑪謝崇拜異教的神祇。	宗教反對政治（宗教議題）

(46) 代下 28: 8-15	先知俄得勸阻以色列人對猶大人的搶奪和奴役。	宗教反對政治（私德議題）
(47) 代下 29-31	猶大王希西家吩咐祭司和利未人進行宗教改革。	政治反對宗教（宗教議題）
王國時期先知書中的政教分立		
(48) 詩 2: 10-11	「現在，你們君王應當省悟！你們世上的審判官該受管教！當存畏懼事奉耶和華，又當存戰兢而快樂」。	神權高過君權
(49) 箴 8: 15-16	「帝王藉我坐國位；君王藉我定公平。王子和首領，世上一切的審判官，都是藉我掌權。」	神權高過君權
(50) 賽 1: 10-23	先知以賽亞譴責猶大官長的不公義。	宗教反對政治（政治議題）
(51) 賽 3: 14-15	「耶和華必審問他民中的長老和首領，說：吃盡葡萄園果子的就是你們；向貧窮人所奪的都在你們家中。主—萬軍之耶和華說：你們為何壓制我的百姓，搓磨貧窮人的臉呢？」	宗教反對政治（政治議題）
(52) 賽 7: 1-12	以賽亞在對抗大軍壓境一事上，試探猶大王亞哈斯對神的信心。	宗教反對政治（政治、宗教議題）
(53) 賽 30: 1-5、31: 1-3	以賽亞批判希西家王與埃及聯盟。	宗教反對政治（政治議題）

(54) 何 5: 1-2	「眾祭司啊，要聽我的話！以色列家啊，要留心聽！王家啊，要側耳而聽！審判要臨到你們，因你們在米斯巴如網羅，在他泊山如鋪張的網。這些悖逆的人肆行殺戮，罪孽極深；我卻斥責他們眾人」。	宗教反對政治（政治、宗教議題）
(55) 何 7: 1-7	先知何西阿責備以色列君臣荒淫、信奉異教。	宗教反對政治（宗教、私德議題）
(56) 摩 5: 7-12	先知阿摩司譴責詛咒以色列官員的不公義。	宗教反對政治（政治議題）
(57) 摩 6: 3-14	先知阿摩司譴責詛咒以色列官員的奢華與自大。	宗教反對政治（私德議題）
(58) 彌 3: 1-4、9-12	先知彌迦譴責詛咒以色列南國猶大君臣的腐敗和虐民行為。	宗教反對政治（政治議題）
(59) 彌 7: 3-4	「他們雙手作惡，君王徇情面，審判官要賄賂；位分大的吐出惡意，都彼此結聯行惡。他們最好的，不過是蒺藜；最正直的，不過是荊棘籬笆」。	宗教反對政治（政治議題）

| (60) 番 1: 8-9、3: 3 | 「到了我—耶和華獻祭的日子，必懲罰首領和王子，並一切穿外邦衣服的。到那日，我必懲罰一切跳過門檻、將強暴和詭詐得來之物充滿主人房屋的。」「她中間的首領是咆哮的獅子；她的審判官是晚上的豺狼，一點食物也不留到早晨。」 | 宗教反對政治（政治、私德議題） |

表四　政教分立論的經文（以色列亡國以後）

經文出處	經文內容或大意	政教制衡類別
(1) 拉 1	波斯王居魯士贊助猶大居民重建聖殿。	政治支持宗教（宗教議題）
(2) 拉 5-6	波斯王大利烏繼續協助猶大居民重建聖殿和供應祭拜所需。	政治支持宗教（宗教議題）
(3) 拉 7	波斯王亞達薛西提供金銀供聖殿崇拜所需，並授命以斯拉管理以色列人的政治和宗教行為。	政治支持宗教（政治、宗教議題）
(4) 尼 13: 4-14, 28	省長尼希米譴責處罰祭司和利未人所行的惡事。	政治反對宗教（宗教議題）
(5) 耶 1: 18-19	「看哪，我今日使你成為堅城、鐵柱、銅牆，與全地和猶大的君王、首領、祭司，並地上的眾民反對。他們要攻擊你，卻不能勝你；因為我與你同在，要拯救你。這是耶和華說的」。	宗教反對政治（宗教、政治議題）
(6) 耶 21: 11 ～ 22: 9	耶利米譴責猶大君臣暴虐其民。	宗教反對政治（政治議題）
(7) 耶 29: 8-22	耶利米要求猶大君民不要抵抗巴比倫王國的侵略。	宗教反對政治（政治議題）
(8) 耶 34: 8-22	耶利米譴責猶大的領導階層反悔不釋放希伯來奴僕。	宗教反對政治（政治議題）
(9) 耶 40-44	耶利米要猶大餘民安分於巴比倫王國的統治，不要逃往埃及。	宗教反對政治（政治議題）
(10) 結 21: 18-27	先知以西結咒詛猶大國將被巴比倫帝國傾覆。	宗教反對政治（政治議題）

(11) 結 34: 1-10	以西結譴責並咒詛猶大君臣不照顧百姓，反而壓榨其民。	宗教反對政治（政治議題）
(12) 但 1: 8-16	但以理和三友人不使用巴比倫王尼布甲尼撒所指派的酒膳。	宗教反對政治（宗教議題）
(13) 但 2: 37	「王啊，你是諸王之王。天上的神已將國度、權柄、能力、尊榮、都賜給你」。	神權高過君權
(14) 但 3	但以理三友人因拒拜王所立的金像被擲於火窯。	宗教反對政治（宗教議題）
(15) 但 4: 25-27	「你必被趕出離開世人，與野地的獸同居，喫草如牛，被天露滴濕，且要經過七期。等你知道至高者在人的國中掌權，要將國賜與誰就賜與誰。守望者既吩咐存留樹墩，等你知道諸天掌權，以後你的國必定歸你。王啊，求你悅納我的諫言，以施行公義斷絕罪過，以憐憫窮人除掉罪孽，或者你的平安可以延長」。	神權高過君權，宗教反對政治（政治議題）
(16) 但 5: 13-29	但以理詛咒巴比倫王伯沙撒褻瀆祭器和崇拜異教。	宗教反對政治（宗教議題）
(17) 但 6: 6-24	但以理違抗大利烏王的命令拜神，而被扔在獅子坑。	宗教反對政治（宗教議題）
(18) 該 2: 1-4, 20-23	先知哈該指示猶大省長所羅巴伯建聖殿，並揀選所羅巴伯復興以色列。	宗教支持政治（政治、宗教議題）

(19) 太 10: 28（路 12: 4-5）	「那殺身體，不能殺靈魂的，不要怕他們；惟有能把身體和靈魂都滅在地獄裏的，正要怕他」。	宗教反對政治（宗教議題）
(20) 太 14: 1-5（可 6: 17-18）	先知約翰譴責希律王娶兄嫂為妻。	宗教反對政治（私德議題）
(21) 太 28: 18-19	「耶穌進前來，對他們說：天上地下所有的權柄都賜給我了。所以，你們要去，使萬民作我的門徒，奉父、子、聖靈的名給他們施洗」。	神權高過君權
(22) 路 3: 12-14	又有稅吏來要受洗，問他說：「夫子，我們當做甚麼呢？」約翰說：「除了例定的數目，不要多取。」又有兵丁問他說：「我們當做甚麼呢？」約翰說：「不要以強暴待人，也不要訛詐人，自己有錢糧就當知足」。	宗教支持政治（私德問題）
(23) 路 13: 31-32	「正當那時，有幾個法利賽人來對耶穌說：「離開這裏去吧，因為希律想要殺你。」耶穌說：「你們去告訴那個狐狸說：『今天、明天我趕鬼治病，第三天我的事就成全了』」。	宗教反對政治（宗教議題）
(24) 路 23: 8-11	希律王問話並且希望耶穌顯神蹟，耶穌拒絕之。	宗教反對政治（宗教議題）

(25) 約 19: 10-11	彼拉多說：「祢不對我說話嗎？祢豈不知我有權柄釋放祢，也有權柄把祢釘十字架嗎？」耶穌回答說：「若不是從上頭賜給你的，你就毫無權柄辦我。所以，把我交給祢的那人、罪更重了」。	神權高過君權
(26) 徒 4: 19-20	彼得、約翰說：「聽從你們，不聽從神，這在神面前合理不合理，你們自己酌量罷！我們所看見所聽見的，不能不說」。	宗教反對政治（宗教議題）
(27) 來 11: 23（徒 7: 20）	摩西生下來，他的父母見他是個俊美的孩子，就因著信，把他藏了三個月，並不怕王命。	宗教反對政治（宗教議題）

第五章
華人基督教的宗教排他、
多元、與包容 [1]

本章摘要：

　　當代華人基督教會對待其他宗教，應採取教會內的排他論以及教會外的包容論。

　　西方的自由主義政治哲學主張各宗教之間應該相互容忍，尤其是有霸權政治地位的宗教／宗派要容忍其他的宗教／宗派。基督教神學對於基督教和其他宗教之間的關係，可分為排他論、多元論、與包容論。但是聖經經文與早期教會的經驗，強調教會內要盡量排除其他宗教的影響，避免基督教成為多神信仰。然而在教會之外與其他宗教互動時，有時可以採取包容的態度。在華人社會宗教多元的環境中，基督教會與其他宗教共同參與政治決策時，可以區分神論、儀式、與人論，而採取不同程度的排外論或包容論。

主題經文：

「你們所敬拜的 …… 祭壇，上面寫着『獻給未識之神明』。所以你們現在敬拜的那一位未識神，就是我現在要向你們宣告的創造宇宙

---

　　[1]　本章修改自郭承天。2005。「宗教容忍：政治哲學與神學的對話」。中央研究院人文及社會科學集刊，17 卷 1 期，125-157 頁。

和其中萬物的神」（徒 17:23-24）。[2]

案例 5.1：異端中的異端

　　在一次華人基督宗教聯誼會上，所有的宗派領袖聚集一堂，輪流帶領會眾唱詩歌、禱告、和讚美神（上帝/天主），大家都受到「教會合一」的氣氛所感動。有一位浸信會 (Baptist) 的牧師發現坐在他旁邊的弟兄，是中國本土基督教的召會/聚會所代表。這位浸信會的牧師就開玩笑地跟召會的代表說：「時代真的進步了。以前你們被當作異端，是不能夠來參加這種聯誼會的。」召會的代表還沒有來得及回答，坐在召會代表另一邊的聖公會 (Episcopal) 代表（英國國教在海外分會的稱呼），對著這位浸信會牧師也開玩笑地說：「你們在美國獨立前不是被我們認定為異端嗎？大概也不能夠來參加這種聯誼會吧？」坐在浸信會牧師座位前排的天主教神父，轉頭對他們三人笑著說：「你們三個教會以前都是從我們天主教分裂出去的異端，恐怕也不能夠來參加這種聯誼會吧？」這時，坐在天主教神父旁邊的是一位受邀觀禮的「拉比」（猶太教神職人員），清了一下喉嚨，對大家說：「如果我記得不錯的話，當初耶穌和祂的門徒們好像也是從我們猶太教分出去的大異端？也許我不應該來參加這種異端聯誼會吧？」

案例 5.2：被容忍與被尊重

　　2018 年 8 月美國國務院召開「國際宗教自由會議」，大多數的

---

　[2] 此處翻譯參考《新譯本》和《現代中文譯本》，把 23 節和 24 節視為連續的經文。「獻給 …… 一位神明」θεῷ 是單數，所以不是「獻給眾神明」。保羅似乎想把這一座廟宇所崇拜的神明，等同於上帝？如果是的話，華人神學家從這兩節經文可以推論中國古代的上帝就是基督教的上帝？在這兩節經文中，保羅在 23 節提到「未識之神明」(Ἀγνώστῳ θεῷ) 之後，使用兩個不同的代名詞。第一個代名詞 ὃ 是人稱代名詞，是指「你們不認識而敬拜的這位神明」(ὃ οὖν ἀγνοοῦντες εὐσεβεῖτε)。第二個代名詞 τοῦτο 是指示代名詞，是指「我現在把這件事向你們宣告」(《和修版》的翻譯接近此）。但是 24 節緊接著就開始介紹這一位基督教的神，讓讀者可以推論這位「未識之神明」就是基督教的神。關於這兩節經文的翻譯爭議，見 Bock (2007: 564-565)。

（基督宗教）團體代表以及美國官員，不斷地敦促各國政府要「容忍」(tolerate) 境內少數的宗教，尤其是對於猶太教。但是一位猶太教的拉比（教士）聽到大家的同情言論後，走到麥克風前，說：「猶太人不需要『被容忍』(be tolerated)；我們需要『被尊重』(be respected)」。[3]

第一節　議題背景

　　一般華人對於基督教的最大反感，就是基督教具有強烈的排他性。華人基督徒動不動就指著佛陀像、觀音像、媽祖像、關公像等中國傳統神明，用貶抑的口吻說：「這些都是偶像！迷信！」在逢年過節的時候，有些華人基督徒回到老家，拒絕用柱香敬拜祖宗，甚至拒絕跟大家一起吃祭拜過的食物。而華人基督教又分成好多的宗派，彼此之間少有往來，甚至常常互相指責對方為異端，就如前面案例 5.1 所述。華人基督徒應該如何看待華人社會中多數的傳統宗教，以及如何對待基督教不同的宗派團體？尤其是，正因為華人基督教本身就是少數宗教，在討論政治倫理議題時，是否適合把自己的宗教倫理，強加在其他宗教信徒身上？現代社會不是多元社會嗎？基督教不是也要尊重其他宗教和宗派嗎？

　　這些答案可能要從西方第一位有系統地主張「宗教容忍」的政治哲學家 John Locke (1632-1704) 說起。John Locke 的「宗教容忍信函」（以下簡稱「信函」）被公認為是近代自由主義宗教容忍論的經典作。在他之前，雖然有其他政治哲學家也有宗教容忍的論述，[4] 但是都沒有 Locke 來得詳細和完整。因此，下文先介紹和評論 Locke

---

[3] 筆者參加這次會議的記憶。

[4] 例如，Spinoza (1967: 2001) 沿襲著荷蘭共和主義的傳統，刻意的打壓宗教的政治角色，並且把宗教容忍的議題提升到普遍性自主權的討論 (Israel: 1999: 19)。

的宗教容忍論。

Locke 宗教容忍論的核心主張有兩項：一、基督徒應該容忍宗派之間的差異，也要容忍其他不同的宗教。[5] 二、世俗政權無權、也無能涉入宗教爭議。這兩項主張後來演伸出自由主義關於宗教容忍的自主論、功利主義論、國家中立論、以及多元真理論。

就第一項主張而言，Locke 所使用的理由可以歸納成四個：第一，信仰是主觀的，每一個人、每一個宗派、或者每一個宗教都認為自己是正統，其他的都是異端或邪教。「對自己而言，每一個人都是正統」，「對自己而言，每一個宗派都是正統：其他的是錯誤的或是異端」。[6] 至於誰是真正的正統，誰是異端，只有上帝才知道。其次，信仰是個人自主權利的表現，他人無權干涉。「每一個人負責自己的屬靈生活，其他的人無權干涉」。[7] 第三、「宗教團體是一個自願性的組合」。[8] 信徒行使自主權，加入某宗教，形成一種特殊的契約關係，服從該宗教的律法和規範，這些特殊律法和規範的約束力只及於信徒，並不約束其他宗教的信徒。故此，信徒對於其他宗教，應該採取寬容的態度，因為他們是屬於別的宗教契約。Locke 這三個理由，後來就衍生出自由主義的多元真理論與自主論。但是 Locke 又提出最後一個理由是，基督教的教義強調愛人如己，因此應該容忍不同的信仰。[9] 這最後的一個理由，常常被自由主義者忽略，因為這是一個宗教性的理由。下文將說明，Locke 所提供的這項理由，就是搭建政治哲學與神學對話的橋樑之一。

由於宗教有其多元性並且涉及個人的自主權，Locke 認為世俗

---

[5] Locke (1685/1955: 52) 認為宗教容忍不適用在無神論者身上，因為「他們不遵守承諾、契約、和誓言，而這些都是維繫社會之所需」。由於這個理由過於簡短和牽強，它在 Locke 的宗教容忍論中並不構成重大的瑕疵。無神論者並不反對遵守「世俗的」承諾、契約、和誓言。

[6] Locke (1685/1955: 13, 25).

[7] Locke (1685/1955: 17, 30).

[8] Locke (1685/1955: 20).

[9] Locke (1685/1955: 13).

政權無權、也無能涉入宗教之間的爭議。世俗政權無權干預宗教爭議，因為世俗政權設立的目的，是在處理屬世事務，而屬靈的事務是屬於宗教的管轄範圍。兩者互不干涉，也就是政教分立。世俗政權無能干涉宗教爭議，因為政府的強制力只能改變人們的外在行為，並不能改變人的內心。即使政府能夠強迫人們改變信仰，也不能拯救他們的靈魂。[10] Locke 的這些主張，後來就發展成為自由主義的國家中立論。不過，Locke 的國家中立論並不完全排除政府干預宗教事務。當宗教行為違反國家法令時，或者本國的宗教效忠其他國家時，政府仍可以予以禁止或懲罰，只是執行政府法令時，不可以偏愛或偏惡某一宗教。[11]

　　Locke 也從現實的觀點，主張宗教容忍的必要性。當多元宗教並存在一個社會中，人們就必須學習相互容忍，否則彼此的仇恨會代代相傳。尤其當自己信仰的宗教是少數宗教時，更需要支持宗教容忍的理念和法令，以保障自己的生存和信仰的自由。[12] Locke 的這個說法後來就發展成自由主義的功利論。

　　最後，Locke 的宗教容忍論也討論到宗教內部或宗教之間的容忍規範。他主張宗教不得涉入政治事務以擴展本身的宗教影響力；信徒不可以因為宗教的差異而剝奪其他宗教信徒的公民權利；宗教團體可以開除不遵守教規的信徒，但是不得使用強制力以致傷害信徒的生命或財產。[13]

　　從以上的討論可知，Locke 不只是一位自由主義者，而且他也是一位政治神學家，在「信函」中他讓政治哲學和神學，作了一個成功的對話，就如他在《政府二論》中所做的成功對話一樣。[14] 可惜的是，後來的自由主義者，把 Locke 論述中許多有用的成分逐漸拿掉，也腐蝕了兩者對話的橋樑。在 Locke 之前的 Spinoza 就開始

---

[10] Locke (1685/1955: 17-19).

[11] Locke (1685/1955: 39-40, 51).

[12] Locke (1685/1955: 27, 41).

[13] Locke (1685/1955: 22-27).

[14] Locke (1690/1993).

對宗教自由行使權做很大的限制。雖然 Spinoza 高舉個人的自由權利，尤其是言論自由權，[15] 但是在討論政教關係時，他極力的主張宗教應該完全服從政府的法令、支持政府、甚至將宗教經典和道德的詮釋權交給政府，宗教團體似乎連基本的言論自由權都沒有。[16] Spinoza 這種對於宗教的敵視和隔離的態度，到了 Thomas Hobbes 就變成以君權來完全掌控宗教權。[17] Locke 之後的自由主義者雖不主張政權掌控宗教權，但是或多或少採取了 Spinoza 的敵視與隔離態度。生活在十八世紀理性主義時代的 Voltaire 延續了 Spinoza 對於宗教的敵視態度，認為狂熱的宗教信徒是戰爭的主要禍首之一。但是他又認為宗教對於社會秩序和道德是非常重要的。如何解決這兩者之間的矛盾？Voltaire 提出了類似 Locke 的容忍論，主張政府不得壓迫特定的宗教、信徒應該享有一般的公民權、以及宗教可以公開的進行宗教活動，包括使用公共設施。與 Locke 不同的是，Voltaire 進一步主張政府應該容忍無神論的存在，但是反對國教的存在。[18]

　　十八世紀末期的 Immanuel Kant 對於宗教容忍議題，並沒有太多的著墨。他延續 Locke 的論點，認為國家與教會分掌不同的事物。國家不得強迫人民信仰特定的宗教，也沒有權利去干涉教會內部的信仰內容、組織和人事。只有當教會的活動危害到公眾安全與和諧的時候，國家才有「否決權」(negative right) 予以制止。並且國家不得因為個人的信仰，而剝奪其從事公職的權利。[19] 那麼宗教是否可以涉入政治？Kant 沒有明言。不過，由於他強調理性倫理在政治中的重要性，而宗教信仰不在純粹哲學倫理學的範圍內，因此似乎可以推論他認為宗教不適合涉入政治。[20]

　　十九世紀的 John Stuart Mill 雖然沒有如 Spinoza 和 Voltaire 明顯

[15] Spinoza (1670/2001: chap. 20).

[16] Spinoza (1670/2001: 215-18).

[17] Hobbes (1651/1955: 355-60).

[18] Voltaire (1763/2000).

[19] Kant (1785/1996: 102, 134).

[20] Kant (1785/1996: 230).

的敵視宗教，但是與十七世紀 Spinoza、Locke、或者 Hobbes 比較，宗教不再是哲學對話的主要對象，宗教的自由權只是各種個人自由權（尤其是言論自由權）其中的一部份而已。[21] 他的自由論是建立在人文主義自主權的根基上，並且結合了多元真理論，因此宗教容忍不只是必然的推論結果，甚至是一種道德規範，其重要性且高於某些道德議題。例如他認為摩門教早期所允許的一夫多妻制應該被容忍。[22] Spinoza 對於宗教的隔離態度，到了十九世紀的 Mill 變成對於宗教的淡化態度。

　　二十世紀的下半葉是自由主義極盛時期，其代表人物 John Rawls 對於宗教容忍的看法，仍然延續傳統自由主義的論點，但是也做了一些修正。首先，Rawls 就如 Spinoza 一樣，對於天主教和基督教的反民主傳統，深表疑懼。[23] 但是他並沒有像 Spinoza、Locke、和 Mill 把宗教完全排除在建構民主憲政的過程之外。他定義宗教是「合理的整全性學說」(reasonable comprehensive doctrine) 的一種，就像是其他主流的道德、哲學、意識型態信條一樣。[24] 在建構一個「穩定的憲政共識」(a stable constitutional consensus) 的過程中，一方面這些整全性學說主張者經由理性討論以及「交互性」(reciprocity)的原則，[25] 形成一種「政治的正義觀」(a political conception of justice)，對於彼此的基本政治權利、自由、與憲政制度，產生「交疊共識」(overlapping consensus)，使得彼此可以在一個穩定的政治秩序下，提倡各自的道德、哲學、宗教價值。[26] 也就是說，「雖然公民們所信奉的全面性學說各有各的立足基礎，但是只要這些學說能夠接受同一套公共政治規範，把公共的歸公共，非公共的歸非公共，

---

[21] Mill (1859/1955: 39-48).

[22] Mill (1859/1955: 135-36).

[23] Rawls (1993/1996: xxv-xxvii).

[24] Rawls (1971/1999: 457-58)；Rawls (1993/1996: 59, 201-202).

[25] 此處翻譯採用何信全 (1999: 133)。

[26] Rawls (1993/1996: 161-68)。為了行文的方便，本章依照江宜樺 (1998:115) 的用法，暫不區分「交疊共識」與「政治上的正義觀」兩個概念。

那麼這便是一個穩定的重疊共識」。[27]「所有公民皆有其各自肯認的整全性學說，而他們所共同接受的政治正義觀與其整全性學說雖有所關連，唯二者乃是分開的」。[28]

另一方面，一個穩定的政治秩序需要這些整全性學說主張者，將所達成的憲政共識反過來融入 (embed) 自己的整全性學說，並且藉著考慮到其他的整全性學說，達到「反思的均衡」(reflective equilibrium) 以增加民主憲政的合法性與穩定性。[29] 另外，Rawls 也堅持民主政體應該與宗教保持清楚的政教分離關係，不得採取任何行動去鼓勵任何一個宗教的發展。[30]

姑且不論 Rawls 推論上的一些爭議，[31] Rawls 的政治自由主義並不排斥宗教在民主憲政的建立和運作中，扮演一定的互動角色。持有不同宗教信仰的公民必須與持有其他宗教信仰的公民，對於彼此的基本政治權利和憲政體制達成交疊的共識。持有不同信仰的公民也必須把合理的政治正義觀，融入自己的宗教信仰中，以證明自己信仰的合理性。本章即是受到 Rawls 思想的啟示，試圖將合理的政治正義觀融入基督教的政治神學中，但不必修正基督教的核心神學思想。[32]

神學如何回應自由主義論，在下兩節再討論。不過，近二十年來，自由主義的容忍論，在政治哲學界內部也遭到批判。這些批判

---

[27] 陳宜中 (2001: 50)。

[28] 何信全 (1999: 130)。

[29] Rawls (1993/1996: 386-88).

[30] Rawls (1993/1996: 196); Dombrowski (2001: x).

[31] 例如，政治與非政治領域的劃分是否適當 (張福建 1997:127)，合理的正義觀是否如 Rawls 所認為那麼容易達成 (陳宜中 2001:64)，交疊共識是否只是涉及程序正義而非實質正義 (何信全 1999: 136-37)，以及政治自由主義是否能夠避免哲學、道德、或形上學等整全性學說的預設 (石元康 1995:167-72)。

[32] 就像何信全 (1999: 131) 明確的指出：「儘管作為交疊共事的政治正義觀迴避普遍的整全性真理，卻未必是對真理抱持懷疑論或漠不關心的立場，而勿寧是基於寬容原則對宗教中的真理保持不涉入的態度」。

大致可以歸納成四點：自主權的應用範圍有限、容忍的定義有爭議、政府角色的定位、以及宗教在公共事務的角色。[33]

首先，自由主義對於人們在實際生活中，能夠行使完全自主權的範圍，可能太過於樂觀了。自主權意涵著選擇權，可是大部分的人從生下來，對於自己的性別、膚色、家庭、種族、階級、宗教、職業、文化、國家，可能並沒有太大的選擇權，反而比較容易受到先天、出生環境、團體規範、社會價值、經濟與政治結構的影響。以此推論，人們真正具有完整自主權的議題，大概只剩下一些個人生活上的細節，例如對於衣服顏色的選擇、食物的口味、以及上班的路線等瑣碎事務，這些都不是傳統政治哲學所關懷的重要議題。[34]因此，宗教容忍論單單建立在個人主義式的自主權論證是不夠的。

其次，容忍的定義有爭議。容忍的態度可分為幾種：不去打壓異己者、忽視異己者、肯定異己者有存在的權利、肯定異己者所持的理念有部分的真理、肯定異己者可能持有真理、以及認同並參與異己者的行動。[35]自由主義者對於哪一種態度才是適當的容忍態度，至今都沒有共識。有人認為不去打壓異己者和忽視異己者，是屬於非常消極的態度，這可能導致對於道德議題的冷漠和混亂。[36]但是肯定異己者可能持有真理，以及認同並參與異己者的行動，雖然是一種無我無私的高超道德表現，但卻可能超出了容忍的定義，因為容忍的主體在主觀上已經認同異己者。肯定異己者有存在的權利，以及肯定異己者所持的理念有部分的真理，似乎是比較合理可行的容忍態度。[37]不過，即使我們可以決定一個適當的容忍態度，但是如何把這個適當的態度實際應用到宗教容忍上，自由主義者也沒有詳細的說明。

第三，國家角色的爭議。被容忍如果是一種權利的話，國家是

---

[33] Horton and Nicholson (1992)；Heyd (1996)；Razavi and Ambuel (1997).

[34] Mendus (1989: 149-52)；Horton and Mendus (1985: 5).

[35] Walzer (1997: 10-11).

[36] Heyd (1996: 4).

[37] Razavi and Ambuel (1997: xii-xiii).

否應該通過法律並且提供執法能力，積極的去保障這種權利？這個
答案對於自由主義者而言很簡單：是的。但是應用到政教關係上，
國家應該涉入到什麼程度，自由主義者卻有不同、甚至相互矛盾的
看法。自由主義者沿襲 Locke 的政教分立論，認為政府不應該涉入
宗教內部事務，但是大部分宗教的教義和行為，都有一定程度的排
他性。宗教團體有時會開除信徒的會籍；宗教團體的信條，尤其是
一神教的宗教，對於其他宗教採取貶抑或攻擊的態度，並且鼓勵信
徒在生活中不要容忍異端和異教。國家可以制定法律禁止這些「宗
教仇視」的語言和行為嗎？有些自由主義者，如 Yael Tamir，認為應
該禁止，[38] 但是這可能跨越了自由主義的政教分立觀，並且侵犯了
言論自由的基本權利。[39]

　　那麼禁止一個宗教團體去傷害其他宗教團體，例如九一一事件，
這似乎比較沒有爭議吧？不然。Mill 容忍理論的基礎之一，就是所
謂的「不可傷害他人」原則。但是這裡的「傷害」是只包括身體、
財物上的傷害，還是也包括社會地位、心理上的傷害？判斷傷害的
標準是什麼？非傳統的性行為是否是一種傷害？鼓勵自殺是否是一
種傷害？輸血給別人一般認為是善事，但是耶和華見證人認為是一
種傷害。[40] 伊斯蘭教的恐怖份子，認為西方帝國主義對於穆斯林的
宗教、文化和經濟的傷害，嚴重性遠高於軍事的迫害。

　　最後，許多自由主義者把宗教排除在公共領域之外，是不可
欲，也不切實際的。主要的宗教都宣稱自己的理念是普世性，而且
涵蓋信徒生活的各面向。許多自由主義者主觀的把宗教劃入「私領
域」之中，等於刻意的剝奪了人們參與政治的價值判斷基礎。[41] 固

---

[38] Tamir (2000: 28-29).

[39] Horton and Mendus (1985: 6-10).

[40] Horton and Mendus (1985: 4).

[41] Horton and Mendus (1999: 5)。張福建 (1997: 127) 對於 Rawls 的政治自
由主義就提出了類似的質疑。對於「公領域」與「私領域」的在政治哲學
討論，最經典的著作是 Arendt (1958, chap.2)。不過 Arendt 並未有系統的討
論政教關係。她認為基督教只關切靈魂得救的問題，並且試圖用家庭的觀
念來看待國家事務，因此不適用在公領域議題的分析上。這個論點似乎忽

然，這種排斥的觀點對於十九世紀以前佔宗教界大多數的「狂執作風」(fanaticism) 以及對於現代某些原教旨論者，有一定的均衡作用。[42] 但是這種排斥的觀點是否也排除了與溫和教派的對話，甚至違反了自由主義者自己所倡導的基本權利與自由？為什麼一位愛護貓狗的人士，可以積極涉入立法過程保護貓狗，而一位宗教人士卻不能依照宗教的理念，反對墮胎的合法化？有信仰的政治人物在作政策選擇時，難道可以完全拋棄自幼學習得來的宗教理念嗎？在民主社會中，宗教團體持續的參與政治，這是實際的狀況，在未來也不會消滅。自由主義需要提供一個更具彈性的政教關係論。本章認為 Rawls 的論點，如上所述，其實包含了這種彈性。

基於自由主義以上的問題，有些社群主義者認為分析容忍的道德基礎時，需要同時加入社群的考慮。也就是說，除了個人自主權以外，和平共處以及人類對於社群歸屬感的需求，也同樣是，如果不是更重要的，基本道德價值。Locke 就提到支持宗教容忍的原因之一，是因為不同的宗教需要在同一個政治體制內共同生活。Mendus 等人建立在 Locke 的這個論點上，認為人們的社群屬性，常常不是經由行使個人的自主權選擇而得到的。他們的群體歸屬感，不只是消極的歸屬於家庭、社團、和宗教團體，而且想要積極的歸屬於所處的政治體制內，與他人一同分享公民的相互尊重和歸屬感。[43] Michael Walzer 的容忍論，也是以「和平共存總是一件好事」，作為他推論的前提。[44] 因此，一個適當的宗教容忍論，應該同時顧及自由主義和社群主義所倡導的一些基本價值。

基督教對於上述自由主義容忍論挑戰的回應，大致可以分為三

略了無數的政治神學的著作。

[42] 本章認同評審人對於宗教「狂執作風」的憂慮，但是宗教並非等同於「狂執作風」。一個合理的憲政秩序是要避免狂執作風的影響，而不是避免宗教。

[43] Horton and Mendus (1985: 14)；Mendus (1989: 154-56)。雖然這些學者自稱為 "socialist"，但是論證的方式接近社群主義，所以此處的翻譯使用社群主義的詞彙。

[44] Walzer (1997: 2).

類：排他論 (exclusivism)、容忍論 (inclusivism)、以及多元論 (pluralism)。這三類應該視為理想型 (ideal types)，因為在極端的排他論和極端的多元論之間，有不同程度和種類的排他論、多元論，以及傾向排他論的容忍論和傾向多元論的容忍論。[45]

第二節　聖經中的排他論

排他論的基本主張，簡單的說就是「教會之外無救恩」(No salvation outside the church)。基督教的教義和傳統，已經包含了一切的真理，因此沒有必要外求，自然也沒有必要對於其他異端邪說採取容忍的態度。他們的信仰信條有：相信一位創造萬物的上帝、聖父聖子聖靈三位一體、耶穌是救贖的唯一道路、以及聖經無誤並且具備完全的真理。比較有代表性的排他論神學家有 St. Augustine, John Calvin, R.C. Sproul, 以及 Ronald Nash。[46]

「教會之外無救恩」適用於宗教之間的關係，也適用在基督教各宗派之間的關係。事實上「教會之外無救恩」的原則，早在中古世紀時，就成為教廷對待基督教異端和教會分裂份子的態度。這個原則對於異教、甚至猶太教，更是嚴格的適用。Augustine 的「異端導正論」成為中古時期迫害異端和異教的神學根據。[47] 十六世紀基督教改革運動興起，羅馬教廷仍然繼續使用這一原則看待新教，形同水火。奇怪的是，被視為異端的新教各宗派，並沒有立刻發展出宗教容忍的規範和行為。有些新教的宗派不但視天主教為大異端，

---

[45] 這個三分法一般都歸功於 Race (1982) 的研究。Copeland (1999) 另外發明一種更詳細的分類法，將基督教的宗教容忍分為九類。不過，這九類仍然是在 Race 三分法的光譜中。為了簡化分類，本章仍以普遍為宗教學界所接受的 Race 三分法為指標。

[46] St. Augustine (1962: 193-239)；Calvin (1989/1997: Book II, Chapter 6, Section.1)；Sproul (1982: 47-59)；Nash (1994).

[47] 陳思賢 (1997)。

而且是末世審判時代表撒但勢力的羅馬「大淫婦」（啟 17）。他們對
於其他的宗派也採取敵對的態度，彼此互斥為異端。對於自己宗派
內的分裂份子，也採取「教會之外無救恩」的態度摒棄之。

　　排他論在聖經中，可以找到至少 376 處直接相關的經文根據（見
表五）。十誡的第一誡宣示，除了耶和華以外，不可以有別的神。
第二誡禁止信徒雕刻和祭拜偶像（出 20: 3-5）。摩西剛記錄完十誡，
以色列人就在西奈山下祭拜金牛犢，因此摩西下令誅殺祭拜金牛犢
且不悔改者三千人，以警效尤者（出 32）。以色列民攻佔迦南地之後，
趕出當地居民，並且毀壞當地的石像與偶像（民 33）。記載以色列
的歷史書（撒母耳記、列王紀、歷代志），分別賢君、昏君的最主
要標準，就是君王是否能復興純正的耶和華信仰，並且摧毀境內其
他宗教的圖騰、建築、以及神職人員。到了以色列亡國之後，以色
列族群的政治和宗教領袖，對於純正信仰的要求，不但沒有因為異
教國王的統治而鬆懈，反而走更保守的路線，極端排外。雖然以色
列人不能夠再像王國時期去侵擾其他宗教，但是對於其他宗教入侵
猶太教，卻是採取嚴格的拒絕態度，並且對內意志不堅的份子發動
整肅運動（拉 9-10；尼 13: 27-30）。到了新約時代，耶穌和祂的門
徒也持續的教導信徒，要堅守真道、戒除拜偶像、避開邪術、和警
戒假先知這一類的經文有 60 多處。其中最具代表性的經文是使徒行
傳四章 12 節：「除祂（耶穌）以外，別無拯救；因為在天下人間，
沒有賜下別的名，我們可以靠著得救。」

第三節　聖經中的多元論與包容論

　　基督教容忍論的另一個極端是多元論，對於自由主義的多元論，
也有最多的正面回應。多元論認為上帝以不同的形象和方式，向各
宗教啟示真理。這些真理可能給各宗教的信徒，提供另一途徑的救

恩之道。因此宗教之間不但要相互容忍，而且要相互學習，才能找出上帝完整的真理。

　　基督教的多元論在基督教神學歷史上，可能比排他論更先出現，因為排他論所要批判的對象，其中就包括這些多元論。但是因為排他論是教廷的傳統政策，所以多元論只能在神學歷史上，偶而以異端的身份出現。到了梵諦岡二次大公會議之後，許多到過第三世界傳教的天主教徒，以及來自第三世界的神職人員或神學家，受到教宗鼓勵多元化政策的影響，積極的發展天主教多元論，吸納了不少第三世界本土信仰的教義。新教的神學家也有類似的主張。[48] 現代的多元論者比較著名的包括 John Hick（英國長老會）, Paul Knitter（美國天主教）, Aloysius Pieris（斯里蘭卡天主教）, Raimundo Panikkar (父親為印度教徒的天主教神學家), Stanley J. Samartha（印度的天主教普世運動者），以及下文要討論的 Jacques Dupuis（法國天主教）等人。[49]

　　基督教的多元論在聖經中，很難找到直接的經文來支持他們的立場（表六）。比較常被多元論者提到的經文有三處：創世記 14: 17-20 關於身兼外邦國王和祭司身份的麥基洗德的故事；以斯拉記第一章關於波斯王受到神的啟示，協助以色列難民返鄉的故事；以及羅馬書 1: 19「神的事情，人所能知道的，原顯明在人心裡」。多元論者認為這些經文顯示，神也會啟示其他宗教的人，藉著他們來告訴以色列人所不知道的真理。不過，仔細考察這些經文的上下文和經文背景後，這些經文最多只能說，神在特殊的時空環境下，會借用外族人來傳達部分的真理，但是並沒有說其他宗教是可以獨自完成救贖、是與基督教一起成全基督的救贖計畫、或者能夠說出聖經以外的真理。

　　因此他們的論點，大都需要建立在新的詮釋學上，藉著彈性解經賦予舊詞新意，從而推論出新的命題，然後應用到現代的時空環

---

[48] Copeland (1999: 10-22)；Sugirtharajah (1994)；Dietrich and Luz (2002).

[49] Hick (1977); Knitter (1985)；Pieris (1988)；Panikkar (1973)；Samartha (1991).

境。這種新的詮釋學，就是「情境神學」(contextual theology)。

以過去十年最具爭議性和代表性的天主教神學家 Jacques Dupuis S. J. 為例。[50] 他使用一種「生物遺傳的」(genetic) 研究法，強調解釋經文時，應該注意經文與實際經驗的辯證關係，以及時空環境的特殊性。尤其是在亞洲的環境，宗教性 (religious) 就等同於「跨宗教性」(interreligious)。[51] 他一方面堅信天主教的基本信條，一方面也認為上帝藉著一個宇宙性的「道」(Logos)，對於其他的宗教也有特殊的啟示。其他的宗教有不同程度得到救恩的可能性，甚至是上帝整體救贖計畫的一部份。所有的宗教都在上帝的主權之下，而且上帝要藉著這些宗教逐漸完成祂末世時候的完美性，所有的宗教要一起參與建構上帝的國度。[52]

他引用聖經的經文和故事，來支持他的論點。例如，上帝與亞伯拉罕、摩西的盟約 (covenant) 是一種適用於全宇宙、全人類的盟約，並不限於以色列人。舊約的聖徒，如亞伯、以諾、挪亞、約伯、麥基洗德、羅得、沙巴女王、波斯王居魯士等，都是耶穌出生之前得到救恩的人，而且其中有許多人不是以色列民。耶穌和使徒時代，也有許多非以色列人得到救恩。因此可見上帝在人類歷史過程中的參與，是普世的也是持續的，並沒有忽略其他的宗教。[53]

Dupuis 的多元論所依賴的是一種鬆散的詮釋學，把傳統的信條和聖經經文作最廣義的解釋，才能把其他宗教包含進來。傳統的基督教神學強調上帝與祂的「選民」的特殊盟約關係。這裡所謂的選民，不是指種族或血統，而是指對於上帝的信仰。所以非以色列人可以成為選民，只要他們信仰這一位獨一的上帝 (羅 11)。Dupuis 所舉的聖經例證，全部都是在「上帝 — 選民」這種契約關係下，上帝給予這些人特殊的啟示和救恩。即使是波斯王居魯士這位多神崇拜

---

[50] 羅馬教廷諭 1998 年對 Dupuis 提出警告，並且解除其在羅馬 Gregorian 大學的教職，潘鳳娟 (2003)。

[51] Dupuis (1997: 14-15).

[52] Dupuis (1997: 27-30, 358).

[53] Dupuis (1997: 31-51).

的君王，他也是在上帝單一指示下，協助完成一項猶太人的宗教任務。聖經上並沒有說他因此成為信徒，或者因此得救。Dupuis 所舉的例證，沒有一處明顯的指出，上帝曾經藉著其他的宗教，來直接的建立祂與人的關係。

　　到了二十一世紀初期，主張多元論的代表性神學家 Veli-Matti Kärkkäinen 就認為，宗教多元化是世界趨勢。從早期教會開始，基督宗教內部就對於基督論有不同的看法，而出現了所謂的正統和異端之辯。基督新教脫離天主教之後，更是百家爭鳴，各宗派之間對於基督論的看法也不盡相同。加上第二次世界大戰後，伊斯蘭教、佛教、印度教對於基督宗教的相互衝擊與影響，使得「正統」的基督論也只是諸多基督論中的一支而已。他鼓勵基督宗教神學家們要「轉向其他的宗教」，以延續基督教會的使命。[54]

　　這裡需要釐清的是，基督教的多元論與自由主義的多元真理論，雖然都是多元論，但是在核心假設上並不完全相同，也不太會被其他宗教歡迎。基督教的多元論仍然相信有一位，也只有一位上帝，而這位上帝具有完全與絕對的真理。也就是說，基督教多元論在神學假設上，仍然是獨一論，並不是多元論。他們的多元，只是在方法上的多元而已（藉著不同宗教達到相同、獨一的目標）。[55] 人文主義的多元論和多神宗教，並不會認同這一個神學假設。他們懷疑是否有上帝存在、神是否只有一位、是否有絕對的真理、還是真理都是相對性的。因此，基督教的多元論不但有基督教內神學上的問題，作為宗教互動的基礎，也有一定程度的限制。

　　最後，介於排他論和多元論之間的是包容論。包容論堅持基督教的基本信條：一位上帝、三位一體、耶穌是救贖的唯一道路、聖經無誤並且具備完全的真理；但是他們也同意，上帝也會啟示其他宗教的信徒，其他的宗教也可能含有一些真理，因此某種程度的宗教容忍是適當的。在教會史上比較有代表性的包容論神學家，包括 John Wesley, C.S. Lewis, Clark Pinnock, John Sanders, 以及 Harold Net-

----

[54] Kärkkäinen (2016: 228-229).

[55] McDermott (2000: 43).

land.[56]

　　由於包容論在戰後的發展，天主教與基督教各宗派積極推動「教會合一」運動。「教會之外無救恩」的「教會」一詞，從「天主教」的教會逐漸包括所有的傳統基督教教會。至於是不是要包括摩門教、耶和華見證人、基督教科學派等被認為是非主流的宗派，則決定於各教會不同的宗教容忍程度，因為這些非主流宗派挑戰了一些傳統基督教的基本信條。對於其他的宗教，則推展一些「宗教對話」的行動，不過仍與基督教多元論的作法和目的有所區隔。

　　相對於排他論而言，包容論的聖經根據並不太多，約有34處（表七）。但是就份量和質量而言，也足夠支持包容論的主要論點。在舊約裡面，最具代表性的人物就是約瑟和但以理。[57] 他們有一個共同的背景因素：在異教國王之下擔任宰相的職務。這個政治現實迫使他們對於其他宗教採取包容的態度。但以理雖然堅守自己的信仰，不容許當時盛行的君王崇拜融入他的宗教生活中，但是他並不批判異教，而且曾經身兼管理各宗教事務的職責，必須與其他宗教人士互動，甚至可能執行當時帝國的宗教多元化政策，保護和發展各屬地的宗教自主。約瑟的例子更是明顯的包容論，甚至有些神學家懷疑他可能接近多元論。他不但有異教神祇的名字，娶異教大祭司的女兒為妻，而且把他的父親、虔誠的猶太信徒雅各，用埃及的宗教葬禮儀式埋葬。[58] 奇怪的是，多元論者很少使用約瑟的例子，來支持他們的論點；也許是因為約瑟的這些行為後來被摩西律法所禁止，等於間接的否定了約瑟的宗教合法性。

　　與但以理故事相近的另外一些經文，是評價猶大王國時期君王

---

[56]　Wesley (1986: Book 6: 286, Book 7: 197)；Lewis (1967: 65, 176)；Pinnock (1992)；Sanders (1992)；Netland (2001).

[57] Wildavsky (1993)；郭承天 (2001: 103-107, 192-204)。

[58]　約瑟出獄時接受剃頭刮臉（創 41:14），與法老對話時避免提及至高者耶和華（創 41），接受異教名字以及與異教大祭司女兒結婚（創 41:45），給兩子命名切斷過去（創 41:51-52），指著法老性命起誓（創 42:15），占卜（創 44:15），與埃及祭司妥協（創 47:22, 26），香燻雅各屍體和守埃及禮節（創 50:2-3）。

的宗教政策。亞撒、約沙法、約阿施、亞瑪謝、亞撒利亞、約坦、以及瑪拿西，都是虔誠信奉耶和華的君王，受到聖經的肯定與讚美。但是在他們的統治時期，似乎也都容許祭拜異教神祇的「邱壇」存在於國境內。[59] 對此，聖經的評價似乎是採取「雖不滿意，但可接受」的態度。

　　聖經有些經文敘述非信徒說出符合聖經真理的話，甚至幫助耶和華信仰的發展。例如，以色列人進攻迦南地時，當地的領袖請來一位術士，名叫巴蘭，想要藉著他咒詛以色列人。結果巴蘭被上帝感動，不但沒有發出咒詛，反而祝福以色列大軍獲勝。以色列的第一任國王掃羅，曾經違背宗教律令，去詢問一位交鬼的靈媒關於即將發生的戰爭。結果靈媒從地下叫出了先知撒母耳的靈魂，嚴厲的咒詛掃羅將要家破人亡。波斯王居魯士受到耶和華的感動，幫助遷徙在外的以色列人民，返鄉重建聖殿。新約時代，猶太教的領袖拒絕承認耶穌的神聖地位；但是耶穌趕鬼時，那些鬼卻高喊承認耶穌是上帝的兒子。[60]

　　最後，包容論的聖經經文有一些是在處理基督教內宗派之間的問題。門徒曾經向耶穌抱怨，有人奉耶穌的名趕鬼，卻不加入他們。耶穌回答說：「不要禁止他；因為沒有人奉我名行異能，反倒輕易毀謗我。不敵擋我們的，就是幫助我們的」（可 9:39-40）。保羅也曾經勸勉信徒不要因為神學理念不同，而彼此攻擊。這在加拉太書和羅馬書中，都有詳細的解說。[61]

　　包容論雖然比排他論有彈性，又不至落入多元論的過度彈性錯誤中。但是包容論並沒有提出具體的標準或分類，對於異端或異教的哪一些部分應採取包容的態度，或者包容到什麼程度。這使得許多包容論的論述與多元論非常接近，也因此讓人懷疑包容論是否只是多元論之下的次類別而已。

---

[59] 王上 15:14；王下 12:3、14:4、15:4、15:35；代下 15:17、20:33、33:17。

[60] 民 22-24；撒上 28；拉 1；可 3:11，路 4:34、41。

[61] 羅 14:1-9。關於保羅的宗教容忍觀，見 Jewett (1982)。

綜合以上的分析，基督教的排他論與自由主義的宗教容忍論，幾乎沒有交集的地方，很難建立起雙方對話的橋樑。基督教的多元論一方面又遠離了傳統神學，另一方面又與自由主義的多元真理假設無法融合，雙方的對話有如在沙上建塔。而基督教的包容論固然在排他論和多元論之間提供了一個折衷的論點，但是由於本身定義不明確，需要更進一步的釐清包容的條件。

第四節　華人基督教宗教包容論

本章提出「批判性的情境包容論」作為政治哲學與神學的對話基礎，以規範宗教之間的互動關係。基督教包容論需要使用「情境」神學，因為現代的多元宗教環境以及全球化的影響，使得基督教即使在基督教國家內，都必須面對著如何與不同宗教信仰的人對話、共事、以及參加國內或國際的公共事務。基督教的容忍論必須找尋以及重新詮釋聖經的經文根據，來應用到現代的多元宗教環境中。同時，基督教的容忍論必須是「批判性」的，因為基督教有其核心信仰，如果不想成為混合宗教，它需要發展出具體的批判標準，來選擇接受或者排斥異端和異教中，不符核心信仰的部分。下文先介紹批判性情境神學的詮釋學基礎，然後再說明批判性情境容忍論的內涵。

本章所提出的批判性情境神學，在詮釋學方法上的要求，比多元論來得嚴謹。此一神學方法為 David J. Hesselgrave, Ed Rommen, 以及 Paul Hiebert 等人所提出，以避免鬆散的情境神學所導致的種族中心主義、真理相對論、以及宗教融合的後果。[62] 綜合這些神學家的論點，批判性情境神學要求聖經的詮釋，需要謹慎的遵守六個步驟。第一，確定經文的文字表面意義。第二，確定經文上下文的文

---

[62] Hesselgrave and Rommen (1989)；Hiebert (1987).

理與思路，以避免斷章取義。第三，注意到經文當時的時代背景與經文出現時的特殊情境。第四，找出現代情境中是否有相似之處。第五，將經文應用在現代的特殊環境，或者，第六，將經文應用在現代的一般環境。[63]

　　除了這六個步驟以外，本章認為在每一個步驟中，詮釋者應該加入另一項詮釋的準則：是否與聖經其他同等級或者更高階 (higher lexicographical order) 的神學信條相互矛盾？若有矛盾且無解之處，詮釋者應該放棄自己的論點。例如，解放神學是情境神學的產物，結合了傳統的正義神學與馬克斯的階級論 [64] 但是解放神學根據啟示錄的預言，對於耶穌的政治角色重新詮釋，賦予「無產階級解放者」的地位，並且推論出要以武裝革命來推翻國內和國際資本主義。姑且不論基督教的一神信仰與馬克斯理論無神論的假設，有水火不容之處，解放神學的這些詮釋都犯了斷章取義、時空錯置、以及隨意應用等的錯誤。[65] 同樣的，基督教多元論以及部分的包容論，也常常犯了類似的詮釋學錯誤，或者故意忽略那些排他論所引用的大量經文。

　　本章的批判性情境包容論，提出一個簡單的三分法，作為「批判性」包容的檢驗標準：如果我們把宗教的構成因素，分為神論、人論、以及儀式等三大部分，那麼神論的部分適合採取排他論，儀式的部分因為與神論有緊密的關係，可能還是適合採取排他論或者比較嚴格的包容論，但是人論的部分有許多地方可以採取包容甚至是多元的態度。

4.1 神論

　　神論不適合作為宗教容忍的議題，因為神論比較抽象、無法客觀驗證、涉及宗教的核心、而且宗教的感情也最強烈。目前沒有一

---

[63] Osborne (1991: 336).

[64] Gutierrez (1988).

[65] Belli and Nash (1992).

個宗教能夠提供相互可接受的客觀具體證據，證明他們所崇拜神（一神或多神）的起源、性格、能力、和經歷。不論是一神或者是多神，祂們都是被記錄在人所寫的古老記錄或者信徒的主觀記憶中。這裡面有多少是神的啟示，還是記錄者的主觀建構，信徒、非信徒、和宗教學者會有不同的看法，而且很難達到共識。

批判性包容論的神學假設，完全接受排他論所主張的基本信條，如：世界上只有一位真神，聖父聖子聖靈三位一體，救贖的道路必須通過耶穌，以及聖經無誤並且包含所有的信仰真理。在這些信條上即使有爭議，也應該是屬於神學內部關於名詞定義、邏輯推論、以及解經方法上的爭議，並不需要藉著其他宗教來豐富基督教的神學內容。由於堅持這些信條，在邏輯上也必須排除其他宗教類似信條的真理性。例如，基督教信徒不能既相信一神論，又相信多神論；就像是一位多神論的信徒，不能相信一神論一樣。同樣的，基督徒不能又相信聖經有完全的真理，又相信其他宗教含有與聖經不同的真理。有些包容論者和大部分的多元論者，常常犯了這些邏輯推論上的錯誤。

批判性包容論的神學假設，與多元論有一些相似之處，就是認為上帝對於所有的宗教都有主權，上帝也對於其他宗教有不同程度的啟示。但是與多元論不同的是，批判性包容論並不認為上帝會向其他的宗教啟示聖經以外的真理，也不認為其他的宗教信徒可以藉著自己宗教的內涵，得到基督教所宣稱的救贖。

批判性包容論認為上帝可能會像其他宗教啟示一些真理，但是這些真理只會是部分的真理，否則聖經中強調的選民概念，就完全失去其意義。其次，這些真理不能超出聖經的真理之外，因為基督教神學強調聖經具有完全的真理。其他宗教所顯現的真理，必須在聖經裡面找到明顯對應之處，才能作為對話的基礎。而這些對話的目的，是在幫助基督徒找出所忽略的聖經教訓，而不是發明新的真理。其他宗教的信徒，可以藉著其宗教中某些與聖經相同的教導，歸入基督教。但是他們的救贖，必須以歸入基督教為門檻，並且無法在自己的宗教中得到基督教的救贖。

　　由此看來，批判性包容論似乎與自由主義所倡導的多元性背道而馳。但是弔詭的是，批判性包容論的神學假設，其實比基督教多元論更尊重宗教的多元性，因為它不強迫把其他宗教納入基督教一神論的框架下，成為基督教上帝救贖計畫下的次等宗教。就像是多神論的宗教不必為了與基督教對話，而強解耶穌是多神中的一位，而且地位（必須）低於他們的主神。基督教多元論的這種論述，反而傷害到其他宗教的深層尊嚴。

　　由於它的排他性，批判性包容論在實際應用上，比較適合自己關起門來在自己的宗教圈子裡談論。當聽眾不完全是基督徒時，除非為了宣教和學術的目的，這種神論容易引起其他宗教的反彈。因此，神論不適合作為宗教對話的議題。

4.2 宗教儀式

　　這裡的宗教儀式，包括宗教節期、祭神的禮儀、以及宗教組織。相對於神論的抽象性與知識性，宗教儀式是具體、生活化的宗教成分，因此產生了不同程度的宗教容忍空間。排他論或者比較保守的包容論者，認為大部分的宗教儀式，都與神論有密切的關係，因此這些宗教成分不太適合做為對話的議題。比較多元傾向的包容論者，認為宗教的儀式，常常融入當地文化之中，使人不易區分何者為宗教儀式，何者為文化風俗。基督教為了宣教的方便，有時在宗教儀式上，作某種程度的融合，以減少當地人的反感以及減輕新信徒的適應代價。不過，為了減少宗教融合的疑慮，多元傾向的包容論者同時也會強調在神論層次的教訓，堅持一神論與信仰的專注。只是，一般信徒是否會記得神論的教訓，還是比較習慣從傳統的風俗習慣去解釋融合過的宗教儀式，這就要看各宗派的神學教育是否成功。

　　由於神論具有延續性和普遍性，而宗教儀式相對來說，比較受到特殊時空的影響，因此有時必須因地制宜、因時改變，只要這些改變仍然維持原有儀式的精神即可。例如，舊約時代的信徒守安息日，是現代星期日曆的週六。到了新約時代以後，基督徒就以週日崇拜來代替安息日，一方面保持了十誡第四誡的精神，另一方面與

猶太教有所區別。[66] 另外，舊約時代的祭典常常當場要屠殺牲畜，並且用動物鮮血潑灑祭祀器物、場所、和參與者。到了新約時代則廢除這種血淋淋的儀式，改以禱告詞、金錢、或勞務作為獻祭的貢品。在西方國家的基督教聖餐，是以麵粉製成的薄餅代表基督的身體。而亞非國家許多新興的宗派，則採取當地的主食，如米飯，來代替麵餅。[67] 因此，儀式的多元化是基督宗教發展的必然現象。

然而，儀式的多元化不能毫無限制，尤其是融入當地風俗習慣的時候，更需要採取批判性的包容論。聖經上具有代表性的例子，就是西乃山下的金牛犢（出 32）。摩西在西乃山上聆聽神所傳的誡命，歷經四十晝夜。山下的群眾以為摩西遭到不測，民心躁動。摩西的哥哥亞倫為了安撫人心，鑄造了一隻金牛犢，聲稱這就是耶和華，群眾就圍著金牛歌唱跳舞、荒淫醉酒。根據考古資料，金牛源自埃及多神崇拜。以色列人遷居埃及四百年，也深受埃及文化的影響，因此亞倫便宜行事，把耶和華崇拜結合埃及文化，果然大受以色列人民的歡迎，但是後來卻遭到摩西嚴厲的懲罰。

另外一個相似的例子，是以色列王國在所羅門之後分為南北兩國。北國的國王耶羅波安因為擔心北國人民每年都要到南國的首都耶路撒冷朝聖，恐心向南國，因而在北國境內造了兩座金牛犢，也學亞倫一樣，聲稱這就是耶和華。後來耶和華派遣先知譴責這件宗教本土化的舉動（王上 12-13）。

基督教歷史上最著名的例子，大概就是十二月廿五的聖誕節了。根據歷史考據，十二月廿五日可能是羅馬帝國時代，民間普遍祭祀的太陽神阿波羅的生日。而根據聖經的考據，耶穌的誕生應該是在春天微暖的季節，否則嬰孩耶穌生在馬槽可能會冷得受不了，報喜訊的牧羊人也不會夜宿荒野。為什麼羅馬帝王要訂一個異教神祇的生日，作為耶穌誕生的紀念日？目前沒有一定的說法。不過，全世界大部分的基督徒，兩千年來也固定的過著這個宗教融合的紀念日。

---

[66] 從這個論點來說，一些基督教宗派把週六訂為崇拜主日，其實也屬於這種技術性的差異，並不一定涉及基本教義的爭議。

[67] Jenkins (2002).

有少數基督教宗派則因為宗教融合的疑慮，拒絕慶祝聖誕節。

在中國基督教歷史上，最引起爭議的議題，莫過於祭祖。早期到中國傳教的宣教士，在這個問題上分為兩派。一派認為祭祖是崇拜偶像，犯了十誡中的第一誡和第二誡；一派認為祭祖是文化習俗，表示慎終追遠之意，不涉及偶像崇拜。天主教廷後來採取保守派的看法，禁止天主教徒拜祖先，因此也引起中國知識份子和政治領導者極大的反彈，認為基督教是「無父無母」的宗教。[68] 這種情況一直要到 1965 年天主教大公會議之後，教廷才給予各地的教會較大的自主權，去融入當地的文化習俗中。在祭祖問題上比較保守的新教各派，仍然在這個議題上有很大的爭議。現在漸漸為許多信徒接受的作法，就是在心靈的層次上，堅守一神的信仰，但是在儀式上接受以鮮花代替炷香，以融入傳統的宗教儀式。

4.3 人論

人論即一般所謂倫理學，除了涉及人與人之間的關係，現代倫理學也擴及人與動物，以及人與環境之間的關係。十誡的前四誡，是規範神與信徒的關係：除了耶和華不可有其他的神、不可敬拜偶像、不可妄稱耶和華的名、以及遵守安息日。後六誡則是規範人與人之間的關係：要孝敬父母、不可殺人、不可姦淫、不可偷盜、不可作假見證、以及不可貪婪。就整本聖經的規範來說，似乎處理人際關係的經文也比處理神與人關係的經文來得多。而大部分規範人際關係的教導，與其他宗教的倫理教導沒有太大的差異，就像是大部分的宗教都有類似十誡後六誡的規範。這也是為什麼俗話常說「宗教都是勸人為善」的原因。宗教在人論的部分有很大的重疊，也最適合作為宗教對話與合作的基礎。但是這並不表示他們的神論或宗教儀式必須要有重疊或者是一樣的。

耶穌替律法的總綱作了很好的摘要：「你要盡心、盡性、盡意愛主—你的神。這是誡命中的第一，且是最大的。其次也相倣，

---

[68] 葉仁昌 (1992)。

就是要愛人如己。這兩條誡命是律法和先知一切道理的總綱」（太 22:37-40）。應用在宗教容忍議題上，耶穌教導的前半部，可以是指神論的部分。而後半部，則是指人論的部分。既然要愛人如己，消極的說，就不能忽略或者否定其他宗教信徒存在的價值。積極的說，更要和他們對話、互動、甚至合作。保羅對於羅馬的基督徒，曾經勸導：「眾人以為美的事要留心去做。若是能行，總要盡力與眾人和睦」（羅 12:17-18），也就是這個意思。

Locke 宗教容忍論的主要論證之一，就是認為基督教教義強調愛。如果基督徒不能夠容忍其他宗教的人，如何有愛，又如何稱為基督徒？[69] 因此，基督徒要學習宗教容忍，不僅僅是時代的要求，更是基督徒的基本宗教義務之一。

基督教與其他宗教之間在人論的部分，經由批判性情境包容論的方法，可以有對話、合作、甚至相互的學習與啟發，並不用也不應導致原來神論的改變。基督教的環保觀就是一個很好的例子。環保觀主要是在處理人與環境（包括動、植物）之間的關係，也可歸於人論的一部份。近代環保觀的源起，可能受到東方或者原住民宗教的影響，迫使重視資本主義發展的基督教社會，重新回到聖經以建構自己的宗教環保觀。結果是也因此促使基督教團體在環保議題上，與其他宗教團體一起合作。而基督教的環保神學仍然保持其一神論的信仰，認為人類要扮演好管理者的角色，要適當的使用自然資源（包括動物），但不要過份的破壞或者傷害自然資源。這與東方宗教強調「天人合一」或者「眾生平等」的環保觀，並不全然相同，可是也不妨礙宗教之間在環保議題上的合作。

基督教的環保觀是一種情境神學，因為它回應了當代所盛行的環保觀，而這種環保神學在基督教歷史上是不存在的。它是一種包容論，因為它不但與其他宗教對話，而且融入其他宗教的環境倫理，成為基督教的環保神學。最後，它是批判神學，因為它堅守基督教的一神信仰，區分神、人、與萬物之間的權利義務關係，使得基督教環保觀與其他宗教的環保觀還是有顯著的差異。本書第十三章會

---

[69] Locke (1685/1955: 13).

更詳細的處理環保神學的爭議。

　　另外一個擴大中的宗教對話與合作，是在民主人權議題上，包括政治與宗教的互動關係。1980 年代第三波民主化之後，使得民主人權成為世界性的價值，也促使主要的宗教加速回應這些議題。基督教由於受到西方人文主義的衝擊，最先發展出民主神學與宗教內部的民主制度。[70] 其他的宗教雖然都有強烈的平等觀與人權觀，但是這些常常侷限在宗教靈性層次上，並未大幅度的轉換成經濟、社會、政治平等的權利，也沒有廣泛的推行具體可行的宗教民主制度。

　　在政治與宗教互動關係上，批判性情境包容論與自由主義的看法有相同和相異處。相同的地方是，兩者都主張政府應該允許多元宗教的存在，不應該歧視迫害特定的宗教 (non-discrimination)，也就是要尊重各宗教的自由行使權 (free exercise of religion)。但是批判性情境包容論認為政府協助特定宗教發展的程度，應該採取「不過份牽連」 (non-excessive entanglement) 的原則，而不是自由主義所主張的政教完全分離。[71] 在「不過份牽連」原則下，政府可以小額的資助宗教團體舉辦公開宗教活動，如節慶遊行。尤其是與公共利益相關的活動，政府可以比較積極的鼓勵宗教團體去補足政府機關能力不足之處，如教育、救難、社區服務、和社會福利等。主要的原因是，從社群主義的角度來看，各宗教與政府保持某種程度的互惠關係，可以增加信徒的公民歸屬感，對於國家認同也有幫助。然而這種互惠的關係，不能夠過度，以免造成政教合一的惡果。至於何謂「過度」，則需要同時考慮到國內特定的時空情境和國際一般的狀況，並無法找出一個精確普世的標準。

　　由於批判性情境包容論並不堅持宗教是一個獨立緊密的體系，而是分為神論、儀式、人論三個彼此關連但容許各自變化的部分。因此，它不必陷入自由主義和基督教排他論的困境。自由主義的困境是：宗教任何一部份涉入政治，就等於政教合一，將傷害到其他宗教團體的人權；為了要避免政教合一，因此要麼就是剝奪宗教團

---

[70] 郭承天 (2002)。

[71] 嚴震生 (1998: 99)；郭承天 (2001: 274-78)。

體的參政權，要麼就是要求宗教團體「去宗教化」。基督教排他論的困境是：如果要堅信基督教的信仰，就必須完全否定其他的宗教；如果不完全否定其他的宗教，就必須改變基督教的信仰。自由主義和基督教排他論之所以有以上的困境，都是因為他們假設宗教是一個獨立緊密的體系，牽一髮而動全身。這使得自由主義和傳統神學沒有太多的政策對話空間。

批判性情境包容論大大的開闊了自由主義和傳統神學政策對話的空間。在神論部分，由於涉及信仰核心和深層宗教情感，這一類相關的議題，不適合成為國家法律或公共政策的內涵。政治人物與宗教團體都不適合推動這一類政策議題，以支持特定宗教或壓制其他宗教。因此，所謂不得建立國教，應該是指不得倡導特定宗教或宗派的神論，例如將某一宗教或宗派的名稱寫入憲法中，成為國教。反過來說，國家也不得因為特定宗教的神論，而禁止其存在或宣教。John Locke 的政教分立論，主要也是在處理神論的部分。

由於儀式與神論緊密相關，但同時又可隨時空環境調整，因此這類議題在成為國家法律和公共政策內涵時，應謹慎為之，顧及其他宗教的反應。例如國家的祭典應該避免採取特定宗教的儀式，而以多數宗教所共同接受的紀念方式進行。國家要訂定國定宗教節期，應該同時允許不同宗教享受相同的宗教節期權利。不過，這些權利也要顧及「不過份連結」原則：國家可以資助宗教團體進行宗教節期的公開活動，但是應該避免造成公共資源（人力、財力、時間、公共場所等）過度被宗教所佔有。

至於人論部分，由於各主要宗教之間重疊之處甚多，甚至也與人文主義的倫理價值交集，因此可以形成 John Rawls 所謂「交疊共識」的政策內涵。例如保護家庭制度、提倡環保、反貪污、反賭博、禁止賣淫和人口販賣等。在這些議題上，宗教團體應該享有一般公益團體的參政權利，扮演積極的角色，與其他宗教團體或人權團體溝通協商，推動相關立法。如此兼顧自由主義和傳統神學的堅持，但也不妨礙宗教之間的合作與容忍，更能夠提升社會的良善以及減少國際社會主要宗教之間的衝突。

　　不過，華人基督教會對於人論的部分，應該採取比西方基督教會更審慎的態度，來參與倫理立法或政治改革。畢竟，誠如本書第一章和第二章所言，華人基督教是社會中和政治中的少數宗教。至少在可見的將來，華人基督教會的首要任務，還是傳福音和建立教會，避免參與非關宗教自由的政策辯論。至於個別的基督徒，可以因為聖靈的特殊啟示與引導，在不違反聖經清楚立場的前提下，參與跨宗教聯盟的倫理立法或政治改革。

參考書目

石元康。1995。*當代自由主義理論*。臺北：聯經。

江宜樺。1998。*自由主義、民族國家與國家認同*。臺北：揚智。

何信全。1999。「多元社會交疊共識如何可能？--羅爾斯對社會整合之證成」，*國立政治大學哲學學報*，5: 123-142。

張福建。1997。「多元主義與合理的政治秩序：羅爾斯《政治自由主義》評釋」，*政治科學論叢*，8: 111-132。

郭承天。2001。*政教的分立與制衡：從聖經看政教關係*。臺北：中華福音神學院出版社。

郭承天。2002。「基督教與美國民主政治的建立：新制度論的重新詮釋」，*中央研究院人文及社會科學集刊*，14 卷 2 期，175-209 頁。

郭承天。2005。「宗教容忍：政治哲學與神學的對話」，*中央研究院人文及社會科學集刊*，17 卷 1 期，125-157 頁。

陳宜中。2001。「羅爾斯與政治哲學的實際任務」，*政治科學論叢*，14: 47-74。

陳思賢。1997。「選擇信仰的空間 - 奧古斯丁異端導正論與洛克寬容論」，*政治科學論叢*，8: 147-64。

葉仁昌。1992。*五四以後的反對基督教運動：中國政教關係的解析*。臺北：久大文化。

潘鳳娟。2003。「誠實面對宗教多元的一個呼籲：對梵蒂岡警告比利時耶穌會神學 J. Dupuis 的回應」，http://www.ces.org.tw/main/fcrc/fcrc_wksp/wksp-c-c-4.htm，9/5/2003。

嚴震生。1998。*美國最高法院與宗教自由：「禁止設置條款」與「自由行使條款」的爭議*。臺北：志一。

Arendt, Hannah. 1958. *The Human Condition.* Chicago, IL: University of Chicago Press.

Augustine, Saint, Bishop of Hippo. 1962. T*he Political Writings*. Henry Paolucci (ed.). Washington, DC: Regnery Gateway.

Belli, Humberto, and Ronald Nash. 1992. *Beyond Liberation Theology*. Grand Rapids, MI: Baker Book House.

Bock, Darrell L. 2007. *The Acts*. Grand Rapids, MI: Baker Academic.

Calvin, John. 1989, 1997. *Institutes of the Christian Religion*. Translated by Henry Beveridge. Grand Rapids, MI: Wm. B. Eerdmans Publishing Co.

Copeland, E. Luther. 1999. *A New Meeting of the Religions: Interreligious Relationships and Theological Questioning*. Waco, TX: Baylor University Press.

Dietrich, Walter and Ulrich Luz (eds.) 2002. *The Bible in a World Context: An Experiment in Contextual Hermeneutics*. Grand Rapids, MI: William B. Eerdmans Publishing Company.

Dombrowski, Daniel A. 2001. *Rawls and Religion: The Case for Political Liberalism.* Albany, NY: State University of New York Press.

Dupuis, Jacques S. J. 1997. *Toward A Christian Theology of Religious Pluralism.* New York: Maryknoll.

Gutiérrez, Gustavo. 1988*. A Theology of Liberation.* 2nd ed. Maryknoll, NY: Orbis Books.

Hesselgrave, David J. and Edward Rommen. 1989. *Contextualization: Meanings, Methods, and Models.* Grand Rapids: Baker.

Heyd, David (ed.) 1996. *Toleration: An Elusive Virtue.* Princeton, NJ: Princeton University Press.

Hick, John. 1977. *The Myth of God Incarnate.* Philadelphia: Westminster Press.

Hiebert, Paul. 1987. "Critical Contextualization." *International Bulletin of Missionary Research*, pp.104-12.

Hobbes, Thomas. 1651, 1955. *Leviathan or the Matter, Form and Power of a Commonwealth Ecclesiastical and Civil.* Oxford: Basil Blackwell.

Horton, John and Peter Nicholson (eds.) 1992. *Toleration: Philosophy and Practice.* Hants, U.K.: Avebury, Ashgate Publishing Limited.

Horton, John and Susan Mendus (eds.) 1985. *Aspects of Toleration: Philosophical Studies.* New York: Methuen & Co. Ltd.

Horton, John and Susan Mendus (eds.) 1999. *Toleration, Identity and Difference.* New York: St. Martin's Press.

Israel, J. I. 1999. *Locke, Spinoza and the Philosophical Debate Concerning Toleration in the Early Enlightenment (c. 1670-c. 1750).* Amsterdam, Hagae: Koninklijke Nederlandse Akademie van Wetenschappen.

Jenkins, Philip. 2002. *The Next Christendom: The Coming of Global Christianity.* New York: Oxford University Press.

Jewett, Robert. 1982. *Christian Tolerance: Paul's Message to The Modern Church.* Philadelphia, NY: The Westminster Press.

Kant, Immanuel. 1785, 1996. *The Metaphysics of Morals.* Mary Gregor (ed.) New York: Cambridge University Press.

Kärkkäinen, Veli-Matti. 2016. Christology: *A Global Introduction.* 2nd ed. Grand Rapids, MI: Baker Academic.

Knitter, Paul. 1985. *No Other Name?* Maryknoll, NY: Orbis Books.

Lewis, C. S. 1967. *Mere Christianity.* New York: Macmillan.

Locke, John. 1683, 1993. *Two Treatises of Government.* Rutland, VT.: Charles E. Tuttle.

Locke, John. 1685, 1955. *A Letter Concerning Toleration.* New York: The Liberal Art Press.

McDermott, Gerald R. 2000. *Can Evangelicals Learn From World Religion? : Jesus, Revelation & Religious Traditions.* Downers Grove, IL: InterVarsity Press.

Mendus, Susan. 1989. *Toleration and the Limits of Liberalism.* London: Macmillan Education LTD.

Mill, John Stuart. 1895,1955. *On Liberty.* Chicago, IL: Henry Regnery Company.

Nash, Ronald. 1994. Is *Jesus the Only Savior?* Grand Rapids, MI: Zondervan.

Netland, Harold. 2001. Encountering Religious Pluralism: The Challenge to Christian Faith and Mission. Downers Grove, IL: InterVarsity Press.

Osborne, Grant R. 1991. *The Hermeneutical Spiral: A Comprehensive Introduction to Biblical Interpretation.* Downers Grove, IL: InterVarsity Press.

Panikkar, Raimundo. 1973. *The Trinity and the Religious Experience of Man: Icon-Person-Mystery.* London: Darton, Longman & Todd.

Pieris, Aloysius. 1988. *An Asian Theology of Liberation*. Maryknoll, NY: Orbis Books.

Pinnock, Clark. 1992. *A Wideness in God's Mercy: The Finality of Jesus Christ in a World of Religions.* Grand Rapids, MI: Zondervan.

Race, Alan. 1982. *Christians and Religious Pluralism: Patterns in the Christian Theology of Religions.* Maryknoll, NY: Orbis Books.

Rawls, John. 1971, 1999. *A Theory of Justice*. 2nd ed. Cambridge, MA: Harvard University Press.

Rawls, John. 1993, 1996. *Political Liberalism.* 2nd ed. New York: Columbia University Press.

Razavi, Mehdi Amin and David Ambuel (eds.) 1997. *Philosophy, Religion, and the Question of Intolerance*. Albany, NY: State University of New York Press.

Samartha, Stanley J. 1991. *One Christ, Many Religions: Toward a Revised Christology.* Maryknoll, NY.: Orbis Books.

Sanders, John. 1992. *No Other Name: An Investigation into the Destiny of the Unevangelized*. Grand Rapids, MI: Eerdmans

Spinoza, Baruch. 1967, 2001. *Theological-Political Treatise.* Gebhardt Edition, 2nd ed. Translated by Samuel Shirley. Indianapolis, IN: Hackett Publishing Company.

Sproul, R.C. 1982. *Reason to Believe.* Grand Rapids, MI: Zondervan.

Sugirtharajah, R. S. (ed.) 1994. *Frontiers in Asian Christian Theology: Emerging Trends*. Maryknoll, NY: Orbis Books

Tamir, Yael. 2000. "Remember Amalek: Religious Hate Speech," in Nancy L. Rosenblum (ed.) *Obligations of Citizenship and Demands of Faith: Religious Accommodation in Pluralist Democracies*. Princeton, NJ: Princeton University Press.

Voltaire. 1763, 2000. *Treatise on Tolerance*. Translated by Brian Masters. New York: Cambridge University Press.

Walzer, Michael. 1997. *On Toleration*. New Haven, CT: Yale University Press.

Wesley, John. 1986. *The Works of John Wesley*. 3rd ed. Peabody, MA: Hendrickson.

Wildavsky, Aaron. 1993. *Assimilation Versus Separation: Joseph the Administrator and the Politics of Religion in Biblical Israel.* New Brunswick, NJ: Transaction Publishers.

表五　聖經中的排他論

| 舊約經文 | 創 35:2、4。
出 20:3 -5，出 20:23 ，出 22:18、20，出 23:13、24、32-33，出 32:8、20、35；出 34:13-17。
利 :17:7；利 18:21；利 19:4、26、31；利 20:2-6、27；利 26:1、30。利 :17:7；利 18:21；利 19:4、26、31；利 20:2-6、27；利 26:1、30。
民 21:28；民 25:2-3、5、11、13；民 33:4、52。
申 4:3、16、19、23-25、28、35、39；申 5:7-9；申 6:14-15；申 7:4-5、16、25；申 8:19；申 9:12、16、21；申 11:16、28；申 12:3、30-31；申 16:21-22；申 17:3；申 18:10、14、20；申 27:15；申 28:13；申 29:17、26；申 30:17；申 31:16、18；申 32:12、16-17、21、39。
書 23:7、16；書 24:16、19、20、23。
士 2:3、11-12、17、19；士 3:6-7、10、25-26；士 6:31；士 8:27；士 10:6、10、13、16；士 17:4-5；士 18:14、30-31。
撒上 2:2；撒上 5:3-5、7；撒上 7:3-4；撒上 8:8；撒上 12:10；撒上 15:23；撒上 28:3。
撒下 7:23。
王上 8:60；王上 9:6、9；王上 11:2、4-5、7、10、33；王上 12:28-32；王上 13:2、32-33；王上 14:9、15、23；王上 15:12-13；王上 16:13、26、31-32、33；王上 18:18-19、21-23、25-26、40；王上 19:18；王上 21:25-26；王上 22:53；
王下 1:2-3、6、16；王下 3:2；王下 9:22；王下 10:18-28、29；王下 11:18；王下 13:6；王下 16:3-4；王下 17:7、9-12、15-17、29、32-35、37- 38；王下 18:4；王下 19:18；王下 21:3、5-7、11、21；王下 22:17；王下 23:4-8、10、13-15、19-20、24。
代上 5:25；代上 10:13；代上 14:12。 |

代下 7:22；代下 13:8-9；代下 14:3、5；代下 15:16；
　代下 17:3、6；代下 19:3；代下 21:11、13；代下
　23:17；代下 24:18；代下 28:2、4、25；代下 31:1；
　代下 32:12；代下 33:3、5-7、15、22；代下 34:3-4、7、
　25。
拉 9-10。
尼 9:6、18；尼 13:27-30。
詩 31:6；詩 78:58；詩 81:9；詩 96:5；詩 97:7；詩
　106:19-20、28、36、38；詩 115:4；詩 135:15。
賽 2:6、8、18、20；賽 3:2-3；賽 8:19；賽 10:10-11；
　賽 17:8；賽 19:1、3；賽 21:9；賽 27:9；賽 30:22；
　賽 31:7；賽 37:19；賽 40:19-20；賽 41:7、21、29；
　賽 42:8、17；賽 43:10-12；賽 44:6、8-10、15、17、
　25；賽 45:5-6、14、16、18、20-22；賽 46:1、6-7；
　賽 46:9；賽 47:8-10；賽 48:5、11；賽 52:11；賽
　57:3；賽 65:6；賽 66:3。
耶 1:16；耶 2:5、8、20、23；耶 3:2、6、8-9、13、
　24；耶 4:1；耶 5:7、19；耶 7:6、9、18、31；耶
　8:19、2、14；耶 10:3、8、10、14-15；耶 11:10、
　13、17；耶 13:10、27；耶 14:14、22；耶 16:11；耶
　17:2-3；耶 18:15；耶 19:4-5、13；耶 23:13、27；耶
　25:6；耶 27:9；耶 29:8；耶 32:29、35；耶 35:15；耶
　43:12；耶 44:3、5、8；耶 48:13、35；耶 50:2、38；
　耶 51:11、17-18、52。
結 6:4-6、9、13；結 7:20；結 8:3、5、10；結 12:24；
　結 13:6-7、9、23；結 14:3-7；結 16:17、21、26-
　30、32-36；結 18:10、12；結 20:7-8、16、18、24、
　26、31、39；結 21:29；結 22:3-4、9、28；結 23:7、
　27、30、35、37、39、49；結 26:11；結 30:13；結
　33:25；結 36:18、25；結 37:23；結 44:10、12。
何 1:2；何 2:8、13、16-17；何 3:1；何 4:12-15、17；
　何 8:4、6；何 9:1、10；何 10:1-2、8；何 13:1-2、4；
　何 14:3、8。

	珥 2:27。 摩 2:4；摩 5:26-27；摩 7:9；摩 8:14。 拿 2:8。 彌 1:5、7；彌 3:6-7；彌 5:12-14。 鴻 1:2、14；鴻 3:4。 哈 2:18-19。 番 1:4-5；番 2:11。 亞 13:2。 瑪 2:11；瑪 3:5。
新約經文	太 4:10；　太 7:15；　太 10:1；　太 12:27、43、45；　太 16:23；太 24:24。 可 8:33；可 12:32；可 13:22。 約 17:3。 徒 4:12；徒 7:43；徒 8:9；徒 13:6、8；徒 14:13；徒 17:16、29；徒 19:19；徒 21:25。 羅 1:23、25；羅 2:22；羅 11:4；羅 5:10-11；羅 6:9；羅 8:1、4、7、10；羅 10:7、14、19-21；羅 12:2。 林後 6:15-16。 加 5:20-21。 弗 2:2；弗 4:14；弗 5:5。 西 3:5。 帖前 1:9；帖前 2:3-4、9。 提前 1:3；提前 4:1；提前 4:7；提前 6:3。 雅 2:19。 彼前 4:3。 彼後 2:1。 約一 4:1、6；約一 5:20-21。 啟 2:6、14、20；啟 9:20；啟 13:3；啟 14:11；啟 16:2；啟 19:20；啟 20:4、10；啟 21:8；啟 22:15。

表六　聖經中的多元論

(1) 創 14:17-20	「亞伯蘭殺敗基大老瑪和與他同盟的王回來的時候，所多瑪王出來，在沙微谷迎接他；沙微谷就是王谷。又有撒冷王麥基洗德帶著餅和酒出來迎接；他是至高神的祭司。他為亞伯蘭祝福，說：『願天地的主、至高的神賜福與亞伯蘭！至高的　神把敵人交在你手裏，是應當稱頌的！』亞伯蘭就把所得的拿出十分之一來，給麥基洗德。」
(2) 拉 1:1-4	「波斯王居魯士元年，耶和華為要應驗藉耶利米口所說的話，就激動波斯王塞魯士的心，使他下詔通告全國說：『波斯王居魯士如此說：耶和華天上的　神已將天下萬國賜給我，又囑咐我在猶大的耶路撒冷為他建造殿宇。在你們中間凡作他子民的，可以上猶大的耶路撒冷，在耶路撒冷重建耶和華—以色列神的殿（只有祂是神）。願神與這人同在。凡剩下的人，無論寄居何處，那地的人要用金銀、財物、牲畜幫助他，另外也要為耶路撒冷　神的殿甘心獻上禮物。』」
(3) 羅 1:16-25	「我不以福音為恥；這福音本是神的大能，要救一切相信的，先是猶太人，後是希臘人。因為　神的義正在這福音上顯明出來；這義是本於信，以致於信。如經上所記：『義人必因信得生。』原來，　神的忿怒從天上顯明在一切不虔不義的人身上，就是那些行不義阻擋真理的人。神的事情，人所能知道的，原顯明在人心裏，因為神已經給他們顯明。自從造天地以來，神的永能和神性是明明可知的，雖是眼不能見，但藉著所造之物就可以曉得，叫人無可推諉。因為，他們雖然知道，卻不當作　神榮耀祂，也不感謝祂。他們的思念變為虛妄，無知的心就昏暗了。自稱為聰明，反成了愚拙，將不能朽壞之神的榮耀變為偶像，彷彿必朽壞的人和飛禽、走獸、昆蟲的樣式。所以，神任憑他們逞著心裏的情慾行污穢的事，以致彼此玷辱自己的身體。他們將神的真實變為虛謊，去敬拜事奉受造之物，不敬奉那造物的主；主乃是可稱頌的，直到永遠。阿們！」

表七　聖經中的包容論

經節	內容
(1) 創 41-50	約瑟埃及化。
(2) 民 23:23	「斷沒有法術可以害雅各，也沒有占卜可以害以色列。現在必有人論及雅各，就是論及以色列說：神為他行了何等的大事！」
(3) 撒下 5:21	「非利士人將偶像撇在那裡，大衛和跟隨他的人拿去了。」
(4) 撒上 28:7	「掃羅吩咐臣僕說：當為我找一個交鬼的婦人，我好去問他。臣僕說：在隱多珥有一個交鬼的婦人。於是掃羅改了裝，穿上別的衣服，帶著兩個人，夜裡去見那婦人。掃羅說：求你用交鬼的法術，將我所告訴你的死人，為我招上來。婦人對他說：你知道掃羅從國中剪除交鬼的和行巫術的。你為何陷害我的性命，使我死呢？」
(5) 撒下 12:30	「奪了亞捫人之王所戴的金冠冕（王：或譯瑪勒堪；瑪勒堪就是米勒公，又名摩洛，亞捫族之神名），其上的金子重一他連得，又嵌著寶石。人將這冠冕戴在大衛頭上。大衛從城裡奪了許多財物。」
(6) 王上 3:3	「所羅門愛耶和華，遵行他父親大衛的律例，只是還在邱壇獻祭燒香。」
(7) 王上 15:14	「只是邱壇還沒有廢去。亞撒一生卻向耶和華存誠實的心。」
(8) 王上 22:43	「約沙法行他父親亞撒所行的道，不偏離左右，行耶和華眼中看為正的事；只是邱壇還沒有廢去，百姓仍在那裡獻祭燒香。」
(9) 王下 5:17-18	「乃縵說：你若不肯受，請將兩騾子馱的土賜給僕人。從今以後，僕人必不再將燔祭或平安祭獻與別神，只獻給耶和華。惟有一件事，願耶和華饒恕你僕人：我主人進臨門廟叩拜的時候，我用手攙他在臨門廟，我也屈身。我在臨門廟屈身的這事，願耶和華饒恕我。」
(10) 王下 12:3	「只是邱壇還沒有廢去，百姓仍在那裡獻祭燒香。」
(11) 王下 14:4	「只是邱壇還沒有廢去，百姓仍在那裡獻祭燒香。」
(12) 王下 15:4	「只是邱壇還沒有廢去，百姓仍在那裡獻祭燒香。」

經節	內容
(13) 王下 15:35	「只是邱壇還沒有廢去，百姓仍在那裡獻祭燒香。約坦建立耶和華殿的上門。」
(14) 代上 20:2	「大衛奪了亞捫人之王所戴的金冠冕，其上的金子重一他連得，又嵌著寶石；人將這冠冕戴在大衛頭上。大衛從城裡奪了許多財物。」
(15) 代下 15:17	「只是邱壇還沒有從以色列中廢去，然而亞撒的心一生誠實。」
(16) 代下 20:33	「只是邱壇還沒有廢去，百姓也沒有立定心意歸向他們列祖的神。」
(17) 代下 33:17	「百姓仍在邱壇上獻祭，只獻給耶和華──他們的神。」
(18) 拉 1:7　、5:14	「居魯士也將耶和華殿的器皿拿出來，這器皿是尼布甲尼撒從耶路撒冷掠來、放在自己神之廟中的。　拉 5:14 神殿中的金、銀器皿，就是尼布甲尼撒從耶路撒冷的殿中掠去帶到巴比倫廟裡的，居魯士王從巴比倫廟裡取出來，交給派為省長的，名叫設巴薩。」
(19) 賽 28:11	「先知說：不然，主要藉異邦人的嘴唇和外族人的舌頭對這百姓說話。」
(20) 但 3:28-29	「尼布甲尼撒說：沙得拉、米煞、亞伯尼歌的神是應當稱頌的！祂差遣使者救護倚靠祂的僕人，他們不遵王命，捨去己身，在他們神以外不肯事奉敬拜別神。現在我降旨，無論何方、何國、何族的人，謗讟沙得拉、米煞、亞伯尼歌之神的，必被凌遲，他的房屋必成糞堆，因為沒有別神能這樣施行拯救。」
(21) 太 2:1-12	東方博士根據異教方法、送異教禮給嬰孩耶穌。
(22) 太 15:21-28	「耶穌離開那裏，退到泰爾、西頓的境內去。有一個迦南婦人，從那地方出來，喊著說：『主啊，大衛的子孫，可憐我！我女兒被鬼附得甚苦。』耶穌卻一言不答。門徒進前來，求祂說：『這婦人在我們後頭喊叫，請打發她走吧。』耶穌說：『我奉差遣不過是到以色列家迷失的羊那裏去。』那婦人來拜祂，說：『主啊，幫助我！』祂回答說：『不好拿兒女的餅丟給狗吃。』婦人說：『主啊，不錯；但是狗也吃牠主人桌子上掉下來的碎渣兒。』耶穌說：『婦人，祢的信心是大的！照祢所要的，給祢成全了吧。』從那時候，她女兒就好了。」

經節	內容
(23) 可 3:11	「污鬼無論何時看見祂，就俯伏在祂面前，喊著說：祢是神的兒子。」
(24) 可 9:38-40	「約翰對耶穌說：『夫子，我們看見一個人奉祢的名趕鬼，我們就禁止他，因為他不跟從我們。』耶穌說：『不要禁止他；因為沒有人奉我名行異能，反倒輕易毀謗我。不敵擋我們的，就是幫助我們的。』」
(25) 路 4:14-30	外族人將得到猶太人所拒絕的福音。
(26) 路 4:33,35	「在會堂裡有一個人，被污鬼的精氣附著，大聲喊叫 …… 耶穌責備他說：『不要作聲，從這人身上出來吧！鬼把那人摔倒在眾人中間，就出來了，卻也沒有害他。』」
(27) 路 4:41	「又有鬼從好些人身上出來，喊著說：『祢是神的兒子。』耶穌斥責他們，不許他們說話。因為他們知道祂是基督。」
(28) 路 9:50	「耶穌說：不要禁止他；因為不敵擋你們的，就是幫助你們的。」
(29) 路 10:29-37	好撒瑪利亞人的故事。
(30) 約 4:5-29	撒瑪利亞婦人得救的故事。
(31) 徒 10:1-35	義大利百夫長哥尼流受彼得洗。
(32) 徒 15:1-31	耶路撒冷會議。
(33) 徒 19:37	「你們把這些人帶來，他們並沒有偷竊廟中之物，也沒有謗讟我們的女神。」
(34) 羅 3:29	「難道神只作猶太人的神嗎？不也是作外族人的神嗎？是的，也作外族人的神。」

第六章　創造論與演化論 [1]

本章摘要：

聖經包含了創造論與演化論，而且彼此相輔相成。

1980 年代以來，美國某些保守派教會積極要求政府，把創造論加入公立學校的地球科學與生物課本裡面，並且質疑演化論的科學性，引起科學界、教育界、與法律界極大的反感。多數華人的神學家似乎也傾向支持早期、比較爭議的創造論觀點。聖經中雖然有比較多的經文支持創造論的觀點，但是也有不少關鍵性的經文，可以包容演化論的觀點。創造論必須與演化論結合在一起，才能更清楚說明神的創造過程與倫理主張。

主題經文：

「在起初，上帝創造了天地」（創 1:1）。

案例 6.1：把爺爺關進動物園籠子裡？

爸爸帶著小學一年級的孩子去動物園玩。走到猴子區，孩子問爸爸說：「這是什麼？」爸爸說：「這是猴子。」走到人猿區，孩子又問爸爸說：「這是什麼？」爸爸說：「這是人猿。」這時爸爸為了炫耀他的生物學知識，就對孩子說：「你知道嗎？猴子和人猿都是我們的祖先呢！」孩子仔細看了一下人猿，然後看著爸爸，困惑著

---

[1] 本章修改自郭承天。2021。「創造論與演化論：從衝突到互補」，臺灣宗教研究，20 (1): XX。

說：「為什麼你長得跟牠們不一樣？」爸爸學猴子抓著頭說：「因為……因為……」，心裡想：「這要怎麼跟孩子解釋演化論呢？」突然靈光一閃，爸爸說：「就像爸爸跟爺爺長得有點像，但又不太一樣呀！」早上才因為賴床被爺爺責罵的孩子，臉上一抹詭異的笑容，說：「那麼為什麼我們不把爺爺關到動物園裡面？」

第一節　議題背景

　　美國年輕的基督徒在學校的地球科學課程，學到宇宙的形成，歷經約 138 億年，地球的年齡約是 45 億年；但是創世記說，神用五天造宇宙和地球。學校的生物學課本說，現代人類是經由 200 萬年前的人猿演化而成；但是創世記說，神用第六天這一天造人。基督徒似乎在信仰和科學之間，必須選擇信仰而否定科學？然而他們的生活環境和食衣住行育樂，大都是科學發展的成果。醫學界的胚胎學、解剖學、細菌學、免疫學等，也都是以演化論為基礎，發展出許多救命的藥物。甚至他們的教堂建物、教堂內的影音設備，也都是科學發展的成果。基督徒否定科學的態度，很可能被同學、鄰居、工作伙伴認為基督徒不是鴕鳥心態，就是偽君子。從第一次世界大戰後，當美國基督教保守派試圖禁止公立學校的科學教育教導演化論開始，創造論和演化論的戰爭至今仍然砲火猛烈。

　　回顧過去一百年來，創造論與演化論之間的論戰，基本上是美國保守派所挑起的政治戰爭。歐洲的教會對於這個論戰，並不太感興趣。亞洲國家和大部分華人教會，除了南韓以外，也沒有積極參與這個論戰。[2] 然而這個論戰本來是美國基督徒與科學家之間的戰爭，但是保守派在美國法院不斷打敗仗之後，現在轉而猛烈攻擊其他創造論派別，這場內戰方興未艾。令人擔憂的是，大多數的華人

---

[2] 在亞洲國家之中，只有南韓的基督徒積極排斥演化論，推舉年輕地球論／創造科學，從 1980 年至今，引起南韓社會極大的爭議。Park (2018)。

教會對於演化論的看法，似乎一直受到美國早期創造論的影響。這會不會造成華人教會之間與教會內部的分裂、以及影響年輕人進入教會的意願，就如美國當今教會一樣，則有待觀察。

達爾文 (Charles Darwin, 1809-1882) 於 1859 年發表物種起源 (On the Origin of Species) 之後，[3] 一開始並沒有引起美國基督徒的注意。儘管有「達爾文的鬥牛犬」之稱的英國生物學家 Thomas Henry Huxley (1825-1895)，大力推崇達爾文的演化，並且引伸出「演化倫理學」 (evolutionary ethics)，演化論的影響範圍還是限於歐洲的科學界。[4] 但是到了 1920 年代，社會達爾文主義在戰敗的德國出現，引起美國保守派的恐慌，主觀地認為達爾文的演化論，直接挑戰了聖經所記載的上帝創造世界，威脅到基督信仰的根基。畢竟，聖經的第一卷書創世記的第一章、第一節就說到：「在起初，上帝創造了天地」，整個基督教信仰的內容，就從創世記第一章第一節開始。基督徒怎能忍受「在起初，天地是演化而來的」，而且「上帝」怎麼不見了？

第一次世界大戰後，美國保守派反對演化論的政治勢力，在政客 William Jennings Bryan (1860-1925) 的領導下開始凝聚，推動禁止公立學校教導演化論的立法。到了 1925 年已有 15 州在審議這一類的法案，包括田納西州眾議院立法所通過的 Butler Act，禁止公立學校教導否定上帝造人的論述以及人是由低等生物演化而來的觀點。田納西州的一位高中老師 John T. Scopes 挑戰 Butler Act，在課堂上教導演化論而被起訴。1927 年他一直上訴到田納西州的最高法院而敗訴 (Scopes v. State, 1927)。這個判決被戲稱為「審判猴子案」 (Monkey Trial)。[5]

---

[3] Darwin (1967).

[4] Huxley (1893/2014).

[5] 本節關於演化論和創造論的美國法律爭議，參考 Singham (2009); "Creation–evolution controversy," Wikipedia, https://en.wikipedia.org/wiki/Creation%E2%80%93evolution_controversy，2019.6.12。關於創造論、創造科學、智慧設計論、以及屬神的演化論，下文再介紹其內容。

「審判猴子案」馬上引起美國支持演化論者的反彈,但是要等到第二次世界大戰後,尤其是自由主義盛行的 1960 年代,才扭轉了演化論者的政治劣勢。1968 年美國最高法院判決阿肯色州的一個禁止演化論的法案,違反了憲法「不得建立國教」條款 (Epperson v. Arkansas, 1968)。有趣的是,當地的牧師聯誼會 The Little Rock Ministerial Association 也反對以宗教理由禁止學校教導演化論,認為這有損上帝和聖經的神聖性。

到了 1970 年代,保守派改變戰術,不再禁止教導演化論,但是要求公立學校分配同等時數,教導演化論以及創造論。他們成功地在田納西州通過這樣的法案。但是美國的一個上訴法院在 1975 年宣告這個法案違反了「不得建立國教」條款 (Daniel v. Waters, 1975)。

創造論被宣告違憲後,保守派(年輕地球論)又改變戰術,把創造論改名為「創造科學」(Creation Science),然後要求公立學校分配同等時數,教導演化論以及「創造科學」。但是這個烏賊戰術並沒有通過法庭的檢驗。1982 年法庭宣告阿肯色州的一個這樣的法案,違反了「不得建立國教」條款 (Mclean v. Arkansas, 1982)。1987 年路易斯安那州的一個類似的法案也被宣告違憲 (Edwards v. Aguillard)。

「創造科學」被宣告違憲後,另一些保守派改變戰術,提出了「智慧設計論」(Intelligent Design),要求公立學校在教導演化論時,也要教導智慧設計論。2009 年德州的州立教育委員會成功地把智慧設計論,列入教育課綱。這個主張甚至得到美國總統 George W. Bush 的支持。但是這個主張仍然無法得到科學界、教育界、和法學界的多數支持。堪薩斯州的的州立教育委員會曾經在 2005 修訂該州的教育課綱,納入智慧設計論,但是後來在 2007 年自己否決了這項決定。美國最高法院在 2005 年,宣告賓州的一個郡(縣)教育委員會把智慧設計論納入學校教育中,違反了憲法「不得建立國教」條款 (Kitzmiller v. Dover Area School District, 2005)。在這個案例中,「美國促進科學協會」(American Association for the Advancement of Science; AAAS) 以及許多科學和教育組織,都反對把智慧設計論納入學校教育。創造論與演化論在法庭上的攻防,在 2005 年以後似乎

告一段落。但是在教會界以及少數其他國家，仍然方興未艾。

前面說過一百年來，創造論與演化論之間的論戰，基本上是美國保守派所挑起與熱衷的政治戰爭。歐洲國家和華人社會的大部分基督徒，對於這個論戰並沒有太大的興趣。主要的原因之一是基督徒人口比例的巨大差異。美國有百分之八十以上的人口，自稱是基督宗教信徒。而歐洲國家的基督宗教信徒佔總人口比例，平均約百分之四十。華人社會（中國大陸、港、澳、臺）更是不到百分之十。在這些國家，基督宗教信徒只能求自保，哪裡還敢把自己宗教的創造論，不論是否藉著科學的外衣，來推動國家立法，強加在其他宗教或無神論信徒的身上？

令人遺憾的是，美國早期創造論者（年輕地球論）一百年來在法院屢遭敗仗的怨氣，開始從批判科學界，轉而批判創造論的修正主義。他們譴責任何試圖接受演化論的基督徒，都是撒但的代言人，是對魔鬼作了「罪惡的妥協」 (sinful compromise)。他們認為「演化論是魔鬼欺騙眾人的偉大工具。演化論就像我們在伊甸園最初的祖先決定不相信上帝，而且有自己的思想」。反對年輕地球論的演化創造論者就是「撒但的使者」。[6] 令人遺憾的是，主流的華人神學界對於演化論的看法，似乎接受了早期創造論的論點，對演化論深痛惡絕，也認為接納演化論的基督徒，不是信心軟弱，就是撒但的代言人。這種態度很可能讓受過高中以上科學教育的年輕人，對於教會望之卻步，也讓教會內的年輕基督徒不願意再來「不理性的」教會。

如果我們把美國基督徒對於創造論和演化論之間關係的主要四種主張，依照出現的順序以及相容性程度，分為兩類，可以產生下列的表格（表八）：[7]

---

[6] Otis (2016: L212, 231).

[7] 以下四種主張，主要參考 Ham et al. (2017); Phy-Olsen (2010)；解世煌 (2018)；Wikipedia, "Creationism," https://en.wikipedia.org/wiki/Creationism, 2019.6.25；以及這四種主張的主要網站；年輕地球論 answersingenesis.org 和 creation.com；古老地球論 reasons.org；智慧設計論 discovery.org；演化創造論 biologos.org。這四種主張的支持者可能對於各自主張的一些細節，持有不同看法。

表八　四種創造論與演化論的關係

議題	四種創造論			
	年輕地球論	古老地球論	智慧設計論	演化創造論
聖經無誤	同意	同意	同意	同意
上帝創造萬物	同意	同意	同意	同意
耶穌是神、是救主	同意	同意	同意	同意
「科學」支持創造經文	同意	同意	同意	同意
解經方法	字面解經	原文字義、歷史文化	刻意避免引用聖經	原文字義、歷史文化
創造論與演化論可並存	不同意	不同意	不同意	同意
七日創造	一日 24 小時	一日多義，含億萬年	少評論	一日多義，強調創造的功能
創造與演化關係	有創造，沒大演化	漸進創造，沒大演化	有創造，沒大演化	有創造，有神導大演化
跨物種大演化	無，沒有共同起源	無，沒有共同起源	無，設計者是共同起源	有，也有共同起源
物種內小演化	有	有	有	有
智人、尼安得魯人、猿猴	尼安得魯人是智人的小演化；都不是猿猴後代	彼此沒關連，上帝分別創造	都是智慧設計的不同產物	都屬「靈長目」
科學證據	非常弱	弱	強，推論弱	非常強
公立學校科學教材	納入年輕地球論	校園宣教	納入智慧設計論或教導演化論的弱點	不納入公立學校；在教會教導

　　這四派的創造論有幾項主要相同和相異處。主要相同處是：(1)
相信聖經無誤，但是別派的創造論解經有誤；(2) 相信上帝創造萬
物以及人類；(3) 相信耶穌參與創造萬物，並降世成為人類的救主；
以及 (4) 相信科學可以支持聖經中關於上帝創造的經文。所以，這
四派的創造論在這些重大神學標準上，都可以算是保守派。主要相
異之處是：(1) 解經的方法；(2) 上帝創造萬物用了多少的時間；(3)
生物是否有跨物種的大演化 (macro-evolution) 或只有物種內的小演
化 (micro-evolution)；(4) 智人與其他「人類」的關係；(5) 科學證
據的引用以及解讀；以及 (6) 如何在公立學校推動他們的主張。

　　(1) 年輕地球論 (Young Earth Creationism) 或稱科學創造論 (Sci-
entific Creationism)。此派堅持創世記記載上帝創造天地（含人類），
用了六日，就是六個 24 小時的日子。加上聖經許多族譜記載以色列
主要人物的年歲，一直推算到今天，地球（宇宙）形成的日期，約
是至今六千年前到一萬多年前。[8] 上帝使用神蹟創造萬物之後，物種
就「各從其類」，沒有跨物種的大演化，只有物種內的小演化。例如，
人與人猿沒有血緣關係，但是人類有白人、黑人、黃種人之分。年
輕地球論認為聖經中「各從其類」的「類」，相當於現代生物學分
類的「科」(families)。[9] 在每一「科」下面，有「屬」(genus) 與「種」
(species)，說明了全世界生物在每一類（科）物種被創造以後，仍有
「屬」和「種」的千變萬化（小演化）。現代人是「人科」(hominids)，
但是現代人類不屬於「靈長目」，所以不是從猿猴演化來的。所謂
的「直立人」、「尼安得魯人」(Neanderthals) 都是「人科」，都是

---

　[8]　年輕地球論的最極端版本是根據十七世紀愛爾蘭主教 James Ussher 照
著聖經中的各種族譜，所編撰的世界年代表。他認為上帝創造天地是在西
元前 4004 年 10 月 23 日。關於年輕地球論對於地球及人類年代的參考 Otis
(2016: L536-774)。

　[9]　生物學的分類為：界 (Kingdoms)、門 (Phylum)、綱 (Class)、目 (Order)、
科 (Family)、屬 (Genus)、種 (Species)。例如，現代人類是動物界 (Animalia)、
脊索門 (Chordata)、哺乳綱 (Mammalia)、靈長目 (Primates)、人科 (Momini-
dae)、人屬 (Homo)、智人種 (Homo Sapien)。

從亞當夏娃「小演化」而來的，所以也不是猿猴演化來的。他們認為人類學界對於尼安得魯人判定的生存年代有誤，不是先於智人的出現，而是在大洪水之後出現。而且在人類墮落（創 2）以前，物種沒有死亡，這說明了物種不需要長時間演化。聖經記載的全球性「大洪水」之後，物種快速繁殖與小演化，成為今日的動物世界。年輕地球論自己有自己一套對於「科學」與「科學證據」的定義，可以用來支持創世記中的說法。

此派的解經方法是根據聖經字面意思，說什麼就是什麼。他們延續了 Origen, Tertullian, Augustin, Aquinas 與 Galileo 的「兩本書」(two books) 觀點：一本是大自然，另一本是聖經；這兩本書都是上帝所啟示的，所以兩者並不衝突。[10] 他們認為演化論在科學理論上和證據上完全錯誤。反而認為現代地質科學、生物學的證據，支持了七日創造論；他們稱之為「科學創造論」。他們不但對於主流科學界興起「聖戰」，對於基督教其他的創造論學派，也採取敵視的態度，認為其他學派的支持者因為對上帝的全智、全能以及聖經的無誤沒有信心，導致他們對於演化論的「罪惡的妥協」。[11] 如本章第一節所述，年輕地球論在二十世紀的美國，是主張公立學校禁止教導演化論，以及後來主張公立學校教導「科學演化論」的主要宗教政治勢力。年輕地球論的主要倡導者有：George McCready Price, Ken Ham, Henry Morris (1918-2006)。[12] 他們在肯德基州建立了一座「創造博物館」(Creation Museum) 以及一座「遇見方舟博物館」(Ark Encounter)，供支持者朝聖，並維持了幾個宣揚他們理念的研究機構，如 The Institute for Creation Research、Answers in Genesis、Creation Ministries International，以及網站 answersingenesis.org 和 creation.com。

年輕地球論的主要爭議，有科學的、神學的、和政治環境的。

---

[10] Galileo, "Letter". 他引用 Tertullian 與 Augustine 的「兩本書」論點。

[11] Otis (2016).

[12] 年輕地球論的代表作：Price (1922/2018); Ham (1987); Whitcomb and Morris (1961/2011).

年輕地球論所提供的科學證據，尤其是「創造博物館」裡面的科學展品，其科學價值幾乎被美國科學界全然否定。[13] 根據地球科學的發現，宇宙的年紀約有 138 億年，地球約有 45 億年。根據人類考古學，現代人類約在 20 萬年前出現，尼安得魯人約在 40 萬年前出現。全世界最大的科學家協會「美國促進科學協會」(AAAS) 的會員，在 2014 年回答 Pews Survey 關於演化論的看法時，有 98% 的會員認為「人類和其他生物一直有演化」，其中 90% 的人認為這是因為自然的過程（如自然的選擇），另外只有 8% 認為是歸諸於「一位至高神」。[14]

就神學而言，多數神學家認為「七日」以及聖經族譜的解讀，需要看原文的上下文、書卷的歷史背景、以及書卷的主要神學目的而定，不能斷章取義，只看經文的表面意思。本章的下一節會進一步詳細討論這些神學爭議。

就政治環境而言，民主國家的政教分立原則，禁止政府機關以及公立學校「建立國家宗教」。在基督徒是少數的國家，更不可能接受基督教的年輕地球論，作為地球科學的教材之一。

(2) 古老地球論 (Old Earth Creationism)。它又包括三個彼此相容的主張：間格創造論 (Gap Creationism)、七期創造論 (Day-age Creationism)、以及漸進創造論 (Progressive Creationism)。此派認為創世記說的七日，是象徵的說法，可以是間隔很久而不連續的「日」、可以是「期」、可以是「類別日」、「上帝的日」、或者是這些「日」種類的組合，但是絕對不是連續的七日。上帝創造宇宙萬物實際上花了多少時間？此派認為就是地球科學家所發現的億萬年。但是上帝在不同時期創造新的物種以後，萬物就「各從其類」，只有物種

---

[13] 對於年輕地球論的批判，主要參考 Miller (2012); Ham et al. (2017: L942-1282); 以 及 "Critics Assail Creation Museum," National Public Radio, May 28, 2007, https://www.npr.org/templates/story/story.php?storyId=10493575, accessed 2019.7016。

[14] Pew Research Center (2015).

內的小演化，沒有跨物種的大演化。

　　間隔創造論 (Gap Creationism) 是古老地球論的一支。他們認為創世記第一章第 1-2 節「起初，上帝創造了天地。地是空虛混沌，深淵上面一片黑暗」這一個時期維持了百億年，就如地球科學所發現的。但是從第 3 節上帝創造日夜開始，則是過去一萬年的事。[15]如同上述年輕地球論與古老地球論，此派也認為兩次創造都沒有跨物種演化。

　　七期創造論 (Day-age Creationism) 建立在 Thomas Aquinas 的「七個時期」看法。上帝創造天地（含人類），用了六日，這六日不是六個 24 小時的日子，而是六個時期，每個時期可能有幾千萬年或者幾十億年之久，完全就如地球科學所發現的。[16]

　　漸進創造論 (Progressive Creationism) 接受七期創造論和地球科學對於宇宙年代看法，也同樣拒絕生物有大演化。物種會有變化，不是因為演化，而是因為上帝在關鍵時刻（特定時期）更改了自然律，而造成物種的多樣性。創世記中每一階段（日）的創造，成為下一階段更複雜、更多樣化、甚至更高級創造的基礎，一直到創造最高級的人類為止。現在人類源自亞當和夏娃，跟尼安得魯人和其他的「人科」沒有血緣關係。他們都是上帝分別創造的動物，然而只有現代人類具有上帝的形象。物種內部有小演化，但是並不會導致物種之間的「大演化」。所有的物種不是從一個共同祖先 (universal common ancestor) 演化出來；智人與尼安得魯人也不是由同一祖先（人猿）演化而來。

　　古老地球論（含不同支派）的主要倡導者有神學家 Cyrus I. Scofield、Stephen J. Gould（後來也支持智慧設計論）、James Porter Moreland、和物理學家 Hugh Ross。[17] Hugh Ross 維持一個宣傳機構 Reasons To Believe 和網站 reasons.org。
古老地球論的主要爭議是科學的，也有一點神學爭議。就科學而言，

---

[15]　Collins C. (2006: 51).

[16]　John Baptist Ku, "Interpreting."

[17]　Scofield (1917); Moreland (2017); Gould (2017); Ross (2004).

年輕地球論因為立場與古老地球論完全對立，而且自己有一套「科學」的證據，所以就成為批判古老地球論的主力。智慧設計論同意古老地球論的論述。演化創造論同意古老地球論對於創造年代的解釋，但是不同意完全排除大演化的可能。[18] 漸進創造論並不能解釋創世記中創造的順序與科學證據之間的差異。例如，創 1:2「……運行在水面」的「水」是哪裡來的？創 1:2-5 的光比水先出現？創 1:11 的地上植物先出現，還是水裡面的植物先出現？另外，漸進創造論也無法解釋兩個創造故事之間的創造順序差異（下兩節詳細討論）。這些科學的問題，就引起神學的問題：創造的順序與創造的倫理有何必然關連？如果漸進創造論對於分期順序有錯誤，這對於創造的倫理有何影響？

　　(3) 智慧設計論 (Intelligent Design)。此派認為生物學（尤其是 DNA）的研究發現，許多生物（包括人類）的構造非常複雜，不可能是由單一細胞隨機演化而來；他們稱之為「不可化約的複雜性」(irreducible complexity)。因此，必定有一位超自然、非常聰明的設計者，創造了萬物。他們常常引用或改良一位兩百年前的神學家 William Paley (1743-1805) 在 1802 年提出的「鐘錶比喻」，作為宣教之用。「鐘錶比喻」是說一個精密的鐘錶，有數百個零件，彼此相嵌緊密，才能正確地報時。這支鐘錶有可能是這些零件自己漫無目的演化出來的嗎？不可能！一定是有一位傑出的鐘錶設計師所設計的。鐘錶是如此，更何況人類？這個「鐘錶比喻」可以改良成「汽車比喻」或「手機比喻」，成為說服基督徒接受智慧設計論的利器。他們聲稱這位智慧設計者，不一定是基督教的上帝，而可以是任何宗教的創世神明。他們用這個理由，想把智慧設計論帶入公立學校科學課程，以為可以避開「建立國教」的憲法爭議。智慧設計論不太討論地球或人類的生成年代，雖然他們有點傾向古老地球論。他們批判演化論的共同起源說法，因為生物學界常常提出不同的物種分類法，所謂兩種跨物種演化的「中間物種化石」(intermediate

----

[18] 對於古老地球論的批判，主要參考 Ham et al. (2017: L1986-2391)。

fossils) 證據不足，而且有些細胞組織的變異不但無益演化，反而傷害動物體。因此，智人、尼安得魯人、以及其他的「人類」，都是智慧設計者分別設計的產物，而不是彼此有演化關係。創造論其他各派基本上也同意智慧設計論的核心主張，因為這位「智慧設計者」在美國基督教環境來說，就是上帝的代名詞。比起年輕地球論和古老地球論的主張者，智慧設計論的主要倡導者大都是有一定聲望的科學家，如 Charles B. Thaxton（首先提出「智慧設計」一詞的人）、Stephen Jay Gould、Michael J. Behe、William A. Dembski、Stephen C. Myer。[19] 他們維持了一個宣揚他們理念的研究機構 Center for Science and Culture at the Discovery Institute 和網站 discovery.org（不是純科學的組織 discovery.com）。

　　智慧設計論的主要爭議，有科學的、有神學的、也有政治環境的。[20] 從科學來說，智慧設計論聲稱他們不與任何宗教掛勾，完全就科學來論科學，所以他們的科學理論與實證根據相當強。但是2002年「美國促進科學協會」（AAAS）發表聲明，譴責智慧設計論不是一門科學。從科學的推論方法來說，只因為生物的組織複雜，無法證明或推論「智慧設計者」是否存在；也無法證明「智慧設計者」是否、以及如何設計萬物。另外，許多生物組織並非完美，有些是退化的器官，有些是畸形組織，還有些（如貓熊）正面臨自然的滅種。那麼這些是設計者設計錯誤了？最後，「鐘錶的比喻」是錯誤比喻：機械不會演化，但是生物會演化。從神學角度來說，這位設計者是基督教的神，是道教的「道」，還是佛教的「佛性」？在非基督教國家，智慧設計論可能成為「混和宗教」的支持者。從政治環境而言，智慧設計論者雖然不像年輕地球論早期的作法，要把演化論趕出公立學校，而是要求公立學校同時教導演化論和智慧設計論。[21] 但是不相信基督教的人，尤其是無神論者，為何要讓他的孩

---

[19] 智慧設計論的代表作有：Thaxton and Keynyon (1989); Gould (1999); Behe (1996/2006); Dembski (1998); Myer (2019)。

[20] 對於智慧設計論的批判，主要參考 Ham et al. (2017: L4185-4509)。

[21] 推動智慧設計論進入公立學校的代表人物，是加州柏克萊大學的法學

子在公立學校的地球科學或生物課，被強迫學習認識這一位「智慧設計家」？美國的法院還是拒絕這種試圖「建立國教」的企圖。即使現在智慧設計論者不再要求公立學校教導智慧設計論，而是鼓勵地球科學與生物學課程，教導對於演化論的批判。但是美國的科學家們與教育界不太容易被這種偽裝騙過，讓智慧設計論潛入校園。[22]

　　(4)神導演化論 (Theistic Evolution)或稱演化創造論 (Evolutionary Creation)。[23] 相對於上述各派的創造論大都否定演化論，神導演化論主張上帝創造宇宙、地球、和生物之後，接著交互使用神蹟與演化定律來創造各樣複雜的物種；有小演化，也有大演化，包括智人與尼安得魯人都是從某一種靈長類演化而來。他們批判年輕地球論、古老地球論、以及智慧設計論，要麼認為他們的科學證據有嚴重的問題，要麼把特定的宗教觀點穿上科學的偽裝。演化創造論者接受演化論的大部分主張與證據，強調物種的共同來源；但是有些人認為目前的科學證據並不能證明當前所有的物種，都是源自同一種單細胞生物。[24] 有些「神導演化論」者後來不滿「神導演化論」一詞似乎會誤導人以為「神導演化論」是「演化論」的一個支派，引起科學家和神學家的抗議，因此改名為「演化創造論」，強調這是個神學主張並且強調上帝的創造。他們尊重上帝「兩本書」的各自專業，因此不支持、甚至積極反對把創造論帶入公立學校；創造論只適合

教授 Phillip E. Johnson (1991)。

[22] Phy-Olsen (2010).

[23] 演化創造論的主要代表人物之一，Howard Van Till 主張以「演化的創造論」(evolving creation) 來代替「神導演化論」一詞。Van Till (1999: L204-209)。

[24] 演化創造論的科學根據之一是人類的 DNA。每一個人從父母各自遺傳到 30 億組「鹼基對」(base) 所構成的 DNA，其中會有約 70 組鹼基對與父母不同。從現在往前推算，就可以算出 20 萬年前的智人與我們的相似與相異處。同樣地，也可以推算智人與猿猴的共同祖先生活在六百萬年　前。"What is the genetic evidence for human evolution?" https://biologos.org/common-questions/what-is-the-genetic-evidence-for-human-evolution/, 2019.8012。

在教會裡面教導。神導演化論 / 演化創造論的主要倡導者，大都是
神學或科學界有學術聲望的學者：神學家 Howard Van Till、John F.
Haught、Teilhard de Chardin、Francisco J. Ayala，哈佛科學家 Owen
Gingerich，以及因為把人類 DNA 序列解碼而獲得美國國家科學勳章
的科學家 Francis S. Collins。[25] 他們維持了一個宣揚他們理念的研究
單位 Biologos 以及網站 biologos.org。[26]

　　在各種創造論派別之中，演化創造論可能是受到最多主流基督
教和天主教所接受的創造論，並且在神學院教導這種創造論。由於
他們受到美國主流基督教的歡迎，又積極反對把各種創造論帶到公
立學校的科學課程，這種立場當然也成為大多數科學家的立場。也
可能因為如此，神學最保守的年輕地球論對於演化創造論的攻擊，
也最凶悍。但是因為演化創造論的主要倡導者，有著名的科學家（如
Francis Collins）和神學家（如 N.T. Wright），所以年輕地球論的批判
並沒有在美國科學界與神學界得到太大的迴響。[27]

　　由於演化創造論並不反對演化論，美國的科學界也沒有太多的
理由反對它。但是無神論者、科學家、教育學家、和美國法院仍然
將演化創造論拒之於公立學校之外，擔心宗教披著科學的外衣，進
到校園宣教。美國科學研究地位最高的單位，國家科學院 (National
Academy of Sciences)，為了創造論和演化論的爭議，還特別在 1999
年和 2008 年出版了兩本書，否定創造論是一門科學，並阻止宗教干
涉科學。[28] 大部分的科學家並不否定宗教神蹟，只是說神蹟不是科
學研究的領域。他們也承認，目前的科學界無法解釋宇宙和生命的
起源，而且演化論也有其極限，目前還無法解釋複雜生命體的存在，
以及大量物種在特定時期同時出現。然而這不表示創造論可以提供

---

[25]　Van Till (1986); De Chardin (2004); Ayala (2006); Haught (2017); Gingerich (2006); Collins S.(2006).

[26]　演化創造論最新與最完整的論著是 Bishop et al. (2018)。

[27]　對於演化創造論的批判，主要參考 Ham et al. (2017: LL. 3044-3440)。

[28]　U.S. National Academy of Sciences (1999); U.S. National Academy of Sciences (2008).

比較好的科學解釋。

　　那麼華人教會怎麼看待創造論與演化論的爭議？首先要注意的一個有趣現象，就是清末的華人知識份子接受日本日製漢語把 evolution 翻譯成「進化」之後，至今不少的華人仍然使用「進化」一詞，即使嚴復 (1854-1921) 在翻譯 Thomas Henry Huxley 的 Evolution and Ethics 時，也特別指出 evolution 不能翻譯成「進化」，而要翻譯成「演化」。而且達爾文的演化論只是在描述物種的演化，並不是想提出一套倫理法則。另外達爾文提出的演化原則是「適者生存」，不是「強者生存」。例如，冰河時期前的巨大動物如恐龍，是「強者」。但是冰河來了，找不到大量的食物，反而不能適應新環境而死，還不如「弱者」蟑螂的生命力強。

　　很可惜許多華人基督徒，仍然沿用「進化論」的翻譯。這也影響到他們近三十年接觸到創造論與演化論爭議時，所選擇的立場。從校園書房網站中，可以發現大量的創造論與演化論爭辯的書籍，又以翻譯書為多，[29] 如 Henry Morris（年輕地球論）的《創世科學論 3: 進化論》；Jonathan Wells（智慧設計論者）的《進化論的聖像：課本教的錯在哪裡》；John Ankerberg and John Weldon（年輕地球論者）的《進化論與創造論的真相》；白加利（年輕地球論者？）《從進化論到創世論：著名生物學家白加利博士的親身見證》；Sylvia Baker（年輕地球論者）的《進化論疑難》；Donald E. Chittick（年輕地球論）的《針鋒相對：創造、進化論戰的根源》；Pattle P.T. Pun（漸進創造論與演化創造論）的《進化論：科學與聖經衝突嗎？》以及《進化論簡評》；Philip E. Johnson（智慧設計論）的《是誰輸了這場官司？還原進化論的真相》；Bruce Bickel（智慧設計論加古老地球論）的《創造論與演化論 101: 世界及生命起源的終極解答》；以及 Francis S. Collins（演化創造論）的《上帝的語言》。

　　這些翻譯書籍似乎還是以年輕地球論為主，有六本；有兩本是

---

[29]　亨利墨瑞斯（2018）；威爾斯（2002）；安克伯、韋爾登（1994）；白加利（2002）；斯貝克（1988）；池迪克（1993）；潘柏滔（1984）；潘柏滔（1990）；詹腓力（2001）；布魯斯畢可 & 史丹詹茲（2012）；法蘭西斯柯林斯（2016）。

智慧設計論；兩本是包容演化論的演化創造論的著作。這些書裡面，也只有《創造論與演化論 101》的書名把「演化」的翻譯弄對了。

華人基督徒所撰寫的相關書籍有：[30] 吳主光（年輕地球論）的《進化論批判：迷信與相信》；馬有藻（年輕地球論）的《聖經創造論大戰進化論》；吳國安（年輕地球論）的《從聖經、科學合理性角度看達爾文進化論》；何天擇（年輕地球論）的《人從哪裡來：進化論與創造論初探》，以及《進化論的理解法》；[31] 孫一程（年輕地球論）的《創造論對進化論；楊牧谷（古老地球論）的《生死存亡的掙扎：創造論與進化論的再思》；唐崇榮的《進化論合乎科學嗎？》；解世惶（智慧設計論）的《起初之後：創造論與演化論的探討》；以及董芳苑（演化創造論）的《創造與進化》。[32] 這些書裡面，只有解世惶使用了「演化論」一詞，而不是「進化論」。

整體來說，不論是翻譯著作或者是華人基督徒的著作，目前大部分華人教會似乎在各種創造論的光譜上，傾向於非常保守的立場，對於演化論畏之如蛇蠍。對於演化論的厭惡，甚至仍以有誤導之嫌的「進化論」一詞稱之。但是隨著華人社會愈來愈重視科學教育，保守的創造論派別可能很快地被華人教會淘汰，要不然就是教會被年輕人淘汰。某些資深的華人神學家，仍然擔心演化論會挑戰信仰。例如，楊牧谷稱呼創造論與進化論的爭議，是「生死存亡的掙扎」，他只支持古老地球論的支派漸進創造論。[33]

一般的華人基督徒面對創造論和演化論的爭議，應該如何判斷與選擇？顧及本書作者以及大多數基督徒都沒有高深的科學訓練，

---

[30] 吳主光（2001）；馬有藻（2013）；吳國安（2010）；何天擇（1976）；孫一程（1983）；楊牧谷（1990）；唐崇榮（1999）；解世惶（2018）；董芳苑（2014）。

[31] 最具代表華人基督徒支持年輕地球論的是何天擇。他認為科學教科書教導地球年齡有 40-60 億年、人類出現有幾十萬年之久，這種科學論證「乃是由於進化論的『需要』而產生的」。何天擇（1976:178）。

[32] 董芳苑的創造與進化並沒有深入分析這四種創造論的主張，而是在發展一套創造神學，與演化論沒有太大關係。

[33] 楊牧谷（1990:63）。

本章只能以聖經經文為研究重心，來瞭解各種創造論主張的內容，並試圖找出一個符合聖經經文，又能與演化論和平共存的看法。本章第二節評估年輕地球論的看法；第三節討論聖經經文與演化論相容之處；第四節綜合評估，並且提出「分工互補的創造論」，讓「信仰的歸信仰，科學的歸科學；兩者分立而互補」。

第二節　聖經中的創造論

年輕地球論的主要聖經根據，也是各種創造論主要爭議所在，是創世記 1:1 ～ 2:3，以及 2:4-9；2:18-22。[34] 為了便於討論，把這些經文根據創造的主題整理如下：

第一個創造故事（創 1:1 ～ 2:3）
第一日：上帝創造日和夜（創 1:2-5）
第二日：上帝分開天和水（創 1:6-8）
第三日：上帝從海中分出地來，地上出現植物（創 1:9-13）
第四日：上帝創造光體（創 1:14-19）
第五日：上帝創造魚類和鳥類（創 1:20-23）

---

[34] 聖經中還有至少 72 處經文是關於三一神創造萬物。由於篇幅所限，這裡只能列舉經文的章節號碼，讀者自行查核引用。創 14:19；申 10:14；王下 19:15；代上 16:26；代下 2:1；尼 9:6；伯 9:8；伯 12:10；伯 36:26 ～ 37:22；伯 38:4 ～ 39:30；詩 8:3；詩 24:1-2；詩 33:6；詩 50:10；詩 89:11-12；詩 90:2；詩 95:5；詩 96:5；詩 100:3；詩 102:25；詩 104:2-5；詩 104:10-14；詩 104:24-30；詩 115:15；詩 121:2；詩 124:8；詩 146:6；詩 147:4-18；詩 148:5；箴 3:19；箴 16:4；賽 37:16；賽 40:22；賽 40:28；賽 42:5；賽 44:24；賽 45:12；賽 48:18；賽 48:13；賽 51:13；耶 10:12；耶 27:5；耶 32:17；耶 51:15；結 47:9；但 7:14；亞 12:1；太 6:26-34；太 10:29-30；太 24:35-37；約 1:1-2；徒 4:24；徒 7:50；徒 14:15；徒 17:24-26；徒 17:29；羅 1:20；羅 8:21；羅 11:36；哥前 8:6；哥前 15:27；弗 3:9；西 1:16-20；來 1:2-3；來 1:10；來 3:4；來 11:3；彼後 3:5-7；啟 4:11；啟 10:6；啟 14:7；啟 21-22。

第六日：上帝創造陸上動物和男女（創 1:24-31）
第七日：安息日（創 2:1-3）

第二個創造故事（創 2:4-9；2:18-22）
第一段：上帝創造天地（創 2:4-6）
第二段：上帝創造男人（創 2:7-8）
第三段：上帝創造植物（創 2:9）
第四段：上帝創造動物（創 2:18-20）
第五段：上帝創造女人（創 2:21-22）

　　把這兩個創造故事先後排列之後，我們馬上碰到一個問題：兩個創造故事有相同但也有相異處。[35] 第一個創造故事中的第一日到第四日可以包含在第二個創造故事中的第一段。但是這是否意味著第二個創造故事，只花了一天？兩個創造故事都是先創造植物，再創造動物。但是其他的順序都不對了。第一個創造故事的創造物順序是：植物、魚鳥、動物、和男女（同時？）。第二個創造故事的創造物順序是：男人、植物、動物、女人。如何解讀這兩個創造故事的關係，就成為各派創造論爭議的重點之一。

　　年輕地球論基本上認為這兩個創造故事沒有太大的關係，創造論與演化論的爭議只要看第一個創造故事就可以了。第一個創造故事說上帝創造宇宙、地球、以及地球上的生物（包括人類），只用了六天，而且是 24 小時一天的六天。他們的研經根據是：

　　(1) 創世記 1-14 章不是詩歌體、不是比喻、不是異象、更不是中東神話故事，而是敘述體，因此解經時要字面解經。

　　(2) 希伯來文的「日」(yom)，[36] 在舊約裡面出現的時候，絕大多數是指 24 小時的一天。

　　(3) 舊約中的「日」若有數字（一、二、三 ......）來形容「日」，都是指 24 小時的一天。所以，上帝創造的第一日、第二日 ...... 等，

---

[35] Miller and Soden (2012: 55).

[36] 「日」(יוֹם；yom; Hal3649)。

都是 24 小時的一天。

（4）第一個創造故事在做第幾「日」的轉換時，都說到：「有晚上，有早晨，這是第 X 日」。[37] 這裡「日」的定義就是「一個晚上、一個早晨」的一天。

（5）創 1:14 說到「天上要有光體來分晝夜，讓它們作記號，定季節、日子、年份」，這裡的「日子」顯然是指 24 小時的一日。

（6）出埃及記 20:8-11 說到：「六日要勞碌做你一切的工，但第七日是向耶和華－你的上帝當守的安息日。這一日你和你的兒女、奴僕、婢女、牲畜以及你城裏寄居的客旅，都不可做任何的工。因為六日之內，耶和華造天、地、海和其中的萬物，第七日就安息了；所以耶和華賜福與安息日，定為聖日」。如果上帝創造天地和萬物用了不只六個 24 小時的「日」，例如「年日」或「千年一日」，那麼信徒也要工作幾千萬年才能休息嗎？

（7）年輕地球論認為如果上帝需要花幾億年才能創造天地，那麼這位上帝的創造能力就不算是神蹟，聖經中的其他神蹟也都不可相信了。

（8）上帝創造宇宙和人類是「無中生有」(*ex nihilo*) 的「創造」(*bara*)，不是藉著既有物質或演化來的「製造」(*asah*)。[38]

（9）上帝創造萬物以後，萬物沒有跨物種的大演化，而有「各從其類」內的小演化。

最後，（10）把創世記第五章和第十一章的族譜加起來，亞當的被造是在亞伯拉罕出生前約 2000 年，而亞伯拉罕出生於西元前 2000 年前後。因此人類出現在地球是距今 6000 年左右。[39]

對於年輕地球論的上述主張，古老地球論、智慧設計論、演化創造論、以及多數的神學家，都無法同意。[40]（1）前面提到過，這四

---

[37] 創 1:5, 8, 13, 23, 31。

[38] 「創造」(ברא; *bara*; Hal1413)；「製造」(עשה; *asah*; Hal7360)。

[39] Ham. "Young-Earth Creationism," in Ham et al. (2017:24-97). 另參考年輕地球論的官方網站 https://answersingenesis.org 以及 https://creation.com/qa。

[40] 本章刻意避開討論創世記與當時近東神話故事之間的關係，因為這可

種創造論主張，都屬於保守派。因此，他們也都同意「聖經無誤」
和「字面解經」的重要。但是這個「字面」不是指英文聖經本的字面，
而是舊約原文希伯來文的字面。任何希伯來文教科書都會指出希伯
來文的字義，主要是根據上下文來決定。相同的一個希伯來文字，
可能「一字多意」，可能有相反的意思，甚至在希伯來語言發展的
不同時期，會有不同的拼字方法與發音。[41] 任何語言可能都有這些
變化，但是希伯來文強調上下文的程度，可能高過世界其他語言。
因此，(2) 即使「日」在舊約中，大都表示 24 小時的一日，這也不
能推論在創世記第一章的日，都是 24 小時的日。就如「認識」(yada)
一字，在舊約中絕大多數都是指「認識」，但是在所多瑪故事中，
所多瑪人要求來「認識」兩位剛到的天使，以及羅得為了避免所多
瑪人「認識」兩位天使，提議交換自己的兩個處女女兒讓所多瑪人
「認識」。顯然地，即使年輕地球論也不會同意「同志神學」的主張，
認為所多瑪的罪惡只是不好客，而不是想要與天使發生同性戀「性
行為」（「認識」的另一個少見的翻譯詞）？[42] 況且，根據聖經希臘
文字典，希伯來文的「日」，在舊約中至少有 10 種翻譯：白天、24
小時的一天、有幾天的節日、耶和華的日子、一段日子、一生的日
子、年、一兩天、今天、以及特定人的日子。[43] 這些翻譯都是要看
上下文而定。

　　(3) 舊約中的「日」若有數字來形容它，就一定是 24 小時的日？
希伯來文文法書沒有這麼說。而且，創世記一章創造故事的前五日，
數字前面沒有冠詞，所以正確的翻譯是一日、二日、三日……。
而第六日與第七日，卻都是有冠詞。[44] 七十士譯本甚至到了第七日

能造成更多的神學與歷史爭議。

[41] Dobson (2005: 2).

[42] 「認識」ידע (yada; Hal3570)。 創 4:1「亞當和……夏娃同床」的「同
床」，以及王上 1:3「（大衛）王卻沒有與她（書念女子）親近」的「親近」，
也是用這個希伯來字。

[43] 創 8:22；帖 8:17；摩 5:18；創 47:8；撒上 1:3；王下 15:13；撒下
21:1（大衛的日子）；詩 90:4（在上帝眼光中千年如一日）。

[44] 一日 יוֹם אֶחָד，二日 יוֹם שֵׁנִי，三日 יוֹם שְׁלִישִׁי，四日 יוֹם רְבִיעִי，五日 חֲמִישִׁי

才使用冠詞。另外，希伯來文法書告訴我們，希伯來文的數字可以
表達數量，但是常常也用來表達作者的觀點。例如，一、四、七、
十、十二以及它們的倍數，常常用來表達「完整」、「完美」、「全
能」的意思。創世記的作者在此可能也想表達一個觀點（第一日到
第五日是上帝與萬物的創造關係，第六日與第七日是上帝與人類的
關係），而不是表達一個數量或日曆的次序而已。[45]

　　(4) 創世記第一章的「有晚上，有早晨，這是第 X 日」，這很
可能只是文學技巧，把一連串的敘述，分為幾個段落，而不是想要
定義「日」的內涵。例如，雅歌書三次用「不要驚動、不要叫醒我
所親愛的，等他自己情願」來分開幾段故事；而阿摩司書用了八次
「三番四次地犯罪」，來強調巴勒斯坦地區八個民族的罪孽深重，
而不是只犯了三次或四次的罪。

　　(5) 創 1:14 的「光體分晝夜 …… 作記號，定季節、日子、年
份」，似乎主要是在說明上帝創造光體的目的，而不是在說明「日」
的內涵。而且，如果到了 1:14 才出現定義 24 小時一「日」的內涵，
那麼創造前三日的「日」顯然就不是指一天 24 小時的日。[46]

　　(6) 出埃及記 20:8-11 說到：「六日要勞碌 …… 因為六日之內，
耶和華造天地 …… 第七日就休息了」可能一方面表達數量，但更可
能是為了表達創世記作者的觀點，就是要強調安息日的重要性。如
果這句經文只看字面的意思，那麼「第七日就休息了」的上帝體力
也有限嗎？

　　(7) 上帝創造天地萬物用了六天，才能表示上帝的全能？如果
有一個神明只用了六小時、六分鐘、六秒鐘呢？基督徒就要改信嗎？

יוֹם，都沒有冠詞。第六日 יוֹם הַשִּׁשִּׁי 與第七日 יוֹם הַשְּׁבִיעִי 有冠詞。不過，這個
文法規則的應用是有爭議的，因為希伯來文數字從一到十的基數，可以當
作序數（例如撒下 4:2；王下 15:32；Williams 2007:44）。一個名詞有無冠
詞，也不一定決定它的單一性或群體性（Williams 2007:35），這些都要看上
下文。因此，第一日到第五日沒有冠詞，可能只是文學手法，並不排除它
們本來就是指第一日到第五日。

[45] Miller and Soden (2012: 49-52); Williams (2007: 1-3).

[46] Miller and Soden (2012: 52).

　（8）上帝創造是「無中生有」(*ex nihilo*)，可能是第二世紀少數神學家受到希臘哲學的影響，所產生的偏差神學，這原不是聖經的主張。大部分近代的神學家也都主張放棄「無中生有」的解釋。[47]「無中生有」論點的希伯來文根據，是區分「創造」(*bara*) 和「製造」(*asah*)；前者是「無中生有」，後者是「用原物料來製造成品」。但是把舊約所有的 *bara* 和 *asah* 找出來，可以發現這兩個字常常互用，並沒有上述的區分。事實上，創世記第一章就混合使用這兩個字。創 1:1「起初上帝創造了天地」的「創造」是 *bara*。創 1:2-15（創造的一、二、三日）沒有使用 *bara* 或 *asah*，讓人懷疑區別 *bara* 或 *asah* 的意義何在？到了創 1:16 出現了「上帝造了兩個大光體」，是使用 *asah* 一字，表示上帝用了什麼物質來製造了兩個大光體？經文看不出差異。到了創 1:21 創造的第五日，上帝創造了水中動物，使用 *bara* 一字，表示上帝創造水中動物是無中生有？經文看不出有這個特別需要。到了創 1:25-26 創造的第六日，上帝創造路上的動物以及人類，又使用 *asah*，表示動物和人是使用既有物質或演化來製造的嗎？上帝有必要用 *bara* 與 *asah* 區分海裡的動物以及路上的動物嗎？創 1:26 的造人是用 *asah*，創 1:27 的造人又用 *bara*，可見創世記作者是混著用這兩個字。因此這兩個字的混用，除了文學技巧以外，似乎沒有其他用意。更何況，七十士譯本對於 *bara* 和 *asah* 這兩個字的翻譯，都是使用「製作」或「製造」(*poiew*) 一字，[48] 並沒有區分。可見 *bara* 和 *asah* 的爭議對於創造論和演化論來說，可能是個「假議題」。

　Bishop et al. 整理出 *bara* 出現在舊約中 47 處的經文，得出三個結論。首先，*bara* 並沒有「無中生有」的意思。其次，*bara* 並無「全新創造」的意思。第三，*bara* 的受詞不只是物品，反而常常是指物品的功能。同樣的，*asah* 在舊約的用法，也多是指物品的功能，而不是單單指物品本身。這些字詞分析的結論，都指向上帝的創造故

[47] Waltke (2016); Oord (2010); Wenham (1987: 14-15).

[48]「製作」、「製造」ποιέω (*poiew*; BDAG)。新約的「創造」常常使用κτίζω 一字，並沒有「無中生有」的意思，如弗 4:24。

事是傾向於功能與秩序的觀點，而不是年輕地球論的說法。[49]

　　「無中生有」在整本聖經裡面，只有一處經文根據：「因著信，我們知道這宇宙是藉上帝的話造成的。這樣，看得見的是從看不見的造出來的。」調整和合本這段經文的翻譯瑕疵後，比較好的翻譯是：「藉著信心，我們瞭解這宇宙是藉上帝的話完備的。因此，看得見的是從看不見的所形成」（來11:3）。[50]使用這唯一的一處經文來發展出「無中生有」的神學，解經的基礎未免薄弱？更何況，解經家可以同意這一處經文的「看得見的」是指宇宙萬物。但是「看不見的」是指經文中「上帝的話」，並不是指「無」。這句經文並沒有說明上帝說了話以後，就無中生有，或者是根據現有的材料創造世界。更重要的是，所有的英文本聖經和中文本聖經都把這一節經文的最後一個字 γεγονέναι (*gegonenai*)，翻譯成「被造的」(made)、或「造出來的」。可是 *gegonenai* 的詞性是主動完成時態，表示宇宙萬物是藉著上帝的話語，自己「主動」成形出現的。這句經文沒有「創造」一詞，它的意思好像比較接近演化創造論，而不是年輕地球論。最後，由於這一節經文的上下文都是在討論「信心」，不論是否「無中生有」，可能都不是希伯來書作者的討論重點。科學創造論不適合把他們的現代觀點，過份讀進聖經裡面，違反了「字面解經」的真義。

　　(9) 年輕地球論者認為「各從其類」的「類」，相當於現代生物分類學的「科」。但是這個新的分類學並不能得到生物學界的認可。另外，從神學來說，「各從其類」可能只是表達萬物「各盡其職」之後，大自然運作就有規律。

　　(10) 族譜中的年代，有些表示數量，有些可能表示觀點。因此，族譜中的人物，可能同時代表實體個人，也可能代表他的家族。一個族譜可能會省略掉其他族譜中的人名，尤其是對照新約的族譜（太1）與舊約的族譜（創5、11），兩者之間有不少差異。這更表示族譜

[49] Bishop et al. (2018: 104-108).

[50] 另外一處經文（哥1:15-17）與「無中生有」可能有間接關係，但是沒有直接關係。

的編制有史實，但是更有聖經作者想要表達的神學觀點。

（11）創世記第一、二章的兩個創造故事，有歷史事實，但是不完全相同。因此，創世記作者可能更想表達一個觀點（上帝與萬物以及上帝和人類的關係，有相同，也有不同），而不是在乎歷史事實的先後順序，或是「日」的定義。

最後，（12）年輕地球論目前還是沒有提供大多數科學家能夠接受的科學證據，來支持他們的論證。工業革命後的基督徒本來就不認為科學與信仰有衝突。美國的年輕地球論為什麼要迫使基督徒在科學和信仰之間，只能選擇其一？

第三節　聖經中的演化論

創世記的經文不但不能充分支持年輕地球論，有些經文是神學家過去覺得難解之處，但是使用創造演化論的論證之後，反而能夠提供簡易的解答，但也不是完美的答案。[51] 畢竟，聖經不是科學教科書，無法提供充分的科學解釋；科學也不是宗教倫理教科書，無法提供倫理的建議。然而聖經與科學可以相互包容，共同彰顯神的全能、全智、與公義。這包括十個難解的神學問題：(1) 創世記 1:1 是創造故事的開始，還是摘要？(2) 地球的生命是否從創 1:2 就開始了？(3) 創造故事中的「各從其類」是什麼意思？(4) 創世記第一章與第二章記載上帝造人，上帝是怎麼造人？(5) 亞當與夏娃是真實人物，還是代表人類的部族？(6) 創世記第四章記載上帝喜愛亞伯的葷祭，而不是該隱的素祭，有特別理由嗎？(7) 創世記第四章描述該隱殺了亞伯之後，地球只剩亞當、夏娃、和該隱三人，該隱為何還怕被「別人」殺害？(8) 創世記第六章講到神的兒子與人的女子性交，生出了「巨人」。這些「神的兒子」和「巨人」又是

---

[51] 以下的討論有部分參考 Bishop et al. (2018: 109-188, 549-579, 598)。

誰呢？（9）這些「巨人」是否被創世記第七章的「大洪水」滅種了？（10）創世記第三章的蛇（撒但）被上帝懲罰，以後永遠只能用肚腹爬行。這表示蛇本來有腳？

　　要回答這些問題之前，首先要釐清創世記的寫作目的，這可以從前述創世記兩個創造故事的差異入手。上一節提到，第一個創造故事中的第一日到第四日可以包含在第二個創造故事中的第一段。兩個創造故事也都是先創造植物，再創造動物。但是其他的順序都不對了。第一個創造故事的創造物順序是：植物、魚鳥、動物、和男女（同時？）。第二個創造故事的創造物順序是：男人、植物、動物、女人。從現代科學寫作的角度，很難理解在緊接的兩章經文裡面，兩個創造故事為什麼會有這些重大的差異？

　　本章採取多數創世記解經家的分析，認為這兩個故事以及這兩個故事裡面的項目，在表達創世記作者（摩西）的主要觀點：上帝是萬物的起源與存在的意義（第一個創造故事），而在萬物之中上帝與人類有特殊的親密關係（第二個創造故事）。這兩個創造故事是不是根據科學事實？當然是，因為上帝不說謊。但是這兩個創造故事對於科學事實的用法，與現代科學家不同，因為摩西以及當時的聽眾以色列人，並沒有現代科學家的科學知識以及科學寫作的習慣。更重要的是，上帝藉由摩西撰寫創世記的目的，是在啟示祂的創造者身份，以及祂與人類的特殊倫理關係。這是科學語言所難以表達的，而需要使用當時以色列人所瞭解的語言，以及他們理解的方式，來重新安排科學事實的呈現方式。

　　因此，第一個創造故事的主軸是所有的創造物的「功能」與「秩序」，是為了人類生存與快樂做準備。[52] 上帝創造了日夜、水天分離、陸地、植物、星球、魚類、鳥類、路上動物，這一切都是為了替人類的誕生做準備。創造物的先後順序以及創造的方法，不是重點，甚至不一定要照這個順序，因為重點是這些東西創造出來之後，人類才能歡喜快樂的居住在這個環境中。

　　相對於第一個創造故事好像文學戲劇一開始的背景介紹，第二

---

[52] Bishop et al. (2018: 103).

個創造故事的主軸轉到上帝與人類的親密關係。在第二個創造故事裡，日夜、水、天、陸地、植物、星球、和動物，不再重要，退到幕後，上帝與人類的親密關係成為主軸。所以摩西草草交代第一個創造故事中的一些項目，連創造的順序也不在意，而是要讀者全心全意集中在上帝與人類的親密關係。同樣的，上帝何時造人、怎麼造人、以及女人怎麼出現，不是摩西想要表達的重點。重點是上帝細心地佈置好產房（伊甸園）之後，特別依照祂的形象造人，吹進祂的靈氣，給人生命，表示人的地位高於萬物。然後又從亞當身上取了肋骨造女人，表示男人與女人的親密與互補關係（本書第七章再詳述）。

　　不論前述四種創造論多麼善意地想要替聖經的科學性做解釋，他們的努力可能用錯了方向。不但把創世記帶入了永遠辯論不完的科學證據比對，讓人懷疑聖經的科學性，也把創世記的倫理主軸鎖到科學實驗室的冷凍庫裡面。這不是上帝和摩西寫創世記的目的。可是現代基督徒又不可避免地需要回答創造與演化之間的關係。如何回答這些科學問題，又不要限於科學論證的泥沼裡，就需要依靠聖靈，「靈智更新而變化」（羅 12:2）。接下來對於創世記十個神學難題，本章試圖提供例證，如何使創造論與演化論相輔相成，而又不離開創造故事的倫理主軸。

　　（1）創世記 1:1 是創造故事的開始，還是摘要？創 1:1「起初，上帝創造了天地」。前面討論過，「創造」(bara) 是不是「無中生有」的爭議，可能是個假議題，所以跟演化論沒有關係。被大家忽視的是「創造」(bara) 的詞性；[53] 它是完成時態，可以表示一個故事的開始提示或結尾摘要。[54] 由於這一節是摘要，所以「天地」不是指創

---

[53] 「創造」的完成時態是 בָּרָא 。

[54] Williams' (2007:67-68). 另外，出埃及記建造會幕的過程，也常常使用完成時態的 asah，表示某一項工作「（按照上帝所命令的）完成了」，工作細節就不再重複。例如，出 12:28、20:9、31:17、39:32、39:43。

1:8-9 的「天與地」而已，而是包含 1:2 ～ 2:25 的全部創造物。[55]
上一節註腳（註 34）中引用的 72 節關於三一神的創造萬物，也常常
以「創造天地」來代表創造萬物。而且，因為這一節是摘要，沒有
提到上帝怎麼創造、用了多少時間，所以它可以包容四派創造論的
說法。最後，創 1:1 最重要的信息，不是上帝怎麼創造、用了多少
時間，而是強調上帝與創造物之間的關係。這一節把兩個創造故事
定性了，為了提醒讀者：上帝是創造者，萬物都是從祂而來，就是
這麼單純的信息。兩個創造故事的解經，必須依照這個倫理主軸去
解釋。

　　(2) 地球的生命是否從創 1:2 就開始了？地球主軸設定好之後，
就開始描述創造的內容。一般的神學家都認定上帝創造是從創 1:3
「上帝說：『要有光！』就有了光」開始，而忽略了創 1:2 裡面的「上
帝的靈運行在眾水的表面上」。如果我們依據七十士譯本認定「上
帝的靈」是正確的翻譯，而不是「上帝的風」，那麼上帝的創造可
能在這一節就開始了，因為在聖經裡「上帝的靈」常常與「生命」
有關。[56] 因此，上帝的靈「運行」在眾水的表面上，可能跟創造生
命有關。這個「運行」一詞在舊約只出現過三次，可以翻譯成「顫
抖」、「運行」、或「孕育（生命）」。[57] 在這一節經文，「孕育」
是「加強主動」(piel) 詞性；而且七十士譯本使用「未完成時態」來
翻譯這個動作的持續性，表示上帝的靈不是閒來沒事、輕輕飄過水

55　Wenham (1987:11-15).

56　「上帝的靈」原文是 רוּחַ אֱלֹהִים。רוּחַ 可以翻譯成「風」或「靈」(Hal8704
#1-3, #8)。但是「上帝的風」這一個翻譯沒有在舊約再出現過，而「上帝
的靈」常出現（如士 3:10；撒下 2:3 等）。七十士譯本的翻譯是 πνεῦμα
θεοῦ（上帝的靈）。所以本章採取「上帝的靈」的翻譯。

57　耶 23:9；創 1:2；申 32:11。רחף 可以有「撫養、孕育、遮蓋、保護」
的意思 (Hal8761)。申 32:11「又如鷹 …… 飛翔在雛鷹之上」，根據七十士
譯本也可翻譯成「又如鷹 …… 孕育雛鷹」。Calvin 也暗示這句經文表示上
帝的靈在孕育生命 (Calvin 1548/1996:74)。

面就完了，而是積極地、不斷強烈地衝撞眾水的表面，來孕育生命。[58]
總結來說，創 1:2 的後半可以翻譯成「上帝的靈對著眾水的表面不
斷地孕育生命」。既然是「眾水」，[59] 所有生物的源頭，可能就不
是單一的起源，而是同時有好多種類別的生物。如果演化論的生命
起源說是正確的話，創 1:2 提供了一個史實的記載。演化論也可以
提醒神學家，不要忽略創 1:2 後半節的神學重要性。

　　(3)創造故事中的「各從其類」是什麼意思？[60] 如果我們順著「功
能論」的觀點來解釋「各從其類」，那麼它只是想表達「各盡其職」
的秩序觀點而已。「各從其類」後面都接著「上帝看為好的」的經句，
更表達一種自然和倫理秩序的意思；就如同上帝所創造的水陸、光
體所代表的自然秩序，都是「上帝看為好的」。創造第三日的植物
要各從其類，各盡其職地生長、結果實，後來創造出來的動物才有
東西吃。創造第六日的動物要各從其類，各盡其職地維持生態平衡
（並沒有說伊甸園的動物是吃素的），並且後來提供人類食物的來源
之一，這是「上帝看為好的」。很不幸地，「各從其類」在人類歷
史上被政治人物濫用，成為奴隸制度、種族歧視、歧視女性、階級
歧視、以及反對基因改造技術的藉口。這些都不是創世記中「各從
其類」的原意。
　　在創造論與演化論的爭議中，「各從其類」也被迫成為稻草人
箭靶，承受各方面的攻擊。年輕地球論和古老地球論都認為生物被
創造出來之後，各從其類，沒有跨物種的大演化，只有物種內的小
演化。可是「各從其類」在聖經上下文的意思，並沒有大演化或小
演化的含意。實在不適合過份把演化論讀進「各從其類」裡面；這
只不過是一種分類方法。至於有沒有大演化或小演化？聖經雖然沒
說，但是可以包容這兩種演化論的推論。甚至，演化論最新的假設，

---

[58]「孕育」的希伯來文詞性 מְרַחֶפֶת 是加強主動語態；七十士譯本的未完
成時態是 ἐπεφέρετο。

[59]「眾水」的原文 הַמָּיִם 是複數。

[60]「各從其類」的希伯來文是 לְמִינוֹ；七十士譯本翻譯成 κατὰ γένος。

認為生物並沒有共同單一的起源如同一棵樹的樹枝一樣 (tree meta-phor)，而是像一叢一叢的灌木 (bushes metaphor)，同時且分別出現，然後才有大演化與小演化。這「樹叢比喻」似乎又很接近「各從其類」的說法。最好的說法，就是把聖經對於各從其類的解釋，與演化論對於各從其類的解釋分開，讓聖經與科學在這個議題上「各從其類」。

　　(4) 創世記第一章與第二章記載上帝造人，上帝是怎麼造人？要回答這些問題，首先要假設創世記第一章和第二章所說的上帝造男造女，可能是「智人」而不是智人的「祖先」。「上帝說：『我們要照著我們的形像、按著我們的樣式造人，使他們管理海裏的魚、空中的鳥、地上的牲畜，和全地，並地上所爬的一切昆蟲。』上帝就照著自己的形像造人，乃是照著祂的形像造男造女」(創 1:26-27)。四派創造論者對於這個假設可能都不會反對，因為他們認為人類不是人猿自然演化而來的，而且上帝建立了祂與人類一個特殊關係，使得人類的地位高於所有的動物。

　　所爭議的問題是上帝怎麼造人？聖經說得不太清楚，只說：「耶和華上帝用地上的塵土造人，將生氣吹在他鼻孔裏，他就成了有靈的活人，名叫亞當」(創 2:7)。[61] 上帝造女人的方法，也不太容易理解：「耶和華上帝使他沉睡，他就睡了；於是取下他的一條肋骨，又把肉合起來。耶和華上帝就用那人身上所取的肋骨造成一個女人，領她到那人跟前」(創 2:21-22)。「塵土」、「生氣」、「沈睡」、「肋骨」從現代科學和醫學的角度而言，是很難理解的概念；就如 DNA、CPR、麻醉劑、複製人對於創世記的作者而言，是很難理解的概念。有些演化創造論者試圖把現代科學過份讀進這幾節經文，來證明科學支持了創造論；例如，「塵土」就是 DNA，「生氣」就是演化過程，「沈睡」可以表示長時期的演化，或者先進的麻醉技

61　上帝「造人」的「造」原文是 יָצַר (yatsar; Hal3901)，不同於先前提到的 bara 與 asah。這個 yatsar 在聖經裡可用來製造人（創 2:7）、製造動物（創 2:19）、製造光（賽 45:7）、製造命運（王下 19:25）。

術，而「肋骨」預告了複製人的技術。但是這些解釋可能不符合聖經解經原則。這兩套概念只能各自從信仰和科學的角度去理解，而不是把一套概念強加在另一個領域之上。這都不是聖經和科學的原意。

有趣的是，從希伯來文的「使役動詞」(hiphil) 文法來看，上帝創造宇宙時，好像不一定都是上帝親手創造。「使役動詞」的意思是指這一個動作不是發命令的人親手所做，而是命令其他的人去做這個動作。英文聖經很少翻譯使役動詞，可能是英文文法的侷限。但是翻譯成中文時，只要在動詞前面加上「使」，就可區分。上帝創造宇宙的故事裡面，使用了三次使役動詞。而這三次的使役動詞，可能就表示上帝藉著自然律（含演化定律）來創造，而不是親手創造。「上帝看光是好的，上帝就使光和暗分開」（創 1:4），是否表示光和暗分開是經過很長的物理變化時間？「耶和華上帝使各樣的樹從田地裡長出來」（創 2:9），是否表示樹是經由複雜的生物化學過程在地裡發芽，然後長出地面？「耶和華上帝就用那人身上所取的肋骨，製作了一個女人，並使她來到那人那裡」（創 2:22），是否表示夏娃與亞當可能具有智人的突變基因，上帝檢選他們兩人（或兩個部族）相遇而結合，產生了智人的後代？[62]「（上帝）造了一男一女。在他們被造的那一天，上帝賜福他們，稱呼他們為『人』」（創 5:2）；「智人」正式出現在地球上。

創世記記載了地球史上和人類史上的一些重大事情，這是可以經由科學證據來支持的。但是基督徒不適合因此推論說，聖經就是一本科學教科書。因此，上帝有沒有造人？有。但是上帝怎麼造人？基督徒只能負責任地回答說：「不清楚。可是上帝怎麼造人不是經文的重點，上帝造人表示上帝與人有特殊關係才是重點」。

(5) 亞當與夏娃是真實人物，還是代表人類的部族？年輕地球論者認為亞當與夏娃是真實人物，不代表部族。這種說法有幾個困

---

[62] 使役動詞 (Hiphil) 的文法，見 Williams (2007:61-63)。由於希臘文沒有使役動詞，而是使用一般動詞來表達「使役」的意思。例如，比拉多鞭打耶穌，不是比拉多親自鞭打耶穌，而是叫 / 使人鞭打耶穌（太 27:26）。

難，但是可以使用演化論或考古人類學的論證來解釋：其一，光是
亞當和夏娃兩個人，大概無法管理天上、地上、海裡的所有動物（創
1:26）；上帝是全能的，人不是。但是亞當和夏娃如果是兩個部族的
領袖，管理動物就不是問題。其二，亞當與夏娃的大兒子該隱，殺
了弟弟亞伯之後，被逐出家園，另外「建造了一座城，就按著他兒
子的名將那城叫做以諾」（創 4:17）。該隱一個人，就算加上他的太
太（哪裡來的？），有能力、有需要建一座城嗎？除非該隱代表了
一個部族，以他為首，大家一起建城，這座城也才能容納整個部族。
其三，亞當和他的早期後代，都活到好幾百歲。[63] 現代醫學發達可
以幫助人長壽，但是根據珍氏紀錄（Guinness World Records），世界
上最長壽的人是法國人 Jeanne Calment （1875–1997），也只活到 122
歲。如果亞當和他的早期後代一方面代表真實人物，另一方面代表
他們的家族，這個解經的困難就可以輕易解決；既符合聖經，也符
合現代醫學。其四，創世記第五章的族譜中，某人生某人的「生」，
大都是使役動詞的「使誰生」yioled。[64] 尤其是，第五章不斷的提到
某位家族族長年紀幾百歲時，還「生了其他的兒女」。當然，這可
以解釋說，族譜都是記載著男性，男性不能生小孩，只能「使」女
人生小孩。但是這也不排除這位族長不是親自生這些兒女，而是這
位族長的後代生了這些兒女。因此，這些族長的長壽，可能不是他
們自己長壽，而是代表他們的家族歷史。最後，基因科學的推論，
智人的第一代至少要有幾百個人，才能產生後來這麼多的後代。亞
當與夏娃兩個人是不容易在 6000 年內（年輕地球論）就生出現代世
界人口的 70 億人。

(6) 創世記第四章記載上帝喜愛亞伯的葷祭，而不是該隱的素
祭，有特別理由嗎？有些基督徒開玩笑說，這是因為上帝吃葷、不
吃素。近代的神學家大都認為這是因為亞伯獻祭時，虔誠地做準備；

---

[63]　創 5 以及創 9:29 記載亞當 930 歲，塞特 912 歲，以挪士 905 歲 ……
以諾 365 歲 …… 挪亞 950 歲。

[64]　יָלַד (yioled; Hal 3758).

而該隱只是把獻祭當作例行公事，內心不虔誠。[65] 這是這段經文的重點。不過，這段經文也記載了人類史上的另一項重大事件：人類進入農業社會以後（該隱的部落？），人口增加快速，組織動員能力比較強，使得依賴畜牧的民族（亞伯的部落？）逐漸縮減，甚至被消滅（該隱殺亞伯？）。[66]

（7）創世記第四章描述該隱殺了亞伯之後，地球只剩亞當、夏娃、和該隱三人，該隱為何還怕「凡遇見我的必殺我」？該隱後來又與妻子同房，這「妻子」從哪裡來（創 4:14, 17）？年輕地球論說，這是因為亞當和夏娃後來又生了塞特和其他的弟妹（創 5:4），這些人長大後可能會替亞伯報仇，來殺害該隱。年輕地球論的這個說法，似乎把該隱當作先知？他怎麼預知亞當和夏娃還要／會生孩子？就算生了其他的孩子，這些孩子為什麼一定會來殺他？而這些孩子中間，有人跑去嫁給該隱？年輕地球論似乎把自己的神學觀點，加到經文裡面，違反了他們自己強調的「字面解經」？

比較好的解釋可能來自演化論。亞當和夏娃的時期，就有其他長得像智人的「人種」存在，而且與亞當夏娃發生衝突過。根據考古人類學的研究，這其他的「人種」可能就是尼安得魯人 (Neanderthal)，他們的生存時期約是 40 萬到 4 萬年前之間。尼安得魯人不但與智人出現的時期（大約 30 萬年前）有重疊約 20 萬年，而且彼此之間有戰爭與通婚。現代有些非洲人仍然保有尼安得魯人的特色基

---

[65] 關於該隱和亞伯獻祭時，所使用希伯來文法的不同，可能解釋了為什麼上帝愛亞伯而不是該隱的祭物。該隱可能是隨意獻祭，而且他的獻祭並沒有說明是「首生」的。而亞伯可能是自願獻祭，而且獻的是挑出來「首生」的。亞伯可能是「親自審慎準備祭物」，希伯來文法的用法不同：1. 亞伯的名詞放在本句經文的起頭、動詞的前面，經文作者可能想要強調亞伯的主動性。2. 這裡「帶著」הֵבִיא 是使役動詞、完成時態，似乎有強調亞伯的敬虔態度（早已準備好），這不同於該隱的使役動詞未完成時態וַיָּבֵא。3.「取來了」的後面緊跟著「更是他自己／親自」גַּם־הוּא 一詞，加上上下文，字面可譯成「亞伯親自取來了」，強烈表示亞伯主動的意志；該隱的經文沒有這個字。4. 除了首生的羊，還有「尤其是牠們的油脂 וּמֵחֶלְבֵהֶן 的質詞，有強調的意思 (Williams 2007: 138)。

[66] Diamond (2017: chap.6).

因。[67]

（8）創世記第六章講到「那時候、以及後來，已經有巨人在地上。上帝的兒子們和人的女子們交合生子，這些人就是歷史上強壯有名的人」（創 6:4）。這些「神的兒子」和「巨人」是誰？過去有些神學家認為「神的兒子」是天使。但是經文沒有說神的兒子是天使。聖經也從來沒有說天使是神的兒子，更沒有說到天使可以與人類交配生子。天使加百列向耶穌的母親馬利亞報喜訊，並沒有與她交配生下耶穌，而是聖靈懷孕。

但是如果我們接受尼安得魯人的科學證據，創世記這一段經文就比較容易瞭解。「神的兒子」可能表示尼安得魯人長得跟人類非常像，這也是尼安得魯人遺留的骨架所顯示的。由於人類（智人）是上帝依照自己的形象所造的，因此創世記作者用「神的兒子」來形容尼安得魯人也不為過？而且根據考古人類學的發現，尼安得魯人的體型較大、腦容量也比較大，是否就是創世記第六章所說的「巨人」呢？[68]

（9）這些「巨人」是否被創世記第七章的「大洪水」滅種了？人類考古學認為尼安得魯人雖然體型大、腦容量也大，但是沒有智人聰明。挪亞造方舟的故事，主要在表達挪亞對於上帝的順服，但是也顯示智人比尼安得魯人聰明，懂得製造複雜的方舟，儲存大量食物，並且管理野獸，避過了數個冰河時期以及冰河融化時產生的大洪水。但是聖經沒有記載智人與尼安得魯人交配後的族群，後來怎麼了？許多近代神學家同意聖經記載的「大洪水」，可能是冰河大量融化的結果。但是這個「大洪水」不定期地在不同地區出現。挪亞所居的地區，所有其他的人種與動物都被滅了。但是聖經並沒有記載其他地區的人類、「神的兒子」與人類交配的後代、和動物怎

---

[67] Sankararaman et al. (2014).

[68] 「巨人」原文是 נְפִלִים，並沒有和合本所翻譯「偉人」（品格偉大的人）的意思。七十士譯本把「巨人」翻譯成 γίγαντες，意思是巨人、野蠻人。而完成時態的 הָיוּ「已經有」、和 אַחֲרֵי־כֵן「以及後來」，似乎與人類學發現的尼安德魯人史料相符合？Calvin 似乎也同意「巨人」的祖先與人類不同 (Calvin 1548/1996:245)。

麼了。

　　耶和華在創世記第六章說：「我要把所造的人類從地面上除去，包括人類、野獸、爬蟲、以及空中的飛鳥，因為我所造的他們使我痛心」（創 6:7）。這「地面上」的「地」是否表示全地球？根據希伯來文字典，這個「地」(adamah) 可以指「土地」、「可耕地」、「佔有地」、「地域」、或「全地球」的意思。[69] 對於挪亞來說，這可能只包括他眼目所及、耳朵所聽之處，就是他所居住的「地域」。

　　(10) 創世記第三章的蛇（撒但）被上帝懲罰，以後永遠用肚腹爬行。這表示蛇本來有腳？根據生物學和考古學的發現，蛇本來是蜥蜴一族，有四足。在一億五千萬年前退化成無足爬行動物，但是至今仍保留生出腳的基因和體內關節。[70] 如果我們不去計算蛇腳退化的年代是否與智人出現的年代相符，聖經能夠記載這一個演化事實，實在令人驚訝。

第四節　創造論與演化論相輔相成

　　討論至今，比較過年輕地球論、古老地球論、智慧設計論、以及演化創造論之後，其中以演化創造論最能同時符合聖經與演化論的專業標準。但是演化創造論仍有部分處於灰色地帶，一方面可能隨時嚴重侵犯科學研究，另一方面可能偏離聖經的主旨。本節試圖在演化創造論的基礎上，進一步釐清聖經與創造論如何相輔相成，卻又不過度侵犯彼此的專業領域。尤其是華人基督徒在華人社會中是人數上和政治上的少數，如何避免重蹈美國與南韓保守派的覆轍，又能夠重新回到大使命的正軌，值得華人神學家三思。

---

[69]　「地」(אֲדָמָה; adamah; Hal147)。

[70]　"How Snakes Lost Their Legs," National Public Radio, Inc. https://www.npr.org/sections/thetwo-way/2016/10/20/498575639/how-snakes-lost-their-legs, October 20, 2016. 下載 2019.7.11。

　　從第一節的美國法院爭議、美國國家科學院出版的兩本報告書、以及演化創造論對於其他三派創造論的反省，我們可以發現創造論與演化論的長久爭論後，漸漸有了一些共識。世界主流的科學界在這個爭議中，所達到的共識是：演化論是一門科學，創造論不是一門科學；演化論在部分細節以及科學證據上，雖然還有改善的空間，也持續在改善中，但是這要靠科學家根據專業知識，持續的去改善現有理論與證據。不論是年輕地球論、古老地球論、或者智慧設計論，都不符合科學理論的嚴謹性與可驗證性。貿然地把這三派的創造論帶入科學教育中，會帶來各種傷害，輕則停止科學的探索（智慧設計論把任何複雜的生物結構，都歸諸於上帝的創造），重則誤導科學教育（年輕地球論）。

　　嚴謹的神學研究，尤其是創世記的嚴謹解經書，大都不願意討論演化的問題。理由很簡單，創世記寫成的時候，演化論連一個影子都沒有。嚴謹的神學家，不論是強調「字面解經」的保守派或者強調「歷史情境」的自由神學家，如何能違背專業良心，把演化論硬塞到創世記作者口裡？這豈不是違背了十誡中第三誡的「不可妄稱耶和華你上帝的名」（出 20:7）？

　　這不是說聖經不能應用在現今社會爭議的議題上，或者創世記不能用來與演化論對話。而是在應用時，要先瞭解創世記的主要寫作目的為何，然後才能與時代議題進行對話。大多數嚴謹的神學家都有共識：聖經不是一本科學的教科書，而是一本倫理教科書，教導神與人之間的倫理關係，以及人與人之間的倫理關係。這是牧師傳道人在教會的場域用來教導信徒的材料，甚至可以作為公立學校宗教課程的教材。但是不適合用在公立學校的科學課程裡面，就如政府不能通過法律要求教會主日學課程，教導無神論版本的演化論一樣。聖經故事不全然是神蹟，也包含許多自然法則，是可以藉由科學研究所發現的，以彰顯神的榮耀與大能。但是科學不能用來研究神蹟、不能用來判斷倫理法則、不能支持或否定上帝的存在、更不能預告人類的命運。釐清聖經與科學的這些關係之後，我們就可以重新來檢驗創世記裡面的創造論與演化論。這要從本章第二節提

到的「兩個創造故事」開始分析。

　　本章第二節舉出創世記 1:1～2:3 的創造故事，與 2:4-22 的創造故事，上帝創造植物、動物、和人的順序不一樣。第一個創造故事是先造植物、後造動物、再造人，而且不確定先造男或先造女。第二個創造故事是先造亞當、後造植物和動物、再造夏娃。第二個創造故事省略的上帝造天地的前兩天偉業，而且沒有提到植物、動物的細節。尤其是第一個創造故事中，出現五次「上帝看為好的」這一句話，最後一次的「好」，還是「都非常好」，可以想像上帝當時滿足喜樂的樣子。[71]

　　這些線索告訴我們什麼？創世記不像是一本嚴謹的科學教科書。不然怎麼會不注意兩個相連的故事，會有這麼多差異？科學要求實驗是可以重複的，兩個創造故事怎麼會不一樣？另外，一般的科學實驗報告書裡面，不會出現「看為好的」這種情感和倫理價值的形容詞，科學的詞彙都是冷冰冰的。我們能想像一本科學教科書出現了這種字句：「雄壯地兩個氫原子，快樂地結合了一個美麗的氧原子，三人形成一顆精神分裂的水分子」嗎？

　　從今天的科學發現來說，這兩個創造故事不是沒有科學事實的成分，反而有許多超越創世記作者所能想像的地球科學和生物學的事實。例如，創造的第一個項目，宇宙剛形成時的星雲可能就是「空虛渾沌」；火熱的新星球帶來光，沒有照到光的老星球就有黑暗。第二個項目是新的星球冷卻下來，像是地球，就可能有水。第三個項目描述地球有水，就可能有植物。第四個項目描述地球周邊的星系。第五個項目有了植物，就有動物。動物先出現在海裡面，然後出現在陸地上。而創造的最後一個項目，才是「智人」。漸進演化論／古老地球論可能就是看到第一個創造故事的這些科學事實，而發展出他們的漸進演化論。但是他們又如何解釋兩個創造故事的不同呢？

　　上一段使用「項目」而非「日」，一方面是為了要避免年輕地球論「24 小時一天」的爭議。另一方面，這是大多數創世記解經家

────────────

[71]　創 1: 4, 10, 18, 21, 26, 31。

所同意的解經法：創世記第一章到第二章的這七日，代表七個項目，可以是、但很可能不是七個 24 小的日子。創世記作者的寫作重點，不是想詳細說明上帝做了什麼、怎麼做、花了多少時間等科學事實，更重要的是上帝為人類做了什麼以及為什麼做。兩個創世故事的主要倫理是：上帝是所有受造物的源頭，是萬物存在的意義，而這一切都是為了「依照上帝形象所造」的人類福祉。整本聖經就從這裡開始，講述上帝如何愛人，人卻如何背叛上帝，但是上帝還是永不死心的想要重建神與人之間的親密關係。若有人想把創世記讀成一本科學教科書，真的很難想像他如何解讀整本聖經？基督徒需要跳入這個沒有太多信仰價值的科學黑洞嗎？

　　本章主張演化論和創造論可以互補：上帝創造了萬物，也創造了自然律和演化律。上帝創造宇宙萬物以後，並沒有放手不管，而是持續在上帝的指導下進行。生物的演化亦然，都是在上帝的指導下進行，包括智人可能是由某種「人類」演化而來。但是考古人類學最新的共識是：所有人類的「祖先」，包括 200 萬年前的「露西」(Australopithecus Afarensis)、直立人 (Homo Erectus)、工具人 (Homo Habilis)、甚至是智人的近親尼安得魯人，後來都全部滅種，無法證實他們是智人的血緣祖先。因此，最新的考古人類學教科書，都只能把這些「人類」用虛線連結，表示他們有時間先後的關係，但不確定是否有血緣關係。考古人類學家在南非「新星洞穴」(Rising Star Caves) 最新的發現，更可能推翻過去的人類演化圖，而把智人的祖先指向不是「靈長目」(primates；猿猴類) 的另一個獨立系統。[72]既然考古人類學都無法確認智人的祖先是誰，一般的基督徒實在不用去爭辯上帝是怎麼造人、花了多少天、是不是猴子的後代。而是應該回到創世記的起初原意：如何維持神與人起初的美好關係。

　　如果我們尊重聖經是一本倫理教科書，而不是科學教科書，那麼創世記到底要教導什麼樣的倫理功課？尤其是華人基督徒可以從美國保守派在公立學校推動創造論的挫敗，學到什麼功課，以免重蹈覆轍，造成基督教的社會形象大壞，以及年輕人大量離開教會？

---

[72] Berge et al. (2015).

我們可以歸納出八個主要倫理功課：

（1）上帝是全能的神。上帝創造宇宙萬物，沒有其他的神明比祂的能力更大。相信了這個最大的神蹟，聖經其他的神蹟，如埃及十災、過紅海、馬利亞童貞女生耶穌、耶穌死而復活且要再來，就都不是那麼困難去相信。這些神蹟都不是科學可以解釋，也不需要過份使用科學來解釋。神蹟本身可以彰顯神的大能，但是更重要的是用來敘述神對於人類的恩典。

（2）上帝是大自然和自然律的掌權者。上帝創造了光，為了讓地球上的生物有光源可以生存。上帝創造了各種光體，可以「做記號、定季節、日子、年份」，讓地球上的生物根據這些時段生活。上帝創造了各種植物與動物，「各從其類」，是為了維持生態平衡，並且便於人類管理。

（3）上帝與人類有獨特的關係。人類是依照神的形象所照，不但是外表形象，也包括內在的能力。上帝造萬物時，把祂的靈氣只吹進了人類，沒有吹進其他動物，這代表上帝與人類有特殊的關係。所以上帝授權人類管理萬物，而不是「眾生平等」。

（4）人不可背棄神、自行其事、自我合理化。亞當和夏娃違背上帝的命令，吃了「智慧樹上的果子」，開始建構自己的道德體系，自以為是、自行其是、還自我合理化。這破壞了上帝與人類之間的倫理關係，也影響到大自然的正常運行（見本書第十二章生態議題）。當演化論者超越了科學專業領域，試圖從「存在與否」的科學證據，引伸出「應該存在與否」的倫理命題，就會出現「社會達爾文主義」的種族歧視、優生學、階級歧視等弊病。

（5）離開神的，自取滅亡。上帝警告亞當和夏娃，不可吃智慧樹上的果子，吃了以後就必死。這個「死」並不是像年輕地球論者說的，伊甸園的人類和動物本來不會死，而是指人類破壞了神與人的美好關係，就會犯罪，而「罪的工價就是死」（羅 6:23)，人類的靈魂要與神隔離（死）。

（6）與神同行的，平安喜樂。創世記提到塞特、以諾、和挪亞的例子，都說明了亞當和夏娃所犯的罪和所遺傳的罪性，都可以藉著

持續相信神，而恢復神與人的關係。上帝也誠信地執行祂的創造原意和應許，賜福給持續相信祂的人。這裡特別強調「持續相信」，是因為聖經希臘文提到「信徒」時，並沒有一個相對應的名詞，而是使用「相信」*pistuo* 的「動名詞 / 分詞」(*hoi pistusantes*)，有「持續相信」的意思。[73] 所以，一個信徒就是一個「持續相信的人」。[74]

（7）伊甸園預表新天新地，重建神、人與萬物之間的倫理關係。創世記的伊甸園和啟示錄的新天新地，主要的相同之處就是建立神、人、與萬物之間的美好倫理關係。但是本章不同意有些神學家的解經，認為新天新地就是回到伊甸園。經過人類的破壞之後，新天新地不是「舊地重建」，而是「一切都更新了」。在審判的末日，耶穌要再來，藉著七印、七號、七碗的審判，完全摧毀這個自然世界，然後新天新地才降臨。因此，從物質層面來說，新天新地不是伊甸園；從倫理與靈性層面而言，新天新地就是伊甸園。（見本書第十二章的討論）

（8）過去一百年，美國保守派在公立學校先是推動禁止教導演化論，後來推動把創造論納入科學教材中。這造成美國基督教的社會形象大壞，認為基督教是反科學的，同時卻享受科學的成果。這也造成受過基本科學教育的美國年輕人，不願意進入教會聽到牧師們譴責他們信心不夠。年輕地球論更把「聖戰」的對象，從公立學校轉到基督教界裡面，對於古老地球論、智慧設計論、和演化創造論的批判，不遺餘力；批判他們的信心不夠，甚至是撒但的代言人。華人基督徒沒有必要重蹈美國基督徒的覆轍。難道華人基督徒自滿於華人社會基督徒比例夠多，可以經得起對外和對內的聖戰？或者讓「信仰的歸信仰，創造論的歸創造論」？美國科學院都願意讓步，區分信仰和科學的領域。華人基督徒有必要再掀起一場聖戰嗎？

華人教會中若有科學家或生物學家，願意教導各種創造論，這是各教會的自主權利，也需要根據美國和南韓的慘痛經驗，自己評估年輕人是否願意因此來教會。教材內容也應該簡化易懂，避免專

---

[73]　「相信」πιστεύω (*pistuw*)；「持續相信的人」οἱ πιστεύσαντες。

[74]　Wallace (1996: 620-621).

業術語（如 Miller-Urey 的「太古濃湯」、DNA 的雙螺旋結構、真核生物鞭毛的運動），[75] 以免年輕人還沒進來，大多數的老信徒就都跑掉了。本章認為教會的主日學，如果對於創造論與演化論的爭議有興趣，可以使用演化創造論做為教材。但是與其把大部分時間與精力放在創造論與演化論的爭議上，不如專心投入大使命的事工。畢竟，筆者還沒有聽說有任何一位華人會因為某一種創造論的精彩論述而感動加入教會。

　　最後，回到本章一開始「把爺爺關進動物園」的案例 6.1。爸爸應該聽從孩子的建議，把爺爺關在猿猴的籠子裡嗎？演化論者可以提出各種科學證據，說明爺爺是從猿猴演化而來。但是他們無法從科學證據推論出，爺爺是否應該關在猿猴的籠子裡，因為這是倫理範疇的問題，不是科學範疇的問題。有些討厭自己爺爺的演化論者，也許會建議把爺爺關在猿猴的籠子裡，或者至少關在養老院裡。可是全世界大部分的演化論者，可能不會贊成把爺爺關在猿猴的籠子裡。演化論者需要科學以外的倫理標準，來幫助他們判斷是否把爺爺關在猿猴的籠子裡；或者把動物園解散，讓所有的動物回歸大自然；或者把猿猴當作人類孩子養在人類的家裡，照人類的方法給他們吃喝玩樂，並且送他／牠們上學。聖經就提供了一套倫理標準：人類與猿猴屬於不同的倫理類別，人類是照著上帝的形象所造，猿猴不是；人類要負責任地管理猿猴。所以我們不可以把猿猴當作人類孩子養在人類的家裡，照人類的方法給他們吃喝玩樂，並且送他／牠們上學。同時，我們更不可以把爺爺關在猿猴的籠子裡。

---

[75] 解世煌（2018：第四、八、十章）。

參考書目

布魯斯畢可 & 史丹詹茲（Bruce Bickel and Stan Jantz）。2012。*創造論與演化論101: 世界及生命起源的終極解答*。新北市：橄欖出版。

白加利。2002。*從進化論到創世論：著名生物學家白加利博士的親身見證*。香港：迎欣出版社。

安克伯、韋爾登 (John Ankerberg and John Weldon)。1994。*進化論與創造論的真相*。香港：天道書樓。

池迪克（Donald E. Chittick）。1993。*針鋒相對：創造、進化論戰的根源*。香港：天道書樓。

亨利墨瑞斯 (Morris, Henry). 2018。*創世科學論 3: 進化論*。臺北：生命出版社。

何天擇。1976。*人從哪裡來：進化論與創造論初探*。臺北市：宇宙光出版社。

吳主光。1988。*進化論批判：迷信與相信*。臺北：種籽。

吳國安。2010。*從聖經、科學合理性角度看達爾文進化論*。臺北：種籽。

法蘭西斯柯林斯（Francis S. Collins）。2016。*上帝的語言*。臺北：啟示出版社。

威爾斯 (Wells, Jonathan). 2002。*進化論的聖像：課本教的錯在哪裡*。臺北：校園。

唐崇榮。1999。*進化論合乎科學嗎？*香港：唐崇榮國際佈道團。

孫一程。1983。*創造論對進化論*。臺北市：橄欖基金會。

馬有藻。2013。*聖經創造論大戰進化論*。香港：種籽出版社。

斯貝克（Sylvia Baker）。1988。*進化論疑難*。香港：天道書樓。

楊牧谷。1990。*生死存亡的掙扎：創造論與進化論的再思*。香港：卓越書樓。

董芳苑。2014。*創造與進化*。臺北市：前衛出版社。

解世惶。2018。*起初之後：創造論與演化論的探討*。臺北：宇宙光。

詹腓力（Philip E. Johnson）。2001。*是誰輸了這場官司？還原進化論的真相*。臺北：校園書房。

潘柏滔（Pattle P.T. Pun）。1984。*進化論：科學與聖經衝突嗎？*臺北市：校園書房。

潘柏滔（Pattle P.T. Pun）。1990。*進化論簡評*。臺北市：美國福音證主協會。

聯合聖經公會。2010。*聖經和合本修訂版*。香港：香港聖經公會。

"Critics Assail Creation Museum," National Public Radio, May 28, 2007, https://www.npr.org/templates/story/story.php?storyId=10493575, accessed 2019.07.16.

"How Snakes Lost Their Legs," National Public Radio, Inc. https://www.npr.org/sections/thetwo-way/2016/10/20/498575639/how-snakes-lost-their-legs, October 20, 2016. 下載 2019.7.11.

Ayala, Francisco J. 2006. *Darwin and Intelligent Design*. Minneapolis, MN: Fortress Press.

Bauer, Walter, Frederick William Danker (BDAG). 2001. *A Greek-English Lexicon of the New Testament and Other Early Christian Literature*. 3rd ed. Chicago, IL: University of Chicago Press.

Behe, Michael J. 1996/2006. *Darwin's Black Box: The Biochemical Challenge to Evolution*. 2nd ed. New York: Free Press.

Berger, Lee R. et al. 2015. "Homo Naledi: A New Species of the Genus Homo from the Dinaledi Chamber, South Africa." *eLIFE*, doi: 10.7554/eLife.09560.

Bishop, Robert, Larry L. Funck, Raymond J. Lewis, Stephen O. Moshier, John H. Walton. 2018. *Understanding Scientific Theories of Origins: Cosmology, Geology, and Biology in Christian Perspective*. Downers Grove, IL: InterVarsity Press.

Calvin 1548/1996. *Calvin's Commentaries: Genesis.* trans. John King. Grand Rapids, MI: Baker Book House.

Collins, C. John. 2006. *Genesis 1-4: Linguistic, Literary, and Theological Commentary.* Phillipsburg, NJ: P&R.

Collins, Francis S. 2006. *The Language of God: A Scientist Presents Evidence for Belief.* New York: Free Press.

Darwin, Charles. 1967. *On the Origin of Species.* New York: Athenaeum.

De Chardin, Teilhard. 2004. *The Future of Man.* New York: Image Books.

Dembski, William A. 1998. *The Design Inference: Eliminating Chance through Small Probabilities.* New York: Cambridge University Press.

Diamond, Jared. 2017. *Guns, Germs, and Steel: The Fates of Human Societies.* New York: W.W. Norton & Company.

Dobson, John H. 2005. *Learn Biblical Hebrew*. 2nd ed. Grand Rapids, MI: Baker Academic.

Galilei, Galileo. "Letter to the Grand Duchess Christina of Tuscany." https://web.stanford.edu/~jsabol/certainty/readings/Galileo-Letter-DuchessChristina.pdf.

Gingerich, Owen. 2006. *God's Universe.* Cambridge, MA: Belknap Press.

Gould, Stephen J. 1982. *The Panda's Thumb*. New York: W.W. Norton.

Gould. Stephen Jay. 1999. *Rock of Age: Science and Religion in the Fullness of Life*. New York: Ballantine Books.

Ham, K., and L. Sunderland. 1987. The Lie: Evolution. Master Books.

Ham, Ken, Hugh Ross, Deborah Haarsma, Stephen C. Meyer, and J.B. Stump. 2017. *Four Views on Creation, Evolution, and Intelligent Design*. Grand Rapids, MI: Zondervan.

Haught, John F. 2017. *New Cosmic Story: Inside Our Awakening Universe*. New Haven, CT: Yale University Press.

Huxley, Thomas Henry. 1893/2014. *Evolution and Ethics*. Scotts Valley, CA: CreateSpace Independent Publishing Platform.

John Baptist Ku. "Interpreting Genesis 1 with St. Thomas Aquinas." *Thomoistic Evolution*, https://www.thomisticevolution.org/disputed-questions/interpreting-genesis-1-with-st-thomas-aquinas/. 2019.7.4.

Johnson, Phillip E. 1991. *Darwin on Trial*. Washington, DC: Regnery Publishing.

Koehler, Ludwig, and Walter Baumgartner. 1994-2000. T*he Hebrew and Aramaic Lexicon of the Old Testamen*t (Halot). Leiden, The Netherlands: Koninklijke Brill NV.

Miller, Johnny V., and John M. Soden. 2012. *In the Beginning...... We Misunderstood: Interpreting Genesis 1 in Its Original Context*. Grand Rapids, MI: Kregel Publications.

Moreland, James Porter. 2017. *Theist Evolution: A Scientific, Philosophical, and Theological Critique.* Wheaton, IL: Crossway Books.

Myer, Stephen C. 2019. *The Return of the God Hypothesis: Compelling Scientific Evidence for the Existence of God.* San Francisco, CA: HarperOne.

Oord, Thomas Jay. 2010. *The Nature of Love: A Theology*. St. Louis, MN: Chalice Press.

Otis, John M. 2016. *Theistic Evolution, A Sinful Compromise*. McLeansville, NC: Triumphant Publications Ministries.

Park, Hyung Wook. 2018. "Special Theme: Understanding Creationism in Korea," *International Journal of Korean History*, 23(2): 1-11. DOI: https://doi.org/10.22372/ijkh.2018.23.2.1.

Pew Research Center. 2015. "Views about Human Evolution: An Elaboration of AAAS Scientists' Views," https://www.pewresearch.org/science/2015/07/23/elaborating-on-the-views-of-aaas-scientists-issue-by-issue/, 2019.7.2.

Phy-Olsen, Allene S. 2010. *Evolution, Creationism, and Intelligent Design.* Santa Barbara, CA: Greenwood.

Price, George McCready. 1922/2018. *God's Two Books, Or, Plain Facts about Evolution, Geology, and the Bile.* Warsaw, Poland: Sagwan Press.

Ross, Hugh. 2004. *A Matter of Days.* Colorado Springs, CO: Navpress.

Sankararaman, Sriram, Swapan Mallick, Michael Dannemann, Kay Prüfer, Janet Kelso, Nick Patterson, David Reich. 2014. "The genomic landscape of Neanderthal ancestry in present-day humans". *Nature,* 507 (7492): 354–57. doi:10.1038/nature12961.

Scofield, Cyrus I. 1917. *Scofield Reference Bible.* http://www.ultimatebiblereferencelibrary.com/Reference_Bible_Notes___C_I_Scofield_-_1917_.pdf .

Singham, Mano. 2009. *God vs. Darwin: The War between Evolution and Creationism in the Classroom.* Lanham, MD: R&L Education.

Thaxton, Charles B., and Dean Keynyon. 1989. *Of Pandas and People: The Central Question of Biological Origins.* Boston, MA: Haughton Publishing Company.

U.S. National Academy of Sciences. 1999. *Science and Creationism: A View from the National Academy of Sciences.* Washington, DC: National Academies Press.

U.S. National Academy of Sciences. 2008. *Science, Evolution, and Creationism.* Washington, DC: National Academies Press.

Van Till, Howard J. 1999. *A Case for Theistic Evolution.* Previously published in Three Views on Creation and Evolution, ed. J.P. Moreland and John Mark Reynolds. Grand Rapids, MI: Zondervan.

Van Till, Howard. 1986. *The Fourth Day: What the Bible and the Heavens are Telling Us about the Creation.* Grand Rapids, MI: William B Eerdmans Publishing Co.

Wallace, Daniel B. 1996. *Greek Grammar beyond the Basics.* Grand Rapids, MI: Zondervan.

Waltke, Bruce K. 2016. *Genesis: A Commentary.* Grand Rapids, MI: Zondervan Academic.

Wenham, Gordon J. 1987. *Word Biblical Commentary, Genesis 1-15.* Grand Rapids, MI: Zondervan.

Whitcomb, John C., and Henry M. Morris. 1961/2011. *Genesis Flood:*

The Biblical Record and Its Scientific Implications. 50th Anniversary Edition. Phillipsburg, NJ: Presbyterian and Reformed Publishing Company.

Wikipedia, "Creationism," https://en.wikipedia.org/wiki/Creationism, 2019.6.25.

Wikipedia, https://en.wikipedia.org/wiki/Creation%E2%80%93evolution_controversy. 2019.6.12.

Williams, Ronald J. 2007. *Williams' Hebrew Syntax*. 3rd ed. Toronto, Canada: University of Toronto Press.

第七章
兩性平等與互補

本章摘要：

聖經不但主張男女平等，而且要互補。

新保守派的「女輔神學」根據許多聖經經文，仍主張男尊女卑，女性至多可以扮演輔助男性的角色。自由派女性神學則主張另有許多經文顯示，女性的地位並不低於男性。整體來說，女輔神學的立論較為狹隘，但是有少數女性神學的解經過於寬廣，有走向宗教混和與性解放之虞。本章建立在女性神學基礎上，另主張「兩性平等互補神學」以平衡雙方的論述。比較這些神學派別的分析架構為：三一神的性別、亞當與夏娃的神聖地位、教會的職務、以及夫妻關係。文末並應用兩性互補神學的原則，對於墮胎和婚前性行為，提出新的看法。

主題經文：

「男人必須離開他的父母，和他的妻子連合，二人成為一體」（創 2:18）。

案例 7.1：教會的女牧師

美國基督教最大的宗派「南方浸信會」至今沒有按立過一位女牧師。天主教與東正教也都沒有女主教。大部分華人基督教宗派的牧師或長老，絕大多數都是男性，甚至完全沒有女性。為什麼全世

界大部分教會的信徒，約有一半到三分之二都是女性，卻少有女性領導神職人員？女性神學生的最高神職，只能當到輔助性質的「師母」嗎？

案例 7.2: 丈夫與妻子角色互換

有一對華人基督徒年輕夫妻，先生是大學教授，太太是專業講師，他們各自從事自己理想中的工作。他們有一對可愛的子女，四歲和兩歲。太太因為職業性質，需要常常到外地出差或出國。有一天晚上，太太剛從外地出差回來。剛進門，先生就急著向太太訴說今天接送小孩的瑣事，以及費了一番功夫，好不容易讓兩個吵鬧的小孩吃飯、洗澡、上床睡覺的過程。太太卻板著臉，不耐煩地大聲說：「你知不知道我今天出差很累？還要拿這些瑣事來煩我？」先生臉上一點同情心都沒有地回答：「妳講話的方式好像是傳統中國丈夫講的話？我們兩人的角色好像互換了？」太太聽了就爆笑出來，兩人笑成一堆。

第一節　議題背景

人類從狩獵社會到農業社會，大部分的男性都扮演著家庭衣食的提供者和家庭安全的保護者的角色。大部分的女性則扮演在家相夫教子的角色，沒有經濟獨立的能力。各大文明與宗教自然而然地發展出「男尊女卑」、「男主外、女主內」的倫理規範。然而當世界各國從十八世紀開始，農業社會轉型成為工業社會和商業社會後，許多女性走出農業家庭到都市的工廠和公司找到工作，獲得經濟獨立的能力。加上教育普及的影響，女性意識抬頭，她們開始挑戰傳統社會「男尊女卑」、「男主外、女主內」的倫理規範，爭取經濟、政治、社會和文化上的平等地位。

然而，2016 年美國總統 Donald J. Trump 就職前後對於女性鄙視

的言論與行為，激起全世界網路的「#MeToo」運動。女性紛紛勇敢地站出來，指控曾經性騷擾過她們的男性主管或權貴。這對於西方女性運動 (feminist movement) 過去一百多年來爭取兩性平等的努力而言，無異是一大諷刺。為什麼西方國家在 1920 年代就紛紛通過了選舉法案的修正，容許女性也有投票權和參政權。1960 年代以後，各國更立法保障女性的經濟、社會、教育地位平等。然而到了今天，女性的平均薪資仍然低於男性，公司主管與政治領袖仍然是男性佔多數。女性甚至每天上班、上學都要擔心被性騷擾，連基本的人性尊嚴都不受尊重。更不要說在媒體經常報導的家暴和強暴事件中，絕大多數的受害者都是女性。[1]

反觀基督教會對於女性的權益保障，又採取了什麼具體的行動？美國基督教最大的宗派「南方浸信會」(Southern Baptists) 至今沒有按立過一位女牧師。[2] 大部分華人基督教宗派的牧師或長老，絕大多數都是男性，甚至完全沒有女性。即使同時有男性和女性的牧師，主任牧師常常又是男性擔任。為什麼大部分教會的信徒，約有三分之二都是女性，卻少有女性牧師或女性長老？[3] 女性神學生畢業後的最高神職，只能當輔助性質的「師母」嗎？

美國 1960 年代女權運動極力衝撞當時的美國社會，影響至今。當女性逐漸獲得教育權、經濟自主權、和政治參與權之後，促成了1970 年代女性神學的興盛。美國保守派神學家不得不對此做出讓步，

---

[1] 《經濟學人》雜誌比較 OECD 國家男女在教育、勞動參與、工資、管理階層、董事會、議會、以及婦女福利等指標上的表現。"*The Glass-ceiling index*," The Economist, https://infographics.economist.com/2020/glass-ceiling/, 2020.10.20.

[2] Burge, Ryan. 2019. "Most Southern Baptist women would welcome a woman pastor. It's unlikely to happen", Religion News Service, https://religionnews.com/2019/06/11/most-southern-baptist-women-would-welcome-a-woman-pastor-its-unlikely-to-happen/, 2020.10.21.

[3] 臺灣長老教會可能是少數的例外之一，根據 2017 年的統計，他們的女性牧師與傳道人的比例約佔三分之二。臺灣基督長老教會總會性別公義委員會。2018。「歷年性別圖像」。http://gender.pct.org.tw/news_charts.htm?strBlockID=B00402&strContentID=C2018012500001&strDesc=&strSiteID=&strPub=&strCTID=&strASP=news_charts, 2020.10.21.

發展出「女性輔助神學」(theology of feminine complementarity；下
文簡稱「女輔神學」)。主要的觀點，還是主張男尊女卑，但是容許
女性在家中和教會內扮演「輔助性質」的角色，而不是領導者的角
色。自由派的女性神學家由於 1960 年代才開始進入神學院就讀，嚴
謹的女性神學到了 1970 年代年後，才開花結果，並且傳播到開發中
國家的神學院。不論女輔神學再怎麼調整原來的論述，自由派的女
性神學已經拋棄傳統男尊女卑的解經，自己成為一套完整的神學體
系，並且不同程度地影響各教會的行政與教育制度。[4] 只是少數女性
神學家過份自由化的傾向，甚至主張宗教融合與性解放，讓主流的
女性神學家和保守的教會拒之如蛇蠍。[5] 本章建立在主流女性神學的
基礎上，建構一個兩性平等且互補的神學，可以成為教會內外提升
女性權利，促進兩性和諧和互補的神聖基礎與動力。

　　本章第二節分析新保守派女輔神學的內容，第三節評論自由派
女性神學的主張。由於雙方的著作數量都已經多如「天上的星、海
邊的沙」，本章僅根據四個聖經主題比較他們的主張：(1) 三一神的
性別、(2) 亞當與夏娃的神聖地位、(3) 教會職務、(4) 夫妻關係。
第四節提出本章的神學主張：兩性平等且互補神學。第五節把兩性
平等且互補神學應用在婦女運動所強調的墮胎和婚前性行為的「性
自主權」，據此提出新的神學看法。由於新保守派女輔神學以及女
性神學，各自內部又分激進與溫和立場，限於篇幅，無法更細緻地
介紹。[6] 本章的重點在討論他們兩派的神學觀點以及聖經根據，並不

---

　[4] 本章處理男女兩個「性別」(gender) 之間的神學問題，不包含同性戀、
雙性戀、酷兒等的「性傾向」(sexual orientation) 議題。基督教的同性戀議
題在另文處理。本章文中使用「男女」一詞，而非「女男」一詞，並沒有
歧視的意思，只是根據華人語法的習慣。

　[5] 蕭克諧 (1988:6-7)。

　[6] 關於女性神學的歷史與方法論派別，見黃懷秋 (2005)；黃懷秋 (2018)；
Jones (2000)；Ruether (1983: 94-115)。本章對於 Feminist Theology 一詞的翻
譯交互使用「女性神學」和「婦女神學」。1980 年代以來，亞非拉國家不
少的女性神學家主張「女性神學」是為西方中產階級女性爭取權利的神學
運動，而亞非拉國家的婦女所面臨的政治、經濟、社會、文化壓迫，與西
方國家的女性有很大的差別。甚至，西方國家的女性是壓迫開發中國家女

是在研究個別神學家的觀點或各教會的實踐現況。

第二節　新保守派的女輔神學

　　新保守派的女輔神學是建立在四個聖經觀點上：(1) 上帝與耶穌是男性，不是女性。(2) 上帝先造亞當，再造夏娃。男人的神聖地位高於女人。(3) 神把教會的領導職務以及教導職務，交給男性；女性在教會內只能擔任輔助性質的職務。(4) 妻子要服從丈夫，如同服從耶穌基督。[7]

　　(1) 三一神的性別。女輔神學認為不論是舊約希伯來文或者新約希臘文，提到三一神的第一個和第二個位格時，不論是使用「上帝」、「耶和華」、「天父」、「父神」、「阿爸父」、「主」、「彌賽亞」、「受膏者」、「耶穌」、「基督」、「神的兒子」，[8] 這些

性的元兇或幫兇。因此，非洲國家與拉美國家的女性神學改名為「婦女神學」(womanist theology)，亞洲國家則混用女性神學和婦女神學兩個名詞。本章交互使用這些翻譯的原因，主要是指出這些神學的相同核心：全球的女性都持續受到男性的壓迫與不平等對待。

[7] 本節主要參考 Grudem (2012)，Council on Biblical Manhood and Womanhood (1987)，Southern Baptist Seminary (2004)，以及 Stackhouse (2005)，摘要並引伸這些文獻的主要論證。Stackhouse (2005) 同意許多女性神學的主張，也認為教會的兩性地位應該視時空環境調整，但是認為聖經整體來說還是主張男尊女卑。保守派神學家使用 Evangelical Feminism 一詞來代表保守派對於兩性關係的觀點，但是這名詞可能誤導讀者，以為這是女性神學的一個支派。保守派的兩性關係觀點，一般稱之為「輔助神學」(complementarianism)。陳尚仁 (2021: 149) 翻譯成「互補論」。本章使用「女輔神學」(theology of feminine complementarity) 代替之，以彰顯它是女對男單行道式的輔助，而不是平等互補。支持女輔神學的主要宗派有美南浸信會、東正教、天主教、美國長老會、耶和華見證人等。他們之中又分為兩派：稍微溫和的一派主張女輔適用在家中，但不適用在教會中；比較保守的一派主張女輔適用在家中和教會中 (Grudem 2012: L13816-13847；本章使用許多電子書，沒有頁碼，只有 Location 編碼，以下頁碼以 Lxxx 表示)。

[8] 本章所引用的聖經經文大都來自《和合本修訂本》，少數根據原文而加

稱謂要麼本身都是陽性名詞；若是專有名詞，則用陽性代名詞說明
性別。[9] 耶穌與使徒們都常常使用「父」、「天父」、「父神」來稱
呼上帝。從絕大多數經文來看，三一神的性別是陽性，似乎是聖經
的定論了？

　　「等一下！」女性神學家反駁說：「你們漏掉了三一神的第三
位：聖靈」。三位一體的第三位「聖靈」在舊約中是以陰性身份出
現，尤其是箴言書的主角「智慧」就是陰性詞。[10] 即使是「男性」
的上帝與耶穌在教導信徒時，也常常使用母親的比喻，來形容神與
信徒之間的關係。本章第三節會詳細分析這些經文。因此，女性神
學家主張三一神的性別，並沒有歧視女性的意思；女性仍然可以認
同三一神的女性特質。

　　女輔神學為了反對女性神學，而採取東正教對於第一次康斯坦
丁堡會議 (First Council of Constantinople, 西元 381 年) 的解釋，認為
三一神之中的上帝是「神的頭」(Godhead)，而耶穌與聖靈都是由上
帝分出來的神，地位低於上帝。[11] 因此，上帝好像三一神家庭的爸

以修改。「上帝」אֱלֹהִים、「耶和華」יְהוָה、「天父」ὁ πατὴρ ὁ ἐν οὐρανοῖς（太
6:26；太 7:11；太 16:17；可 11:25；路 10:21；路 11:13；約 6:32)、「阿
爸父」αββα ὁ πατήρ（可 14:36；羅 8:15；加 4:6)、「主」אֲדֹנָי 或 κύριος、「彌
賽亞」Μεσσίας（約 1:41、4:25)、「受膏者」מָשִׁחַ（利 4:5、4:16、6:15；
撒上 12:5、16:6、24:7-11)、「耶穌」Ἰησοῦς、「基督」Χριστός（例如：
太 1:16；可 12:35；路 2:11；約 1:20)、「神的兒子」ὁ υἱὸς τοῦ θεοῦ（例如：
太 4:3；可 3:11；路 1:32；約 1:34)。

　[9] 希伯來文的專有名詞，如「耶和華」、「亞伯拉罕」、「雅各」等，本
身沒有性別，而是藉由陽性代名詞或陽性動詞表達它們的陽性。希臘文的
專有名詞本身就有性別之分，雖然少數人名的性別可能在認定上會有爭議
（如羅馬書 16 章的「猶尼亞」）。

　[10]「（聖）靈」רוּחַ(Hal8704) 與「智慧」חָכְמָה 在希伯來文都是陰性
(Hal2853)。

　[11] First Council of Constantinople 對於三一神的決議是：「我們相信一位神、
全能父、天地以及可見物和不可見物的創造者。（我們相信）一位主耶穌
基督、上帝的獨生子、是（天）父在所有世界出現前所生、是光中之光、
就是神，是被生，不是被造，而且在本質上與父同一……；（我們相信）
主聖靈、生命的賜予者、祂從父而出，與父和子同受敬拜與尊榮……」。
Creeds of Christendom, volume 1, https://www.ccel.org/ccel/schaff/creeds1.iv.iii.

爸（head of God ？），生了一男（耶穌）與一女（聖靈）。結果陽性的爸爸還是高於陰性的聖靈。本章篇幅所限，無法探討三一神的內涵，也尊重各宗派對於三一神的定義。即令如此，這位上帝好像還是無法排除女性的主要特徵之一：生產。如果上帝是一位會生產的男性，那麼這個特徵顯然沒有遺傳到男人身上。男信徒也就無法完全等同於這位男性上帝，而去歧視女信徒所能夠完全認同的「女性」聖靈。

　　（2）亞當與夏娃的神聖地位。女輔神學認為男性與女性都是按照三一神的形象所造，屬靈的地位平等，人性尊嚴也平等。但是男性的整體神聖地位和社會地位還是高於女性，這是源自創世記兩個故事：上帝先造男後造女以及女人比男人先犯了原罪。[12]

　　創 1:27 說：「上帝就照著祂的形像創造人，照著上帝的形像創造他；祂創造了他們，有男有女」。從希伯來文文法來說，這句經文的第一個「人」(adam)，也可翻譯成「亞當」(Adam)，這就對應緊接著經文中的「創造他」的「他」。[13] 所以，上帝先造了亞當。接著這句經文的最後一段直譯是「祂創造了男和女」，也就是先造男後造女。至於上帝怎麼先造男後造女，創 2:7-23 有粗略的說明。上帝先「用地上的塵土造人，[14] 把生氣吹進他的鼻孔裡，那人就成了有生命的活人，名叫亞當」（創 2:7）。從創世記第二章第 7 節一直到第 20 節，都是在規定亞當的義務，完全沒有提到夏娃。到了第 21 節，上帝才開始製造夏娃，而且是使用亞當的肋骨所造成。所以，上帝不但先造男後造女，歷史上第一位女人更是從男人所出，不是

---

html , 2019.11.8。爭議點之一是決議中的「祂（聖靈）從父而出」的「出」在古老英文是 proceedeth，是主動詞，不是被動詞；沒有「被生出」的意思。而且，聖經中只有一處經文（林前 11:3）提到「上帝是基督的頭」。這句經文的解釋仍有爭議，可能不適合作為重要神學論證的根據。

12　創 1:27、2:7-23、3:1-20。

13「人」的原文 הָאָדָם 因為有冠詞又是單數陽性，可翻譯成「那人」、「人」或「那亞當」。後面的「創造他」的「他」אֹתוֹ 是受詞記號帶第三人稱陽性字尾。

14「人」也可以翻譯成「亞當」的理由，同上一個註腳。

「夏娃的媽媽」所生。姑且不論這幾節經文是否符合人類演化論或現代醫學，女輔神學認為創世記想要表達的「先造男後造女」的主題是清楚的，就是男尊女卑。

其次，女輔神學的「女輔」一詞最主要的經文來源是：「耶和華上帝說：『那人單獨一個不好，我要為他造一個配偶幫助他』」（創2:18）。「幫助」就字面意思，就是「協助」、「輔助」的意思。主要做決定的還是男人，女人只是從旁輔助而已。為了確認男尊女卑，女輔神學還另外引用上帝對亞當夏娃的懲罰，判定夏娃「必戀慕妳丈夫，他必管轄妳」（創3:16），就像是主人雖然需要僕人「幫助」，但是主人必「管轄」僕人。

女輔神學認為，就像保羅在重新詮釋上述的經文時，說道：「起初，男人不是由女人而出，女人卻是由男人而出。而且男人不是為女人造的，女人卻是為男人造的。因此，女人為天使的緣故應當在頭上有服權柄的記號」（林前11:8-10）。也就是說，「先造男後造女」不只是表示時間的先後，也表示神聖與倫理地位的高低。

最後，這個創造男女故事的最後一句經文，是以亞當替夏娃取名字作為結尾。亞當說：「這是我骨中的骨，肉中的肉，可以稱她為女人，因為她是從男人身上取出來的」（創2:23）。女輔神學認為在聖經猶太人的習俗中，命名者的地位一定高於被命名的人。不論是上帝給亞當取名、亞當給動物命名、或者是亞當替孩子取名，「命名」是一種所有權的宣示。[15] 不過，女性神學很快就指出聖經中有些著名人物的名字是母親取的，不是父親。例如，夏娃給塞特取名字，以及耶穌的名字是聖靈交代母親馬利亞取的（創4:25；太1:21）。如果命名就代表所有權，那麼亞當對於塞特就沒有所有權？耶穌的父親約瑟對於耶穌也沒有所有權？這兩個例子都代表女人對於男人有所有權？可見男人並沒有壟斷取名字的權利。

除了上帝先造男後造女以外，女輔神學繼續引用創世記始祖犯罪的故事，指責夏娃是人類原罪的元兇。夏娃受到撒但誘惑，先吃善惡樹上的果子，吃完以後，還叫亞當吃。自己犯罪了，還要拖人

---

[15] 創 2:7、2:19-20、4:1。Wenham (1987: 70); Grudem (2012: L874-940).

下水？保羅的書信在教導女人的德行時，就特別提醒女人的神聖地位是低於男人的：「因為亞當先被造，然後才是夏娃；亞當並沒有受騙，而是女人受騙，陷在過犯裡」(提前 2:13-14)。

　　西方教會歷史上幾乎所有重要的神學家，也強力呼應保羅的這一段教導，把保羅「男尊女卑」的判決，列為西方教會的主要傳統之一。Tertullian (155-245) 譴責女性，說：「妳是撒但門戶，禁果啟用者，第一個背棄聖律的人 …… 妳摧毀了有上帝形象的男人。因為妳背逆，神子才必須死」。 John Chrysostom（349-407) 認為：「上帝藉著把生命分為兩部分來維持次序。祂把比較必須以及有好處的部分賦予男人，把比較不重要和低劣的部分賦予女人」。 Jerome (347-420) 也說：「女人是萬惡的根源」。年輕時在淫亂關係生活過的 Augustine of Hippo (354-430) 評論女人「幫助」男人的經節時，說道：「我看不出來受造的女人能夠提供給男人什麼幫助，除了生產以外」。他又說：「女人智慧低，受情慾控制多於理智。這就是為什麼保羅不認為女人有上帝的形象」。Thomas Aquinas (1225-1274) 說：「就個人的本質而言，女人是有缺陷而且起源不光彩的」。Martin Luther (1483-1546) 雖然稱讚夏娃是最傑出與美麗的創造物，但是「就像太陽比月亮更光耀 … 女人並沒有像男人等同的榮耀」。John Calvin (1509-1564) 評論哥林多前書 11 章對於女性蒙頭的規範時，主張：「因此，所有的女人生下來都要認識到自己是低等的，男人是高等的」。[16]

　　女性神學反駁女輔神學的這兩個論述，在下一節中會詳述，在此只做摘要的提示。「先造男後造女」並不一定表示先造的品質或地位都優於後造的。另外，「夏娃先犯罪」也並沒有使亞當無罪釋放。

---

[16] Tertullian, "On the Apparel of Women"; Chrysostom, "The Kind of Women who ought to be taken as Wives"; Augustine, "The Literal Meaning of Genesis"; Thomas Aquinas, Summa Theologica, Vol. I, Q. 92, Art. 1, Reply to Objection 1; Martin Luther, Commentary on Genesis, Chapter 2, Part V, 27b; John Calvin, 這些引註都來自 "Misogynistic Quotations from Church Fathers and Reformers," https://margmowczko.com/misogynist-quotes-from-church-fathers/, 2019.11.22. 其他早期教父們的歧視女性言論，見 Swidler (2007: L5575-5766)。

（3）教會職務。由於女輔神學認為聖經從一開始就認定男尊女卑，在這個信仰團體內的職務安排以及祭典禮儀上，也要有男尊女卑的差別。這反映在聖經經文的三個方面：重要神職人員都是男性；舊約律法歧視女性；以及婦女干政會破壞信仰。

重要神職人員都是男性的聖經根據有：主管祭典禮儀的祭司一律是男性、全職服事上帝的拿細耳人都是男性、耶穌的君王家譜都是男性、十二使徒與保羅也都是男性。「牧師」一詞雖然在新約只出現過一次，職分不詳，但是這個名詞的詞性是陽性。[17] 舊約另外記載了14位士師（士師記有12位以及撒母耳記上的以利和撒母耳），除了底波拉以外，都是男性。

女性神學說，有了底波拉的先例，女性就可以當宗教和政治的領導人。但是女輔神學馬上回應說：不對！不對！底波拉的士師職務與其他男性士師不一樣，她最多只負責司法審判，並不像其他的士師負責政治治理，還要親自帶領軍隊去打仗。碰到戰爭，底波拉還是要請一位男性巴拉率領以色列人去打仗，自己則是跟隨他在旁邊當啦啦隊長。所以，底波拉不算是標準的士師。[18]

舊約律法歧視女性的經文有：認定女性的生理期和婦女的生產是不潔淨的；若是生男孩就不潔淨七天，生女孩卻要不潔淨兩週。丈夫可以輕易休妻，妻子卻不能休夫。妻子被懷疑不忠，要經過嚴格考驗證明她無罪；丈夫有外遇的嫌疑，則不受同樣的規範。遺產要分給兒子，沒有兒子才分給女兒。最後，女子許願要受父親或丈夫管制，連發誓的自由都沒有。[19]

---

[17] 利8；民6；太1；太10:1-4。「祭司」的希伯來文 כֹּהֵן (kohein) 就是陽性。他的陰性詞 כֹּהֶנֶת (koheneth) 不是指「女祭司」，而是指祭司的女兒或太太 (Hal4174)。舊約沒有「女祭司」一詞。「拿細耳人」נָזִיר (na:ziir) 一詞只有陽性，沒有陰性 (Hal6066)。女性可以發誓過著「拿細耳人」的生活（終身留長髮、禁酒、不碰死人），但是她還是不能稱為「拿細耳人」（民6:1-21）。「牧師」原文是 ποιμήν (poimein；弗4:11)。

[18] 士4-5；女輔神學對於底波拉的解釋，見 Grudem (2012: L3542-3636)。

[19] 利12；申24:1-4；民5:14-28；申22:13-30；民27、36、30。

　　新約也有很多儀式與教會職務的教導，特別強調男尊女卑。[20]
保羅在哥林多前書就有幾段歧視女性的言論。「凡是女人禱告或講
道，若不蒙著頭，就是羞辱自己的頭，因為這就如同剃了頭髮一
樣。 女人若不蒙著頭，就該剪了頭髮；女人若以剪髮剃髮為羞愧，
就該蒙著頭。男人本不該蒙著頭，因為他是上帝的形像和榮耀」（林
前 11:5-7）。「婦女應該閉口不言 ⋯⋯ 不准她們說話，總要順服，
正如律法所說的。 她們若要學甚麼，應該在家裡問自己的丈夫，因
為婦女在聚會中說話是可恥的」（林前 14:34-35）。女人在教會裡面，
不但要像現在伊斯蘭教的婦女一樣必須蒙頭，連言論自由的權利都
沒有。

　　保羅寫給提摩太的書信中，似乎更誇張地來歧視女性：「我也
希望女人以端正、克制和合乎體統的服裝打扮自己，不以編髮、金
飾、珍珠和名貴衣裳來打扮。要有善行，這才與自稱為敬畏上帝的
女人相稱。女人要事事順服地安靜學習。我不許女人教導，也不許
她管轄男人，只要安靜 ⋯⋯ 女人若持守信心、愛心，又聖潔克制，
就必藉著生產而得救」（提前 2:9-12, 15）。在這一段經文裡，保羅竟
然管到女人的衣著打扮這種生活細節，他更禁止女人擔任教會的教
導與領導職務，最後還認為女人要「藉著生產」才能得救。
保羅在提摩太前書對於女性歧視的言論，可能與當時教會界出現了
一個新興的小團體有關。這個些小團體本來是一群寡婦，接受教會
的供養，並且全職在教會幫忙。但是有些寡婦可能家境不錯，知識
水平也高，逐漸在教會內擔任管理與教導的職務。她們可能把世俗
社會的生活方式，帶到教會裡面，造成教會倫理關係的爭議。保羅
因此特別花了 13 節經文教訓她們（提前 5:3-16）。

　　基於上述經文的根據，女輔神學對於女性在現代教會裡面的職
務，做了如下的性別分配。[21] 男人最適合的職務是宗派聯會主席、
宗派理監事、宗派地區性領導職務、宗派地區性理監事、教會的主

---

[20]　林前 11:4-5、14:33-35；提前 3:2-5；多 1:6、2:3-5。

[21]　Doriani (2003); Grudem (2012: L2328-2410); Kostenberger, Schreiner, and Baldwin (1995).

任牧師、教會的理監事、主持聖餐和洗禮、主日講道、家庭團契主
席、教會委員會主席、教會教育主席、教會兒童主日學校長、教會
宣教部部長等、神學院老師、基督教學校的聖經老師、全國或地區
性基督教會議的講道者、神學著作的作者等。而女人除了可以參與
全教會的投票以及在教會庶務發言以外，比較適合的職務是教會秘
書、婦女諮商、兒童主日學老師、教會職業課程、詩班團員、編輯
教會通訊等。

　　女性神學對於上述女輔神學的回應，下一節再說明，這裡只是
摘要：聖經中有許多女性擔任過教會的教導與領導職務，女性參政
蒙神喜悅的例子也不少。歧視女性的經文，絕大多數都是因為在當
時風俗習慣是極端歧視女性的氛圍中，為了保護女性、更為了傳福
音的便利而設立的。當外在時空環境不一樣，這些教會內的風俗習
慣也需要改變。

　　女輔神學認為舊約裡面，只要是婦女干政，就會破壞純正的信
仰。例如，夏娃欺騙亞當吃禁果。本來上帝只對亞當吩咐不可吃禁
果時，夏娃還沒出生。亞當一直遵守命令不吃禁果，一直到夏娃騙
他也去做了一個錯誤決定，導致上帝與人類關係的破裂。摩西的姐
姐米利暗嫉妒摩西的權位，想要取代他，就在以色列人中間散佈謠
言，打擊摩西的威信。所羅門娶異教女子七百妃、三百嬪，受到她
們的誘惑，他在全國設立祭壇祭拜異教神明，晚年甚至完全離棄上
帝。所羅門死後，以色列分為南北兩國。北國以色列婦女干政的最
著名例子，就是崇拜異教的耶洗別。她是北國亞哈王的王后，慫恿
亞哈王去蓋廟崇拜異教的神明。先知以利亞譴責亞哈王，她就派人
追殺他，並殺害許多敬拜耶和華的先知。大約同時代的南國亞哈謝
王死後，也發生婦女干政的政變。亞哈謝王的母親亞她利雅把亞哈
謝王的王子們通通殺害，自己來管理朝政，並且拆毀上帝的殿，把
聖殿中的物品拿來供奉異教神明。[22]

　　到了聖經的最後一卷書啟示錄，女輔神學歧視婦女干政的極致

---

[22] 創 2:16-17、3；民 12；王上 11:1-8、16-21；王下 9、11；代下 22:2 - 24:7。

例子，就是那邪惡世界帝國的統治者「大淫婦」（啟17、19）。雖然這位「大淫婦」是一種隱喻的用法，是指邪惡帝國的首都，但是啟示錄的作者，很可能是引用猶太信徒耳能詳熟的耶洗別前例。好像以色列國的男性君王所做的惡事加起來，都抵不上一位王后，而一定要用耶洗別的例子，才能表達末日帝國首都的邪惡與悽慘的下場？

　　女性神學對於婦女干政的回應，簡單的說，這些經文例子都是暴露出男性統治者的無能，不能扮演好自己的統治者角色，使得別人（包括男性與女性）有機可趁。因此，政治混亂的根源是無能的男性，並不是女性。

　　（4）夫妻關係。由於舊約對於夫妻日常關係除了外遇、離婚的規定之外，沒有太多的教導，女輔神學對於夫妻關係的看法，主要來自新約。最常引用的經文有三處：「作妻子的，你們必須順服自己的丈夫，如同順服主！因為丈夫是妻子的頭，如同基督是教會的頭；祂又是這身體的救主。教會怎樣順服基督，妻子也要怎樣凡事順服丈夫」（弗5:22-24）；「你們作妻子的，必須順服自己的丈夫，如同應當順服主一樣！」（西3:18）；以及「要勸年長的婦女……必須順服自己的丈夫！免得上帝的道被毀謗」（多2:3-5)。[23] 這三句經文的字面意義，似乎不但確定了男尊女卑的社會地位，而且把男尊女卑的社會倫理予以神聖化；妻子反對丈夫，就是反對基督或上帝。這些經文也與上述「先造男後造女」以及「夏娃吃禁果」的女輔神學，相互呼應。

　　現代的妻子除了平時要順服丈夫以外，可以有自己的事業嗎？或者更進一步擔任企業的主管或老闆嗎？甚至成為女總統或女總理？女輔神學認為妻子的職責就是「愛丈夫，愛兒女，克己，貞潔，

---

[23]　西3:18的「如同應當順服主一樣」ὡς ἀνῆκεν ἐν κυρίῳ，和合本翻譯成「這在主裡面是合宜的」。本章翻譯成「如同順服主」，一方面是因為這種表述方法，也見於類似的經文如弗5:22-24與多2:3-5。另一方面，這句話的前面是「順服丈夫」；「丈夫」τοῖς ἀνδράσιν是間接受格，而「順服主」的「主」κυρίῳ也是間接受格；兩者的呼應關係又被「如同」ὡς連接在一起。類似的句法也出現在弗5:22。

理家，善良」(多 2:4-5)；在家乖乖作個賢妻良母，相夫教子。但是這種主張與西方社會的現實差距太遠，許多家庭必須要有雙薪才能養活全家，而且許多婦女可以在職業上找到自信與自我成就感。女輔神學為了「政治正確」，也調整了他們的說法：妻子可以選擇外出工作，但是也可以選擇在家作個賢妻良母，相夫教子，就可以找到更大、更神聖的自我成就感。那麼擔任企業的主管或老闆可以嗎？女輔神學為了「政治正確」，也不禁止，但是他們會說擔任主管或老闆一定會減少與丈夫和孩子相處的時間，非常可能影響家庭的和睦以及孩子的人格。許多保守派教會的女性，既使受過高等教育，一旦結婚生子，就在這種「母親罪惡感」和女輔神學的壓力下，放棄工作機會與理想，回家作個全職母親。[24] 至於女性總統或總理，從上述女輔神學對於婦女干政的討論，就可以知道他們不會鼓勵女性從政的。

　　女性神學對於妻子要順服丈夫的經文解經，提出兩個新觀點：這些經文的上下文以及相關經文指出妻子的順服丈夫是有條件的。另外，經文當時的背景是女性知識水平較低或者社會資源較少，因此有必要順服丈夫。如今兩性教育平等，婦女也具有經濟能力，夫妻之間的服從關係必須改變。

第三節　自由派的女性神學

　　新保守派的女輔神學是建立在四個聖經觀點上：(1) 上帝與耶穌是男性，不是女性。(2) 上帝先造亞當，再造夏娃。男人的神聖地位高於女人。(3) 神把教會的領導職務以及教導職務，交給男性；女性在教會內只能擔任輔助性質的職務。(4) 妻子要服從丈夫，如同服從耶穌基督。女性神學則是針對這些女輔神學的主張，一一予

---

[24] 筆者在 2006 年擔任加州柏克萊大學的訪問學者時，從 Harold Egbert Camping (1921-2013) 所創立的 Family Radio 所收聽到的這些保守派基督徒觀點。

以駁斥。她們結合聖經詮釋學、歷史批判論、以及敘述方法，已形成一套有系統的神學論述。[25] 不但成功地回應了女輔神學的主張，甚至衝破了傳統神學的侷限性，把女性神學推廣到階級、種族、同性戀、與生態議題的分析上。本章基於篇幅的限制，只能就上述的女輔神學爭議，簡述女性神學的回應。(1) 三一神的聖靈是女性，上帝與耶穌的言行也常常表現女性的特質。(2)「先造男後造女」並不一定表示先造的品質或地位都優於後造的。另外，「夏娃先犯罪」也並沒有使亞當無罪釋放。(3) 女性在教會歷史常常扮演關鍵性角色：重要神職人員也有女性；舊約律法保護女性；以及婦女干政不一定會破壞信仰。(4) 夫妻關係是平等的。

(1) 三一神的聖靈是女性，上帝與耶穌的言行也常常表現女性的特質。[26] 三一神的「聖靈」一詞的希伯來文是陰性。出現在舊約時，常常是以「上帝的靈」、「耶和華的靈」、「智慧的靈」出現。但是也可以指人類的靈（魂），甚至動物的靈（魂）。三一神的「聖靈」一詞的希臘文是中性，在新約的意思與用法與舊約類似；最常以「（那）靈」、「聖靈」、「上帝的靈」、「主的靈」出現。因此，女性神學認定聖靈是女性，雖然她們無法解釋為什麼希臘文的聖靈是中性。難道聖靈會變性？[27]

女性神學主張聖靈是女性的另一個主要根據，是來自箴言書裡

---

[25] Newsom, Ringe, and Lapsley (2012) 是由一群女性的女性神學家，從聖經當時的婦女生活經驗來有系統地重新詮釋聖經每一卷書和次經。

[26] 關於女性神學的三一神論，最完整也最具代表性的著作是 Johnson (2002).

[27] 希伯來文的靈是 רוח，在舊約出現 214 次，除了主要是指三一神的靈以外，也可指人的靈魂、動物的靈魂、邪靈；另外也可翻譯成「風」(Hal8704)。希臘文的靈是 πνεῦμα (BDAG)，在新約出現 407 次，除了絕大多數是指三一神的靈以外（英文聖經常用大寫開頭的 Spirit），也常常指邪靈／鬼（例如，馬可福音最多出現）；另外可指人的心靈／靈魂／魂（例如，太 26:41；約 11:33；徒 7:59；羅 7:6；各 2:36；英文聖經常用小寫開頭的 spirit），以及人的氣息（太 27:50），以及風（約 3:8；來 1:7）。另外，猶太女性神學家則主張使用聖經中的含有陰性的名詞或無性別的名詞來稱呼上帝，例如：「憐憫者」（陰性）、「全能者」（字源是「胸部」）、以及「聖者」。關於猶太女性神學，見 Raphael (2012)。

面的主角「智慧」。「智慧」的希伯來文是陰性，祂在箴言書裡面代表了上帝來教導人。祂化身母親、姊妹、愛人、廚師、女主人、教師、法官、解放者、立法者，來引導信徒靈命的成長。[28] 更重要的是，聖靈的作為常常與女性或母性的特質有關。例如：創造、保護、撫養、釋放、生產／重生、恢復、憂傷、鼓勵等。[29]

女性神學對於聖靈的重視，可能來自兩個緊密相關的原因。一方面，女性神學需要來自三一神的神聖基礎。如果女輔神學的神聖認同對象是上帝與耶穌，那麼三一神只剩下聖靈可以做為她們的認同對象。另一方面，女性神學的許多倫理主張，直接挑戰了上述女輔神學所引用的聖經經文。這些經文要麼是上帝說的，要麼是耶穌說的，要麼就是使徒們和歷代重要（男性）神學家所詮釋的。那麼如何重新詮釋這些經文，甚至推翻歷代教會所認為正統的詮釋，就可能需要另外一個神聖啟示來源。這就是聖靈在女性神學中的核心角色。

女性神學緊抓住一個女輔神學也不能不承認的神學根據：使徒時代是聖靈的時代。住在信徒裡面的，不是上帝，也不是耶穌，而是聖靈。當福音傳到不同的時空環境時，某些倫理的經文必須要做不同的解釋，以利傳福音。例如，保羅和彼得對於外族人傳福音時，都碰到如何要求外族人去遵守舊約儀式律法的問題。而兩人都訴諸聖靈的啟示，作為重新詮釋律法的根據。保羅更說：「不可熄滅聖靈！」（帖前 5:19)，又說：「對甚麼樣的人，我就成為甚麼樣的人，為要多救一些人。但是我所做的一切，都是為了福音，為要與人共享這福音」（林前 9:22-23)。[30]

聖靈不但在使徒時代，興起了對於猶太神學的革命，宣稱耶穌就是舊約的彌賽亞、就是神，而形成了基督教。在西元四世紀以後，基於聖靈啟示的神學家們，也把受壓迫的基督教，轉型成壓迫境內

---

[28] 「智慧」的希伯來文是 חָכְמָה (Hal2853)。Johnson (2002: L2597-2617)。

[29] 創 1:2；出 19:4；申 32:11-12, 18；詩 17:8、22:9-10、139:13；箴 3:19；賽 4:4。Johnson (2002: L2496-2695)。

[30] 另參考徒 10:44-47；徒 15:8。

其他宗教的帝國宗教。十六世紀的神學家們又在聖靈的啟示下，激發了新教革命。而十九世紀、廿世紀的「振興運動」(revivalism)、「解放神學」(liberation theology)、「五旬節運動」(Pentecostalism)，都高舉聖靈。[31] 女性神學也就是在這個聖靈傳統之下，開始挑戰女輔神學。

除了聖靈是女性以外，女性神學主張上帝與耶穌的言行，也常常涉及女性的美德。例如：上帝描述祂自己與信徒之間的關係，就如母親生下或撫養孩子。耶穌使用「婦人的麵酵與天國」、「婦人失錢」、「重生」、「寡婦和不義的官」的比喻，以及「迦南婦人被鬼附的女兒」、「與撒瑪利亞婦人對話」、「漏血婦人」的經歷，來描述祂如何盡力拯救每一個人，以及信徒應盡的責任。[32] 身為男性的女性神學家 Leonard Swidler 甚至認為由於路加福音和約翰福音，在記載耶穌與女性的互動時，所表現對於女性地位的尊重，高於歧視女性的馬太福音與馬可福音。因此，他推測路加福音與約翰福音的作者可能是女性，而且「耶穌是位女性主義者」。[33] 這個結論雖然沒有太多的神學家（含女性神學家）支持，但是它提醒讀者四福音對於兩性關係的看法，各自有些不同，需要整體來看，才能得出適當的結論，也就是兩性平等。

早期教父 Clement of Alexandria 對於上帝的性別就有不同於女輔神學的看法，而傾向女性神學的主張：「上帝是愛；為了愛我們，祂成為女性。就祂偉大的本質而言，祂是父親；就祂對我們的憐憫而言，祂成為母親。藉由愛，祂成為女性；最大的證據就是祂生出自己，藉著愛生出了愛 ……（為了愛）祂從天而降，穿上男人的外衣」。[34]

---

[31] Hatch (1989).

[32] 申 32:18；伯 39:1-2；詩 17:8、36:7；得 2:12；賽 26:17-18、63:13、66:7-9；耶 31:20；彌 4:10；太 9:20-22、13:33、15:22-28；路 15:8-10、18:1-8；約 3:1-7、4:6-30。

[33] Swidler (2007: L59).「耶穌是位女性主義者」是該書的書名。

[34] Clement of Alexandria, Who is the Rich Man That Shall Be Saved? In Schaff (2016: L158457-158463).

　　(2)「先造男後造女」並不一定表示先造的品質或地位都優於後造的。另外，「夏娃先犯罪」也並沒有使亞當無罪釋放。女性神學認為把「先造男後造女」等同於品質或地位的優劣，是歷代男性沙文主義神學家（包括保羅）的錯誤解經，原來的經文並無性別歧視的意思。「上帝說：『我們要照著我們的形像，按著我們的樣式造人』……上帝就照祂的形像創造人，照著上帝的形像創造他；祂創造了他們，有男有女」(創 1:26-27)。大部分基督教神學家同意「我們的形象」和「我們的樣式」的「我們」，是指聖父、聖子、聖靈。既然三一神如前述有男有女，先造男或先造女就不必然導致兩性品質或地位的差異，否則就必須假設三一神內部有品質或地位的差異。

　　其次，「先造」的人並不一定是上帝所喜悅的。聖經許多偉人並不是排行老大，例如，亞伯、塞特、雅各、猶大、約瑟、摩西、和大衛。耶穌雖然是大哥，但是祂不是祂父親約瑟所生。聖經看中的是神的揀選，不是出生次序。

　　另外，上帝創造女人是為了「幫助」男人。「幫助」一詞在中文聖經出現過 188 次，絕大多數都是指強者幫助弱者，尤其是指上帝幫助以色列人。[35] 那麼夏娃幫助亞當，怎麼會是品質或地位差的人，來幫助品質或地位高的人？女輔神學強辯說「幫助者仍然是配角」，這顯然與聖經多數經文不符。

　　從現代科技產品的發明來說，第一代的產品容易有瑕疵，所以才會有不斷的改良創新，出產第二代產品、第三代產品。就像電腦作業系統 Microsoft Window 從 1985 年的 Windows 1.0, 2.0, 3.0, 95, 98, 2000, XP, 7, 8, 到 2015 年的 Windows 10。有人現在買新電腦，會要求裝上 Windows 1.0 ？同樣的，上帝創造男人是否因為有瑕疵，因此需要另外創造女人來「幫助」天生有瑕疵的男人？教會男女信徒的比例，一般多是 1:2，豈不證明女性比男性更能夠接近神？初

---

[35] 創 2:18、20。「幫助」的希伯來文名詞是 עֵזֶר (Hal6931)，動詞是 עָזַר (Hal6928)；希臘文名詞是 βοηθός (BDAG) 或 ἐπιχορηγία(BDAG)，動詞是 βοηθέω (BDAG)。希臘文也有用文法來表示幫助。強者幫助弱者的代表例子有：王上 20:16；但 11:34。三一神幫助信徒的代表例子有：出 18:4；申 33:29；撒上 7:12；可 9:22，尤其是詩篇大量出現。

代教會的傳福音工作，不也是女信徒比男性徒更有效果？

　　女性神學也不同意女輔神學主張因為夏娃先犯罪，從此以後女人的地位就比男人低。夏娃先犯罪是聖經記載的事實，但是亞當在吃禁果一事上，犯了三個罪：第一個罪是夏娃犯罪時，亞當也在場，而他沒有阻止夏娃犯罪；第二個罪是他沒有拒絕夏娃給他的禁果；第三個罪是他看到夏娃吃禁果之後，更與夏娃一同吃。[36] 夏娃只犯了一個半罪；她吃了禁果，還把禁果給亞當。但是亞當卻一連犯了三個罪。從這個故事來看，為什麼夏娃的能力或地位，要比亞當低？

　　從上帝對於亞當和夏娃的懲罰來看，似乎也沒有社會地位高低的區別，而是「各從其類」的懲罰。上帝先懲罰元兇（蛇），要用「肚子行走、終生吃土」。蚯蚓沒犯罪，也不是這樣嗎？況且蛇後來也沒有吃土。另外，蛇要和「女人彼此為仇；（蛇）的後裔和女人的後裔也彼此為仇。牠要傷你的頭，你要傷牠的腳跟」（創 3:14-15）。而最後這一句話，多數神學家認為是預表基督與撒但的戰爭。如果是這樣，那麼女人豈不是因禍得福，能夠扮演神子耶穌母親的角色？

　　其次是懲罰女人，女人懷胎和生育時，會很痛苦。另外，女人必戀慕丈夫，丈夫必管轄女人（創 3:16）。女人懷胎和生育的確非常痛苦，但是這種痛苦後來被上帝作為比喻，來描述上帝與以色列人的關係。那麼，女人是不是又一次的因禍得福，被上帝榮耀地使用？至於「女人必戀慕丈夫，丈夫必管轄女人」，也的確描寫了農業社會女人受壓迫的情形。但是，如果這是對於女人的一種懲罰，有哪一位愛妻子的丈夫，忍心每天這樣懲罰妻子？女輔神學認為這句經文表示丈夫有權柄管轄女人，但是他們可能忘了亞當先犯了三個罪。

　　上帝對於人類吃禁果的懲罰，最後落在亞當身上。「土地必因（亞當）的緣故受詛咒；（亞當）必終生勞苦才能從土地得吃的。土地必給（亞當）長出荊棘和蒺藜來；（亞當）也要吃田間的五穀菜

---

[36] 「她就摘下果子吃了，又給了與她一起的丈夫，他也吃了」（創 3:6）。此句最後一字「吃」的 LXX 譯本是第三人稱複數 ἔφαγον，表示亞當與夏娃都在吃。不是夏娃吃了以後，拿回家給亞當吃。

蔬。（亞當）必汗流滿面才有食物可吃，直到（亞當）歸了土地」（創
3:17-19)。這些懲罰如果不是大於對於夏娃的懲罰，至少也是各從其
類。很少男人願意用這些懲罰去交換女人的懲罰，反之亦然。不過，
反應上述亞當所犯的三個罪多過夏娃的一個半罪，連土地也因為亞
當的緣故受詛咒。不像夏娃所受的懲罰，後來讓女人因禍得福，這
些對於亞當的懲罰與耶穌基督的榮耀沒有太大的關係。那麼，男人
還有什麼理由比女人的地位高、能力強？

　　以上的創造故事顯示女人的地位與能力，並不比男人低。以下
的聖經與教會歷史，也證明女人的地位與能力，並不比男人低。

　　(3) 女性在教會歷史常常扮演關鍵性角色。女輔神學並不反對聖
經中的女性很重要，但是認為女性只能扮演輔助的角色，當家作主
的還是男人。女性神學則認為聖經中不斷出現重要的女性，在關鍵
時刻做出重大的決定，實現神的計畫。她們若是做了其他的決定，
要麼以色列人會被滅族，要麼耶穌就不會出現，或者福音難以傳開。
這些角色已經超越了輔助男性的角色。

　　舊約時代被稱為女先知的有米利暗、底波拉、戶勒大。先知有
說預言和解釋經文的能力。若不是米利暗冒著生命危險，偷偷地把
嬰兒摩西送到埃及公主手裡，後來可能就沒有「摩西五經」。沒有
女先知底波拉，以色列人可能就會離棄上帝，或者被鄰族的迦南王
所滅。沒有女先知戶勒大傳達上帝的信息，約西亞王可能沒有勇氣
去推動宗教改革。

　　這些女先知不是像女輔神學所說的，只是在教導一群婦女，而
不負責公開的講道；沒有經文的證據支持這種說法。女輔神學說米
利暗被稱為女先知的經文，只說她讚美上帝時，「眾婦女也跟她出
去拿鼓跳舞」，因此女先知只能教導女信徒，不能教導男信徒。但
是女輔神學忽略了另一段經文，就是亞倫和米利暗後來挑戰摩西的
政教領導權，說「難道耶和華單與摩西說話，不也與我們說話嗎？」
（民 12:2)。可見身為祭司的亞倫和身為女先知的米利暗，在當時的
確都是以色列人的宗教領袖。女先知底波拉更是明顯的政教領袖，
因為她不只是具有宗教教導身份的女先知，更是具有司法審判和發

動戰爭的政治領袖身份。女先知戶勒大的時期，約西亞王修理聖殿發現了律法書，就派遣祭司（長）、書記、大臣，一起去拜訪戶勒大，要求問上帝的旨意，以進行大規模的宗教改革。如此看來，戶勒大不可能只是姊妹小組的小組長而已。[37]

除了這三位女先知以外，聖經中還有其他重要的女性，在教會歷史上扮演過關鍵性角色。在舊約時代，猶大的媳婦她瑪不顧生命危險，假扮妓女，與她的公公懷孕生子，為猶大家族留下後裔（包括耶穌）。外族人路得的猶大人丈夫死後，她繼續孝敬婆婆，放棄娘家的安穩，回到猶大地撿拾麥穗為生。後來得到婆婆同意，改嫁波阿斯，成為大衛王的曾祖母。以斯帖顧不得生命危險，向波斯王請命，拯救以色列人免於滅族（創 38；帖 5）。

舊約律法雖然對於女性有一定的歧視，如上述女輔神學所引用的經文。但是歷史神學家比較舊約的律法以及當時其他民族的文化法律，發現舊約律法對於女性的保護其實比較高。這等於是對於基督徒兩性平等的關係，留下伏筆，等待大環境成熟時，就可以在教會內完整地實踐出來。況且，舊約律法還有一些經文，是不分男女，一體適用。例如，祭拜偶像、夫妻外遇、亂倫都要處死。這些經文也都可以視為兩性平等關係的伏筆。[38]

到了新約時代，女人繼續在教會歷史上扮演關鍵性角色。若不是耶穌的母親馬利亞冒著生命危險，接受聖靈懷孕的使命，並且終身忍受街坊鄰居的冷嘲熱諷，哪裡會有耶穌？[39] 女先知亞拿看到剛出生不久的耶穌被帶來聖殿獻祭，就感謝上帝，並且在所住的聖殿區，「持續對一切盼望耶路撒冷得救贖的人講論這孩子的事」（路 2:38）。耶穌知道自己釘十字架的日子將近，只有一位不知名的女性瞭解祂的心意，用香膏塗抹祂，預表耶穌的葬禮，反而這些男性門

---

[37] 出 15:20-21；士 4:4-6；王下 22:14-20。「女先知」原文是 נְבִיאָה (Hal5938)。

[38] 利 20:10-11；申 22:22-25、27:20-23。

[39] 天主教的女性神學家常常提到耶穌的母親馬利亞，作為「女性解放者」的象徵 (Singapore Conference 1994)。基督教由於教義的問題，比較不高舉馬利亞的神聖地位。

徒們（包括猶大）在旁邊對她一直冷嘲熱諷。耶穌釘十字架過程中，男信徒們（包括十二使徒）知道耶穌被抓走，都跑得不見蹤影，只有幾位女性徒一直跟隨祂，直到埋葬後還守在墓穴門口。十二使徒中，只有彼得遠遠地跟著受難過程中的耶穌，但是在這過程中也三次不認主。耶穌復活後，有兩位天使先向幾位女信徒顯現。她們立刻去向門徒們報告耶穌復活的事，男性門徒們一開始卻不相信。[40]尤其不要忘了：共謀殺害耶穌的祭司、文士、法利賽人、長老、以及羅馬總督彼拉多，不都是男人嗎？

　　使徒時代的教會有女先知、女長老、和女執事，而且女信徒與男信徒一起傳福音。[41]保羅自己就有許多女性同工，一起去傳福音。在哥林多前書的結尾，保羅就問候「亞居拉、百基拉，和在他們家裡的教會」。亞居拉的妻子百基拉曾經與她先生一同說服辯士亞波羅成為基督徒的宣教士。在新約書信裡，她常常與她的先生並列，並且列名前面，表示使徒們對於百基拉的重視。她不太可能是一位只負責家庭庶務的同工，而很可能是她們教會裡的神學教師。[42]腓立比書記載著：「我勸友阿蝶和循都基要依靠主思考。我也請求你這真誠的同工，必須支持她們，因為她們在福音上曾與我、革利免和我其餘的同工一同爭戰，他們的名字都在生命冊上」（腓 4:2-3）。「在福音上 …… 一同爭戰」的事工，可能就不只限於教會的後勤工作，而是有傳福音與教導的事工。[43]羅馬書的最後一章常常被神學

---

[40] 太 26-28；可 15-16；路 2:36-38、23-24；約 12。

[41] Torjesen (1995)；劉幸枝 (2019: 45-53, 170-186)；Stark (1995)。提摩太前書 5:1-2 提到「女長老」πρεσβυτέρας，但是中英譯本都翻譯成「老女人」。執事腓利的四個女兒都會說預言，而先知的主要工作就是說預言和講解預言（徒 21:9）。「女執事也必須莊重」（提前 3:11）。原文「女執事」雖然是使用「女人」Γυναῖκας，但是從上下文與解經書，這裡的「女人們」是指「女執事」，而且可能負責講道與教導事工 (Towner 2006: L6014)。和合本修訂本翻譯成「他們的妻子」是與上下文和原文都不符。「女人們」雖然是受詞，但是這裡受詞可當作主詞，NASB 就翻譯成主詞的 Women。

[42] 林前 16:19。另參考徒 18:2, 18, 26；羅 16:3；提後 4:19。

[43] 腓 4:2-3，筆者翻譯。和合本修訂本把這兩位女性形容成鬧彆扭的同工（至少是執事，也可能是「監督」，見腓 1:1），但是原文不一定有這個意思。

家忽略，因為這一章主要是信尾的致謝詞。但是對於女性神學來說，羅馬書第十六章舉出共有八位有名字的女性同工（非比、百基拉、馬利亞、猶尼亞、土非拿、土富撒、彼息、以及猶利亞），另提及兩位不具名的女性。其中的非比是執事，猶尼亞則與保羅一同關進監牢，顯示女性在羅馬教會的重要性。[44]

女輔神學承認這些女性很偉大，但是她們只負責教會的後勤工作，最多負責教導與管理女信徒，並不負責對於全教會的管理和教導工作。女輔神學的這些論點，顯然與上述經文不符。尤其是使徒教會的第一代執事七人，全是男信徒，是被選出來「管理飯食」。如果教會的後勤工作都是由女性擔任，怎麼會沒有女性被選出來擔任執事？況且，這七位執事的職務，可能不限於「管理飯食」。其中之一的司提反被提名執事後，馬上就負責教會裡面的護教學工作，應付來踢館的猶太神學家，而且因此被以色列人殺害。[45] 基督教歷史學家也發現，初代教會的女性擔任過家庭教會的領導、教導、以及參與聖禮。[46] 但是等到教會愈來愈大，這些領導、教導、以及參與聖禮的職務就被男性壟斷了。

女性神學還可以主張新約有兩處相似的經文，明顯主張兩性平等。一處是基督新教創教的名言「全民皆祭司」的依據：「你們是被揀選的一族，是君尊的祭司，是神聖的國度，是屬上帝的子民，要使你們宣揚那召你們出黑暗入奇妙光明者的美德」（彼前2:9）。另一處是保羅在加拉太書中說道：「你們凡受洗歸入基督的都披戴基督了；不再分猶太人或希臘人，不再分為奴的自主的，不再分男的女的，因為你們在基督耶穌裡都成為一」（加3:27-28）。女輔神學反駁說，這兩處經文只說女人在「得救」的經驗上是平等的，但是並沒有討論女人在管理與教導事務上的角色。用現代民主國家的例子

---

[44] 羅16:1-15。女輔神學認為猶尼亞是男性；BDAG也把這名字定義為陽性。但是 Origen of Alexandria (185-253 AD)、Jerome (340-419)、以及幾位中世紀神學家認為她是女性 (Swidler 2007: L4477)；劉幸枝 (2019: 161-166)。

[45] 徒6-7。

[46] Swidler(2007: L4356-4578).

來說，這好像是說每一個人都可以投票，但是女人不可以被選為總統或民意代表。但是「全民皆祭司」這一句話不是就推翻了前述「祭司限男性」的習俗嗎？

　　女性神學家 Anne F. Elvey 等人就以天主教最重要的儀式之一「聖餐」(Eucharist) 為例，說明天主教教會至今女性的神聖地位不如男性。保守神學堅持聖餐要按照聖經中舉行聖餐的方式進行：由男人（耶穌）主持，其他的男人（使徒們）協助儀式的進行。女信徒只能被動地接受聖餐，而不能參與儀式。就連儀式中的餅和葡萄汁，都是代表男人（耶穌）的身體和血；男人為女人而死。這些都使得女信徒無法在神聖性上得到滿足。Elvey 等人主張聖餐的儀式不但應該有女性參與，而且對於聖餐的詮釋也應該強調女性有同等的神聖地位。其他的女性神學家也已發展出各種不同版本的敬拜儀式。[47]

　　至於保羅對於女性極端歧視的經文，例如，男人是女人的頭、蒙頭的規定、女人不可講道、女人要安靜等（林前 11:3-16；林前 14:33-34；弗 5:22-24；西 3:18；提前 2:11-15），又如何解釋？有些女性神學家試圖幫保羅轉圜，認為這些經文是後來（男性）神學家塞到經文裡面的。有的女性神學家則認為保羅的歧視言論是個案，針對某個教會或某些少數的女性來說的，不是通則。如果從上述保羅主張兩性平等和信徒平等的經文來整體看，這種解釋似乎也有道理。但是有些女性神學家認為這些歧視言論的上下文，看不出來是針對個案，而且經文數目太多，更不像是個案。這些女性神學家乾脆放棄替保羅解釋，就直接稱呼他是大男人主義者。比較折衷的解經家則認為，保羅只是在根據當時猶太會堂聚會的男尊女卑習俗，為了能夠順利傳福音，所以對於兩性關係有這些規定。既然現在時空環境改變了，保羅身在今日恐怕也不會同意當初自己的言論。畢竟，現代教會聚會時，還會要求女人蒙頭的，恐怕少之又少。但是容許男女穿泳裝來參加主日崇拜的教會，恐怕更少。[48]

　　最後，婦女干政就一定會破壞信仰嗎？前述女輔神學舉米利暗、

---

[47] Elvey et al. (2014). 關於各種女性神學的儀式，見 Berger (2012)。

[48] 施福來（1988）。Verbrugge and Harris (2008: L4324-4490; 5360-5425)。

耶洗別、和亞她利雅為例。但是米利暗不是一個人挑戰摩西的權威，是她和摩西的哥哥亞倫一起挑戰。米利暗挑戰摩西，也是師出有名：以色列人的領袖怎麼可以取外族女子為妻？而亞倫本來就是出名的膽小鬼，為了自己的地位利益，可以扭曲上帝的旨意。當初想要取代摩西而造金牛犢的不就是他嗎？這次他和米利暗一起挑戰摩西不成，看到米利暗受上帝懲罰得了大痲瘋，馬上就背棄同盟米利暗，向摩西跪地求饒（民 12）。

　　耶洗別的確是一個異教徒的壞皇后；她蓋廟崇拜神明巴力、供養 450 個巴力的先知和 400 個另外一位神明的先知、引導以色列人祭拜這些神明、並且殺害耶和華的先知。她為了討好夫君亞哈王，把葡萄園主拿伯陷害致死，奪其產業。以色列國王之中「從來沒有像亞哈的，因他受耶洗別王后的唆使，出賣自己，行了耶和華眼中看為惡的事」（王上 21:25）。[49] 經文似乎認定耶洗別固然是亞哈墮落的主因之一，但是最終的責任仍在亞哈。把亞哈的這些惡事都怪在耶洗別一人身上（或者把所羅門背棄上帝怪在他的嬪妃上），就好像把吃禁果一事怪在夏娃一人身上。前面說過，夏娃也許犯了一個半罪，亞當卻犯了三個罪。同樣的，耶洗別的確很可惡，但是亞哈王可以不娶她、可以拒絕她供養假先知、可以保護拿伯、可以禁止她追殺耶和華的先知；最後，他可以選擇不去拜其他的神明。亞哈王的一連五個錯都可以怪在耶洗別頭上？北國以色列的其他國王呢？他們沒有娶耶洗別一類的女人，又有哪一位是好王呢？南國的亞她利雅王后在國王亞哈謝死後，屠殺王位繼承人，自己來治理朝政，並且拆毀聖殿，把聖殿的物品拿來拜異教神明。她的殘暴有比其他南國、北國的惡王更厲害嗎？奇怪的是，女輔神學怎麼漏掉了這段故事中的一個插曲，就是亞她利雅王后屠殺王位繼承人的時候，亞哈謝的妹妹、大祭司耶何耶大的妻子約示巴偷偷地把亞哈謝的一個兒子約阿施藏起來，放在聖殿中養大，直到耶何耶大發動政變，推翻亞她利雅。由於約示巴的婦女干政，矯正了前一個婦女干政的錯誤。況且，以色列亡國之後，若不是王后以斯帖干政，以色列民

---

[49] 王上 16:30-34、21:14-25。

族豈不滅族？可見聖經所認定一個國王的好壞，與王后是否干政沒有必然的關係，國王的好壞要自己負全責。

新約中婦女干政的例子不多；一個是希律的妻子希羅底，另一個是彼拉多的妻子。希律的妻子希羅底慫恿希律把施洗約翰斬頭，因為施洗約翰常常批評希律娶了他嫂子為妻。這似乎符合女輔神學反對婦女干政的例子。但是這事件倒底是出於希羅底的授意，或者這本來就是希律王的挾怨報復，依據馬太福音、馬可福音、以及路加福音的說法，似乎兩種都有可能。但是下令殺施洗約翰的還是希律，他要負主要的責任。[50] 至於彼拉多的妻子婦女干政，幾乎救了耶穌。彼拉多正在審問耶穌時，他的妻子派人告訴他：「這義人的事，你一點不可管，因為我今天在夢中因他受了許多的苦」（太 27:19)。我們不知道彼拉多的妻子夢到什麼，但是她似乎勸彼拉多不要處死耶穌。只是彼拉多顧慮猶太人暴動，還是命令士兵把耶穌釘十架。如果彼拉多的妻子婦女干政成功，教會的歷史恐怕要改寫了。[51]

(4) 夫妻關係是平等的。前述女輔神學對於夫妻關係的看法，最常引用的經文有三處：「作妻子的，你們要順服自己的丈夫，如同順服主。因為丈夫是妻子的頭，如同基督是教會的頭；祂又是這身體的救主。教會怎樣順服基督，妻子也要怎樣凡事順服丈夫」（弗 5:22-24)；「你們作妻子的，要順服自己的丈夫，如同應當順服主一樣」（西 3:18)；以及「要勸年長的婦女……必須順服自己的丈夫！免得上帝的道被毀謗」（多 2:3-5)。

女性神學對於這些經文的解釋，提出兩個新觀點：這些經文的上下文以及相關經文指出妻子的順服丈夫是有條件的。另外，經文當時的背景是女性知識水平較低或者社會資源較少，因此有必要順服丈夫。如今兩性教育平等，許多婦女也具有獨立經濟能力，夫妻之間的服從關係必須改變。

就經文的上下文而言，這句教導夫妻關係的經文「作妻子的，

---

[50] 太 14:1-12；可 6:14-29；路 9:7-9。

[51] 太 27:19-24。Swidler (2007: L1685-1702)。

你們必須順服自己的丈夫，如同順服主！……」，其實還沒有講完。後面緊接著對於丈夫的教導：「作丈夫的，你們必須愛自己的妻子，正如基督愛教會，為教會捨己！…… 丈夫也應當照樣愛妻子，如同愛自己的身體；愛妻子就是愛自己了」(弗 5:25, 28)。我們看到世界上多數的妻子，大都能做到「順服自己的丈夫」，但是又有多少的丈夫做到「愛妻子，如同愛自己的身體」，甚至「捨己」？ 同樣的，女輔神學所引用的另一處關於夫妻關係的經文「你們作妻子的，必須順服自己的丈夫，如同應當順服主一樣」，也沒有講完。後面緊跟著：「你們作丈夫的，必須愛你們的妻子！不可苦待她們！」(西 3:19)。當丈夫要求妻子順服之前，是否要自問是否愛妻子，是否苦待了妻子？女輔神學所引用的第三處經文「要勸年長的婦女 …… 必須順服自己的丈夫！免得上帝的道被毀謗」，是保羅提醒提多如何教導教會內不同類別的人：先是老（男）人，接著是老女人、年輕婦女、年輕（男）人、自己（提多）、以及僕人。所以對應女性應有的德行，老男人要「有節制、端正、克己，在信心、愛心、耐心上都要健全」，年輕男人要「凡事克己」，自己要「顯出自己是好行為的榜樣，在教導上要正直、莊重，言語健全，無可指責」(多 2:2, 6-8)。當丈夫拿著石頭要去砸死「不順服」的妻子之前，是不是要自問是否遵從了這些對於男人的教導？總而言之，女輔神學讀經時似乎喜歡斷章取義，只強調妻子的義務，卻漠視丈夫的義務。

最後，保羅在哥林多前書除了明顯主張夫妻平等以外，甚至賦予這種平等有神聖地位。他說：「至於那已婚的，我命令她們 ……：妻子不可與丈夫離婚，如果離婚，就必須維持單身！或者必須與丈夫和好！丈夫也不可離棄妻子。我對其餘的人說 ……，如果某弟兄有不信的妻子，妻子也情願和他住在一起，他就不可離棄妻子！如果妻子有不信的丈夫，丈夫也情願和她住在一起，她就不可離棄丈夫！」(林前 7:10-13)。這些經文給予夫妻平等的離婚權利。不但如此，保羅繼續說：「因為不信的丈夫會藉著妻子已被潔淨；不信的妻子也會藉著丈夫已被潔淨」(林前 7:14)。這一節經文給予妻子屬

靈的權利，她不信主的丈夫可以藉著她獲得宗教儀式上的潔淨，等同信徒。[52]

　　以上就三一神的性別、創造男女的故事、女性在教會所扮演的角色、以及聖經對於夫妻關係的論述，來支持女性神學的觀點，並指出女輔神學的偏差。然而，經過一百年的發展，女性神學內部也出現了一些重大爭議，主要的是泛神論與「擴散正義」。

　　女性神學中的泛神論幾乎隨著 1980 年代女性神學的爆發後而出現。在 1991 年的「普世教會協會」(World Council of Churches)的年會上，南韓的女性神學家 Hyun Kung Chung（鄭景妍）在會議的主題演講時，以一場混和基督教與韓國傳統宗教的舞蹈，震驚所有的神學家觀眾。她一邊跳舞，一邊呼召各種「含恨而死」的靈魂，從聖經裡面被男人剝削和迫害的女人們開始，有被納粹屠殺的猶太人，有日本長崎、廣島原子彈的受害者，有南韓「光州事件」被殺害的示威群眾，有天安門的受害學生，有亞馬遜河的雨林，以及生態環境的動物等 18 類的靈魂。[53] 這種混和宗教的傾向，讓一些主流的女性神學家擔心，更讓保守派的女輔神學引以為戒。鄭景妍的下場是被韓國基督教會定罪為異端，失去教職和離婚後，到美國任教。[54]

　　「擴散正義」(diffused justice) 則是指女性神學後來所關切的議題，從原來的兩性關係，逐漸擴散到階級、種族、移民、多元宗教、政治民主化、性生活、同性戀、生態、以及世界和平等。[55] 這種「女性主流化」(mainstreaming feminism) 雖然有助於提升世人對於兩性平等的重視，但是也造成保守勢力的聯合反彈，以及女性神學內部的爭議，逐漸傷害到女性神學最起初的目標：爭取兩性平等。例如，從 1980 年代起，先進國家內部的少數民族（原住民與黑人）以及

---

[52] 林前 7:10-15 經文根據原文修改過。

[53] Chung (1994). 韓國的神學家常常使用「恨」(*han*) 來描述政治、經濟、社會、文化、性別上的受壓迫者 (Park 1993)。

[54] 陳文珊（2003:159）。

[55] Dube (2012); 陳文珊（2003）。

第三世界國家的女性神學家，認為先前的歐美女性神學家大都是中產階級的白人女性。這些既得利益者一旦獲得經濟與政治基本權利之後，要麼只關切更進一步提升女性在經濟和政治上的平等權益，要麼反過來幫助先進國家的白人、男性、跨國企業家，壓迫國內的少數民族以及開發中國家的女性。她們反對把性別議題「普世化」(universalism)，而主張性別議題在開發中國家，甚至每一個開發中國家，都有特殊的文化、種族、階級、宗教、與政治背景。尤其是第三世界婦女經常遭受到嚴重的貧窮、暴力、戰爭、脅迫賣淫、童婚，是促成第三世界婦女權利不彰的主因。她們連生存的基本權利都沒有，還能奢望經濟與政治地位的平等？而國族認同問題也是許多第三世界國家每日面臨的挑戰，不同於西方國家。因此，不能把西方女性神學一成不變地應用在開發中國家。[56] 有些激進的女性神學則主張「性解放」，廢棄壓抑女性的婚姻制度，或者支持同性婚姻。近年來，由於全世界生態瀕臨崩潰，又有些女性神學家主張推動生態政策時，必須兼顧兩性平等、種族平等、階級平等、以及同性戀的權益。[57]

這種「擴散正義」是否會導致女性議題的「淡化」(dilution) 以及女權團體內部的紛爭，以致減緩女性權益的保障？這可能需要時間才能證明。但是從女權運動發展一百多年的西方國家歷史來看，大部分的女性至今還需要擔心性騷擾，甚至還需要發起「#metoo」運動才能喚起世人的重視，這種「擴散正義」似乎是在「沙子上建房屋」（太 7:24-27）。

---

[56] 關於第三世界（含亞洲、非洲、拉丁美洲）的女性神學歷史與著作，見 King (1994)。非洲國家的「婦女神學」(Womanist Theology)，見 Dube (2000); Pauw and Jones (2006)。亞洲的女性神學，見 Kwok (2000)；Kang (2012)。華人基督教婦女神學有何笑馨 (1988)；陳文珊 (2003)。華人天主教的婦女神學可以參考胡國楨 (2003)。相對來說，非洲與拉美婦女神學家比較關心經濟殖民主義對當地女性的影響，而亞洲女性神學家由於經濟環境比較好，比較關心傳統父權文化的影響。

[57] 主張這類擴散正義的代表人物是 Daly (1973)。

第四節　兩性平等且互補神學

　　本章建立在女性神學對於「相互關係」(mutuality) 的論述方式上，發展出「兩性平等且互補神學」（以下簡稱「兩性互補神學」）。[58] 在名稱上，「女輔神學」明顯地歧視女性，「女性神學」又以女性為中心，恐落入男性沙文主義的另一個極端，歧視男性。「女男神學」也不是理想的詞彙，容易誤導為「女先男後」，成為另一種對於男性的歧視。[59] 本章的「兩性互補神學」則表示兩性平等，不分男先女後或女先男後。它更表達兩性之間的關係，是彈性的互補關係；不是單向、固定的「女輔」或「男輔」關係。下文仍照著上述的神學議題分類，從三一神的性別、創造男女的故事、女性在教會所扮演的角色、以及聖經對於夫妻關係的論述，來說明兩性互補神學。

　　下文的兩性互補神學是建立在對於新約聖經中「公義」一詞的重新詮釋。[60] 和合本以及其他中文譯本把這個原文字翻譯成「公義」，很容易誤導人，以為是「公平正義」。大部分的英文譯本也翻譯成 justice 或者 righteousness。但是聖經希臘文（含《七十士譯本》；以下簡稱 LXX）使用這個字，[61] 甚至包括早期教父在發展護教學的時候，這些作者們可能是受到希臘哲學家 Plato 對這個字定

---

[58]　Johnson (2002: L2174) 認為「女性主義倫理論述中，大家一致提倡的一種關係模式，就是相互關係。這種關係的特色是人與人之間的平等，彼此珍惜、信任、尊重、關懷，而不是競爭、主宰、或優越感」。

[59]　楊克勤 (1995)。

[60]　「公義」的希伯來文是 צַדִּיק (tsadiik)；希臘文是 δικαιοσύνη (dikaiosunei)。

[61]　《七十士譯本》是希伯來文聖經的希臘文譯本，是新約作者引用舊約經文時，所根據的譯本。

義的影響。[62] 根據 Plato 的名著《理想國》(The Republic)，「公義」不是關於哲王、統治者、和官員之間，或者兩性之間的地位、財富、權力是否符合「公平正義」的標準，而是這些人是否「做好本分」。他說：「公義就是做好你自己的事，而且不要干擾其他的人」。[63] 簡單的說，「公義」就是「盡責」或「盡本分」，扮演好自己在國家、社會、家庭中的角色。聖經說：「上帝是公義的」，等於就是在說：「上帝根據祂與信徒所立的盟約，一直都盡到祂的本分」。聖經期待信徒成為「義人」，就是期待信徒能夠扮好信徒的角色、盡到信徒的本分：信靠神、守律法、傳福音。

　　至於角色之間的公平正義，則是隨著時空環境的變動，而有不同的定義。例如，新約雖然有腓利門書，討論到主人與奴隸之間的關係，但是作者（保羅）鼓勵主人和奴隸除了要盡到本分以外，還要多一點信徒之間的愛。他沒有主張推翻奴隸制度。保羅在哥林多前書討論到奴隸制度和兩性關係時，也說：「各人蒙召的時候是怎樣，就必須保持這樣！」(林前 7:20)。到了二十世紀，絕大多數的社會都不贊成奴隸制度，基督徒自然也要「順服人的一切制度」，不可支持奴隸制度。另外，聖經時代的兩性關係，本是男尊女卑；但是到了二十一世紀，兩性平等才是主流人權思想。基督徒就必須「順服人的一切制度」，支持兩性平等。這不是說基督徒必須遵守完全背離聖經倫理的世俗觀念。而是要反省、區分哪些世俗觀念可以在聖經中找到根據，哪些是無關的，還有哪些是有直接矛盾的。本章根據上述聖經對於「公義」的原始定義，建構如下的兩性互補神學。雖然聖經有許多經文主張男尊女卑，但是聖經也有很多的經文支持女性神學，以及從女性神學改良而成的兩性互補神學。

　　女輔神學也是建立在角色的理論上，但是他們把角色與身體性

---

[62] 早期教父如 Augustine, Eusebius of Caesare, Clement of Alexandria 等都引用過 Plato 的著作。Plato 的思想繼續影響後世的神學家。見 Davison, David. "Take It from the Church Fathers: You Should Read Plato." Logos Talk, November 26, 2013, https://blog.logos.com/2013/11/plato-christianity-church-fathers/。

[63] 「公義」的希臘文是 δικαιοσύνη (BDAG)，希伯來文是 צְדָקָה (Hal7885)。Plato (1987: 145), "Justice in the State," Part V: Justice in State and Individual.

別綁在一起，使得女性永遠處在輔助的角色。這就像是種族主義者把主僕角色與身體膚色綁在一起，使得傑出的少數民族也不能享有平等的權利。本章提倡的兩性互補神學則把社會角色與身體性別分開，使得現代女性能夠從傳統角色的綑綁中釋放出來，也讓現代男性能夠扮演過去女性所扮演的角色（除了生孩子以外）。

　　(1) 三一神的性別。女輔神學根據主張上帝和耶穌是男性，所以男尊女卑。女性神學說聖靈是女性，所以女性也有神性。但是這兩種說法，都不符合希伯來文的文法規則和邏輯推理。正確的說法是：三一神沒有人類身體的性別。

　　希伯來文名詞的拼法，有陽性與陰性的差別（沒有中性）。有些名詞的屬性的確與它們的天然性別有關；例如，父親是男性，母親是女性，男先知是男性，女先知是女性。但是更多名詞的性別拼法，是與它們的天然性別無關，而是以色列人的習慣用法；例如，「律法」聽起來很剛猛，詞性卻是陰性；「日」是陽性，「年」卻是陰性；身體器官的腳和耳是陰性，胸部卻是陽性；國名與地名的拼法大都是陰性，當地的民族則是陽性。另外，專有名詞不論拼法是陰性或陽性，希伯來文法學家都把它們定義為「沒有性別」；其中一個沒有性別的名詞，就是「耶和華」。[64] 最後，也可能是最有趣的是「神／上帝」這個字。雖然它的性別是陽性，但是它的用法偶而包括指「女神」。[65] 因此，我們不能從三一神字詞的性別拼法，來斷定祂的性別。

希伯來文因為只有陰性和陽性的拼法，代名詞亦同，因此採用陽性拼法來指涉上帝和基督，用陰性拼法來指涉聖靈。希臘文多了一個中性，用陽性來指涉上帝和耶穌，用中性來指涉聖靈；上帝、耶穌

---

[64] Williams (2007: 5-6)。

[65] 王上 11:5 以及王上 11:33 提到「女神亞斯他錄」עַשְׁתֹּרֶת אֱלֹהֵי。「女神」的原文與「神」相同，都是陽性拼法。LXX 只提到這位神明的名字，並沒有加上「女神」一詞。但是英文譯本和中文譯本在這兩處經文都翻譯成"goddess" 或「女神」。新約也有類似現象；徒 19:27 以及徒 19:37 提到「女神亞底米」。只不過，希伯來文的「神」沒有女性拼法，而希臘文的「神」有女性拼法 (θεά)，就必須翻譯成「女神」。

和聖靈的代名詞亦同。但是這不表示聖靈從舊約的陰性，變成新約的中性了。

希伯來文動詞也有陰性與陽性的拼法，而且是配合動詞的主詞性別。那麼我們就可以根據動詞的性別，來推斷三一神的性別？不能。既然主詞的性別不一定與其天然性別相符，所接的動詞性別，也就不一定有實質性別的意義。這只是希伯來文拼字法的習慣而已。

有趣的是，當上帝稱呼自己時，祂說：「我就是」；耶穌稱呼自己時，也引用上帝的說法：「我就是」。希伯來文和希臘文的「我就是」的「我」是第一人稱，都沒有性別之分。[66]

當上帝創造人類時，祂說：「我們要照著我們的形像，按著我們的樣式造人 …… 祂創造了他們，有男有女」(創 1:26-27)。有些神學家認為「形象」與「樣式」，應該主要是指三一神的能力與性情，加上人類（含男女）外表上的一些共同特徵。[67] 但是男女的形狀還是有別，就像世界上沒有兩個人長得完全一模一樣，即使是同卵雙胞胎還是有微小的差異。

可是在新約裡面，「父神」的概念出現將近兩百次之多，而且常常是耶穌用來稱呼上帝的詞彙，這就可以證明上帝是男性嗎？這可能還是有爭議。因為就現代醫學技術而言，耶穌是從聖靈懷孕，聖靈才是耶穌的生父，不是上帝。那麼為什麼耶穌要稱呼上帝是父神？這可能是因為耶穌聲稱自己是「彌賽亞」、「基督」、「人子」，而這些概念都與上帝有關，而且具有異於常人的特殊神聖關係。同樣的，所有基督徒禱告的時候，都可以稱上帝為「阿爸父神」，但是這是指親密的神聖關係，不是指血緣關係。所以「父神」只是在表達神聖性的來源，不是身體性別的來源。[68]

---

[66] 上帝說「我就是」的希伯來文是 אֶהְיֶה אֲשֶׁר אֶהְיֶה (出 3:14)；耶穌說「我就是」的希臘文是 ἐγώ εἰμι (可 14:62；路 22:70；約 18:37；啟 21:16)。

[67] 關於「形象」與「樣式」的討論，見 Wenham (1987: 29-32)。

[68] 「父神」的經文數目有將近兩百處，這裡只舉約 6:27，羅 1:7；加 1:1-4 為例。見 Johnson (2002: L2450-2472)。

就邏輯推理來說，如果三一神有性別之分，上帝與耶穌是男性，聖靈是女性，那麼三一神的本體就是雌雄同體或跨性別了？這對於大部分保守派基督徒而言，恐怕是完全無法接受的解釋。他們在反對同性戀行為的同時，不也是反對跨性別行為？況且，東方宗教不乏女神信仰（如華人的媽祖信仰和日本神道教的大日照女神），卻仍實施男尊女卑的祭祀制度和社會倫理。神明的性別與兩性關係，並沒有一定的邏輯關係。因此，我們必須放棄訂定三一神的身體性別，做為基督徒兩性關係的神聖基礎。

本章主張三一神的概念本來就是一個角色分工與動態互補的概念，不是身體性別的概念。以上帝位格出現的三一神是舊約的主角，以基督與聖靈位格出現的三一神是配角。耶穌基督是新約四福音的主角，上帝與聖靈是配角。到了使徒教會時代，聖靈是主角，上帝與耶穌在天堂擔任配角。到了末日審判的啟示錄，耶穌又成為主角，上帝與聖靈成為配角。沒有上帝頒佈的舊約，基督教與其他的宗教區別不大。沒有耶穌基督，沒有人「能夠去上帝哪裡」。沒有聖靈的感動，常人又怎能說「耶穌是主」呢？基督徒受洗時，要「奉父、子、聖靈的名」受洗，缺一不可。這些都表明了三一神的概念就是一個角色分工與動態互補的概念。[69]

三一神也含有平等的概念，不是男尊女卑。保羅在腓立比書中說到：「祂（耶穌）以上帝的形像存在，卻不堅持自己與上帝同等，反而倒空自己，取了奴僕的形象，成為人的樣式；既然有人的樣子，就自甘卑微，順服至死，而且死在十字架，因此上帝把祂升為至高，並且賜給祂超過萬名之上的名」（腓 2:6-9）。這句經文說明了三個重點：上帝與未降生前的耶穌本為同等；耶穌降生之後，因為人的身份，暫時低於上帝。也因此，耶穌稱呼上帝為「父神」，這是身份的稱呼，不是血緣的稱呼。但是耶穌死後升天，帶著榮耀復活的身體，又恢復與上帝同等的地位，因為三一神共享「超過萬名之上的名」。至於聖靈本來也是三一神，聖經沒有說明上帝與聖靈，或者聖靈與耶穌是否有地位高低關係。因此，我們也可以推論，上帝、

---

[69] 太 28:19；約 14:6；林前 12:3。

耶穌、與聖靈是同等地位。保羅說：「基督是上帝的能力，也就是上帝的智慧」(林前 1:24)，正提供了最好的註腳。

「上帝」的稱呼一直困擾著女性神學，因為英文文法把上帝定義為陽性。女性神學大師 Rosemary Radford Ruether 曾主張使用「雙性上帝」(God/ess) 來稱呼上帝，以表達上帝同時具有男性與女性的特質。[70] 但是她自己以及其他的女性神學家都認為這個字在教會和神學口語表達時很難使用。另一位女性神學家 Elizabeth A. Johnson 乾脆使用「她」(She) 來稱呼「上帝」，但是這也在西方日常生活對話中造成困擾。[71] 華人基督教因為中文文法的彈性，解決了這個問題。清末民初西方傳教士來華，開始使用中文的「祂」或「祢」來指涉三一神的第三人稱或第二人稱。這基本上就解決了三一神的性別爭議：三一神沒有人類身體的性別，祂自成一類。[72]

就認同的心理需求來說，男信徒雖然可以認同上帝和耶穌的男性特徵，女信徒可以認為聖靈的女性特質，但是這不但把三一神兩性化，而且造成了認同的不完全。男信徒就不能認同聖靈嗎？女信徒就不能認同上帝和耶穌嗎？兩性互補神學主張信徒不分男女，都要認同三一神的男女能力特質，但不是男性或女性的身體性徵。這樣一方面可以滿足各人認同的心理需求，另一方面也提供了完整的認同。

最後，聖靈在處理當代兩性關係有獨特的功能，就是祂使信徒具有「靈智」(*nous*；見本書第二章第四節的討論)。聖經的倫理規條雖然很多，但是不能涵蓋人類生活的每一個細節。尤其是隨著時空環境的變化，如資本主義的興起、新科技的發展、後現代議題的興起，使得聖經倫理的應用，出現了大小不一的解釋空間。當聖經經文有明確的倫理立場時，信徒當然以經文為優先考量。但是當聖

---

[70] "God/ess" 是 Ruether (1983: 46) 所創的象徵字，結合表達男性特質的 "God" 與女性特質的 "Goddess"，而仍然保留三一神的神學主張。本章姑且翻譯成「雙性上帝」。

[71] Johnson (2002: L1642).

[72] Kwok (2000: 70) 認為華人基督教的「上帝」或「天主」仍為男性，只有「神」是非性別。

經經文有兩個以上的倫理立場，甚至沒有直接的經文討論到這些倫理議題時，信徒應該何去何從？聖經提供了一個答案：信徒要運用聖靈所賜的「靈智」。

　　由於女輔神學和女性神學各有許多聖經根據，而某些女性神學又可能產生混和宗教以及性解放的爭議，本章的兩性互補神學就必須使用更新變化的靈智，來重新解釋經文。不過，就如女性神學家 Anne Claar Thomasson-Rosingh 提醒其他女性神學家，聖靈在聖經裡面以及教會歷史上，對於兩性關係有祂的兩面性：解放與限制。大部分的女性神學家看重聖靈的解放角色，卻忽略了聖靈也有約束的角色。因此，本章的兩性互補神學主張靠著靈智來重新解釋聖經中的兩性關係，支持兩性平等與互補，但是也必須靠著靈智帶入一些倫理的限制。[73]

　　(2) 創造男女的故事。女輔神學認為上帝先造男、後造女，就確定了男尊女卑。女性神學提出有力的經文解釋，推翻了女輔神學的男尊女卑說法。不過，本章認為雙方都低估了「人要離開父母，與妻子結合，二人成為一體」(創 2:24) 這句經文，在創造男女的故事以及兩性關係的重要性。這裡「結合」LXX 翻譯成的希臘字有「緊黏」、「忠誠地承諾」、以及「結合」的意思，與希伯來文意思相近。[74] 從這個字看來，沒有男尊女卑，也沒有兩性對立的意思，而有更多平等與互補的意思。而「成為一體」在希伯來文與 LXX 的「一體」都是指「一個身體」。這個字詞同樣地也沒有男尊女卑，兩性對立的意思，而有更多平等與互補的意思。

　　保羅特別強調「一個身體」所意涵的「功能分工、平等互補」，對於教會團結的重要。「正如我們一個身子上有好些肢體，肢體也不都有一樣的用處」(羅 12:4)；「我們許多人在基督裡是一個身體，互相聯絡作肢體」(羅 12:5)。他另外在哥林多前書關於「一個身體」和「愛的真諦」的經文，詳述「功能分工、平等互補」的重要性。雖然這些經文是針對全教會的人說的，但是也適用在兩性關係上，

---

[73] Thomasson-Rosingh (2015).

[74] προσκολλάω (BDAG); דבק (Hal1944).

尤其是「愛的真諦」常常用來當作基督教結婚儀式的一部份。前述女性神學引用的經文，「不再分猶太人或希臘人，不再分為奴的自主的，不再分男的女的，因為你們在基督耶穌裡都成為一了」（加3:28），也是在這個「一個身體」，「平等互補」的脈絡下來解釋的。[75]

有趣的是，當耶穌再來時，教會要成為耶穌的「新婦」。[76] 難道說，教會的弟兄都要「變性」成為姊妹？當然不是。這還是角色的問題，不是身體性別的問題。

（3）女性在教會所扮演的角色。女輔神學認為女性可以在教會裡面扮演好「互補」的角色，但是只能是男尊女卑式的單向輔助。女性神學也有理由懷疑當教會結構與社會文化就是男尊女卑時，去討論「互補」是否還是會落入不平等、不對稱的輔助關係。因此，我們除了重新詮釋聖經中的兩性關係以外，還要處理教會結構與社會文化的問題。

聖經中記載女性在教會所扮演的互補角色，最具代表性的案例，在舊約有士師底波拉和她的將軍巴拉，在新約是百基拉和亞居拉夫婦。這兩人的故事，前面討論過，因此只說明她們互補的經文。女先知底波拉召來勇士巴拉，去攻打迦南王的將軍西西拉。但是不知道什麼原因，可能是西西拉百戰百勝，巴拉膽怯，就要求底波拉一同去打仗。底波拉同意跟著去，但是底波拉把話說在前頭：「只是你（巴拉）在所行的路上得不著榮耀，因為耶和華要將西西拉交在一個婦人手裡」。所以，領軍的顯然是底波拉，在戰場上殺敵的是巴拉。隨後，巴拉遇到敵軍，他是聽底波拉的指示，才展開攻擊，擊垮敵軍。但是西西拉並沒有死於巴拉之手，而是死在一位以色列人妻子名叫雅億的錐子下，是她把西西拉的屍首交給巴拉（士4）。這裡如果有不平等的兩性關係的話，那應該是兩位女人扮演了主角，巴拉只是配角而已。不過，從兩性互補神學來看，這正是兩性互補的最好例子之一。當男人不願或不能負擔起當時社會所給予

[75] 林前 12:12-27；林前 13；弗 4:25。
[76] 啟 19:7；啟 21:2；啟 21:9；啟 22:17。

的角色時，女人就要肩負起男人的責任，完成上帝的使命。

兩性互補在新約的最好例子，就是百基拉和亞居拉夫婦。[77] 這對夫妻本來是共同從事帳棚製造業的，從羅馬搬到哥林多。他們的家境大概不錯，而且家裡可能就是一個家庭教會。保羅去投靠他們，週間就在他們家裡打工，一起製造帳棚；安息日則去會堂裡講道。保羅後來離開哥林多到以弗所，這對夫妻也跟著他去宣教，成為重要的助手。在每日相處、耳濡目染的機會中，這對夫妻可能就得到保羅神學的真傳。保羅離開以弗所之後，有一位辯士亞波羅來到以弗所，傳講耶穌的道，但是並無法融會貫通。這對夫妻就接他來住，「把上帝的道路，給他更精確地講解 …… 引聖經證明耶穌是基督」(徒 18:26)。這對夫妻在新約經文中出現六次，而且常常是妻子百基拉在前，這在當時男尊女卑的風俗習慣下，是很突兀的陳述方法。可見百基拉不只是在工作上與丈夫一起扮演重要的經濟角色，在傳福音和教導上，也是形影不離。女輔神學認為百基拉只能在私下教導男性徒。但是經文上沒這麼說，而且從當時這對夫妻的同工經驗以及家庭教會的結構，沒有必要如此分男女來教導。

女性神學正確地指出，根據歷史文獻，許多早期教會的女信徒在建立教會、管理教會、和擴展教會上，扮演了重要的角色。尤其是某些教會採取了集體領導的方式，而不是設立一位主教來統管長老們和執事們。我們可以合理的推測，這些採取集體領導方式的教會，女信徒參與決策與領導的可能性比較大。但是受限於當時男尊女卑的社會文化，當教會擴大之後，女性的領導地位逐漸被男性取代，尤其是後來設立單一主教的教會。

從兩性互補神學的觀點，我們可以推論出，隨著時空環境的變化，教會內的兩性平等關係也會調整。[78] 從女性領導，到兩性共治，到男性領導，都有可能。教會裡面沒有一項職務，是有天生性別的

---

[77] 徒 18:2-26；羅 16:3；林前 16:19；提後 4:19。

[78] 溫和保守派的 Stackhouse (2005:51-72) 雖然認為聖經整體上是主張男尊女卑，但是也同意隨著時空環境的變化，教會內的兩性關係在聖靈引導下也要調整。

限制，而是以符合該職務角色的恩賜作為區別。任職大公司總經理的女信徒，為什麼不能兼任教會的長執會主席？神學院的女教授為什麼不能兼任教會的成人主日學校長，或成為主任牧師？任職小學老師的男信徒，為什麼不能兼任兒童主日學的老師？甚至號稱「除了生孩子，女人會做的事，他都要會做」的海軍陸戰隊員，也可以在教會幼兒房幫忙管理秩序。主日講臺以及聖經課程可以由男牧師的師母、女牧師的師丈、以及男女長老或執事，輪流擔任。從不同角色、不同性別的信徒，去解讀聖經，更可以達到「萬事互相效力，使愛神的人得益處」（羅 8:28) 的教會目標。當華人社會逐漸在文化、經濟、教育、和政治上走向兩性平等時，教會內部的權力結構，也會、也必須調整，否則女信徒終究會轉到其他兩性比較平等的教會，認同女性的尊嚴、體會屬靈地位的平等、以及發揮恩賜去擔任更上層樓的教會領導職務。

教會內要實踐兩性互補神學時，必須兼顧兩性關係的界線。女輔神學把教會職務做性別的區隔，以及某些早期教父制定詳細的男女互動禮儀，[79] 的確可以減少男女發展出「辦公室愛情」(office romance) 的機會，尤其當這些同工各有配偶時。兩性互補神學既然打破了職務性別的限制，「辦公室愛情」的可能性必然增加。因此，兩性互補神學必須持續地發展一套兩性關係倫理；例如，探訪女信徒時，男牧師要與師母一起去，或者男牧師要有兩位以上女信徒陪同。教會會議深夜結束，送女信徒回家，也最好是女性或夫妻擔任駕駛。這些實務上的細節，不勝枚舉，但要以兼顧性別互補以及聖經倫理界線為原則。

(4) 夫妻關係。女輔神學主張的夫妻關係是男尊女卑，女性神學主張的夫妻關係是平等關係，但是傾向於對立的平等。本章的兩性互補神學則主張平等且互補的夫妻關係。

前述引起女輔神學與女性神學爭議的五處主要經文（林前

---

[79] Clement of Alexandria, The Instructor: Book II, Chapter 7. Directions for Those Who Live Together; Clement of Rome, Two Epistles Concerning Virginity, Chapter 2-16. In Schaff (2016: L121693, L172794-172943).

11:3-16；林前 14:33-34；弗 5:21-33；西 3:18；提前 2:8-15），其實就是建立在平等且互補的原則上。首先，要解釋林前 11:3-16 這一段經文，不能斷章取義，而是要考慮到林前 7:1-16 關於夫妻關係的通論。在林前 7:1-16 這一段經文中，保羅不斷地交替教導夫妻平等與互補的角色：各自要「盡本分」；各自「對於自己的身體沒有主張的權柄」；「不可忽略對方的需求」；若是一方不是基督徒，另一方要盡量和睦，設法拯救另一半。女輔神學斷章取義，只提出妻子的責任，卻忽略了保羅所強調的彼此責任。他們也常常直接跳到林前 11 章，強調「男人是女人的頭」，而忽略了林前 7:1-16 強調夫妻平等的前提。[80]

　　同樣的，以弗所書 5:21-33 關於夫妻關係的討論，也是建立在平等且互補的原則上。這一段經文一開始就做了這個原則的宣告：「要以敬畏基督的方式，彼此順服」。[81] 這節經文之後，才述說妻子怎麼「以敬畏基督的方式」，順服丈夫；以及丈夫怎麼「以敬畏基督的方式」，順服妻子。當然，經文並沒有說丈夫要順服妻子，但是保羅給予丈夫更難達成的任務，要「愛妻子，如同愛自己的身體」。我們看到聖經中順服丈夫的妻子有很多，卻找不到一個愛妻子如同愛自己的丈夫。那麼這個世代教會在處理夫妻關係時，仍舊是要強調妻子要順服丈夫，還是更要強調丈夫要愛妻子如己，或者彼此順服、彼此捨己？

　　再來是歌羅西書 3:18「你們作妻子的，要順服自己的丈夫，這在主裡面是合宜的」。根據這節經文，女輔神學認為妻子順服丈夫是主所規定的。但是從兩性互補神學來說，「這在主裡面是合宜

---

[80] 楊克勤（1995；81-112）。Verbrugge and Harris (2008: L4417-4438) 認為「男人是女人的頭」這個「頭」字，只表示「顯著」(prominence) 的地位，而沒有「順服」的含意。「順服」不能適用在兩性關係以及上帝與耶穌之間的關係。

[81] 這句經文雖然也可以作為上一段經文「對於教會同工的一般教導」的結論，但是在較新版的原文聖經，這節經文的開始是大寫 (Ὑποτασσόμενοι)，結尾是逗號 (ἐν φόβῳ Χριστοῦ,)，似乎表示是作為以下經文的題綱。Klein et al (2006: 148-151) 也認為弗 5:22-24 要從夫妻平等與互補的角度來解釋這段經文，才不會誤解保羅的兩性互補神學。

的」是一種靈智的表現與條件。夫妻彼此順服是要從主對夫妻相互順服的規定，並考慮到當時的時空環境，採取「合宜的」夫妻關係。[82]

　　女輔神學最後提到的男尊女卑經文是提摩太前書 2:8-15 禁止女人（妻子）講道，只要安靜。這一段經文成為女輔神學排除女性在教會領導與教導職務之外的聖經根據，包括主日講道、成人主日學課程、和神學研究。現代多數的神學家則認為保羅這一段經文可能是在處理個案，而不是通則。也就是提摩太所屬的教會，出現了一群打扮時髦、喜歡誇口有聖靈的感動、在家庭聚會時公開挑戰她們丈夫的解經、擾亂聚會次序的「羅馬新女性」。她們的作為挑戰了當時通行的教會聚會規定。[83] 但是從兩性互補神學來說，這一段經文的重點不是女性可否講道，而是講道的內容，以及是否需要在公眾場合羞辱自己的配偶。如果丈夫講道違反了聖經，保羅一定會指責丈夫；[84] 如果丈夫當眾羞辱自己的妻子，保羅也一定會指責丈夫。更何況，這些聚會的禮儀既然不是重大的倫理規範，就會因為時空環境的變動而更改。就像是舊約時代的贖罪禮儀要活宰牛羊，不再能夠適用今日教會。

　　處在現代社會的基督徒夫妻關係，在前述靈智的帶領下，也不得不採取平等互補的原則。保羅在前述哥林多前書的主要論證，就是鼓勵信徒以靈智來貫徹所有的爭議，以恢復符合當時文化背景的教會次序。[85] 由於前面提到的現代女性在教育、經濟、社會、政治地位上，持續地提高，女性參與社會的能力與機會也都顯著增加。一個家庭、兩份薪水，將成為主要的家庭經濟型態。那麼家庭角色的分工，勢必重新調整。從傳統的「男主外、女主內」，轉變成「夫妻都要兼顧內外」，而不是讓妻子「一根蠟燭、兩頭燒」；丈夫也

---

[82] Klein et al (2006: 338).

[83] Towner (2006: L4583-5482).

[84] 例如，提前 2:8「我希望男人舉起聖潔的手隨處禱告，不發怒，不爭論。」

[85] 例如，林前 1:10、2:16、14:14-15、14:19。

要學習傳統女性的角色，洗衣、燒飯、帶孩子。夫妻角色不但是要
互補，而且是動態地互補：女性平常就要有自己的事業，當丈夫暫
時失業或者臥病在床，不能擔任「妻子的頭」時，妻子就要肩負主
要的經濟責任。妻子工作出差，丈夫就要負責照顧孩子們的生活起
居。夫妻長期工作兩地，兩人就要綜合考慮居住地點、教會的距離、
兒女教育、和經濟因素，一起做出最適當的決定，而不一定是「夫
唱婦隨」。

　　就如教會內的兩性平等互補關係，要有聖經倫理為界線，夫妻
的平等互補關係亦然。夫妻之間的彼此順服或相愛，要以信仰為前
提。不能因為另一半不信主、不願意盡到信徒的本分，另一半就跟
著不信主、不盡信徒的本分。夫妻的一方違反了聖經倫理，如外遇，
另一方可以選擇原諒，但是也可以選擇離婚。[86]

　　最後，以上所建構的兩性互補神學對於傳福音是否構成一個障
礙，尤其是在傳統男尊女卑的社會中？傳統社會對於兩性關係的調
整，必然採取抵制態度。但是兩性互補神學有兩個優點，可以軟化
傳統社會的抵制。其一，就如女性神學常常強調的，女性佔全世界
人口的一半，女性意識又伴隨著教育、經濟、政治地位的改善，持
續地覺醒。整個大環境和未來的趨勢，必定驅使各宗教逐漸採取兩
性互補神學，以免他們一半以上的信徒會逐漸流失。其次，不同於
女性神學家強調從女性生活經驗來提升女性意識，兩性互補神學強
調從男女共同的生活經驗來提升兩性平等與互補。女性神學家大都
是女性，而兩性互補神學可以平等開放給男性與女性的神學家。中
諺「一個巴掌打不響」，西諺「兩人才能跳探戈」，女性意識固然
需要提升，男人更需要調整傳統思維和習慣，兩性平等與傳福音才
能夠相輔相成。如果認為「只有女性才能做女性神學，這顯然是父
權意識薰陶下的錯誤觀念」。[87]

---

[86] 太 5:32、19:9；路 16:18；林前 7:15。

[87] 楊克勤（1995；11）。Newsom, Ringe, and Lapsley (2012: L478) 在編輯
第三版的 Women's Bible Commentary 時，知道有些男性的女性神學家，但
是最後決定不邀請他們，該書仍保持全女性的作者。

第五節　兼論墮胎與婚前性行為

　　至於甚受爭議、而且是現代婦女運動具有指標性意義的墮胎和
婚前性行為議題，也可以依照兩性互補神學的原則，以及靈智的帶
領下來處理。首先，聖經沒有一處經文直接討論到墮胎。唯一勉強
與墮胎直接相關的經文是出埃及記 21 章 22 節：「人若彼此爭鬥，
傷害有孕的婦人，甚至墜胎，隨後卻無別害，那傷害她的，總要按
婦人的丈夫所要的，照審判官所斷的，受罰」。但是這一處經文的
原文以及上下文意思，應該是指「流產」，而不是墮胎。舊約中有
三處經文提到（自然）「流產」，但是都不是指「墮胎」；[88] 新約則
完全沒有討論到流產或墮胎。

　　反對墮胎是教會早期教父們所提倡的新主張，後來就成為西方
教會傳統，流傳至今。當時羅馬帝國盛極而衰，道德倫理淪喪，性
關係氾濫的副作用之一，就是墮胎風氣盛行，常常在街上或水邊看
到成形的胎屍。為了與世俗風氣作明顯區隔，因此早期教父極力反
對墮胎。現代的保守派教會也常常引用驚人的墮胎數字，作為反對
墮胎的根據。他們另外引用「上帝對於生命有主權」的許多經文，
反對人們自己決定殺害胎兒。然而，這些經文都不是直接討論墮胎
的議題，而是早期教父們與現代保守教會對於單一經文的擴大解經。
姑且不論聖經的作者是否能夠明白「生命從受精卵那一刻開始」，[89]
「上帝對於生命有主權」這一句話並不表示上帝沒有授權人類去管
理大自然的生命、自己的生命、和他人的生命（如死刑與戰爭；見

---

[88] 舊約中關於「流產」(נֵפֶל, Hal6278) 的經文只有伯 3:16；詩 58:8；傳 6:3。

[89] 保守派認為墮胎的問題要使用現代科學的 DNA 方法，追溯胎兒的人權
到受精卵。那麼為甚麼保守派不使用同樣的 DNA 技術，給予紅毛猩猩某
些人權呢？

本書第十章的討論）。[90] 墮胎不是上帝主權的問題，是上帝授權人類
管理胎兒的問題。

　　從兩性互補神學的觀點來看墮胎，這是胎兒的父母親要一起做
的決定。如果父親不明、或者落跑、或是強姦犯，這就變成母親一
個人要做的決定。不論是父母親一起做決定，或者母親一人做決定，
主角都是母親，父親和教會只是扮演互補的配角。父親的角色以及
教會的角色，只限於從旁提供資訊、協助、鼓勵與安慰，而不是指
導和譴責母親。只要是符合當地法律，墮胎與否都可以是夫妻共同
選項之一。

　　最後，夫妻結婚前是否可以發生性關係？二十世紀下半，保守
派教會開始推動「守身運動」。有些教會不但禁止婚前性行為、反
對有婚前性行為的信徒採用正常的教會婚禮儀式，甚至認為婚前性
行為會導致婚姻的終身污點。然而，就像是上述墮胎的爭議，聖經
沒有一處經文直接反對婚前性行為。反而有四處經文直接討論到婚
前性行為，不但沒有譴責，反而有容許之意。[91]

　　出埃及記 22:16-17、申命記 22:28-29、以及哥林多前書 7:36 這
三處經文的內容非常相似。「人若引誘沒有受聘的童女，與她行淫，
他總要交出聘禮，娶她為妻。若女子的父親決不肯將女子給他，他
就要按童女的聘禮，交出錢來」；「若有男子遇見沒有許配人的少
女，抓住她與她同寢，被人發現，這男子就要拿五十銀子給女子的
父親，並要娶她為妻，終身不可休她，因為他玷污了這女子」。「若
有人認為自己待他的女兒不合宜，[92] 女兒也過了適婚年齡，他可以

---

[90] 聖經中關於神授權人類管理世界萬物（包括自己的身體）至少有 19 處：
創 1: 28、6: 19、7: 16、8: 17、9: 1-3, 7、41: 14-56；出 20: 10-11、23: 10-
12、31: 12-17；利 19: 9-10、23: 22、24: 19-20、25: 7、26: 35；申 5: 14、
20: 19；詩 8: 6；林前 3:16-17；來 2: 7-8；雅 3: 7。

[91] 出 22:16-17；申 22:28-29；賽 8-9；林前 7:36。先知何西阿取淫婦為妻（何
3），不算是本章所謂的婚前性行為，因為經文只暗示這位淫婦有婚前性行
為，然而不是與何西阿發生性關係。

[92] 和合本修訂本畫蛇添足地提供另一個翻譯選項：把「女兒」翻譯成「未
婚妻」。即使這樣，這處經文也沒有反對婚前性行為。「不合宜」很可能
就是暗示婚前性行為。

隨意處理，不算有罪，讓兩人結婚就是了」。這三處經文對於聖經當時的少女都是一大保障，甚至可能比現代社會還要好。男人不能在一夜情之後，就偷溜了事。男人如果想要跟女人發生婚前性關係，最好心理準備好要娶她為妻，或者就預先準備好一大筆遮羞費（五十銀子約等於當時 200 天的工資）。

　　第四處涉及婚前性行為的經文是以賽亞書 7-9 章，尤其是 7:14「因此，主自己要給你們一個預兆，注意！必有處女懷孕生子，給他起名叫以馬內利」，以及 8:3:「我（以賽亞）親近女先知；她就懷孕生子」。這兩處經文是新約作者用來證明耶穌就是那位「處女懷孕」所生的「以馬內利」彌賽亞。這段經文的重要性，自然無與倫比。然而「處女懷孕」和「女先知」不就是暗示婚前性行為？[93]聖經有譴責以賽亞嗎？不但沒有，這件事反而成為「耶穌是彌賽亞」的最重要經文根據之一。如果依照保守派的解經和翻譯，認為「女先知」是以賽亞的妻子，那麼為什麼這段經文之前沒有提到以賽亞結婚這麼重大的事情？如果既然已經是以賽亞的妻子了，又怎能稱之為「處女懷孕」？除非以賽亞結婚後，等到上帝的這個特殊啟示臨到他之後，才與妻子同床？這兩個解釋綜合比較起來，以賽亞發生婚前性行為的可能性似乎比較高。

　　兩性互補神學根據上述的四處經文，不能反對婚前性行為，但是也不鼓勵沒有結婚承諾的婚前性行為。除了因為這是上述四處經文所描述的，也是從實務經驗來考量：女性懷孕了怎麼辦？沒有婚姻承諾的性伴侶人數增加，是否增加傳染性病的機會？最近的美國統計研究，婚前女性的性伴侶人數若分為三類：10 人以上，3-9 人，以及一人或沒有，第一類的人離婚率最高，第三類人離婚率最低。[94]

　　[93] 和合本修訂本再一次畫蛇添足地提供另一個翻譯選項：把「女先知」翻譯成「以賽亞的妻子」。神學家都注意到「處女懷孕」的「處女」的希伯來文 עלְמָה 與 LXX 的 παρθένος 意思不完全相同。前者指一般少女，不一定是沒有性行為的童女；後者很明確地是指處女。馬太福音 1:23 引用的是 LXX 的 παρθένος。彌賽亞書的女先知是「處女」，但很可能不是十幾歲的「童女」。

　　[94] Wolfinger (2016).

這些都可經過「靈智」的判斷，做出適當的倫理行為，而不是一昧地譴責婚前性行為，或是走向另一個極端而濫交。

參考書目

何笑馨，編。1988。*華人婦女神學初探：亞洲婦女神學研討會文集*。香港：道聲出版社。

施福來。1988。「保羅對婦女的看法」。何笑馨，編。*華人婦女神學初探：亞洲婦女神學研討會文集*。香港：道聲出版社，頁41-48。

胡國楨，編。2003。*女性神學與靈修*。臺北：光啟文化。

陳文珊。2003。*本土婦女神學面面觀*。臺北：永望文化。

陳尚仁。2021。*21世紀教牧倫理學*。臺北：校園書房。

黃懷秋。2005。「女性神學與聖經詮釋」。*輔仁宗教研究*，12:21-52。

黃懷秋。2018。「基督宗教女性研究：回顧與前瞻」。*新世紀宗教研究*，17:1-16。

楊克勤。1995。女男之間：女性神學與詮釋學。香港：建道神學院。

臺灣基督長老教會總會性別公義委員會。2018。*歷年性別圖像*。http://gender.pct.org.tw/news_charts.htm?strBlockID=B00402&strContentID=C2018012500001&strDesc=&strSiteID=&strPub=&strCTID=&strASP=news_charts, 2020.10.21.

劉幸枝。2019。*回來吧！書拉密女：初代教會婦女事奉簡史*。新北市：橄欖。

蕭克諧。1988。「開幕詞：為什麼要研究婦女神學？」。何笑馨，編。*華人婦女神學初探：亞洲婦女神學研討會文集*。香港：道聲出版社，頁5-8。

"Misogynistic Quotations from Church Fathers and Reformers," https://margmowczko.com/misogynist-quotes-from-church-fathers/, 2019.11.22.

"The Glass-ceiling index," *The Economist*, https://infographics.economist.com/2020/glass-ceiling/, 2020.10.20.

Bauer, Walter, and Frederick William Danker (BDAG). 2001. *A Greek-English Lexicon of the New Testament and Other Early Christian Literature*. 3rd ed. Chicago, IL: University of Chicago Press.

Berger, Teresa. 2012. "Feminist Ritual Practice." In Mary McClintock Fulkerson and Sheila Briggs, eds. *The Oxford Handbook of Feminist Theology.* New York: Oxford University Press, pp. 525-543.

Burge, Ryan. 2019. "Most Southern Baptist women would welcome a woman pastor. It's unlikely to happen", *Religion News Service*, https://religionnews.com/2019/06/11/most-southern-baptist-women-would-welcome-a-woman-pastor-its-unlikely-to-happen/, 2020.10.21.

Chung, Hyun Kyung（鄭景妍）. 1994. "Come, Holy Spirit: Break Down the Walls with Wisdom and Compassion". In Ursula King, ed. 1994. *Feminist Theology from the Third World.* Eugene, OR: Wipf, pp. 392-394.

Council on Biblical Manhood and Womanhood. 1987. "The Danvers Statement." https://cbmw.org/about/danvers-statement, accessed 2010.1.15.

Creeds of Christendom, volume 1, https://www.ccel.org/ccel/schaff/creeds1.iv.iii.html , 2019.11.8

Daly, Mary. 1973. *Beyond God the Father. Boston*, MA: Beacon Press.

Davison, David. "Take It from the Church Fathers: You Should Read Plato." *Logos Talk,* November 26, 2013, https://blog.logos.com/2013/11/plato-christianity-church-fathers/.

Doriani, Dan. 2003. *Women and Ministry: What the Bible Teaches.* Wheaton, IL: Crossway.

Dube, Musa W. 2000. *Postcolonial Feminist Interpretation of the Bible.* St. Louis, MO: Chalice Press.

------. 2012. "Feminist Theologies of a World Scripture(s) in the Globalization Era." In Mary McClintock Fulkerson and Sheila Briggs, eds.

The Oxford Handbook of Feminist Theology. New York: Oxford University Press, pp.382-401.

Dunn, James D.G. 2006. *The Theology of Paul the Apostle.* Grand Rapids, MI: Wm. B. Eerdmans Publishing.

Elvey, Anne F., Carol Hogan, Kim Power, and Claire Renkin, eds. 2014. *Reinterpreting the Eucharist: Explorations in Feminist Theology and Ethics.* New York: Routledge.

Gerber, Chad Tyler. 2016. *The Spirit of Augustine's Early Theology: Contextualizing Augustine's Pneumatology.* New York: Routledge.

Grudem, Wayne. 2012. *Evangelical Feminism and Biblical Truth: An Analysis of More Than 100 Disputed Questions.* 2nd ed. Wheaton, IL: Crossway.

Hatch, Nathan O. 1989. *The Democratization of American Christianity.* New Haven, CT: Yale University Press.

Holladay, William Lee (Hal). 1971. *A Concise Hebrew and Aramaic Lexicon of the OT: Based on the First, Second, and Third Editions of the Koehler-Baumgartner Lexicon.* Grand Rapids, MI: Eerdmans.

Johnson, Elizabeth A. 2002. *She Who Is: The Mystery of God in Feminist Theological Discourse.* 2nd ed. Chestnut Ridge, NY: The Crossroad Publishing Company.

Jones, Serene. 2000. *Feminist Theory and Christian Theology (Guides to Theological Inquiry)*: Cartographies of Grace. Minneapolis, MN: Fortress Press.

Kang, Namsoon. 2012. "Transethnic Feminist Theology of Asia: Globalization, Identities, and Solidarities." In Mary McClintock Fulkerson and Sheila Briggs, eds. *The Oxford Handbook of Feminist Theology.* New York: Oxford University Press, pp. 109-130.

King, Ursula, ed. 1994. *Feminist Theology from the Third World.* Eugene, OR: Wipf.

Klein, William W., David E. Garland, Todd D. Still, and Arthur A. Rupprecht. 2006. *Ephesians, Philippians, Colossians, Philemon.* The Expositor's Bible Commentary. 2nd ed. Grand Rapids, MI: Zondervan.

Kostenberger, Andreas J, Thomas R. Schreiner, and H. Scott Baldwin, eds. 1995. *Women in the Church: A Fresh Analysis of 1 Timothy 2:9-15.* Grand Rapids, MI: Baker.

Kwok, Pui-lan. 2000. *Introducing Asian Feminist Theology.* England: Sheffield Academic Press.

Menn, Stephen. 1998. *Descartes and Augustine.* New York: University of Cambridge Press.

Newsom, Carol A., Sharon H. Ringe, and Jacqueline Lapsley, eds. 2012. *Women's Bible Commentary*, 3rd ed. Louisville, KY: Westminster John Knox Press.

Park, Andrew Sung. 1993. *The Wounded Heart of God: The Asian Concept of Han and the Christian Doctrine of Sin.* Nashville, TN: Abingdon Press.

Pauw, Amy Plantinga, and Serene Jones, eds. 2006. *Feminist and Womanist Essays in Reformed Dogmatics.* Louisville, KY: Westminster John Knox Press.

Peck, John A. 2016. "What is the Human Nous?" Preachers Institute, https://preachersinstitute.com/2016/08/26/what-is-the-human-nous/ , 2020.2.4.

Plato. 1987. *The Republic.* 2nd ed. Trans. Desmond Lee. New York: Penguin Books.

Raphael, Melissa. 2012. "Feminist Theology and the Jewish Tradition." In Mary McClintock Fulkerson and Sheila Briggs, eds. *The Oxford Handbook of Feminist Theology.* New York: Oxford University Press, pp. 51-72.

Ruether, Rosemary Radford. 1983. *Sexism and God-Talk.* Beacon Press.

Schaff, Philip. ed. 2016. *The Complete Works of the Church Fathers.* Seattle, WA: Amazon Digital Services.

Singapore Conference. 1994. "Summary Statement on Feminist Mariology." In Ursula King, ed. *Feminist Theology from the Third World*. Eugene, OR: Wipf, pp.271-274.

Southern Baptist Seminary. 2004. "The Danvers Statement." http://catalog.sebts.edu/content.php?catoid=9&navoid=625, accessed 2020.1.15.

Stackhouse, John G. Jr. 2005. *Finally Feminist: A Pragmatic Christian Understanding of Gender.* Grand Rapids, MI: Baker Academic.

Stark, Rodney. 1995. "Reconstructing the Rise of Christianity: The Role of Women." *Sociology of Religion*, 56(3): 229-244.

Swidler, Leonard. 2007. *Jesus Was a Feminist: What the Gospels Reveal about His Revolutionary Perspective*. Lanham, MD: Sheed & Ward.

Thomasson-Rosingh, Anne Claar. 2015. *Searching for the Holy Spirit: Feminist Theology and Traditional Doctrine.* New York: Routledge.

Torjesen, Karen. 1995. *When Women Were Priests: Women's Leadership in the Early Church and the Scandal of Their Subordination in the Rise of Christianity.* New York: HarperCollins Publishers.

Towner, Philip H. 2006. *The Letters to Timothy and Titus*. Grand Rapids, MI: William B. Eerdmans.

Verbrugge, Verlyn D., and Murray J. Harris. 2008. *1 & 2 Corinthians.* The Expositor's Bible Commentary. 2nd ed. Grand Rapids, MI: Zondervan.

Wenham, Gordon J. 1987. *Word Biblical Commentary Genesis 1-15*. Grand Rapids, MI: Zondervan.

Williams, Ronald J. 2007. *Williams' Hebrew Syntax,* 3rd ed. Toronto, Canada: University of Toronto Press.

Wolfinger, Nicholas H. 2016. "Counterintuitive Trends in the Link Between Premarital Sex and Marital Stability." https://ifstudies.org/blog/counterintuitive-trends-in-the-link-between-premarital-sex-and-marital-stability, accessed 2020.1.13.

第八章　同性戀 [1]

本章摘要：

　　教會必須堅持教會內禁止同性戀性行為，但是不必反對教會外為同性家庭所設立的法律。

　　華人教會引用西方保守政治神學，強烈反對同性婚姻法草案，引起教會內年輕信徒的反感，以及教會外媒體的批判。聖經經文明顯地譴責同性戀性行為。所謂的「同性戀神學」只有少數間接經文作為依據。但是身為少數宗教，華人教會在堅持教會內禁止同性戀性行為的同時，似乎不必反對教會外為同性家庭所設立的法律。

主題經文：

　　「男人若跟男人性交，像跟女人性交，他們二人就做了可憎惡的事，必被處死，血要歸在他們身上。」（利 20:13）。

　　「因此，上帝任憑他們放縱可羞恥的情慾。他們的女人把自然的性關係，變成違反自然的；男人也是如此，放棄了和女人自然的性關係，他們的慾火猛烈，男人和男人彼此貪戀，做出可恥的事，就在自己身上受到這過犯所當得的報應。」（羅 1:26-27）。

案例 8.1：

　　鄉下有一對務農的楊姓中年夫妻，平常省吃儉用，好不容易把

---

[1] 本章修改自郭承天。2014。「平衡基督信仰與同性戀權益」，臺灣宗教研究，13 卷 2 期，41-72 頁。

獨子送進大學讀書。怎知畢業返家時，帶回一個學長，說是他的未婚夫。這對夫妻面露絕望的表情，勉強忍住淚水，跟兒子說：「初一、十五，你要我們怎麼面對祖宗牌位？」「我們楊家就要在你這一代絕子絕孫嗎？」

第一節　議題背景

2019 年 5 月，臺灣的立法院通過同性婚姻專法（正式名稱是《司法院釋字第 748 號解釋施行法》），是亞洲第一部同性婚姻的法律。這一場宗教團體對抗同性戀團體的「聖戰」，可以從 6 年前的示威遊行說起。2013 年 11 月 30 日臺灣的總統府前，約有 30 萬人參加了由 18 個宗教團體共同發起的「臺灣宗教團體愛護家庭大聯盟」（簡稱「護家盟」）遊行，[2] 反對「臺灣伴侶權益推動聯盟」（簡稱「伴盟」）[3] 在立法院推動的各種「多元成家」草案。[4] 這可能是臺灣有史以來，規模最大的跨宗教示威遊行。表面上，這次遊行的結果是「護家盟」打贏了一場「聖戰」：「多元成家」的四個草案（《修改民法

---

[2] 關於「護家盟」的立場與活動，見臺灣守護家庭官方網站，〈精選文章〉、〈新聞報導〉，2014 年 6 月 30 日下載。

[3] 關於「伴盟」的立場與活動，見臺灣伴侶權益推動聯盟，〈關於伴侶盟 About Us〉、〈活動消息〉，2014 年 6 月 30 日下載。

[4] 除了需要特別區隔以外，本章交替使用「基督宗教」（包含天主教）與「基督教」。另外，本章採用「同性戀」(homosexual) 一詞，而不再區分男同性戀 (gay) 和女同性戀 (lesbian)，但不包括雙性戀 (bisexual)、跨性人 (transsexual) 與酷兒（多元性傾向，queer）。泛指同性戀時，交換使用「她們」與「他們」。本章另也交換使用「同性戀」與「同性戀性行為」，除非特別註明其差異。本章不使用「同志」或「同志神學」，因為「同志」是國民黨員和共產黨員互稱的慣用語，恐引起不必要的聯想。由於當事人要求匿名，因此本章不揭露這 18 個宗教團體的名稱。但是筆者的名單顯示，「護家盟」並不一定代表臺灣主要的宗教團體，就像「伴盟」也不一定能夠代表大多數的同性戀。

972 條》、《婚姻平權》、《伴侶法》、《家屬制度》），[5] 除了《婚姻平權》草案原來早已排入立法院議程，而且通過一讀，其他的三個草案因為立委連署人數不足或者原來連署的立法委員撤簽，而都沒有排入議程。可是同性戀團體隨後在 2017 年 5 月的大法官會議 748 號釋憲，獲得關鍵性的勝利：大法官會議要求立法院兩年內修改或制訂法律，以便保障同性戀的家庭權。2018 年底，宗教團體雖然成功地利用公民投票，打擊同性婚姻的立法。但是，立法院最後還是通過如上述的同性婚姻專法。

身為「護家盟」的主要發起者與論述提供者的基督宗教團體，在遊行前後持續成為同性戀團體以及多數媒體嚴厲批判的對象。他們公開質疑：「基督之愛在哪裡？」「聖經哪裡出現了『同性戀』一詞？」「有些教會不是支持同性戀嗎？」「信仰基督宗教的西方國家，不是愈來愈多通過同性婚姻合法化嗎？」「臺灣的基督宗教信徒是少數，為什麼要壓迫也是少數的同性戀？」「臺灣基督徒是不是都有『恐同症』、是『異性戀霸權』的壓迫者？」巧合的是，遊行過後至今，許多媒體持續大幅報導宗教團體的醜聞，尤其是基督教會的講道內容爭議。同性戀團體也舉辦全國校園巡迴演講，深化她們對於青年學子的影響力。

這些質疑不但在社會上發酵，也在臺灣教會內部產生了疑問，尤其是年輕的信徒。[6] 他們懷疑聖經是否真的反對同性戀？為什麼教會要譴責弱勢的同性戀？為什麼同性戀不能有自己的婚姻關係？為什麼在民主多元社會，教會不能尊重同性戀的性傾向？為什麼同性伴侶一方重病時，另一方不能夠替他簽署開刀同意書？為什麼同性

[5] 「修改民法 972 條」是立法委員尤美女所提出的草案，不是「伴盟」所提出。「伴盟」提出的是後三法。婚姻平權案原名「婚姻平權（含同性婚姻）制度」。「伴盟」原來稱之為「同性婚姻」，後擴大包括雙性、跨性等身份。關於「伴盟」的成立與「伴盟」三法的內容，見臺灣伴侶權益推動聯盟，〈伴侶盟草案〉，2014 年 2 月 5 日下載。

[6] 從 2013 年 9 月至今，筆者已經訪問過長老會、召會、靈糧堂、浸信會、信義會、禮拜堂、校園書房、醒報、以及其他基督教團體和獨立教會（包括支持同性戀的同光教會）的牧師與學者超過 20 人。另可參考《校園雜誌》經常對於同性戀議題的討論。

伴侶臨終前，不能讓她所愛的人繼承她的財產？讓同性戀進入婚姻
制度，不是可以讓他們減少濫交、淫亂的行為？教會一方面喊著要
「愛同性戀罪人、但恨惡同性戀性行為」，為何另一方面卻抗議和
阻擋同性戀擁有這些基本人權？因此，這場同性婚姻立法的聖戰對
於同性戀和基督宗教團體而言，可能不但是雞同鴨講，而且是兩敗
俱傷。

　　本章認為華人教會看待同性戀議題，除了使用神學方法以外，
還要顧及法律政治的趨勢，以及同性戀心理層面的問題。從本書第
二章所提倡的「三一神命令論」而言，就是要藉著「靈智」，顧及
神性、理性、和感性的三個面向，才能妥善地回應這個議題的衝擊。
本章第二節、第三節從神學（神性）的面向，評論同性戀神學的正
反觀點。第四節則納入心理層面（感性）和法律政治（理性）的面向，
提出本章的性向包容神學。

第二節　聖經反對同性戀性行為

　　關於同性戀的議題，雖然在 1980 年以前的美國，有出版過少數
的同性戀神學著作，但是並沒有引起美國教會界重視這個議題。[7] 因
為愛滋病過世的哈佛大學歷史學家波士威爾 (John Boswell)，在 1980
年出版了著名的《基督教、社會容忍和同性戀》(*Christianity, Social
Tolerance, and Homosexuality*；簡稱「波書」）之後，[8] 歐美許多贊成
同性戀的基督徒和教會就將此書奉為圭臬，認為聖經並不反對同性
戀，並且進一步主張同性婚姻合法化。由於此書出版至今，同性戀

---

[7] 例如 John Boswell, *Christianity, Social Tolerance, and Homosexuality: Gay
People in Western Europe from the Beginning of the Christian Era to the Four-
teenth Century* 大量引用 Derrick Sherwin Bailey, *Homosexuality and the West-
ern Christian Tradition* 的同性戀神學論述。

[8] Boswell (1980).

神學的相關著作都忠實地採納此書的原有論證，然後應用到不同的
國家與族群案例，而沒有顯著的理論進展，因此本章就以該書的主
要論證為研究對象，輔以相關的神學討論。[9]

在進入「波書」內容之前，需要先做一個神學派別的說明，因
為神學的派別影響了對於同性戀的看法。「波書」以及幾乎所有的
同性戀神學著作，都是採用十九世紀末期德國神學家所發展出的「文
學 / 歷史批判」(literature/historical criticism) 神學研究法，屬於「自
由神學」(liberal theology) 常使用的研究法。他們聲稱，經由「科學
的歷史方法」來檢驗聖經經文內容和歷史背景資料之後，傳統保守
派神學的許多主張都站不住腳。與同性戀議題相關的自由神學主張
包括：不接受聖經無誤論、聖經各卷書的作者對於神學爭議看法不
同、否認三位一體神學，認為耶穌只是一位歷史人物而非神、基督
宗教是混合宗教、聖經道德規範有其時空背景不一定能適用到現代。
某些西方和臺灣的教會與神職人員，就是接受這些自由神學的訓練，
而主張同性戀神學。

在 1980 年代以前，由於保守派神學界只強調傳福音，而不注重
聖經原文（希伯來文、希臘文）和歷史的神學研究，因此常被自由
神學家譏笑為「不讀書」。當「波書」出版後，多數保守派神學家
要麼頑固地堅持傳統的解經，用重複語句來堅定信徒對同性戀的看
法；要麼保持緘默，好像沒這麼回事。甚至有些教會乾脆放棄保守
派神學，轉而接納同性戀神學，並且按立同性戀牧師、替同性戀證
婚。一直到 1990 年代同性戀運動在美國造成風潮，迫使少數保守派
神學家開始回應這個議題。好在這時期的保守派神學家，瞭解到「以
其人之道，還治其人之身」的學術規範，不少人在鑽研文學 / 歷史

---

[9] 例如，周華山（1994）；Kuefler (2006); Martin (2006); Cornwall (2011). 以
及代表積極提倡同性戀神學的美國聖公會牧師 Spong (1991); 聖公會同性戀
學者 Mounsey (2012). 這些著作似乎比較重視如何「創意地解經」來豐富同
性戀神學，而沒有太多能夠超越 Boswell 所提供的詮釋與史料。由於臺灣
的基督宗教界三分之二以上的教會仍採用保守的神學，連過去比較包容同
性戀的長老會總會，於 2014 年 5 月也通過決議反對同性戀婚姻。因此，本
章不多討論同性戀神學的發展。

研究法之後，開始全面地反擊同性戀神學。[10] 近年來能夠有力地反
對同性戀神學的臺灣和香港神學家，都屬於這種「新保守派」。[11]
本章即是整理這些新保守派對於同性戀神學的批判，並且依此討論
保守派教會或許可以包容同性婚姻專法。

　　首先，同性戀神學和新保守派神學所爭議的主要經文，數目其
實不多，只有約 12 處，另有 5 處論證是屬於薄弱的經文聯想（如表
九）。這些經文的爭議又可分為下列三類。第一類爭議是關於所多
瑪城的罪惡，是否就是指同性戀性行為，還是因為「不好客」？第
二類爭議是有些經文表面反對同性戀性行為，但實際上是否在反對
異教？第三類則是一些瑣碎的經文，被同性戀神學強加解釋，成為
支持同性戀性行為的根據，或用來否認聖經有討論同性戀議題。這
三類經文的相關經文數目還不少，因此下面的討論只討論有代表性
的經文，其他的解經正反意見，見表九的摘要。

　　第一類是關於所多瑪城的罪惡是不是同性戀性行為？「所多瑪」
一詞在聖經 14 卷書中出現 53 次（含新約的 9 次）。光是從「所多瑪」
一詞在聖經中出現的頻率，可以推測聖經各書卷的作者，對於「所
多瑪的罪惡」不但很重視、認為是個相當嚴重的罪、而且對於它的
內容有一定程度的共識。傳統保守派支持聖經的一致性，因此對於
「所多瑪罪惡」的解釋，認為就是指「同性戀性行為」為主的淫亂
行為。

　　同性戀神學家認為傳統保守派在解釋「所多瑪罪惡」的時候，
犯了兩個錯誤。第一，在創世記 18-19 章以及士師記 19-21 章這

---

[10] Gagnon (2001) 可能是目前對於「波書」最完整也最學術性的批判。
Geisler (1989: pp. 257-26) 以及 Dallas (2007) 則可能是保守派教會反對同性
戀神學時所使用的最通俗教材。William Loader 則在討論同性戀議題時，
支持 Gagnon 的論述，並補充了更多的歷史和註釋的資料，請見 Loader
(2012:22-32, 109-138, 293-334). 而全面批判自由神學「歷史批判學派」的代
表作，Allison, Jr. (2007).

[11] 例如，陳尚仁 (2006:241-255)；關啟文 (2011)；在公開場合積極反對
同性戀的基督教哲學家柯志明在其 柯志明 (2012) 中已明白表示反對同性
戀婚姻法以及同性伴侶法；賴建國 (2008) 則對於舊約經文譴責同性戀行為，
有最完整的研究。

兩段經文，有一個關鍵字原文 יָדַע (yada)，被保守派錯誤解讀了。同性戀神學家認為這個字應該按照許多聖經英文翻譯本所翻譯的 "know"（認識），來做字面的解讀，而沒有「性交」的意涵；[12] yada 這個字在舊約中，不太常用來指「性交」。當好客的所多瑪城民，知道羅得的家裡來了兩位遠到的貴客，怎麼沒有讓大家「認識」，有損所多瑪城「好客」的名聲？所以大家來到羅得的家裡，想要「認識」他們，沒有其他意思。士師記所載便雅憫人要「認識」利未人的故事，其解經亦同。

新保守派重新查考希伯來文原意以及歷史背景後，做了如下的回應：(1)yada 在舊約中出現過約 940 次，絕大多數雖然沒有「性交」的意思，但是至少有 7 次是指「性交」，包括創世記以及士師記的這些經文。[13] 幾乎所有的中文聖經版本以及有幾個英文聖經版本，翻譯這些經文時，都正確地翻譯成有「性交」意涵的字詞。[14] 事實上，任何教導聖經希伯來文的導論書，都會提醒讀者，希伯來文不是很精確的語言，不但同一個字可以有好幾種意思，甚至同一個字在不同時空環境都會有不同的發音和意思。因此字詞的翻譯，一定要看上下文的意思。[15] (2) 根據上下文的意思，為什麼羅得會認為「認識」(yada) 是一件「惡事」？為什麼所多瑪城民只因為羅得不介紹天使給他們「認識」，就想要迫害羅得全家？有那麼嚴重嗎？(3) 羅得接下來提出一個違反現代女權的交易，要讓所多瑪城民對他的兩個

---

[12] 採用 "know" 翻譯的英文翻譯本，有 *King James Version* (KJV), *Darby Bible* (DBB), *Young's Literal Translation Bible* (YLTB), *Revised Standard Version* (RSV), *American Standard Version* (ASV), *World English Bible* (WEB)。

[13] 創 4:1（亞當與夏娃「同房」），4:17（該隱與妻子「同房」），4:25（亞當與夏娃「同房」），19:5（所多瑪城民要羅得交出天使，任他們「所為」），19:8（羅得欲交出兩個女兒，任憑所多瑪城民心願「而行」）；撒上 1:19（以利加拿和妻哈拿「同房」）；王上 1:4（大衛王年老有童女亞比煞陪睡取暖，卻沒有與她「親近」）。

[14] 例如，和合本修訂版、現代中文、呂振中、當代聖經、新譯本、*Bible in Basic English* (BBE)、*New American Standard Bible* (NASB)、*New International Version* (NIV)。

[15] Dobson (2005).

女兒「任憑心願而行」(yada)，來代替天使被「認識」，但是遭到城民的拒絕（創 19:7-9）。如果只是讓城民「認識」他的女兒，有這麼困難嗎？城民難道不早知道羅得有兩個女兒，還需要進一步「認識」她們嗎？

同性戀神學家認為傳統保守派在解釋「所多瑪罪惡」的時候，犯的第二個錯誤是誤把「不好客」的罪，當作同性戀的罪。同性戀神學家引用當時的歷史資料，主張當時的民俗強調好客的重要性，除了因為旅客可能需要補充食物和水以外，巴勒斯坦區域到了晚上非常寒冷，可能讓留宿街頭的旅客凍死。所多瑪城既然以好客出名，就要確認羅得有好好款待客人，不要讓客人餓到、渴到、或者凍到。同性戀神學家另外舉出聖經相關經文，強調好客的美德。他們認為所多瑪城民在這次衝突過程中，粗魯的行為嚇到了兩位貴客，有損「好客」的名聲，因此上帝降火滅城。[16]

新保守派的回應是：(1) 當時的歷史資料雖然鼓勵人們要好客，但是「不好客」並非摩西律法上的死罪。(2) 同性戀神學家所舉出的好客相關經文，很多是在討論救濟窮人的慈善行為（例如，結 16:49-50），或者討論如何對待拒絕福音的人。聖經從來沒有記載信徒因為不好客，而被上帝處死。(3) 約翰二書 10-11 節甚至教導信徒，碰到假先知的時候，不要「接他到家裡，也不要問他的安」。(4) 好像沒有任何一個古老宗教，會對於不好客的人，處以死刑。(5) 現代有多少同性戀或者異性戀的基督徒，會因為不好客被上帝處以死刑的？新保守派對於士師記所記載的便雅憫人與利未人的故事，以同樣理由認為爭議的主因，就是便雅憫人犯了同性戀性行為的罪，而不是好客的問題。

---

[16] 同性戀神學家另外引用先知以西結（結 16:49）的話語，認為所多瑪的罪惡不是同性戀性行為，而是社會不正義：「妳（耶路撒冷）妹妹所多瑪的罪孽是這樣：她和她的眾女都心驕氣傲，糧食飽足，大享安逸，並沒有扶助困苦和窮乏人的手」。但是以西結的話還沒有說完，同性戀神學家忽略了下一節經文：「她們狂傲，在我面前行可憎的事，我看見便將她們除掉」（結 16:50）。這裡的「可憎的事」就是指同性戀性行為 (Gagnon 2001: 79-86)。

士師記所記載的便雅憫人與利未人的故事（士 19:1 ～ 21:25），可能是整本聖經中描述人性醜惡最徹底的一個故事。這個邪惡故事是由四個邪惡的角色所構成：利未人、他的妾、老人、以及便雅憫人。一個住在以法蓮山區的利未人娶了一個妾。這個妾因為通姦而離開利未人，回到猶大地區的伯利恆老家。利未人來到妾的老家，帶著她要回以法蓮。可是路上行程延誤，來到便雅憫人居住的地區要過夜。一個移民到便雅憫地區的以法蓮老人，就招待利未人和他的妾。到了晚上，一些便雅憫人的無賴們圍住老人的房子，要求老人把利未人帶出來，「要與他交合」（士 19:22）。[17] 老人提出一個交換條件，要把他自己的女兒和利未人的妾，代替利未人，讓便雅憫人強暴。老人就把利未人的妾拉出去給便雅憫人，讓她整個晚上被輪暴。[18] 第二天清晨，利未人的妾回到老人住處，昏倒在門口。利未人不但沒有照顧她，反而把她分屍成十二塊，派人送給以色列人的其他支派，激起以色列人對於便雅憫人的殘酷報復。以色列人殺紅了眼睛，不小心幾乎把便雅憫人滅族，只剩下六百人。以色列人心懷愧疚，就把一個外族村莊的男人和結過婚的女人都殺光，留下四百個處女，給便雅憫人傳宗接代之用。數目不足的兩百人，就去另外一個外族村莊搶劫女子為妻。在便雅憫人與利未人的這個故事中，同性戀性行為雖然不像在所多瑪事件中構成倫理爭議的主因，但是它至少是引起一連串倫理爭議行為的起因。[19] 接下來的輪姦、

---

[17] 如同所多瑪的故事一樣，這裡的「交合」原文 ידע (yada) 要翻譯成有性交含意的字詞，而不是「認識」。正確翻譯的聖經版本有和合本修訂版、現代中文、呂振中、當代聖經、新譯本、BBE、NASB、NIV，以及 (Webb 2012: L9894; Younger 2002: L7185)。

[18] 神學家們對於老人或是利未人把利未人的妾拉出去給便雅憫人，有不同的看法；大部分神學家認為是利未人拉出他的妾 (Webb 2012: L9935; Younger 2002: L7323)。本章認為士 19:25「那些人卻不肯聽從他（老人）。那人（老人）捉住他（利未人）的妾……」比較合乎希伯來文文法，所以是老人去拉利未人的妾，但是這個解釋並不能為利未人脫罪，因為他沒有善盡丈夫保護妻子的責任。

[19] Gagnon (2001: 91-97) 直指同性戀性行為就是便雅憫人的主要罪行，大過其他的罪行。

分屍、滅族、屠殺無辜的村民、以及搶婚，都因此而起，讓人很難判斷是同性戀性行為比較嚴重，還是這些罪行比較嚴重。士師記的作者用一句話作為結論：「那時，以色列中沒有王，各人照自己眼中看為對的去做」（士 21:25）；這可能也是極端的「多元主義」的困境。

同性戀神學和新保守派神學所爭議的第二類經文，內容是否表達反對同性戀性行為，或是在反對異教？同性戀神學家查閱當時的歷史資料，以及希伯來文和希臘文在當時的用法，認為表九「第二類」的經文中，「可憎惡的」(תּוֹעֵבָה；*toweibah*)、「變童」(קָדֵשׁ；*qadeish*)、「逆性」(παρὰ φύσιν；*para fusin*)、[20]「親男色的」(ἀρσενοκοίτης；*arsenokoiteis*) 相關經文或字詞，不是在譴責同性戀，而是在譴責異教的廟妓制度。這些儀式有時會使用女妓和男妓（變童），供男信徒使用。不過，即令如此，這些經文還是在譴責異教信仰，而非譴責同性戀性行為。

新保守派經過重新檢查同性戀神學所使用的歷史資料，參考更多的當時歷史資料，以及有系統的比對希伯來文和希臘文的當時用法後，認為「第二類」經文中的這些字詞，應該是傾向譴責同性戀性行為。在這些經文的上下文，可以看到聖經作者也譴責異教信仰，因此沒有必要在同一句經文內或同一句經文的上下文，用不同的字詞重複地譴責異教信仰。同性戀神學在使用歷史資料時，常常斷章取義，或者故意忽略對於他們立場不利的重要歷史文獻。[21]

---

[20] 新約中「逆性」或「順性」的「性」原文 *fu, sij* 是「自然」的意思。同性戀神學與新保守派神學對於什麼是「自然」，有不同的看法。前者似乎採取「存在即合理」的看法，而不論數量的多寡。有些教會想要從「自然」的生物學和社會學定義來反駁同性戀神學，其實並沒有太大的說服力。聖經所說的「自然」或「良心」其實還是以上帝的創造論和倫理觀為基礎，並不只是科學的自然論。接受「聖經無誤論」的人就應該同意同性戀是「逆性」的行為，但是不接受「聖經無誤論」的人，也就不認為同性戀是違反自然的行為。這不是很「自然」的差異嗎？

[21] Gagnon (2001: pp. 100-110, 303-336).

第三節　同性戀神學

　　同性戀神學和新保守派神學所爭議的第三類經文，只有五處。
這些都是一些瑣碎的經文，被同性戀神學斷章取義，強加解釋成為
支持同性戀性行為的根據。例如，同性戀神學認為路得與拿俄米，
以及大衛與約拿單，因為有很多親密行為（如「親吻」）與親密言
語的描述，所以認定他們是女同性戀和男同性戀。[22]

　　從古今中外的婆媳關係來看，路得與拿俄米都是難得一見的模
範案例。以色列婦人拿俄米為了逃避本地的飢荒，與丈夫以利米勒
和兩個兒子到摩押人居住的地方。兩個兒子都娶了摩押女子，其中
一個叫做路得。十年之後，丈夫和兩個兒子都死了，婆婆拿俄米展
現愛心要讓兩個媳婦各自改嫁。一個媳婦與婆婆親吻後，就離開婆
婆，但是路得堅決要照顧婆婆，一起回到伯利恆。她對婆婆說：「妳
往哪裡去，我也往哪裡去；妳在哪裡住，我也在哪裡住；妳的百姓
就是我的百姓；妳的上帝就是我的上帝。妳死在哪裡，我也死在哪裡，
葬在哪裡。只有死能使妳我分離；不然，願耶和華重重懲罰我！」（得
1:16-17）。兩人回到伯利恆以後，路得靠著在田裡撿麥穗來養活婆婆。
路得巧遇地主波阿斯，兩人彼此有好感。路得回家就跟婆婆討論。
婆婆拿俄米又展現她的愛心，鼓勵路得嫁給波阿斯，並且幫她出主
意得以完成婚嫁。同性戀神學家就根據這些經文，認定路得與拿俄
米已經超出婆媳之間的友好關係，而成為同性戀關係，而且兩人也
都是雙性戀，因為各自都有異性婚姻（得 1-3）。

　　對於大衛與約拿單的關係，同性戀神學家也做類似的解讀。首
先，「約拿單的心與大衛的心深相契合。約拿單愛大衛，如同愛自
己的性命。約拿單愛大衛如同愛自己的性命，就與他立約。約拿單

---

[22] Boswell 認為路得與拿俄米、掃羅與大衛、大衛與約拿單，都是同性戀，
甚至可能是雙性戀，見 Boswell (1980: 105).

從身上脫下外袍，給了大衛，又把戰衣、刀、弓、腰帶都給了他」
（撒上 18:1-4）。接著，約拿單的父親掃羅王，命令約拿單去殺大衛，
以免大衛接續他作王。但是約拿單卻冒著生命危險、違背父命、幫
助大衛逃跑。 兩人分開時，「他們彼此親吻，一起哭泣，大衛哭得
更悲哀」（撒上 20:41）。約拿單還對大衛說：「你平平安安地去吧！
因為我們二人曾指着耶和華的名起誓說：『願耶和華在你我中間，
以及你我後裔中間作證，直到永遠』」（撒上 20:42）。掃羅知道後，
責罵約拿單，說他「選擇耶西的兒子（大衛），自取羞辱，也使你
母親露體蒙羞」。後來，掃羅和約拿單戰死沙場。大衛知道以後，
為掃羅和約拿單寫了哀歌，他不但誇獎約拿單的英勇，還說到：「我
兄約拿單哪，我為你悲傷！我甚喜愛你！你對我的愛何等奇妙，過
於婦女的愛情」（撒下 1:26）。根據這些經文的描述，同性戀神學家
就認定大衛與約拿單是同性戀關係，而且兩人都是雙性戀，因為各
自都有異性婚姻（撒上 19-20；撒下 1:17-26）。

　　不過，新保守派重新檢驗當時的歷史文獻與聖經的上下文，認
為這些行為和言語，雖然很親密與熱情，幾乎比得上異性戀，但是
仍無法直接證明他們就是同性戀。除了「親吻」以外，他們的互動
並沒有出現明示或暗示「性交」的相關字詞。[23] 而「親吻」（親臉頰）
到現在還是現代穆斯林男性見面時，常行使的禮儀。猶太教 / 基督
宗教 / 伊斯蘭教的「親吻」是否是同性戀的定義，可以用一個實例
來測試：有哪一位支持同性戀者，敢到保守的伊斯蘭國家，看到他
們的男人互相親吻問候時，說他們是同性戀？

第四節　性向包容神學

　　上述的神學討論，確認了聖經譴責同性戀性行為的立場。但是

---

[23] Gagnon (2001: 146-154); Longman and Garland (2009: 191, 209, 307).

有兩個神學的考量，或許可以讓基督教會考慮能否包容同性婚姻專法或同性伴侶法。

其一是聖經關於一些重大罪行（離婚、歧視女性、壓迫奴隸）的討論，雖然堅持譴責這些罪行，但是在具體措施上，採取了比較折衷務實的作法。而且這些作法並沒有影響到那些原本就不離婚、不歧視女性、不壓迫奴隸的好信徒。例如，耶穌曾明白的表示不可休妻（離婚）。當法利賽人來問耶穌：「人無論甚麼緣故，都可以休妻麼？」耶穌一方面重申不可離婚，但是另一方面也默認「摩西因為你們的心硬，所以許你們休妻；但起初並不是這樣」（太 19:8）。[24] 新保守派認為離婚也並非「不可赦之罪」，尤其是因為家暴的原因而離婚。因此，當代的新保守派倫理學家主張可以容許曾經離婚的人再婚，但以離婚一次為限。[25]

舊約對於女性（以及奴隸）權益的不平等待遇以及缺乏保障，常常受到現代女（人）權運動者的批判。不過，新保守派經過歷史的考據，發現當時女性（奴隸）的待遇比聖經所規範的還要悽慘很多，因此推論聖經作者擬定這些規範，是為了嚇阻與限制男性（與主人）的濫權，來保護當時的女性（與奴隸）。[26] 從近代女權運動和反奴隸運動的起源和發展來看，許多倡議者都是虔誠的基督徒。絕大多數的現代保守教會，大概也不會支持奴隸制度或者反對男女平權。

臺灣的基督教會過去幾年對於墮胎合法化、賭博合法化、以及性產業專區等重大宗教倫理議題上的處理方法，也有類似值得借鏡之處。基督教團體在這些法案的討論過程中，知道很難長期抵擋這些「彎曲背謬世代」的法案，因此「兩害相權取其輕」，提出一些限制條文作為折衷；例如，墮胎法案有六個月以上孕期以及三天思考期的限制；賭博合法化以及性產業合法化，需有當地政府與民意的同意。

---

[24] 太 5:31-32，19:3-9。相關經文見可 10:2-12；路 16:17-18。

[25] Geisler (1989: pp. 291-292).

[26] 余也魯（2005：154-156），註腳。

　　最後，不只是臺灣的教會，全世界的基督教會都要問自己一個問題：在民主多元的社會，聖經的倫理規範是適用於信徒，還是適用於所有的「外族人」（非信徒）？代表舊約律法總綱的是「十誡」。第一誡到第四誡是規範上帝與（以色列）信徒之間的關係，第五誡到第十誡是規範（以色列）信徒與信徒之間的關係。出埃及記、利未記、申命記所記載的繁複律法，幾乎都是上帝與信徒之間「神聖盟約」(covenant) 的一部分，但是很少適用在外族人的社會。外族人要加入這個盟約當然也可以，但是必須成為信徒，才能享受這個盟約的權利與義務。雖然基督教會可以主張上帝的權柄與公義普及天上與地上，但是在「新天新地」還沒有來以前，上帝好像並沒有要求祂的子民把十誡和其他的律法，強加在外族人身上。

　　前述聖經的 12 處經文譴責「信徒的」同性戀性行為，華人的教會內部也可以效法尼希米與以斯拉的精神，切實禁止這種行為的發生，就像要禁止偶像崇拜、通姦、淫亂、亂倫等行為一樣。但是前述的經文好像都沒有記載過鼓勵信徒去推翻同性戀的廟妓制度，或是去阻止外族人的同性戀性行為？除了以色列王國時期，在外族人統治下的舊約和新約的信徒們，能夠自保就很感謝上帝了，哪有餘力去干涉外族人（皇帝）的同性戀性行為呢？當他們挑戰外族人政權時，大都是因為要維護自己的宗教信仰自由，而很少是因為看不順眼外族人的倫理規範。施洗約翰批判希律王的亂倫行為，就被希律王斬了。耶穌聽到這個消息，就「退到野地」，並沒有繼續批評希律王（太 14:13）。就算是所多瑪城的特例，這也是上帝親自執行審判，沒有叫亞伯拉罕去執行審判，而當時亞伯拉罕的軍力已經遠遠超過所多瑪城，有能力去執行審判。所以，若是外族人要給他們自己設立一個同性伴侶／婚姻制度，基督教會又有什麼聖經根據反對它呢？

　　除了神學根據（神性）以外，新保守派認為要妥善處理同性婚姻的問題，還需要顧及同性戀的心理層面（感性）。同性戀形成的主因之一，是成長過程中受到嚴重的社會心理傷害，因此基督教會對待同性戀的方式需要不同於對待其他倫理罪行的方式，而需要更

多的理解與愛心。同性婚姻專法或同性伴侶法可能就是展現教會愛心、但是同時堅守教會倫理的一種折衷方式。

根據新保守派的心理學研究，同性戀的社會心理成因大致可以分為三類：[27] (1) 幼時遭到近親的性侵，(2) 少年時受到同性戀同儕的誘惑，及／或 (3) 成年時好奇成為同性戀。就社會心理傷害而言，第一類的同性戀最嚴重，因為他們在幼時即同時受到兩種嚴重的傷害：性侵與親人的背叛。這一類的同性戀可能一輩子生活在「創傷過後症候群」(Post-Trauma Syndrome) 以及無法建立親密關係的恐懼中。而他們被親人（連續）性侵後，常常又被想要「家醜不外揚」的長輩歧視與打罵，雪上加霜。早期的同性戀可能大都屬於這一類型，他們的人數不多，這一類型也比較不容易發展成雙性戀或者恢復成異性戀。

第二類同性戀則是在青少年時期比較容易發生，尤其是那些自幼就有明顯另一性別文化行為（例如男孩愛打扮），在家裡就產生「性別認同障礙」(Gender Identity Disorder) 的人。男女性徵在青少年時期快速發展，對於異性是又愛又怕，同性常常聚集討論異性或者吹噓自己的性能力。在學校陰暗之處或家裡房間聊天時，一不小心擦槍走火就發生性行為。但是由於同儕、家庭、和社會還不能接受同性戀，因此兩人成為生命共同體，一方面共享同性戀的心理與身體快樂，另一方面互相傾訴其他同儕、家庭、和社會對於他們的羞辱和迫害。這一類的同性戀由於也受到長期的社會心理傷害，因此也不容易轉換成雙性戀或異性戀，但是比第一類的好。

第三類同性戀則是因為近幾十年同性戀運動的興起，到處宣傳同性戀的好處 (Gay Pride)，甚至進入校園提倡「性傾向平等」。許多學生基於好奇，嘗試了同性戀性行為，但是大多數並沒有放棄異性戀。他們也因此面對著家庭和社會的歧視，而陷於迷惘。這一類的同性戀人數愈來愈多，可能佔了當代所有同性戀的絕大多數。但是他們到了適婚年齡時，絕大多數就順著「自然的天性」，拋棄他

---

[27] 本章的論證主要依賴廣受西方保守派教會研讀的書籍，Satinover (1996: pp. 221-228). 新保守派華人基督徒學者的研究，見錢玉芬 (2011: 111-154)。

們第一、二類的同性朋友，進入異性婚姻。

　　有些教會常常提出一些對於同性戀不利的研究報告，以醜化他們，這可能只會加深他們的心理傷害、強化她們的團結心、以及加深他們對於教會的仇視。例如，「同性戀不是天生的，沒有發現『同性戀基因』」是心理學研究目前的共識」。但是這句話聽在同性戀耳裡，容易被解讀成為「同性戀是自作自受」。而基督徒心理學家的研究發現，家庭教育、學校教育、政府法律、甚至教會教育可能要負更大的責任。其他的保守派研究報告，也可能造成類似的敵視解讀，如「同性戀的平均薪資高於一般薪資所得，所以同性戀不是弱勢」、「同性戀家庭的小孩高中退學率比較高」、「同性戀性伴侶數目遠高於異性戀」、「終身維持同性戀的比例只佔同性戀比例中的百分之三」、「愛滋病在快速擴散中」、「同性戀愛吸毒、性虐待」。這些研究報告大都仍有科學的爭議，但是對於同性戀和他們的同情者而言，無異是「異性戀霸權」推託責任，對於同性戀傷口上灑鹽的作法。[28] 某些同性戀者因而採取「毀家廢婚」的極端路線來回應家庭、社會、和宗教團體對他們所造成的新仇舊恨。

　　當傳統婚姻制度與同性戀家庭的合法化並行時，會不會造成傳統家庭制度的崩解？目前並沒有科學證據證明兩者之間的關連。二次大戰之後，傳統家庭的崩解，主要是受到享樂主義、媒體色情、娼妓業興盛、辦公室戀情、夫妻角色變動、家庭暴力等因素的影響，只有極少數是因為夫妻的一方後來變成同性戀。而原來是女同性戀的，反而更多人在「母性」的呼召下，在適婚年齡末期還是選擇進入異性戀婚姻。另外，同性戀家庭本來就不容易產生後代，即使藉由收養或代理孕母，延續後代的效果也有限。同性戀家庭似乎本身就具有「自我節制」的機制。異性戀父母不打算生小孩的，可能對

---

[28] 從最新的心理學研究來批判「護家盟」對於同性戀社會行為的誤解，見李怡青〈同性戀的親密關係與家庭功能之剖析〉，2014 年 6 月 28 日下載。不過，新保守派的心理學家整理過爭議雙方所使用的科學證據後，似乎仍認為保守神學的立場比較有科學證據的支持，見 Jones and Mark (2000)。而最新的心理學研究 Winer and James (2014) 也指出同性戀精神病患的社會心理傷害，與異性戀的精神病患不同，需要新的諮商理論與實務來醫治。

於人類社會的延續威脅更大吧？

　　在 2013 年「護家遊行」中，臺灣基督教會的神學立場是「愛罪人，但譴責罪行」，這個立場在神學上站得住腳。但是同性戀和社會大眾看到的，是基督教會很積極地在譴責罪行，卻不見「愛罪人」的落實行動。「歡迎同性戀來教會，但不可以有同性戀性行為」的教會立場也沒有錯，但是對於長久厭惡基督教會的同性戀來說，這也是口惠而不實。若要讓「走出埃及」和「性別自信」等協助同性戀放棄同性戀性行為的方法發揮更大的功效，[29] 基督教會可能要先考慮如何減緩同性戀的社會心理傷害，而且減少基督教會與同性戀之間的火爆對立。

　　基督教會既然強調基督的愛，「壓傷的蘆葦，祂不折斷；將殘的燈火，祂不吹滅」（賽 42:3；太 12:20），是否可以藉著包容同性婚姻專法或同性伴侶法，具體的落實「基督之愛」？猶大書傾向譴責同性戀性行為，但是也提醒基督徒對於這等人「要存懼怕的心憐憫他們」（猶 1:7, 23）。最後，耶穌所讚美的好撒瑪利亞人，並沒有問傷者是否是同一宗教的信徒，也沒有問他是否是同性戀，就幫他包紮傷口，帶他到旅館醫病（路 10:30-37）。

　　上述的討論是從神學（神性）和心理層面（感性）來看同性戀的議題。最後要從政治與法律的理性層面來分析。從民主與法律的角度來看，新保守派神學對於性向包容的主張，也有相當的說服力。臺灣在 1996 年以後已經被世界人權組織《自由之家》(Freedom House)，列為與西方先進民主國家同等級的民主國家，基本人權受到民主憲法與法律的保障。而臺灣的基督徒又必須面對身為政治少數的政治現實。本章認為這些法律政治的新環境，可以讓臺灣的基督教會重新思考是否在不修改現行婚姻法律的前提下，另外也包容同性婚姻的專法。

---

　　[29]「走出埃及」為同性戀諮商的國際基督教組織，輔助同性戀自願放棄同性戀行為。臺灣的分會是「社團法人臺灣走出埃及輔導協會」（〈關於協會〉，2014 年 6 月 30 日下載。）「性別自信」是基督徒心理學家提供現代青年建立健康的性別觀。見黃偉康（2008）。

　　從民主憲法與法律的原則來看，似乎很難完全否定同性戀的家庭權。就像是其他先進民主國家一樣，臺灣的婚姻法，都沒有剝奪關在監獄的殺人犯、詐欺犯、家暴犯、毒販、強姦犯、神棍等的結婚權利。只要另一方同意，他們都可以立刻申請結婚。對於基督教而言，宗教罪可能比這些罪更嚴重，但是也沒有任何一個先進民主國家的婚姻法，禁止異教、假先知、或神棍去結婚。那麼，為什麼同性戀不能享有某種基本的家庭權？雖然《世界人權宣言》（16 條）、《公民與政治權利國際公約》（23 條）、《歐洲人權公約》（12 條）、以及臺灣大法官會議釋憲（552 號），定義婚姻時，都是以一男一女為原則，然而這些人權法規也沒有禁止同性戀以傳統婚姻以外的形式，來組成不同形式的家庭。也就是說，現代人權法規逐漸區分以「性別」為依據的傳統「結婚權」，和以「性傾向」為依據的「家庭權」（同性伴侶法、同居法等）。

　　「護家盟」舉辦 1130 遊行的主要原因，是因為修改民法 972 條以及「伴盟」所提的三個草案，都採取「單軌制」的修法，而可能侵犯、威脅到絕大多數臺灣人所習慣百年的現行婚姻制度。突然要面對這麼大幅度的法律、社會、心理革命，傳統宗教團體不得不破天荒地走上街頭抗議。如果是採取維持現有婚姻制度、另外訂定同性伴侶法或同性婚姻專法的「雙軌制」，讓宗教團體與同性戀團體「各從其類」、「各取所需」，可能就不會引起宗教團體這麼強烈的反應。在民主社會，多數要尊重少數，少數也該尊重多數。多數不可成為「異性戀霸權」；少數也不可成為「同性戀霸權」，甚至形成一種「超級宗教」，去剝奪多數人主張異性戀的言論自由權。

　　從政治現實面而言，臺灣的教會在反對多元成家的時候，幾乎都是借用歐美（主要是美國）的神學論述。美國的基督徒比例幾乎佔全國人口的百分之八十。而臺灣呢？幾十年來，基督徒（含天主教徒）比例一直在百分之六左右徘徊，很像現代的猶太教會和初代的基督教會，生活在異教佔多數的社會中。這個政治現實對於臺灣的基督教會如何看待同性戀家庭，有何影響？

　　首先，新保守派神學家詳細考察聖經原文、經文、和歷史之後，

認為聖經反對基督徒建立一個屬於基督徒的世俗國家。簡單的說，聖經的「國」只有兩種：外族人的世俗國，以及基督徒的天國，而沒有基督徒的地上國。基督徒的「地上天國」是指教會，不是指美國，也不是基督徒人口快速萎縮的歐洲國家，更不太可能是中華民國或中華人民共和國。到了末日審判的時候，基督徒還是少數。因此，臺灣的基督教會在涉入重大政策過程中，要學習猶太教會和初代的基督教會，堅持信仰自由，但是盡量避免干預外族人的倫理爭議。中華民國與中華人民共和國既然在目前以及可見的將來，都不是基督教國家，華人基督徒有何權利與義務，將自己的宗教倫理，藉著國家法律來強迫非基督徒接受？

　　這不是說個別的基督徒不可以參與政治。就像是任何的宗教團體都應該扮演社會良心的角色一樣，基督徒對於明顯傷害人權、影響社會秩序與安定的重大政策，仍應該積極的表態並且試圖影響政府決策。例如，近年來臺灣的基督宗教團體成功的延緩娼妓合法化、無條件的墮胎、賭博合法化等，都提升了基督宗教團體的社會良心形象。這些重大政策若不予以約束，最後很容易衝擊基督徒的生活環境，甚至腐蝕教會倫理。而同性戀是否「明顯傷害人權、影響社會秩序與安定」，仍是有爭議的。至少，現在的美國聯邦法院以及歐洲的人權法院，並不認為如此。同性戀團體的宣傳策略，一直強調他們是受害者、是弱勢、對社會無害，不像是娼妓、墮胎、賭博的支持者。因此，宗教團體要去約束同性戀的家庭權，比較難爭取社會大眾以及法官們的同情。

　　其次，從民主憲政的運作而言，屬於少數的臺灣基督徒面對的政治問題，可能跟同屬於少數的同性戀類似。如果基督徒因為「性傾向」理由而不給予同性戀部分的家庭權，那麼佔極大多數的其他宗教將來可否同樣的依據「宗教傾向」，來限制基督徒的宗教自由權？1990 年代第三波民主化以後，基督教在東歐和拉丁美洲的傳教，就一直是受到這種歧視。臺灣基督徒以前藉著「行憲紀念日」的放假，來過聖誕節。解嚴以後，佛教團體夾著人數的優勢，不但取消了「行憲紀念日」，而且通過了「佛誕日」。雖然這並沒有實

質影響基督徒的宗教自由，但是身為政治少數的臺灣基督徒，還是應該謹慎小心的參與公共事務。

第三，長期來說，通過同性戀婚姻法或同性伴侶法是先進民主基督宗教國家的趨勢。臺灣的基督教會現在選擇雙軌制的同性婚姻專法，可能優於將來通過單軌制的同性戀婚姻法或者其他「多元成家」法案。《時代週刊》(2013.4.8) 的報導，美國人贊成同性戀婚姻合法化的比例，從 1996 年的 27%，快速增加到 2013 年的 53%，其中 30 歲以下的有 73％贊成。有 12 州已經通過同性戀婚姻合法化。當年美國最高法院推翻了兩個限制同性戀婚姻的法案，並提供了同性戀婚姻合法化的完整法律論述。即使是跨黨派的研究也預測未來的 5-10 年內，同性戀婚姻合法化將在美國所有的州都通過。而在歐洲與拉丁美洲的基督宗教國家，只見愈來愈多國家通過同性戀婚姻法或同性伴侶法，而不見減少。

第四，《公民與政治權利公約》及《經濟、社會與文化權利公約》兩個人權國際公約的國內外政治壓力。在馬英九總統積極推動下，臺灣在 2009 年通過了兩個人權公約的施行法，政府機關依法要在兩年內修正侵犯人權的法律。而國際人權團體現在常常以同性戀婚姻合法化，作為檢驗一個國家是否保障人權的重要指標之一。馬總統本人就是同性戀權益的重要支持者。在他擔任臺北市長任內，就開創了「同玩節」舉辦年度的同性戀慶祝活動。蔡英文總統在 2016 年上任後，更積極地推動同性戀家庭權利。臺灣的教會是否要選擇在這個議題上與國際人權標準背道而馳，而長久的背負罵名？

第五，這次「護家盟」遊行讓基督教會成為箭靶，有礙宣教形象。由於臺灣的基督徒是少數，教會目前的主要使命可能還是以傳福音為優先，而涉入政策辯論為次。這不是說基督徒「沒有社會責任」，而是如前所述，教會要挑選議題和戰場，更要選擇適當的戰略，「靈巧像蛇」（太 10:16）。在 1130 遊行前後，基督宗教團體一直扮演著組織與論述的主導者。快要接近 1130 的時候，基督宗教團體已經感受到同性戀團體與媒體的猛烈攻擊，例如，同性戀在媒體上大罵基督教會、威脅控告反對同性戀的牧師或學者。因此，教會

要求信徒遊行時採取低姿態，所有的宗教團體都不穿戴宗教服飾，文字論述也避免宗教術語。

不過，這種戰術的改變，並沒有減緩同性戀團體的火力。1130之後，媒體大幅報導基督教會的醜聞，例如某位女牧師聲稱她的禱告不但可以醫治各種怪病，還可以撿到天上掉下來的50顆鑽石。另有一位牧師以收容弱勢家庭子女為名，不但私吞募款而且性侵未成年少女。還有一個「護家盟」基督宗派的牧師們，被同志團體指出曾公開歧視臺灣傳統宗教。畢竟，有些媒體記者或編輯本身就是同性戀，對於主導1130遊行的基督教會成員，正在做「秋後算帳」。

雖然新聞媒體裡面有更多的記者與編輯是基督徒，但是他們的教會還是從（美國）傳統保守派的立場出發，而沒有辦法提供適合臺灣情境的公共論述，有效地回應同性戀團體的疑問，以爭取社會大眾的同情。就如前述，臺灣的基督教團體要麼繼續地以一般讀者不懂的基督教術語，重複聖經的立場；另一方面不斷地提出各種美國保守教會提供的研究報告，醜化同性戀，宣染同性戀家庭制度將會使臺灣亡國滅種。這種「互相毀滅」媒體戰爭的結果，就是同性戀的心理受到更進一步的傷害，而教會方面則是福音工作的受阻。生活在民主、多元社會的大眾，尤其是年輕的一代，開始懷疑基督教會怎麼這麼沒有愛心、沒有包容心？「少數壓迫少數」？這種宗教團體還值得參加嗎？牧師和傳道們則忙著參加各種關於同性戀的研習會，甚至要動員信徒參加大大小小的遊行。勞神傷財不說，反而引起教會內一些年輕信徒相同的懷疑。

總而言之，從聖經立場（神性）、心理學分析（感性）、法律規定以及政治現實（理性）來看，2019年臺灣立法院通過的《司法院釋字第748號解釋施行法》（也就是同性婚姻專法），是一個華人基督教會不必支持，但是也不必反對的專法。華人基督教會不必改變教會的婚姻傳統來支持它，因為聖經立場明顯反對同性戀性行為；教會內只能堅守傳統異性婚姻制度，不能接受同性婚姻。但是華人教會也不必積極反對同性婚姻專法或同性伴侶法，因為它是個世界趨勢，而且不會影響到傳統婚姻制度。華人教會應該把寶貴的時間

與資源，用在福音工作上，而不是用在這個議題上進行一場玉石俱焚的「聖戰」。

表九　聖經經文關於同性戀之爭議

經文出處	經文內容或大意	同性戀神學解釋	新保守派評論
		第一類　所多瑪之罪	
(1) 創 18:20-19:18[1]	上帝派兩位天使到所多瑪城查證其罪惡。居民想要「認識」（性交）天使。天使帶領羅得全家逃離居民追殺之後，上帝毀滅所多瑪城。	1.「認識」不是「性交」。 2. 所多瑪的罪惡是「不好客」，不是同性戀。	1. 此處「認識」就是「性交」。 2.「不好客」不是重罪。同性戀性行為才導致滅城。
(2) 結 16:49-50[2]	「看哪，你妹妹所多瑪的罪孽是這樣：她和她的眾女都心驕氣傲，糧食飽足，大享安逸，並沒有扶助困苦和窮乏人的手。她們狂傲，在我面前行可憎的事，我看見便將她們除掉。」	16:49 說所多瑪的罪惡是「不好客」。	1. 16:49 並沒有提到「不好客」，而是慈善的問題。 2. 16:50 的「可憎的事」就是指同性戀性行為。
(3) 士 19:1-21:25	利未人到便雅憫族人居地。便雅憫人要求「認識」（性交）利未人未果，引發以色列人重怨而圍攻，並且集體拒絕嫁女兒給便雅憫人。	1.「認識」不是「性交」。 2. 便雅憫人的罪惡是輪暴了利未人的妻。	1. 此處「認識」就是「性交」。 2. 當時社會重男輕女，輪暴女子的罪不及雞姦神職員。

30 關於「所多瑪的罪」另有其他 19 處經文提到所多瑪的罪（創 13:13；申 29:23，32:32；賽 1:9-10，3:9，13:19；耶 23:14，49:18，50:40；哀 4:6；摩 2:9；太 10:15，11:23-24；路 10:12，17:29；羅 9:29；彼後 2:6；啟 11:8）。因這些經文都與此處經文直接相關，故不另計。

31 同上，相關經文（結 16:46,48,53,55-57）不另計次數。

	經文	第二類　譴責同性戀	
(4) 創 9:24-25	「挪亞醒了酒，知道小兒子向他所做的事，就說：迦南當受咒詛，必給他弟兄作奴僕的奴僕。」	無。	迦南同性戀性行為遭到上帝嚴厲的懲罰。
(5) 利 18:22	「不可與男人苟合，像與女人一樣，這本是可憎惡的。」	1. 古老律法不適用於今。 2. 「可憎的事」是指性交時沒注意到宗教禁忌。	1. 道德律超越時空而適用。 2. 「可憎的事」就是指同性戀性行為。
(6) 利 20:13	「人若與男人苟合，像與女人一樣，他們二人行了可憎的事，總要把他們治死，罪要歸到他們身上。」	同上。	同上。
(7) 申 23:17	「以色列的女子中不可有妓女；以色列的男子中不可有孌童。」	古老律法不適用於今。	道德律超越時空而適用。
(8) 王上 14:24	「國中也有孌童。猶大人效法耶和華在以色列人面前所趕出的外族人，行一切可憎惡的事。」	「孌童」是指異教廟妓，不一定指同性戀。	1. 「孌童」此處特別是指男廟妓提供的同性戀性行為。 2. 聖經區分宗教罪與倫理罪。 3. 聖經譴責異教或混合信仰時，不會同時譴責其符合聖經倫理的行為。

(9) 羅 1:26-27	「神任憑他們放縱可羞恥的情慾。他們的女人把順性的用處變為逆性的用處；男人也是如此，棄了女人順性的用處，慾火攻心，彼此貪戀，男和男行可羞恥的事，就在自己身上受這妄為當得的報應。」	「順性」表示同性戀應該順著自己天生的同性戀傾向而行。	「順性」表示順著天生性別的差異。
(10) 林前 1:10	「你們豈不知不義的人不能承受神的國嗎？不要自欺！無論是淫亂的、拜偶像的、姦淫的、作變童的、親男色的」	「親男色」是指強暴其他男性；雙方同意的同性戀性行為不受譴責。	「親男色」沒有做這種區分。
(11) 提前 1:10	「行淫和親男色的、搶人口和說謊話的、並起假誓的、或是為別樣敵正道的事設立的。」	同上。	同上。
(12) 猶 7	「又如所多瑪、蛾摩拉和周圍城邑的人，也照他們一味地行淫、隨從逆性的情慾，就受永火的刑罰，作為鑑戒。」	「逆性」表示同性戀應該堅持自己天生的同性戀傾向而行。	「逆性」表示不順著天生性別的差異。

第三類　過與不及解經

(13) 得	路得與婆婆拿米的親密關係。	她們是女同性戀。	沒有具體證據顯示她們有同性戀傾向或性行為。
(14) 撒上 16-19	掃羅與大衛的親密關係。	他們是男同性戀。	沒有具體證據顯示他們有同性戀傾向或性行為。
(15) 撒上 18-20	大衛與約拿單的親密關係。	他們是男同性戀。	沒有具體證據顯示他們有同性戀傾向或性行為。
(16) 賽 56:3	「與耶和華聯合的外族人不要說：耶和華必定將我從祂民中分別出來。太監也不要說：我是枯樹。」	「太監」是指同性戀。	「太監」不是指同性戀。
(17) 聖經	沒有出現「同性戀」一詞	聖經沒有譴責同性戀	1. 聖經用上述經文指出有同性戀性行為。 2. 「波書」都承認聖經有多處經文在討論同性戀性行為。

筆者製

參考書目

ETtody 東森新聞雲，信耶穌得鑽石？女牧師郭美江：已撿 50 幾顆，http://www.ettoday.net/news/20131217/307462.htm, 2014 年 1 月 29 日下載。

中時電子報，靈恩派牧師：神佛是邪靈，http://www.chinatimes.com/newspapers/20140219000406-260102，2014 年 2 月 19 日下載。

臺灣伴侶權益推動聯盟，「伴侶盟草案」，http://tapcpr.wordpress.com/%E4%BC%B4%E4%BE%B6%E7%9B%9F%E8%8D%89%E6%A1%88/，2014 年 6 月 30 日下載。

臺灣伴侶權益推動聯盟，「活動消息」，http://tapcpr.wordpress.com/%E6%9C%80%E6%96%B0%E6%B6%88%E6%81%AF/，2014 年 6 月 30 日下載。

臺灣伴侶權益推動聯盟，「關於伴侶盟 About Us」，http://tapcpr.wordpress.com/%E9%97%9C%E6%96%BC%E4%B-C%B4%E4%BE%B6%E7%9B%9F/，2014 年 6 月 30 日下載。

自由時報，韓籍牧師唬父愛 假驅魔性侵少女，http://www.liberty-times.com.tw/2014/new/jan/29/today-so1.htm，2014 年 1 月 29 日。

余也魯，編。2005。*中文聖經啟導本*（簡稱「啟導本」）。香港：海天書樓。

周華山。1994。*同志神學*。香港：次文化堂出版社。

林更盛。「對性別平等法制的幾個反省：從宗教自由的觀點談起」。東海大學主辦，*從基督教精神看性別平等法制：比較法的觀點研討會論文集*。臺中：2011 年 12 月 5 日，36-48 頁。

林恩瑋。「同性婚姻的第三條路？由法國『民視共同生活契約』制度談起」。東海大學主辦，*從基督教精神看性別平等法制：比較法的觀點研討會論文集*。臺中：2011 年 12 月 5 日，50-61 頁。

李震山。2004。「憲法意義下之『家庭權』」。*中正法學集刊*，

16，61-104 頁。

柯志明。2012。*尊貴的人、婚姻與性：同性戀風潮中基督徒絕不妥協的立場*。新北市：聖經資源中心。

黃偉康。2008。*性別有自信，孩子更快樂*。臺北：校園。

康來昌。2002。*基督徒的最後試探*。臺北：雅歌。

郭承天。2005。「宗教容忍：政治哲學與神學的對話」。*中央研究院人文及社會科學集刊*，17:1，125-157 頁。

——。2010。*末世與啟示：啟示錄解析*。臺南：臺灣教會公報社。

——。2014。《國族神學之民主化：臺灣與中國大陸》。臺北：政治大學出版社。

許耀明。2006。「『家』的解構與重構：從法國、德國、比利時與歐盟層次新近法制談『異性婚姻』外之其他共同生活關係」，*東海大學法學研究*，25，75-119 頁。

賴建國。2008。「從舊約幾處爭議經文看同性戀問題」。*義顯之聲*：43，127-144 頁。

陳尚仁。2006。「保羅反對同性戀行為：羅馬書 1:26-27 的注釋與詮釋」，*獨者*，12，241-255 頁。

陳靜慧。「同性生活伴侶法之平等問題：以歐洲法院、德國聯邦憲法法院及德國聯邦行政法院之判決為中心」。*東吳法律學報*，21:3，161-195 頁。

錢玉芬。2011。「從同性戀到前同性戀：基督徒前同性戀者生命改變歷程的解釋現象學分析」。*生命教育研究*，3:1，111-154 頁。

廖元豪。2014。「革命即將成功，同志仍須努力：簡評美國聯邦最高法院同性婚姻之判決」。*月旦法學雜誌*，224，20-37 頁。

戴瑀如。2014。「由德國同性伴侶法的催生、影響與轉化檢視德國對同性人權之保障」。*月旦法學雜誌*，224，38-56 頁。

關啟文。2011。「同性戀運動之人權訴求的省思」，東海大學主辦，*從基督教精神看性別平等法制：比較法的觀點研討會論文集*，臺中：2011 年 12 月 5 日，4-34 頁。

傅美惠。2004。「論美國同性戀與平等保護：兼論臺灣同性戀人權

保障之發展」。*中正法學集刊*，16，1-60 頁。

李怡青，「同性戀的親密關係與家庭功能之剖析」，http://tapcpr.
files.wordpress.com/2013/11/e5908ce680a7e5a99ae5a7bbe7a094e7a-
9b6e695b4e79086_final.pdf，2014 年 6 月 28 日下載。

「春節攜手連署守護健康家庭」，*國度復興報*，2014 年 1 月 19 日，
第 2 頁。

臺灣守護家庭官方網站，「新聞報導」，https://taiwanfamily.
com/?page_id=49，2014 年 6 月 30 日下載。

臺灣守護家庭官方網站，「精選文章」，https://taiwanfamily.com/?-
cat=180，2014 年 6 月 30 日下載。

社團法人臺灣走出埃及輔導協會，〈關於協會〉，http://www.rain-
bow-7.org.tw/48，2014 年 6 月 30 日下載。

啟創電腦分析有限公司。2013。*聖經工具 3.3*。香港：啟創電腦分
析有限公司。

——。2010。「臺灣宗教與保守主義」。*臺灣宗教研究*，9:2，5-26 頁。

Allison, Dale C. Jr. 2007. *Constructing Jesus: Memory, Imagination, and
History*. Grand Rapids, MI: Baker Academic Press.

Bailey, Derrick Sherwin. 1955. *Homosexuality and the Western Christian
Tradition*. New York: Longmans, Green & Co Press.

Barth, Karl. 1960/2004. *Community, State, and Church: Three Essays*.
Eugene, OR: Wipf and Stock Publishers Press.

Boswell, John. 1980. *Christianity, Social Tolerance, and Homosexuality:
Gay People in Western Europe from the Beginning of the Christian Era
to the Fourteenth Century*. Chicago, IL: University of Chicago Press.

Clayton, Philip, and Jeffrey Schloss, eds. 2004. *Evolution and Ethics: Hu-
man Morality in Biological and Religious Perspective*. Grand Rapids,
MI: William B. Eerdmans Publishing Company Press.

Cornwall, Susannah. 2011. *Controversies in Queer Theology*. London:
SCM Press.

Dahl, Robert A. 1989. *Democracy and Its Critics*. New Haven, CT: Yale University Press.

Dallas, Joe. 2007. *The Gay Gospel: How Pro-Gay Advocates Misread the Bible*. Eugene, OR: Harvest House Publishers Press.

Dobson, John H. 2005. *Learn Biblical Hebrew*. 2nd ed. Grand Rapids, MI: Baker Academic.

Gagnon, Robert A.J. 2001. *The Bible and Homosexual Practice: Texts and Hermeneutics.* Nashville, TN: Abingdon Press.

Geisler, Norman L. 1989. *Christian Ethics: Options and Issues*. Grand Rapids, MI: Baker Books Press.

Jones, Stanton L. and Mark A. Yarhouse. 2000. *Homosexuality: The Use of Scientific Research in the Church's Moral Debate*. Downers Grove, IL: IVP Academic.

Kuefler, Mathew, ed. 2006. *The Boswell Thesis: Essays on Christianity, Social Tolerance, and Homosexuality*. Chicago, IL: University of Chicago Press.

Loader, William. 2012. *The New Testament on Sexuality*. Grand Rapids, MI: William B. Eerdmans Publishing Company.

Longman, Tremper III and David E. Garland. 2009. 1 Samuel ~ 2 Kings. Grand Rapids, MI: Zondervan.

Martin, Dale B. 2006. *Sex and the Single Savior: Gender and Sexuality in Biblical Interpretation*, Louisville, KY: Westminster John Knox Press.

Mounsey, Chris. 2012. *Being the Body of Christ: Towards a Twenty-first Century Homosexual Theology for the Anglican Church*. Bristol, CT: Equinox Publishing Ltd.

Pope, Stephen J. 2007. *Human Evolution and Christian Ethics*. New York: Cambridge University Press.

Saez, Macarena. 2011. "Same-Sex Marriage, Same-Sex Cohabitation, and Same-Sex Families around the World: Why 'Same' Is so Different." Washington College of Law Research Paper Press.

Satinover, Jeffrey. 1996. *Homosexuality and the Politics of Truth*. Grand

Rapids, MI: Baker Book House Company Press.

Spong, John Shelby. 1991. *Rescuing the Bible from Fundamentalism: A Bishop Rethinks the Meaning of Scripture*. San Francisco, CA: Harper San Francisco Press.

Waaldijk, Kees. 2005."Others May Follow: The Introduction of Marriage, Quasi-Marriage and Semi-Marriage for Same-Sex Couples in European Countries." *Judicial Studies Institute Journal*, pp. 104-124.

Webb, Barry G. 2012. *The Book of Judges*. Grand Rapids, MI: Wm. B. Eerdmans.

Wikipedia, Law 2013-404, http://en.wikipedia.org/wiki/Law_2013-404, accessed February 11, 2014.

Wikipedia, Recognition of same-sex unions in Germany, http://en.wikipedia.org/wiki/Recognition_of_same-sex_unions_in_Germany, accessed January 21, 2014.

Wikipedia, Timeline of same-sex marriage, http://en.wikipedia.org/wiki/Timeline_of_same-sex_marriage, accessed August 20, 2014.

Winer, Jerome A. and James W. Anderson, eds. 2014. *The Annual of Psychoanalysis, V. 30: Rethinking Psychoanalysis and the Homosexualities.* New York: Routledge.

Younger, K. Lawson, Jr. 2002. The *NIV Application Commentary: Judges, Ruth.* Grand Rapids, MI: Zondervan.

第九章　安樂死 [1]

本章摘要：

　　華人教會應該包容末期病患選擇各種合法的安樂死。

　　當華人社會的老人比例愈來愈高，而醫療科技又能夠長期地維持生命，罹患末期傷病的華人基督徒，可能要重新思考延續痛苦生命的神聖性與必要性。反對安樂死的神學只能依賴可以彈性解經的間接經文，因為聖經只有六處經文直接涉及與安樂死有關的自殺，而且都沒有明顯地譴責自殺。而贊成安樂死的神學也只能訴諸「愛人如己」、「捨命」、與「殉道」的間接經文或傳統。當聖經對於安樂死沒有清楚倫理立場時，華人教會應該以愛心與理性，包容末期病患選擇各種合法的安樂死。

主題經文：

　　「生有時，死有時」（傳 3:2）。

案例 9.1：何時說再見

　　2018 年 6 月，85 歲罹患胰臟癌末期的臺灣基督徒資深媒體人傅達仁，在家人的陪同下，飛到瑞士接受「協助自殺式」的積極安樂死。這事件引起臺灣基督教界和社會的極大爭議，主要是因為信仰虔誠的傅達仁是媒體／運動界的名人，而且在死前就積極推動安樂

---

[1] 本章改寫自郭承天。2020。「華人基督教與安樂死的選項」，臺灣宗教研究，19 (1):1-36。

死合法化。[2] 臺灣基督教界對於傅達仁的安樂死選擇，幾乎是一面倒的反對，都說聖經反對自殺。[3] 他所屬的教會甚至不在本堂，而是在墓園辦理他的追思禮拜，似乎不願意認可他的「自殺」，並且懷疑上帝會不會接納他。

第一節　議題背景

由於環境污染以及工作壓力，使得人類得到各種癌症的機率愈來愈大，患病的年齡層也逐漸下降。但是醫療科技不斷進步，也使得末期的癌症病患可以延長數年的生命。然而這多出來幾年的生命，卻常常造成病患每天生不如死的痛苦，也造成病患家屬身心靈與財務的極大壓力。以華人近年來很容易得到的肺腺癌為例：(1) 病人不容易察覺；等到身體稍不適去醫院檢查時，大都已經是癌症末期。(2) 若不經過治療，病人存活期約是一年。(3) 所謂的「治療」也只是延長存活期到三年左右，因為「治療」的藥劑是抑制癌細胞繼續生長的「抑制劑」，無法滅絕癌細胞。而且目前所有的肺腺癌藥物，在病患服用一年半左右，都會產生抗藥性，無法再抑制癌細胞的擴散。(4) 這些抑制劑容易產生「約伯式」的副作用，如嚴重瀉肚、全身皮膚從頭到腳有又癢又痛的疹痘、口腔潰爛、吞嚥困難、手腳指甲邊緣裂傷、雙掌乾裂、小腿抽筋、容易曬傷、倦怠等。病人每天、全天都要經歷這些身體的痛苦。(5) 抑制劑、減少副作用的藥品、以及防止體重急速下降的營養品，是臺灣一般中產階級難以負擔的。臺灣全民健康保險得以支付某些抑制劑（約是臺灣勞工的平均薪

---

[2] 關於傅達仁安樂死的報導，見胡忠銘 (2018)；「傅達仁一心求安樂死，揭密瑞士「申請到執行」全過程」(2018)；「傅達仁安樂死離世；洪善群：不捨！生命主權在神」(2018)。

[3] 公開支持傅達仁選擇安樂死的，似乎只有紐約華人牧師歐陽文風 (2018)。

資），但是那些減少副作用的藥品以及防止體重急速下降的營養品，價格差距非常大。只是肺腺癌是「階級盲人」，不論是更昂貴的自費第三代抑制劑，或是減少副作用的藥品以及營養品，大多數病患的存活期仍是三年左右。(6) 到了後來，病患整天躺在床上，呼吸困難、咳嗽吐血、骨肉劇痛、焦慮與憂鬱。[4] 這還不包括癌細胞轉移到其他器官或骨骼，所產生的劇痛、嘔吐、褥瘡、大小便失禁等。(7)後來癌細胞擴散無法抑制時，對於來全天候照顧病患的親友，是很大的精神與身體負擔。若是他們有正常工作，又會加上經濟負擔。若要請專人照顧或者送入療養院，也是一般中產家庭難以負擔的。

　　針對末期病患的類似困境，近幾十年來興起了安樂死的對策。安樂死有許多分類，每個國家與每個人所提到的安樂死可能不一樣，它們所涉及的法律與倫理爭議，也不完全一樣。「安樂死」的英文是 euthanasia，它源自希臘文 εὐθανασία（好死）。εὖ (eu; 好)；θάνατος (thanatos; 死)。從十九世紀下半葉，西方國家開始爭議是否要為安樂死立法，所涉及的安樂死種類有下列兩大類：「積極安樂死」(Active Euthanasia) 以及「消極安樂死」(Passive Euthanasia)。前者又分為兩類：由專業醫護人員執行注射毒藥，或由專業醫護人員提供毒藥，讓病患自行注射或口服。後者又分為兩類：「非自然的消極安樂死」(Unnatural Passive Euthanasia)，就是斷絕病人以自然的方式，汲取食物、水、和空氣；以及「自然的消極安樂死」(Natural Passive Euthanasia)，就是維持病人自己能夠汲取的食物、水、空氣，但是斷絕人工維生機器。[5]

　　就西方國家的立法與倫理爭議而言，積極安樂死因為是「促進死亡」，所以爭議比較大；消極安樂死是「容許死亡」，所以爭議比較小。各種安樂死之中，「自然的消極安樂死」爭議最小。根

---

[4] 蔡孟修、柯獻欽 (2017)。

[5] 除了以積極／消極來分類安樂死，英國倫理學家 Richard Huxtable (2007:9)另外加上自願／被動的 (voluntary/involuntary) 分類標準，而分成六類安樂死。他主張以開放但審慎的法律來處理安樂死爭議 [Huxtable (2007: xvii)]。本章雖然只處理自願的安樂死，但是也適用在實務上已成為多數可接受的被動安樂死（植物人）。

據相關法律，許多西方國家的醫院都會設置「安寧病房」(Hospice Ward)，或者醫院會協助家屬在家設置「安寧病床」，來處理病人的最後一段人生旅程。「非自然的消極安樂死」爭議稍微大一點，因為斷絕病人自己有能力汲取的食物和水，會加速病人死亡，有些家屬會不忍看到病人被「餓死」或「渴死」。如果是病人主動拒絕食物和水，又會涉及自殺的爭議。最具爭議性的安樂死是積極安樂死，因為大部分的宗教文化都反對「謀殺」（由醫護人員給病人注射毒藥）或「自殺」（又稱「協助自殺」；病患自行注射或服用毒藥）。目前容許消極安樂死的國家有丹麥、挪威、法國、西班牙、德國、奧地利、瑞典、匈牙利、斯洛伐克。除了容許消極安樂死以外，更開放積極安樂死的國家有荷蘭、比利時、盧森堡、瑞士、美國幾個州。

　　不論是哪一種的安樂死，它們都有兩個前提：醫師確認的末期病患，以及病人清醒時的明確選擇。「末期病患」表示這個疾病目前無藥可醫治，病情會逐漸惡化，任何醫療措施只是在延長性命，而不能恢復身體的健康；例如，植物人、老人癡呆症、漸凍人、癌症末期等。「病人清醒時的明確選擇」表示病人在清醒時，曾經經由書面或口頭公開告知親友，他／她所選擇的安樂死方法。例如，2013年臺灣修正通過了「安寧緩和醫療條例」，對於「末期病人」的定義是：「指罹患嚴重傷病，經醫師診斷認為不可治癒，且有醫學上之證據，近期內病程進行至死亡已不可避免者」。2018年更進一步通過「病人自主權利法」，「具完全行為能力之人，得為預立醫療決定，並得隨時以書面撤回或變更之。前項預立醫療決定應包括意願人於第十四條特定臨床條件時，接受或拒絕維持生命治療或人工營養及流體餵養之全部或一部」。臺灣的「病人自主權利法」等於是允許「自然的消極安樂死」以及「非自然的消極安樂死」，而在為積極的安樂死做準備。中國大陸的醫師、學者、法律學家代表，曾經在1988年召開安樂死的學術研討會，最後結論是儘管在實際工作中，經常遇到消極安樂死的案例，而且通常不會引起法律糾

紛，但是中國還不存在為安樂死立法的條件。[6] 因此，至今中國大陸還是沒有任何安樂死的法律。

　　由於醫療科技的日益更新以及隨之而來立法技術的複雜，有些學者把安樂死分類得更細緻。這反而讓醫院、病人、家屬、立法者、倫理學家、以及神學家，陷入無止境的困擾，總是落在「父子騎驢」的困境中。醫院的困擾是，若是由醫生或醫院來執行安樂死，這一方面會違反醫生「以救人為使命」的醫學倫理和社會聲望，另一方面病人家屬中很可能有人不同意病人的清醒意願，而對醫院進行法律訴訟。病人的困擾是，每天要經歷日益惡化的身體病痛、看到來照顧病人的親友身心俱疲、以及憂心龐大的醫療費用所帶來的債務。那些不願意接受任何一種形式安樂死的病人，是否會在親友的壓力下，被迫選擇安樂死？不論選擇哪一種安樂死，是否都是選擇了自殺，而不能上天堂？家屬的困擾是，誰能長期 24 小時照顧病人？體力和財務上的負擔，誰能承擔？同意病人安樂死的家屬，是否會被反對安樂死的其他家屬譴責一輩子：「爸爸都是你害死的」、「妳就是想要快點拿到遺產」？立法者更不願意負擔「劊子手」、「缺德」、「老人殺手」的政治罪名。神學家則是困擾著，這些不斷更新的安樂死醫療和法律定義，怎麼找不到直接對應的聖經經文呢？

　　在華人社會，安樂死的議題比西方社會更敏感。畢竟，俗語說：「好死不如賴活」。華人文化又特別注重孝道。平常孝順父母，都要講求和顏悅色。哪一位子女膽敢向病危的父母，提出安樂死的建議？三姑六婆、伯公叔姪不咒詛他一輩子才怪。一位癌症末期病患向醫院索取「安寧緩和醫療」的法律表格簽署。醫生幽默的說：「我很敬佩你為家人著想。不過，如果你真的遇到急救的狀況，我們還是會對你施行急救措施，因為我們不想被家屬抬棺抗議或者告到法院」。[7] 華人基督徒又該如何看待安樂死的問題，才不會引起上述的爭議？

　　本章所採取的基督教倫理應用原則有二：三一神命令理論以及

---

[6] 「我國安樂死合法嗎？中國安樂死立法歷程及案例」(2016)。

[7] 訪問許醫師，臺北，2019.1.10。

聖經清楚立場。這兩個原則在本書第二章已經詳細介紹，本章在此不再說明。並且由於篇幅限制，本章並不處理各種非基督教的哲學立場。[8]

第二節　聖經反對安樂死？

目前中西方的保守派神學家幾乎一致地反對積極安樂死，甚至有些神學家連「非自然消極安樂死」也反對，因為他們認為不論何種的安樂死，都是自殺；自己決定了放棄生命，而不是由上帝決定的。[9] 聖經反對自殺，基督徒也應該反對安樂死，尤其是積極安樂死。他們提出四個主要理由：(1) 上帝掌管人的生命。生死由上帝主權定奪，人沒有決定生死的權利。(2) 聖經反對殺人。基督徒病人選擇安樂死，等同自殺；同意或協助病人選擇安樂死，等同殺人。(3) 基督徒病人受苦有時是必要的，不能作為安樂死的理由。(4) 財務負擔不能成為安樂死的理由，因為生命無價，而且上帝自然會充足供應祂的信徒。

但是保守派的說法碰到最大的問題是，聖經哪一處經文直接反對安樂死？以下是他們提出的聖經根據和論證，本章也對這些聖經根據和論證提出質疑。

---

[8] 由於自由派哲學強調個人的主權，比較支持各種安樂死，含積極安樂死。但是自由主義大師 Kant (1785/1996: 176-178) 卻是反對自殺，因此可能也反對積極安樂死。Hans Küng 等人 (2014) 是極少數支持積極安樂死的天主教神學家。Huxtable (2007) 似乎也傾向支持各種安樂死。

[9] 西方神學家大都反對「積極安樂死」，而支持「自然消極安樂死」，如 Erickson (1976); Geisler (1996: 157-172)。可代表大部分華人教會對於安樂死立場的神學家有：方鎮明 (2001:170-199)；黃耀銓 (2015:55-66)；何文祺 (2010:179-201)；許道良 (2006:167-168)。他們在各種安樂死之中，只支持「自然消極安樂死」。但是羅秉祥 (2002:175-176) 似乎連「自然消極安樂死」也反對。

1. 上帝掌管人的生命，生死由上帝主權定奪，人沒有決定生死的
   權利。主要的相關經文有：上帝照著自己的形象造人（創 1:26-
   27）；「地和其中所充滿的，世界和住在其間的，都屬耶和華」
   （詩 24:1）；「如今，看！我，惟有我是上帝；我以外並無別神。
   我使人死，我使人活；我擊傷人，也醫治人，沒有人能從我手中
   救出來」（申 32:39）；「我赤身出於母胎，也必赤身歸回；賞賜
   的是耶和華，收取的也是耶和華。耶和華的名是應當稱頌的」（伯
   1:21）；「按着命定，人人都有一死，死後且有審判」（來 9:27）。

　　上述的經文清楚地說明上帝對於人與萬物都有主權，包括人的
生命。但是「主權」與「管理權」並不一定有相同的倫理與法律爭議。
上帝創造天地萬物以後，把管理萬物和人類社會的權利授予人類。[10]
上帝造男造女以後，對他們說：「要生養眾多，遍滿這地，治理它；
要管理海裏的魚、天空的鳥和地上各樣活動的生物」（創 1:28）。
「在上有權柄的，人人要順服，因為沒有權柄不是來自上帝的。掌
權的都是上帝所立的」（羅 13:1）。上帝仍然擁有主權，也隨時可以
收回管理權，親自管理萬物和人類社會。但是祂選擇把管理權交給
人類，人類就要照著上帝所創的自然律和倫理規則來管理萬物和人
類社會，包括人類自己和他人的生和死，也要為濫用管理權而負責
任（「死後且有審判」）。聖經沒有說過，上帝授予人類的管理權，
只能管生，不能管死。就如德國天主教神學家 Hans Küng 所說的：
「上帝具有完備的恩典，祂賜給人類自由與責任去管理他們的生命，
也讓瀕死的人負起責任去決定他們要怎麼死、何時死。國家、教會、
神學家、或醫生都不能剝奪他們的這個責任」。[11]
　　進一步來說，舊約和新約至少有 28 處經文提到，上帝應許祂

---

[10] 上帝授權人類管理世界萬物的經文至少有 18 處：創 1:28、6:19-7:16、
8:17；9:1-3, 7、41:14-56；出 20:10-11、23:10-12、31:12-17；利 19:9-
10、23:22、24:19-20、25:7、26:35；申 5:14、20:19、詩 8:6、來 2:7-8、
各 :3:7。

[11] 來 9:27。Küng (2014: 487-488)。

的信徒要得到上帝的「產業／基業」或外族的產業／基業。[12] 在這些
經文裡，這些產業／基業的主權，似乎都轉移給信徒了，而不只是
管理權而已。產業／基業甚至有「遺產」的意思。雖然信徒繼承了
上帝產業，並不表示是在上帝死後的繼承，因為上帝是永活的上帝；
但是這些經文似乎表明這是同時繼承了主權與管理權。更何況信徒
繼承外族的產業，意味著消滅了外族或使外族成為奴隸，原有的主
權完全轉移到信徒手中。

　　除了素食主義者以外，沒有神學家會反對殺家畜來養活人類或
者用來祭拜耶和華。為什麼？因為上帝授予了人類的管理權，既管
生，也管死。除了極端保護動物主義者（如某些佛教徒）以外，也
沒有太多的倫理學者會反對殺害那些威脅到人類的動物，或者去結
束受嚴重傷害、不可治癒的動物。為什麼？因為上帝授予人類的管
理權，既管生，也管死。那麼管理人類的生死又有何不同？

　　當然不同！保守派的神學家會這麼說：因為上帝照著自己的形
象造人，人在萬物中有特殊的地位與尊嚴。沒錯！人類對待萬物與
對待其他人類的態度與方法需要不同，需要考慮到人類的特殊的地
位與尊嚴。所以，基督教不會同意佛教的眾生平等，把踩死一隻蟑
螂，認為是殺害了轉世投胎的惡婆婆。但是這並沒有否定基督徒對
自己的生死，有管理的權利與責任。事實上，每一位基督徒每天都
在管理自己的生死，而不需要每件事都要求問上帝。每天要不要上
廁所？要不要吃飯？吃什麼？要不要運動？要不要洗澡？要不要戴
口罩出門以減少吸入有毒的霧霾？要走哪一條路才比較不會發生車
禍？上帝對基督徒有完全的主權，但是祂授予基督徒充分的「靈智」
（見本書第二章第四節）與管理權，管理自己，不需要用這些瑣事
24 小時來煩祂。基督徒要秉持著「身體是上帝的殿」，來管理自己
的生死。

[12] 產業／基業的希伯來文是 נַחֲלָה (nachalah) 或者是 יְרֵשָׁה (yireishah)；希臘
文是 κληρονομία (kleironomia)。《和合本 2010》翻譯成「產業」的經文有
194 筆：例如，創 21:10；出 15:17；利 25:10；太 21:38；路 20:14；徒 7:5。
《和合本 2010》翻譯成「基業」的經文有 12 筆：詩 2:8；結 44:28；徒
20:32、26:18；弗 1:11, 14, 18；弗 5:5、1:12、3:24；來 11:8；彼前 1:4。

當我們區分了上帝主權以及人類的管理權，安樂死就有了符合聖經原則的根據。前面說到安樂死的前提，就是末期病患的自主決定。但是除了生活習慣不良的人，大多數人不會主動向上帝爭取得到末期傷病。那麼末期傷病是否可以視為上帝在行使祂的主權？「我使人死，我使人活」(申 32:39)；「賞賜的是耶和華，收取的也是耶和華」(伯 1:21)。上帝既然藉著末期傷病，清楚地告訴基督徒：「該回天家了」，基督徒為什麼還要抗拒上帝行使祂的主權呢？基督徒只要善用他的管理權，審慎考慮國家法律、教會立場、家庭關係、個人的身體與心靈狀態後，負責任地選擇哪一種安樂死。

2. 聖經反對殺人。基督徒病人選擇積極安樂死，等同自殺；同意病人選擇積極安樂死或者替無意志病患執行安樂死，等同殺人。相關經文有：「不可殺人」(出 20:13)；「打人致死的，必被處死」(出 21:12)。

聖經有反對殺人嗎？「不可殺人」經文的「殺人」，現代大部分的神學家都解釋成「謀殺」，就是「出於私慾的殺人」。[13] 上述「打人致死的，必被處死」的經文，正好說明某些殺人（例如：處死那些打人致死的、自衛戰爭、以及舊約規定的 24 種死刑），是聖經所允許的。關於「是否廢除死刑」的爭議，本書第十章再詳細地討論。這裡只處理「基督徒病人選擇安樂死，是否等同自殺；同意病人選擇安樂死，是否等同殺人」？

「基督徒病人選擇安樂死，等同自殺」這個主張，可能是建立在「後尼西亞會議」（西元 326 年以後）的一個教會傳統，認為聖經反對自殺。自殺是一種很嚴重的罪，等同叛教，嚴重到許多教會不願意為自殺的基督徒舉辦正式追思禮拜，因為他們進不了天堂。但是聖經反對自殺嗎？整本聖經只有六處經文（但是已超過本書第二章所定的四處經文標準以判斷聖經倫理立場），直接提到自殺，而且都沒有譴責自殺的意思：(1) 士師亞比米勒被婦人砸破頭殼，要

---

[13] Erickson (1976:16-17).

求士兵殺自己；(2) 士師參孫拉倒競技場，與敵人同歸於盡；(3) 掃羅中敵箭後自殺；(4) 背叛大衛王的謀士亞希多弗，畏罪上吊自殺；(5) 心利王戰敗之後，燒了王宮並自焚；以及 (6) 賣耶穌的猶大，悔恨而上吊自殺。[14] 以下一一分析。

(1) 士師亞比米勒被婦人砸破頭殼，要求士兵殺自己（士 9:44-54）。士師亞比米勒率領以色列人攻進了示劍城內，要進一步攻下示劍人躲藏的城樓。正在攻打的時候，城樓上有一位示劍的婦人，丟下一塊磨石，砸破了亞比米勒的頭蓋骨，但是還沒死。亞比米勒急忙叫來隨身護衛，對他說：「拔出你的刀來，殺了我吧！免得有人提到我說：『他被一個婦人殺了。』」於是那青年把他刺透，他就死了 (士 9:54)。士師記的作者為此事做的倫理判斷是：「這樣，上帝報應了亞比米勒向他父親所做的惡事，就是殺了自己七十個兄弟」(士 9:56)，但是並沒有譴責自殺的意思。那位隨身護衛，也沒有受到「殺人」或「協助自殺」的譴責或處罰。

從安樂死的觀點來看，亞比米勒的頭蓋骨被砸破，就當時的醫療技術而言，是「不可逆轉的末期傷病」，而且他在意識清醒的時候，主動表達了盡快結束自己生命的意願。他的理由（不要被婦人殺了）可能是當時以色列人的價值觀念，而不是根據聖經的經文。那位隨身護衛根據愛心和理性的判斷，服從亞比米勒的軍令，就忠實地執行這命令，沒有違反聖經倫理，也沒有違反法令。聖經在這個事件上，並沒有譴責自殺和執行自殺的相關人。

(2) 士師參孫拉倒競技場，與敵人同歸於盡（士 16）。參孫和她的女友大利拉的故事，是兒童主日學最受歡迎的故事之一。但是很少教會討論過參孫最後以自殺做為故事結尾的倫理爭議。參孫被大利拉所騙，失去了神奇的力量，以致被非利士人關到監獄、挖去眼睛、當眾羞辱。他向耶和華禱告：「主耶和華啊，求祢眷念我。神啊，求祢賜我這一次的力量，使我在非利士人身上報那剜我雙眼的仇」，

---

[14] 士 9:54、16；撒上 31；撒下 15:12～17:23；王上 16:18；太 27:3-10。參考 Erickson (1976: 18-19); =Michael J. and Albert (2015: 56-62); 羅秉祥 (2002：111-112)。

並說：「我情願與非利士人同死！」（士 16:28,30），然後拉倒房柱，讓三千非利士人觀眾與他陪葬。士師記的作者記錄完這個故事後，並沒有留下任何倫理的論斷，更沒有譴責自殺，甚至說到「參孫死時所殺的人比活著所殺的還多」，似乎還暗示了為達殺敵的目的，自殺也可以（士 16:28, 30）。

　　從安樂死的觀點來看，參孫被挖了眼睛，對於一位萬人景仰的戰士來說，等於是「不可復癒的末期傷病」。他用清楚的意識向上帝禱告，預告要以自殺與非利士人同歸於盡。上帝也同意了，賜給他最後的神奇力量，拉倒房柱。上帝和聖經並沒有譴責參孫的自殺，反而有些許的贊同之意。

　　（3）掃羅中敵箭後自殺（撒上 31；代上 10）。掃羅的這個故事與上述士師亞比米勒的故事，有些相似。非利士人來攻打以色列人，以色列人大敗。領軍的掃羅王中了敵人的箭，可能是腹部中箭，結果掃羅「傷勢嚴重」或「非常痛苦」。[15] 掃羅就命令他的隨身護衛，說：「你拔出刀來，將我刺死，免得那些未受割禮的人來刺我，凌辱我」。他的護衛害怕，不肯刺死掃羅，「掃羅就自己伏在刀上死了」。他的護衛看到掃羅死了，「也伏在刀上死了」，造成了一椿「雙重自殺案件」。如前所述，這「雙重自殺案件」似乎都符合安樂死的條件，而且聖經並沒有譴責他們的自殺。大衛王知道掃羅自殺後，甚至親自做詩歌，讚美掃羅是「英雄」（撒上 31:4-5；撒下 1:17-27）。

　　掃羅的自殺，有另外一個版本，不是直接自殺，而是像士師亞比米勒一樣的「授意自殺」。這個版本是當時一位以色列傭兵（亞瑪力人）所提供給大衛王的。[16] 他說他偶然經過戰場，看到掃羅用武器自殺，但是沒死。掃羅告訴這位傭兵：「請你來，將我殺死；因為痛苦抓住我，我的生命尚存」。這位傭兵說，他「準知他（掃羅）仆倒必不能活，就去將他殺死」。大衛王聽了這位傭兵的報告，就大怒，命令手下殺死這位傭兵，因為這位傭兵「殺害耶和華的受

---

[15] 「傷勢嚴重」（撒上 31:3）的希伯來文是 וַיָּחֶל מְאֹד（非常痛苦）。七十士譯本翻譯成 ἐτραυματίσθη εἰς τὰ ὑποχόνδρια，表示「傷到腹部」。

[16] 這士兵是亞瑪力人，但是為以色列軍隊效力（撒下 1:1-16）。

膏者」。

　　這個版本似乎可以用來反對積極安樂死？其實不然。首先，這個版本是傭兵提供的版本，撒母耳記的作者顯然不同意，才先敘述了正確的版本。其次，這位傭兵很可能是想邀功（給掃羅一個安樂死），而編造了這個版本。然而，大衛王可能察覺了這個版本的一個關鍵漏洞：掃羅先問了這位傭兵是哪裡人，那位傭兵說自己是亞瑪力人，那麼掃羅應該就不會請一個外族人來結束自己的性命。所以，大衛王譴責這位傭兵時，特別用了一個宗教術語：「你伸手殺害耶和華的受膏者」。這位傭兵的罪名不是「協助自殺」，而是「一位外族人殺害了上帝選立的國王」；罪名是戰爭行為，不是協助自殺。[17]

　　(4) 背叛大衛王的謀士亞希多弗，畏罪上吊自殺（撒下 15:12 ～ 17:23）。大衛作王的初期，王子押撒龍造反，打進耶路撒冷城，並且進一步要追殺逃亡中的大衛。本來擔任大衛王謀士的亞希多弗，投靠押撒龍，並且向押撒龍獻計，如何對大衛的嬪妃公開亂倫，還要立即領兵追殺大衛。但是大衛王派到押撒龍陣營的臥底戶篩，破壞了亞希多弗的陰謀，讓大衛有充裕的時間逃跑。亞希多弗看見自己的建議不被採納，就回到老家，上吊自殺。亞希多弗的背叛，舊約花了兩章來記載，而且大衛王還寫了兩篇詩篇來譴責亞希多弗，說他是「我知己的朋友，我所信賴、吃我飯的人也用腳踢我」（詩 41:9），並詛咒他「死亡忽然臨到他（們）」（詩 55:15）。的確，亞希多弗從背叛到上吊，可能沒有隔幾個月。有的神學家認為亞希多弗的背叛，預表了下一個自殺的例子：猶大背叛耶穌而上吊自殺。[18]

　　雖然舊約還算重視亞希多弗事件，大衛王也在兩篇詩篇中譴責他的背叛，但是都沒有譴責他的上吊自殺。因此，在這個事件上，

---

[17] Grudem (2018: 588-590) 認為掃羅的例子是他殺，不是自殺。但是大多數神學家，即使是反對積極安樂死的，也不會認同他的分析。何況，Grudem 只討論了這個案例，而忽略了其他五個自殺的案例。

[18] *Cambridge Bible for Schools and Colleges*, 2 Samuel 17:23.Cambridge Bible for Schools and Colleges, 2 Samuel 17:23. 不過，該文的作者誤認為這是聖經的第一起自殺案件。

聖經沒有譴責自殺。

（5）北國以色列王心利戰敗之後，燒了王宮並自焚。心利本來是北國以色列王以拉的將軍，叛變殺了以拉以及以拉的父親巴沙王的全家。心利作王沒有幾天，又被元帥暗利攻破王宮的所在地得撒城。心利就跑進王宮，把他自己和王宮都燒毀（王上 16:8-20）。列王紀的作者有譴責心利，但是譴責心利的是「因為他犯罪，行耶和華眼中看為惡的事，行耶羅波安所行的道，犯他使以色列陷入罪裡的那罪」（王上 16:19）。也就是說，心利可能複製了耶羅波安的宗教罪，鑄造金牛犢當作耶和華，讓以色列人崇拜，並且立凡民為祭司（王上 12:25 ～ 13:34）。列王紀的作者另外也譴責「心利滅絕巴沙全家，正如耶和華藉耶戶先知責備巴沙的話」（王上 16:12），然而並沒有譴責心利的自焚。

（6）賣耶穌的猶大，悔恨而上吊自殺（太 27:3-10）。猶大為了三十塊銀錢出賣耶穌，使得猶大成為千古罪人、所有基督徒譴責的對象。不過，聖經相關經文雖然明確地譴責猶大的賣主，但是從來沒有譴責猶大的自殺。聖經說：「出賣耶穌的猶大看見耶穌已經定了罪，就後悔，把那三十塊銀錢拿回來給祭司長和長老，說：『我出賣了無辜人的血有罪了』」。祭司長和長老拒絕收回銀錢，「猶大就把那銀錢丟在殿裏，出去吊死（自己）了」（太 27:4-5）。[19] 猶大「後悔」，承認「我出賣了無辜人的血有罪了」，然後以自己的生命付上代價，從基督教倫理的觀點來看，耶穌應該就赦免了他的罪。

使徒們似乎也沒有另外譴責猶大的意思。彼得在解釋為什麼要重新選舉一位使徒代替猶大時，只簡短的評論猶大說：「這人用他不義的代價買了一塊田，以後身子仆倒，肚腹崩裂，腸子都流出來」（徒 1:18），並沒有提到猶大自殺的事。馬可福音、路加福音、和約翰福音，甚至沒有提到猶大自殺的事。

有的神學家認為當時的風俗習慣認為自殺不好，因此使徒們避諱提到猶大的自殺。但是這只是一種猜測。我們無法知道使徒們當

19　「吊死自己」ἀπήγξατο (apeigksato) 是第三人稱、關身語態；猶大不是被人吊死，是自己吊死自己。

時是否接納了這個世俗價值觀，也不知道使徒們是否會把自殺看得比賣主更嚴重。關於猶大自殺的事，聖經只做了上述的描述，並沒有譴責自殺。

　　根據學者們的考據，基督教神學家有系統地開始反對自殺，可能始於尼西亞會議 (西元 325) 後的 Augustine of Hippo (354-430)。他反對自殺的主要理由，也是當今保守教會反對自殺所引用的理由，是認為十誡的第六誡「不可殺人」包括了殺別人和殺自己。但是在 Augustine 之前的古羅馬，主流文化是高舉自殺的德行，不論是因為病痛、報復、衝動、戰敗、或者被強暴的婦女。在羅馬帝國統治下的初期教會，有不少的男性基督徒恐懼羅馬政府的酷刑（如，釘十字架、競技場內被野獸咬死）以及基督徒婦女害怕被羅馬士兵強暴，都以自殺殉道。早期教父如 Eusebius of Cesarea、Ambrose、以及 Jerome 都贊同這些個人或集體的自殺行為。甚至 Augustine 在系統性地譴責自殺時，也不得不例外包容上述的基督徒婦女殉道者。Augustine 之後的神學家，並不是都同意 Augustine 反對自殺的立場。天主教全面性地禁止自殺，遲至十二世紀末期才塵埃落定。[20] 後來西方保守派的基督教神學家延續了 Augustine 以及天主教反對自殺的立場，把安樂死定義為自殺。「安樂死是殺死一個末期傷病、痛苦病患的行為。它違反了第六誡『不可殺人』；病患的同意並沒有解除謀殺犯的謀殺罪。」[21]

3. 基督徒病人受苦有時是必要的，不能作為安樂死的理由。最具代表性的案例就是約伯，他成為基督徒「為義受逼迫」的表率。約伯的受苦不是因為他犯了什麼罪，遭受上帝的懲罰，而是為了彰顯上帝的主權。另外，使徒們勉勵信徒要忍受痛苦：「我的弟兄們，你們落在百般試煉中，都要以為大喜樂；因為知道你們的信心經過試驗，就生忍耐。但忍耐也當成功，使你們成全、完備，毫無缺欠」(雅 1:2-4)；「不但如此，就是在患難中也是歡歡喜

[20] Augustine (1993: 21-35). Aries (1982); Barbagli (2015: 40-47).

[21] Reynolds (1973: 222).

喜的；因為知道患難生忍耐，忍耐生老練，老練生盼望；盼望
不至於羞恥，因為所賜給我們的聖靈將神的愛澆灌在我們心裡」
（羅 5:3-4）。[22]

　　從基督教「苦難神學」來說，基督徒遭受傷病和苦難，可能有
三種原因。最常見的原因是自作自受：基督徒為了私慾而犯罪，遭
受法律的制裁和上帝公義的審判。「主所愛的，祂必管教，又鞭
打祂所接納的每一個孩子 …… 使我們在祂的聖潔上有份。」（來
12:6, 10）第二種原因是為了鍛鍊信徒，增益其所不能。也就是上述
保守派所引用的雅各書和羅馬書的「患難生忍耐」等經文。第三種
原因是約伯式的苦難。約伯遭受苦難，不是因為他自作自受，也不
是因為他還需要更多的訓練和能力（也許苦難讓他「親眼得見神」，
增加了一點信心）。約伯遭受苦難的主要原因，只是在彰顯神的主
權與大能，增進一般信徒的信心（伯 42:5）。

　　安樂死的爭議是：末期傷病是屬於上述哪一種苦難？上述三種
苦難大部分在處理暫時的傷病和苦難，而不是末期傷病。尤其是這
些苦難，大都是來自基督徒因為信仰而遭受迫害的苦難，而不是指
末期傷病。信徒藉著信心與忍耐，可以度過這些暫時的傷病和苦難，
以致學習到認罪悔改、獲得新的能力、或見證上帝的榮耀。但是安
樂死的傷病，是不可回復的傷病。基督徒末期病患從得知患病開始，
當然可以認罪悔改，就如一般的基督徒每天要認罪悔改一樣。他們
也可以藉著信心，忍受這些只會日益增加而不會減少的病痛，成為
其他信徒的見證。他們更可以藉著順服接受這個傷病的不可回復性，
彰顯上帝的榮耀和大能。然而，對於一位終日躺在床上、奄奄一息、
不斷呻吟的信徒來說，這時候去教訓她「苦難神學」，恐怕無用也
太冷酷了？這是她與上帝之間的排他關係，沒有任何神學家或牧師
有資格或能力（畢竟他們很少人得過末期傷病），告訴她該如何面
對安樂死，而只能尊重並支持病人的選擇。

22　約伯記。類似的經文有林後 4:16-17。

4. 財務負擔不能成為安樂死的理由，因為生命無價，而且上帝自然
   會充足供應祂的信徒。主要的相關經文有：「人就是賺得全世界，
   賠上自己的生命，有甚麼益處呢？ 人還能拿甚麼換生命呢？」
   (可 8:36)；「 你們看一看那天上的飛鳥，也不種也不收，也不
   在倉裏存糧，你們的天父尚且養活牠們。你們不比飛鳥貴重得多
   嗎？」(太 6:26)

　　目前先進國家的安樂死法律，在審查案例時，都同意財務負擔
不能成為安樂死唯一的理由，就是因為「生命無價」。前面說過，
安樂死的兩個前提是：傷病末期以及病患自主選擇，並沒有包括財
務負擔。也就是說，一位傷病末期的病患，意識清楚時所做的安樂
死選擇，醫院和家屬就必須尊重，不需要再加入財務負擔的考量。
這是從法律層次來說的。

　　但是就實際案例來說，財務負擔的確是末期病患決定是否要選
擇安樂死的一個重要考量。末期病患自己沒錢了，大部分的醫院也
不會繼續提供人工維生機器，甚至連購買食物和租房子的錢都沒有。
末期病患就可能沒有選擇餘地選擇「非自然安樂死」。如果該國允
許積極安樂死，這位病患還可以減少身心痛苦的日子。

　　病患自己沒錢，可否要求他的親友捐贈給他？如果這位病患碰
巧有位有錢的親友，當然沒問題。可是對於一般的中產階級親友，
長期照顧末期病患，財務上會有困難。有些成年的子女為了照顧末
期病患的父母，不得不辭去工作，甚至借錢來過活。等到父母親病
逝以後，子女可能無法再找到工作，或者一輩子要工作還債。做為
基督徒的末期病患，能夠不考量這些財務負擔嗎？他們愛子女、愛
弟兄、愛朋友的心，又去哪裡了呢？這些是好見證嗎？

　　更進一步說，上述反對財務負擔成為安樂死理由的經文，並不
是在處理安樂死的問題，而是一般健康的基督徒對於信仰和工作的
態度。這些經文在警告那些信徒不要為了工作過度和賺錢過度，而
犧牲了信仰、家庭、與身心。末期病患還能過度工作和賺錢嗎？有
些末期疾病是與工作過度和賺大錢後的奢侈生活有關，這些經文是

有它們的適用性。但是末期傷病已經發生了，提到這些經文還有用嗎？或者只是得到一堆「早知道」、「老早就告訴你」的罪惡感和責罵聲？

　　反對安樂死的神學家對於末期病患，提供了一些其他所謂符合聖經的作法，而不一定要選擇安樂死。但是本章認為這些作法要麼是在玩弄文字遊戲，要麼只適合少數有錢的基督徒。例如，病患可以增加使用強力止痛劑（嗎啡），以減輕極端的痛苦；它雖然會加速死亡，但是不算是安樂死。這個作法的爭議有：(1) 止痛劑不一定對所有的病患都有效；(2) 可能造成其他傷病；(3) 先進的止痛劑在某些國家很貴；(4) 延長病患的時日，增加了家屬照顧的心力、時間、與財務負擔。(5) 在有完善健保制度的國家，會增加社會的負擔。本來可以去幫助可恢復疾病患者的預算，被這些末期病患所佔用。在許多國家，維持末期病患生存的費用，約佔所有健保預算的一半。而很少國家的健保預算是收支平衡的。

　　有的神學家建議病患在經濟能力範圍內，可以使用人工維生機器、氧氣筒、營養品來延長生命。沒有經濟能力的，就在家「自然的消極安樂死」。但是這個建議與上述「不能以財務負擔為安樂死理由」的立場，似乎相互矛盾。

　　總之，保守派反對安樂死的立場，並不能在聖經中找到直接的根據。聖經只有六處經文提到與安樂死相關的自殺，而且都沒有明顯譴責自殺，甚至反而隱藏讚許之意。雖然聖經沒有反對安樂死，但是也不表示聖經一定支持安樂死。畢竟，安樂死是近代醫療科技大幅度進步後，所產生的問題。因此，我們還需要檢查聖經的其他經文以及早期教會歷史，是否容許類似安樂死的作法。[23]

---

[23] 黃耀銓（2015:61）與 Grudem (2018:593) 認為政府若通過容許自殺的法令，會造成「滑斜坡」（「雪崩式」）效應，甚至導致末期病患覺得安樂死是他們的義務。但是在實例中，除了安樂死法案通過後的最初幾年，申請案件會有暴增情況，但是之後這種效應並未發生。反而是經濟學理論的「邊際效用遞減率」比較能解釋為何滑坡效應沒有持續。以瑞士為例，成功申請到積極安樂死許可的人當中，大約只有30%最後決定執行。「傅達仁一心求安樂死，揭密瑞士『申請到執行』全過程」。2010 年荷蘭的一個研究團隊也認為該國在 2001 年積極安樂死合法化以後，積極安樂死並沒有顯著

第三節　聖經支持安樂死

　　支持積極安樂死的神學主張聖經與早期教會的歷史，雖然沒有直接處理安樂死問題，但是提供了安樂死的倫理根據。這顯示在三類的經文或歷史：殉道、為愛捨命、以及對於天堂的盼望。

　　聖經以及早期教會的歷史，都支持在某些條件下，自殺是可以容許的，甚至是可以鼓勵的。第一個條件是為了殉道，另一個是為了愛弟兄。不過，這些經文和教會歷史討論到的自殺，不是上述經文的「自己殺自己」，而是「主動把自己置於必死之地，讓別人殺自己，等同自殺」。「協助自殺」的積極安樂死似乎就是屬於這一種的自殺。

　　自殺的第一個條件是為了殉道。耶穌主動赴死，被釘十字架，代替世人的罪。祂在客西馬尼園的禱告，曾經遲疑是否要赴死，但是很快地就決定要完成上帝的計畫。祂等待猶大帶領宗教領袖和官兵來抓他。彼得要抗拒拘捕時，耶穌還譴責彼得。在猶太人公會受審時，祂本來有一次免死的機會，就是當大祭司問祂：「祢是不是基督－上帝的兒子？」。耶穌只要公開否認，就可以免死，但是祂堅決殉道，宣告自己是上帝的兒子。耶穌最後一次免死機會，是在總督彼拉多面前，回答他所提的問題：「祢是猶太人的王嗎」？彼拉多可能想要放耶穌一馬，但是耶穌不領情，故意接受這個必死的政治罪名。[24]

　　前面討論過，耶穌升天後，猶太人教會慫恿羅馬政府迫害使徒

地增加（"Euthanasia in the Netherlands"）。無論如何，保守派喜歡的倫理原則「滑斜坡」或「雪崩式」，並非聖經倫理原則，因此不在正文中討論。

[24] 太 26:36-55；太 26:57-67；太 27:11-14, 19。

們與一般基督徒，造就了一批殉道者 (martyrs)。[25] 保守派神學家不會去質疑殉道是否等同自殺。事實上，他們有意地區分殉道與自殺：殉道是他殺，自殺是自己殺自己；殉道是為了信仰忠誠，自殺是為了私慾。

然而，如果殉道與自殺的差別，是執行者不同（別人或自己），那麼允許積極或消極安樂死的法律，都可以不算自殺。就算是荷蘭的積極安樂死，也是由末期病患提出申請，經由政府核准後，最後可以由專業藥劑師注射毒藥，結束病人生命；程序上算是他殺，不是自殺。一般的消極安樂死，也可以經由類似的程序，最後由醫護人員或家屬停止人工維生系統、食物、藥物，讓病患自然或非自然的死亡。安樂死的執行者可以不是病患自己。[26]

另一方面，如果殉道與自殺的差別是動機，那麼大部分末期病患的基督徒，可以在聖經裡面找到很多支持安樂死的動機，就是為了愛弟兄、愛鄰舍、愛妻子而捨命。「捨命」一詞在新約出現 9 次，提到耶穌為信徒捨命、信徒為耶穌或弟兄捨命。「人為朋友捨命，人的愛心沒有比這個更大的了」(約 15:13)。另外，「你們作丈夫的，要愛你們的妻子，正如基督愛教會，為教會捨己」(弗 5:25)。保羅甚至說「為我弟兄，我骨肉之親，就是自己被詛咒，與基督分離，我也願意」(羅 9:3)。這些動機都是出於愛，不是私慾，因此可以成為安樂死的聖經根據。[27]

---

[25] 關於基督教「殉道者」與自殺的關係，見羅秉祥 (2002:119-121)。

[26] J.P. Moreland (1991) 試圖找出一個自殺的定義，是能被哲學和神學所接受的：「自殺是一個人意圖而且 / 或直接造成他 / 她自己的死亡，而死亡就是最終目的，或者作為另一個目的的手段（例如止痛）；使用的方法有主動作為（例如吃藥）或者是不作為（例如拒絕進食）；自殺並不是被迫的，而且不是為了其他人或為了順服神而犧牲自己的生命」。這個定義解決了爭議嗎？沒有。Moreland (1991) 最後結論說：「一個人對於自殺的看法，主要還是決定於個人的世界觀。基督教領袖應該研究自殺的一般理論以及其他文化倫理議題，才能兼顧特定文化下的世俗與多元觀點。」本章的結論大致符合 Moreland (1991) 的結論。

[27] 羅 9:3；太 20:28；可 10:45；約 10:11, 15、13:37, 38、15:13、壹 15:13；弗 5:21。以上這些「捨命」經文的原文，大都使用 δοῦναι τὴν ψυχὴν αὐτοῦ(捨去他的性命)，英文譯本多翻譯為 "give his life"。

保守派神學家可以提出質疑，這裡說的「捨命」，是鼓勵的形容詞，表示一種修養和心志，並不是要基督徒去自殺。但是耶穌為信徒捨命，是歷史事實，不是一種修養和心志而已。而且，反過來說，「捨命」也沒有排除使用自殺的方法。一位不會游泳的父親，看到女兒溺水，不顧一切的跳入急流中要搶救她。這是不是捨命，是不是等同自殺？有任何的神學家或倫理學家，會譴責這位父親的「自殺」嗎？

聖經提供安樂死的最後一種動機，是對於天堂的盼望。啟示錄描述的新天新地是一個「不再有死亡，也不再有悲哀、哭號、痛苦」的地方。新耶路撒冷城是金碧輝煌的聖徒居所。信徒更可以親眼看到上帝、耶穌和聖靈，在祂的身邊永遠事奉祂（啟 21:4；22）。當上帝使用末期的傷病，來呼召信徒到天堂，信徒為何要遲疑和延宕呢？除非上帝仍要繼續使用這位末期的病患，讓他藉著傷病傳揚福音，直到傷病使他不能離開床榻和維生器，也就是他要選擇哪一種安樂死的時候。

保守派神學家可以批判上述的分析，說：「按照殉道者、捨命、與對於天堂盼望的理由來推論，聖經不但支持安樂死，甚至支持一般的自殺嗎？」另外，安樂死的原因可以包括憂鬱症，並且適用到青少年嗎？2016 年比利時政府同意對於一位 17 歲重病末期的少年，執行「協助自殺」。2018 年荷蘭的醫生對於一位重度憂鬱症的 29 歲女病人，執行了注射毒藥的安樂死。在國際基督宗教界，這些都引起極大的倫理爭議。[28] 更嚴重的，這些神學論述是否會被基督教極端教會用來鼓勵信徒集體自殺？例如：1978 年 Jim Warren Jones 所帶領的「人民教堂」(the Peoples Temple)918 人集體自殺事件，以及 1993 年類似的 David Koresch 所帶領的「大衛教派」(Branch Davidians)79 人集體自殺事件。[29]

支持安樂死的神學家還使用另外一些經文，來支持他們的論點。這些經文都是先知們碰到困難時，抱怨自己不如死去的話。但

---

[28] Chazan (2016); Caldwell (2018).

[29] Chidester (2003).

是本章認為這些只是一時挫折感或恐懼被敵人虐殺，所發出來的怨言，並不是代表他們長時間審慎思考後的自殺企圖。這些先知抱怨完以後，並沒有馬上自殺，所以不能算是支持安樂死的依據。甚至反過來說，這些經文可以用來反對安樂死，因為反對者可以說這些例子證明了信徒只要藉著盼望和禱告，就可以撐過暫時的苦難。例如：以色列人在曠野向摩西抱怨沒有好東西吃，摩西就向上帝訴苦：「 如果祢這樣待我，倒不如立刻把我殺了吧！我若在祢眼前蒙恩，求祢不要讓我再受這樣的苦」（民 11:15）。先知以利亞被王后耶洗別派人追殺，逃到後來精疲力盡，就向上帝呼求：「耶和華啊，現在夠了！求祢取我的性命吧，因為我不比我的祖先好」（王上 19:4）。約伯受魔鬼試探，家破人亡、病痛纏身，忍不住向上帝抱怨：「願上帝把我壓碎， 伸手將我剪除」（伯 6:9）。先知耶利米因為批判君王、祭司、和以色列人，遭到全國上下的霸凌，就怨嘆「願我出生的那日受詛咒！願我母親生我的那天不蒙福！」（耶 20:14）。先知約拿看到上帝赦免了以色列的宿敵尼尼微王國，就喊著說：「耶和華啊，現在求祢取走我的性命吧！因為我死了比活著更好」（拿 4:3）。使徒保羅也說過：「我處在兩難之間：我情願離世與基督同在，因為這是好得無比的」（腓 1:23）。[30]

　　其實上述支持安樂死的聖經經文，本身也包含了自我限制，約束了基督徒末期病患任意訴諸安樂死，也不致產生所謂的「滑斜坡 /雪崩效應」。這個限制就是：當病患的親屬會因為病患的安樂死，會感到極大的罪惡感、羞恥感、及 / 或重大財物損失時，這位病患為了「愛妻子、愛弟兄、愛鄰舍」就不適合選擇安樂死。這種情況常常發生在保守的社會，把安樂死當作宗教、倫理、經濟、法律的禁忌。例如，在華人社會，一位病患不論他是否為基督徒，若這位病患選擇安樂死（尤其是積極安樂死），他的家屬就可能面臨社會輿論、工作同事、朋友和遠親永遠的譴責，懷疑家屬沒有善盡照顧病患的責任（雖然這些譴責者自己可能從來沒有見過這位病患）。

---

[30] 羅秉祥（2002:117-118）另外提到一些信徒不怕死的宣告，例如：詩 139；羅 8:38-39、14:7-8。這些經文與自殺的關係更小，本章不予採用。

傳統民間信仰認為自殺而死的鬼魂是冤魂，成為遊魂野鬼，到處騷擾人。這種習俗影響到房地產的價格。自殺身亡的住屋被認定為凶宅，房價要打重大折扣，甚至影響到鄰居的房價。另外，保險公司不保「自殺險」；意外險或疾病險的保單，一般也不會包含自殺的死因。[31] 在華人社會這些宗教、文化、法律、經濟的考量下，一位虔誠的基督徒就需要審慎考慮是否要選擇安樂死。簡單的說，如果家人極力反對的話，基督徒末期病患可能就不適合選擇安樂死。

在反對與支持安樂死之間，是否有折衷的可能？本章認為還是有可能，就是「包容安樂死」的立場。

第四節　包容安樂死

支持或反對積極安樂死的論證，最根本的神學爭議點，可能關乎兩種「末期傷病」的定義：其一是末期傷病是否是聖經所討論的傷病？其二是末期傷病是否是上帝對信徒的呼召回天家，還是上帝對信徒的試煉。本章對於這兩個爭議，都選擇站在支持安樂死的立場。就第一個定義爭議而言，反對安樂死的論證可以提出反駁：聖經並沒有區分一般傷病與末期傷病，末期傷病是現代醫學的定義。因此，所有關於傷病的倫理問題，都應該遵照聖經的標準，也就是信徒應該堅忍面對，直到身體自然死亡的最後一刻。

支持安樂死的論證則認為：聖經的確不區分一般傷病與末期傷病。但是聖經時代的醫療技術也沒有辦法像現代醫學一樣，使人類的平均壽命從二次大戰後的 50 歲左右，快速增加到 80 歲左右，[32] 也使病人的存活期可以延長這麼久，造成基督教的這些現實倫理爭議。上文討論到的士師亞比米勒以及掃羅王的重傷，當時可能最多

---

[31] 「傅達仁安樂死 壽險賠不賠？」《現代保險雜誌》。
[32] Klenk et al. (2016).

存活幾個小時。若是搬到現代的醫院，他們就不必選擇自殺，很可能短期內就可出院，或者成為植物人長年臥床。他們之後的聖經歷史，可能就要改寫。現代的基督徒面臨聖經沒有明確經文討論的倫理議題，就必須根據上帝所賜的愛心與理性，提供符合時空情境的倫理判斷（見本書第二章）。

關於末期傷病的第二個定義爭議，反對安樂死的論證認為所有的傷病（含末期傷病）都是神所允許的，為的是試煉信徒的信心，或者成為他人的見證。支持安樂死的論證認為末期傷病與一般的傷病，可以有上述相同的試煉與見證果效。但是末期傷病與一般傷病不同之處，就是它復原的機會幾乎等於零。就像是上帝對於殉道者的呼召，是不應該拖延，也無法拖延的事。當一位信徒覺得「那美好的仗我已經打過了，當跑的路我已經跑盡了，所信的道我已經守住了」（提後 4:7）， 還需要藉著人工機器或昂貴的藥物食材，去維持這必朽壞的身體，而不趕快去迎接永存榮耀的天國生命嗎？

比較本章第二節反對安樂死的聖經根據，以及第三節贊成安樂死的聖經根據，可以推論出聖經似乎比較偏向贊成安樂死的立場。但是，不論是贊成或反對的一方，他們所使用的聖經根據，要麼數量不多（關於自殺的經文只有六處，且沒有明顯的支持或反對立場），要麼就屬於間接支持或反對的經文（上帝主權與人類管理權之區別、為愛捨命、殉道）。從這些少數或間接經文，要建構一套具有普遍性、強制性、和說服性的基督教倫理立場，其實並不容易、不恰當、也不需要。但是至少我們可以從上述六處關於自殺的經文，可以推論聖經並不反對在某些特殊情況下的自殺。

本書第二章討論到本章的神學理論根據「三一神命令論」時，說到：「當神聖命令沒有討論到（後現代的）特定世俗倫理，基督徒可以本著愛心、藉著理性／靈智，去與世俗倫理對話，達到 John Rawls 所謂的「反思均衡」(reflexive equilibrium) 的倫理，讓基督徒「可以平安度日」。但是什麼是「愛心」與「理性」？「愛心」在一般的神學著作討論得多，本章限於篇幅，不需要贅述。只需要提到以保羅在哥林多前書主張的「愛的真諦」，來處理符合聖經範圍

內神學爭議的原則。[33] 而這個「愛」是來自神的「聖潔的愛」，不是「溺愛」或「情慾的愛」。

「理性／靈智」則是處理華人社會安樂死問題的主要神學工具。[34] 在舊約裡面，「理性」的對應字是 חָכָם (hakam)，可翻譯成「智慧」或「聰明」。七十士譯本的主要對應字是 σοφία (sofia) 或 σοφός (sofos)。另外，七十士譯本以及新約還有一個類似的字是 νοῦς (nous)。[35] 這些字詞的主要意思，是指信徒得到來自神的智慧、聰明、專業能力、管理政府、外交能力、作戰的能力、審判能力等，讓信徒能夠面對生活各種不同的挑戰，「可以平安度日」。[36]

當華人基督徒面對安樂死的議題時，碰到了兩個困擾：第一，如前所述，聖經經文並沒有清楚的立場支持或反對安樂死，雖然聖經可能稍微偏向支持安樂死。第二，西方神學家大都反對安樂死，但是他們的主張不是直接根據聖經的經文，而是西方「後尼西亞會議」的傳統。那麼華人基督徒在非常不同的文化情境中，該做如何的選擇？本章因此主張華人基督徒可以本著屬神的愛心、藉著屬神的理性，去與華人社會與文化對話，支持「包容安樂死」的立場，以尋求教會內外的和睦，以利福音廣傳。具體的作法，就是在個人、家屬、教會、與國家的層次，都要包容各種的安樂死。雖然同處於類似的華人文化，每個基督徒個人、家庭、教會、與政府，仍有不同的特性，不適合把支持或反對安樂死的普遍觀點，強加在每一個案例上。

就信徒病患而言，不論自己是否願意接受安樂死，或者要接受

---

[33] 哥林多前書的寫作目的，就是在處理符合聖經範圍內的神學宗派爭議。當時的宗派分為「保羅派」、「亞波羅派」、「彼得派」、以及「基督派」（林前 1, 12）。作者保羅勸該教會以「愛的真諦」（林前 13, 1-8）來包容這些爭議。

[34] 見本書第二章第四節的詳細討論。

[35] חָכָם(Hal2852；舊約出現 59 次)；σοφία(七十士譯本與新約出現 88 次)，σοφός(七十士譯本與新約出現 72 次)；νοῦς 及其不同詞性，在共七十士譯本與新約出現 53 次。

[36] Waltke (2004:76).

哪一種安樂死，都必須先跟家屬充分討論，一起做出符合神性、理性、感性的決定。尤其在華人社會目前法律沒有允許積極安樂死，而且社會文化對於自殺又有強烈的偏見（死後變惡鬼，陰魂不散在家中），因此積極安樂死和自殺目前可能不適合作為選項。除非信徒病患堅持，而且家屬同意，可以考慮飛往哪些容許積極安樂死的國家，接受積極安樂死。信徒病患若不願意接受任何一種安樂死，這也無關基督教倫理。但是，延長生命所需的無效治療費用（看護、人工維生機器、補品等），應該以病患自己（或應得）的財產為上限，不應該根據「二十四孝」的傳統文化要求、請求、或暗示要家屬負擔。最起碼，信徒知道自己罹患末期傷痛時，就應該慎重考慮簽署醫療文件，放棄急救與人工維生措施。[37]

　　就基督徒病患的家屬而言，應該盡量尊重病患的選擇。不是病患本人，很難體會、也沒有權利去決定末期病患所遭受身心靈的煎熬。與病患關係好的家屬，可以鼓勵病患繼續忍受病痛，但是自己也要思考是否能夠給予病患適當的安慰。千萬不要讓病患自顧不暇的時候，還要忍受外來的身心羞辱與傷害，就如有些看護人員會對病患施暴。華人社會近年來大量引進外籍看護，在語言、文化、宗教信仰不同的情況下，造成不少華人病患的困擾。另一方面，由於華人社會都市化的程度愈來愈高，在外工作的子女要照顧住在遠地的父母，也需要考慮到自己的體力與工作。如果病患拒絕接受安樂死，而且病患自己的財產都用盡了，卻堅持家屬要繼續負擔病患的無效治療費用，這些家屬就沒有倫理責任去負擔這個費用。

　　就教會而言，首先可以參考本章第二節與第三節的聖經經文討論，先形成教會領導們之間的共識，決定本教會是否支持、反對、或包容安樂死的立場，然後藉著講道、主日學、查經班、團契等，向一般信徒溝通教會的立場。即使最後的結論是反對安樂死，教會也應該尊重病患與家屬意願，盡量安慰家屬而不是譴責。並且不論信徒病患最後是怎麼死的，都要舉辦追思禮拜。這是教會不能在聖

---

[37] 「病患自己的財產」是指病患本人工作的薪水與積蓄。「病患應得的財產」是指沒有工作的患病配偶或孩子們。

經裡找到某一倫理議題的清楚立場時，就應該以集體愛心來處理這類的爭議。這是教會表現她愛信徒、愛信徒家屬的最具體表現，也符合「愛的真諦」的意旨。本章第一節提到，臺灣絕大多數的教會受到西方保守神學的影響，仍然反對積極安樂死。臺灣的神學家與牧長有責任重新研讀聖經，檢討教會的傳統，對於安樂死提出更包容的講道、講課、與儀式。

　　由於臺灣的法律已經容許各種消極的安樂死，只剩下積極的安樂死法律，其他華人社會短期內大概也會朝此方向立法，或者至少在實際案例中，寬容這些消極安樂死的作法。至於教會要不要推動積極安樂死法律？短期內可能不適當，最好等待五年到十年左右、社會大眾普遍接受消極安樂死的作法之後，再思考是否推動積極安樂死法律。畢竟，消極安樂死的技術、法律、與文化層面都比較單純。而積極安樂死立法，首先要破除華人文化對於自殺的偏見，要說服官員和民意代表提出積極安樂死法律而不被老百姓貼標籤是「七爺、八爺、索命無常、死亡天使」，要修改死亡保險的法律，要增加司法人員處理積極安樂死的司法訴訟，要訓練執行安樂死的專業人員並且保護他們執行職務，以及要避免濫用積極安樂死所造成的冤死和謀殺。在這些教會之外的複雜因素尚未塵埃落定之前，教會內又沒有堅強的安樂死經文依據，教會就不適合表態支持或反對積極安樂死的立法，以免引起「內憂外患」。但是基督徒個人則可以根據聖靈特殊的啟示、個人感性的經歷、以及對於時空環境變動的理性分析，以實際行動支持或反對積極安樂死。

參考書目

「我國安樂死合法嗎？中國安樂死立法歷程及案例」。廣州本地
　寶，http://gz.bendibao.com/news/2016214/content211048.shtml，
　2016.2.14。

「傅達仁一心求安樂死，揭密瑞士『申請到執行』全過程」，康健，
　https://www.commonhealth.com.tw/article/article.action?nid=77300，
　2018.5.1。

「傅達仁安樂死 壽險賠不賠？」現代保險雜誌，https://www.rmim.
　com.tw/news-detail-19778，2018.6.12。

「傅達仁安樂死離世；洪善群：不捨！生命主權在神」，基督教論
　壇報，https://www.ct.org.tw/1324823，2018.6.7。

方鎮明。2001。情理相依：基督徒倫理學。香港：浸信會出版社。

何文祺。2010。實用基督教倫理學。香港：道聲出版社。

胡忠銘。2018。「再思樂活 vs. 樂死」，臺灣基督長老教會德生教
　會網站，http://www.tschurch.org/%E5%86%8D%E6%80%9D%E6
　%A8%82%E6%B4%BBvs-%E6%A8%82%E6%AD%BB-%E8%83
　%A1%E5%BF%A0%E9%8A%98%E7%89%A7%E5%B8%AB/，
　2018.2.4。

許道良。2006。抉擇與代價：簡明基督教十字架倫理。香港：天道
　書樓。

郭承天。2014。「平衡基督信仰與同性戀權益」，臺灣宗教研究，
　13卷2期，41-72頁。

黃耀銓。2015。基督徒倫理要義。香港：種籽出版社。

歐陽文風的撰文「安樂死並不違反基督精神」，上報，https://www.
　upmedia.mg/news_info.php?SerialNo=42752，2018.6.17。

蔡孟修、柯獻欽。2017。「末期肺癌患者之安寧療護」。內科學
　誌，28：325-333。http://www.tsim.org.tw/journal/jour28-6/02.PDF，

2019.3.27。

羅秉祥。2002。*公理婆理話倫理*。香港：天道書樓。

Aries, Philippe. 1982. *The Hour of Our Death: The Classic History of Western Attitudes toward Death over the Last One Thousand Years*. Trans. Helen Weaver. 2ⁿᵈ ed. New York: Vintage Books.

Augustine. 1993. *The City of God*. New York: The Modern Library..

Barbagli, Marzio. 2015. *Farwell to the World: A History of Suicide*. Malden, MA: Polity Press.

Caldwell, Simon. 1 February, 2018. "Dutch doctors euthanize 29-year-old woman with depression." *Catholic Herald*, https://catholicherald.co.uk/news/2018/02/01/dutch-doctors-euthanise-29-year-old-woman-with-depression/, 4/11/2019.

Cambridge Bible for Schools and Colleges, 2 Samuel 17:23。https://biblehub.com/commentaries/cambridge/2_samuel/17.htm, 4/10/2019.

Chazan, David. 17 September, 2016. "Terminally ill child becomes first euthanized minor in Belgium." *The Telegraph*, https://www.telegraph.co.uk/news/2016/09/17/terminally-ill-child-becomes-first-euthanised-minor-in-belgium/, 4/11/2019.

Chidester, David. 2003. *Salvation and Suicide: An Interpretation of Jim Jones, the Peoples Temple, and Jonestown*. 2ⁿᵈ ed. IN: Indiana University Press.

Erickson, Millard. J. 1976. "Euthanasia and Christian Ethics." *Journal of the Evangelical Theological Society*, 19:15–24.

Geisler, Norman L. 1989. *Christian Ethics: Options and Issues.* Grand Rapids, MI: Baker Book House.

Grudem, Wayne. 2018. *Christian Ethics: An Introduction to Biblical Moral Reasoning*. Wheaton, IL: Crossway.

Huxtable, Richard. 2007. *Euthanasia, Ethics and the Law: From Conflict to Compromise?* New York: Routledg.

Kant, Immanuel. 1785/1996. *The Metaphysics of Morals*. Trans. Mary Gregor. New York: Cambridge University Press.

Klenk, Jochen, Ulrich Keil, Andrea Jaensch, Marcus C. Christiansen, and Gabriele Nagel. 2016. "Changes in Life Expectancy 1950-2010: Contributions from Age- and Disease-Specific Mortality in Selected Countries." *Population Health Metrics*, doi: 10.1186/s12963-016-0089-x, 4/17/2019.

Küng, Hans , Walter Jens , Dietrich Niethammer, and Albin Eser. 1998. *Dying With Dignity: A Plea for Personal Responsibility*. Continuum International Publication Group.

Küng, Hans. "Euthanasia." In Robin Gill. 2014. *A Textbook of Christian Ethics*. New York, NY: Bloomsbury T&T Clark, pp. 487-488.

Moreland, J.P. 1991. "The Morality of Suicide: Issues and Opinions." *Bibliotechasacra*, pp. 214-230.

Reynolds, S.M. 1973. "Euthanasia." In C.F.H. Henry, ed. *Baker's Dictionary of Christian Ethics*. Grand Rapids, MI: Baker.

Waltke, Bruce K. 2004. *The Book of Proverbs: Chapters 1:1-15:29.* Grand Rapids, MI: William B Eerdmans.

Lowis, Michael J. and Albert Jewell. 2015. *Euthanasia, Suidice, and Despair: Can the Bible Help? Guidance When Faced with Ethical Dilemmas.* Eugene, OR: Wipf & Stock.

"Euthanasia in the Netherlands", https://en.wikipedia.org/wiki/Euthanasia_in_the_Netherlands , 4/10/2019.

第十章　死刑

本章摘要：

　　聖經明顯支持死刑，沒有支持廢除死刑；但是教會可以主張政府要審慎執行死刑，而不是主張廢死。基於類似的推論，教會也可以主張政府要審慎發動戰爭，而不是反戰。

　　死刑是不可回復的刑罰，而且歷史經驗顯示判決死刑的程序爭議甚多。聖經雖然清楚地支持死刑，沒有支持廢除死刑。然而，現代國家判決死刑的理由，應當只限於特別兇殘的殺人犯。另外，教會不得自行執行死刑，但是可以主張政府執行死刑時應審慎施行，尤其要避免使用死刑來迫害宗教。類似的推論也可適用在戰爭上。聖經記載許多以色列人發起的戰爭，是上帝所指示或祝福的。然而因為時空環境不同，現代國家不可輕易發動戰爭，但是也不能放棄自衛戰爭的準備。

主題經文：

「因為他是上帝的執行官，是與你有益的。如果你作惡，就必懼怕，因為他不是無故佩劍；他是上帝的執行官，憤怒地報應作惡的人」（羅13：4）。

案例 10.1：沒有死刑的該死之罪

　　2007 年在美國康乃狄克州的一個小鎮 Cheshire，有兩個前科累累的罪犯，半夜隨機闖入一戶人家。他們用棍棒把男主人打得頭破

血流，癱瘓昏倒在地之後，扔到地下室。接著上樓把女主人和兩位十多歲的女兒綑綁在床。兩人吃喝一頓以後，一個人強姦了年紀較小、11 歲的女兒，另一人勒死女主人後姦屍。他們在警察接到報案趕到之前，把準備好的汽油澆在女主人和兩位女兒身上以及客廳和廚房，點火後逃逸。房屋隨即付之一炬，女主人與兩位女兒也葬身火窟。男主人及時醒來，爬到戶外，被警察送到醫院。警察在幾條街之外，抓到這兩個罪犯。男主人是醫生，也是虔誠的基督徒，得到教會多數人的支持，就根據當地的法律，堅持控告兩個罪犯，要法院判他們死刑。他們承認所犯罪行，但是聲稱幼時受到家暴，對於女性有不可抗拒的仇恨與暴力傾向，因此請求法院判處無期徒刑。這官司拖到 2012 年，最後以死刑定讞。可是 2015 年該州的最高法院判決死刑是違憲，這兩人的死刑是否要執行，就成為法律和社會爭議。這事件的加害人與受害人都是白人。

第一節　議題背景

　　臺灣社會對於死刑存廢的重大爭議，主要是由一群人權律師在民進黨第一次執政時期所提出的，與臺灣的基督宗教團體一開始沒有太大的關連。2003 年以民間司法改革基金會、臺灣人權促進會、臺北律師公會、以及東吳大學張佛泉人權研究中心為核心的人權律師們，成立了「替代死刑聯盟」，2006 年更名為現在的「臺灣廢除死刑推動聯盟」（簡稱「廢死聯盟」）。經過多年的努力，他們成功地推動修改各種法律，改善司法程序正義，減少死刑的項目，更刪除了「唯一死刑」的詞彙，讓法官除了死刑以外，還可以根據情節輕重，宣判無期徒刑或其他刑責以代替死刑。目前剩下可以判處死刑的法條仍有 50 條左右，罪名包括強暴殺人罪、普通殺人罪、綁架、和販賣毒品罪等。另外，廢死聯盟也成功地為幾位死刑犯辯護，要

麼延後他們執行死刑的時間，要麼贏得官司得以釋放。[1] 社會大眾對
於廢死聯盟的努力，大都持著肯定的態度。但是當廢死聯盟進一步
要廢除所有的死刑，而社會上不斷出現殘酷殺人犯或連續殺人犯時，
過半數的臺灣民眾就無法接受，包括大部分的基督教團體。畢竟，
臺灣基督教對於死刑的看法，仍深受美國基督教的影響。

　　1970 年代，美國許多天主教徒以及基督教徒積極推動廢除死刑
（以下簡稱「廢死」），至今已經成功擴展到 106 個國家，只有 56
個國家（包括美國過半數的州、中國大陸與臺灣）仍保留死刑。[2] 美
國人發起廢死運動的主要原因之一，是發現死刑犯中，黑人的比例
過高。他們的審判過程常有極大的爭議：警察常常逮捕黑人嫌疑犯
而放過白人，檢察官常常起訴黑人嫌疑犯而放過白人，大部分由白
人組成的陪審團常常把黑人嫌疑犯判處重罪而輕判白人，最後導致
死刑犯中黑人的比例過高。經過人權律師仔細的重新檢驗罪證，發
現有許多證據和證詞都有極大的爭議，這些案例就成為電視與電影
的主題，有助於進一步推動廢死運動。在極權專制國家，許多死刑
犯不但有族裔的差別，也有許多政治犯。他們的司法制度不透明、
不公正。嫌疑犯不但無法取得良好的辯護律師，更常常被嚴刑逼供、
屈打成招。法院就依據他們的「被自白」來判處死刑，而且定罪以
後，很快地就執行死刑，不讓嫌疑犯有翻案的機會。主張廢死的主
要論點之一，就是根據上述所說的審判程序爭議，而且死刑是不可
回復的刑罰，不能在發現審判有問題之後，讓死人復活，重新得到
自由。

　　支持死刑的團體也同意上述的論點，但是他們認為這是審判程
序的問題，可以改善，而不一定需要廢除死刑。畢竟，死刑的目的
在伸張社會公義以及嚇阻罪犯。但是贊成廢死的團體，立刻回應說，
死刑是不人道、不文明的刑罰，而且死刑不能嚇阻窮兇惡極的罪犯。
爭議的雙方各自引用科學的證據和實際的案例，支持各自的論點。

---

[1] 廢除死刑推動聯盟，https://www.taedp.org.tw/，2020.4.9。

[2] Wikipedia, "Capital punishment by country." https://en.wikipedia.org/wiki/
Capital_punishment#Capital_punishment_by_country 2020.4.2.

由於關於科學證據和實際案例的討論，已有大量著作，[3] 本章只針對雙方所使用的聖經依據，進行比較和分析。歷史上贊成死刑的主張先出現，所以第二節分析贊成死刑的聖經觀點，第三節才討論廢死的聖經觀點。第四節比較爭議雙方論點後，提出折衷的看法，就是死刑不可廢，但是要審慎執行。由於聖經關於死刑的觀點，也可適用在戰爭上，因此最後一節簡短地討論贊成戰爭或反對戰爭的爭議。

第二節　聖經中的死刑

贊成死刑的人主張聖經中關於死刑的規定，數目相當多，若要廢死，等於是把聖經挖出一個大洞。[4] 先從舊約說起。舊約中「處死」一詞出現 96 次，[5] 處死的死罪計有 25 種，其中侵犯上帝的死罪有 11 種，違反人倫的有 14 種。

侵犯上帝的死罪一共有 11 種，都是十誡的前四誡直接或相關的規定。

（1）褻瀆神（第一誡：「耶和華是獨一神」）。「你要吩咐以色列人說：凡詛咒上帝的，必要擔當自己的罪。 褻瀆耶和華名的，必

---

[3] 關於廢死雙方所引用的科學證據以及案例，可參考 Bedau (1998)。主張死刑的主要網站之一是 "The Death Penalty in the United States," http://www.wesleylowe.com/cp.html。主張廢死的主要網站之一是 World Coalition against the Death Penalty, http://www.worldcoalition.org/, 2020.4.6.

[4] 贊成死刑的神學家包括基督新教的創始人 Martin Luther (1525/2018) 和 John Calvin (1541/1989)；以及當代的 Baker (1985); Cheever (2006); Davis (2015: 198-214); Feinberg and Feinberg (2010: 227-266); Frame (2008: 694-704); Geisler (1989: 193-213); Grudem (2018: 505-522); Kaiser (2009: 127-137); Kayser (2018); McQuilkin and Copan (2014: 438-444); Rae (2018: 264-286)，黃耀銓 (2015；104-115)。只有極少數的天主教神學家贊成死刑，如 Feser and Besette (2017)。贊成死刑的美國基督教宗派有美南浸信會以及許多福音派教會。Wikipedia, "Religion and capital punishment." https://en.wikipedia.org/wiki/Religion_and_capital_punishment#Summary_of_worldwide_denominational_positions，2020.4.6.

[5] 「處死」原文大都是用兩個字幹相同的字 מוֹת וּמָת 呈現，強調「必死」。

被處死；全會眾必須用石頭打死他。無論是寄居的，是本地人，他褻瀆聖名的時候必被處死」（利 24:15-16）。[6]

（2）拜偶像（第二誡：「不可拜偶像」）。「向別神獻祭，不單單獻給耶和華的，那人必要滅絕」（出 22:20）。「在你中間，在耶和華你上帝所賜你的各城中，任何一座城裏，若有男人或女人做了耶和華你上帝眼中看為惡的事，違背了祂的約，去事奉別神，敬拜它們，或拜太陽，或拜月亮，或拜天上的萬象，是我不曾吩咐的。有人告訴你，你也聽見了，就要細心探聽。注意！是真的，確實有這可憎的事在以色列中發生，你就要將行這惡事的男人或女人拉到城門外，用石頭把這男人或女人處死」（申 17:2-5）。

（3）獻人祭（第二誡）。「你要對以色列人說：凡是以色列人，或是寄居在以色列的外人，把自己兒女獻給摩洛的，必被處死；本地的百姓要用石頭打死他。我也要向那人變臉，把他從百姓中剪除，因為他把兒女獻給摩洛，玷污了我的聖所，褻瀆了我的聖名。那人把兒女獻給摩洛，本地的百姓若假裝沒看見，不把他處死，我就要向這人和他的家人變臉，把他和所有跟隨他與摩洛行淫的人都從百姓中剪除」（利 20:2-5）。

（4）巫術（第二誡）。「行邪術的女人，不可讓她存活」（出 22:18）。「無論男女，是招魂的或行巫術的，他們必被處死。人要用石頭打死他們，血要歸在他們身上」（利 20:27）。

（5）假先知和傳異教的（第三誡：「不可妄稱耶和華的名」）。「你們中間若有先知或是做夢的人起來，向你顯神蹟奇事，他對你的神蹟奇事應驗了，說：『我們去隨從別神，事奉它們吧。』那是你不認識的。」…… 那先知或那做夢的人要被處死 …… 你的同胞兄弟，或是你的兒女，或是你懷中的妻，或是如同自己性命的朋友，若暗中引誘你，說：『我們去事奉別神吧。』那是你和你列祖所不認識的別神 …… 你務必殺他；你先下手，然後眾百姓才下手，把他處死。要用石頭打死他 …… 有些無賴之徒從你中間出來，引誘本城的居民，說：『我們去事奉別神吧。』那是你們不認識的，…… 你

---

[6] 本章的經文使用《合和本修訂本》，但是筆者根據原文有些修改。

務必用刀殺那城裏的居民，把城裏所有的，連牲畜都用刀滅盡」（申13:1-15）。「若有先知擅自奉我的名說了我未曾吩咐他說的話，或是奉別神的名說話，那先知就必處死」（申 18:20）。

（6）違反安息日（第四誡：「必須守安息日」）。「你們要守安息日，以它為聖日。凡干犯這日的，必被處死；凡在這日做工的，那人必從百姓中剪除」（出 31:14）。「六日要做工，第七日你們要奉為向耶和華守完全安息的安息聖日。凡在這日做工的，要被處死」（出35:2）。「以色列人還在曠野的時候，發現有一個人在安息日撿柴 ……耶和華吩咐摩西說：『這人應當處死；全會眾要在營外用石頭打死他。』於是全會眾把他帶到營外，用石頭打死他，是照耶和華所吩咐摩西的」（民 15:32-26）。

（7）祭司醉酒（第四誡）。[7]「你和你兒子進會幕的時候，清酒烈酒都不可喝，免得你們死亡，這要作你們世世代代永遠的定例」（利10:9）。

（8）祭司女兒是妓女（第四誡）。「祭司的女兒若淫亂玷污自己，就侮辱了父親，要用火將她焚燒」（利 21:9）。

（9）外族或凡民觸摸聖物（第四誡）。「帳幕將往前行的時候，利未人要拆卸；將駐紮的時候，利未人要支搭帳幕。近前來的外人必被處死」（民 1:51）。「你要指派亞倫和他的兒子謹守祭司的職分；近前來的外人必被處死」（民 3:10）。「在帳幕前東邊，向日出的方向，安營的是摩西、亞倫和亞倫的兒子。他們負責看守聖所，是為以色列人看守的。近前來的外人必被處死」（民 3:38）。「拔營的時候，亞倫和他兒子把聖所和聖所一切的器具蓋好之後，哥轄的子孫才好來抬，免得他們摸聖物而死；這是哥轄子孫在會幕裏所當抬的」（民 4:15）。「你和你的兒子要謹守祭司的職分，負責一切關於祭壇和幔子內的事。我把祭司的職分賜給你們，作為賞賜好事奉我；凡挨近的外人必被處死」（民 18:7）。

（10）不聽從祭司或審判官（第四誡）。「若有人擅自行事，不

---

[7] 第七項到第十項的死罪可以視為第四誡的延伸，涉及祭祀的禮儀或人物。

聽從那侍立在耶和華你上帝那裏事奉的祭司，或不聽從審判官，那人就要處死」（申 17:12）。（當代許多牧師講道時，大概都很想引用這句經文，但是又不敢？）

　　(11) 詛咒宗教領袖（第四誡）。「若有人擅自行事，不聽從那侍立在耶和華你上帝那裏事奉的祭司，或不聽從審判官，那人就要處死。這樣，你就把惡從以色列中除掉」（申 17:12）。

　　　死刑支持者認為這些死罪都是上帝所設立的律法，必須服從，不能廢死。但是從現代國家的法律觀點來看，這 11 項死罪顯然違反宗教自由的相關法令，而且若是由教會執行，又違反了關於禁止私刑的法令。主張廢死的論點之一就是建立在這個實際應用的問題上。因此死刑支持者的論點就必須在上帝的命令與現代的法律之間，找出第三種解釋。本章第四節再詳述。

　　　舊約規定違反人倫的死罪有 14 種，都是十誡的後六誡直接或相關規定，除了第八誡偷竊罪不是死罪。

　　(1) 毆打父母（第五誡「必須孝敬父母」）。「打父母的，必被處死」（出 21:15）。

　　(2) 詛咒父母（第五誡）。「咒罵父母的，必被處死」（出 21:17）。「凡咒罵父母的，必被處死；他咒罵了父母，他的血要歸在他身上」（利 20:9）。

　　(3) 一直不聽父母教訓（第五誡）。「人若有頑梗忤逆的兒子，不聽從父母的話，他們雖然懲戒他，他還是不聽從他們，……城裡的眾人就要用石頭將他打死」（申 21:18-21）。

　　(4) 殺人（第六誡：「不可謀殺」）。「打人致死的，必被處死」（出 21:12）。「打死人的，必被處死」（利 24:17, 21）。「倘若人用鐵器打死人，故意殺人的；故意殺人的必被處死。若用手中可以致命的石頭打死人，他是故意殺人的；故意殺人的必被處死。若用手中可以致命的木器打死人，他是故意殺人的；故意殺人的必被處死。 報血仇者可以親自殺死那故意殺人的；他一找到兇手，就可以殺死他。 人若因怨恨把人推倒，或埋伏等着丟東西砸人，以至於死， 或因仇恨用手打死人，打人的必被處死，他是故意殺人的；報血仇者

一遇見兇手就可以殺死他」（民 35:16-21）。「若有人恨他的鄰舍，埋伏等着，起來擊殺他，把他殺死，然後逃到這些城中的一座，他本城的長老就要派人去，從那裏把他帶來，交在報血仇者的手中，把他處死」（申 19:11-12）。

(5) 害死孕婦（第六誡）。「人若彼此打鬥，傷害有孕的婦人，以致胎兒掉了出來，隨後卻無別的傷害，那傷害她的人，總要按婦人的丈夫所提出的，照審判官所裁定的賠償。 若有別的傷害，就要以命抵命」（出 21:22-23）。

(6) 家牛撞死人（第六誡）。「倘若那牛向來是牴人的，牛的主人雖然受過警告，仍不把牠拴好，以致把男人或女人牴死，牛要用石頭打死，主人也要被處死」（出 21:29）。

(7) 通姦（第七誡：「不可通姦」）。「凡與有夫之婦行姦淫，就是與鄰舍的妻子行姦淫的，姦夫淫婦必被處死」（利 20:10）。「人若娶妻，與她同房後恨惡她， 捏造她行可恥的事，…… 但若這事是真的，找不到女子貞潔的憑據， 他們就要把這女子帶到她父家的門口，城裏的人要用石頭打死她」。「若發現有人與有夫之婦同寢，就要將姦夫淫婦一起處死」（申 22:13-22）。

(8) 亂倫（第七誡）。「人若與繼母同寢，就是露了父親的下體，二人必被處死，血要歸在他們身上。 人若與媳婦同寢，二人必被處死；他們行了亂倫的事，血要歸在他們身上」（利 20:11-12）。「人若娶妻，又娶妻子的母親，這是邪惡的事；要把這三人用火焚燒，在你們中間除去這邪惡」（利 20:14）。「人若娶自己的姊妹，或是同父異母的，或是同母異父的，彼此見了下體，這是可恥的事；他們必在自己百姓眼前被剪除」（利 20:17）。

(9) 強姦或通姦訂婚女子（第七誡）。「若一女子是處女，已經許配了人，有男子在城裏遇見她，與她同寢， 你們就要把這二人帶到那城的城門口，用石頭打死他們 …… 若有男子在野地遇見已經許配人的女子，抓住她與她同寢，只要處死那與女子同寢的男子」（申 22:23-25）。

(10) 同性戀（第七誡）。「男人若跟男人同寢，像跟女人同

寢，他們二人行了可憎惡的事，必被處死，血要歸在他們身上」(利20:13)。

(11) 不潔的性行為（第七誡）。「若有人跟經期中的婦人同寢，露了她的下體，暴露婦人的血源，婦人也露了自己的血源，二人必從百姓中剪除」(利20:18)。

(12) 人獸交（第七誡）。「凡與獸交合的，必被處死」(出22:19)。「人若與獸交合，必被處死；你們也要殺死那獸。 女人若與獸親近，與牠交合，你要把那女人和獸殺死；他們必被處死，血要歸在他們身上」(利20:15-16)。

(13) 假見證害死人（第九誡：「不可作假見證」）。「若有人懷惡意，起來作證控告他人犯法，......證人作的是偽證，要用偽證陷害弟兄， 你們就要對付他如同他想要對付的弟兄一樣。這樣，你就把惡從你中間除掉」(申19:16-19)。

(14) 人口販子（第十誡：「不可貪婪」）。「誘拐人口的，無論是把人賣了，或是扣留在他手中，必被處死」(出21:16)。「若發現有人綁架以色列人中的一個弟兄，把他當奴隸對待，或把他賣了，那綁架人的就必處死」(申24:7)。

這14條倫理死罪，從現代民主國家的法律來看，除了上述第四項的殺人罪以外，大概都不是死罪。有些可以歸類到懲罰比較輕的民事罪，罰錢了事，不用坐牢；例如：通姦、亂倫、人獸交。甚至有些根本不是法律所規範的罪；例如：詛咒父母、一直不聽父母教訓、同性戀、以及不潔的性行為。就算「神聖命令論」的支持者要堅持死刑，他們之中大概很少人會支持把所有的這些倫理的罪，都列為死罪。因此，死刑支持者必須在這些爭議上，做某些選擇與重新詮釋，才能適用到現代民主社會。本章第四節再說明。

如果暫時不考慮死刑在現代社會的應用問題，聖經不但列舉了上述25項死罪，而且有許多實際執行的例子。其中有上帝親自執行死刑的例子，也有以色列人領袖執行的例子。在上述25項死罪還沒有訂立之前，上帝就曾用大洪水懲罰全人類的各種罪行（創7）。亞倫兒子們沒有得到耶和華的指令，擅自燒香獻祭，結果上帝立刻降

火燒死他們（利 10:2）。以色列人在曠野流浪，到了一個荒蕪的地方抱怨沒肉吃，上帝便降下許多鵪鶉讓以色列人捕捉。可是他們才開始吃，上帝就向以色列人發怒，用災禍擊殺百姓（民 11:32-34）。以色列人繼續前往應許之地，但是聽到那地的民族身材高大，恐怕打不過他們，就嚷嚷叫著要回埃及。摩西和亞倫勸他們不要害怕，他們反而喧嘩要砸死摩西和亞倫。上帝就降下瘟疫，殺死膽怯的 10 個探子，並詛咒大部分的以色列人要死在曠野（民 14:36-37）。可拉黨人挑戰摩西和亞倫的領導權，結果上帝回應摩西的禱告，使地裂開，可拉黨的家屬與財物都被吞到地裡，另外跟隨可拉黨的 250 位部族領袖，都被香爐的火燒死。第二天，其他的以色列人抱怨摩西和亞倫，怎可殺害同胞。結果上帝降下瘟疫，以色列人死了 14,700 人（民 16）。以色列人離開何珥山繼續往東行的時候，又抱怨一路上沒水沒食物，不如回到埃及。上帝就派遣火蛇咬死許多以色列人。他們向摩西認罪，摩西叫人打造一支銅蛇，看到的人並就得痊癒（民 21:4-8）。最倒楣的冤死鬼可能是大衛的堂兄弟烏撒。以色列人先前跟非利士人打仗，打輸了，連約櫃也被搶去。後來約櫃輾轉流落到大衛的哥哥亞比拿達的家中。大衛率軍搶回約櫃。亞比拿達的兒子烏撒就負責用牛車載運約櫃到大衛那裡。不料，走到半路，牛失前蹄。烏撒好心的扶助約櫃。但是因為烏撒是凡民，不是祭司，而且即使祭司也不能用手碰觸約櫃，要用槓木。烏撒違反宗教儀式律法的結果，就是被上帝擊斃（撒下 6:6-7）。

　　由以色列領袖執行的死刑，著名的例子也不少。在金牛犢事件中，摩西下令利未支派的人擊殺拜金牛犢的其他以色列支派，約有 3,000 人（出 32）。以色列人來到摩押人的居住地什亭，就與當地女子性交，而且一起拜她們的神明，吃了祭物。上帝盛怒之下，降下瘟疫。亞倫的孫子非尼哈看見一個以色列帶著外族女子進入帳棚要性交，就用矛槍刺穿兩人，瘟疫就停止（民 25）。約書亞率領以色列人進入應許之地，首戰成功地攻下耶利哥城。但是耶和華事先交代過，不可接受異教徒的戰利品。猶大支派的亞干偷藏了一些戰利品，導致接下來的第二次戰役失敗。約書亞查出是亞干犯罪，就叫

眾人砸死他，並且燒死他的兒女（書7）。耶洗別嫁給以色列國王亞哈之後，在全國推廣異教崇拜，供養450個巴力的先知和400個亞舍拉的先知，並且殺戮耶和華的先知們。先知以利亞先是用神蹟，成功地挑戰巴力的450位先知，並且命令以色列人殺了這些巴力的先知（王上18、21；王下9）。耶和華又對以利亞說：「狗在耶斯列的外郭必吃耶洗別的肉」（王上21:23），也對將軍耶戶說：「你要擊殺你主人亞哈的全家，我好在耶洗別身上伸我僕人眾先知和耶和華一切僕人流血的冤」（王下9:7）。耶戶遵照耶和華的命令，叫太監把耶洗別推下城牆，當場摔死，屍體還被狗吃乾淨，只剩頭骨、腳、手掌。以色列王亞哈謝死後，他的母親亞她利雅起來篡位，殺了亞哈謝王的全家，只剩約阿施被偷藏到聖殿裡，由大祭司耶何耶大養了六年。後來大祭司趁機發動政變，下令殺死了亞她利雅（代下23）。

　　從上述舊約記載25種死罪，以及上帝和以色列人執行了眾多死刑，支持死刑的主張，似乎有相當堅強的聖經根據。在這些經文中，有一句話出現了六次：「（死刑）就把惡從以色列中除掉」。[8] 從現代社會對於死刑理由的爭議來看，舊約設立或執行死刑的目的與功用，主要是為了社會的公義。至於死刑是否可以嚇阻殺人犯，或者監獄是否可以矯正殺人犯，或者執行死刑的方法是否符合人道，這些都不是聖經主要的考量。

　　主張廢死的認為聖經的死刑與執行死刑，都是記錄在舊約，而且都是上帝的嚴厲管教。到了新約時代，耶穌與使徒們主張「新約取代了舊約」、「愛你的鄰舍」，「愛能赦免一切的罪」等，死刑就都可以廢去。這些論證，我們在下一節再討論。

　　但是，主張死刑的卻可以很快的指出，上帝、耶穌、聖靈是三位一體的神。神既是愛，神也是公義，愛與公義是一體兩面；雖然沒有愛的公義可能落於冷酷，但是沒有公義的愛是溺愛。因此，新約保留了舊約的倫理，並沒有完全廢棄死刑。耶穌說：「不要以為我來是要廢掉律法和先知。我來不是要廢掉，而是要成全　我實在

---

[8] 申17:12、21:21、22:22、24:7；士20:13。

告訴你們，就是到天地都廢去，律法的一點一畫也不能廢去，直到一切都實現」（太 15:17-18）。祂在指責文士和法利賽人的時候，就引用「咒罵父母的，必治死他」（太 15:3-4），譴責他們寧願持守比較寬鬆的的遺傳，而犯了上帝的誡命。耶穌實現舊約死刑的方式之一，就是啟示錄所記載的，當祂再來時，要命令審判天使降下七印、七號、七碗之災，殺人四分之一，然後是四分之一的三分之一。最後，還要親自殲滅所有敵基督的勢力。如果現代的基督徒都贊成廢死的話，那麼耶穌再來的時候，祂是否要執行死刑？另外，耶穌不但沒有廢棄舊約的 25 種死刑，祂還加了一條死罪：「褻瀆聖靈的，總不得赦免」（太 12:31；可 3:29；路 12:10）。使徒彼得所領導的初代教會還執行過這一項死刑：有一對信徒夫婦亞拿尼亞和他的妻子撒非喇賣了田產，奉獻給教會。這本是一件好事。只是他們留下了部分財產，卻聲稱奉獻了全部的財產。彼得不知道從哪裡得到這個消息，就面對面先後斥責這一對夫婦，說他們「欺哄聖靈」、「試探主的靈」，兩人就先後當場斷氣（徒 5:1-11）。

　　新約似乎延續了舊約關於死刑的教導，沒有主張廢死。但是不像舊約時代猶太人領袖所組成的審議會（公會）有權力判決死刑並且執行死刑，[9] 新約時代的初代教會沒有權力執行死刑，而是把執行死刑的權力轉移給政權，這也是羅馬帝國當時對於各宗教的規定。因此，保羅說：「在上有權柄的，人人要順服，因為沒有權柄不是來自上帝的。掌權的都是上帝所立的。…… 因為他是上帝的用人，是與你有益的。你若作惡，就該懼怕，因為他不是徒然佩劍；他是上帝的用人，為上帝的憤怒，報應作惡的」（羅 13:1-4）。經文中的「佩劍」明顯地是指執行死刑的權力，再加上經文後面的「上帝的憤怒」更是在舊約和新約都指死刑的審判。可見新約教會是支持死刑。

　　保羅一方面認同舊約所規定同性戀和許多罪，是「該死的」；另一方面，保羅自己面對羅馬官員的死刑威脅時，也沒有主張廢死。保羅在他的宣教末期被猶太人抓到，送到羅馬官員那裡。猶太人領袖捏造宗教罪名，要求羅馬官員判他死刑（羅 12:26-32；提前 1:9-

---

9 猶太人的「審議會」（συνέδριον; *sunedrion*）或譯「公會」。

10)。保羅對羅馬官員說:「我若做了不對的事,犯了甚麼該死的罪,就是死我也不辭」(徒 25:11)。

最後,聖經認為死刑的設立除了是為了彰顯社會公義以外,死刑對於多數人也有嚇阻的功能。至少有七處經文,特別提到這個功能:「全以色列都要聽見而害怕,不敢在你中間再行這樣的惡事了」(申 13:11)。「若有人擅自行事 ...... 那人就要處死。這樣,你就把惡從以色列中除掉。 眾百姓聽見就會害怕,不再擅自行事」(申 17:13)。「別人聽見都要害怕,就不敢在你們中間再行這樣的惡了」(申 19:20)。「城裡的眾人就要用石頭將他打死。這樣,你就把惡從你中間除掉,全以色列聽見了都要害怕」(申 21:21)。「判罪之後不立刻執行,所以世人滿懷作惡的心思」(傳 8:11)。「亞拿尼亞一聽見這些話,就仆倒,斷了氣;所有聽見的人都非常懼怕」(徒 5:5)。「作官的原不是要使行善的懼怕,而是要使作惡的懼怕」(羅 13:3)。

至於現代主張死刑的人常常提到的兩個理由:避免殺人犯再犯以及安慰受害家屬的心,聖經雖然沒有討論,但是也有一定的說服力。這留待本章第四節再討論。

第三節　聖經反對死刑?

主張廢死的基督徒認為聖經有許多經文做此主張。[10] 這些經文

---

10 贊成廢死的基督教神學家有 : Gushee and Stassen (2016: 214-233); Hanks (1997); Steffen (2006); Wallis (2005: 300-306)。當代主張廢死的主要宗教團體是天主教 (Brugger 2014; McCarthy 2016)。但是天主教主張廢死是近代的事,尤其是 John Paul II 上任以後 (1978-2005)。在此之前,從天主教成為羅馬帝國國教開始到十九世紀末,教宗們大都支持死刑。見 Schieber et al (2013:112-128)。基督教反對廢死的團體大都是所謂的「主流教會」(mainline churches) 如路德教派、循理會、聖公會、以及長老會。Wikipedia, "Religion and capital punishment." https://en.wikipedia.org/wiki/Religion_and_capital_ punishment#Summary_of_worldwide_denominational_positions , 2020.4.6.

可以分為七類：神掌管人的生命、神赦免死刑犯、懲罰為了矯正、耶穌已經為世人的罪而死、以愛代替報復、死去的非信徒沒有機會得救、以及當代教會無法執行舊約 24 種死刑。不過，這些論點大部分都有解經的爭議，或有執行死刑過程的調整方法。以下一一駁斥。

（1）神掌管人的生命。上帝「按照自己的形象創造人類」（創 1:26），一方面表示人類的生命有神聖性，另一方面表示只有上帝才能決定人類的生死。「生有時，死有時」（傳 3:2），「申冤在我，我必報復」（羅 12:19），生死是上帝決定的。況且十誡第六誡規定「不可殺人」，而死刑就是「殺人」。這些廢死的經文解釋顯然與前述 25 種聖經所提到的死刑，以及眾多依據上帝指令而執行的例子，相互矛盾。上帝按照自己的形象創造人類，只是描述人類的起源，並不能因此直接推論出廢死。更何況，上帝創造人類之後，馬上把治理萬物（包括人類社會）的責任交給人；死刑就是治理的方法之一（創 1:28）。

（2）神赦免死刑犯。主張廢死者提出三個代表性的聖經案例：該隱殺亞伯免死、大衛通姦與謀殺部屬免死、以及耶穌赦免通姦婦人。但是這些案例都是關於「赦免死罪」而不是「廢除死刑」；罪人的死罪雖然被赦免了，死刑還在。該隱殺了他的弟弟亞伯，並沒有立即被上帝處死，而是被放逐到外地。為什麼？一方面可能因為當時還沒有摩西律法，第五誡的謀殺罪還沒有設立。另一方面可能是亞當與夏娃只生下該隱與亞伯，第三個孩子塞特是該隱被逐出後才出生。該隱與亞伯先後死亡，可能會使亞當與夏娃難以承受，因此上帝就用放逐該隱來代替他的死刑。不過，該隱被放逐時，還是擔心上帝沒有赦免他的死罪。他向上帝抱怨：「祢如今趕逐我離開這地，以致不見祢面；我必流離飄蕩在地上，凡遇見我的必殺我」（創 4:14）。放逐不就等於死刑嗎？所以「耶和華就給該隱立一個記號，免得人遇見他就殺他」（創 4:15）。這個例子嚴格的說，並不涉及死刑。但是也提供主張死刑以及主張廢死的一個折衷觀點，就是：不是所有的謀殺罪都一定要判處死刑。

　　大衛通姦與謀殺部屬免死。大衛趁著一位將官烏利亞在前線打仗，召喚烏利亞的妻子拔示巴進宮「勞軍」。這一夜情讓拔示巴懷孕。大衛知道後，就設計讓烏利亞戰死前線，並且假意等到烏利亞喪期過後，把拔示巴娶進宮。大衛以為神不知鬼不覺，卻被先知拿單當面指責。大衛立即認罪，拿單就說：「耶和華已經除去你的罪，你必不至於死。 只是在這事上，你大大藐視耶和華，因此，你生的孩子必定要死」(撒下 12:13-14)。大衛知道他自己犯了兩個死罪（通姦和謀殺），只是上帝用大衛的孩子的性命，代替大衛的性命 (撒下 11-12)。大衛後來寫了兩首詩，認罪悔改，並且感謝上帝的赦免 (詩 32、51)。大衛說：「讓我說：『我要向耶和華承認我的過犯』；袮就赦免我的罪惡」(詩 32:5)。其實上帝的死刑還在，死刑也執行了，只是執行死刑的對象變動了。

　　耶穌赦免通姦婦人。耶穌在聖殿區教導猶太人的時候，文士和法利賽人帶來一個通姦的女人，然後質問耶穌是否要按照摩西律法，用石頭砸死她。耶穌對他們說：「你們中間誰沒有罪，誰就先拿石頭打她！」結果文士和法利賽人都陸續離開。耶穌就對那婦人說：「我現在也不定妳的罪。去！從今以後不可再犯罪！」。這段經文姑且不論是否為約翰福音原本的經文，或者是後人添加上去的，它還是在討論赦免死罪，而不是廢除死刑。[11] 更進一步說，如果考慮到原文的文法規則來翻譯，上述的新翻譯「我現在也不定妳的罪。去！從今以後不可再犯罪！」[12] 用現代的話語來說，耶穌是對這位婦人判了「緩死」，而不是「免死」。死刑還在，甚至死刑也判了，只是延緩執行死刑而已。這個例子還是支持死刑，但是也提供主張死刑以及主張廢死的一個折衷觀點，就是：不是所有的死刑都必須立刻執行。

　　(3) 懲罰為了矯正。廢死的支持者認為刑罰是為了要矯正錯誤行

---

[11] 約 8:1-11。現代大多數的聖經考古學者都認為這一段經文是後人添加上去的，因此通用的原文聖經版本都不會包括這一段經文。

[12] 「現在不定妳的罪」的「定罪」κατακρίνω 是現在時態；「不可再犯罪」的「犯罪」ἁμάρτανε 是命令語氣。

為。把人處死了，這人怎有機會被矯正？他們提到耶和華本來不喜歡死刑：「惡人死亡，豈是我喜悅的嗎？不是喜悅他回頭離開所行的道存活嗎？」（結 18:23）。慈愛的上帝當然不喜歡任意殺人，但是公義的上帝對於犯死罪的，還是會執行死刑。況且，這句經文的上文似乎比較支持死刑的主張：「惡人若回頭離開所做的一切罪惡，謹守我一切的律例，行正直與合理的事，他必定存活，不致死亡。他所犯的一切罪過都不被記念，因所行的義，他必存活」（結 18:21-22）。所以，這一段經文的主旨一方面在嚇阻犯罪，另一方面在鼓勵認罪悔改，但是死刑仍存在，而且必須存在。[13] 這些經文雖然還是支持死刑，但是也提供主張死刑以及主張廢死的另一個折衷觀點，就是：不是所有的死刑都必須執行；誠心認罪悔改者不一定都要被處死，可以用其他的刑罰代替。

　　(4) 耶穌已經為世人的罪而死，就廢棄了死刑。廢死的支持者所引用的代表性經文，是保羅在羅馬書中所說的：「因一次的過犯，所有的人都被定罪；照樣，因一次的義行，所有的人也就成義而得生命」，以及「因為罪的代價乃是死；但是上帝藉著我們的主基督耶穌所賜是永生」（羅 5:18、6:23）。的確，耶穌本身無罪，祂是代替人類的死罪，而被釘十字架。然而，這裡的死罪有兩個意思：一個是身體的死，一個是靈魂的死。觸犯世俗法令的死罪，就是身體的死；觸犯了基督教的死罪，是靈魂的死，就是永死。耶穌被猶太人領導們誣陷犯了羅馬帝國的死罪。但是祂藉著身體的死（耶穌的靈沒有死），來救贖人類免於靈性的死亡（人類的身體還是會死亡）。因此，世俗的死刑還存在。耶穌不但沒有廢除身體的死刑，反而是藉著世俗的死刑，成就救贖人類靈魂的目標。如果當時羅馬政府廢死刑，新約聖經可能就要改寫了。不過，這兩段經文提醒基督徒關懷監獄裡面的死刑犯時，主要的目標不是廢除死刑，而是這些死刑犯是否認罪悔改，歸向耶穌。需要拯救的，不是他們短暫的肉體生

13　從「矯正論」來主張廢死的神學家，也承認舊約的死刑是上帝的命令而且是必須的。但是他認為猶太人口傳律法 (*Mishnah*) 關於判定死刑的程序很複雜，使得死刑很少被執行 (Buck 2013: 93)。

命，而是他們永生的靈性生命。耶穌被處死的故事，也提醒現代社會要注重司法程序正義，尤其不能以宗教罪判定死刑。

（5）死去的非信徒沒有機會得救。在各種廢死的理由之中，最強的理由可能是死刑的「不可回復性」。除了極少數的奇蹟以外，絕大多數的人死後不能復生。從司法程序正義的角度來看，萬一審判的過程有問題，而導致誤判。等到後來發現這個問題而重審時，這個嫌疑犯已經被執行死刑了，就不能釋放他，或者給他公義的補償。從宣教的角度來看，死刑的「不可回復性」應用在傳福音上，也會造成困擾。到監獄傳福音的傳道人，可能沒有多少時間慢慢勸導死刑犯信主，就碰到執行死刑。如果改判為無期徒刑，傳道人有的是時間，慢慢勸導犯人信主。加上如果審判過程有問題，這個犯人在關在監牢期間獲得平反，那麼他的心靈與身體都得到拯救，豈不是美事一樁？

廢死的支持者引述聖經根據，說明靈魂沒有得救的人，下場多麼可怕：「你們這被詛咒的人，離開我！進入那為魔鬼和牠的天使們所預備的永火裡去」（太 25:41）；「他們要受懲罰，永遠沉淪，與主的面和祂權能的榮光隔絕」（帖後 1:9）；「凡是名字沒有記在生命冊上的人，就被扔進火湖裡」（啟 20:15）。為什麼不多給犯人一些時間悔改信主呢？

不過，主張廢死的似乎把身體的死亡與靈性的死亡，視為同一件事。一個犯人或是一個奉公守法的公民的靈魂是否得救，與他是否被判刑，有必然相關嗎？一個無期徒刑的犯人與一個被判處死刑的犯人，他們靈魂得救的機率有顯著不同嗎？會不會正好相反：一個面臨死刑的犯人反而覺得身體死定了，就趕快信主呢？而且，一個死刑犯可以在死前信主，靈魂得救，是否反而成為對於其他犯人的有力見證？他的身體必須為他所犯的罪，付出應得的代價；但是他的靈魂可以因為他認罪悔改，而得到永生。至於誤判死刑的不可回復性，是司法程序正義的問題，需要從司法正義的程序去改善，但是這不是傳福音的問題；下一節再討論司法程序正義的問題。

（6）以愛代替報復。主張廢死的認為死刑是訂在強調「以牙還

牙、以眼還眼」的舊約裡面；到了新約時代強調愛，死刑就不需要了。他們引用的代表性經文有：「要愛你們的仇敵，為那迫害你們的禱告」（太 5:44）；以及「人為朋友捨命，人的愛心沒有比這個大的了」（約 15:13）。

廢死的這種說法，在神學上可能有幾個重大爭議：新約（耶穌）是否推翻了舊約（上帝）的倫理命令？上帝曾說：「注意！日子將到，我要與以色列家和猶大家另立新的約」（耶 31:31）。耶穌曾說：「這杯是用我的血所立的新約，為你們流出來的」（路 22:20）。保羅說：「祂（耶穌）使我們能配作新約的執事」（林後 3:6）；又說：「上帝提到『新的約』，那麼第一個約就成為舊的；而那漸舊漸衰的必然很快消逝」（來 8:13）。[14]

但是，耶穌也曾說：「不要以為我來是要廢掉律法和先知。我來不是要廢掉，而是要成全」（太 5:17）。耶穌是上帝的兒子，也是同一位神，不太可能在死刑這件重大事上，聖子與聖父唱反調。至於保羅書信所提到的新約取代舊約，都是在討論舊約的禮儀（尤其是割禮）是否還能夠適用在非猶太人的基督徒身上。即使是禁止吃祭拜偶像之物以及禁止吃血，保羅也同意非猶太人的基督徒要守這些舊約禮儀的規定，更何況是倫理的規定？[15] 如果新約完全代替舊約，那麼基督教就沒有什麼倫理可言，因為基督教的倫理大都源自舊約。更何況，新約強調愛是為了挽救靈魂，不是為了挽救身體的死亡，也不可能挽救這必死的身體。愛與死刑的存廢沒有必然的關係。最後，耶穌是愛，但是耶穌也是在末日替歷代被殺害的聖徒申冤，對於加害者展開報復行動，執行大規模死刑的正義之神。「羔羊揭開第五印之後，我看見在祭壇下，有因為上帝的道、並因為一直持守見證而被殺之人們的靈魂，他們大聲喊著說：『要到什麼時候啊？聖潔真理的主！為了我們的血，祢現在還不審判、報復住在全地的人嗎？』」（啟 6:9-10）。耶穌並沒有回應他們說：「要以愛

---

[14] 新約取代舊約的經文有：耶 31:31；路 22:20；林後 3:6；來 8:13；來 9:15。

[15] 新約延續舊約的經文有：太 5:17；徒 15。而最重要的延續，就是耶穌的彌賽亞身份源自舊約。

代替報復」，因為沒有「正義」的「愛」是「亂愛」和「濫情」，並不能彰顯神的聖潔與榮耀。保羅也說過：「既然上帝是正義的，祂必用災難報復那迫害你們的人」(帖後 1:6)。

(7) 現代教會無法執行舊約 25 種死刑。這在本章第二節已經說明過。贊成死刑的，沒有人主張現代教會可以執行舊約的 25 種死刑。根據新約，教會已經主動或被動把執行死刑的權力交給政府。既然交給政府，政府當然有權力決定是否要設立死刑，是否選擇舊約部分的死刑，以及如何執行死刑。在專制國家，獨裁者可以自行做這些決定；在民主國家，教會可以經由民主程序，表達她們對於是否廢死的看法。無論投票的結果如何，教會就是不能執行死刑。

最後，主張廢死的還提出一些非關聖經的理由，本章無法深入辯駁，只提出簡短的批評。例如，死刑犯大都是弱勢族群；這可以藉著改善司法程序或者經濟重分配政策，來減少弱勢族群的死刑犯。死刑沒有嚇阻功能；死刑有部分嚇阻功能，而且死刑的主要目的是彰顯社會公義。死刑不人道；時空環境與當事人（死刑犯或受害者家屬）的不同，「人道」的定義也會不同。死刑犯可以矯正；矯正率低，再犯率卻不低。

第四節　支持死刑、審慎執行 [16]

相對比較之下，聖經贊成死刑的經文，在質和量上面，顯然遠超過廢死的經文。可以說聖經對於死刑的立場只有一個，就是支持死刑。然而廢死的理由雖然沒有經文的明顯支持，卻也提出一些合理的質疑，可以避免死刑的濫用。這也是贊成死刑的教會可以接受的。在華人社會，兩千多年來的傳統一方面有「殺人者死」、「殺人償命」、「以殺止殺」等贊成死刑的觀念，另一方面也有「人命

---

[16] 這也是黃耀銓 (2015:115) 的主張。

關天」、「包青天公正審判」的審慎執法期待。這些都與聖經立場相似。「謀殺」不只是殺害受害人，而且也對於社會上其他人的生命，構成明顯且立即的危險。因此，在華人社會的處境下，教會必須對於這個議題有清楚的立場。下文提出「支持死刑、審慎執行」的 10 項具體主張。

（1）基督徒個人與教會都不應該支持完全廢除死刑。聖經有太多的死刑以及執行死刑的例子。而所謂支持廢死的經文，都有極大的解經爭議。而且把死刑完全廢除掉，等於把三一神最重要的審判工具給廢除，聖經中不小的篇幅也要改寫。

（2）舊約 25 種死刑，應只保留「謀殺罪」的死刑。舊約 11 種宗教死罪涉及宗教自由的爭議，都不適合成為現代國家法律的一部份。舊約 14 種人倫死罪，除了謀殺罪以外，在現代國家大都以較輕的刑法或民法規定，甚至不罰。即使是保守的教會，大概也都會接受這些法律的安排。保守派神學家就主張謀殺罪一定要判處死刑，而其他的死罪不一定要判死。[17]

（3）謀殺死罪應只適用於極端慘忍的殺人犯、連續殺人犯、以及嚴重違反法律的軍警。極端慘忍的殺人犯（如大規模殺人、虐殺、吃人肉等）和連續殺人犯，他們的犯罪動機與行為，已經顯示他們的罪行是經過冷血無情的籌劃與執行，引起社會多數人極大的恐慌。這一類的人沒有必要留在世上，對於受害者家屬與社會持續造成心理創傷。至於軍警因為職務的特性，他們負有保家衛國的責任與殺人武器。如果他們陣前抗命、濫殺無辜、種族屠殺，情況嚴重者，自然可以施予死刑。

（4）一般的謀殺罪可用無期徒刑代替。舊約區分「誤殺」和「故意殺人」。「誤殺」的條件很嚴苛：「人若不是出於仇恨，把人推倒，或不是埋伏等著丟東西砸人， 或是在不注意的時候，用可以致命的石頭扔在人身上，以至於死，彼此沒有仇恨，也無意害對方」（民35:22-23)。故意殺人的要處死，但是誤殺的刑罰相當於現代的無期徒刑。舊約花了相當篇幅討論到「逃城」的設計，就是為了收留因

---

[17] Kayser (2018: L319).

為誤殺而逃避受害者親屬追殺的罪犯。誤殺者要被送到逃城那裡，住在城中直到大祭司去世。大祭司死前，如果誤殺者離開逃城的邊界，被報血仇的人殺了，報血仇的人就沒罪。大祭司死後，誤殺者就可以回家，報血仇的人不得追殺。[18]

現代社會的無期徒刑設計，就有些類似逃城：報血仇的人不能跑到監獄裡去殺害誤殺的人；國家領導人可以特赦殺人犯。差異在於現代的無期徒刑也可以適用在故意殺人犯。這可能是基於人道的考量，對於一時衝動而殺人的罪犯，給予較輕的懲罰。另一方面，則是因為審判過程可能有偏差，導致誤判，而無期徒刑則是給予被誤判的嫌疑犯，有翻案的機會。

(5) 加強司法正義的程序，減少弱勢團體的死刑犯。舊約既設計了死刑，也知道審判過程可能有偏差，因此也有第十誡「不可作假見證害人」的相關規定。但是這也免不了假見證的案例在聖經中仍然發生。例如，亞哈王的王后耶洗別為了幫助亞哈王取得拿伯的葡萄園，便策劃兩個無賴公然作假見證，說拿伯「詛咒上帝和王」，使得拿伯被眾人砸死。耶穌被判處死刑的過程中，猶太人的領袖們也安排假見證，控訴耶穌說過：「我能拆毀上帝的殿，三日內又建造起來」(太 26:61)。司提反被猶太人處死的過程也有人作假見證，指控司提反「說褻瀆摩西和上帝的話」以及「侮辱神聖的地方和律法」。[19] 現代的民主國家對於死刑的審判過程，也愈來愈審慎。除了有 DNA 和測謊機的科學檢驗，常常有法院三級三審、特別上訴、公開審判過程等冗長複雜的程序規定，使得誤判的可能性微乎其微。正因為如此，才能發現過去未經科學檢驗的誤判案例，甚或逮捕到真兇，而提升司法正義。

(6) 教會不能執行死刑，而是由政府執行。這是支持死刑與廢死雙方共同的立場。正因為是由政府執行，教會對於審判的程序以及

---

[18] 民 35；申 4:42、19:1-13；書 20:1-9。

[19] 關於亞哈王與拿伯的經文有：王上 21、22:29-38；王下 9:21-26。關於假見證陷害耶穌的經文有：太 26:59-62；可 14:55-58。假見證誣告司提反的經文是：徒 6:11-14。

執行死刑的方法，就不便評論，而是順從政府的規定。例如，舊約的死罪大都是用石頭砸死罪犯，有的則是燒死或砍死。現代民主國家都已放棄這些執行死刑的方法。至於絞殺、槍斃、電椅、或者注射毒藥，那一種死刑比較「人道」？這就不是教會可以評論的。

（7）舊約的 25 種死刑，在教會內轉變成不同程度的罰則。在現代民主國家即使廢除死刑，也不能表示聖經所列的這些死罪，就不再是罪。既然列為死罪，就表示上帝認為這些罪行非同小可，而且耶穌再來時，必按著這些罪行審判。教會必須嚴肅對待這些罪行，把犯罪的信徒逐出教會。保羅就主張把犯淫亂、貪婪、拜偶像、辱罵、醉酒、勒索罪行的信徒，趕出教會 (林前 5)。教會審判這類罪行的過程，也必須注意司法程序正義。「若是你的弟兄犯罪，你要去趁著只有他和你在一起的時候，指出他的錯來。他若聽你，你就贏得了你的弟兄；　他若不聽，你就另外帶一個或兩個人同去，因為『任何指控都要憑兩個或三個證人的口述才能成立』。　他若是不聽他們，就去告訴教會；若是不聽教會，就把他看作外族人和稅吏」(太 18 : 15-17)，也就是逐出教會。

（8）關懷死刑犯的靈魂得救。廢死主張者正確地指出死刑犯認罪悔改的時間有限，因此教會需要積極地關懷還沒有信主的死刑犯，以免他們的身體與靈魂一同死去，而且是永死。

（9）反對因為宗教自由而被判處死刑的法律。有些早期教父們反對死刑，主要原因之一可能就是當時羅馬政府常常殺害基督徒。[20]等到天主教成為羅馬帝國國教，愈來愈多的教父們就贊成死刑，到了中世紀甚至藉此迫害異端和異教徒。Martin Luther 雖然贊成對於窮兇惡極的農民暴民施予死刑，但是他反對處死異端；畢竟，當時的天主教認定他是異端而追殺他。[21] 反思這段基督教歷史，贊成死刑與廢死的至少都可以同意，死刑不應適用在行使宗教自由的人。到了廿一世紀，世界上仍有許多國家，尤其是某些伊斯蘭國家和共產主義國家，以宗教理由和政治理由，持續殺害基督教的宣教士以

---

[20] Schieber et al (2013: 116-119).

[21] Luther (1525/2018); Hillerbrand (2009: 82-83).

及轉信基督教的本國國民。基督教會應該聯合世界上其他的宗教團體，一同主張廢除這類的死刑，並提供安全與公平的宣教環境。

第五節　兼論戰爭

　　由於篇幅所限，本章最後一節摘要式的比較死刑與戰爭的異同之處（如表十），因而主張教會不應該支持「反戰」，而是應該支持審慎發動的自衛戰爭和極少數的正義之戰。[22]

表十　死刑與戰爭的異同

	死刑	戰爭
	相似處	
聖經經文	支持死刑，沒有廢死	支持戰爭，沒有反戰
公義的目的	是	是
嚇阻的功能	有	有
執行者	政府	政府
	相異處	
死亡人數與間接傷害	少	多
	結論	
教會立場	支持死刑，審慎執行	審慎支持自衛戰爭

　　十誡的第六誡「不可謀殺」之「謀殺」一字，在聖經中從來沒有用來指戰爭中的殺人。[23] 聖經中歌頌戰爭或以戰爭為比喻來鼓勵

---

[22] 關於基督徒如何看待戰爭的爭議，見 Buc (2015); Charles and Demy (2010); Davis (2015: 234-257); Feinberg and Feinberg (2010: 635-696); Frame (2008: 704-714); Gushee and Stassen (2016: 307-338); Kaiser (2009: 185-198); McQuilkin and Copan (2014: 406-428); Rae (2018: 288-313)。

[23] Grudem (2018: 505). 「不可謀殺」的「謀殺」原文是 רָצַח (Hol8044; *raazach*)，其不同詞性在舊約中出現 39 次，絕大多數是指惡意的「謀殺」，少數被翻譯成「誤殺」或「殺人者」。「謀殺」與「處死」מות (Hol4413; *mot*) 是兩個不同的字。違犯誡命的要被「處死」，不是被「謀殺」。רָצַח

信徒的經文至少有 100 處。[24] 即使也有相同數目歌頌和平的經文，這些經文若不是指戰爭之後的和平，就是指信徒在遭遇患難時的心理平安。而聖經中受到上帝祝福的最著名戰爭有 11 個：亞伯拉罕打敗四王聯軍，約書亞七日攻下耶利哥，約書亞擊敗夏瑣王等聯軍，基甸率 300 人擊敗米甸人 12 萬人，以色列人擊敗犯罪的便雅憫人，掃羅王開國之戰，大衛與歌利亞之戰，南國猶大與北國以色列內戰，希西家王抵抗亞述入侵，耶和華使用巴比倫滅掉罪惡重大的猶大國，基督再來之末日戰爭。[25]

　　這些戰爭大都是自衛戰爭或者是為了實踐上帝的公義。強大的自衛武力以及成功的自衛戰爭也能夠嚇阻敵人不要輕舉妄動。發動戰爭的人是政府或者是上帝所授權的政治領導人，教會不可發動像是「十字軍東征」的戰爭。不過，由於戰爭所帶了死亡人數以及對於無辜平民帶來的傷害，遠超過死刑，因此教會對於政治人物要啟動戰爭的決定，應該持著更審慎的態度。從過去歷史來看，尤其是十字軍東征 (1096-1271) 和三十年宗教戰爭 (1618-1648)，所謂的「正義之戰」常常是野心基督徒領導者的藉口。因此現代教會可以支持的戰爭，應該只限於自衛戰爭。在開戰之前，更要防止政治領導者誤導民意或者挑釁鄰國，以自衛之名發動侵略戰爭。

這個字沒有被使用在戰爭中的殺人。

[24] 由於聖經關於戰爭的經文數目太多，只引用其中有代表性的經文。出 15:3；申 20:1-4；代下 24:24；詩 68:30、144:1；箴 21:15；傳 3:38；賽 2:4、19:2、25:8；耶 46:16、51:20；珥 3:9；彌 7:8；亞 10:5、14:2；太 10:28、10:36、24:6、26:52-53；羅 8:37、12:18-19、13:1-5；林前 15:55；林後 10:4；弗 6:11-14；提前 6:12；提後 1:18、2:1-4；各 4:1-2；猶 1:19；啟 6:4、12:11、21:7-11。見 Open Bible. "*100 Bible Verses about War,*" https://www.openbible.info/topics/war 2020.4.1。

[25] 受到上帝祝福的最著名戰爭相關經文為：創 14:11-16；書 6、11；士 7；士 20；撒上 11、13、17；代上；代下；王下 18-19、25；耶 21；啟 19。

參考書目

黃耀銓。2015。*基督徒倫理要義*。香港：種籽出版社。

Armstrong, Dave. 2017. "Luther Favored Death, Not Religious Freedom, For 'Heretics'". *National Catholic Register*, https://www.ncregister.com/blog/darmstrong/luther-favored-the-death-penalty-not-religious-freedom-for-heretics, 2020.4.8.

Baker, William H. 1985. *On Capital Punishment.* 2nd ed. Chicago: Moody Press.

Bedau, Hugo Adam, ed. 1998. *The Death Penalty in America: Current Controversies.* NY: Oxford University Press.

Brugger, E. Christian. 2014. *Capital Punishment and Roman Catholic Moral Tradition*. 2nd ed. Notre Dame, IN: University of Notre Dame Press.

Buc, Philippe. 2015. *Holy War, Martyrdom, and Terror: Christianity, Violence, and the West.* University of Pennsylvania Press.

Buck, Richard. 2013. "Biblical Principles: Mosaic Law." In Schieber et al. *Where Justice and Mercy Meet: Catholic Opposition to the Death Penalty.* Collegeville, MN: Liturgical Press, pp. 86-96.

Calvin, John. 1541/1989. *Institutes of the Christian Religion*. Grand Rapids, MI: Wm. B. Eerdmans Publishing Company.

Charles, J. Daryl, and Timothy J. Demy. 2010. *War, Peace, and Christianity: Questions and Answers from a Just-War Perspective.* Wheaton, IL: Crossway.

Cheever, George B. 2006. *Punishment by Death: A Defense of Capital Punishment.* Hawaii: International Outreach.

Davis, John Jefferson. 2015. *Evangelical Ethics: Issues Facing the Church Today.* 4th ed. Phillipsburg, NJ: P&R Publishing.

Feinberg, John S., and Paul D. Feinberg. 2010. *Ethics for a Brave New World.* 2nd ed. Wheaton, IL: Crossway.

Feser, Edward, and Joseph Bessette. 2017. *By Man Shall His Blood Be Shed: A Catholic Defense of Capital Punishment.* San Francisco, CA: Ignatius Press.

Frame, John M. 2008. *The Doctrine of the Christian Life: A Theology of Lordship.* Phillipsburg, NJ: P&R Publishing Company.

Geisler, Norman L. 1989. *Christian Ethics.* Grand Rapids, MI: Baker Book House.

Grudem, Wayne. 2018. *Christian Ethics: An Introduction to Biblical Moral Reasoning*. Wheaton, IL: Crossway.

Gushee, David P., and Glen H. Stassen. 2016. *Kingdom Ethics: Following Jesus in Contemporary Context*. 2nd ed. Grand Rapids, MI: Wm. B. Eerdmans Publishing.

Hanks, Gardner. 1997. *Against the Death Penalty: Christian and Secular Arguments Against Capital Punishment.* Huntington, IN: Herald Press.

Hillerbrand, Hans J. 2009. *The Protestant Reformation.* 2nd ed. Perennial.

Holladay, William Lee (Hal). 1971. *A Concise Hebrew and Aramaic Lexicon of the OT: Based on the First, Second, and Third Editions of the Koehler-Baumgartner Lexicon.* Grand Rapids, MI: Eerdmans.

Kaiser, Walter C. Jr. 2009. *What does the Lord Require? A Guide for Preaching and Teaching Biblical Ethics*. Grand Rapids, MI: Baker Academic.

Kayser, Philip. 2018. *Is the Death Penalty Just?* Biblical Blueprints.

Luther, Martin. 1525/2018. "Against the Robbing and Murdering Hordes of Peasants." *In The Essential Luther*, ed. and trans. Tryntje Helfferich. Indianapolis, IN: Hackett Publishing Company, chapter 14.

McCarthy, David Matzko. 2016. *Death Penalty and Discipleship: A Faith Formation Guide*. Collegeville, MN: Liturgical Press.

McQuilkin, Robertson, and Paul Copan. 2014. *Ethics: Walking in the*

Way of Wisdom. 3rd ed. Downers Grove: InterVarsity Press.

Open Bible. *"100 Bible Verses about War,"* https://www.openbible.info/topics/war 2020.4.1

Rae, Scott B. 2018. *Moral Choices*. 4th ed. Grand Rapids, MI: Zondervan.

Schieber, Vicki, Trudy D. Conway, and David Matzko McCarthy, eds. 2013. *Where Justice and Mercy Meet: Catholic Opposition to the Death Penalty*. Collegeville, MN: Liturgical Press.

Steffen, Lloyd. 2006. *Executing Justice: The Moral Meaning of the Death Penalty*. Eugene, OR: Wipf and Stock.

Wallis, Jim. 2005. *God's Politics: Why the Right Gets It Wrong and the Left Doesn't Get it.* NY: HarperCollins.

Wikipedia, *"Capital punishment by country."* https://en.wikipedia.org/wiki/Capital_punishment#Capital_punishment_by_country 2020.4.2.

Wikipedia, *"Religion and capital punishment."* https://en.wikipedia.org/wiki/Religion_and_capital_punishment#Summary_of_worldwide_denominational_positions , 2020.4.6.

第十一章　經濟正義

本章摘要：

　　聖經並沒有對於複雜的經濟政策進行具體評論。教會只要倡導勤奮工作、公平交易、與合理的財富分配原則即可。

　　工業革命之後的資本主義快速發展，一方面造就物質生活的提升，另一方面造成許多嚴重的社會問題。社會福音神學藉著擴大聖經經文的政治意涵，主張教會應該積極支持國家的社會福利政策，以抑制資本主義的弊端。而自由經濟神學則認為教會只應該扮演好傳統慈善角色、鼓勵信徒勤奮工作，不能、也不應當支持違反市場定律的社會福利政策。本章綜合聖經相關經文，主張「經濟包容神學」，倡導勤奮工作、公平交易、與合理財富分配的原則，鼓勵信徒順著神的呼召，參與經濟改革；但是教會除了可以支持「工作福利政策」以外，不適合評論個別的經濟政策。信徒則可以根據時空環境變化，支持政府推動的經濟政策，在效率與平等之間找到一個動態平衡點。

主題經文：

「只要你行正義，好憐憫，存謙卑的心，與你的上帝同行」（彌 6:8）。

案例 11.1：乞丐牧師

　　一位牧師想要測試信徒們的愛心，就花了很多功夫，打扮成一個乞丐。主日禮拜前一個小時，刻意壓低帽沿，蹲在教會門口，聲

音沙啞地乞求信徒們施捨幾個硬幣。主日講道開始時，牧師直接從教會門口走到講臺上，很悲傷地對著信徒說：「我剛才蹲在教會門口乞討一個小時，大家都遠遠地繞過我，沒有一位弟兄姊妹施捨我一個硬幣。甚至當有一位小女孩走過來，要丟一個硬幣給我時，她媽媽還很快地把她拉回去，輕聲斥責這位小女孩，說：『他很髒，小心病菌傳染！』」說完這話，牧師立刻脫下乞丐的外袍，開始當天的講道題目：「愛你的鄰居」。

案例 11.2：牧師乞丐

到了下一個主日禮拜，又出現一個乞丐，壓低帽沿，蹲在教會的門口，聲音沙啞地乞求信徒們施捨幾個硬幣。這下信徒們學乖了，全部都紛紛慷慨解囊，恭恭敬敬地把錢放在乞丐的收錢紙盒裡。等到主日講道時間到了，大家痴痴地望著門口，等待乞丐牧師走到講臺上，讚美信徒們多麼地受教悔改。可是，這時門外傳來一陣吵鬧聲，只聽到牧師吼叫的聲音：「你這騙子！擔任牧師的時候，酗酒、偷懶、公款私用、還去嫖妓，被教會趕出來以後，到處招搖撞騙，還敢跑到我們教會來騙錢？滾開！」罵聲結束，就看見牧師服裝整齊地走向講臺，開始當天的講道題目：「殷勤人必然富裕」。

案例 11.3：泰瑞莎修女

天主教泰瑞莎修女（Mother Teresa, 1910-1997）在印度以開辦醫院醫治窮人，聞名於世，並因此於 1979 年獲得諾貝爾和平獎。許多到印度訪問她的人，看到街上和醫院裡滿地都是生病的窮人，都會問她一句話：「為什麼妳不去說服政治人物改革經濟政策，去幫助窮人？靠妳一個人力量，怎麼能夠救助所有的窮人？」她總是回答：「不要等待政治人物」；「不要擔心數目，要一次幫助一個人，而且總是從你身邊的人開始」。[1]

---

[1] "Mother Teresa", https://en.wikipedia.org/wiki/Mother_Teresa, 2020.7.31.

第一節　議題背景

我們不知道天國是否會有經濟問題待管理，或是由誰來管理。但是我們現在地上的世俗政府，每天都忙著管理各式各樣的經濟問題，而且不一定讓多數人民滿意，例如：

1. 商品價格。如何防止市場壟斷？如何調整關稅？
2. 薪資。每年的最低工資要訂多少？
3. 稅收。富人的累進稅率要訂多少？遺產稅要高還是要低？
4. 工作安全。如何要求公司減少過勞死和工安事故？勞工的罷工權如何執行？如何保障童工的安全與福利？
5. 社會福利開支。醫療保險的範圍與保險費用如何訂？政府總預算中的教育經費要佔多少？清寒學生的教育補助要有多少？軍、公、教、勞的保險金要繳多少？他們的退休金又可以領多少？
6. 公共投資。政府預算用在交通建設項目的比例要多少？政府採購如何避免官商勾結？公營企業的種類和規模，要做如何的規範？
7. 種族與性別歧視。公司的聘用、薪資、考核、與升遷，如何避免種族與性別歧視？
8. 生態環境。政府如何防治污染？如何鼓勵綠色產業，又不影響市場競爭力？

十八世紀初期西方現代國家的興起，同時伴隨著資本主義的興起，使得各國政府不得不積極地涉入經濟問題，朝著民富國強的目標努力。但是隨著資本主義高度與快速的發展，它的弊端也逐一顯現。知識分子與教會領袖開始對於上述經濟問題，尤其是政府在經濟市場中所應該扮演的角色，有了不同的看法。大致分為經濟右派

和經濟左派。[2]

　　經濟右派理論常常以英國的 Adam Smith (1723-1790) 所寫的《國富論》 (Wealth of the Nations) 為代表。[3] 他主張自由市場可以促成勞力與資本最有效率的分配，使得民強國富。政府盡量不要干預市場，因為過份的干預會導致勞工與資本價格的扭曲，減低它們的市場競爭力，最後導致國力的衰微。自由市場理論不只適用在國內市場，在國際市場亦同；所以他主張自由貿易，減低關稅與減少保護國內產業的措施。《國富論》不只是一本經濟學理論的書，它更是「日不落國」大英帝國在十八世紀藉著自由市場政策快速興起，成為世界第一強國的寫照。

　　英國資本主義高度發展的弊端，到了十八世紀末期就廣泛出現，並且引起知識份子與基督教領袖們的批判，試圖藉著立法改善這些弊端。最具代表性的兩個例子是推翻奴隸制度和保護童工。身兼宣教士與國會議員身份的 William Wilberforce (1759-1833) 在十八世紀末就參與「推翻奴隸貿易」的運動，經過半世紀的努力，英國終於在 1833 年通過「推翻奴隸制度法案」(Slavery Abolition Act)。[4] 另外一個代表例子是保護童工。由於童工的成本較成年勞工低，常常被資本家雇來參與工時長且危險的紡織廠以及挖礦工作，導致童工的死亡率大增。英國國教平信徒領袖 Lord Shaftesbury (1801-1885) 終身致力於保護童工的立法，最後在 1847 年通過了 The Factory Act，大幅提升童工的保障。[5]

　　到了十九世紀末期、二十世紀初期，可能是藉著英美各宗派教會的國際連結，英國教會領袖對於弱勢族群的關懷言論與行動，也

---

[2] 本章所討論的左派與右派，是指經濟的左派與右派，而不是指政治或社會的左派與右派。例如，經濟的右派會主張政府盡量少干預經濟活動，但是政治或社會的右派會主張政府要積極干預墮胎、同婚、離婚等家庭活動。

[3] Smith (1776/1981).

[4] "William Wilberforce." *Encyclopedia Britannica*. https://www.britannica.com/biography/William-Wilberforce, 2020.6.3.

[5] Humphries (2011).

影響到美國教會。美國教會甚至青出於藍而勝於藍，發展出世界性的「社會福音神學」(Social Gospel)，並且向拉丁美洲、亞洲、非洲傳布，主張教會要積極推動階級、族群、與男女性別平等。

從 1880 年到 1920 年，美國社會福音神學家的代表人物包括：Walter Rauschenbusch, Reverdy Ransom, Vida Scudder, Charles Sheldon, W.T. Stead；1930 年代則以 Reinhold Niebuhr 為代表。其中又以 Walter Rauschenbusch 最為著名。他的《社會福音神學》(A Theology for the Social Gospel) 後來成為社會福音神學的經典之作。[6] 主張社會福音的神學家和牧師們，來自全國各教派，一開始並沒有保守派或自由派的分別。他們相同的政治神學出發點是：如何在美國實現「上帝國」(The Kingdom of God) 或「地上天國」(The Heavenly Kingdom on Earth)？

Rauschenbusch 認為傳統的神學太注重個人的罪以及個人的救贖，而卻忽略了社會制度（尤其是資本主義）的罪以及集體的救贖。「制度的罪」形成了他所謂的「罪惡王國」(The Kingdom of Evil)。教會身為現代的先知，是天國在世上的實體，應該善用本身的道德力量以及政治力量，推動社會改革，持續邁向建構一個符合天國社會公平正義的地上天國。[7] Niebuhr 建立在 Rauschenbusch 的社會福音神學上，進一步探討為什麼像美國有這麼多虔誠基督徒的國家，卻產生這麼多違反社會公平正義的政策與行為？他從社會學的角度切入，認為這也是團體和制度的問題。當虔誠的基督徒進入以利益為導向的公司或政府機關以後，就會失去道德判斷的能力，變得冷酷以及本位主義，把教會教導的倫理留在教會，以適應工作場合的團體文化。為了促成社會公平正義，Niebuhr 甚至主張基督徒在必要時，可以採取「抗議、抵制、強制、以及仇恨」的方法，來達成超越自我利益的目標。[8] 在他出版《道德的人與不道德的社會》(Moral Man and Immoral Society) 的同時，他寫出了著名的禱告詞，表明參

---

[6] Rauschenbusch (1922/2017).

[7] Rauschenbusch (1922/2017: 15-50).

[8] Niebuhr (1932: xi-xii, 257).

與實際改革運動的心志：「神啊！賜給我勇氣，去改變我能改變的事物；賜給我寧靜，去接受我不能改變的事物；並賜給我智慧，去分辨兩者的不同」。[9]

社會福音神學最先關懷的社會議題是勞工福利。當時美國資本主義快速發展，吸引大量勞工從農村到工廠。勞工的薪水低、工時長、工作環境惡劣、又沒有工會保障他們的合理權益；而資本家卻用剝削勞工的應得工資，過著奢華腐敗的生活。勞工要麼工作忙到無法參加教會聚會，要麼向牧師抱怨他們的資本家會友週一到週六剝削他們，然後到了週日穿著華麗衣飾，開著名車，與他們一起做禮拜，叫人情何以堪？於是許多神學家和牧師們藉著出版書籍和主日講道，宣傳社會福音神學，一時蔚為風潮。他們不但注重宣傳，更實際參與組織工會、罷工、社區慈善與教育、以及推動勞工福利立法等行動。[10]

然而到了 1920 年以後，社會福音運動內部發生嚴重分裂，產生了左派和右派之分。這個分裂源自教會內部的階級對立，也源自神學方法的歧異。關於教會內部的階級對立，聖經本來就有許多關於富人和窮人的教導。只是工業革命與資本主義，擴大了階級矛盾和貧富差距。當教會領袖譴責富人、幫助勞工對抗資本家，那些資本家與中產階級就聯合起來，對抗社會福音的神學家和牧師們，轉而去支持強調勤勞工作、以事業成功來榮耀主名的神學家和牧師們。至於神學方法的歧異，則是許多神學院的社會福音神學家後來融入德國的自由神學以及新興的社會科學，以裝備他們的神學生積極地從事社會與政治改革運動，包括階級、性別、種族議題。

這引起傳統神學家的強烈反彈。他們重新強調教會的主要使命是傳福音，不是社會或政治運動。他們批判自由神學否認「聖經無誤」以及主張人的自主權利高過神的命令。他們也批判社會福音神學只強調物質生活的改善，卻忽略了屬靈生命的成長。傳統神學家

[9] Wikipedia, "Serenity Prayer," https://en.wikipedia.org/wiki/Serenity_Prayer , 2020.8.14.

[10] 關於社會福音神學的介紹，見 Curtis (2001); Evans (2017); Smith (2000)。

堅持系統神學的神學方法，而不是去結合社會科學。左派神學與右派神學就此分家，甚至後來與美國兩大政黨分別結合，社會福音神學支持民主黨，傳統神學支持共和黨，持續影響美國政治與基督教至今。他們也把這種神學的對立，輸出到全世界各地。[11]

　　二次世界大戰後，美國的世界領導地位確定。許多開發中國家的基督宗教神學生，羨慕美國國力的強大以及神學的新穎，紛紛到美國各大神學院進修，想要學習美國基督徒如何建立「地上天國」或「新耶路撒冷」。這些神學生畢業後，大多數回到他們的本土本鄉，成為神學家或者牧師，宣導本土化的社會福音神學。因此，1970 年代拉丁美洲天主教興起了「解放神學」，主張教會參與民主革命與階級革命。1970 年代韓國長老會興起了「民眾神學」，與臺灣長老會的「鄉土神學」，都主張教會要推動民主制度與社會公平正義。[12]

　　挾帶著自由神學在歷史神學和經文原文考證的優勢，以及社會公平正義對於弱勢團體的吸引力，社會福音神學從十九世紀末期到1970 年代末期，一直保持在美國神學界和教會界的優勢地位。但是美國保守派教會與神學家，在神學研究上也逐漸迎頭趕上，到了1980 年代雷根保守主義興起以後，提供了神學辯論的生力軍。一方面「（新）福音派神學」在各大神學院逐漸獲得重視，甚至超越社會福音神學。另一方面是來自基層教會的「成功神學」(Prosperity Gospel)，雖然受到福音派神學的譴責，卻間接地支持福音派神學的擴展。這在本章第三節再討論。

　　美國基督教界有一本暢銷書：Is Jesus a Republican or Democrat? (《耶穌是共和黨或是民主黨？》)[13] 看到這本書書名的基督徒，不論是左派或右派，大概都會會心一笑。畢竟，如果耶穌再來時，祂有可能只挑選共和黨的基督徒或是民主黨的基督徒，或是沒有黨派

---

[11] Smith (2000: 363-385).

[12] 拉丁美洲「解放神學」的代表作是 Gutiérrez (1988)；韓國「民眾神學」的代表作是 (Park 1993)；臺灣「鄉土神學」的代表作是陳南州 (1991)。

[13] Campolo (1995).

的基督徒，去管理祂的天國嗎？耶穌大概不是左派也不是右派吧？教會也不應該是左派或右派吧？為什麼？

因為教會涉入經濟議題的爭議，會陷入「左」支「右」絀的困境。一來經濟議題具有高度專業性，需要有經濟學理論和實務的訓練。但是有了經濟學理論和實務的訓練，就能夠達成經濟政策的共識嗎？很難。經濟學者之間流行一個自我解嘲的名言：「10 位經濟學家針對一個經濟危機進入會議室開會，開會出來時會提出 11 種經濟政策建議」。另外，經濟環境變動大，經濟政策需隨時隨地調整，經濟學家之間對於如何因應環境變動，又有不同的看法。教會、牧師、以及神學家們有接受過經濟學理論和實務的訓練嗎？他們每天會看華爾街日報，並且盯著股票市場以及匯率的變動嗎？如果都沒有，那麼他們對於左派或右派的經濟政策，又能夠提出什麼好建議呢？但是 100 年前自從社會福音神學興起之後，支持或反對它的神學家們似乎長江後浪推前浪，持續提出左派或右派的神學。下文就分析它們的聖經根據與論證的優缺點。

第二節　社會福音神學

在諸多社會正義 (social justice) 議題之中，社會福音神學家最關切的議題是經濟平等。他們認為聖經提供多處經文主張經濟平等：舊約時代 (1) 上帝主張經濟平等，(2) 先知們譴責經濟不平等，(3) 以色列王促進經濟平等；新約時代 (4) 耶穌「愛貧嫌富」，(5) 使徒們教導與實踐經濟平等，以及 (6) 使徒們主張政府要維護公平正義。除了前述 1920 年代的社會福音神學家，當代社會福音神學的代表人物包括, Daniel M. Bell Jr. 以及 Richard A Horsley，他們的論證分析如下。[14]

---

[14] Bell (2012); Horsley (2009).

　　(1) 上帝主張經濟平等，因為上帝特別關心與照顧窮人。當時以色列的窮人主要有幾種：一般的以色列民族的窮人、僕人、以及沒有謀生能力的孤兒寡婦，是窮人中的窮人。另外還有外族人到以色列富人家做臨時工或作僕人，成為「寄居者」（移工 / 移民）。許多經文提到窮人的時候，常常一起提到這幾類人。[15] 例如，詩人讚美上帝：「耶和華保護寄居的，扶持孤兒和寡婦，卻使惡人的道路彎曲」（詩 146:9）。「耶和華啊，誰能像祢救護困苦人脫離那比他強壯的，救護困苦窮乏人脫離那搶奪他的？」（詩 35:10）。上帝「為孤兒寡婦伸冤，愛護寄居的，賜給他衣食」（申 10:18）。「不可對寄居的和孤兒屈枉正直，也不可拿寡婦的衣服作抵押」（申 24:17）。在出埃及的過程，上帝命令以色列人「不可虧負寄居的，也不可欺壓他，因為你們在埃及地也作過寄居的。 不可苦待寡婦和孤兒； 若是苦待他們一點，他們向我一哀求，我總要聽他們的哀聲， 並要發烈怒，用刀殺你們，使你們的妻子為寡婦，兒女為孤兒。我民中有貧窮人與你同住，你若借錢給他，不可如放債的向他取利。 你即或拿鄰舍的衣服作當頭，必在日落以先歸還他」（出 22:21-26）。[16] 這些關於照顧窮人的經文都不是輕描淡寫地高舉經濟平等原則而已，而是包含了執行細節，可見上帝對於照顧窮人的重視。

　　聖經對於孤兒寡婦的關注，從當時父權社會的背景可以瞭解；男主外，女主內。當負責經濟全責的丈夫死去以後，如果沒有留下可觀的遺產，妻子通常沒有工作能力，孤兒寡婦就需要家族救濟。如果又沒有親人可尋求救濟，會堂或教會就扮演關鍵性的照顧者角色。聖經提到孤兒寡婦的經文共有 32 筆，可見對於孤兒寡婦的特別重視。[17]

---

[15] Finn (2013: 40).

[16] 另外類似經文有：利 19:9-10；申 10:17-19。

[17] 出 22:21-25；申 14:29、16:11、16:14、24:17、24:19-21、26:12-13、27:19；伯 22:9、24:3、31:18；詩 68:5；詩 94:6、109:9、146:9；賽 1:17、9:17、10:2；耶 7:6、22:3、49:11；哀 5:3；結 22:7；亞 7:10；瑪 3:5；亞 1:27。。「寡婦」的希伯來文是 אַלְמָנָה。這一個字可以指「失去丈夫的婦人」。但是它在聖經中通常是指「失去丈夫、而且沒有謀生能力的婦人」。

上述經文中的「寄居的」(toshaab) 是指這些住在以色列境內的外族工人、僕人、或移民。[18] 用現代的話來說，就是「外勞/移工」。聖經提到「寄居的」經文共有 63 處，比孤兒寡婦還要多。[19] 上帝為什麼特別關心這些寄居的外族人呢？因為以色列人在埃及也寄居了四百年，受盡埃及人的虐待，上帝要以色列人將心比心。「如果有外人在你們的地方和你同居，就不可欺負他。 和你們同居的外人，你們要看他如本地人一樣，並要愛他如己，因為你們在埃及地也作過寄居的」(利 19:33-34)。更進一步說，即使是在以色列國境內，以色列人也算是寄居的。上帝向以色列人宣示：「地不可以賣斷，因為地是我的；你們在我面前是客旅，是寄居的」(利 25:23)。上帝對於外勞的關心，不是只有宣示原則，而且提出執行細節：「你們在自己的地收割莊稼時，不可割盡田的角落，也不可拾取莊稼所掉落的，要把它們留給窮人和寄居的」(利 23:22)。[20] 廿一世紀經濟全球化的速度愈來愈快，許多富有的國家引進貧窮國家的低端勞工。聖經對於保障寄居者的重視，在世界主要宗教中少見，也提醒了基督宗教國家不要歧視或者以暴力對待移工；即使是非法移工也要得到基本人權的對待。[21]

　　(2) 先知們譴責經濟不平等。先知阿摩司譴責以色列的奸商：「你們這些踐踏貧窮人、使這地困苦人衰敗的，必須聽這話！ 你們說：「『初一幾時過去，我們好賣糧；安息日幾時過去，我們好擺開穀物；我們要把伊法變小，把舍客勒變大，以詭詐的天平欺哄

如果有謀生能力的寡婦，像是拿俄米、路得、拔示巴等人，就不會被稱為「寡婦」(Hamilton 2011: 412-413)。

[18] 「寄居的」(תּוֹשָׁב ; toshaab)。本來是指隨著以色列人出埃及的「非以色列人」，含埃及人以及其他民族到埃及打工的人。後來指某一地區（民族）的人因為經濟、戰爭、瘟疫等原因，逃難到另一地區（民族）。(Grisanti 2012: 484; Wright 1996: 27)。

[19] 使用「聖經工具」查詢「寄居的」。由於經文數目太多，不予列出。

[20] 利 19:33-34、23:22、25:23； 申 10:18、24:17, 19、27:19； 詩 35:10、146:9、22:7。

[21] Finn (2013: 41).

人，用銀子買貧寒人，以一雙鞋換貧窮人，把壞的穀物賣給人』」
(摩 8:4-6)。先知彌迦斥責以色列的領袖們和官長們：「雅各的領袖，
以色列家的官長啊！你們必須聽！你們豈不知道公平嗎？ 你們惡善
好惡，剝我百姓身上的皮，從他們的骨頭上剔肉， 你們吃我百姓的
肉，剝他們的皮，打斷他們的骨頭，如切塊下鍋，如釜中的肉」(彌
3:1-3)。[22]

　　這兩段經文以及其他相關經文所討論的經濟不平等，與前一小
節所討論的孤兒、寡婦、寄居者，有些不同。孤兒、寡婦、寄居者
的貧窮是不可抗拒的環境因素所造成的（丈夫死了或本地的經濟崩
潰）。而這兩段經文的貧窮卻是人為的，是富人和官員利用權勢壓
榨窮人，雪上加霜所造成的。這些經文成為社會福音神學的主要論
證基礎：窮人不只是個人因素所造成的，而更可能是政治經濟制度
所造成的。[23] 以色列的權貴階級通過違反正義的法令，「合法地」
剝削窮人。上帝對他們宣告：「禍哉！那些設立不義之律例的，和
記錄奸詐之判詞的， 為要扭曲貧寒人的案件，奪去我民中困苦人的
理，以寡婦當作擄物，以孤兒當作掠物」(賽 10:1-2)。[24] 因此，要
解決貧窮的問題，不能只靠個人的慈善行為，更重要的是要改革制
度。

　　(3) 以色列王促進經濟平等。除了上帝以外，猶太教的理想君
王是大衛。大衛王的遺言中提到，上帝對於一位理想君王的要求是：

---

[22] 相關的經文有：出 23:8；詩 82:2-4；賽 1:22-23、10:2；耶 5:28；結
22:7；彌 3:9-11、7:3；亞 7:10。

[23] 神學家對於「經濟正義」(economic justice) 的討論，常常按照 Aristotle
的分類法：交易正義 (commercial/commutative justice)、補償正義 (remedial
justice)、以及分配正義 (distributive justice)。「交易正義」是指遵守合法的
交易次序、履行契約、不欺詐（例如，箴 16:11 以及利 19:36 的「公正的
秤和天平」）。「補償正義」是指違反交易正義的一方，要補償受害人。「分
配正義」則是指利用私人捐獻或政府財政政策，把富人的所得，一部份轉
移到窮人。這三類的經濟正義都包含在摩西五經對於經濟活動的規定。社
會福音神學與自由經濟神學對於交易正義和補償正義的爭議比較不大，他
們主要的爭議是關於分配正義 (Bernbaum 1986: 11-23, 26, 70-71; Stapleford
2002: 48)。

[24] 類似的經文有：賽 58:6-7。

「以正義治理人，以敬畏上帝來治理」。而大衛自己認為他擔任國王期間做到了「我的家在上帝面前不是如此嗎？」(撒下 23:1-4)。歷代志的作者評論大衛王的政績，也說：「大衛作全以色列的王，又向眾百姓秉公行義」(代上 18:14)。

　　然而，社會福音神學引用大衛的例子作為政府要促進經濟平等的根據，至少有兩個爭議。首先，大衛和歷代志的作者顯然故意忽略大衛與拔示巴的通姦事件，大衛還因此設計謀殺了拔示巴的丈夫烏利亞 (撒下 11-12)。他犯了這麼嚴重的罪行，怎麼算是「以正義治理人」或「秉公行義」呢？當然，我們可以替大衛說情，他因為拔示巴事件而認罪悔改，也付出了喪子以及家變的代價，而且他的政績輝煌，算是功過相抵，仍然可以稱為以色列君王的表率。但是這也顯示出，政府不一定會執行正義，反而可能會造成極大的社會不正義。

　　其次，這裡的「正義」並沒有明確的指向「經濟平等」，甚至與社會福音神學的社會正義 (social justice) 沒有太大的關係。聖經沒有現代「平等權」的概念。這要從希伯來文「義」的含意說起。希伯來文的「義」(tsadiik) 在舊約出現過 206 次，最常出現在詩篇中，幾乎都是用來形容人或上帝。它的含意最常見的是「正直」和「遵守道德律法」，是屬於個人德行的一部份。[25] 本書主張翻譯成「盡責」、「守本分」，可能最接近原意。但是英文的希伯來文字典給這個字添加了「社會公平正義」的含意，舉出以西結書的許多經文作為例證，包括上述兩段關於大衛王的經文。[26] 但是仔細分析上下文，這個「義」字，還是沒有「社會公平正義」的意思，更遑論「經

[25] 「義」的希伯來文形容詞是 צַדִּיק。「義」字第一次出現在舊約，是上帝稱呼挪亞「是個義人」(創 7:1)。關於「義」的希伯來文含意，見 Wenham (1987: 169-170)。另外與「義」意思相近的字，也是常常與「義」同時出現的字是「審判」מִשְׁפָּט。它常常被翻譯與引用為「公平」，如「秉公行義」(代上 18:14)。這也是錯誤的翻譯與引用。它的原意也是指法官審判要「依法審判」而已；用現代的話語，就是遵守「程序正義」，但是不一定是要促進經濟平等。

[26] 結 3:20；結 13:22；結 18:5, 20, 24, 26；結 23:45；另外還有賽 60:21 (Hal 7881#4)。

濟平等」。例如，以西結書 18:5-9 中，給「義」做了非常清楚的定
義：「如果一個人是義人，他就要做判斷和正義的事：未曾在山上
吃祭物，未曾向以色列家的偶像舉目；未曾污辱鄰舍的妻，也未曾
在婦人的經期間親近她； 未曾虧負人，而是將欠債之人的抵押品還
給他；未曾搶奪人的物件，卻把食物給飢餓的人吃，把衣服給赤身
的人穿； 未曾向人取利息，也未曾索取高利，反倒縮手不作惡，在
人與人之間施行誠實的判斷； 遵行我的律例，謹守我的典章，按誠
實行事；這義人必要存活。這是主耶和華說的」。從這一段經文內
容來看，義人該做的事似乎都是個人倫理道德的事；沒有一項涉及
改變社會制度。

　　大衛王「以正義治理人」只能翻譯成「他盡責地治理人」。盡
什麼責？他「遵守道德律法」來治理人。如果有官員非法（不盡責）
欺壓窮人，大衛王可能會審判這個官員。如果有奸商非法（不守本
分）剝削壓榨窮人，大衛王可能會處罰這些奸商。但是大衛王會去
施行社會福利政策、通過最低工資、採用累進稅率、增加遺產稅、
甚至推動男女平等、族群平等、性傾向平等等「社會正義」嗎？聖
經律法沒有這麼說，大衛王大概也不會這麼做。但是聖經仍舊稱呼
他是正義君王。

　　如果舊約是這樣定義「義」的話，那麼前述社會福音神學所主
張的第一項與第二項聖經根據，要如何解釋？第一項關於「上帝主
張經濟平等」似乎是指信徒的個人道德責任，要去幫助孤兒、寡婦、
寄居者，不可欺壓他們。但是沒有提到信徒是否有責任去改變制度
或者創立新的政府制度，來幫助孤兒、寡婦、寄居者。第二項關於
「先知們譴責經濟不平等」，看起來向是改變制度的根據，但是也
可以解釋成這些奸商與政治領袖，沒有根據律法的教導，盡到作誠
實商人和父母官的責任。如果說他們的濫權是因為制度的緣故，這
會產生一個更嚴重的問題：當時的律法制度是上帝所設的。要改變
律法制度，不就等於是挑戰上帝的權威？從這些經文的上下文來看，
聖經作者可能是覺得要改變的是這些個人，而不是當時的制度。這
個論點，到了新約也可能適用。

　　(4) 耶穌「愛貧嫌富」。針對當時政治與宗教既得利益階級的腐敗行為，耶穌和祂的門徒們提倡過許多倫理道德觀念，並且努力實踐在基督徒團體中間。其中最重要的倫理道德就是「救濟窮人」，後來甚至成為基督教團體快速成長的主要原因。[27]社會福音神學最喜歡引用的耶穌教導之一，可能是：「主的靈在我裡面，為了膏抹我，使我傳福音給窮人；祂已派遣我來宣告：被擄的得釋放，失明的得看見，受壓迫的得自由，宣告上帝所悅納的禧年」(路 4:18-19)。[28]社會福音神學把這一段經文解釋成耶穌是窮人、奴隸、瞎子、孤兒、寡婦、寄居者的「政治解放者」，甚至包括被社會主流團體所壓迫的黑人、婦女、政治犯、同性戀者等。所以，造成這些可憐人的制度，都需要改革。社會福音神學對於這段經文的解釋，引起最大的爭議是：這一段經文是否賦予耶穌政治解放者的角色，或者只是心靈解放者的角色？[29]「傳福音」是傳心靈解放的福音，還是政治制度解放的福音？

　　這段經文最後「宣告上帝所悅納的禧年」是個關鍵。「禧年」是根據利未記的規定，每七年要有一個安息年，每七個安息年，就是第 50 年要訂為「禧年」。禧年要做什麼事？「在全地向所有的居民宣告自由。這是你們的禧年，各人的產業要歸還自己，各人要歸回自己的家」(利 25:10)。這些產業包括賣給鄰居的土地房屋，要想辦法贖回；買主也要接受合理的價格，把地歸還給賣主。這產業也包括寄居者，他們把自己賣給以色列富人當作僕人或婢女；或者是以色列人把自己賣給寄居者，作為他們的僕人或婢女。無論如何，到了禧年，賣出去的土地和人，都要收到合理的贖價以後，歸還給賣家。僕人或婢女如果沒有錢贖自己，他們的親戚就要出錢贖他們(利 25:10-33、27:18-21)。

---

[27] Longenecker and Liebengood (2009: L3236-3248).

[28] 此段經文主要引自七十士譯本的賽 61:1-2。

[29] Green (1997: 210-213) 認為這段經文雖然有經濟平等的成分，但是「釋放」或「得自由」一詞（原文都是 ἄφεσις 的不同詞性）更多是指「赦罪」。因此這段經文主要是在討論耶穌的救贖者角色。

也就是說，這段經文並沒有要廢除禧年的制度以及它所包括的買賣土地與奴隸制度，而是要求信徒要遵守這個制度，每 50 年重新分配土地和奴隸的所有權。而耶穌引用這段經文的意思，可能就在譴責當時的猶太人沒有遵守這個禧年的規定，而導致「富者愈富，窮者愈窮」的現象。[30] 耶穌使用這段經文的目的，甚至可能不在買賣土地和人，而是宣告自己「代贖者」、「赦罪者」的角色而已。如果耶穌有企圖要成為政治改革者，那麼這段經文的解釋的確要按照社會福音神學的解釋。但是耶穌的其他言論，並沒有顯示祂有此意圖。因此，耶穌使用這段經文的重點，很可能是預表自己「代贖者」、「赦罪者」的角色。社會福音神學可能把太多的政治意涵，讀進這一段經文裡了。

社會福音神學對於禧年的解釋，另外也受到自由經濟神學家 Gills and Nash 的批判。他們認為禧年制度的設計，其實對於當時的窮人影響不大。首先，禧年只適用於農奴和耶路撒冷以及耶利哥城外的土地，而不涉及其他階級、其他地區、或其他種類的財富（例如漁業或商業貸款）。其次，禧年不適用在新來（未及 50 年）的寄居者。最後，禧年的財富重分配，是每 50 年一次。當時人均壽命可能不到 50 年，窮人更短命，如何能等到禧年的重分配？[31]

社會福音神學認為耶穌除了同情窮人以外，祂還討厭富人。舊約本來就有不少譴責貪財的經文。撒母耳的兩個兒子「不行他的道，貪圖財利，收取賄賂，屈枉正直」(撒上 8:3)；「貪財的背棄耶和華」(詩 10:3)；就是先知耶利米也譴責神職人員的貪財。[32] 而新約最具代表性的經文是「富人進天國」的比喻。耶穌對門徒們說：「我實在告訴你們，富人很難進入天國。我又告訴你們，駱駝穿過針眼，比富人進入上帝的王國還要容易」(太 19:16-26)。耶穌其他反對富

---

[30] Finn (2013: 41); Wenham (1979: L4233).

[31] Gills and Nash (2002: L369-388).

[32] 「因為他們從最小的到最大的都貪圖不義之財，從先知到祭司全都行事虛假」(耶 6:13)。路加福音也指出「法利賽人是貪愛錢財的」(路 16:14)。

人的教訓有：「不可為自己囤積財寶在地上！…… 你們必須為自己囤積財寶在天上…… 因為你的財寶現在在哪裡，你的心思也必在那裡…… 你們不能同時事奉上帝和瑪門」(太 6:19-24)。另外還有「富人與拉撒路的故事」，富人死後下地獄受苦，而乞丐拉撒路死後卻到美好的地方享福 (路 16:19-31)。

　　西方神學歷史上對於上述經文的解釋，分為兩派，不分上下：一派認為耶穌就是討厭富人，因此信徒要過著儉樸的生活；另一派認為耶穌只是在提醒信徒不要過份地忙於賺錢而忽略了屬靈的工作，以及賺錢之後要照顧窮人。大部分當代的神學家比較傾向後者的解釋，並不認為耶穌就是討厭富人。例如，上述「富人進天國」的故事，主要重點在於這位年輕的富人不願意把財產分給窮人。而「富人與拉撒路的故事」，也是因為這富人沒有救濟乞丐拉撒路。[33]

　　更進一步說，舊約先知們、耶穌、與使徒們所討厭的富人，可能是今日所謂的「奸商」，而不是一般富裕的信徒。舊約先知們對於奸商使用違背律法的方式來剝削窮人的討論，已如前述。耶穌對於聖殿區的奸商與祭司們勾結賺「宗教財」，是深痛惡絕。而耶穌的弟弟雅各所譴責的富人，很可能就是「奸商」，他們「羞辱窮人…… 欺壓其他信徒…… 拉信徒去法院…… 褻瀆耶穌的名……」；而且他們「扣工人的工資 … 過著奢侈放縱的生活 … 把義人定罪謀殺」。[34] 綜合上述的討論，耶穌可能並不討厭富人，而是討厭不守律法的「奸商」。

　　(5) 使徒們實踐經濟平等。社會福音神學認為最理想的經濟體制，應該是初代教會所實踐的共產社會。「所有的信徒都持續在一起，所有的東西都持續公用，而且他們陸續賣田產和家業，照各人所需用的陸續分給各人…… 而且在每一家擘餅，以歡喜、誠摯的心一起用飯。」(徒 2:44-46)。當信徒亞拿尼亞與撒非喇夫婦出售田產捐給教會時，留下捐款的一部份私用，被彼得發現後，咒詛這對夫婦，兩人就先後氣絕。似乎反應初代教會嚴格執行共產社會制度（徒

[33] France (2007: 730-731); Green (1997: 604-609).

[34] 各 1:10、2:6-7、5:1-6。McKnight (2011:99)。

2：44-46、5：1-11）。

　　大部分現代的神學家對於這段經文的解釋，都認為這共產制度所實施的時間與地方都極為有限。一方面使徒書信中，常常提到信徒有奉獻給教會的行為與義務，顯示出大多數的信徒並沒有把自己的財產全都奉獻給教會。耶路撒冷教會的共產制度，很可能沒有施行太久就廢棄了。另一方面，即使耶路撒冷教會施行過共產制度，也不代表耶路撒冷以外的教會有跟著做。折衷的說法是早期教會的少數「制度菁英」（如 12 使徒以及各教會的少數高層同工），彼此之間自願性的實踐共產制度，但是沒有擴及大部分信徒或多數教會。而這種少數共產制度後來也持續實踐在修道院之中。[35]

　　最後，(6) 政府要維護正義。社會福音神學主張正義的政府要實施社會福利政策、增加富人稅、救濟窮人。他們的聖經根據是羅馬書的：「因為他（統治者）是上帝的僕役，使你行善。但是如果你作惡，就必須懼怕！因為他佩劍不是沒理由的；他是上帝的僕役，嚴厲報復那作惡的」(羅 13：4)。但是這一段經文完全沒有談到社會福利政策、增加富人稅、救濟窮人等經濟平等的措施，而是談到守法的問題。從羅馬書的寫作背景而言，當時羅馬市的地方官員要提高各式各樣的稅率（不是為了救濟窮人，而可能名義上是支持市政府的工作，實則官員自肥），引起全城人民（尤其是富人）的抗議風潮。教會的領導們就寫信給保羅，問他如何因應？保羅就說了上述的話，要羅馬教會的信徒順服繳稅：「你們也要繳稅；因他們是上帝的特使，就為了專責這事。該給的就必須給！該繳稅的就繳稅！該付費的就付費！」(羅 13：6-7)。[36] 雖然徵稅的對象主要是富人，但是徵稅的目的並不是經濟平等，這與社會福音神學所主張的「社會福利國家」差之毫釐、失之千里。

　　從上述的討論整體來說，社會福音神學存在許多解經與應用的問題。聖經中的經濟正義（例如，救濟窮人），是只能夠適用在教會內、信徒之間，還是要適用在現代的多元國家中？政府有責任或

---

[35] Longenecker and Liebengood (2009: L691-920).

[36] Longenecker (2016: L28498-28521).

有能力推動社會福利政策嗎？經濟平等能夠應用在非常競爭的資本主義市場嗎？然後，多少平等才是平等？聖經對於這些問題都沒有明確的答案，也不可能有明確的答案。

就教會實務而言，社會福音神學在廿世紀初期興起，以及 1960年代隨著自由主義風潮而短暫復興以外，支持社會福音神學的宗派大都快速衰退。取而代之的則是 1980 年代興起的自由經濟神學（或稱「新保守主義」），深獲保守派教會擁抱，而且能夠吸引大量基督徒回到教會，至今方興未艾。[37] Gary Scott Smith 就指出社會福音神學的幾個弱點，導致它對社會改革的貢獻有限，甚至造成信徒與教會長期的惡果。這些弱點包括：過份強調國家解決社會問題的能力、強調社會行動高於傳統神學教條、強調跨宗派行動卻忽略宗派神學的差異、引用聖經時斷章取義、對於人性和改革過於樂觀、過份期待美國政府會帶領全國以及全世界建立「地上天國」、以及社會福音神學的主張者大都是中上階級，無法真正瞭解低層人民的生活與需要。[38]

第三節　自由經濟神學

德國社會學家 Max Weber 早在 1930 年就注意到資本主義與基督新教倫理之間的正向關係。[39] 但是他並沒有詳細地分析聖經經文，也沒有預料到後來資本主義在金融經濟的發展。相對於社會福音神學「愛貧嫌富」以及主張政府要推動社會福利政策，自由經濟神學比較傾向「嫌貧愛富」以及主張政府不要過份干預自由市場。以下分為「嫌貧」、「愛富」、以及「小政府」三類主題，來討論自由

[37] Evans (2017: 17-18; 193-218).

[38] Smith (2000: 409-414).

[39] Weber (1930/2001).

經濟神學的聖經根據。另外，由於 1980 年代以後，針對世界金融經濟興起，控制國際經濟的起伏，升斗小民的生活也受到各式金融衍生品（monetary/financial derivatives；如股票、電子貨幣）的重大影響，自由經濟神學也提供了聖經的根據。因此，本節加上了第四類主題「金融衍生品」。自由經濟神學的主要支持者有：James P. Gills, Wayne Grudem, Ronald H. Nash、和 Jay W. Richards。[40]

　　(1) 嫌貧。自由經濟神學並不反對社會福音神學所引用的那些聖經經文，主張要救濟一般的窮人。但是自由經濟神學也引用不少的經文，指出有些窮人之所以窮，是因為懶惰、不上進的結果。這些窮人不值得幫助；幫助他們反而會造成他們的依賴性。

　　聖經譴責懶惰或懶散的經文有 33 處，[41] 而直接把懶惰與貧窮關連到一起的經文有 10 處，大都集中在箴言書。「手懶的，必致窮乏；手勤的，卻要富足」；「殷勤人的手必掌權；懶惰的人必服苦役」；「懶惰的人不烤獵物；殷勤的人卻得寶貴的財物」；「懶惰的人奢求，卻無所得；殷勤的人必然豐裕」；「不勞而獲之財必減少；逐漸積蓄的必增多」；「棄絕管教的，必貧窮受辱；領受責備的，必享尊榮」；「懶惰使人沉睡，懈怠的人必捱餓」；「懶惰人因冬寒不去耕種，到收割時，他去尋找，一無所得」；「懶惰人的慾望害死自己，因為他的手不肯做工」；「因人懶惰，房頂塌下；因人手懶，房屋滴漏」。[42]

　　從這些經文看來，貧窮是個人意志與行為所造成的，並不是制度所造成的。因此改革制度、施行社會福利政策，並不一定可以消滅貧窮，甚至太優渥的社會福利政策會造成懶人長期依賴政府的救濟，而不去工作。例如，如果政府所定的最低工資是一個月 800 美

[40] Gills and Nash (2002); Grudem (2018: 895-1094); Nash (1990); Richards (2009)

[41] 使用「聖經工具」搜尋「懶」，查出懶惰或懶散的經文有 33 處，在此不列舉。

[42] 箴 10:4、12:24、12:27、13:4、13:11、13:18、19:15、20:4、21:25；傳 10:18。

金，而政府的失業救濟金是一個月 700 美金。那麼，有多少人願意辛苦一天工作八小時、每週五天，去領一個月 800 美金，而不是整天待在家裡玩網路遊戲，到了月底信箱裡照樣有 700 美金的救濟金支票？

不過，自由經濟神學和聖經都低估了資本主義制度造成大量窮人的可能性。聖經時代還是農業經濟。只要風調雨順，勤奮的農人都可以獲得豐厚的報償。如果碰到偶而發生的天災、戰爭、疾病，教會可以經由內部的社會網絡，鼓勵富有的信徒去幫助貧窮的信徒，或者提供無息貸款，度過難關。但是到了資本主義時代，除了短期的天災、戰爭、疾病，還有經常發生的週期性經濟衰退、工廠外移到國外尋求較低的工資、資本家為了省錢所造成的職業傷害、資本家雇用童工、國家發展政策改變（如淘汰污染工業）等問題。當這些制度性的問題發生時，即使是殷勤工作的信徒，也不免落入失業的行列，甚至是永久失業。一個當地的教會就很可能無法只靠著勸說富有的信徒就可以救濟失業的信徒，因為富有的信徒可能就是關閉工廠、搬離當地的資本家。聖經既然沒有經文直接地去處理這些制度性問題，教會應該怎樣回應這些經濟議題的挑戰？本章的下一節會提出可能的答案。

(2) 愛富。自由經濟神學不同意聖經是一面倒地厭惡富人。從舊約到新約，有許多經文記載著信仰虔誠的富人。[43]「信心之父」的亞伯蘭（後來稱為「亞伯拉罕」）與妻子撒萊（後來稱為「撒拉」）兩人到了埃及地，獲得法老賞賜「許多牛、羊、公驢、奴僕、婢女、母驢、駱駝」，馬上成為「暴發戶」。他甚至不是因為行為正直才得到財富，而是因為他欺騙埃及人，說他的太太是他的妹妹，讓法老把撒萊娶進宮裡。等到上帝警告法老，法老才譴責亞伯拉罕說謊，送走這對夫妻。法老之前送給亞伯拉罕的財物，都沒有要回來而讓他帶走 (創 12:10-20)。過了幾年，亞伯拉罕遷居到基拉耳之後，故計重施，稱他的妻子為妹妹，又讓不知情的基拉耳王亞比米勒帶走撒拉。多虧上帝又一次的警告，亞比米勒把撒拉歸還給亞伯拉罕，

---

[43] Finn (2013: 43-46).

還附贈一筆「遮羞費」：牛、羊、奴僕、婢女、以及一千銀子，使得亞伯拉罕「富上加富」(創 20:1-18)。上帝並沒有厭惡富人。

雅各欺騙哥哥以掃之後，隻身投靠舅舅拉班，靠著聰明智慧，使自己「極其發達，擁有許多的羊羣、奴僕、婢女、駱駝和驢」(創 30:43)。等到他回到家鄉，送給哥哥以掃的「謝罪禮」，就包括「二百隻母山羊、二十隻公山羊、二百隻母綿羊、二十隻公綿羊、三十匹哺乳的母駱駝和牠們的小駱駝、四十頭母牛、十頭公牛、二十匹母驢和十匹公驢」(創 32:14-15)。上帝並沒有厭惡富人。

約伯是個「完全、正直、敬畏上帝、遠離惡事」的富人，有七子三女，家產有「七千隻羊，三千匹駱駝，五百對牛，五百匹母驢，並有許多僕婢。這人在東方人中為至大」(伯 1:1-3)，意思就是他等於今日阿拉伯產油國之中的首富。在上帝與撒但的爭論中，約伯雖然喪失了所有家產和兒女，但是他撐過撒但的試探之後，上帝雙倍歸還他羊、駱駝、牛、母驢，也還給他七子三女 (伯 42:12-13)。上帝並沒有厭惡富人。

為了鼓勵信徒奉獻所得的十分之一，上帝藉著先知瑪垃基告訴以色列人：「你們要把當繳納的十分之一全然送入倉庫，使我家有糧，以此試試我，是否為你們敞開天上的窗戶，傾福與你們，甚至無處可容」(瑪 3:10)。上帝並沒有厭惡富人。

新約時代的初代教會有很多富人，記載在新約裡的代表人物有：馬太、提摩太的母親、賣紫布的婦人、和財政官。馬太在成為耶穌的門徒之前是個稅吏。他雖然不像亞伯拉罕、雅各、約伯那麼富有，但是他也不是現代國家的財政部稅務官員，只拿固定的薪水。馬太時代的稅吏是地方政府收稅的「外包商」。政府只規定這些稅吏在指定的轄區內，必須徵收到一定額度的稅金繳給政府，其餘多收的部分，就歸給稅吏當作佣金。因此，當時的稅吏就想盡辦法、不論貧富，向每一個納稅義務人催繳稅金，甚至巧立名目多收一些雜費。也因此，當時的猶太人很討厭稅吏，把他們比作妓女一類的罪人。值得注意的是，耶穌主動呼召馬太成為門徒時，馬太正在城門口向經過的商人收關稅。因此，耶穌的救贖恩典是不分貧富貴賤，並沒

有特別厭惡富人（太 9：10-11）。

　　初代教會的其他富人還包括提摩太的母親友妮基、紫布商的婦人呂底亞、和一位財政官以拉都。新約並沒有詳細介紹這些人，而是從經文的上下文可以看出一些端倪。提摩太是家族的第三代基督徒。他的母親友妮基可能是位富裕的寡婦，或者是未信主權貴的太太。她的家可能就是一個大型的家庭教會，可以招待許多信徒聚會，甚至是一些喜歡說三道四的「貴婦們」。而提摩太自幼受到很好的神學教育，可能也是因為家境寬裕。同樣的，紫布商的婦人也可能是一位富裕的寡婦，自己經營紫布的製作與買賣。當時因為紫色的染料取得不易，因此紫布的價格非常昂貴，利潤也很高。從經文來看，她的家也可能是個大型家庭教會，還能夠提供宣教士住宿。最後，保羅的羅馬書結尾提到一些模範信徒，其中就有一位管銀庫的財政官以拉都。[44] 從上述例子可見，富人上天堂，可能並不像駱駝穿針孔一樣難，而是決定於一個富人是否壓榨窮人或是救濟窮人。

　　早期教會的教父們對於富人的態度，並非全然否定。當時的羅馬政權對於富人累積財富認為是合情、合理、合法的事；教父們對此也認同。不同的是，羅馬文化並不認為救濟窮人是富人的道德責任，對此教父們就不認同。教父們一方面不譴責富人，但是另一方面非常強調富人信徒有救濟窮人的神聖責任。另外，教父們也鼓勵富人信徒生活不要過於奢華，更不可違法致富。[45]

　　1980 年代至今，把自由經濟神學對於財富累積的包容態度，發揮到極致、受到許多教會牧師與教友的歡迎、但是也引起極大神學爭議的，莫過於「成功神學」(Prosperity Gospel)。在美國的代表人物 是 T.D. Jake、Creflo Dollar、Benny Hinn、Rod Parsley、Frederick Price、以及「微笑的傳道人」(the Smiling Preacher) Joel Osteen。[46]

---

　　[44] 提後 1：5；提前 5：11-14；徒 16：14-15；羅 16：24。Bock (2007: 534)。「財政官」原文 οἰκονόμος 並沒有說明官位的高低 (Schreiner 1998: L15603-15624; BDAG#2)。

　　[45] Finn (2013: 78-100).

　　[46] 關於 Prosperity Gospel 的討論，見 Bowler (2013)。

這些代表人物的教會都有兩萬到四萬的信徒，跨越宗派、種族、性別、年齡層，可以稱為美國基督教界的「全民運動」。Prosperity Gospel 在華人教會被翻譯為「成功神學」。根據學者的分析，Prosperity Gospel 的特色可用四個字來代表：信心 (faith)、財富 (wealth)、健康 (health)、與勝利 (victory)。他們常用的字彙包括：「恩典」、「豐富的生命」、「正面思考」、以及「上帝賜福給我了」。[47] 這樣的「成功神學」有哪一個正統教會不同意？有哪一個正統教會不是每天探訪教友以及每週主日講道，多多少少會使用的神學？

那麼 Prosperity Gospel 到底那裡有問題？問題似乎出現在某些大教會的牧師或電視傳道人，他們的演講信息中，出現過多「發財即是恩典」的訊息。或者他們的講道與出版品，提到上帝的慈愛恩典多，卻很少提到上帝的正義、聖潔、與審判。因此，真正的神學爭議所在是在「發財神學」而不是「成功神學」，不必「因人廢言」或「因言廢事」。整體來說，Prosperity Gospel 是符合聖經教訓，也是大多數正統教會實踐在每日教會生活中的教導。有爭議的是「發財神學」，不是「成功神學」。我們不可以把洗澡盆裡的嬰兒與洗澡髒水一起倒掉。

那麼成功神學為什麼在此被歸類為自由經濟神學？如果成功神學只是強調靠著禱告生病得醫治、家庭和睦、事業成功、教會興旺，這不是不分自由派或保守派教會，都支持的神學與行為嗎？但是過份強調發財，以財富來衡量信心，成功神學等於給資本家的財富，就地神聖化，而不去質疑這財富的來源有沒有問題？為了賺錢，要犧牲多少自己的健康和家庭時間？有了財富是花費在奢侈淫亂上面，還是作為慈善救濟？

就聖經根據而言，成功神學引用相當多的經文支持其主張。有些經文是直接相關的經文，說服力較強；另外一些間接經文，說服力較弱。成功神學最著名的經文是「雅比斯的禱告」：「雅比斯比他眾兄弟更尊貴，他母親給他起名叫雅比斯，意思說：『我生他甚是痛苦』。 雅比斯求告以色列的上帝說：『甚願祢賜福與我，擴張我

---

[47] Bowler (2013: L165, L4494).

的疆界，祢的手常與我同在，保佑我不遭患難，不受艱苦。』上帝就應允他所求的」(代上 4:9-10)。這兩節經文躲在歷代志上 4-8 章猶大的詳細家譜中。雅比斯這個人，在整本聖經中就只出現在這裡。因此，這段經文沒有其他背景資料可查。雅比斯為什麼比他眾兄弟更尊貴？不知道。雅比斯是因為出生過程碰到什麼狀況，使得他後來身體有缺陷、成長過程艱苦，因此他做了這個「不遭患難，不受艱苦」的禱告？不知道。他禱告詞的「擴張我的疆界」是指財富、家庭、事業？不知道。成功神學認為這些問題都不重要。重要的是當信徒碰到任何困難時，只要想到這兩節經文的最後一句話：「上帝就應允他所求的」。

　　但是雅比斯的禱告只是一個人求成功的禱告嗎？可能不只是如此。這段經文的上下文還是有線索可循。[48] 這一段經文所處的位置是歷代志上第四章，述說猶大家譜。歷代志上第一章到第三章述說人類的起源亞當的家譜，一直到以色列王國滅國。但是歷代志第四章又更詳細地述說猶大的家譜。為什麼？這可能除了細數猶大的家譜，更是在述說上帝對於整個猶大家族的應許與賜福。因此，這位莫名其妙出現的雅比斯，其實是代表猶大家族。猶大（雅比斯）「比他眾兄弟（其他的支派）更尊貴」。猶大的母親「生他甚是痛苦」，表示猶大的後裔大衛王所建立的正統王朝，要經過內戰（掃羅王的追殺）。而「擴張我的疆界，祢的手常與我同在，保佑我不遭患難，不受艱苦」就是指大衛以及所羅門的開疆闊土，建立當時中東地區的一個強大王國。成功神學把這段經文視為個人的禱告詞，也無可厚非。畢竟，經文的字面意思是這麼說。

　　成功神學所愛引用的經文，不只是「雅比斯的禱告」。「雅比斯的禱告」所直接對應著耶穌的話語是：「如果你們中間有兩個人在地上同心合意地求甚麼事，我在天上的父必為他們成全」(太 18:19)。使徒約翰寫信給他的門徒該猶時，祝福他「我為你祈求凡事興旺和健康，正如你的生命興旺」(約三 1:2)，以嘉獎他信心穩固、行為聖潔、並且友愛弟兄。這句經文中的「興旺」原文就是被翻譯

---

[48] 本段解經參考 Longman and Garland (2010: 61-62)。

成英文 Prosperity Gospel 的 prosperity。[49] 使徒約翰這句祝福的話，就包含了成功神學的三個特色：事業興旺、身體健康、靈命成長。

　　成功神學另外引用了一些間接經文，說服力可能就沒有上述經文強。例如，「三個僕人的比喻」：「因為凡是有的，還要加給他，使他有餘；沒有的，連他所有的也要奪過來」(太 13:12)。耶穌應許信徒得豐盛生命：「我來了，是要叫羊得生命，並且得的更豐盛」(約 10:10)。保羅的祝福：「我的上帝必照祂榮耀的豐富，藉著基督耶穌，使你們一切所需用的都充足」(腓 4:19)。這些經文提到的「有餘」、「豐盛」、「豐富」，可能都是指生命或靈命的富足，而不一定是指物質的富足。畢竟，耶穌和保羅在世時，他們自己都沒有發財，如何能「以身作則」使信徒發財？

　　(3) 小政府。自由經濟神學並不反對聖經中政府維持經濟正義的功能。一個自由市場的正常運作，本來就需要保障財產、公正的交易規則、履行契約、懲罰違規者，不論貧富。所以前述社會福音神學所引用聖經經文中富人或有權勢的人，用威脅和詐騙的手法來剝削窮人，自由經濟神學也反對，因為這些權貴違反自由市場的正常運作。

　　自由經濟學神學甚至主張政府要負擔起重大的經濟角色，是超過聖經所描述的經濟正義功能。例如，政府要維持匯率、利率、和通貨膨脹率的穩定：本國貨幣價格太低，固然可以增加出口競爭力，但是也會增加國內通貨膨脹的壓力。政府大量增印鈔票、降低貸款利率，固然可以鼓勵投資和消費，但是也會造成通貨膨脹。同樣的，大家都有工作、失業率是零，好不好？「不好」，自由經濟神學會說：「因為失業率是零，會造成高度的通貨膨脹，或者是強迫工作的共產經濟」。政府除了每天要介入金融市場維持「三率」的穩定，政府還要負責公共交通的建設、促進國際貿易的公平競爭、以及日益

---

49 「興旺」的原文是 εὐοδόω，可以翻譯成「興旺」(prosper) 或「成功」(succeed) (BDAG)。此字在聖經出現過 9 次，其中 8 次是舊約的 LXX：創 24:42、39:3；士 4:8；拉 5:8；箴 11:9、13:13；耶 12:1；但 6:4；約三 1:2。這些經文幾乎都是指上帝使虔誠的信徒做事順利，也就是成功神學的根據。

增多的天然災害救助等。這些都需要政府把大量的公家人力與財力，投入自由市場，遠超過一般人認為的「小政府」所能夠、所該做的事。[50]

　　自由經濟神學所主張的「小政府」，是針對社會福利神學所主張的某些社會福利政策：最低工資、薪資調整、健康保險、失業補助、退休金、工會組織、罷工規定等，足以嚴重影響資本家利潤的政策。自由經濟神學認為這些勞資爭議，應該由勞資雙方協議解決，而不是由政府立法硬性規定。如果政府的規定違反市場供需定律，那麼資本家就被迫要遷離公司到國外，最後的受害者還是不能隨意移動工作地點的勞工。自由經濟神學認為聖經對於政府的經濟角色，並沒有討論得這麼細，因此教會也就不應該評論或影響政府的經濟決策。

　　Gills and Nash 更用舊約撒母耳記上 8:11-18「立王」的故事來警告基督徒，不要相信政府，而是要相信上帝。當基督徒近利短視，把管理自己經濟生活的責任，交給無能的政府官僚體系時，長久下來就會成為政府官員的實質奴隸，辛苦工作還要繳稅去養剝削自己的官員。「管轄你們的王必用這樣的方式：他必派你們的兒子為他駕車，趕馬，在他的戰車前奔跑。他要為自己立千夫長、五十夫長；耕種他的田地，收割他的莊稼；打造他的兵器和車上的器械。他必叫你們的女兒為他製造香膏，作廚師與烤餅的，也必取你們最好的田地、葡萄園、橄欖園，賜給他的臣僕。你們的糧食和葡萄園所出產的，他必徵收十分之一給他的官員和臣僕，又必叫你們的僕人婢女，健壯的青年和你們的驢為他做工。你們的羊羣，他必徵收十分之一，你們自己也必作他的僕人。」[51]

　　(4) 金融衍生品 (monetary/financial derivatives) 的爭議。農業時代的主要金融工具，不外乎黃金、白銀、錢幣。到了廿一世紀，作為國內交易和國際貿易的金融工具，除了黃金、白銀、錢幣以外，還有現金卡、支票、信用卡、定期存款、貸款、股票、公司債、期貨、

---

[50] Friedman (1962/1982: 22-36).

[51] Gills and Nash (2002: L173).

各種基金、政府公債、保險單據等。就連錢幣從過去的實體金塊、紙鈔、銅板，也發展出網路世界的各種「虛擬貨幣」（如「比特幣」bitcoin）。這些不斷出現的金融衍生品滲入經濟活動的每一個角落，嚴重影響個人的生活與整理經濟的表現。

　　一般信徒（甚至有些牧師）可能常常提出關於這些金融衍生品的問題：我是否要申請信用卡？信用卡的帳單是要每月付清，還是分期繳納？我可以買股票嗎？要買個別公司的股票或是共同基金？要買剛成立的公司股票，還是要買大公司的股票？我買房子需要貸款嗎？要貸款多少比例？要盡快還清貸款，還是按照分期還款？我要買保險嗎？是壽險、意外險、癌症險、還是儲蓄兼保險？新冠肺炎爆發的時候，黃金債券和比特幣價格飆漲，我應該進場買一些嗎？這些金融衍生品的交易，會不會違反聖經的經濟倫理？

　　有些保守的教會認為買賣這些金融衍生品，是違反聖經的經濟倫理。一方面是這些金融衍生品都有不同程度的風險與投機的成分，教會不應該鼓勵這種經濟行為，而是應該鼓勵腳踏實地去工作賺錢。另一方面，這些金融衍生品都含有「利息」的成分，而有些聖經經文明確表示反對使用利息賺錢；例如，「你借給你弟兄的，無論是錢財是糧食，或任何可生利息的財物，都不可取利。 借給外族人可以取利，但是借給你的弟兄就不可取利」（申 23:19-20)。[52] 但是有些經文似乎容許利息，例如，耶穌「主人託付銀子給不同才幹的僕人」的比喻，就提到主人要那懶惰的僕人「你就應該把我的銀子交給銀行家，我來的時候，可以連本帶利收回」（太 25:27)。[53]

　　關於利息的爭議，有些神學家認為「利息」在希伯來文和希臘文的意思不同，道德意涵也就不同。希伯來文的「利息」(*nashak*) 其實應該翻譯成「高利貸」(King James Version 翻譯成 usury，就是「高利貸」)，是不道德的經濟行為。當時中東地區農作物的高利貸大都是 20%，而高於 33% 也不在少數。尤其是許多這些高利貸是借給窮

---

[52]　舊約提到「利息」有 12 處經文，大多數都是負面看法：出 22:25；利 25:36-37；詩 15:5；尼 5:7, 10-11；結 18:8, 13, 17、22:12。

[53] 新約提到「利息」的其他經文有路 19:23，大多數是正面的看法。

人的緊急需用，等於是趁火打劫。相對來說，希臘文的「利息」(takos)
就是正常經濟行為的利息。[54] 平衡舊約和新約對於「利息」的看法，
應用在今日金融制度，就是合法、合理的利息是符合聖經的經濟倫
理；不合法的高利貸則違反聖經的經濟倫理。值得注意的是，上述
所引的申 23:19-20 經文，禁止猶太人之間放高利貸，但是不禁止猶
太人對於非信徒（外族人）放高利貸。應用到現代華人基督徒，是
否表示基督徒之間不可放高利貸，但是基督徒可以對於非信徒放高
利貸？可能不是，因為現代華人社會大都有法律規定，禁止高利貸。
折衷的說法，應該是基督徒之間的私人借貸利息，應該要比政府規
定的銀行利息還要低。

　　另外，教會歷史上對於利息的態度也不一致。早期教會的教父
大都反對任何利息。Council of Nicea（325 年）除了確認三一神論等
重大信仰的教條，也明文禁止神職人員借錢給他人時收取利息。St.
Jerome (340-420) 把這個禁令更擴大到所有的借貸關係，而不僅限於
神職人員。他對於利息的觀點後來被寫入 Council of Chalcedon (451
年) 的決議中。路德早期反對貴族對於貧窮的農民放高利貸，但是
農民暴亂之後，他認為某些利息是可容許的。加爾文並不反對利息；
而加爾文雖然不反對個人之間的借貸，卻反對銀行家的存在。[55]

　　但是自由經濟神學認為買賣金融衍生品與聖經經濟倫理無關，
而是自由市場交易的正常現象。只要這些金融衍生品是經過政府核
准，信徒就可以「順服人所立的一切制度」，進行買賣。至於風險
與投機的問題，是信徒自己要用「靈智」(nous) 去判斷的問題，[56] 而
且對盈虧自己要完全負責。任何行業多少都有風險與投機的成分，
像是警察、消防隊、軍隊等，這些行業並沒有倫理的爭議，合法的
金融衍生品也不例外。我們向銀行貸款以及使用信用卡，到期必須
還款加上利息，這些是傳統借貸關係的延伸，使我們能夠借別人的

[54] 希伯來文的「利息」是 נֶשֶׁךְ；希臘文的「利息」是 τόκος。參考 Staple-
ford (2002: 107-109)；Carpenter (2016: 111-112); Grudem (2018: 1049-1053)。.

[55] Finn (2013: 165-175); Stapleford (2002: 110-112).

[56] 關於基督徒如何使用「靈智」做倫理判斷，見本書的第二章。

錢，先享受，後付款。我們買定存、股票、保險、基金等，就等於把我們的錢放利息給銀行、券商、投資公司、保險公司，期待他們將來會把我們的本金帶利息還給我們。而他們拿到這些錢馬上就去投資（或投機）到各種產業，期待這些產業賺到錢之後，將來會把這些錢連本帶利還給這些放貸公司，這些放貸公司再把部分利潤還給我們，讓我們能夠購買各種產業所製造的成品。這就是現代資本主義正常的資金循環。沒有這些資金的循環，就會百業蕭條。

這並不是說金融市場沒有風險。事實上，國際金融市場的波動，造成了 1919 年的經濟大蕭條、1980 年代拉美國家債務危機、1997 年亞洲金融風暴，以及 2008 年美國信貸風暴。而且每一次金融危機都帶來一波的金融制度改革。不論其成效如何，這些可能都與教會的使命無關。有的神學家認為金融經濟有違基督教經濟倫理，因此基督徒除了基本的交易需要以外，不適合過份涉入金融經濟，尤其是把金融市場當作一門職業；例如，專業投資客、股票公司經紀人、信用卡公司職員等。這些職業的利潤所得，最終來自其他參與者的損失，是一種零合遊戲，尤其是當上述金融危機發生時，更是如此。[57] 自由經濟神學認為基督教經濟倫理既然可以適用在農業社會以及工業社會中，當然也能適用在金融社會中，也必須適應金融社會。問題在於神學家是否能發展新的倫理論述，平衡聖經的經濟倫理原則（商人守法、十一奉獻、救濟窮人、努力工作等）以及新經濟制度的需求，而不是一味地去拒絕金融市場，反而應該要把金融倫理，帶回到工業倫理的範圍，甚至帶回到農業倫理的範圍。

綜合上述自由經濟神學對於「嫌貧」、「愛富」、「小政府」、以及金融衍生品的看法，自由經濟神學的主張似乎有相當堅強的聖經根據，而且符合現代經濟現實。但是它的主要弱點，在於高估人類的理性，忽略了人類的感性與神性。在從事這些經濟行為時，信徒應該要問的是，這些經濟行為的目的是什麼？耶穌說：「先求祂的國、祂的義，這些都要加給你們」(太 6:33)。錢財可以是神的恩典，但是「貪財是萬惡之根」，錢財也可能傷害個人身心靈成長，

---

[57] Tanner (2019).

使恩典變成自己與他人的咒詛，連神職人員都會因此腐化。[58] 另外，經濟行為的目的除了養家活口，也必須包括救濟窮人，支持教會事工。最後，自由經濟神學低估了外在環境造成貧窮的可能性與頻率，而現代資本主義的全球化特性也成為國內與國際貧窮的主因，而非因為窮人的懶惰。因此，光是靠鼓勵窮人勤奮工作或者富人要救濟窮人，都無法應付資本主義所帶來的貧窮。某些經濟制度的改革是必須的。

第四節　經濟包容神學

　　從上述的討論可以看出，社會福音神學與自由經濟神學各自有相當多的經文，可以支持他們對於富人、窮人、和政府經濟角色的論點（如表十一）。社會福音神學認為富人就是奸商，需要認罪悔改，才能進天國，但是相當困難。窮人（包括孤兒、寡婦、寄居者）是一群可憐人，需要保護、也需要救濟。保護和救濟窮人不能依靠奸商，因為他們是肇事者，所以只能仰賴政府負起這個責任。自由經濟神學則認為聖經中有許多富人是虔誠的好信徒，可以作為信心的表率。從這些富人的例子所引伸出來的成功神學，也是鼓勵信徒靠著信心得到財富、身體健康、家庭美滿、與事業成功。對於窮人，自由經濟神學認為可以鼓勵富人去救濟窮人，但是不需要靠著政府的力量去救濟懶惰的窮人。至於 1980 年代以後興起的金融衍生品，是 1920 年代的社會福音神學所不能預知、也很少評論的。但是自由經濟神學的基本論證可以適用在金融衍生品，就是維持自由市場，政府愈少干預愈好。

　　綜合雙方的論述，本章提出「經濟包容神學」。富人賺錢不是罪，但是賺錢的方法要合法，不可逃稅，尤其不可靠著剝削窮人而

---

[58] 耶 8:10；路 16:14；提前 6:10。

致富（如放高利貸給窮人）。富人努力賺錢，就像一般信徒努力賺錢，是應當的，但是不要過度勞累，以致傷害身體的健康、家庭的美滿、以及教會的服事。「如果有人賺得全世界，卻賠上自己的生命，有甚麼益處呢？人還能提供甚麼交換生命呢？」（太 16:26)。所賺的錢除了要遵守十一奉獻以外，另外還要救濟教會內外的窮人。顧及教會內有不同的階級和會友們的心理感受，富人的消費和裝扮應該符合比例原則，可以享受，但是不可過份奢華。聖經並沒有鼓勵信徒要過得像僧侶一樣的節儉生活，而是「人在日光之下，最大的福氣莫過於吃喝快樂；他在日光之下，上帝賜他一生的日子，要從勞碌中享受所得」（傳 5:18)。[59] 然而，富人到了教會聚會，穿著打扮不可炫富。 保羅對貴婦聚集的提摩太教會有特別的教導：「我也希望女人穿著適當，以儉樸和自律打扮自己，不要用編髮、金飾、珍珠、或昂貴衣服」（提前 2:9)。彼得對於教會婦女也有類似的教導：「妳們不可用編頭髮、戴金飾、穿流行的衣服來裝飾外表！」（彼前 3:3)。雖然這些書信教導的對象是貴婦，也可適用在男性富人身上。

「經濟包容神學」符合聖經的教導，也符合且超越現代自由主義大師 John Rawls 所提出的「正義即合理」(justice is fairness) 的正義論。Rawls 認為一個正義的制度必須符合兩個原則：(1) 每個人都享有平等的基本自由權；(2) 社會和經濟的不平等是「合理的」，只要 (2.1) 這些不平等能夠照顧到「最弱勢」的族群團體，而且 (2.2)這些不平等是因為職位的不同，這些職務也是對於所有的人都平等開放的。[60] 自由經濟神學顯然傾向第一個原則以及第二個原則的(2.2)。而社會福音神學比較傾向第二個原則的 (2.1)。但是自由經濟神學並不反對 (2.1)，只是它認為這個正義的制度只限於鼓勵富人自願救濟窮人，不需要政府涉入「合理的財富分配」。而社會福音神學則認為光靠富人的善意是不夠的，還必須使用社會福利政策，才能大幅改善窮人的弱勢狀況，達到「合理的財富分配」。「經濟包容神學」可以包含 Rawls 的兩個正義原則。至於什麼是「合理的」

[59] 傳 8:15；賽 65:22；太 25:21, 23。

[60] Rawls (1971/1999: 266).

財富分配以及政府應該涉入社會福利政策的「合理」程度，可能要
看時空環境的變化，在效率以及平等之間取得一個動態的平衡。例
如，經濟繁榮時期，可以增加富人的稅來支持擴大的社會福利政策；
經濟蕭條時，就必須減少社會福利開支，降低資本稅率，促進經濟
的發展。

　　為什麼說「經濟包容神學」除了符合 Rawls 的正義論，而且超
越後者？Rawls 的正義論畢竟是西方理性主義傳統的產物，過份看
重人的理性，而輕忽人的感性與神性對於理性的影響。Rawls 提出
的經濟制度是「合理」的制度，但是「合理」的制度並不一定會被
主政者以及既得利益者所採納，因為他們有感性（政治經濟利益）
的需求。唯有訴諸人的神性，把「合理」的經濟制度也看作是神聖
的制度，就可能產生改革經濟制度的動機與動力，克服主政者以及
既得利益者的自私動機與行為。

　　至於華人教會應該如何從「經濟包容神學」來看待自由經濟神
學與社會福音神學之間的爭議？首先，就自由經濟神學而言，2000
年代臺灣、韓國、新加坡的一些大教會，開始流行一本小書《雅比
斯的禱告》，就被批評為成功神學的種籽。臺灣有一個教會的傳道
人，聲稱她禱告後就在地上撿到許多鑽石；這也被批判為成功神學。
而辛班尼（Benny Hinn）在港、臺兩地常常舉辦「醫治佈道會」，更
是被批評為成功神學的大廣告。華人教會界對於成功神學的反應，
大致分為三派：支持、反對、以及「做而不說」三派。支持的教會
有不少是過去三十年快速成長的大型教會；反對的力量，主要來自
某些神學院；而「做而不說派」則是大部分的教會。[61] 畢竟，很少
華人教會的牧師講道時，會提到撿到鑽石或中了彩券，但是也沒有
牧師會拒絕為病人禱告，或者給病人禱告完以後，補上一句：「禱

[61] 維基百科。「郭美江傳道爭議事件」。支持成功神學的代表例子是：
魏肯生（Bruce Wilkinson）(2013)。士林靈糧堂。「雅比斯禱告 Prayer of
Jabez」。金燈臺出版社。「跨越與豐盛──雅比斯」。反對成功神學的
代表例子是：徐必揚（衛理神學院碩士生）。「雅各與雅比斯的禱告──
再思雅比斯禱告的原意」；廖炳堂（建道神學院講師）。「從靈修和事奉
角度評《雅比斯的禱告》」。

告並不一定會得醫治」。

　　本章認為成功神學在美國與臺灣雖然是有極少數的爭議個案，但是整體來說，對於宣教、教會管理、以及加強信徒信心的事工來說，可能是利大於弊。過於批判成功神學的瑕疵，反而會造成信徒信心軟弱，懷疑到底要不要憑信心禱告？禱告會不會得應允？神必定賜恩典，保守我的家庭、事業、和健康嗎？至於聽到基督徒撿到鑽石或者中了彩券，大部分的華人基督徒應該也有足夠的智慧去分辨，這是「妄求」還是正常的禱告？華人神學家們不用低估一般信徒的屬神智慧，甚至可以思考如何把成功神學帶入教會的救濟工作，「做而不說」。

　　這不是說華人教會不需要對於極端的成功神學（尤其是「發財神學」），失去戒心。Benny Hinn 的姪子 Costi W. Hinn 就曾把他的成長在 Benny Hinn 大家族的經驗，寫出一本警世的著作。他記載了 Benny Hinn 大家族如何利用成功神學的激情講道以及舉辦方言禱告的醫病特會，鼓勵信徒大量捐款，使得他們家族能夠過著奢華的生活。但是當他自己遇到家族裡面有人得到癌症腫瘤，尤其是自己新生的女兒因病過世，而 Benny Hinn 家族著名的方言禱告卻無效時，他從親友得到的不是安慰，而是譴責他信心不夠。他開始重新檢討他的信仰，回歸到傳統福音派的神學，來看待禱告、健康、事業、和財富。關於財富，他提出了五個信仰原則：(1) 上帝擁有一切；(2) 上帝並沒有保證發財；(3) 財富不是信仰的目的，而是為了傳福音；(4) 財富並不等於靈性地位；(5) 財富是極大的責任，需要審慎使用。[62] 這些大概也是華人教會多年來的教導。

　　其次，華人教會應該如何從「經濟包容神學」看待社會福音神學？本章主張教會要固定救濟教會裡的真正窮人，如殘障、生病、短期失業所造成的貧窮。行有餘力，才救濟教會外（社區、全國、國際）的窮人。但是對於身體健全卻懶於工作的窮人，則要用禱告、鼓勵、安排他們勤奮工作（成功神學）。如果屢經勸導而不聽，則可以逐出教會，因為這等人是活在懶惰的罪中 (帖後 3:6-15)。基督

---

[62] Hinn (2019: L2550-2659).

徒也不可因為窮困，而從事娼妓、色情媒體、販毒、黑道、職業殺
手等明顯違法和不道德的行業。即使在某些國家、某些地區，以自
由市場之名，把娼妓與色情媒體列為合法行業，但是聖經多處經文
明顯譴責娼妓與淫亂行為，所以基督徒不可從事娼妓行業或者去嫖
娟。[63]

　　至於政府的經濟角色以及各種經濟政策，由於涉及專業知識，
而且經濟環境波動太大，遠超過一般教會所專長的牧養與傳福音工
作，教會實在不適合對於具體的經濟政策做出詳細的評論。而只適
合提出一些聖經經濟原則，鼓勵信徒以個人身份去推動經濟政策的
修改。這些經濟原則包括公平交易、合理的財富分配、雇員基本福
利、以及近年來受到社會福音神學和自由經濟神學都肯定的「工作
福利制度」。

　　在各種具體的經濟政策，唯一適合教會表達支持態度的是「工
作福利制度」(Workfare)。它是改良式的「社會福利制度」(Social
Welfare)，結合聖經救濟以及鼓勵勤奮工作的原則。在傳統的社會福
利制度下，失業者可以在寬鬆的條件下，領到政府的救濟金以及各
種福利，使得有些失業者長期依賴政府救濟，成為政府財政的負擔。
而在「工作福利制度」下，同樣會提供失業者救濟金與福利，但是
失業者必須參加政府所提供的職業訓練。結業後，失業者可以自己
去找工作，或者接受政府所安排的一些工作。不論找到工作與否，
政府都停止提供失業者的救濟金與福利。這個制度從 1960 年代的美
國開始推動，逐漸擴及其他州，甚至被澳大利亞、加拿大、英國等
基督宗教國家採用。雖然各地的執行果效不一，但是這個制度似乎
能夠結合聖經的救濟原則以及鼓勵勤奮工作原則，政府也扮演了適
當的經濟角色，不多也不少地介入自由市場。[64] 教會則可以根據本
身的人力與物力資源，與政府合作，發展社區的職業教育。

　　有趣的是，西方基督教在清末民初傳入中國時，最受中國知識
份子和留美神學生歡迎的，不是自由經濟神學，而是當時在歐美教

[63] Stapleford (2002: 158-180).

[64] Bertram (2015).

會盛行的社會福音神學。社會福音神學對於社會公平正義的重視，正好符合當時中國革命的需要，造就了許多「中國共產黨的基督徒友人」。[65] 只是後來中國內戰，1949 年以後臺灣與香港擁抱自由經濟神學，而中國大陸的基督教繼續在無神論的中共統戰下，謹慎地重新詮釋社會福音神學。

最後，經濟包容神學對於金融衍生品的主張是信徒必須「量力而為」，教會則必須更驅保守。大部分的金融衍生品，如信用卡、汽車與房屋貸款、股票基金，已經深入一般人民的生活之中，成為不可或缺的金融工具。因此，信徒們只要量力而為、收支平衡，就可購買或使用這些金融工具，但是也有許多金融衍生品（如新興產業的股票和虛擬貨幣），它們的利潤高、風險也大，需要大量的時間、精力、專業知識、以及金錢的投入。對於這些金融衍生品，信徒更要量力而為。而教會的資金來自信徒的奉獻，對於購買與使用各種金融衍生品，需要採取更保守的態度，以免賺錢時，大家財迷心竅；虧錢時，大家走光光。至於購買彩券以及賭博等高風險而且完全靠運氣輸贏的經濟活動，雖然聖經並沒有明文禁止，可能都不是基督徒適合去過份涉入的。[66]

---

[65] 曾慶豹 (2019)。

[66] 黃耀銓 (2015：288-299)；Grudem (2018: 10391041).

表十一 社會福音神學、自由經濟神學、經濟包容神學

	社會福音神學	經濟包容神學	自由經濟神學
富人	奸商，需認罪悔改	守法、不要過勞、奉獻、救濟窮人、比例消費	好信徒；成功神學
窮人	可憐人，需保護	教會救濟，勤奮工作	懶人，需教導
政府經濟角色	促進經濟平等	不評論具體政策；可支持員工基本福利，工作福利制度	小政府
金融衍生品	----	信徒量力而為，教會更驅保守	開放自由市場

參考書目

士林靈糧堂。「雅比斯禱告 Prayer of Jabez」。https://www.slllc.org.tw/?page_id=2085

金燈臺出版社。「跨越與豐盛 —— 雅比斯」。http://www.goldenlampstand.org/glb/read.php?GLID=19303

徐必揚（衛理神學院碩士生）。「雅各與雅比斯的禱告 —— 再思雅比斯禱告的原意」，基督教論壇報，https://www.ct.org.tw/1310141#ixzz6U1iOFQ00

陳南州。1991。臺灣基督長老教會的社會、政治倫理。臺南：永望文化。

曾慶豹。2019。紅星與十字架：中國共產黨的基督徒友人。臺北：主流。

黃耀銓。2015。基督徒倫理要義。香港：種籽出版社。

廖炳堂（建道神學院講師）。「從靈修和事奉角度評《雅比斯的禱告》」，時代論壇，https://christiantimes.org.hk/Common/Reader/News/ShowNews.jsp?Nid=14170&Pid=6&Version=0&Cid=275 ,2020.8.3.

維基百科。「郭美江傳道爭議事件」。https://zh.wikipedia.org/wiki/%E9%83%AD%E7%BE%8E%E6%B1%9F%E5%82%B3%E9%81%93%E7%88%AD%E8%AD%B0%E4%BA%8B%E4%BB%B6.

魏肯生 (Bruce Wilkinson)。2013。雅比斯的禱告：擴張你的生命境界。臺北：福音證主協會。

"Mother Teresa", https://en.wikipedia.org/wiki/Mother_Teresa, 2020.7.31.

"William Wilberforce." Encyclopedia Britannica. https://www.britannica.com/biography/William-Wilberforce, 2020.6.3.

Bauer, Walter, and Frederick William Danker (BDAG). 2001. *A Greek-English Lexicon of the New Testament and Other Early Christian Literature.* 3rd ed. Chicago, IL: University of Chicago Press.

Bell, Daniel M. Jr. 2012. *The Economy of Desire: Christianity and Capitalism in a Postmodern World.* Grand Rapids, MI: Baker Academic.

Bernbaum, John A., ed. 1986. *Economic Justice and the State: A Debate between Ronald H. Nash and Eric H. Beversluis.* Grand Rapids, MI: baker Book House.

Bertram, Eva. 2015. *The Workfare State: Public Assistance Politics from the New Deal to the New Democrats*. Philadelphia, PA: University of Pennsylvania Press.

Bock, Darrell L. 2007. *Acts.* Grand Rapids, MI: Baker Academic.

Bowler, Kate. 2013. *Blessed : A History of the American Prosperity Gospel.* New York: Oxford University Press.

Campolo, Tony. 1995. *Is Jesus a Republican or a Democrat? And 14 Other Polarizing Issues*. Dallas, TX: Word Publishing

Carpenter, Eugene. 2016. *Evangelical Exegetical Commentary: Exodus 19-40*. Bellingham, WA: Lexham Press.

Curtis, Susan. 2001. *A Consuming Faith: The Social Gospel and Modern American Culture.* Columbia, MO: University of Missouri Press.

Evans, Christopher H. 2017. *The Social Gospel in American Religion: A History.* New York: New York University.

Finn, Daniel K. 2013. *Christian Economic Ethics : History and Implications.* Minneapolis: Fortress Press.

France, R. T. 2007. *The Gospel of Matthew*. Grand Rapids, MI: William B. Eerdmans.

Friedman, Milton. 1962/1982. *Capitalism and Freedom*. Chicago: University of Chicago Press.

Gills, James P., and Ronald H. Nash. 2002. *A Biblical Economics Manifesto: Economics and the Christian World View*. Lake Mary, FL: Creation House.

Green, Joel B. 1997. *The Gospel of Luke*. Grand Rapids, MI: Wm. B. Eerdmans.

Grisanti, Michael A. 2012. *Deuteronomy*. Grand Rapids, MI: Zondervan.

Grudem, Wayne. 2018. *Christian Ethics: An Introduction to biblical Moral Reasoning*. Wheaton, IL: Crossway.

Gutiérrez, Gustavo. 1988. *A Theology of Liberation*. Maryknoll, NY: Obis Books.

Hamilton, Victor P. 2011. *Exodus: An Exegetical Commentary*. Grand Rapids, MI: Baker Academic.

Hinn, Costi W. 2019. *God, Greed, and the (Prosperity) Gospel: How Truth Overwhelms a Life Built on Lies*. Grand Rapids, MI: Zondervan.

Horsley, Richard A. 2009. *Covenant Economics: A Biblical Vision of Justice for All*. Louisville, KY: Westminster John Knox Press.

Humphries, Jane. 2011. *Childhood and Child Labour in the British Industrial Revolution*. London: Cambridge University Press.

Longenecker, Bruce W., and Kelly D. Liebengood, eds. 2009. *Engaging Economics: New Testament Scenarios and Early Christian Reception*. Grand Rapids, MI: William B. Eerdmans Publishing Company.

Longenecker, Richard N. 2016. *The Epistle to the Romans: A Commentary on the Greek Text*. Grand Rapids, MI: Wm B. Eerdmans.

Longman, Tremper III and David E. Garland, eds. 2010. *The Expositor's Bible Commentary: 1 Chronicles ~ Job*. 2nd ed. Grand Rapids,

MI: Zondervan.

McKnight, Scot. 2011. *The Letter of James*. Grand Rapids, MI: William B. Eerdmans.

Nash, Ronald H. 1990. *Social Justice and the Christian Church*. Lanham, MD: University Press of America.

Niebuhr, Reinhold. 1932. *Moral Man and Immoral Society: A Study in Ethics and Politics.* New York: Charles Scribner's Sons.

Park, Andrew Sung. 1993. *The Wounded Heart of God: The Asian Concept of Han and the Christian Doctrine of Sin.* Nashville, TN: Abingdon Press.

Rauschenbusch, Walter. 1900/2017. *A Theology for a Social Gospel.* New York: Macmillan.

Rawls, John. 1971/1999. *A Theory of Justice.* 2nd ed. Cambridge, MA: Harvard University Press.

Richards, Jay W. 2009. *Money, Greed, and God: Why Capitalism is the Solution and not the Problem*. New York: HaperOne.

Schreiner, Thomas R. 1998. *Romans.* Grand Rapids, MI: Baker Academic.

Smith, Adam. 1776/1981. *An Inquiry into the Nature and Causes of the Wealth of Nations.* Indianapolis, IN: Liberty Classics.

Smith, Gary Scott. 2000. *The Search for Social Salvation: Social Christianity and America,* 1880-1925. Lanham, MD: Lexington Books.

Stapleford, John E. 2002. *Bulls, Bears and Golden Calves: Applying Christian Ethics in Economics*. Downers Grove, IL: InterVarsity Press.

Tanner, Kathryn. 2019. *Christianity and the New Spirit of Capitalism.* New Haven: Yale University Press.

Weber, Max. 1930/2001. *The Protestant Ethic and the Spirit of Capitalism*. New York: Routledge.

Wenham, Gordon J. 1979. *The Book of Leviticus.* Grand Rapids, MI: William B. Eerdmans.

Wenham, Gordon J. 1987. *Word Biblical Commentary: Genesis 1-15.* Grand Rapids, MI: Zondervan.

Wikipedia, "Serenity Prayer," https://en.wikipedia.org/wiki/Serenity_Prayer , 2020.8.14.

Wright, Christopher J. H. 1996. *Deuteronomy.* Grand Rapids, MI: Baker Books.

第十二章　　國族主義[1]

本章摘要：

由於聖經並沒有直接討論到現代的統獨議題，華人基督教會可以採取彼此包容的民主統合神學。

聖經出現 1500 年以後，現代國家與國族主義才出現。中國國族神學以及臺灣國族神學幾乎都是建立在偏差的解經或間接經文上。華人基督教會面對統獨問題，可以不予置評或採取彼此包容的民主統合神學。

主題經文：

「他們聚集的時候，一直問耶穌說：『主啊！就在這時刻祢要復興以色列王國嗎？』祂卻對他們說：『父藉著自己的權柄所定的時刻或日期，不是你們能瞭解的。但是當聖靈降臨在你們裡面，你們就必得著能力，並要在耶路撒冷、猶太全地，和撒瑪利亞，直到地極，作我的見證』」（徒 1:6-8）。

案例 12.1　中國宣教是中國基督徒的事

有人訪問臺灣某神學院一位堅持臺獨的老師，問到他是否去過中國大陸？他說；「老共有邀請過我，要我去跟中國基督徒談談。不過，除非我可以不用拿「呆」（臺）胞證進入中國，不然免談！」那麼臺灣基督徒要不要去大陸宣教？他說：「不必。中國的宣教是

---

[1] 本章修改自郭承天。2014。《國族神學的民主化：臺灣與中國大陸》。臺北：政治大學出版社。

由中國基督徒負責；臺灣的宣教是由臺灣基督徒負責。臺灣人沒有
都信主以前，臺灣基督徒不用去中國宣教。甚至臺灣北部的宣教，
不需要臺灣南部的人來參與；臺灣南部的宣教工作，也不需要北部
基督徒來插手。」

第一節　議題背景

　　中國的國族主義（或稱「民族主義」，下文解釋其差異）在
二十世紀初期興起，幾乎已成為中國人熱烈崇拜的新興宗教。[2] 到了
1980 年代，信奉無神論的中國共產黨更復興了中國國族主義，建構
成為類似日本「國家神道」(State Shinto) 的國家宗教，[3] 是神聖不可
侵犯，也是中國人民犧牲奉獻的最高指導原則。它深入中國人民的
教育體系中，從幼兒園、小學、初中、高中到高校，都必須學習愛
國課程。它深入平民文化活動之中，在全國大城市皆設置的「愛國
教育基地」博物館，大量擺設帝國主義侵華歷史、抗日戰爭、抗美
援朝、以及中國共產黨在這些事件中的愛國領導角色。在政府的監
督與資助下，無數的愛國電影、電視節目、書刊，出現在人民娛樂
生活中。甚至在五大宗教的宗教教育機構以及宗教節日，神職人員
也要受到愛國標準的檢驗，並且以各自的宗教傳統為基礎，教導信
徒愛國主義。任何批評或反對中國國族主義的人事物，都被視為蠱
惑人心的妖魔鬼怪，絕不容於中國社會。

　　為了堅定維護神聖的國家主權與領土完整，中國共產黨政府可
以為了莞爾小地，對於侵犯中國（爭議中）領土的印度（1962）、蘇
俄（1969）、以及越南（1979），迅速發動懲罰性戰爭。對於想要獨立
建國的新疆維吾爾人和西藏達賴喇嘛的追隨者，毫不手軟地立刻血

---

[2] 本章交替使用「中國」與「中國大陸」一詞，以便與中國共產黨、國
民黨與民進黨學者對話。

[3] Hardacre (1989).

腥鎮壓。當臺灣的民進黨政府試圖藉著公民投票採取法理上的獨立時，中國全國人民代表大會於 2005 年通過了「反分裂國家法」，若是臺灣宣布獨立將自動啟動軍事行動。2012 年日本政府向釣魚臺（釣魚島）的日本地主購買該島後，中國至今持續採取一連串強硬的外交與軍事措施，表明不惜一戰也要維護領土完整。

　　臺灣的國族主義在 1970 年代初期興起。針對以「外省人」為領導中心的國民黨政權，同時進行民主改革以及獨立建國運動，試圖切割臺灣與中國大陸之間的關係。1990 年第一位臺灣人總統李登輝當選後，開始由國家推動臺灣國族主義，試圖建構成為一個國家宗教。到了民進黨執政時期（2000-2008 以及 2016 至今），臺灣國族主義的激情更達到最高點，公開否定過去國民黨政府所推動的中國國族主義。教育體系的歷史與地理教材，縮小了中國大陸的篇幅，大幅增加了臺灣的歷史與地理。從小學到大學，臺語以及臺灣文化課程大量進入學程之中。在政府鼓勵與資助下，「鄉土文學」、臺語歌曲、臺語電影、臺語電視節目，成為臺灣人民娛樂生活中的重要經驗。「愛臺灣」是每次民主選舉時，候選人必須要高唱的口號。「恭臺務」（講臺語）被認為是「政治正確」的語言，甚至是最高的社會價值。

　　為了實現臺灣國族主義的最高理想（獨立建國），李登輝政府提出了海峽兩岸之間是「特殊的國與國關係」，並且在 1995 年藉著私人名義訪問美國，卻公開的表達中華民國是主權獨立的國家。民進黨陳水扁政府更進一步提出了「中國臺灣，一邊一國」的口號，並且在 2004 年和 2008 年總統選舉時，藉著同時舉辦的公民投票，兩次推動實質上的臺灣獨立。再加上 1990 年以來，臺灣人民自認為「臺灣人」的比例，從 1991 年的 13.5% 暴增到 2011 年 73.7%。自認為「既是臺灣人也是中國人」的比例，反而從 1991 年的 73.1% 急凍到 2011 年 11%。而自認為「中國人」的比例，更是從 12.9% 降到 8.6%。這些趨勢沒有因為馬英九兩任的執政而趨緩，這些差距反而繼續擴大中。[4]

---

[4] 游盈隆（2012:27）。

　　在中國國族主義的神聖使命感驅使之下，中國政府對於臺灣國族主義，採取過兩項報復措施：1996 年擴大臺海的軍事演習，對於臺灣周邊宣布禁航，並發射兩枚飛彈越過臺灣的領空。這是在 1958 年金門砲戰之後，兩岸最接近開戰的時刻。陳水扁連任之後的 2005 年 3 月，中共全國人民代表大會通過的「反分裂國家法」。第一條即開宗明義：「為了反對和遏制『臺獨』分裂勢力分裂國家，促進祖國和平統一，維護臺灣海峽地區和平穩定，維護國家主權和領土完整，維護中華民族的根本利益，根據憲法，制定本法」。第八條則明確威脅說：「『臺獨』分裂勢力以任何名義、任何方式造成臺灣從中國分裂出去的事實，或者發生將會導致臺灣從中國分裂出去的重大事變，或者和平統一的可能性完全喪失，國家得採取非和平方式及其他必要措施，捍衛國家主權和領土完整」。[5]

　　2008-2016 年，兩岸關係雖然逐漸進入和平穩定的狀態，但是臺灣的國族主義與中國的國族主義，有如躲在地表下的盲斷層，彼此強力擠壓，隨時可以造成傷亡慘重的大災難。而本來是以「神愛世人」著稱、理應倡導世界和平的兩岸基督徒，其中卻有不少人要麼持著「政教分離」的冷漠態度，不過問統獨爭議。更爭議的是，有些人甚至鼓勵極端的國族主義，宣傳震動這個盲斷層，期望在他們有生之年就能夠看到中國統一或者臺灣獨立建國。

　　兩岸的基督徒顯然對於上帝的國，不只是「一個上帝國，各自表述」，而是「一邊一國」。若是兩岸發生統獨戰爭，耶穌要站在那一邊，要聽誰的禱告呢？要猜測耶穌的統獨傾向以前，我們可能要先瞭解什麼是「民族」、「國族」和「國族主義」？Benedict Anderson 定義「國族」(nation) 為：「一個想像出來的政治社群；是有限的、主權的想像」。它是「想像的」，因為國族的成員並無法認識或遇見大多數其他的國族成員，而只能想像他們是有關連的。這想像是「有限的」，因為即使世界上最大的國族也有其界線，以區別其他的國族。它是「主權的」想像，因為傳統的王朝、宗教不再

5 「反分裂國家法」，維基文庫，http://zh.wikisource.org/wiki，2012.9.12。

是效忠對象，新的效忠對象是「主權國家」(sovereign state)。[6] 近代的國際法所認為的國家 (state)，需具備疆界、人民、政府與主權的條件。[7] 在這個國家境內居住的所有人民或民族，統稱為這個國家的國族。[8]

　　國族主義的內涵包括相同的語言、文化、宗教、歷史、血統、國界及政府，但不能僅用其中任何一項來界定，而是這些元素的主觀（「想像」）組合。[9]「國族」(nation) 與「民族」(ethnic group) 的差異，是在於前者一定有國界和全國政府的成分；而民族只是文化、語言、宗教、歷史、血統的結合體，有時具有高度的政治自治制度，但不是國家制度。在單一民族的國家內，國族與國家可以輕鬆的合而為一，形成「國族國家」(nation-state)。[10] 不過，從十八世紀現代國族國家興起之後，可能還找不到這種單一民族的國族國家原型。[11] 就像是民國初年，國民黨政府決定使用北平話作為全國的語言；而各地的方言仍然很難彼此溝通。

　　更進一步說，「民族」本身就是一個非常有彈性的概念。從血統而言，一個國境內由於民族與民族之間的通婚，除了與世隔離的原始部落以外，近代國家的主要民族可能都不是「純種」的民族。從語言、文化與歷史而言，民族的概念可以大到超越時空，可以小到一家一族。例如，伊斯蘭的文化與歷史從第七世紀的中東起源，至今已經遍及全世界。但是一個屬於伊斯蘭少數教派蘇非 (sufi)、住

---

[6] Anderson (1991: 6-7). "nation: it is an imagined political community – and imagined as both inherently limited and sovereign."

[7] 1933 年的 Montevideo Convention on Rights and Duties of States 第一條定義國家需具有一個永久的人群 (population)、一個確定的領土 (territory)、一個政府 (government)、以及具有能力 (capacity) 與其他國家建立關係。

[8] Levi (1991: 63-64); Murphy (2006:32).

[9] Anderson (1991: chaps 3-5) 特別看重語言對於各國國族主義興起的重要性，而印刷術是促成國家語言的工具。

[10] 本章將 nation-state 翻譯成「國族國家」，類似梁啟超的「國民國家」翻譯（沈松僑 2002:70)。不過，「國民國家」的翻譯似乎強調「國民主權」的現代性，少了一些「國族」所意涵的歷史、文化、血統。

[11] Hobsbawm (1992:21).

在中國寧夏回族自治區的家族，若是搬到什葉教派 (Shi'i) 為主的伊朗可能被視為「非我族類」。

血統、語言、文化、歷史是國族主義不可少的成分，但由於其彈性，必須要有更具體的標準來限制它們，以作為政治上「我者」和「他者」的判斷標準。這就是國界。一個國界可以是既成事實，也可以是想像建構的。近代國族國家興起時，其國界大多是想像建構的，靠著戰爭的勝敗而隨時移動。一直到了第二次世界大戰後，在聯合國的調解機制下，大多數國家的國界才大致穩定下來，而且受到聯合國相關機構的保障。

本章把 nationalism 大都翻譯成「國族主義」，而不是華人常用的「民族主義」，但是在少數地方會因為上下文的文意而保留「民族主義」一詞，或者兩者並用。[12] 翻譯成「國族」的主要原因是，一個國家只能有一個國族，但是可以包括很多民族。在一國的國境內，國族主義有強烈的排他性，不容許第二個國族的存在。但民族可以超越國境，也可以在一個國境內包容其他民族的存在，不必然具有排他性。前者是近代國族主義的最主要內涵，也是本章對於國族主義的定義：一群居住在一個想像或固定國界內的人們，對於他們的語言、文化、歷史、血統、與政府制度，建構一組有關國家的共同想像和認同。

相對於「國族主義」的翻譯，華人將 nationalism 翻譯成「民族主義」，會造成其文意過與不及的問題。其「過」在於將一個民族的任何民族情感（包括文化、歷史、或地方政治），都囊括在「民族主義」的意涵內，使得任何地區性的文化衝突，都快速提升到獨立建國的爭議。但是近代「國族主義」的主要內涵，是指建立或維護國家主權。中國東北的滿族若想要維護其剃髮留長辮的文化傳統，這是一種民族情感，但不是國族主義。如果他們主張恢復滿州國，

---

[12] 近年來研究政治思想的華人學者，也提倡使用「國族主義」來翻譯 nationalism。見王超華（2004）、吳彥明（2009）、陳宜中（2010；2011）、蕭高彥（2004）、蔡英文（2002:2）。鄭欽仁（2009）則翻譯成「國民主義」或「國民意識」。

並且規定滿州國民都要剃髮留長辮，這時這種民族情感就轉變成國族主義。

翻譯成「民族主義」的不及之處也在此。中華民族的「民族」與中國大陸 55 個少數民族的「民族」有何區別？少數民族的民族主義，與中華民族的民族主義有何區別？區別的方法，就是將「中華民族」翻譯成「中華國族」或「中國國族」。這一個國族在中國境內只有一個，但包含了 56 個「民族」。對於中華（中國）國族的國家認同也只有一個，但是對於 56 個民族的文化認同，卻可以至少有 56 個。類似的，「臺灣人」是一種民族，還是一種國族？「臺灣人」若是臺獨運動所意指的「臺灣國族」則包括了在中華民國政府統治下臺灣、澎湖、金馬地區居住的原住民民族（又分 14 個部族）、河洛人（又分漳州、泉州、廈門人）、客家人、1945 年以後來臺灣的外省人（又分不同省分的人）、以及近二、三十年從大陸、東南亞、世界各地來臺依親的新移民。這個「臺灣國族」就不是「中國國族」。而「中國國族」若要包括非國族的「臺灣人」，則必須事實上取代或授權中華民國政府去統治臺灣人。

使用「國族主義」而非「民族主義」的翻譯，在本章所要討論的中國和臺灣國族主義，更有其必要性，因為至今常用的「民族主義」帶來很多的學術和政治問題。「中華民族」到底是一個民族，還是中國境內包含漢族的 56 個民族？當侯德建的名曲「龍的傳人」激勵漢人民族主義的時候，那些視龍為撒但魔鬼化身的中國穆斯林與基督徒，會認同這種民族主義嗎？如果中華民族是以漢族為中心，要求其他族群歸化漢族，那麼少數民族是不是最好建立起自己的民族國家比較好？如果用「中華國族」或「中國國族」一詞，那麼這些學術和政治問題可以減少很多。「中華國族」只有一個，是以二次世界大戰後各種國際條約所定的中國邊界（包括臺灣）為標準，所有住在這個國界內的各民族所構成。在中國境內，各民族一律平等，互相尊重，也持續的在血統和文化上相互融合。

臺灣的國族主義情況比較複雜，除了語言、血統、文化、歷史的爭議外，最主要的政治引爆點還是國界的問題。臺灣國族主義提

倡者為了團結臺灣內部外省人、外省人第二代、客家人、閩南人、以及原住民部族，仍然在建構一個以閩南人為中心的臺灣國族主義。但是他們試圖以臺灣政府現有實質管轄的疆界為國界，不但區分政治主權，而且以此區分中華國族與臺灣國族，就引起中國與臺灣、以及臺灣內部至今不斷的爭議。臺灣的「民族」主義可以包容在中國國族主義之內，因為它們之間在語言、文化、血統、歷史等因素上，都有相當高的重疊性。但是臺灣「國族」主義可能就與中華國族主義是一翻兩瞪眼，幾乎沒有妥協空間；因為一個國家，可以包含許多民族，但是只能有一個國族。本章試圖在中國國族主義和臺灣國族主義，這兩列高速對撞中的電車，找尋減速的方法，甚至建構另一條鐵軌，讓這兩列電車轉向、並行、最後或許能接合成同一列電車。

第二節　中國國族神學

　　二十世紀下半期，統戰神學初期的主要著作，多為短篇雜誌論文、論文集、或者官方基督教領袖的文集；例如官方的宗教雜誌《中國宗教》、《天風》的論文，或者短文集《為了正義與和平》、《前事不忘後事之師》、《中國基督教三自愛國運動文選》(1950-1992)，以及基督教領袖的論文集或回憶錄《吳耀宗小傳》、《回憶吳耀宗先生》、《趙紫宸文集》、《丁光訓文集》等。[13] 配合了中共政權在 1990 年代初期推動的愛國主義教育，這些官方審批過的國族神學著作，內容主題繁雜，大都不脫離中國基督徒要效法耶穌、使徒們、以及歷代教父「愛國、愛教」的事蹟與訓示。例如，趙紫宸認為耶穌愛國「所以宣傳正義人道 …… 愛同胞 …… 提倡祖國精神的文化，宗教的文化 …… 耶穌的愛國，未始不是他的國家主義；而耶穌的國

---

[13] 羅冠宗（2003）；中國基督教三自愛國運動委員會（1993）。

家主義，未始不可為我們中國人的國家主義」。1931 年日本入侵中
國時，他主張中國基督徒應該「本耶穌的精神，提倡對於日本經濟
絕交及國民絕交 …… 參加救國運動」。[14] 不過，第一本整理這些散
亂的著作，成為有系統的統戰神學，可能非《基督教愛國主義教程》
莫屬。[15] 下文在分析此書內容時，也將論及上述及其他相關著作。

　　就書章結構而言，除了導論與結論以外，《基督教愛國主義教
程》包含了九章，共 449 頁。第一章主張愛國主義是符合聖經的教
導以及教會的歷史。該書的作者們廣泛的引用舊約和新約的經文，
另外也引用奧古斯丁、阿奎那、馬丁路德、加爾文等重要神學家的
著作，說明愛國主義有基督教教義的根據。第二章檢視清末民初基
督教侵華的歷史，批判西方傳教士的惡劣行為，但也舉出許多華人
基督徒的善行。第三章進一步紀念許多華人基督徒的愛國行為，包
括建立民國、五四愛國運動、抗日戰爭、以及建立中華人民共和國。
第四章和第五章則表彰三自愛國運動在過去五十年所做的愛國貢
獻，包括建構適合中國環境的愛國神學。第六章解釋為何需要藉由
中國基督教三自愛國運動委員會以及中國基督教協會，來管理中國
基督徒。第七章和第八章詳細表揚三自愛國運動的 18 位偉人。第九
章則介紹近年來基督教領袖丁光訓主教所帶動的教會改革措施。這
些改革措施的目的是為了「弘揚愛國愛教傳統」，並達成「努力實
現中國基督教與社會主義社會相適應」的目標，也就是胡錦濤總書
記於 2002 年所揭示的「建構社會主義和諧社會」政策綱要。[16]

　　《基督教愛國主義教程》的內容雖然完整且豐富，但是從民主
化的國族神學來看，有許多值得爭議之處。首先，該書開宗明義的
宣告，「我國神學教育所要培養的，是在政治上擁護共產黨的領導，
熱愛社會主義祖國，堅持中國教會『三自方向』的愛國愛教人才」。[17]
從上一節對於中國愛國主義的宗教性分析來說，這是可以理解的。

---

[14] 趙紫宸（2003：169-170, 453）。

[15] 中國基督教三自愛國運動委員會、中國基督教協會（2006）。

[16] 本節修改自 Kuo (2011: 1048)。

[17] 中國基督教三自愛國運動委員會、中國基督教協會（2006：2）。

畢竟，愛國主義是政治地位最高的宗教，其他的宗教自然要尊崇愛
國主義和它的祭司們（共產黨）。這使得中國基督教會不但自動放
棄了「政教分立」的權責，而且自願臣服在中國共產黨的領導之下，
把愛國放在愛教之前。中國教會在神學內容和組織結構上的自主性，
就此已經蕩然無存。難怪許多家庭教會即使在政府強大的壓力下，
也不願意加入官方的教會。他們並非反對共產黨的領導，他們也不
是不愛國。相反的，大部分的家庭教會曾公開表白他們支持共產黨
的領導以及中國的統一，就如聖經所教導的要「順服人所設立的一
切制度」。[18] 但是這種支持是在不違反聖經原則和教會自主的原則
之下。這個自主，不是「三自原則」裡面抗拒外國勢力控制的教會
自主，而是抗拒本土政府控制教會的教會自主。

　　《基督教愛國主義教程》寫作的目的，既然一開始就是「政高
於教」、「政治控制宗教」，接下來的神學討論，即在支持這個有
爭議的目的，因此也不免引起更多的爭議。有趣的是，由於這本書
是集體創作，有時候作者們的論點彼此會有矛盾。有些論點甚至想
要脫離「政高於教」、「政治控制宗教」的政治目標，而趨向於民
主國家的政教分立。

　　在神學論述方面，《基督教愛國主義教程》第一章「愛國是
基督教義和傳統的一貫要求」，從舊約經文開始分析。作者們引用
創世記 12:1-2、17:1-7 經節中的「成為大國」、「作多國的父」、
「國度從你而立」等字句，而主張「這兩段經文在賦予以色列人創
建國家神聖使命的同時，也賦予人類活動中的國家在觀念上的神聖
性」。[19] 可是舊約中大部分的「國」，其原文其實是民族、部族、
或家族的意思，和合本聖經的翻譯可能受到清末民初國族主義運動
的影響，把這些原文字都翻譯錯誤了。「國」在這兩段創世記經文
的原文，不是「民族」就是「部族」。因此，這兩處經文沒有所謂
神聖「國家」的觀念。作者們另外提到申命記 32:8「至高者將地業
賜給列邦，將世人分開」，因此認為「國家主權和領土完整也被賦

---

[18] 中國家庭教會宣言（1998）。

[19] 中國基督教三自愛國運動委員會、中國基督教協會（2006:16）。

予了神聖性」。[20] 就像「國」的翻譯錯誤一樣，舊約中所有的「邦」
其原文都不是指「國」，而是「民族」、「地區」等意思。

　　作者們接著引證摩西出埃及、制訂律法，為以色列建國打下基
礎。但是作者們認為摩西所要建立的神權政治體系不切實際，最後
還是因為「撒母耳不得不順應民意最終膏立了掃羅，賦予了王權神
聖性」。[21] 這似乎忽略了「立王」的背景。在撒母耳記上 8:11-18，
聖經對於「民意」的評價是負面的，對於以色列人要獨立建國，更
是施予嚴厲的詛咒。撒母耳對於王權若有給予任何的「神聖性」的
話，這個神聖性不是祝福，而是從神而來的咒詛。

　　作者們認為「公元前 933 年，希伯來民族統一國家分裂為南北
兩國。伴隨著國家的分裂和衰落，宗教生活開始走向複雜和衰落」。[22]
這是倒果為因的說法。以色列國分裂，是因為所羅門王不斷在宗
教和道德上犯罪，受到耶和華的咒詛：「我必將你的國奪回 ……
我不在你活著的日子行這事，必從你兒子的手中將國奪回」(王上
11:12)。[23] 上帝希望以色列維持一個信仰純正的民族體，而不是建立
一個國族國家。當國族國家導致信仰腐敗時，上帝就毀滅這個國家，
讓以色列人能夠脫離國家的咒詛，回復純正信仰的民族。這就是以
色列的「亡國」時期。

　　可是《基督教愛國主義教程》的作者們還是堅持國家高於宗教
的原則，來解釋亡國時期的書卷。他們「看到但以理和以斯帖等為
民族尊嚴和拯救同胞而奮不顧身的愛國事跡，同時也看到，在被擄
時代，國家淪亡後，人為刀俎，我為魚肉，更談不上宗教信仰上的
獨立與自由」。[24] 這又是把愛國主義的宗教外衣套在聖經的詮釋上。
首先，作者們沒有提到任何舊約歷史學家的結論，也就是猶太教的
主要經典是在亡國時期編成，而且以色列人在這時期痛定思痛、恢

[20] 中國基督教三自愛國運動委員會、中國基督教協會（2006:16）。

[21] 中國基督教三自愛國運動委員會、中國基督教協會 (2006:19-22)。

[22] 中國基督教三自愛國運動委員會、中國基督教協會（2006:24）。

[23] 這段經文裡的「國」沒有翻譯錯誤。

[24] 中國基督教三自愛國運動委員會、中國基督教協會（2006:26）。

復宗教虔誠。其次，但以理與以斯帖爭取的是宗教自由，不是國家獨立，而且最後都獲得異教統治者的應許和大力支持。宗教信仰上的獨立與自由並不需要獨立建國來保護。

作者們討論到先知書時，認為「作為耶和華的先知，必須要有一顆滾燙的愛國心，能為國家和人民甘願犧牲自己的一切包括生命……目的都是要矯治宗教上的歧途，要挽救民族國家陷入危亡之境，要豎立社會高尚倫理道德之風」。[25] 先知書的確提到先知們的使命是宗教和倫理的，但是好像沒有太多的國族主義使命。作者們提到先知耶利米，更盛讚他「對國家人民有強烈的責任感」。[26] 可是作者們卻忽略，耶利米在當時主張以色列人投降，接受巴比倫人的統治，是個舉國上下都討厭的「猶奸」。不過，作者們花了四頁的篇幅強調先知們對於官員的批判，對於社會公平正義的堅持，也是統戰神學中少見的。共產黨大概不太喜歡有任何宗教的先知們，沒事批判中國黨政官員的腐敗，以及社會的不公平、不正義。

進入新約的部分，《基督教愛國主義教程》的作者們一開始就標榜「耶穌的愛國情懷」。[27] 這馬上引起幾個問題：當時以色列沒有國家，只有羅馬帝國。耶穌應該愛哪個國？作者們引用耶穌的「大使命」經文，認為「耶穌對自己民族國家的深愛」。[28]「大使命」的確是從耶路撒冷開始，到猶太全地和撒瑪利亞，可是並沒有在傳統以色列國的邊境停止，而是要傳到地極。耶穌的國，顯然是比以色列國更大的國。況且，如果基督徒都要愛以色列國的話，中國的基督徒是不是也要愛以色列國？耶穌至少沒有提到基督徒要愛中國吧？

那麼使徒們是否也有作者們所說的「愛國情懷」？作者們認為使徒們的愛國情操，來自猶太人「彌賽亞國度」概念，「是一個建立在猶太民族強烈的愛國主義精神之上的理想的完美國度」。彼得、

[25] 中國基督教三自愛國運動委員會、中國基督教協會（2006:29）。
[26] 中國基督教三自愛國運動委員會、中國基督教協會（2006:32）。
[27] 中國基督教三自愛國運動委員會、中國基督教協會（2006:33）。
[28] 中國基督教三自愛國運動委員會、中國基督教協會（2006:34）。

約翰、保羅都是以建立彌賽亞國度為職志。[29] 但是「彌賽亞國度」應該不是屬世的國度，更不是中華人民共和國。中國共產黨大概也不會希望基督徒把中華人民共和國轉換成「彌賽亞國度」吧？耶穌和門徒們所要建立的「彌賽亞國度」，是天國，是新天新地的國，而不是以色列國、中華人民共和國、或者任何屬世國家。彼得對於外族人的傳教經驗，就在說明「彌賽亞國度」的邊境，不止於以色列民族所在地，也不只包含以色列人。保羅更是如此。他在以色列人中間傳福音，屢受挫折和迫害，因此宣告自己是外族人的使徒，專心到外族地區傳教。從國族主義的觀點來看，他可能也不是很愛以色列國。

最後，《基督教愛國主義教程》的作者們引用羅馬書 13:1-7、提多書 3:1-2、以及提摩太前書 2:1-3，要求中國基督徒「熱愛和忠於自己的祖國，擁護中華人民共和國的政府」。[30] 這些經文向來是近代專制領袖訓斥參與民主革命的基督徒，所喜歡引用的經文。但是學者已經研究過，這些經文更可能在教導基督徒，要支持公義的政權，但不要盲目的支持邪惡的政府。[31]

比較有趣的是，作者們雖然在解釋聖經時，試圖將國族主義神聖化而不成，但是接下來在討論到西方歷代聖徒的著作時，卻有意無意的賦予基督徒參政的神聖性，頗符合現代民主國家政教分立的原則。作者們同意奧古斯丁關於《上帝之城》的論述，政府與宗教要「各得其所，和諧共存 …… 相互依存，相互堅固」。[32] 托馬斯・阿奎那「勸導執政者以良好的法律建設國家 ……（基督徒要）實現正義」。馬丁路德主張「政教分離 …… 政府也不要干涉信仰」，基督徒要爭取自由和平等。作者們為了強調馬丁路德的民族英雄角色，卻忘了德意志民族不但獨立於教廷的控制，也獨立於羅馬帝國的控制。這種民族宗教獨立運動（疆獨和藏獨），可能不是中國共

---

[29] 中國基督教三自愛國運動委員會、中國基督教協會（2006:35）。

[30] 中國基督教三自愛國運動委員會、中國基督教協會（2006:16）。

[31] 郭承天（2001）。

[32] 中國基督教三自愛國運動委員會、中國基督教協會（2006:49）。

產黨所樂見的。加爾文在日內瓦所建立的民族教會以及政教合一的政府，也有類似獨立運動的意涵，雖然他也強調基督徒要順服（獨立後的？）公義政府。[33] 這一部分的討論方式，其實反映金陵神學院所編《金陵神學誌》的內容，在 1980 年代後期開始有重要的轉變，包括更多引用國外神學、應用先知傳統在當代中國社會問題上、以及批判當代中國社會的罪惡等。[34]

《基督教愛國主義教程》第二章的內容確定了中國基督宗教的「政治原罪」地位：基督宗教是帝國主義的宗教，是危害中國國族主義的主要幫凶。這種政治原罪觀念在中國國族主義教育中，一再地強調，至今仍深深的影響一般的中國人民和知識份子。中國的基督徒該怎麼辦？文化大革命時，許多基督徒因為他們的政治原罪而受到迫害，甚至被迫離開這個信仰。1979 年以後，中國基督徒得到平反。為了洗清政治原罪，他們致力區隔「西方的基督宗教」與「中國的基督宗教」。前者是至今心懷不軌、執迷不悟的惡人；後者是認罪悔改後的好人。後者有哪些例證呢？這就進入了《基督教愛國主義教程》的第三章「繼承和發揚中國基督徒愛國主義優良傳統」。

第三章很有意思的從讚美「具有反帝反封建性質的太平天國革命運動」開始。這個運動「表明基督的精神一開始就成為一些先進的中國基督徒進行革命進步事業的重要動力」。[35] 從它的信仰本質和倫理生活來看，太平天國大概不會被基督宗教主流教派，視為值得稱頌的基督教政治運動。但是只要是「反帝反封建」，符合中國國族主義意識型態的基督宗教教派，像是太平天國，都可以洗刷政治原罪，得到中國共產黨的洗禮認證，成為「新造的人」。

不過，比較起來，孫中山所領導的國民革命運動，爭議就小了很多。他是「中國近代反帝愛國革命運動的偉大先驅者和民主共和的締造者」、是「中國歷史上最偉大的基督徒」。[36] 作者們花了五

---

[33] 中國基督教三自愛國運動委員會、中國基督教協會（2006:52, 54-58）。

[34] 葉菁華（1997:164-165）。

[35] 中國基督教三自愛國運動委員會、中國基督教協會（2006:134-135）。

[36] 中國基督教三自愛國運動委員會、中國基督教協會（2006:135, 139）。

頁的篇幅來歌頌這位愛國的基督徒。但是一不小心，孫中山的政教分立理念又出現在文中：「基督教可以發揮持道德優勢，補政治之不及 …… 國家政治之進行，全賴宗教補助其不及」。[37] 除了孫中山以外，另外有許多愛國基督徒參與了辛亥革命。1925 年的五卅運動，看到許多愛國的中國基督徒「聲討帝國主義的殘暴罪行和譴責外國傳教士為虎作倀的行徑」。作者們再一次的簡單區別邪惡的「西方的基督宗教」與良善的「中國的基督宗教」。到了抗日戰爭時期（1931-1945），廣大的中國基督徒群眾參與了這場國族主義的聖戰。在這段期間也產生了 1949 年以後的「愛國教會」的領袖們，如吳耀宗（三自運動發起人）和劉良模（三自運動委員會副主席）等。另外還有基督徒將軍英勇抗日，如馮玉祥、佟麟閣。不過，最偉大的愛國基督徒則是那些支持中國共產黨革命事業的人，例如高金城烈士、沈子高主教、平民教育家晏陽初和陶行知、以及上海（基督教）女青年會。[38]

　　《基督教愛國主義教程》的第四、五、六章，介紹中國基督教三自愛國運動的歷史、神學思想以及宗教組織改革。 一方面繼續區隔（邪惡的）「西方的基督宗教」和（良善的）「中國的基督宗教」，另一方面擴展三自愛國運動的政治與宗教合法性。[39] 政治上，三自愛國運動試圖洗刷政治原罪；宗教上，三自愛國運動試圖爭取家庭教會廣大信眾的認同。在 1950 年的《中國基督教在新中國建設中努力的途徑》（簡稱《三自宣言》），40 位中國基督教領袖發起宣示效忠新政府，並且進行「自治、自養、自傳」的三自宗教改革運動，試圖徹底擺脫西方差會的控制。 《三自宣言》的總任務是「在政府的領導下，反對帝國主義、封建主義及官僚資本主義，為建設一個

---

[37] 中國基督教三自愛國運動委員會、中國基督教協會（2006：137）。關於孫中山的政教分立理念，見 Kuo (2013)。孫中山可能是清末民初唯一正確翻譯與理解 "separation of state and church" 的重要政治領袖。其他的政治人物與知識份子，大都錯誤翻譯與理解為「政教分離」，而且是單方面的「分離」：只准國家干預宗教，不准宗教干預國家。

[38] 中國基督教三自愛國運動委員會、中國基督教協會（2006：139-185）。

[39] 中國基督教三自愛國運動委員會、中國基督教協會（2006：188-292）。

獨立、民主、和平、統一和富強的新中國而奮鬥」。其基本方針是「肅清基督教內部的帝國主義影響，警惕帝國主義，尤其是美帝國主義，利用宗教以培養反對力量的陰謀」。本書第二章討論到國族主義運動的特性時，即指出它的排外性質以及內部鬥爭性質。因此，三自愛國運動也不例外的進行內部「整肅」，主要的對象包括王明道（基督徒會堂）和倪柝聲（基督徒聚會處）等拒絕參加三自愛國運動的本土宗派。從當權者的角度來說，三自運動就等同於愛國運動，不參加三自就是不愛國。這種簡單的邏輯，至今仍被許多政府官員和三自教會所接受。1980年，中國經濟改革開放政策定調之後，三自運動委員會的新任主席丁光訓主教，延續了三自原則，提出了「三好」原則，也就是「自治要治好、自養要養好、自傳要傳好」。作者們總結過去五十年三自愛國運動的成果，包括「改變洋教形象，為獨立自辦掃清障礙」、「激發愛國熱情，積極為國貢獻」、「協助政策落實、創造良好環境」、「擺脫宗派紛爭、走上合一道路」、「推進各項事工、落實三自基礎」、以及「擴大對外有好交往，提高國際地位」。

　　《基督教愛國主義教程》最後的第七至九章，介紹19位愛國的基督教領袖，包括專章分別表揚羅冠宗與丁光訓。這些類似建立中國基督教自己的「封聖」傳統，提供了中國基督徒愛國效法的具體對象。也使得《基督教愛國主義教程》成為一本結構完整的政治神學論著。

　　不可否認的，經過五十年的宗教愛國主義教育以及改革，中國教會已經創建出具有「中國特色」的基督教。消極的來說，中國基督教的政治原罪已經減弱不少，使得1980年後的中國基督徒人數大量成長，尤其在大學和知識份子中間的成長更為快速。這不能不歸功三自運動「改變洋教形象」，去除政治原罪的努力。就是連大部分的家庭教會。也不反對共產黨的領導，並且支持中國的統一。積極來說，中國基督徒憑著一億廣大信徒的資產，[40] 成為中國社會安定

---

[40] 關於中國基督徒人數，各方有不同的估計。中國政府承認的三自教會信徒有一千四百萬，也估計另有七千萬沒有登記在三自教會之下（http://

的力量，「積極為國貢獻」。而且可以進一步的轉化政治原罪，成
為中國政府與西方國家的政治溝通橋樑，「擴大對外有好交往，提
高國際地位」，協助中國政府融入國際社會。就信徒人數和教義內
容的特性來說，中國教會已經是自成宗派，可與西方任何一個宗派
平起平坐，這也未嘗不是中國人的驕傲、中國國族的光榮。

　　但是就像其他宗教國族主義運動一樣，中國基督教也為了國族
主義付出了許多的代價，這包括基本人權和宗教自主權。這些代價
《基督教愛國主義教程》幾乎完全不提。1979 年以前，由於中國基
督教的政治原罪，成為中國共產黨想要消滅的對象。到了文化大革
命，對於基督徒的迫害更是達到頂點。1979 年以後，中共中央放棄
消滅宗教的計畫，宣告宗教將與社會主義長久並存。即令如此，中
共對於基督教的發展仍處處限制。除了有三自的規定，還有「三定」
（定點、定時、定人）的規定。「定點」規定基督徒聚會要有固定
的宗教場所。「定時」規定基督徒聚會要有固定的時間。「定人」
規定講道者要有國家認可的牧師資格，而且是教會內固定的牧師。
大部分家庭教會因為這「三定」政策違反基督教傳統和宗教自由權
利，而拒絕加入三自教會。但也因此常常受到公安單位騷擾或取締。
中共政府更藉著基督教兩會系統，限制官方神學院的招生人數、教
師聘任，也限制各教會每年的受洗人數和建堂數目。其他成文和不
成文的限制，不勝枚舉。[41] 胡錦濤執政時期雖然逐步擴大宗教自由，
但是大多屬於宗教行政法令的修訂，以及減少對於宗教自由的行政
濫權。中國基督徒，尤其是家庭教會，仍然不能享有西方基督徒所
視為理所當然的宗教自由權。

　　中國基督徒更大的犧牲，來自國族主義對於基督教信仰內容

en.wikipedia.org/wiki/Christianity_in_China, 12/12/2013）。 在 2006 年 的 一
次閉門會議中，當時的國家宗教局長葉小文推算中國的基督徒人數為
一億一千萬。到了 2013 年，各種國際基督教組織所推算的中國基督徒人
數更多，不少推算已經超過兩億人（http://www.billionbibles.org/china/how-
many-christians-in-china.html, http://asiaharvest.org/index.php/how-many-chris-
tians-china-1/how-many-christians-china-2/, 12/12/2013）。

41 US State Department, *Religious Freedom in China*, 1991 年至今。

的侵犯。從上述的討論可知，《基督教愛國主義教程》有意無意的
誤解經文，把亞伯拉罕、摩西、大衛、先知們、耶穌和使徒們，都
說成愛國主義份子。把十八世紀才出現的國族主義，硬套在這些聖
經偉人身上。這不但犯了時空錯置的解經錯誤，也侵犯了這些偉人
的神聖性，更傷害了海峽兩岸三地基督徒的宗教情感。香港神學家
Maureen W. Yeung（楊詠嫦）就說：「為了增進基督徒之間的和諧與
團結，族群情感應該被尊重。但是若侵犯了基督徒的自由，或者變
成偶像崇拜以及違反道德，這種族群情感就應該被棄絕」。[42]

　　不要說是那些強烈信奉臺灣國族主義的基督徒，就算是臺灣的
一般基督徒，若是讀了《基督教愛國主義教程》，恐怕也是心生厭
惡，對於「中國統一」戒慎恐懼。這不但是因為《基督教愛國主義
教程》要求基督徒要擁護共產黨，支持社會主義制度，而且它暴露
出中國共產黨對於宗教自由和宗教神聖性的嚴重侵犯。整體來說，
《基督教愛國主義教程》對於兩岸的統一，恐怕未見其利，反見其
害。《基督教愛國主義教程》以及相關的基督教愛國主義論述，必
須根據本章第四節所提到的民主化國族神學的原則，大幅重構，才
有可能成為兩岸之間以及中國內部政治和解的橋樑。

第三節　臺灣國族神學

　　臺灣國族神學是何時形成的？從基督信仰的角度提倡臺灣國族
主義，最有名的可能是 1990 年代前總統李登輝所津津樂道的「帶臺
灣人出埃及」，有如摩西帶領以色列人出埃及。這不僅僅是身體的
離開，更是信仰文化的分離。分離的對象當然是中國這個國家、這

---

[42] Yeung (2011: 157)。有些華人神學家提倡基督教與儒家思想之融合，成
為華人的國族神學 (Cook 2011)。本章並不排斥這種神學工作，但是認為這
種國族神學若不經歷民主化重構，則可能造成另一種壓迫華人基督徒、排
斥外國基督徒的國族神學。

個國族、甚至這個文化。臺灣國族神學當然不是始於李登輝，李登輝也沒有撰寫過神學著作。但是在 1990 年代，臺灣神學家開始有系統的整理過去 30 年不同神學家和神職人員的著作，而提出比較完整的臺灣國族神學。[43] 這些著作幾乎都集中於臺灣基督長老教會（以下或稱「長老會」）的出版品。畢竟，臺灣其他基督宗教教派，幾乎都是隨著國民黨政權在 1949 年以後來到臺灣的，政治神學的立場自然比較傾向國民黨。比這些基督宗教教派稍早來臺的真耶穌教會和聚會所，則採取不問政治的立場。就像長老會一樣，他們來臺灣之後都開始發展「鄉土神學」（或「本土神學」），但是他們的本土神學一直沒有進一步發展成為臺灣國族神學。[44]

　　臺灣國族神學的起源，不是日據時代，因為當時的長老會是傾向支持日本殖民政府，甚至順服殖民政府所提倡的神道崇拜。其起源也不是戰後的 1950 年代，因為長老會領導階層雖然目睹或經歷二二八事件，卻選擇再一次順服一個新的殖民政府，就是國民黨政府。[45] 甚至有些在日據時代「參與『皇民化運動』的某些傳道，後來反而成為親國民黨的份子，而且不斷由他們供給某一些分化教會的策略，和一些長老會『不軌』的情報，長老會與政府自此隔閡日大，心結日深」。[46] 臺灣國族神學的起源應該是長老會在 1955-1965 年所推動的「倍加運動」之後。這個原本單純是宣教的運動，想要倍增教友數目與教會數目，但是在長老會神學院的神學生大量進入鄉間與原住民地區建立教會，融入了鄉土社會，感受到基層民眾各種生活上的問題，也包括這些問題的政治源頭。臺灣國族神學的原

---

[43] 本章初稿的一位匿名評審，認為李登輝或是羅榮光牧師的言論不能代表臺灣國族神學。根據「鄉土神學」所使用的「處境神學」方法論，任何信徒都可以做神學 (Bevans 2002:18)。更何況是羅榮光牧師和李登輝這兩位長老會的臺獨著名人物？另外，宋泉盛的《故事神學》(2002) 與 *The Tears of Lady Meng* (2003)，也大量使用老百姓所創作的政治神學作為他的研究素材。

[44] Rubinstein (1991).

[45] 陳南州（1996:81-83）。

[46] 周聯華（1994；268）。

始材料，就快速累積起來。

　　長老會在 1970 年代初期開始積極關切政治問題，不過還是支持政府的「一個中國」政策。[47] 雙方政治衝突的導火線，可能是國民黨政府在 1970 年強烈要求長老會退出「普世教協」(World Council of Churches; WCC)。臺灣基督長老教會於 1951 年加入普世教協，而且因為普世教協會章規定會員的信徒人數至少要有五萬人，因此長老會是臺灣唯一的宗派會員。1960 年代，普世教協為了宣教的緣故，開始支持中國加入聯合國，引起國民黨政府不滿。1964 年長老會要舉行一百週年的慶典遊行，其他的基督教宗派也都樂於參與。但是普世教協在國際上的死對頭「萬國教聯」(International Council of Christian Churches; ICCC)，卻派人來臺灣中傷長老會。國民黨政府聽信他們的讒言，惡意阻擾長老會的遊行，引起臺灣所有的基督教宗派不滿。[48] 在此期間，長老會仍然委曲求全，表達效忠國民黨政府之意。甚至在總會設立了「反共推行委員會」以及「光復大陸教會設計委員會，以表示支持政府反共的立場。[49] 但是這些行動並沒有得到國民黨政府善意的回應。1970 年長老會總會召開年會，在國民黨政府緊迫盯人之下，總會勉強通過退出普世教協的決議。這個強勢侵犯宗教自主權的大事，使得長老會總會的新領導階層開始質疑國民黨政權的合法性。即令如此，隔年總會提出「重新闡明我們教會的信仰與信息」的信仰告白，作為對於退出普世教協的說明，其內容還是提到「反對唯物論、無神論」以及「愛國家」，表示不願意與國民黨政府作對。[50]

　　1971 年底的《對國是的聲明與建議》其直接起因是 1971 年 10 月聯合國通過由中國政府取代臺灣政府在聯合國的身份，緊接著美國總統尼克森宣布將訪問中國，引起美國將出賣臺灣給中國之疑慮。面對這些滅國的威脅，長老會一開始就像其他基督教宗派一樣，似

---

[47] 陳南州（1996：88-92）。

[48] 周聯華（1994：269-278）。

[49] 《臺灣教會公報》，1051 號，1969/12:27。《基督教論壇報》，1967/4/9。

[50] 高俊明、高李麗珍（2001：224-228）。

乎支持國民黨政府的立場，反對共產黨統治的「一個中國」，但是
還沒有反對國民黨想要領導的「一個中國」。該《聲明》的初稿是
根據「中華民國教會合作委員會」討論的主要結論所草擬。該委員
會包含長老會、聖公會、信義會、門諾會、天主教會、基督教有關
機構，以及蔣宋美玲所屬的衛理公會和蔣介石的宮廷牧師周聯華所
屬的浸信會。而且周聯華牧師是三位主要起草者之一，宣言的第一
段就是他寫的。可是草稿擬好之後，可能受到國民黨政府的壓力，
除了長老會以外，沒有其他的教會膽敢簽署。長老會只好帶回總會，
做了一點增修。[51] 細看其內容，長老會總會的新領導階層已經開始
醞釀一個全新的臺灣國族神學。

　　《聲明》中的前半段說到：「現居臺灣的人民，其祖先有的遠
自幾千年前已定居於此，大部分於兩三百年前移入，有些是第二次
世界大戰後遷來的。雖然我們的背景與見解有所差異，可是我們卻
擁有堅決的共同信念與熱望 ─ 我們愛這島嶼，以此為家鄉；我們希
望在和平、自由及公義之中生活；我們絕不願在共產極權下度日。」[52]
這一句話有四個重點，符合民主國族主義的精神：(1) 臺灣國族包括
所有的族群；(2) 臺灣國族是以「這島嶼」為界定範圍；(3) 臺灣國
族主義主張「和平、自由及公義」的民主政治制度；以及，(4) 臺
灣國族主義與中國國族主義是因為政治制度的差異而有所區隔。

　　這個《聲明》的主要政治爭議，則是後半段關於民主化的要求。
長老會主張「中央民意代表的全面改選」，依照「西德臨時制憲」
的模式，由居住在臺灣的人民選出新的民意代表，取代 1949 年以前
在大陸選出、而後來臺灣定居的民意代表。長老會的這個《聲明》
並不排除「全國統一」。但是由這些外省人掌控的國民黨政府，當
然對此聲明感到威脅與憤怒，便更積極的壓迫長老會，甚至使用死
亡威脅。[53] 長老會與國民黨政府就此正式決裂。

　　因此，這個《聲明》應該被視為臺灣國族神學的濫觴。雖然它

[51] 周聯華（1994；281-283）；高俊明、高李麗珍（2001：229-232）。

[52] 陳南州（1996：363）。

[53] 高俊明、高李麗珍（2001：233-237）。

很簡短，但是它的論述已經建立在神學的基礎上，包含現代國族主義的主要成分，並且代表當時約 15 萬基督徒的看法。事實上，1960 年代臺灣長老教會的主要精神領袖（黃彰輝、黃武東、林宗義、宋泉盛）於《聲明》發表之後的 1970 年代在美國出版了十期的《出頭天》雜誌，進一步論述臺灣國族神學的內涵，向國際宣告建立臺灣國族國家的企圖。在此之前，他們和高俊明一樣，都沒有明顯的臺獨立場。[54] 不過，在這四人領導下的臺灣長老教會在美國的教友與臺裔美國人，於 1972 年在華府成立了「臺灣人民自決運動」，《出頭天》雜誌就是該運動的代言刊物。[55]

　　1971 年之後，國民黨開始利用國家情治機關，迫害與分化長老會，甚至查扣長老會信徒日常所使用的臺語版聖經。被「官逼民反」的長老會在 1975 年發表了第二篇政治聲明《我們的呼籲》，要求國民黨政府尊重宗教自由。這更惹惱了列寧式國民黨政權，對於長老會的壓迫與分化只增不減。[56] 在沒有其他退路之下，1977 年長老會的《人權宣言》正式的揭櫫「臺獨神學」，以信仰的根據，公開主張「臺灣的將來應由臺灣一千七百萬住民決定 …… 使臺灣成為一個新而獨立的國家」。

　　關於「臺獨神學」一詞這裡先需要作一個澄清。長老會的相關文獻似乎沒有出現過「臺獨神學」一詞，這是本章的新詞。長老會的相關文獻是使用 1979 年正式啟用的「鄉土神學」一詞，其內容包含神學方法論、文學、教會發展策略、政治參與、以及獨立建國等議題，內容豐富不是本章所能概括。本章的研究重點不是在鄉土神學的前幾項，而是最後一項。雖然這些項目有一定程度的相關，但是為了凸顯最後一項的主題，本章稱之為「臺獨神學」。畢竟，長老會 1977 年的人權宣言，明確主張「使臺灣成為一個新而獨立的國家」。不過，主張鄉土神學的不一定會主張臺獨神學。而目前大部分主張臺獨神學的，則是使用鄉土神學方法論的神學家。

---

[54] 高俊明、高李麗珍（2001：240）。

[55] 宋泉盛（1998：10-11）。

[56] 高俊明、高李麗珍（2001：241-249）。

　　臺灣長老教會政治立場的轉變，並且能夠建構臺灣國族神學的系統論述，可以從時任長老會總會總幹事的高俊明牧師生平，做為代表性的寫照。就像當時其他臺灣菁英一樣，高俊明的父親是與日本殖民政權交往密切的臺灣社會菁英，職業是醫生。因為家庭富裕和具有日本人脈關係，高俊明小學五年級的時候（1937 年）就到日本留學，一直到 1946 年返臺。當日本戰敗的消息傳到在日本的高俊明耳中時，他「當時自以為是日本國民，心情也很悲哀」。後來在日本的「臺灣同鄉會」第一次聽到國歌時，還覺得「非常感動，心想：『哦，我們的新國歌，這麼莊嚴』」。他那時的中國認同，是「從父母和蔡培火先生那裡，得來很天真的漢民族意識」。返臺後，他進入神學院。1949-1965 年的臺南神學是由黃彰輝擔任院長。這時黃彰輝所提倡的本土神學，主要是想擴展長老會在鄉間與原住民部落的宣教，並沒有明顯的政治成分。高俊明就像是其他的神學生一樣，先後被派往草屯、鳳山、關仔嶺、屏東山區的教會實習或協助牧會。在這些實習和牧會的過程中，他觀察到臺灣社會底層人民的生活，也經歷到政府對於宗教的嚴格控制，開始重新思想政治與信仰之間的關係。不過，這時候他還沒有想去挑戰國民黨政府的合法性。甚至到了 1970 年 8 月他接任臺灣基督長老教會總會的總幹事之初，他也沒有想要做什麼大事，而只是打算當完三年就下臺。但是在官逼民反之下，他一上任就碰到國民黨政府強硬要求長老會「退出普世教協」事件，加上事後的官方騷擾，終於讓他和長老教會總會的領導階層，一起走向建構臺灣國族神學、推動臺灣獨立的不歸路。[57]

　　1977 年以後，長老會的牧師與神學家，大都從《人權宣言》所揭櫫的政治神學架構，進一步的充實其內容，累積成為一套完整的臺獨神學。最具代表性的臺獨神學著作，是陳南州的《臺灣基督長老教會的社會、政治倫理》。[58] 冒著過於簡化的危險，試將該書的主要論點摘要如下，並且從「民主化國族神學」觀點，指出其爭議

[57] 高俊明、高李麗珍（2001:41-43，93-96，120-144，151-152，222-228）。

[58] 充實「臺獨神學」的重要神學家還包括王憲治（1988）、王崇堯（2007）、黃伯和（1995）。

所在。陳南州認為上述長老會的三個政治神學聲明的信仰依據有五項：[59]

(1) 耶穌基督是全地的主宰

(2) 耶穌基督是公義的審判者

(3) 耶穌基督是全人類的救主

(4) 人權、鄉土是上帝所賜

(5) 教會的使命是建立地上天國

關於前三個信仰依據，全世界的基督徒大概都不會否認這些是主流基督宗教宗派相同的重要信仰告白。但是對於第四、五個信仰依據，就有爭議。這兩個依據合在一起並且應用在臺灣的例子，陳南州的邏輯可以簡化成：既然「人權、鄉土是上帝所賜」，因此臺灣人的人權以及臺灣人的鄉土（即臺灣、澎湖、金馬）也是上帝所賜。既然教會的使命是要建立一個能夠保護人權和鄉土的地上天國，因此臺灣教會的使命就是建立獨立的臺灣國。

臺獨神學中所引用的「天賦人權」這個概念，大部分的政治哲學家會追溯到洛克（John Locke, 1632-1704）的自然權利（natural rights）。[60] 洛克本人是政治哲學家也是神學家，所以他說人有自然權利（人權），是因為上帝依照祂自己的形象造人，也創造了大自然以及自然律。人是大自然的一部份，因此也享有上帝所造的人權。近代的人權論已經發展到無神論的人權論，不再談「天賦」的那一部份。陳南州將人權論再度的基督教化，也無可厚非。尤其他也堅持民主的價值，認為基督教的聖經與傳統支持了民主價值。[61] 民主化的國族神學也支持他這些政治神學論點。爭議出現在「鄉土是上帝所賜」這一個論點。

陳南州對於「鄉土神學」所找的聖經根據還不少：上帝創造伊甸園給亞當、夏娃居住；上帝將巴勒斯坦地賜給以色列人作為「應許之地」；先知們呼召以色列人悔改，才能安然居住在應許之地；

---

[59] 陳南州（1988:134-136 以及到此書結論的詳細解釋）。

[60] Locke(1683/ 1993)：鍾立文（2008）。

[61] 陳南州（1988:237-246）。

耶穌「道成肉身」就是重視鄉土。[62] 但是本章認為上帝與以色列人
關於「應許之地」的盟約，是建立在信仰的前提條件上。沒有信仰
關係，就沒有應許之地。應許之地不能離開信仰，成為上帝分別出
來的賜福。甚至反過來說，有了信仰關係，土地也不必然是應許的
一部份。以色列人因為在應許之地倒行逆施，被上帝懲罰放逐到巴
比倫帝國，信仰反而復興。保羅因為應許之地的猶太人拒絕福音，
反而把福音傳給外族人，成為今日全世界福音運動的起源。陳南州
承認新約的「承受地土」是靈性化的用語，不是指具體的土地，但
是他堅持鄉土也包括耶穌所強調的同胞和社會生活，這似乎有點過
度推論了。何況耶穌復活後升天以前，命令使徒們要將福音從「鄉
土」的耶路撒冷、撒瑪利亞、猶大全地，一直傳到地極。耶穌的「鄉
土」遠比巴勒斯坦大。因此，從聖經歷史來看，應許之地不但不必
然是一個恩典，反而有可能是個咒詛。

　　就算上帝與耶穌很重視賜給以色列人的應許之地，又有哪一位
臺獨神學家能夠聲稱上帝向他啟示過，上帝將臺灣這整塊地賜給
臺灣人當作應許之地？臺灣人之中，非基督徒的比例佔了百分之
九十五，他們會同意臺灣這整塊地要屬於臺灣基督徒的嗎？更不要
說非基督徒的十四億中國人會同意這種論點。況且，臺獨神學的這
種說法，要麼高估了上帝的應許，要麼低估了上帝的應許。高估了
上帝的應許，是因為臺灣基督徒的宣教成果不佳，幾十年來信徒人
數始終衝不過人口比例的百分之六。低估了上帝的應許，是因為上
帝對於臺灣基督徒的期望，可能不限於臺灣這塊鄉土。臺灣許多基
督宗教教派，已經聽到「馬其頓的呼聲」而「反攻大陸」，將福音
傳到更大的中國「鄉土」去。從上帝和臺灣基督徒的眼光來看，中
國大陸不是比臺灣更大的應許與恩典嗎？鄉土神學作為一種神學方
法論和宣教發展策略，有其實用性與必要性。甚至作為一種關懷政
治的動力，也有其重要性。但是作為臺灣獨立主張的根據，它的聖
經基礎可能稍嫌薄弱。

　　其次，關於「教會的使命是建立地上天國，因此臺灣的教會要

[62] 陳南州（1988：173-175）。

建立獨立的臺灣國」這一論證，好像也沒有太多的聖經根據。[63] 新約
「天國」的概念是「現在進行但未完成式」，我們要試著學習成為
天國的子民（現在進行式），但是不能越俎代庖、耶穌還沒有來以
前就幫祂建立（完成式）地上天國。更何況，就算臺灣基督徒可以
替耶穌完成建立地上天國，讓祂再臨時 (Parousia) 閒著無事，我們仍
要質疑這個臺灣國就是地上天國嗎？以色列人所建之國，不是最後
落為背叛上帝之國，成為上帝長期咒詛的對象？如果這個臺灣國獨
立了，我們能保證它是上帝之國，是基督教國家嗎？這會不會違反
了現代民主國家的宗教自由基本原則？對於一般的臺灣人而言，一
個民主的臺灣國可以是努力的目標。對於基督徒而言，一個民主的
臺灣國也可以是努力的目標，但是基督徒可能不適合主張一個民主
的臺灣國，因為這沒有聖經堅強的根據。最後，就政治現實而言，
姑且不論在可見的未來，中國一般民眾具有強烈的統一意識，很難
接受臺灣國的獨立。中國大陸的基督徒在可見的未來，恐怕也很難
接受臺灣國的獨立，即使是完全基督化的臺灣國。

　　不可否認的，臺灣國族神學以鄉土神學為出發點，有許多政治
上的優勢。首先，比起血統、文化、歷史等國族主義標準，鄉土（或
者國境）有相對的明確性。臺灣主權範圍所及之地，就是臺、澎、
金、馬，地圖上可以畫出來。血統、文化、歷史是「想像的群體」，
很難具象化，而且跟中國大陸的關係又「剪不斷、理還亂」。因此
作為政治認同的對象，國境既明確又方便。另外，國境又與住在其
上人民的生活緊密相關，居民們每天都要踏在這塊土地上，情感與
土地結合。其次，目前主要的臺灣國族神學既以土地、而非族群為
主要認同對象，就都主張生活在這塊土地上的所有族群都一律平等，
符合民主化國族神學的標準。最後，他們更進一步主張民主價值以
及民主制度，充分展現民主化國族神學的理想。

　　當臺獨神學在 1977 年長老會發表的《人權宣言》初試啼聲的時
候，臺灣長老會內部、臺灣的「國語教會」（包括天主教）和相關
的基督教組織，對於長老會總會的政治立場頗有微詞。這些擁護政

---

[63] 陳南州（1988：273-276）。

府的教會領導人，大都認為基督教徒（尤其是教會團體）不宜涉入
政治、不可主張臺灣獨立、而且西方的民主政體不適合臺灣。[64] 從
當代的民主神學來看，這些對於臺獨神學的批判都站不住腳。

　　但是臺灣國族神學以鄉土神學為出發點，也造成了許多困擾。
首先，鄉土有明確性的好處，但是也帶來明確性的壞處，也就是它
的排他性。不屬於領土範圍的其他人民、歷史、文化，就不是政治
認同的對象，或者需要建構另一套的政治認同論述，以區別「我群」
和「他群」。這在臺灣基督教界造成了至今仍然存在的「臺語教會」、
「國語教會」之分，使得雙方至今「相敬如冰」，連每年為了要紀
念二二八事件，都還要各自舉辦紀念會，而不一起舉辦。

　　過份狹隘的鄉土神學也對長老會宣教事工的影響尤其大。當臺
灣其他教會在 1987 年以後，紛紛到大陸宣教之際，臺灣長老教會總
部至今仍沒有設置一個負責大陸宣教事工的部門或專人。他們對於
中國大陸的華人或者海外的中國大陸人，似乎沒有什麼宣教的興趣。
近年來，他們曾經向中國大陸提出服務「臺商」基督徒的請求，但
是因為「政治理由」而被拒絕。[65] 其次，以鄉土神學為出發點的國
族神學結合了民族自決理論，可能引發一連串的各族群、各宗教獨
立建國神學，包括主張臺灣脫離中國，以及臺灣內部各族群的獨立
建國。內憂外患恐怕將持續不斷。最後，當臺灣國族神學遇上中國
的國族神學，一場激烈的口舌之辯恐無法避免。如果統獨戰爭發生，
海峽兩岸的基督徒因為「尼哥拉黨人」之爭而被捲入戰爭，[66] 在戰
場上刀槍相見，不論誰贏誰輸，豈不是上帝家庭中的一場手足相殘
悲劇？

　　最後，對於臺獨神學的建立，貢獻最大的莫過於前總統李登輝。
李登輝擔任總統時，雖然沒有寫過政治神學的著作，但是卸任前的

---

[64] 陳南州（1991：116-118）。

[65] 作者在臺南長榮神學院演講「臺灣國族神學」時，與一位資深的鄉土
神學家的對話。2012 年 11 月 19 日。

[66] 「尼哥拉黨人」在聖經啟示錄的原來意思，可能是指主張接受「君王
崇拜」習俗的基督徒。關於「尼哥拉黨人」的解釋，可見郭承天（2012：64-
66）。

回憶錄，相當充分反映出他對於統獨問題的政治神學與政策。從他的回憶錄可以看到，他被中共政權視為「臺獨總統」而且完全拒絕中國統一，其實是不公平的評論。這關鍵點就在於李登輝是虔誠的基督徒，而且有意識的將基督教思想應用在政治實務上，包括統獨議題上。他自認為他自己「不是李登輝的李登輝」，而是「基督在我裡面的我」。[67] 他特別推崇德國文學家／政治家歌德的名著《浮士德》。他評論浮士德「一生罪孽深重，希望重新再來一次的浮士德，最後走向自我創造的和諧國度，而且十分感謝地說出『停下來！妳是何等美麗』的感言」，「歌德的思想精髓 …… 如是，雖然我們都是只考慮自我的利己主義者，但要在這個社會生存，就必須以愛相互扶持。如果我們彼此的愛，也能如同神的大愛一般，社會就能充滿關懷與活力。這也就是我的政治哲學以及從政的基本理念」。從這一段話，我們似乎看到他「自我創造的和諧國度」，有了臺灣國的影子。他又說：「所謂『認同臺灣』，我想最重要的，是對於臺灣的愛 …… 而且是可以為了臺灣，不惜粉身碎骨來奮鬥的人」。[68] 這讓人想起「基督愛教會，為教會捨己」（弗 5:25）的承諾。而且，他每逢政治上的困難，必定與她的妻子曾文惠女士一起隨機翻閱聖經經文，從經文中得到指引或安慰。[69]

　　但是這個臺灣國不是以國內族群對立以及海峽兩岸戰爭為代價。對內的部分，他提出了「新臺灣人」的口號，在 1998 年臺北市長選舉時，讓馬英九以「新臺灣人」的姿態擊敗以「臺灣優先」為政見的現任市長陳水扁。馬英九在造勢活動中，公開宣示「我是吃臺灣米長大，愛臺灣的新臺灣人」。這場選戰成功的把「外來政權」國民黨轉化為本土政黨，也化解不少外省族群與閩南族群的世仇。

　　對於兩岸關係，李登輝一再強調，「即使臺灣的國際地位必須明確化，卻不一定要拘泥於『獨立』，反而是將『中華民國臺灣』或者是『臺灣的中華民國』實質化，才是當務之急」。他認為繼續

---

[67] 李登輝（2013:12）。

[68] 李登輝（1999:52, 62）。

[69] 李登輝（2013:15）。

鞏固臺灣的民主政體則是為了將來的中國統一。1997 年他投書《華爾街日報》，說到：「我們認為臺灣所力行的，是為了讓中國擺脫共產黨統治，成為自由、和平的國家，我們奉行民主主義，發展經濟，希望能成為將來中國再統一時的典範」。在 1998 年的「國家統一委員會」閉幕致詞中，他說到：「中國要統一，但必須統一在既照顧全體中國人利益，又合乎世界潮流的民主、自由、均富的制度下，而不應統一在經過實踐證明失敗的共產制度或所謂的『一國兩制』之下」。[70]

　　李登輝的臺獨神學思想，可能始於 1988 年初蔣經國死後，他接任總統大位。他回憶當時得到的經文啟示，是詩篇 73 篇 23-24 節：「然而，我常與祢同在；祢攙著我的右手。祢要以祢的訓言引導我，以後必接我到榮耀裏」。李登輝同時想到蔣經國曾交代的兩句遺言：我是臺灣人，蔣家人不會繼任總統。他認為蔣經國的遺言就是要臺灣繼續政治本土化、民主化。聖經經文加上蔣經國的遺言，就成為李登輝臺獨神學思想的創世記。1990 年他就任第八任總統時，得到的經文是撒迦利亞書 4 章 6, 7, 14 節，是關於耶和華指示猶太人政治領袖所羅巴伯，勇敢地帶領猶太人回耶路撒冷，促成「第二次出埃及」。1994 年在接受日本作家司馬遼太郎訪問時，他第一次說出「生為臺灣人的悲哀」、「國民黨是外來政權」、並且要帶領臺灣人「出埃及」。[71] 不過，因為他身為總統，必須兼顧到黨內和國內仍有許多統一派，所以他的兩岸主張仍然試圖在統一和獨立之間，尋求妥協之道。

　　李登輝卸任之後，就不再有統一的包袱，可以開始專心提倡臺獨。首先，他本來就不能再連任總統。但是 2000 總統選舉失敗後的當晚，時任臺北市長的馬英九就率眾到李登輝住處抗議，認為他暗助陳水扁。隔了兩天，總統候選人連戰晉見李登輝時，竟然要求李登輝應該辭去黨主席以表示為了敗選負責，而且「越快越好！」這讓李登輝對於連戰和整個國民黨都非常寒心。李登輝再一次得到經

---

[70] 李登輝（1999：62-64）。

[71] 李登輝（2013：21-25, 63-65, 86-90）。

文啟示：「樹若被砍下……及至得了水氣，還要發芽，又長枝條，像新栽的樹一樣」（伯 14:7-9）。他自比「完全的義人」約伯，而他的「新芽」則是後來的政治後援會「李登輝之友」、智庫「群策會」、以及主張臺獨比民進黨更甚的政黨「臺灣團結聯盟」。他要像摩西一樣，做一個永不退休的政治先知。[72]

臺灣國族神學的建構，從 1970 年代到 1990 年代初期，已經達到相當完整的地步。它有聖經的依據、清楚的定義「臺灣人」、釐清政治與宗教的關連性、賦予臺灣基督徒神聖的政治使命、設定主要的宗教敵人（中國政府與國民黨政府）、強調民主政治的重要性、並且述說為臺灣建國而受迫害的基督徒榜樣（如黃彰輝、宋泉盛、高俊明、李登輝）。可惜的是，這一套完整的國族神學，到了解嚴之後，就沒有重要的新發展，因此無法面對 1990 年代開始、迅速變化的兩岸關係。

臺灣國族神學著作大都沒有大量引用聖經中直接相關的經文，更少與政治學中關於國族主義的著作進行對話。唯一的例外是第二代的羅光喜牧師。在一篇紀念長老會「人權宣言」的專書論文中，他廣泛的引用聖經經文來說明「人權乃是來自上帝的恩賜」。同時，他認為十誡的第四至十誡「暗示了一些基本人權清單」，而這個人權清單是由洛克與盧梭發展出來的。上帝為了保障人權，設立了國家制度。他認為「聖經並不主張『祖國統一』。上帝並不主張一個祖先的後裔，只能建一國。就聖經而言，上帝容許一家多國」。[73] 雖然羅光喜的論文開始替臺灣國族神學深入找尋聖經和政治學的根據，但是在神學和政治學的方法論而言，仍有相當大的改進空間。民族自決理論不能無限上綱，造成國家內部不斷的分裂到最基層的社會團體。而中文聖經對於「國」的翻譯，大多數都翻譯錯了。而且上帝和耶穌其實可能都不喜歡國族國家。

在第一代和第二代臺灣國族神學的主宰下，臺灣基督長老教會總會的宣教策略，至今仍是以臺灣地區為主要範圍。近年來開始推

---

[72] 李登輝（2013：120-122, 138-154）。

[73] 羅光喜（2007：87-92, 98-99）。

動海外（東南亞、日本、澳洲、紐西蘭、歐洲、中南美、北美等地）臺灣僑民的福音工作，甚至想要推展到中國大陸的臺商家庭。但是，這些海外的福音工作似乎都不包括在海外或中國大陸的中國人。[74]
1999 年第 46 屆總會通過「21 世紀新臺灣宣教運動」方案，期望在新的世紀「藉著基督福音力量來更新臺灣社會的心靈，迎接人類歷史的第三個公元千年，落實上帝國在我們的人民與社會中」。[75] 當臺灣的各主要教會幾乎都已經累積了幾十年到中國大陸傳福音的經歷，臺灣長老教會的自我設限更顯得突出。

第四節　民主統合神學

我們可以把 1949 年以來，各種兩岸關係政治制度的主張，分成「一、二、三」三類。「一」就是主張「一個中國」；「二」就是主張「一中一臺」；「三」則是主張在兩個政治實體的現實政治基礎上，另外設立一個「分享主權」的政治制度。

在 1987 年以前，兩岸絕大多數的政治人物與學者對於兩岸關係的主張，都是「一個中國」，只是對於誰代表中國，兩岸有不同的堅持。中共堅持「中華人民共和國」代表中國，臺灣的國民黨政府堅持「中華民國」代表中國。這時期雖然雙方沒有公開的接觸，但是雙方都同意中國要統一。

相對於「一個中國」主張的，則是「兩國論」或「一中一臺」。李登輝於 1988 年接任已故蔣經國成為中華民國的總統。1990 年召開「國是會議」決定修憲，推動民主憲政。1993 年提出臺灣「生命共同體」的臺灣認同概念。1998 年臺灣光復節又提出「新臺灣人的

---

[74] 臺灣基督教長老教會總會，「傳道」，http://www.pct.org.tw/ab_evangel.aspx, 2013.8.23。

[75] 臺灣基督教長老教會總會，「宣教理念及方向」，http://www.pct.org.tw/ab_mission.aspx, 2013.8.23。

共識」，強化「臺灣精神」。他宣告「中華民國是主權獨立的國家，中華民國就是臺灣」。[76] 1999 年李登輝接受「德國之聲」訪問時，說到：「自 1991 年修憲以來，已經將兩岸關係定位在國家與國家，至少是特殊的國與國的關係」。這個「特殊的國與國關係」打破了先前兩岸「一個中國」的共識，加上 1995 年訪美時公開挑戰中美外交禁忌，終於導致了 1996 年的臺海飛彈危機。

民進黨在 1991 年即修正其政黨的基本綱領，增列了「建立主權獨立自主的臺灣共和國」詳細主張，聲明「臺灣主權獨立，不屬於中華人民共和國且臺灣主權不及於中國大陸」。執政前的 1999 年 5 月，又通過了「臺灣前途決議文」，宣示「臺灣是一主權獨立國家，其主權領域僅及於臺澎金馬與其附屬島嶼 …… 臺灣，固然依目前憲法稱為中華民國，但與中華人民共和國互不隸屬，任何有關獨立現狀的更動，都必須經由臺灣全體住民以公民投票的方式決定」。到了陳水扁連任後的 2007 年，民進黨再增訂了「正常國家決議文」，主張「從『命運共同體』的臺灣認同感出發，深化臺灣民主價值，強化臺灣意識，並體認「中華民國」這個國號已很難在國際社會使用，因此應以「臺灣」的名義申請加入聯合國、世界衛生組織等國際組織，且早日完成臺灣正名，制定新憲法，在適當時機舉行公民投票，以彰顯臺灣為主權獨立的國家 」。[77] 這些宣示構成了中國眼中釘的「臺獨黨綱」。

陳水扁更進一步提出「中國、臺灣、一邊一國」，推動「臺灣加入聯合國」運動，舉辦兩次公投試圖將臺灣獨立法制化。這些舉動與制度主張，促使中國政府通過了「反分裂國土法」（2005），使得臺海關係陷入了 1958 年以來空前的緊張關係，瀕臨戰爭邊緣。

臺灣民主化以後，絕大多數的臺灣人不會接受中國政府版的「一個中國」主張，也認為 1987 年以前國民黨版的「一個中國」主張不切實際。但是「特殊的國與國關係」以及「中國、臺灣、一邊一

---

[76] 林正義（2008：8-9）。

[77] 「民進黨黨綱」，http://www.dpp.org.tw/upload/history/20100604120114_link.pdf，2013.8.16。

國」的主張，不但受到中國政府嚴厲的譴責，而且以軍事行動來表達強烈的不滿。絕大多數的臺灣人民在經歷過 1996 年的飛彈危機和 2005 年「反分裂國土法」的軍事威脅後，大概也認識到，在可見的將來要和平獨立是一件不可能的任務。大多數臺灣人也知道，中國政府以現有的國力，就隨時可以貫徹「一個中國」的主張。近十年來臺灣最大規模的軍事演習（漢光演習），經過戰爭電腦的裁決，模擬戰爭的結果大概都在三週內敗陣。有幾次的漢光演習於演習後乾脆放棄電腦裁決，只把漢光演習當作改善國防的參考，或者用人為的方式改變電腦裁決，勉強獲得勝利。[78] 因此任何兩岸關係的主張，就需要避免觸怒中國政府內的強硬派，採取武力貫徹「一個中國」的主張。

「一」與「二」既然都不實際，兩岸的部分政治人物與學者，就開始探索「三」的政治架構。中國大陸為了應付 1997 年英國政府將香港交還給中國，而制訂了「一國兩制」方針，不但適用於香港，也將適用於澳門和臺灣的案例。簡單的說，「一國兩制」就是在中國政府主權完整、中央政府指導的前提下，容許這些地方政府保有高度的自治權利。香港和澳門的人民，因為沒有民主自治的經驗，被迫接受「一國兩制」。然而港澳兩地至今持續不斷的民主運動，似乎證實「一國兩制」並不能滿足兩地人民的政治需求。而臺灣地區在 1949 年以後，就是由主權獨立的中華民國政府所治理，1987 年以後又已經累積了近三十年的民主治理經驗。臺灣人民為什麼要失去原有的主權，讓一個威權的中共中央政府來指導統治？「一國兩制」目前的思維方式，還是「一」。如果要適用在臺海兩岸的話，必須大幅度的更改內容，或者另起爐灶。

愈來愈多的大陸學者和臺灣的政治人物與學者，傾向於建構有實質意義的「三」，作為未來「一個中國」的過渡階段。[79] 一種「三」是聯邦制或邦聯制。兩岸各有高度政治自主的政府，共同再組成一

---

[78] 「《軍武》漢光兵推」，華視新聞，2013.7.10，http://news.cts.com.tw/nownews/politics/201307/201307101275205.html, 2013.12.30。

[79] 王英津（2008：196, 217-221, 235-238, 245-248）。

個聯邦政府或邦聯政府。早在 1983 年當時的民進黨立法委員費希平就主張「大中國邦聯」。大陸學者嚴家其於 1992 年在香港出版了《聯邦中國構想》。同年，臺灣國策顧問陶百川提出了「二元合作聯邦制」。兩岸三地的學者於 1994 年在夏威夷甚至共同草擬了「中華聯邦共和國憲法」。1994 年連戰擔任行政院長的時候，表示不排除邦聯或聯邦的構想。

　　第二種「三」是德國模式：兩岸各為主權獨立的國家，並簽訂「基礎條約」勾畫未來統一的遠景，但先不組織一個「分享主權」的共同政府。1976 年臺籍美國教授丘宏達就提出這個主張。1991 年李登輝總統正式提到了德國模式，作為解決兩岸關係的政治架構。臺灣聯合報社論系列的「屋頂論」，主張學習德國模式，把「一個中國」當作屋頂，屋頂下有兩個主權獨立的國家。民進黨前任黨主席謝長廷的「憲法各表」，呼應了馬英九的「一中憲法」，認為中華民國憲法所涵蓋的領土及於全中國，但是中華民國政府的主權只及於臺澎金馬。只要繼續保持「一中憲法」，就可以繼續保持兩岸的和平：不統、不獨、維持現狀。

　　第三種「三」是歐盟模式：兩岸各自為主權獨立的國家，藉著提升和擴大兩岸的經貿協定，進而簽訂兩岸政治協定，組織一個「主權共享」、高於各自國家主權的政治組織。1998 年張亞中提出的「統合論」已引起兩岸政治人物與學者的高度重視。本章的「民主統合論」也是呼應這一模式，但是具有更大的時空彈性。

　　中國政府因為堅持傳統國家主權的概念，對於上述的主張，目前都採取拒絕的態度，因為它們都涉及不同程度的「兩個主權國家」的預設；或者認為只是「一國兩制」的不同版本而已。中國政府最主要的擔憂有二：臺獨人士只是藉著這些口號達到臺灣獨立的目的，中共與國際社會承認「臺灣國」獨立以後，臺獨人士就不要統一了；以及，中國的少數民族地區，尤其是西藏和新疆，會因此要求獨立建國，以致中國政府賠了夫人又折兵。大陸學者王英津有系統的整理各國統一國家的理論與實例，就明確表示「邦聯制」、「歐盟模式」、「國協」、「聯邦制」和「德國模式」，都不能適用在兩岸

統一問題上，只有「一國兩制」才是解決之道。不過，王英津也認為「一國兩制」的實質內容需要說明與調整，才能說服臺灣人民接受。[80] 大陸學者李鵬也整理出各種兩岸政治關係架構，認為現有的架構都有問題。[81] 不過，怎麼改？依照什麼先例？中國政府以及大陸學者們也說不清楚，只說在「一個中國」的前提下、「一中各表」的架構下，先坐下來談再說。[82] 這是不是表示任何有別於「一國兩制」的和平架構，都因為中國政府的堅持而作廢？大家都白忙一場？

　　不過，從政治實務的證據顯示，共產黨、國民黨和民進黨早已進行各種雙邊、甚至三邊的私下政治談判。在李登輝時期是如此、在陳水扁時期是如此、在馬英九時期更是如此。「密使」、「第三管道」、「香港密談」、「澳門密談」的傳言不斷，當事人也在事後或者政權轉換之後，證實這些傳言。共產黨與當時的在野黨國民黨從 2005 年之後，每年更有「國共論壇」，進行「白手套」式的政治談判。連戰和吳伯雄扮演了關鍵性的角色。

　　2012 年 12 月的「臺北論壇」，兩岸三黨（國民黨、民進黨、中國共產黨）的重要智庫進行一場公開的兩岸政治對話。這一次的會議參與人員的數目與政治層級，都是兩岸關係史上前所未有的高峰。當會議順利結束後，得到三方政黨公開的高度肯定，並都表示願意進一步擴展此政治對話模式。2013 年由不同單位主辦的「北京論壇」、香港的「兩岸關係的發展與創新研討會」、以及上海的「兩岸和平論壇」，也都是以「臺北論壇」為樣本，三黨的學者更進一步地政治對話、推動兩岸和平。

　　更具體的說，從「政治談判」的「政治」定義來說，兩岸早已進行政治談判，而且早已談出具體的「主權分享」成果。現代國家的政府組織，分成行政、立法、司法三大部分。兩岸從 1987 年起，就已經各自或共同訂定各種行政、立法、司法法規，進行兩岸的「政治談判」。行政政策的談判架構包括 1996 年的「戒急用忍」、2001

---

[80] 王英津（2008：第五、六章）。

[81] 李鵬（2007）。

[82] 周志懷（2009）。

年的「積極開放，有效管理」，2006 年的「積極管理，有效開放」。
這些政策主張後來大都經過臺灣立法院修訂現有法律而通過，展現
實質的立法統合。這些修正或新設立的法律包括：依照「香港澳門
關係條例」於 2000 年簽訂的「臺澳航約」；2001 年實施「金馬小
三通」、開放金融業到大陸設置分支機構、開放兩岸直接通匯、協
商兩岸共同加入 WTO；2002 年開放大陸地區人民來臺觀光、簽訂「臺
港空運新航約」；2003 年大規模修訂「臺灣地區與大陸地區人民關
係條例」，開放兩岸學術、文化、商務交流；2004 年修正「境外航
運中心設置作業辦法」以推動兩岸貨運直航；2005 年啟動兩岸客機
相互直飛、開放大陸人民來臺從事商務活動；2006 年開放晶圓產業
到大陸投資；2012 年的「兩岸經貿架構」；以及 2013 年的「兩岸
服務貿易協定」。[83] 有趣的是，兩岸政治關係最不好的陳水扁政府
時期，反而是兩岸經貿在總量和成長率上，屢創高峰的時代，遠高
於先前的李登輝時代。[84] 而司法合作最具代表性的就是 1990 年的「金
門協議」，開啟兩岸司法互助與共同防制犯罪的機制，並且在此機
制下，兩岸進行實質的警政業務合作。[85]

　　建立在上述這些政治談判的成果上，本章總結各種「三」的主
張，提出「一個中國、兩個共和、民主統合」(One China, Two Re-
publics, Democratic Union) 的兩岸關係架構。這個架構的內容必須隨
著兩岸的政治氣氛，而做動態的調整。「一個中國」可以先是一個
抽象認同概念，不需要也不適合與兩岸任何既有的憲法、法律和兩
岸協議，做法律上的掛勾。「一個中國」也可以叫做「一個中華」
或其他的「一中」，只要是國、共、民三黨都願意接受的抽象名詞。
當兩岸的政治合作氣氛改善之後，可以建立一個「一個中國」的秘
書處，負責安排關於「一個中國」的定期政治談判；這是中期目標。
這個秘書處也可以是現有的大陸「海峽兩岸關係協會」（海協會）
與臺灣的「海峽交流基金會」（海基會）各自選派的代表，所共同

---

[83] 陳明通（2008：162-175）。

[84] 郭建中（2007）。

[85] 張中勇（2007）。

組成的機制。甚至結合兩機構的原名,而叫做「海基 / 海協聯合會」或者「兩岸關係委員會」,以保持原機構的政治與行政延續性。海協會與海基會也可由中共的國臺辦和臺灣的陸委會取代。若是兩岸政治合作有突破的發展,則開始建立共同決議的行政、立法、司法決策機制,有如歐盟。中國大陸與臺灣的決策者各享有否決權。

「兩個共和」是指在「一個中國」架構下,承認「中華人民共和國」(People's Republic of China) 以及「中華民國」(Republic of China) 的政治現實,亦即都是「共和國」(Republic)。這個「共和國」是否是現代國際法上所謂的「國家」(state),可以由兩岸在不同階段、針對不同的對象,做不同的定義。對內,各自先維持國家的定義。對於各自的邦交國,仍維持國家的定義。到了中期,等到「一個中國」的政治制度開始落實,就可以將共和國的定義,轉變成「一個中國」的「成員國」。蘇聯時期,蘇聯的英文名稱是 Union of Soviet Socialist Republics,中文全名直接翻譯就是「蘇維埃社會主義共和國聯盟」,其成員國都是共和國,甚至可以有相當自主的外交權。美國的英文名稱是 United States of America,中文翻譯通常是「美利堅合眾國」。他們把 state 降級了,定義成為「州」。所以,在兩岸的政治和平架構下,原來的國名不用更改,只要隨著兩岸政治和平氣氛的改善,經由共識決,再去更改他們的法律位階即可。

這種處理「共和國」的方式,與中國歷史上「國」的含意,非常相似。中國編歷史的方式是以朝代為縱軸、為主,以「國」為橫軸、為輔。夏、商、周、秦、漢、唐、宋、元、明、清,都是稱為「朝」,不是「國」。周朝的時候,有秦國、楚國、趙國、魯國等,他們都是政治自主、但是附屬於共主周朝的屬國。即使到了秦、漢、唐、元、明、清統一天下,也設有藩鎮、諸侯、以及入貢國的王國。[86] 處理今日兩岸關係的「國與國」關係,大可從中國古老智慧去挖掘,為什麼一定要把十八世紀歐美國家的「國家」緊箍咒,硬往兩岸的頭上套呢?更何況,當代的歐美國家都已經拋棄了「絕對主權」的國家觀念,而採取「分享主權」的國家觀念。

---

[86] 張其賢 (2009)。

　　最後，不論是「一個中國」或者是「兩個共和」，都必須建立在「民主統合」的基礎上。[87]「民主」是一個過程，也是終極目標、最高價值。就過程而言，任何關於兩岸政治談判的過程，都要符合民主的程序，包括資訊公開、言論自由、充分的民意代表參與、以及公民複決重大決議。1992 年國民黨政府與中共在香港達成的所謂「九二共識」（「一個中國、各自表述」），最大的失敗就是沒有符合民主程序的規範。根據這名詞的創造者（前陸委會主委蘇起），這名詞是他在 2000 年 4 月國民黨要把政權交給民進黨之前的一個月，才創造的。他很意外的是民進黨拒絕接受這個主張，反而是中共接受了這個主張。[88] 臺灣內部都沒有共識，兩岸怎能有共識？

　　民主也是終極目標和最高價值。中國政府和中國大部分學者所提的兩岸關係架構，似乎都沒有認真對待這個終極目標和最高價值。大陸學者林岡建議的兩岸過渡期的政治關係，可依據兩原則 (1)「一國兩治」，分而不離，以及 (2) 主權共享，治權分屬。[89] 這兩個原則非常接近本章所提「一個中國，兩個共和」的主張，也採取了歐盟統合模式的精神。但是缺乏的是歐盟統合模式的核心主張：成員國必須是民主國家，並且能夠具體保障基本人權。類似的，臺灣學者張亞中的「統合論」，對於兩岸政權的持續民主化，也著墨不多。若是統一在一個極權的中國政府之下，絕大多數的臺灣人民不會接受，也不應該接受。畢竟，1987 年以前國民黨威權統治的殘害人權、貪污腐化，仍然歷歷在目。而強度數倍於國民黨威權統治的中國極權政權，所帶來的殘害人權與貪污腐化，又豈止是數倍而已？臺灣人民好不容易爭取到的民主憲政，也好不容易完成的民主鞏固，不

---

[87] 本章同意張亞中（2000：第四章）依照歐盟「主權共儲與共享」的精神，建立兩岸統合的機制。不過，本章的「民主統合」主張比較強調兩岸「民主化」的重要性超過「統合」。在張亞中的論著中，對於中國民主化的討論並不多。而且，他似乎相當反對「一中各表」的各種主張（張亞中 2011：第三、四部分）。

[88] 「蘇起：綠應尋不獨共識」，http://udn.com/NEWS/NATIONAL/NATS1/8053411.shtml, 2013.7.26。

[89] 林岡（2010：276-282）。

可能為了一個空洞的「中華民族的光榮與神聖使命」口號，而立刻拋棄這些民主的果實。沒有民主的一個中國，是把臺灣人從狼群（國民黨戒嚴統治）救出來，然後送入極權中國的虎口；沒有民主的臺灣獨立，則是把臺灣人送回狼群，而且旁邊還有一隻大餓虎正虎視眈眈。

　　陳明通在擔任陳水扁政府末期的行政院大陸委員會主委時，就代表陳水扁政府提出類似「一中、兩共和、民主統合」的立場。他認為「海峽兩岸的臺灣和中國是互不隸屬、隔海分治……陳總統上任時表示，兩岸可以共同討論未來一個中國的問題，也提出過『統合論』，而『歐盟模式』更是一個具體的模式……中國唯有走向民主化，成為一個現代化的民主中國，兩岸關係才能有長久的穩定……臺灣願意扮演積極的角色，為推動大陸民主化提供經驗與協助」。[90]

　　不但臺灣人民不願意拋棄民主制度，大部分訪問過臺灣的大陸民眾，可能也不希望臺灣拋棄了民主制度。尤其在 2008 年臺灣經歷過兩次政黨輪替、馬英九執政以後，大陸人民與知識份子很羨慕臺灣的民主制度。畢竟，這是中國人五千年以來，第一個鞏固的正常民主體制。「臺灣人能，中國人為什麼不能？」中國大陸的極權體制雖然造就了快速成長的經濟奇蹟，但是所付出的代價又有多少？貪污腐化、殘害人權、文化大革命、六四天安門、新疆的「再教育營」，不都是中共極權體制所製造出來的產品？

　　臺獨人士應該認識到，中國大陸在可見的將來，不可能讓臺灣獨立。中國共產黨政府必然會以武力、毫不留情的摧毀「臺灣國」。受苦、受傷害的，則是臺灣無辜善良的老百姓。美國的法學學者 Brad R. Roth 就曾在 2005 年一場由臺獨組織贊助的法學學術會議中，提醒參與者要兼顧臺獨的法律與政治後果。他一方面肯定臺獨具有某些程度的法理根據：「臺灣的法理地位是尚未確定的 (indeterminate)，但是國際的發展方向是隱晦地認識到 (tacit acknowledgement) 臺灣是具有國家權利、義務以及豁免權的獨立主體 (independent bearer)。臺北所採取進一步的動作以主張法律人格並且擴大參與全

[90] 陳明通（2008：8-10）。

球組織，都可以加強臺灣具有這些法律資格」。Roth 使用「隱晦地認識到」和「獨立主體」這兩個概念，其實是符合國際法和國際慣例所常用的模糊彈性字眼。他不提到中華民國或臺灣國，而以臺北、臺灣來稱呼，也是一種想要不得罪中國與臺灣雙方的外交辭令。接下來，他語重心長的提醒會議參與者：「但是，就像是任何人可以預測的，這些都要冒著兩岸關係嚴重惡化的危險。以 1990 年代的巴爾幹半島為例，國際法律秩序即使堅強地支持一個主體的國家地位，也不能保證這個法律秩序的安全與領土完整不受到極端災難(extreme hazards) 的報復」。[91]

臺灣若是要和平獨立，是否有可能？有，只要中國政府充分的民主化。政治學的研究發現，自從國族國家興起以後，只要母國是威權政體的獨立運動，都是以戰爭作結束。要麼母國殘酷的滅絕獨立運動，要麼獨立運動最後慘勝；沒有一個例外。只有在母國是民主國家的情況下，獨立運動才能夠和平的存在，甚至和平的獨立。

最相關的例子就是新加坡與馬來西亞的關係。新加坡與馬來西亞本來都是英國的殖民地，就好像中國在 1911 年淪為半殖民地，以及臺灣在 1895-1945 年之間是日本的殖民地。二次大戰之後，英國殖民政權讓新加坡和馬來西亞，分別各自和平的獨立。1962 年新加坡主動加入馬來西亞聯邦，完成統一大業。可是不到三年，馬來人佔多數的馬來西亞國會投票表決，趕走新加坡，讓新加坡獨立。為什麼？因為馬來人的政黨擔心新加坡人的政黨比較得民心，會贏得選舉、組織政府。這個例子告訴臺獨人士，如果要和平獨立，中國大陸就必須先民主化。

若是「一個中國、兩個共和、民主統合」（以下簡稱「民主統合」）是比急統、急獨，更為合理且務實的話，兩岸四地（陸、臺、港、澳）的基督徒應該如何從神學和實踐上，看待此一政治架構？本章提供了這個政治架構的神學基礎：(1) 這個政治架構可加速擴展福音在中國大陸的傳揚，成就華人基督徒的「大使命」。(2) 它可重新定位國族主義在華人基督教信仰的優先次序。

---

[91] Roth (2005: 6-7).

　　中國有 14 億的人口，其中基督徒（加上天主教徒）雖然已經約
有一億，但是只佔總人口的十分之一不到。其他十分之九的中國人，
要麼完全沒有聽過福音，要麼聽到不完整或者偏差的福音。這是因
為中共政權對於基督徒的傳教有很多的限制，使得正統的福音不能
在教堂以外的地方公開傳揚，也不能與異端進行公開辯論。一個民
主的中國，將能夠設立法律與制度保障人民的宗教自由，提供基督
徒更多和更安全的傳福音機會，成就華人基督徒的「大使命」：「你
們要去，使萬民作我的門徒，奉父、子、聖靈的名給他們施洗」（太
28:19）。

　　中共對於基督徒的管制甚嚴。「三自」政策規定所有的基督徒
都要加入官方的三自教會；不加入三自教會的，視為非法組織，公
安和維穩單位可以隨時取締。「三定」政策規定基督徒聚會要定時
（週日）、定點（教堂內）、以及要有官方神學院核可的神職人員才
能講道（定人）。雖然這些政策在執行上，近十年來已經有很大的
鬆綁，但是地方官員的執行標準不一，基督徒（尤其是家庭教會）
連基本的聚會權利都無法受到法律的保障。事實上，目前中共的宗
教法規都是行政命令，人民大會沒有通過任何一條法律，能夠約束
行政機關不致侵犯宗教自由。一個民主的中國，可以有保障宗教自
由的法律，可以有公正的司法機關約束行政機關的濫權。

　　對於強調信徒有宣教義務的基督教而言，一個民主中國更是基
督徒完成宣教使命的保障。中共政府反對宣教自由的理由是，宣教
會造成宗教之間的衝突。有些過份熱心的基督徒，真的就會跑到道
觀、佛寺和清真寺，發福音單張、與他們的神職人員辯論，引起不
少的衝突。據說連孫中山年輕的時候，都會把家鄉廟裡的神像砸了，
引起鄉民的眾怒，把他趕出國。但是這種論述要麼是因噎廢食，要
麼是倒果為因。上述的宗教衝突在先進民主國家，至今也都持續存
在。然而因為他們有健全的民主制度與民主修養，絕大多數的宗教
信徒不會去做這些無理挑釁的事情。即使發生了衝突，也可以藉著
公正的司法機關，在保障人民宗教自由的同時，維護社會的秩序。
強力限制信徒的宣教自由，只會引起信徒更多的反感，以及宗教之

間的對立。

　　本章的結論提醒兩岸急統與急獨的基督徒，聖經並不高舉國族主義，既不支持統一，也不支持獨立。聖經也不鼓勵基督徒成為不管俗務、自己修練、只求個人靈魂得救的中古修道院修士。從整本聖經來看，現代的國族國家只是一種「人的制度」，為了使基督徒平安度日。基督徒平時要順服國族國家的法律，為在上的政治領導者禱告。基督徒既不盲從，也不是啟示錄所謂的「尼哥拉黨人」，一方面拜耶穌，另一方面拜君王（國家）。

　　「民主統合」的主張將兩岸的基督徒聯合在一起，包容了「一個中國」和「兩個共和」的現實政治主張，讓兩岸的基督徒看到獨立和統一，都不是基督徒生命的最高目標。只有在民主統合的政治架構下，兩岸的基督徒可以理性的比較統獨的優缺點，重新思考政府與宗教信仰之間的關係，並且共同決定未來兩岸政治關係的安排。「耶路撒冷的眾女子啊，我囑咐你們：不要驚動、不要叫醒我所親愛的，等他自己情願」（歌 8:4）。

　　本章並不主張在中國大陸推動民主革命，而是主張以和平的方式，繼續或加快現有的民主改革。目前第一優先的民主改革，是爭取充分的宗教自由，包括自由聚會以及公開傳福音。另外，許多基督徒專業人士在中國人民代表大會推動宗教立法，保護宗教自由，也是值得所有基督徒支持的。

　　很奇妙的是，身為臺灣基督教界最大的宗派、至今仍然擁護臺灣獨立的臺灣長老教會，反而可以在兩岸民主統合過程中，扮演重要的角色。首先，許多關懷民主化的中國知識份子，都注意到臺灣長老會在臺灣民主化過程，所扮演的重要角色，包括 1970 年代的三個政治聲明，以及 1979 年美麗島示威遊行。中國知識份子雖然很不同意長老會的臺獨主張，但是他們也在探索長老會的政治參與經驗，可否在中國大陸的民主化過程中複製？臺灣沒有其他基督教會（包括天主教）能夠超越臺灣長老會，在民主化議題上分享他們的政治經驗。

　　其次，臺灣長老教會所慣用的自由神學，正好是中國三自教會

系統的主流神學，都是政治化程度相當高的神學。他們之間的神學
對話，可能比其他教會系統更容易。雙方都主張社會關懷，雙方都
有積極的政治神學，雙方也都有豐富的實際參政經驗。而且，中國
三自教會近年來的政治神學，也開始支持具有雛形的民主神學。這
對具有民主神學、民主組織特色的臺灣長老會來說，更有似曾相似
的親切感。

　　當然，雙方主要的差異還是卡在統獨的問題。因此，臺灣長老
教會需要修改或者放棄現有的臺獨神學，才能成為兩岸民主統合的
助力。外在和內在環境相互影響的變動，已經在挑戰臺獨神學的神
聖性。就外在環境而言，2004-2008 年陳水扁第二個任期的極端貪污
腐化，使得長老會強力支持民進黨政府的立場，受到信徒的強烈質
疑。這時候基層教會以及神學院內部，都發現在民進黨執政期間，
信徒人數增長緩慢或者停滯。許多信徒認為這是長老教會積極主張
臺獨、積極涉入政治，而忽略福音工作的結果。因此，基層教會以
及神學院學生，不願多談臺獨神學。大多數的年輕牧師雖然不方便
公然反對由資深牧師掌權的長老教會總會的政治立場，但是他們也
不會在自己的教會積極談論或支持總會的政治立場。甚至有些中生
代的神學家直言，為了臺獨而拒絕或不能到中國傳福音，是不是違
反了基督徒的大使命？另一方面，本章寫作的原因之一，就是對於
臺獨神學提出質疑，希望以更符合神學和民主理論的「民主統合神
學」作為另一選項。

參考書目

「民進黨黨綱」，http://www.dpp.org.tw/upload/history/20100604120114_link.pdf，2013.8.16。

中國家庭教會宣言。1998。出版地未知。

中國基督教三自愛國運動委員會、中國基督教協會，編。2006。*基督教愛國主義教程（試用本）*。北京：宗教文化出版社。

中國基督教三自愛國運動委員會。1993。*中國基督教三自愛國運動文選 1950-1992*。上海：中國基督教三自愛國運動委員會。

中國基督教三自愛國運動委員會。2007。*中國基督教三自愛國運動文選 1993-2006*。第二卷。上海：中國基督教三自愛國運動委員會。

王英津。2008。*國家統一模式研究*。臺北縣：博揚文化。

王崇堯。2007。*臺灣鄉土神學*。臺南：復文。

王超華。2004。「國族主義在臺灣」。*臺灣社會研究季刊*，56:257-270。

王憲治。1988。*臺灣鄉土神學論文集（一）*。臺南：臺南神學院。

江宜樺。1998。*自由主義、民族主義與國家認同*。臺北：揚智文化。

吳彥明。2009。「臺灣國族認同的連續或斷裂？」。*臺灣史研究*，16(2):259-268。

宋泉盛，編著。1998。*出頭天*。二版，臺南：人光出版社。

宋泉盛。2002。*故事神學*。莊雅棠，譯。臺南：人光出版社。

宋泉盛。2007。「自由、民主、獨立是臺灣人民的人權！」林芳仲，編。*臺灣新而獨立的國家：臺灣基督長老教會人權宣言聖經與神學論述*。臺北：臺灣基督長老教會總會信仰與教制委員會。

李登輝。1999。*臺灣的主張*。臺北：遠流。

——。2013。*為主作見證：李登輝的信仰告白*。臺北：遠流。

李鵬。2007。*海峽兩岸關係析論：以和平發展為主題之研究*。福建：

鷺江出版社。

周志懷，編。2009。*兩岸關係和平發展與機遇管理：全國臺灣研究會2009年學術研討會論文選編*。北京：九州出版社。

周聯華。1994。*周聯華回憶錄*。臺北：聯合文學。

林正義。2008。「20年來兩岸政治關係」。游盈隆，主編，近二十年兩岸關係的發展與變遷。臺北：海基會。

林岡。2010。*臺灣政治轉型與兩岸關係的演變*。北京：九州出版社。

孫中山選集。1981。人民出版社。

孫廣德。1990。*政治神話*。臺北：臺灣商務印書館。

高俊明、高李麗珍。2001。*十字架之路：高俊明牧師回憶錄*。臺北：望春風文化。

高俊明。2007。「建設真善美的新臺灣：新而獨立的國家」。林芳仲，編。*臺灣新而獨立的國家：臺灣基督長老教會人權宣言聖經與神學論述*。臺北：臺灣基督長老教會總會信仰與教制委員會。

張中勇。2007。「20年來兩岸經貿交流現象」。游盈隆，編。近二十年兩岸關係的發展與變遷。臺北：海基會。

張亞中。2000。*兩岸統合論*。臺北：生智。

張亞中。2011。*一中同表或一中各表*。臺北：兩岸統合學會。

張其賢。2009。*「中國」概念與「華夷」之辨的歷史探討*。臺灣大學政治學系博士論文。

郭承天。1996。*國際建制與國際組織*。臺北：時英。

——。2001。*政教的分立與制衡：從聖經看政教關係*。臺北：中華福音神學院出版社。

——。2002a。「基督教與美國民主政治的建立：新制度論的重新詮釋」。*中央研究院人文及社會科學集刊*，14卷2期，175-209頁。

——。2002b。*國際政治與兩岸關係*。臺北：臺灣大學。

——。2005。「宗教容忍：政治哲學與神學的對話」。*中央研究院人文及社會科學集刊*，17卷1期，125-157頁。

——。2012。*末世與啟示：啟示錄解析*。臺南：臺灣教會公報社。

郭建中。2007。「20年來兩岸經貿交流現象」。游盈隆，編。近

二十年兩岸關係的發展與變遷。臺北：海基會。

陳宜中。2010。「德意志獨特道路的回聲？關於中國『反民權的國族主義』」。政治科學論叢，45：107-152。

陳宜中。2011。「從反普遍主義到反自由民主？幾點商榷與反思」。政治與社會哲學評論，39：171-226。

陳明通。2008。堅持「主權、民主、和平、對等」四原則的兩岸關係。臺北：行政院大陸委員會。

陳南州。1991。臺灣基督長老教會的社會、政治倫理。臺南：永望文化。

游盈隆，編。2007。近二十年兩岸關係的發展與變遷。臺北：海基會。

游盈隆。2012。天人交戰。臺北：允晨文化。

黃伯和。1995。不作陌生人。臺南：人光。

黃伯和。2007。「放我的子民走」。林芳仲，編。臺灣新而獨立的國家：臺灣基督長老教會人權宣言聖經與神學論述。臺北：臺灣基督長老教會總會信仰與教制委員會。

葉菁華。1997。尋真求全：中國神學與政教處境初探。香港：基督教中國宗教文化研究社。

臺灣基督教長老教會總會，「宣教理念及方向」，http://www.pct.org.tw/ab_mission.aspx, 2013.8.23。

臺灣基督教長老教會總會，「傳道」，http://www.pct.org.tw/ab_evangel.aspx, 2013.8.23。

趙紫宸。2003。趙紫宸文集。北京：商務印書館。

蔡英文。2002。「民族主義、人民主權與西方現代性」。政治與社會哲學評論，第 3 期，1-48。

鄭欽仁。2009。臺灣國家論：歷史文化意識與國民意識的形成。臺北：前衛。

蕭高彥。2004。「國族民主在臺灣：一個政治理論的分析」。政治與社會哲學評論，11：1-33。

鍾立文。2008。霍布斯與洛克的神學政治觀。政治大學政治系碩士論文。

羅光喜。2007。「使臺灣成為新而獨立的國家：人權宣言的聖經觀點」。林芳仲，編。*臺灣新而獨立的國家：臺灣基督長老教會人權宣言聖經與神學論述*。臺北：臺灣基督長老教會總會信仰與教制委員會。

羅冠宗，編。2003。*前事不忘後事之師：帝國主義利用基督教侵略中國史實述評*。北京：宗教文化出版社。

羅偉。2007。*啟示錄注釋（上）（中）（下）*。臺北：中華福音神學院出版社。

嚴家其。1992。*聯邦中國構想*。香港：明報出版社。

Anderson, Benedict. 1991. *Imagined Communities: Reflections on the Origin and Spread of Nationalism*, 2nd ed. London: Verso.

Bevans, Stephen B. 2002. *Models of Contextual Theology*. Revised edition. Maryknoll, NY: Orbis Books.

Chan, Kim-Kwong, and Eric R. Carlson. 2005. *Religious Freedom in China: Policy, Administration, and Regulation: A Research Handbook*. Hong Kong: Hong Kong Institute for Culture, Commerce and Religion.

Hardacre, Helen. 1989. *Shinto and the State, 1868-1988*. Princeton, NJ: Princeton University Press.

Hobsbawm, E.J. 1992. *Nations and Nationalism since 1780: Programme, Myth, Reality*.2nd ed. New York: Cambridge University Press.

Kuo, Cheng-tian. 2011. "Chinese Religious Reform: The Christian Patriotic Education Campaign." *Asian Survey*, 51:6 (November/December): 1042-1064.

——. 2012. "Institutional Choices of Church-State Relations in Chinese Societies." In Baogang Guo and Chung-chian Teng, eds. *Taiwan and the Rise of China: Cross-Strait Relations in the Twenty-first Century*. Lanham, MD: Lexington Books, pp.123-144.

——. 2013. "State-Religion Relations in Taiwan: From Statism and Separatism to Checks and Balances," *Issues and Studies*, 49(1): 1-38.

Locke, John. 1683/ 1993. *Two Treatises of Government. Rutland*, VT: Charles E. Tuttle.

Rubinstein, Murray A. 1991. *The Protestant Community on Modern Taiwan: Mission, Seminary, and Church.* Armonk, NY: M.E. Sharpe.

Roth, Brad R. 2005. "Taiwan's Nation-Building and Beijing's Anti-Secession Law: An International Law Perspective." 社團法人臺灣法學會，主編。*主權、憲法與臺灣的未來*。臺北：元照。

Roth, Brad R. 2011. "New Developments in Public International Law: Statehood, Self-Determination, and Secession Roundtable." *NTU Law Review*, 6(2): 639-672.

Song, C.S. 2003. *The Tears of Lady Meng: A Parable of People's Political Theology.* Lima, OH: Academic Renewal Press.

Yeung, Maureen W. 2011. "Boundaries in 'In-Christ Identity': Paul's View on Table Fellowship and Its Implications for Ethnic Identities." In Richard R. Cook and David W. Pao, eds. *After Imperialism: Christian Identity in China and the Global Evangelical Movement.* Eugene, OR: Pickwick Publications.

第十三章　後生態神學 [1]

本章摘要：

　　「後生態」時代的教會應以搶救靈魂為主要目標，並以民主方式在教會內以及社區內形成共識，選擇合法且合適的生態行動，不致妨礙福音行動。

　　科學證據以及聖經的末日預言，都指向世界末日很可能在本世紀中期來臨。「生態靈修神學」偏差地認為生態還可以挽救，而且靠著靈修與盼望就可以挽救生態。本章根據科學證據與聖經的末日預言，提出「後生態神學」，一方面藉著民主方式在教會內以及社區內形成共識，選擇合法且合適的生態行動。另一方面提醒信徒傳福音的迫切性，以及面對「後生態」災難的心理與身體準備工作。

主題經文：

　　「我又看見一個新天新地，因為先前的天和先前的地已離開，海也不再存在」（啟 21:1）。

案例 13.1：吃大量低卡食物來減肥

　　美國舊金山灣區的居民，是出名的愛好環保和個人健康。其中又以到處林立的素食餐廳最具代表性。素食餐廳除了蔬菜以外，也提供「白肉」（魚、雞）的餐點，但是不提供「紅肉」（豬、牛）。在灣區一家很有名的素食餐廳裡，有兩位非常肥胖的觀光客正在進

[1] 本章主要編譯自 Kuo, Cheng-tian. 2018. *Church, Capitalism, and Democracy in Post-Ecological Societies: A Chinese Christian Perspective.* Eugene, OR: Wipf & Stock, pp. 1-7, 89-127. 感謝何妤柔的翻譯。

食。他們桌上擺著兩瓶 1000cc 的「低卡」可樂，以及兩盆蓋滿厚厚一層「低脂」水果優格的生菜沙拉。吃完生菜沙拉以後，正餐是一大盤的蒸魚，蓋滿了「低卡」的起司醬，水煮的蔬菜則在蒸魚的旁邊隆起如小山。甜點則是湯碗大的容器裝滿了五彩繽紛的大顆冰淇淋，是由「脫脂」牛奶所製作的，並澆上「低糖」的巧克力醬。當他們用完餐以後，兩人很辛苦地從座位上站起來，出去結帳。坐在旁邊的舊金山居民顧客，偷笑著說：「像他們這樣的吃法，減肥食物恐怕會愈吃愈胖吧？」是的！當人類社會大量使用「節能」的產品，全球的生態環境會變得愈來愈好，還是愈來愈壞？

第一節　議題背景

我們每個月都會受到不斷更新的不祥生態新聞所轟炸，[2] 如：「2016 年氣候趨勢繼續打破紀錄」[3]、「2017 年 3 月 7 日，海冰範圍下降到南北極的歷史低點」[4]、「1981 年至 2003 年之間，全球 24％的土地退化了」[5]、「由於過度捕撈，2016 年全球將近 90％的魚類被完全捕撈或過度捕撈」[6]、「每年損失約四萬六千到五萬八千平方英里的森林 —— 相當於每分鐘 48 個足球場」[7]、「從 1996 年到 2017 年，瀕危的脊椎動物數量從 3,314 增加到 8,170 種，瀕危的無脊椎動物從 1,891 增加到 4,553 種，瀕危的植物從 5,328 增加到 11,674 種」[8]，以及「到 2050 年因超級細菌致死的將超過癌症」[9]。

---

[2] 本書視上下文需要，交互使用「保護環境」與「保護生態」，而不做區別。

[3] NASA, "2016 Climate."

[4] NASA, "Sea."

[5] United Nations Convention to Combat Desertification, "Desertification," 12.

[6] EcoWatch, "Global."

[7] World Wild Life Foundation, "Overview."

[8] International Union for Conservation of Nature, "Table 1."

[9] BBC, "Superbugs."

　　引起我們關注的不僅是「打破紀錄」的問題，更有生態惡化的驚人速度，使我們猜測在未來三十年左右，我們是否真的會面對生態世界末日。根據「政府間氣候變遷小組」（Intergovernmental Panel on Climate Change; IPCC）2000 年的估計，到 2050 年，全球人口將達到 8.4 至 11.3 億，到 2100 年將達到 7.0 至 15.1 億；相對於 1990 年，全球溫度變化將在 2050 年升高 0.8 至 2.6℃，在 2100 年升高 1.4 至 5.8℃；全球海平面將在 2050 年上升 5 到 32 公分，在 2100 年上升 9 到 88 公分。[10] IPCC 是全球最大的生態科學家社群。由於它具有「政府間」性質，因此它試圖發布大多數科學家和大多數政府都可以接受的分析結果，這些分析結果可能比起生態問題，會更加重視經濟發展。所以，他們的報告儘管偏於保守，仍被全球科學界認為是最可靠的。

　　自 2000 年以來，進行這些估算時，新數據似乎比這些估算的下限，更加急轉直下。2016 年 9 月，全球七位頂級氣候科學家警告說：「全球暖化將在 2050 年超過 2℃的門檻。」[11]IPCC 於 2016 年 9 月更新了報告：「到 2050 年，全球溫度上升可能會達到 2°C 的門檻。」[12]聯合國在 2017 年報告稱，預計全球人口增長將在 2050 年達到 98 億，在 2100 年達到 112 億。[13]自 1987 年以來，「地球超載日組織」(Earth Overshoot Day) 計算每一年人類的消耗資源量超過地球當年再生這些資源的能力，來推算該年用完地球再生能力的日期。1987 年，在該年 12 月 19 日，我們已經消耗掉地球每年的再生能力，之後日期不斷地移到更早。到 2017 年則提前到 8 月 2 日。[14]幾十年前，許多生態學家警告說：「這不是『是否』的問題，而是生態系統『何時』崩潰。我們已經生活在「後生態」時代，從某種意義上說，未來生態計畫的主要目標不再是保存不可挽救的生態，而是要為生態的持

---

[10] Intergovernmental Panel on Climate Change (IPCC), "Working."

[11] PHYS, "Global."

[12] International Institute for Applied Systems Analysis, "Global."

[13] United Nations, "World."

[14] Earth Overshoot Day.

續惡化和不可避免的徹底崩潰做準備。

關於生態崩潰的科學分析和預測，在內容、規模、和急迫性方面，都從未如此接近聖經的世界末日預言。其內容包括各種自然的和人為的災難；規模是全球性的；急迫性則很可能屬於這一新生代。

《成長的極限》(Limits to Growth; LTG) 是科學分析和預測最有代表性的系列叢書，該系列叢書被生態界普遍認為是對生態危機最可靠和最溫和的觀點。政治右派的「生態學家」僅是簡單地把生態危機視為「狼來了」或「惡作劇」。他們的許多「科學」發現都是由大型石油、煤炭、和鋼鐵公司暗中資助的。[15] 政治左派則是「生態環境保護狂熱份子」，他們就像狼來了的孩子般，認為生態危機將在未來十年左右發生。然而，隨著更多科學證據和論證的更新，《成長的極限》的預測與「生態環境保護狂熱份子」的預測正在融合。也就是說，全球生態環境的崩潰很可能發生在 2050 年前後 30 年左右。

麻省理工學院史隆管理學院的「系統動力學小組」(System Dynamics Group) 於 1972 年開始撰寫《成長的極限》。1992 年，他們出版了修訂版《超越極限》(Beyond the Limits)，其中包含了更新的數據和改進的計算機模型，並警告國際社會，一如書名所言，當時人類已經超越了地球支撐能力的極限。2004 年，他們出版了另一本《成長的極限：30 年更新》 (Limits to Growth: The 30-Year Update)，向國際社會發出了最後的呼籲，即在生態危機變得不可逆轉之前（「超過無可挽回的地步」；"passing the point of no return")，採取全面行動。的確，到發出最後呼籲時（2004 年），地球已經超過了他們所預期的無法挽回點 (2002 年)；即使那時採取了所有建議的措施，生態末日也會發生。2012 年，與 LTG 相關的一本書出版了，《未來 40 年的全球預測》 (A Global Forecast for the Next Forty Years)，該書就建議國際社會應該為生態崩潰的不可避免後果做好準備。[16]

---

[15] Hoggan (2009).

[16] Meadows et al. (1972); Meadows et al. (1992); Meadows et al. (2004).; Randers (2012).

　　LTG 系列的方法論和經驗數據的收集並非沒有受到挑戰，挑戰特別是來自一些對「氣候懷疑論」(Climate Skeptics) 陣營認同的科學家、記者、資本家和政治家。在 1980 年代末期和 1990 年代初，批評如此之多，以至於提及 LTG 的人都會被視為「政治不正確」，除非是對其提出批評。持懷疑態度的人對 LTG 模型的較小技術問題雞蛋裡挑骨頭，並對 LTG 作者戴上各種政治陰謀的帽子。但是，很少有人批評 LTG 作者關於研究方法、經驗數據、和計算機程序的實際使用，而這些他們都是無償提供給大眾的。LTG 追隨者又花了十年的時間才成功地一一反駁所有這些批評。[17] 至今，LTG 的模型和警告，在大多數生態理論家看來仍然有效。

　　到 2017 年底，全球唯一的生態合作「成就」是一項不具約束力、不可強制執行、不溯及既往的《巴黎氣候協定》(Paris Climate Accord)，旨在於 2020 年（即 LTG 預計無法挽回的二十年後）開始生態行動。更糟糕的是，美國總統唐納‧川普（Donald Trump）在 2017 年 6 月否決了《巴黎氣候協定》，取而代之的是激進的反氣候發展策略，包括重新開放煤礦，放鬆對環境保護的政策，以及探索阿拉斯加油田。2021 年民主黨的 Joe Biden 接任總統，立刻宣布返回《巴黎氣候協定》。但是生態保護碰上了 COVID-19 疫情所造成的全球經濟不景氣，《巴黎氣候協定》對於各國能有多少拘束力，則有待觀察。

　　LTG 系列叢書立基於不斷改進的計算機模型，而該模型使用與生態危機有關的最重要變數，測試了數千種假設，包括資源、工業產出、服務、人口、污染、土地、和糧食。該模型有意排除了針對生態危機更具毀滅性的政治變數，例如戰爭、恐怖主義、和貪腐，因為它們會立即消除該計算機模型中永續發展的最後希望。[18] 叢書的作者們建構了關於上述變數的不同假設的最合理的情況中的九種模型，並發現只有兩種模型會導致永續發展，而且只有在全球社會立即採取他們建議的所有生態行動的情況下，永續發展才可能出現。

---

[17] Bardi (2011:85–93).

[18] Meadows et al. (2004:150).

其他七個模型僅採取了部分建議，並且效果微弱到無法拯救世界。所有的這些模型都會在 2050 年左右導致生態崩潰。在這七個模型中，模型 1 假定全球社會沒有採取協調一致的政策來預防生態危機，就像《巴黎協定》所證實的那樣，其結果是 2020 年左右生態開始崩潰。[19] 儘管作者特別避免了對於何時發生生態崩潰的精確預測，但是他們的預測圖顯示崩潰時間位於 2050 年前後 30 年左右。

　　本書以這個緊迫的時間框架為「後生態」時代到來的假設。這與聖經中基督再臨的假設是一致的。但是，聖經並沒有為基督再臨定下確切的日期，因為「那日子，那時辰，沒有人知道，連天上的使者也不知道，子也不知道，惟獨父知道」(太 24:36)。在基督教歷史上，我們看到許多錯誤的預言，結果都被打破了。

　　這些「成長的極限」很可能導致全世界的「和平的極限」。正如「民要攻打民，國要攻打國」(太 24:7；可 13:8；路 21:10)，這些戰爭將加快生態崩潰的到來。基督徒應該如何思考自己與生態在後生態的定位？基督徒在後生態中應該做些什麼？基督徒應該在聖經中尋找答案嗎？難道基督教本身，不就是生態危機的罪魁禍首嗎？

　　誰該為全球生態危機負責？無論是正面的還是負面的看法，大多數生態神學家的論點都在回應林恩·懷特 (Lynn White) 的開創性論點：應該歸咎於基督教。用他的話說：「基督教背負著巨大的罪惡重擔」。懷特把基督教對生態危機的責任起源，追溯到有關人類與生態之間關係的中世紀基督教神學。當時，「基督教不僅繼承了非重複性的、線性的猶太教時間概念，而且還有關於創造世界的驚人故事」。上帝按照上帝的形象創造了人類。「人為所有動物命名，從而確立了他對動物的統治地位」。從創造故事衍生而來，「人類為了自己的合適目的而開發大自然，是上帝的旨意」，因此使基督教成為「世界上最以人類為中心的宗教」。當現代科學在 13 世紀出現時，科學家開始使用這種基督教神學來合法化他們利用科學和科技加倍地開發大自然。「從十三世紀開始，直到萊布尼茨 (Leibnitz)

[19] Meadows et al. (2004:169).

和牛頓（Newton），且包括他們在內，每位主要的科學家實際上都用宗教術語解釋了他的動機」。由於宗教是生態危機的根源，懷特建議解決方案是提倡東方宗教，例如禪宗佛教具有類似的創造故事，但是沒有基督教的人類主宰神學，或者可以「仔細參考自基督以來的基督教歷史上最偉大的激進分子」：亞西西的聖方濟各 (Saint Francis of Assis)。他提出「謙卑的美德，不僅針對個人，而且對於人類作為一個物種而言」，並且「嘗試除去人類對於創造物的宰制，建立屬於上帝所有創造物的民主制度」，懷特稱方濟各為「生態的守護聖者」。[20]

　　懷特的論點無疑存在邏輯上的缺陷。懷特沒有把責任歸咎於十九世紀的科學與技術融合，以及科學與民主的融合，而是把責任轉移到十三世紀的基督教神學上。如果在 19 世紀沒有發生兩次融合，基督教今天是否會引起生態危機？19 世紀科學技術的工業革命是否對當代生態危機推波助瀾？中世紀難道沒有基督徒對科學抱有敵意嗎？「以人類為中心」的基督教藉著提倡資本主義和民主，為科學技術的發展做出了貢獻，難道只有在 19 世紀嗎？

　　此外，到二十一世紀初，基督教已經與其他宗教一起成為「一個重要的聲音告訴我們：尊重地球，愛護我們的非人類以及人類鄰居，並深入思考我們的社會政策和經濟優先事項。各宗教現在為世界地球日提供祈禱，對於世界銀行貸款對環境的影響提出批判，對基因工程的危險性發出警告，以及在主日學的課程中，教導基督徒應如何應付環境誘發的哮喘」。[21]

　　最後，如果基督教（新教徒和天主教徒）要對生態問題負責，印度（主要是印度教）和中國（主要是無神論、佛教、道教）的生態問題誰該負責？就 2016 年在全球 CO_2 排放中所佔的比例而言，中國以其佔全球 CO_2 排放量的 28.21％排名第一；美國位居第二，佔 15.99％；印度排名第三，為 6.24％；東正教的俄羅斯排名第四，為 4.53％；日本是神道教信仰的國家，排名第五（3.67％）。實際上，

---

[20] White (1967:1203–07).

[21] Gottlieb (2006:9).

在全球二氧化碳排放量最大的十大國家中，有七個國家（中國、印度、俄羅斯、日本、韓國、伊朗和沙烏地阿拉伯）不是基督教國家。[22]此外，就人口而言，中國（14 億）和印度（13 億）是世界上人口最多的國家，約佔世界人口的四分之一。儘管由於印度缺乏強制性的節育計畫，印度的人口有望在 2020 年代超過中國，但是中國也把她強制性的節育計畫從一胎（從 1979 年至 2015 年實施）放寬到了 2015 年的二胎。是基督教，還是有任何宗教，真正需要對生態危機負責嗎？

　　儘管林恩‧懷特在邏輯上存在缺陷，但是他的分析仍啟發了大多數生態神學家所支持的全面性解決方法，也就是全球生態危機需要經濟、政治、和宗教層面的解決方案，來改變個人的和公司的破壞生態行為。本章僅就基督教神學來檢視它與後生態的關係。經濟和政治面的討論，請參閱本章的出處：Cheng-tian Kuo. 2018. Church, Capitalism, and Democracy in Post-Ecological Societies。

第二節　生態神學的困境

　　「我們所傳的有誰信呢？耶和華的膀臂向誰顯露呢？」（賽
53:1）。
　　「文士和法利賽人坐在摩西的位上，所以凡是他們所吩咐
　　你們的，你們都要謹守遵行。但是不要效法他們的行為，
　　因為他們能說不能行」（太 23:2-3）。

　　儘管生態神學家就即將來臨的生態危機以及如何避免生態危機寫了許多書，但是自 1960 年代以來，上述經文中以賽亞和耶穌曾提出的挑戰，當今世界上的那些生態神學家可能會再次提出相同的挑

---

[22] Statista (2017).

戰。在讀完一本激勵人心的生態書籍或聽到政治正確的生態演講後，大多數中產階級消費者仍會立即恢復日常破壞生態的習慣：全天運轉的空調、每個週末都去吃到飽餐廳、每半年到國外旅遊一次、每隔一年就購買新手機、每月購買新衣服和鞋子、每四年購買一輛新車、每十年就搬到一個更大的房子。美國前副總統艾爾・高爾（Al Gore）就是一個很好的例子。他在電影《不願面對的真相》（2006年）中發表了最具說服力的生態演講之一。但是，他住在 10,000 平方公尺的豪宅中，耗電量為 221,000 kWh，是當地居民用電量平均數的 20 倍。

　　生態神學家可能會再次向今天的大多數基督徒，提出以賽亞和耶穌曾提出的相同問題。儘管生態神學家撰寫了許多有關生態危機及其解決方法的文章，但是大多數基督徒只是選擇忽略那些智慧之詞。在閱讀一本激勵人心的生態書籍或聽取政治正確的生態講道之後，大多數教會成員和牧師會像其他非基督徒一樣，恢復他們在日常生活中破壞生態的習慣，包括去前述案例 13.1 的素食餐廳，大吃一頓「環保餐」。

　　此外，啟示錄和基督教科學家的作者可能會再向這些神學家本身，提出以賽亞書和耶穌曾提出的相同問題。大多數生態神學家都基於永續發展的假設，來提出自己的論據，好像他們可以推遲或阻止基督的再臨一樣。艾爾・高爾的「不願面對的真相」是指在還有時間的時候，恢復瀕臨瓦解的生態，而聖經的「不願面對的真相」則是徹底消滅瀕臨瓦解的生態，以預備一個新的生態。科學和聖經都明確指出，我們已經生活在後生態時代。

　　本節將首先評估西方生態理論家重新發現的中國生態理論。接著以于爾根・莫特曼（Jürgen Moltmann）和天主教教宗本篤十六世（Pope Benedict XVI）的作品為代表，揭發當前生態神學的局限性。本章的第三節有系統地分析所有與生態神學和後生態神學直接相關的聖經經文，以介紹聖經的整體生態神學觀點。第四節建構一個後生態神學，以解決上述問題。

　　顧名思義，生態學是後現代性 (post-modernity) 的問題，全球生

態危機的威脅直到 1960 年代才被西方生態學家所認識到。這也是一些西方生態學家尋找非基督教的宗教和哲學淵源，作為其思想基礎的時期。正如本章第 1 節所討論的，林恩‧懷特（Lynn White）就是在這個年代開始指責基督教製造了生態危機。但是，在 1960 年代和 1970 年代中國沒有生態學家出現支持西方生態理論。中國人仍在努力對付經濟現代化的挑戰。實際上，從 1966 年到 1976 年，中國共產黨政權發動了文化大革命，以殲滅包括儒教、道教、和佛教在內的傳統中國宗教。這些宗教怎能有閒情逸致談論生態？直到 1990 年代末，西方生態學理論傳入中國，一些中國知識分子才開始透過這些西方理論的視角，重新發現其傳統宗教中的生態學論述。

在過去的幾十年中，經濟的「中國崛起」給人留下了深刻的印象。一些西方生態理論家再次求助於中國宗教和哲學，以尋求生態危機的解決方案。別的先不提，光是道教的論述，他們就發現關於天人合一、風水、對自然資源的有限開發、靈修、和樸素生活的論點，與現代生態計畫的原則是一致的。[23] 他們還發現，中國佛教徒的戒律，包含眾生平等、放生、茹素、（更多的）靈修、以及提倡比道教徒更加樸素的生活，可以提升生態意識。道教和佛教的戒律都是反人類中心主義，和基督教的人類中心主義正好相反。[24]

作為「中國崛起」的副產品，經濟發展項目造成的污染、食品安全、森林砍伐、內部生態難民，也引起了中國知識分子和政府領導人的關注。一些中國知識分子認為，如果西方生態學家說中國宗教中有某種生態學上正確的東西，那麼中國宗教肯定就有一些值得研究的東西。因此，他們開始挖掘由 5,485 卷書和大約 6,000 萬個單字所組成的《道藏》，或包含 23 萬冊和超過 1 億個單字的《中華大藏經》。在這些佛道經典中不難發現大量的生態論證。但是，除了那些西方生態學家告訴他們的東西之外，沒有多少中國知識分子創

---

[23] 關於道教生態學，參見：Hathaway (2009); Kim (2017); Miller (2017)。

[24] 關於佛教生態學，參見：Coleman (1986); Henning (2001); Kaza and Kraft (2000); Payne (2010); Tucker and Williams (1997). 關於其他亞洲傳統中的生態學理論，包括中國，參見：Callicott and McRae (2014)。

立了其他的見解。[25]更糟糕的是，這些佛道經典中的某些生態論述根本對生態無益。

　　中國生態理論存在許多重大問題。首先，他們過分強調靈修，而很少採取具體的行動。根據他們的結論，如果一個人有長時間的靈修，達到天人合一或涅槃，那麼所有的生態危機都可以得到解決。真的可以嗎？其次，即使有些人提出了具體的行動建議，對於現代社會也可能是不現實或適得其反。例如，如果我們都遵循比丘（和尚）或比丘尼（尼姑）的服裝要求，那麼米蘭、巴黎、和紐約的時裝產業，可能會在一夕之間崩潰。如果我們停止購買新的家用電器，並把損壞的家用電器送去維修店，那麼華爾街會怎樣？如果我們都成為素食主義者（有多少人願意？），這對家禽、漁業、和畜牧業有什麼影響？如果放生放錯了位置，這會破壞當地的生態平衡還是導致牠們的集體死亡？某些廟宇推動放生是否變成鼓勵捕撈和販售動物的生意？如果我們被禁止殺死任何昆蟲，那麼我們如何保持農作物健康和人類免受疾病侵害？佛教徒是否願意接受有動物實驗的現代醫學？道家的煉丹難道不是經常包含從瀕臨滅絕的物種中獲得的原料，因為這些原料具有神秘的自然和靈性力量嗎？每逢新官上任，調整建築外觀和辦公室家具以滿足風水要求，難道不是浪費資源嗎？正如段義孚（Yi-fu Tuan）早在 1968 年就在其著作《環境態度與行為之間的差異》所懷疑的一樣，中國僧侶和道士是否能夠實踐這些生態標準？[26]中國最大的佛教寺廟少林寺的住持釋永信，不就是因為傳言其奢侈的生活方式和性行為不端而受到批評嗎？最後，即使以上所述在理論上是正確的，也並不意味著我們可以解決生態的集體行動問題。迄今為止，儒家、佛教、和道教，都還沒有提供解決（後）現代國家或國際生態危機的具體解決方案。

　　這並不是說儒家、佛教、和道教，對於全球生態運動沒有任何貢獻。一方面，中國人迫切需要為他們的生態計畫從傳統文化中找

---

[25] 最近的中國生態學包含：Bi (2013); Chen (2017); Sun (2015); and Yang (2016)。

[26] Tuan (1968)。

到意識形態的依據；另一方面，上帝偶爾會通過非信徒的口來教導祂的信徒，以提醒他們真理，或者是聖經中真理的新詮釋。例如：摩西的岳父米甸的祭司葉忒羅，曾向摩西建議建立千夫長、百夫長、五十夫長、十夫長的行政體制。摩押的祭司巴蘭祝福以色列。波斯王居魯士（Cyrus）被上帝激動，幫助以色列民回去重建聖殿。[27] 出於同樣的神學原因，基督徒可以通過中國的天人合一，來回想起上帝的神聖創造，想起上帝要求信徒要過著簡樸生活（但不是太過於極端的節儉生活）的教導。藉著道教和佛教徒的靈修，以及關於彌勒佛的佛教末世論，基督徒可以想起對上帝的最終救贖計畫。特別是佛教傳入中國後，佛教的末世論與道教和儒教融為一體，成為農民革命的主要宗教理由，直至 1911 年。[28] 然而，基督徒不應該過多地關注中國的宗教，而失去三一神和基督再臨的神學核心教義，並且應把信仰與行動結合起來。不幸的是，許多西方生態神學家似乎從中國宗教中汲取了錯誤的成分，來發展其生態神學。

　　中國宗教至少有兩個特性被西方和中國生態理論家都忽略了，而這兩個特性應有助於西方生態神學的自我反思。[29] 第一個特性是宗教包容。自從公元 955 年佛教四大災難（「三武一宗」之禍）結束以來，中國從未像西方社會那樣經歷過重大的宗教戰爭。儒家、佛教、和道教在貴族、地方政府、和家庭中自由實踐。他們的融合性無疑有助於維持和平，但是他們也保持了各自的獨特性。基督教教會沒有、也不能採用多神論。但是在教會內不同社會階層之間、不同基督教派別之間、以及基督教與其他宗教之間，進行民主生態對話的空間還很大（見本書第五章）。

　　中國宗教的另一個特性是避免涉入主要的政治爭議，而這可能有助於當代的生態計畫。中國佛教徒從這方面學到了很多東西。公元五世紀左右，印度佛教經由西藏到達中國時，它伴隨著藏傳佛教

---

[27] 出 18:21；民 22–24；拉 1:1–4。

[28] Lee (1997).

[29] 中國政教關係的歷史，參見：Goossaert and Palmer (2011); Lagerwey (2010); and Kuo (2017)。

的信仰傳統，如同中世紀的天主教一樣的「以教統政」。它挑戰儒教和道教文化以及中國皇室的宗教合法性。它甚至參與了一些宮廷政變。儒教和道教的宗教聯盟對此進行反擊，並引發了佛教四大災難。為了在中國的政治宗教環境中生存，中國佛教拋棄了藏傳政治佛教，之後與儒教和道教友好。因此，儘管中國是一個「宗教國家」，但是從來沒有一種「國家宗教」把它的宗教和道德規範，強加在全國人民上。儒教確實是所有宗教的政治「政統」。但是它不禁止皇帝、國家官員、貴族、和農民，從事其他宗教的活動。在中國宗教史上保持宗教與國家之間的安全距離，可能使基督徒在從事生態計畫時，想起聖經中提到他們的最終責任，是要建立一個屬靈的「地上天國」（就是教會），而不是世俗的「地上天國」。

　　「為時已晚了嗎？」(Is It Too Late?) 是生態學先驅小約翰・柯布 (John B. Cobb, Jr.) 1972 年寫的一本書的書名。根據他當時的科學數據和預測，這本書的結論令人非常悲觀：為時已晚了！但是就像任何一位優秀的牧師、神父、和神學家一樣，柯布提供了基督徒在面對生活中的絕望和悲觀時的標準解決方案：盼望。「對於聖靈的信心，也就是對於生命和愛的賜予者的信心，是盼望的基礎。儘管我們對這個星球上的物種進行大肆破壞，但是生命之靈正用前所未有的新方式和不可預期的方式發揮作用，抵抗並規避了我們在其前進道路上放置的障礙。」[30]

　　在 1995 年這本書的修訂版中，柯布重申了他的悲觀：「為時已晚」。也就是說，原來有可能在 1970 年實現的一個幸福的未來，而今天這種可能性已經不復存在。他所希望的改變，是藉著在全球日益形成對環境問題重要性的共識，和所採取的某些行動而可以實現的。然而，在引證一些矛盾的證據之後，他轉而悲觀：「有一些其他令人鼓舞的改變跡象，但是也有太多令人深感失望和沮喪的東西。地球的命運仍然不確定。」[31] 1995 年版不再提及「盼望」或「聖靈」。所盼望的會需要更久以後才會到來嗎？或者，基督教神學家是否可

---

[30] Cobb (1972/1995:81).

[31] Cobb (1972/1995:83–85).

能藉著盼望，做出與三一神的世界計畫所相反的事情？正如雅各書4:3 所說，「你們祈求也得不到，是因為你們妄求，為了要浪費在你們的慾望中」。

德國神學家于爾根‧莫特曼（Jürgen Moltmann）和教宗本篤十六世（Pope Benedict XVI）可能分別是當今最傑出的基督教和天主教生態神學家。儘管他們對生態神學做出了重大貢獻，但是他們對於生態實踐的貢獻仍是有限的，甚至可能適得其反。他們的生態神學與40 年前的柯布沒有太大不同。實際上，當前的大多數生態神學都表現出其局限性和副作用，這些局限性和副作用為普通基督徒提供了短期的舒適感，但是卻犧牲了長期的靈性福祉。

于爾根‧莫特曼發表了幾本有關生態神學的著作，其中《正義的太陽，升起吧！神為人類和地球預備的未來》(Sun of Righteousness, Arise! God's Future for Humanity and the Earth) 是我們討論的重點。[32] 該書首先討論了二十世紀傳統歐洲教會的普遍衰落，以及二十一世紀獨立教會的復興。與傳統教會相比，這些獨立的教會更加重視耶穌基督的復活和神國度的降臨。這兩個重點是相關的：耶穌的復活「具有包容性，向世界開放，並擁抱宇宙，這不僅是人類和歷史的事件，也是宇宙的事件：是萬物新創造的開始。」[33]

世界的新創造不一定是另一個基督教世界。「這並不意味著世界的教會化；我們所看到的是基督的宇宙維度。…… 基督教被設計為在一個動盪而生病的世界中，為要成為治癒創造物的復原起始點。」[34] 上帝國與正義、公平、以及愛有關，而不是一神教。實際上，基督教不是一神教。[35] 自然世界的重生，不是藉著耶穌基督復活而導致啟示錄中描述的字面上的新天新地，也不會導致上帝的王國從天上降下來，而是導致「所有新創造物的世俗化。上帝不把自己的

---

[32] Moltmann (2010). Moltmann 更早期關於生態神學的著作包含 :Moltmann, *God*; *Spirit*; *Source*.

[33] Moltmann (2010:55).

[34] Moltmann (2010:69).

[35] Moltmann (2010:chapters 10-12).

創造保存在天堂；祂更新地球。上帝的王國是在人間復活的王國。」[36]

　　那麼啟示錄所描述的對現有世界的徹底毀滅呢？莫特曼辯稱：「世界將以上帝的最終審判而終結的想法，最初不是基督教的概念，甚至不是聖經的概念。」[37]基督的復活或「升起的太陽」是藉著正義、公平、和愛心來修復現存的世界。審判不是關於對罪人和非信徒的報仇，也不是關於對現實世界的殲滅，而是關於扶助受害者和教育犯罪者。[38]一旦所有被破壞的創造條件都得到了正確處理，「新的創造就可以站在正義和公平的堅實基礎上，並且可以承受永恆」。[39]新天新地不是必要的。

　　我們如何在這個世界上帶來正義、公平、和愛？莫特曼開出了「新三一神思想和經驗」的藥方。三一神不僅是一個靈性觀念，而且是拯救世界的社會綱領。三一神的社群是「沒有特權的，而且自由權是不被侵犯的。個人只能在社群中擁有個人權利；社群的自由存在於個人的自由。如果我們仰望三一神及其在教會中的和諧，就應該有可能使人身自由和社群公平達到和諧。」[40]一旦普世教會進行合一，基督徒就可以向整個世界宣傳三一神的社群模式。每個基督徒如何思考和體驗三一神？莫特曼著名的靈修與盼望神學提出了方法：藉著觀察、認識、懷疑、思考、和感受，將使我們能夠進入真理之光，與三一神面對面。[41]按照上述的診斷和處方，所有人將永遠幸福快樂地生活，不再需要擔心生態危機。阿們？

　　從本書第二章第一節「心腦神學」的角度來看，于爾根·莫特曼的生態神學似乎主要強調加強神性腦與理性腦之間的聯繫，以便基督徒可以把生態價值神聖化。正如基督教精神病學家馬克·麥米（Mark R. McMinn）正確地指出：「相對於東方宗教的靈修的目的是

---

[36] Moltmann(2010:72 and chapter 9).

[37] Moltmann (2010:127).

[38] Moltmann (2010:chapter 13).

[39] Moltmann (2010:141).

[40] Moltmann (2010:163).

[41] Moltmann (2010:chapter 15).

使人的思想空無，基督教靈修的目標是使人的思想充滿對神的同在的認識。」「我們的內在生活，是藉著神以聖經和其他方式來塑造我們的品格，這是我們在幫助受傷的人們時，所擁有的最大資源。」[42]加拿大神經科學家 Veronique A. Taylor 通過對練習禪宗禪修的大學生進行實驗，再次證實了許多類似的研究，即「正念」靈修可以促進情緒穩定。他特別發現，「相對於初學者，經驗豐富的靈修者增加了某些宗教網絡之間的聯繫，例如：前葉（理性腦）和頂葉（神性腦）之間的聯繫。」[43]靈修後的這種情緒穩定無疑是朝著解決生態問題邁出的重要的第一步。但是，「第一步」並不是對生態問題的完整解決方案，尤其是如果第一步就走在錯誤的道路上時。

莫特曼的生態神學至少有六個主要爭議，使其在經驗上和神學上都不合理。首先，「沒有行為的信心是無用的」（雅2：20）。靈修（觀察、認識、懷疑、思考、和感受）不一定能產生具體行動，而預防生態危機需要具體行動，靈修則可有可無。即使靈修可以產生具體行動，莫特曼也沒有具體說明哪些具體行動是適當的；他只談論關於生態行動的一般原則。

第二，假設一名基督徒受到莫特曼著作的激勵，並準備採取生態行動。但是，她立即面臨著生態產品的集體行動問題：她不能獨自做到這一。無論她採取什麼行動，都像在污染湖中滴下了一滴乾淨的水，除非其他人也採取類似的生態行動。她很快會感到沮喪，並回到生態靈修的輕鬆工作。是的，只要在沒有全時間打開空調的情況下在家進行靈修，靈修都是有益生態的。

第三，以耶穌復活為基礎的生態神學對於解決生態危機是不可能的任務。一方面，如果耶穌已經在 2000 年前復活了，那麼為什麼祂需要再次復活呢？聖經中沒有耶穌的第二次復活，只有耶穌的第二次再臨（Parousia）。另一方面，它沒有產生應付迫在眉睫的生態危機所需的緊迫感。心理實驗證明，大多數人是會規避風險的，他們對損失的重視程度大於對收益的重視程度，並且更喜歡立即消費

---

[42] McMinn (1996).

[43] Taylor et al (2013:4-14).

而不是未來消費。莫特曼說耶穌復活的確為遭受苦難的基督徒帶來了盼望是正確的。然而，大多數當代基督徒並未在物質生活中遭受苦難，而有效的生態計畫將會使他們遭受物質苦難。當他們如此享受目前的物質生活時，為什麼他們要盼望耶穌的復活？

　　第四，莫特曼呼籲建立一個跨宗教的普世教會，這在生態計畫上可能收效甚微，而在教會團結上卻要付出高昂的代價。統一的生態行動需要統一的生態理論；即使這是可能的話，也不一定需要統一的或普世的教會。此外，大多數其他宗教可能不在乎基督教是否放棄其一神主張。他們可能更在意的是，某些基督教神學家提倡「一個上帝，許多基督」的陰謀，會把他們的至高神降格為基督教上帝之下的基督[44]。因此，莫特曼呼籲跨宗教界建立一個普世教會，反而可能會引發各種宗教戰爭，並分散他們為拯救地球所做的努力。

　　最後，莫特曼生態計畫的目標既不符合聖經，也不符合心理學。如果他所設想的一切順利進行，其結果將是「新創造可以站在正義和公平的堅實基礎上，並且可以承受永恆」。這怎麼可能不符合聖經？問題在於莫特曼的「新創造」是人類努力改善現有世界並使之可持續至永恆的結果。這是一個「天堂般的地上天國」。這不是上帝在毀滅現有世界之後重新創造另一個「天國」的結果。即使在這裡可以使用莫特曼對耶穌復活的類比，耶穌的復活也只有在祂的身體死亡後才會發生。如果在這裡復活的比喻有任何意義，那麼在新天新地到來之前，當前世界需要被徹底摧毀。在仔細檢查了與耶穌末世論相關的三十二節聖經經文和神國度到來後的五十八節經文後，神學家戴爾・艾利森（Dale C. Allison）有說服力地指出：「我們的選擇不是在世界末日的耶穌與其他種類的耶穌之間；而是在世界末日的耶穌與沒有耶穌之間……」上帝的國是「一個國度也是一個統治；是上帝行使至高無上統治的地方和時候。」[45]

　　藉著基督教的盼望和行動，形成了世界是可拯救的假設，這是扭曲了聖經的一種假設。這不僅是莫特曼論證的核心，也是他的追

---

[44] Dupuis (1997).

[45] Allison (2010:33-47, 164-201).

隨者如生態神學弗雷德里克・赫爾佐克（Frederick Herzog）論證的核心。也是他的批評者的問題，例如喬治・魏格爾（George Weigel）和奧利弗・奧多諾萬（Oliver O'Donovan），他們與莫特曼爭論在這個狀況下的生態作用，卻不挑戰他對於世界是可拯救的假設。[46]

此外，對於莫特曼來說，正義與公平不僅是靈性上的，而且是社會和政治上的。但是在聖經中，它們只是靈性上的。作為社會政治綱領的正義與公平概念，主要是基於人類理性的啟蒙運動的發明。然而，根據心腦神學的發現，人類理性只是人類感性的奴隸。對於正義與公平的種種定義，不是都隨著個性、文化、和時空環境而改變嗎？僅僅具有「有限理性」(bounded rationality) 的普通公民，能否理解和追求如此眾多的社會和政治目標？而這些問題可能與生態有直接關係，也可能沒有直接關係。因此，莫特曼的「新創造」在最好的情況下可能是一個政治的海市蜃樓，而在最壞的情況下可能是一個新的「十字軍」；不是戰勝的十字軍，而是大多數未能抵達君士坦丁堡的十字軍，因為組成十字軍的各方隊伍在遠征的路上相互摧毀而潰散。

除了莫特曼以外，另外一本主要的生態神學著作是有「綠色教宗」稱號的本篤十六世的《上帝的花園：邁向人類生態學》(The Garden of God: Toward a Human Ecology)。這是本篤教宗針對各行各業的 55 篇生態演講和信息的短文集。因此，它不像莫特曼的生態神學那麼學術。儘管如此，在本書中可以辨別出幾個主要論點。

首先，本篤教宗以前是莫特曼在德國蒂賓根神學院（Tübingen Theological Seminary）的同事，後來成為教宗。遵循亞西西的聖方濟各 (St. Francis of Assisi) 的傳統，教宗從「聖化的地球」開始他的生態靈修學，因為「聖化的地球 ...... 反映了上帝的創造之愛」，「確實是創造者的寶貴禮物，在設計其內在秩序時，給了我們成為祂創作的指導」。本篤教宗呼應了莫特曼的復活生態神學，他敦促基督徒「根據天父的創造性工作和基督的救贖工作來思考宇宙及其奇蹟，

---

[46] Herzog (1980); Weigel (1997); O'Donovan (1996); cited from Webb (2008:500-17).

基督藉著死與復活跟天父和好了。」所有基督徒都應該「認真培養
開放的思想，那是由愛決定並植根於信仰的……（以見證）他們對
保護創造物的責任感。」[47]

　　第二，這本書提倡「人類生態學」(human ecology)。生態危機
是「不人道的發展觀的後果……此觀念僅限於科技經濟方面，並且
掩蓋了道德和宗教的向度」。從人類為中心，而不是自然為中心的
角度來看，人類生態學同時比世俗生態學更窄也更廣。它不僅關注
生態價值，而且關注人類價值，例如：和平、經濟發展、基本需求、
公平分配資源、道德、家庭價值觀、社會正義、世代間的團結和人
權。這種人類生態學假設「人類確實有能力履行其重任，把地球交
給後代。」[48]

　　第三，信仰和科學的結合將使基督徒欣賞創造物和人類生態神
學，並從事生態實踐行動。「上帝給了我們兩本書：聖經和自然之
書」。因此，人類生態神學的建構需要信仰和理性。聖靈「藉著創
造物和創造物的美麗來與我們相遇」，並加強了對人類生態神學的
信心；一方面「大自然誠然是透過數學方式構成的，而人類思維所
發明的數學，藉著科技為我們服務，幫助我們與自然合作」。[49]

　　最後，本篤教宗就生態實踐提出了具體建議。他提倡更節制的
生活方式、減少能源消耗、提高能源效率、並譴責「消費主義心態」，
這會導致「過度和任意浪費資源」。特別是，他不僅為了滿足窮人
的基本需求，而且為了文化原因，提倡「戰略性振興農業」。他提
倡一種「基於永無止盡的好客、團結、和分擔勞動的價值，而有的
個人責任感和對農村活動的社會責任」。[50]

　　自第二屆梵蒂岡會議（Second Vatican Council; 1962-1965；簡稱
「梵二」）開始討論生態問題以來，本篤教宗的生態聲明與各種天

---

[47] Urbaniak and Otu (2016:12, 33-34, 42-44, 51-52, 84-85).

[48] Urbaniak and Otu (2016:14-16, 18, 34, 38-52, 73-75, 98-99, 104, 134-135, 139-196).

[49] Urbaniak and Otu (2016:5, 91, 108, 125-133).

[50] Urbaniak and Otu (2016:46, 48, 109-111, 198-200, 204).

主教生態神學一致。本篤教宗的生態聲明是建立在「梵二」的主要
的神學觀點，即擴大了對神學多樣性的容忍度和促進了社會正義。
因此，他制訂了生態神學的兩個主要原則：「尊重地球和生物群體……
…… 作為神的創造；並提供了措施，以確保人們為了共同的利益而共
同努力時，能夠滿足人類的需求」。人類對自然的「統治」一詞首
先被人類的「管轄」取代，最後被「管理」取代。更具體而言，天
主教生態神學由以下幾點組成：「神聖的宇宙」、「基督徒對創造
物有所關懷的基本職責」、「對生態區域問題的理解」、「所有創
造物的神聖與尊嚴」、「環境污染與人類貧困之間的關係」、「從
以人類為中心的管轄轉向管理角色」，以及「關於人類與創造物中
其他生物相互依存的關係意識。」[51]

　　面對一般聽眾，本篤教宗的生態神學所涵蓋的神學和實證議題，
比莫特曼更多。但是，關於教宗的論點，也可能引發一些辯論。首
先，就像莫特曼生態神學的問題一樣，教宗的生態神學建立在創世
記而非啟示錄上；是建立在耶穌的復活，而不是耶穌的再臨上。本
篤教宗的這本書中有 55 篇演講，其中只有一篇簡短地談到了生態與
啟示錄之間的關係，演講的題目是「創造的特點是有限性」。他一
開始先引用馬可福音 13:31 的話說：「天地要廢去，我的話卻絕不廢
去」。接著很快轉向了創造生態神學的方向，而沒有闡述有限性質
的含義，以及生態神學的「要廢去」意味著什麼？[52]

　　第二，儘管相對於莫特曼有所改善，但是教宗仍然過於依賴靈
修的方法，而在實踐上卻忽略了集體行動問題，即使在教會內部也
是如此。撰寫本篤教宗生態神學著作序言的大主教 Jean-Louis Bru-
guès 列舉了梵蒂岡生態行動的三個例子：太陽能板安裝在梵蒂岡主
要禮堂的屋頂上；它的飯廳由太陽能冷卻系統供電；為了成為第一
個氣候中立的國家，它在比克（Bükk，位於匈牙利）種植了數百英
畝的氣候森林。[53] 這些「生態」行動的問題是：梵蒂岡真的減少了寬

[51] Hart (2004:8, 60, 101).

[52] Hart (2004:36–38).

[53] Hart (2004:ix).

敞的禮堂和飯廳的「過度和任意浪費」電力嗎？梵蒂岡不可以使用
最初設計時沒有空調的這些房間嗎？此外，為什麼地球需要另外種
植「數百英畝的氣候森林」，以便該森林提供寶貴的配額以抵消梵
蒂岡目前的污染，或在全球二氧化碳市場上進行交易，以鼓勵更多
污染？[54] 到了 2016 年，該項目尚未實施；這反而可能對地球是個好
消息。

　　第三，當莫特曼因為提出一個非一神論的普世教會而偏離了正
統的生態神學時，本篤教宗可能已經因為擴大其生態神學的政治議
程而偏離。莫特曼和本篤教宗似乎都把新天新地解釋為對既存天地
的更新，並使它們對於後代是永恆的。如果當前世界是可拯救的，
那麼教會必須在公共生活中發揮至關重要的作用。但是公共生活的
哪個方面？只有那些與生態有關的？不。在本篤教宗的生態議程中，
自然生態學被歸入人類生態神學之中，其中包括和平、經濟發展、
基本需求、道德、家庭價值觀、社會正義、世代間的團結、資源的
公平分配和人權。如果可以明確定義所有目標，那麼普通的、有限
理性的基督徒在進行生態活動時，會深刻或清晰地了解所有這些社
會政治目標嗎？自 1980 年代以來，這些社會政治目標難道沒有在
西方社會中，嚴重分裂自由派基督徒和保守派基督徒嗎？生態危機
是否會在不久的將來，突然帶來自由主義者和保守主義者的快樂統
一？如果他的計畫成功的話，是否會導致教會和國家在全球範圍內
建立「第三個基督教帝國」(the Third Christendom)？

　　莫特曼和本篤教宗的生態神學在當代生態神學家中最為突出。
除了他們之外，可能還有與天空中的星星數目一樣多的生態神學。
根據威利斯·詹金斯（Willis Jenkins）的著作〔該著作參考勞雷爾·
凱恩斯（Laurel Kearns）的學術分類〕，生態神學存在三種「實踐策
略」：生態正義神學、基督徒管理神學、和生態靈修神學。[55] 生態正
義神學「基於聖化觀，其中恩典闡明了創造物的完整性。基督徒管
理神學基於救贖的比喻，與上帝的相遇會產生天職的責任感來照顧

---

[54] Struck (2010).

[55] Kearns (1996:55-70); Jenkins (2008); Cassel (1998).

創造物……（生態靈修神學）則借用「神化思想」(deification)，經由個人的創造力把所有創造物帶入與神聯合的恩典。」[56]

著名的生態正義神學家包括 James Gustafson、Larry L. Rasmussen、Michael S. Northcott、H. Paul Santmire、Lisa Sideris 和 Jürgen Moltmann。[57] 主要的基督教管理神學家包括 R.J. Berry、Calvin B. DeWitt、Au Sable Institute、J. David Cassel、Richard T. Wright、Susan Power Bratton、Holmes Rolston III、E. Calvin Beisner 以及 Ronald Cole-Turner。[58] 生態靈修神學的代表神學家包括 Thomas Berry、Matthew Fox、Gordon Lathrop、Charles Murphy、Pierre Teilhard de Chardin，以及東正教神學家 Philip Sherrard 和 Patriarch Ignatius IV of Antioch。這些生態靈修神學家強調神秘的宗教經歷，而不是宗教教義；強調聖禮和禮儀的感受性，而不是理性的神學分析；以及宇宙的轉型而不是以人類為中心的救贖。[59]

在詹金斯 (Jenkins) 仔細研究了這三種實踐策略之後，他提出了他的生態恩典神學 (theology of ecological grace)。從本質上講，這是這三種實踐策略的結合和適應。[60] 儘管他用「哀嘆」(lamentation) 來代替「靈修」，用「恩典」代替「聖化」，用「恢復」代替「復活」，但是他的主要論點與這三種實踐策略並沒有太大的不同。畢竟，這三種實踐策略之間的區別不是種類而是程度，不是聖經的真理與否，而是相對強調的重點。大多數基督徒可能無法分辨「聖化的完整性」（生態正義神學）與「與上帝的結合」（生態靈修神學）之間的區別。生態正義和生態靈性的神學家們也不會反對基督徒管理神學家的主

---

[56] Jenkins (2008:19).

[57] Gustafson (1981-1994); Rasmussen (1996); Northcott (1996); Santmire (1970); Sideris (2003).

[58] Berry (2006); DeWitt (1998); Au Sable Institute (1993); Bratton (1993); Rolston (1994); Beisner (1997); Cole-Turner (1993).

[59] Berry (1988); Fox (1991); Lathrop (2003); Murphy (1989); Chardin (1959); Chryssavgis and Foltz (2013:4-5).

[60] Jenkins (2008: chapter 12).

張，即基督徒對恢復生態平衡負有神聖的責任。[61]

　　一些生態神學家建議把破壞大自然的人類行為標記為「社會罪」，以勸阻基督教徒不要污染環境。[62]天主教神學家傑姆‧舍弗（Jame Schaefer）稱呼與上帝創造物對立的罪不僅是「社會罪」，而且是「星球級的罪」(planetary sin)。[63]根據靈性生態神學，這可能是威嚇生態犯罪者的有力工具。畢竟，如果神性腦對理性腦和感性腦具有強大的控制力，那麼，告訴真誠的基督徒污染環境就像褻瀆上帝一樣糟糕，還有什麼比這更有效的生態措施了？

　　這種方法存在幾個問題。首先，通過在聖經中添加新的誡命，這種方法冒著「妄稱耶和華你上帝的名」(出 20:7)的風險。其次，它可能會無意中把耶穌的第二次降臨歸為此類，因為耶穌會像啟示錄中描述的那樣，摧毀當前的自然世界。祂是唯一能夠獨自犯下「星球級的罪」的神。第三，它給無法知道這種罪惡確切界限的普通基督徒帶來了難以承受的負擔。我是否因為在家裡使用塑料製品、乘坐旅行車上班而不是走路、看平裝書而不是電子書、吃牛肉和豬肉而不是蔬菜而犯了生態罪？希臘正教的綠色牧首們或天主教的綠色教宗們自己在日常生活中，是否擺脫了這些罪惡？第四，當其他基督教信徒或其他宗教的信徒不接受這種激進的生態罪觀點時，它就無法解決生態危機的集體行動問題。

　　女性主義生態神學可以幫助修正這些生態神學問題嗎？可能無法。實際上，藉著引發社會正義和泛神論的其他爭議，它們可能使生態問題更加複雜。例如，瑪莉‧梅洛爾（Mary Mellor）的女性主義生態神學正確地假設「自然界的開發和破壞與婦女的服從和壓迫之間存在關聯性」。確實，婦女，尤其是發展中國家的婦女，經常遭受生態危機的打擊最大。但是，她匆忙地歸咎於基督教內在父權

[61] Dyk 不同意「負責任的管理」的術語和內容，「負責任的管理」可能僅僅是「一種肯定人類統治，隱藏起人類傲慢和人類中心主義的新方法」。相反，他建議「勉強干涉」或「小心干涉」。Dyk (2011)。

[62] Nash (1991)。

[63] Schaefer (2010:69-94).

制和理性主義兩種罪過。確實，男人在教會領導和科學界的大多數職位中佔據主導地位。然而，尚不清楚女性教會領袖或女科學家是否天生具備比男人強的生態基因。婦女是否一定比男人更好地在自然與人之間充當「調解人」？[64] 生態哲學家安德魯‧道布森（Andrew Dobson）對生態女性主義提出了更多的批評[65]，這裡不再贅述。

　　女性神學家凱瑟琳‧凱勒（Catherine Keller）為了呼應這種女性主義生態神學路線，高度贊同莫特曼的盼望、靈修、與社會正義的生態神學。但是，她在三個主要方面超越了 Moltmann。首先，在生態世界末日的時間和規模上，她非常樂觀：「還有時間。是時候該清醒了 …… 我們可以停止倒退回創世記。過渡只是程度的問題，而不是絕對的世界末日。確實，這是把溫度保持在攝氏 2 度的問題。」其次，她建議從「女性主義和酷兒 (queer) 的關係、挫折、和韌性經驗」中學習如何體現和活化我們的跨區塊網絡 (intersectional web-work)。什麼是「跨區塊網絡」？它是所有宗教相互學習並「在普世的複雜性中進行合作」的網絡。為了說明這一點，她以蓋亞（Gaia，大地女神）的希臘神話故事作為她推論的開頭和結尾。[66]

　　當前這些生態神學在神學上的貢獻和弱點，就像莫特曼和本篤教宗的著作一樣。也就是說，他們過於依賴創世記來使地球聖化（或神化），並且人類承擔著管理地球的責任；他們把耶穌復活的比喻應用於大地的更新；他們提倡用靈修方法產生生態行動；以及／或者它們把生態問題擴展到其他社會和政治議程。他們共同的弱點包括對於啟示錄中審判日的輕描淡寫、忽視了集體行動問題、以及對於在地球上建造或修復天堂般的世俗王國，在人類理性上寄予了太多盼望。羅素‧布特克斯（Russell A. Butkus）和史蒂芬‧科姆斯（Steven A. Kolmes）做出很好地總結：大多數生態神學的共同反應「是基於盼望和信心，即生態未來在某種程度上把握在人類手中。」此外，他們繼續說：「上帝的統治是指包括人類和自然世界在內的所有造

---

[64] Mellor (1997:1-2, 179-84, 188-90).

[65] Dobson (2007176-87).

[66] Keller (20154, 9, 11-15).

物的更新和恢復，這很可能是生態神學最重要的貢獻之一。」[67]

　　麗莎‧西德里斯（Lisa H. Sideris）對於許多生態神學家所提倡的無差別、過度、和不切實際的愛心，感到沮喪。她構建了一種演化的生態神學，該生態神學主張「對自然保持最低限度的干預主義倫理」。她區分野生和非野生生物群體（動物和植物），並建議把人類對於後者的同情心，視為人類之間愛與道德的延伸。她接著說，人類對前者的同情應該是有限的，應盡量減少干預，並應尊重生物演化和適應的自然法則或上帝的法則。[68]

　　西德里斯的解決方案不僅大大減輕了基督徒對於生態的責任，而且還為基督的第二次降臨留下了倫理上的空間，可以摧毀大自然。畢竟，野生生物群體屬於祂的倫理管轄權，而不是人類的管轄權。但是，她的解決方案僅處理人類與生物群體之間的關係，而不涉及人類之間的關係。此外，對於基督而言，這個倫理空間並不太大，因為基督將摧毀所有的生物群體。因此，我們對聖經生態神學的需求是建立在聖經整體上，並使所有相關經文保持平衡。為此，我們需要系統地，列出和檢查所有與生態神學和後生態神學直接相關的經文。

第三節　聖經中的生態與後生態

　　本節分析了約 120 個聖經經文或段落，它們直接且清楚地討論到生態有關的議題。從生態神學家最常引用的經文開始，本節使用 BibleWorks 的交叉引用（串珠）功能查找更多經文。然後，本節把這些經文分為兩類：與「上帝創造自然世界和自然法則」（GNL）有關的經文，以及與「上帝委託人管理自然世界」（HMN）有關的經文。

---

[67] Butkus and Kolmes (2011:135, 165).

[68] Sideris (2003:chapter 6).

這些經文或段落在表十二中列出。

　　這些經文中的大多數（120 段中有 100 段）都與本節所說的「上帝創造了自然世界和自然法則」（GNL）有關。「上帝」是三一神的上帝，三一神也包括參與創造的耶穌和聖靈。這些 GNL 的大部分經文都重申創世記的創造故事，並讚美上帝在創造自然世界方面的全能和恩典，以及統治自然世界的自然法則。難怪大多數生態神學家都是根據創世記建立他們的生態神學。

　　大多數生態神學家，特別是那些「生態正義神學家」和「生態靈修神學家」，提出靈修方法或強調生態靈性來解決生態危機，這也不是巧合。這些經文中的大多數都可以刺激神性腦和感性腦（如本書第 3 章所述），可以聖化生態目標和行為，並強烈激勵人們採取生態行動。

　　但是，許多 GNL 的經文也涉及上帝對其創造物的毀滅，這是大多數生態神學家傾向於忽略的。創世記 6:7~7:24 描述了上帝如何通過大洪水摧毀所有生命，除了方舟中的生命以外。出埃及記的第 7 章到第 10 章和第 12 章列舉上帝如何在十災中，運用祂的超自然力量來懲罰叛逆的法老王。在詩篇的許多章節中，詩篇作者都讚美上帝創造了天地。但是，在詩篇 102:25 的讚美之後，詩篇立即宣布「天地都會像外衣漸漸舊了。祢要將天地如內衣更換，天地就都改變了」（詩 102:26）。關於上帝毀滅祂的創造物的類似信息，也出現在賽 34:4、51:6；珥 1:15；彌 1:4；鴻 1:5；太 24:35、37；可 13；彼後 2:5、3:7、10、12；以及特別是在啟示錄 6、8、9、16-20 章。大多數生態神學家似乎對這些毀滅的經句輕描淡寫，從創世記中的天地創造，直接跳到上帝在啟示錄中的新天地和新地球的創造，就好像前後這兩者是一樣的。根據他們的說法，上帝的新天新地僅僅是對舊事物的更新或修復，就像房主在國外長期度假回家後，吹掉家具上的灰塵一樣，而無需銷毀舊家具。但是，這種更新的論點不能解釋關於上帝毀滅的這二十多節經文或段落。

　　表十二的第二部分包含「上帝委託人類管理自然世界」（HMN）的經文或段落。與上一類「上帝創造自然世界和自然法則」中的

八十多節經文相比，該類別只有約二十節經文。然而，很明顯的，藉著這些經文，上帝賦予了人類統治自然世界的力量和責任，它們還堅定地支持生態管理神學的論點。由於管理需要理性思考，因此我們可以假設這些經文對於刺激神性腦和理性腦，所產生實際的生態行動是有用的。

在這二十段 HMN 的經文中，最有爭議的是創世記 1:28。「上帝對他們說：『要生養眾多，遍滿這地，治理（制伏）它；要管理（統治）海裏的魚、天空的鳥和地上各樣活動的生物。』」[69] 林恩‧懷特（Lynn White）引用這句話作為「我們生態危機的歷史根源」。他辯稱，以人類為中心的基督徒為他們過度開發自然世界行為合理化，是因為上帝賦予了人類「制伏」和「統治」自然世界的權利。[70] 七十士譯本把「制伏」翻譯為 κατακυριεύω（katakurieuou；成為主人，獲得統治權，制伏，統治它，統治），把「統治」翻譯為 ἄρχω（ar-chou；統治）。作為回應，生態神學家把這兩個舊約術語重新翻譯為對自然世界負責的、平衡的、自我克制的「治理」(governance) 與「管理」(dominion)。[71] 中文聖經和修版對於這兩個字的翻譯，可說是更接近生態神學。

在新約中呢？在希伯來書 2:8 中：「使萬物都服在他的腳下。既然使萬物都服他，就沒有剩下一樣不服他的了。只是如今我們還不見萬物都服他。」「服從」（ὑποκάτω; hupokatou）是什麼意思？意思是「成為服從的」、「服從某人」、「被控制、轄管或順從」。在雅各書 3:7 中：「各類的走獸、飛禽、爬蟲、水族，本來都可以制伏，也已經被人制伏了。」「制伏」（δαμάζω; damazou）的希臘字意是「制伏」、「馴服」和「控制」。

因此，這些希伯來文和希臘文單字的政治正確詮釋，已從「統治」演變為「管轄」，再演變為當代的關鍵字「管理」。總而言之，這些舊約和新約術語的原始含義堅定地支持了生態管理神學，即上

[69] 治理／制伏 (כבש；kabshu; subdue)；管理／統治 (רדה；radu; rule over)。

[70] White (1967:1203–07).

[71] Bauckham (2011:20–29).

帝委託人類來制伏、統治、或控制所有其他生物，包括天使。正如靈修神學所暗示的那樣，人類與所有其他生物並不平等。人類在理性思維和神聖地位方面優於所有其他生物。上帝創造了人類和所有其他生物，但是祂卻並未同樣如此對待其他生物。如果從以人類為中心來說，那麼生態管理神學絕對是以人類為中心的，這意味著人類在所有生物中都具有獨特的領導地位。但是，這又不是以人類為中心的，因為這些 HMN 的經文和生態管理神學，從來沒有暗示人類擁有最終權力，可用來恣意的對待所有其他生物。這些經文和神學清楚地表明，最終的權威來自上帝也只有來自上帝；在上帝的統治下，人類統治著世界。

在回顧了最近的德國生態神學之後，Ulrich Körtner 提出了「生態倫理學的責任倫理模型」。基於聖經的擬人化創作傳統，他不同意「生態主義」(ecologism) 的反人類中心論假設，因為它「犯了自然主義的謬誤」和「從實然推論到應然的謬誤」。他認為，「即使生態倫理學宣布整個生物圈都是倫理學思考和關注的對象，但是始終只有人類才是道德判斷的主體。」非人類的生命形式可以被賦予源自創造的「內在尊嚴」，但是它不同於人類的尊嚴或從屬於人類的尊嚴。根據他的「責任倫理」生態神學定義，「植物和動物以及整個地球生物圈，在受到人類行為及其後果影響的範圍內，都是倫理學反映的對象。在人類行動中涉及越多非人類的生物，其責任就越大，儘管這不是對等的，但是相稱地按照比例來分配責任。」[72]

即令如此，關於「管理世界」還是有些爭議。它不僅包括維護，還可包括毀滅嗎？由於人類統治世界的權力來自上帝，而且許多 GNL 的經文都提到上帝對世界的毀滅，因此人類應該遵循上帝的意願來毀滅世界嗎？或者，人類應該因為上帝創造了世界，而阻礙上帝的毀滅計畫來拯救世界嗎？如果人類統治世界的權力來自上帝，那麼，人類似乎別無選擇，只能遵循上帝拯救世界或毀滅世界的計畫。當前大多數生態神學都沒有看到後者的矛盾。這個矛盾將在下一節中處理。

---

[72] Körtner (2016:3-4, 7-9).

　　在這二十段 HMN 的經文中，有六段似乎把自然世界的管理與社會公正聯繫起來。[73] 在這裡，社會正義僅限於慈善活動和節期中的所有僕人和家畜。摩西的律法建立了一個制度（例如，安息日），以加強社會正義，這是上帝統治世界的計畫的一部分。摩西五經的作者可能很清楚，他們不可能僅依靠人類的意志或善意來維護社會正義，反而應該依靠一個穩定而可強制執行的制度來完成這項工作。這個制度是什麼樣的？是國家法律嗎？可能不是。這六節經文並未提供過多的細節，並且在製定這些律法時，以色列國尚未建立。可以公平地說，這六節經文是針對特定社會目的「行善和節期」設計的宗教規範，只對信徒具有約束力。任何生態神學都應該在對這些經文做政治解釋時，進行謹慎的解經。關於經濟正義的神學，見本書第十一章的討論。

　　此外，在這二十段 HMN 經文中，只有兩個經文屬於新約聖經，與社會正義和政治正義都沒有任何關係。因此，于爾根‧莫特曼、本篤教宗和其他「生態正義」神學家以社會正義和政治正義為他們生態理論的中心，可能從聖經中的這幾節經文中，做了過度的推論。

　　那麼根據與生態神學和後生態神學有關的這 120 節經文或段落，如何建構一個聽起來合理，且實際上可以產生生態動機和行為的生態神學？下一節旨在建構這樣的神學。

第四節　後生態政治神學

　　正如大多數生態神學家所建議的那樣，心腦神學的後生態神學首先需要根據上述關於自然的神聖性和人類對自然的管理責任的聖經教義，來發展其具體行動。但是，心腦神學的後生態神學進一步依賴於兩個相互關聯的個人和集體層面的「正向心理學」(positive

---

[73] 出 20:10、23:10–11；利 19:9–10、23:22、24:19–20；申 5:14.

psychology) 原理。[74] 在個人層面上，基督徒應該只採取那些不會大大降低他們的整體幸福感的生態行為。在集體層面上，地方教會應僅採取不會實質性降低其整體幸福感的生態行動，並且僅當這些生態行動在會眾中達成共識時才應採取。兩項原則都強調在個別基督徒和教會對不同生態的立場之間，其所擁有的寬容和妥協。實質上減少個人或集體幸福的生態活動不可能獲得持久的支持，反而可能使教會分裂。

　　由於聖經中絕大多數的生態經文都與神性腦和感性腦的刺激有關，因此生態靈修神學家所強調的靈修以及神、人、與自然環境之間關係的重要性，是正確的。但是，這只是教會應對生態危機的第一步，也只是局部的步驟。這是第一步的原因是，因為僅是理性的靈修不一定會導致行動，而僅是單純的感性靈修可能會導致聖經所禁止的激進行動。此問題將在本節後面進行分析。這是一個局部步驟的原因是，因為它過於依賴與神的創造有關的經文，而無視那些關於神毀滅祂的創造物的經文。我們需要把整本啟示錄重新帶進生態神學。

　　誠然，啟示錄可能是聖經中最具爭議性的書之一。就其作者身份、正典地位、七教會、七印、七號、七碗、被提、大淫婦、基督再臨、末日戰爭以及新天新地，這些都有詮釋上的爭議。這些應該從字面、隱喻、還是屬靈意涵上解釋它們？啟示錄與生態有關係嗎？如果整本啟示錄只在屬靈上得到詮釋，那麼這對世界來說是個好消息：沒有七印、七號、七碗、和世界末日的肉身審判；這些只是所有基督徒在日常生活中面臨的屬靈鬥爭。[75] 世界不會終結，啟示錄只是主日學老師用來恐嚇頑皮或打瞌睡孩子的可怕道德故事書之一。自由派的生態神學家 Micah D. Kiel 就認為啟示錄作者「約翰主要的寫作方法之一，是使用象徵和隱喻來傳達他的寫作目的。約翰從來沒有想到將來真的會有一條龍、一個大淫婦、或者血流成河、「河高到馬的嚼環」；「上帝想要醫治這個世界，不是毀滅它」；基督

---

[74] 關於「正向心理學」的介紹，見 Carr (2011)。

[75] Aune (1997-1998); Beale (1999).

徒需要做的生態行動，就是抗拒「帝國」的宰制。在啟示錄裡，這個「帝國」是指羅馬帝國；但是在現代，「帝國」就是指世界資本主義，因為「它高舉利潤高於人民、自私高於分享、科技進步高於動物、以及經濟成長高於地球」。[76]

　　保守派的生態神學家 Daniel L. Brunner，Jennifer L. Butler 和 A.J. Swoboda 也根據上述屬靈化的啟示錄詮釋，建立了他們的福音派生態神學。作為福音派神學家，他們不能否認啟示錄完全毀滅的字面含義。但是，啟示錄的字面含義將否認他們試圖建立的長期、全面的生態計畫的神學和經驗價值。因此，他們在屬靈和字面之間重新詮釋了啟示錄：「我們基督教的目標不是逃離死後的命運，而是在當下擁抱上帝的國度…… 因此，啟示錄不是未來毀滅性的審判，而是未來的創造性的審判。上帝要更新人類將來生活的世界。」[77]但是，正如本章第一節所示，科學證據與啟示錄之間的吻合處越來越多。或許接受字面上的啟示錄會比接受屬靈意涵上的啟示錄更安全。

　　如果對啟示錄進行字面解釋，那麼大多數超自然現象的確與不斷發展的生態危機密切相關。第一匹和第二匹馬代表國內戰爭和國際戰爭；第三匹馬，通貨膨脹；以及第四匹馬，饑荒和瘟疫。第一碗引發世界範圍的惡且毒的瘡大流行。全球暖化、森林大火、和異常天氣，可能與第一號、第四號、第四碗、第五碗、和第七碗的審判有關。第二號和第三號的特徵，是海洋和河流受到污染；第二碗和第三碗也一樣。第五號和第六號吹出基因突變的昆蟲和動物。巴比倫陷落預示著全球末日戰爭之後，全球政治秩序的最終崩潰。然後，具有復活新身體的所有人，將面對坐在白色寶座上的上帝的審判。從定義上說，這個復活的新身體是在舊身體被毀滅（死亡）之後的新身體，而不是舊的修復後的復活身體。我們不知道在外觀上新身體和舊身體有多相似。但是，它們本質上應該有所不同，因為對於非基督徒而言，新身體將永遠生活在火湖中；對於基督徒而言，新身體將永遠生活在新天新地中。世界也是如此：「先前的天和先

---

[76] Kiel (2017: 1, 21, 130-131).

[77] Brunner et al. (2014:140).

前的地已經過去了，海也不再有了」(啟 21:1)。相反地，新耶路撒冷城從天上降下來。它不只是舊耶路撒冷的修復和復活產物。它甚至看起來不像古老的耶路撒冷城；特別是因為新耶路撒冷城不再有聖殿。因此，當上帝說：「注意！我把一切都更新了」和「這些話是可信靠的，是真實的」(啟 21:5)時，祂很可能是用字面上的意思。也就是說，新天新地可能看起來也許有些像舊的天地，但是它們在本質上卻有所不同。新事物是在舊事物被摧毀和丟棄後所產生的。

值得注意的是，所有這些可怕的事件都是由上帝所預定的，並由耶穌基督親自執行。這四名騎馬者被「賜予」發動戰爭和造成死亡的權力。在希臘文法中，「賜予」(εδόθη; *edothei*) 是過去時態、被動語態，表示「神聖被動語態」，表示上帝或耶穌基督是賜予者。同樣，七號和七碗中的天使也被「賜予」(εδόθησαν; *edotheisan*；也是過去時態、被動語態)，神的這些審判手段，摧毀了神的創造 (啟 6:2-8)。基督再臨時，耶穌出任軍事指揮官，「祂審判和爭戰都憑著正義 ...... 有利劍從祂口中出來，用來擊打列國。祂要用鐵杖管轄他們，並且要踹全能上帝烈怒的醡酒池」(啟 19:11, 15)。

生態基督徒如何對於上述由三一神親自命令和執行的對神創造物的毀滅，進行靈修並採取行動？除了生態靈修神學家所強調的上帝的平安、愛、與恩典之外，我們還看到了上帝的另一個面貌：審判、憤怒、與毀滅。雖然對上帝創造物的熱愛激發了基督徒去愛被破壞的自然世界，或使用詹金斯 (Jenkins) 的話來「哀嘆」被破壞的自然世界，但是上帝親自對自己所創造物的毀滅此事，卻讓基督徒產生了對上帝審判的敬畏和恐懼。

兩組動機都有利於生態計畫。但是，根據心腦神學，人類對生命威脅的反應可能比對和平與愛的反應更快、更激烈。腦視丘收到威脅信號後，立即把它傳輸到杏仁核以作出反應：戰鬥或逃跑。因此，和平或愛的信號可能更容易被忽略或緩慢地傳遞到前扣帶迴 (負責愛心與同情心功能的腦區塊)，前扣帶迴在生態議題上可能不是一個功能很強的區域。

回應神的愛與審判雙重屬性的生態策略是不同的。莫特曼、本

篤教宗、和大多數生態神學家，都根據創世記建立了他們的生態神學，跳過了有關毀滅自然的所有經文，直接跳到了啟示錄 20-21 章的新天新地，因此他們認為世界是可再生的，這是合乎邏輯的。由於世界是可再生的，因此他們的生態策略並不強調緊迫性。他們對待污染的大自然的方式，就像毒品成癮者對待他的不良習慣一樣：今年，我把酒精攝取量從每天四瓶減少到兩瓶，減少了 50%，同時我「靈修」或「哀嘆」我染上惡習前的健康身體；我的身體可以等候並且可以再生。明年，我將把大麻的攝取量從每天的一公斤減少到每天的半公斤，減少 50%，同時我「靈修」或「哀嘆」吸大麻的美好經歷。我的身體可以等待並且可以再生。在第三和第四年，我將處理減少每天服用海洛因和冰毒的更痛苦的過程。但是，我還沒有弄清楚應該如何「靈修」和「哀嘆」。我並不著急，因為身體可以等候並且可以再生。即使我身高 180 公分，僅重 35 公斤，由於數十年的藥物和酒精濫用而患有各種腫瘤，但是我仍將繼續「靈修」和「哀嘆」，因為我的身體可以等候並且可以再生。嘿，現在不要指責我懶！我不是正在做健康的事情來改善自己的健康嗎？就像是本章開頭的案例 13.1 那兩位吃素食的胖子顧客嗎？

　　上述「虛空」（傳道書的「虛空」）的典型代表是傑拉德・加德納（Gerald T. Gardner）和保羅・斯特恩（Paul C. Stern）提供的一長串生態行動，其中包括共乘上班、優化汽車、降低公路速度、把暖氣溫度設定為攝氏 20 度，購買省油的汽車，並購買更高效的冷氣和冰箱。這些行動加在一起將使能源消耗「改善」2%。[78] 但是，購買這些新的高效產品將產生多少新的能源消耗？為什麼不乘坐公共交通工具上班，並且等到舊產品無法修復為止再購買新產品？

　　同樣地，這些生態神學家提出了模棱兩可、零散、和溫和的生態行動來應對即將到來的生態雪崩。[79] 他們從創世記說的「靈修」

---

[78] Gardner and Stern (2008:12-25).

[79] 例如，Deane-Drummond(2017:120-121)，提出了四方面的「從神學角度講的生態倫理學」：禮拜儀式轉型、全球和地方教會的責任、個人責任中的可實踐步驟以及建立集體良知。但是，在社會科學家的眼中，這些解

和「哀嘆」開始。由於其神學學術論述的複雜性，靈修和哀嘆可能
需要一段時間才能使讀者採取具體的生態行動。具體的生態行動是
什麼？他們沒有指明。許多教堂開始倡導回收瓶罐和紙製品，把自
己的餐具帶到教堂活動中，購買「綠色」產品，並在教堂不使用時
關掉燈。這些無疑有助於減緩生態危機惡化的速度。但是，它們並
不能阻止生態危機的進一步惡化。尤其是，如果教會決定要舉行更
多的能源消耗活動，並建立更大的教會建築物，那麼在不採取這些
生態行動的情況下，污染和能源消耗總量可能比現狀要大得多。

　　教會是否可以通過「靈修」和「哀嘆」而導致採取更激烈的生
態行動，以拯救「可再生」的世界？從理論上講，這是可能的。如
果所有基督徒對生態擁有極強的宗教情懷，就像一世紀的殉道者為
上帝所做的那樣，那麼世界就可以得到拯救和可再生（讓我們暫時
忽略一下關於生態已經無法挽回的科學證據）。在整個基督教歷史
上殉道者的人數很少，這一事實並沒有給這種理論上的可能性帶來
太大希望。如果生態殉道者很少，那麼即使在教會內部，也存在嚴
重的集體行動問題。如果一些生態殉道者停止在教堂活動中使用塑
料盤子和杯子，而所有其他教堂成員繼續這樣做，那麼這些生態殉
道者將無法對污染產生太大影響，他們只會給自己帶來不便。如果
把一兩個教堂轉變為生態殉道者，而其他教堂則沒有，那麼結果是
相同的，並且可能導致教堂成員從生態教堂轉移到非生態教堂。如
果整個教會團體成為生態殉道者，而其他所有宗教都沒有成為殉道
者，那麼教會團體可能會遭受信徒出走的困擾，而世界仍然無法再
生。根據創世記和復活所建構的生態理論，它的效用一定會碰到現
實的限制。我們需要實踐另一種生態策略。

　　生態神學家勞拉・露絲・尤迪（Laura Ruth Yordy）分享她關於教
會因應環境危機失敗而感到的挫折。她列舉了五個原因：「教育效
率低下、難以在實踐上實施真正的變革、教會主事者相對無能為力，
教會的共同願景是作為個人的集合體而不是積極的道德主體……會
眾抵制困難的生態計畫，因為會眾認為生態問題超出他們能力負擔，

決方案仍然過於抽象和脆弱，無法解決生態危機。

或者是需要科技才能解決的問題。」[80]

　　她的神學解決方案和許多受到挫折的教會一樣，是調整教會的生態角色。作為生態活動的參與者，教會本身不要設定太高的目標，而應該只是作為三一神的「末世創造」的「見證人」，這將恢復「和平、豐富、正義、解放、正義、和與神相交」。[81] 實際上，尤迪建議每個教會以自己的方式定義自己的生態門徒，並更加注重培養一種讚美和見證上帝的生活方式。

　　尤迪可能注意到創世記（創造）和啟示錄（在舊的被徹底摧毀之後的新創造）所傳達的矛盾信息，以及它們對地方教會層面的生態實踐的影響。如果可能的話，新創造對於任何教會或特定教會來說都是一項艱鉅的工作。此外，這是三一神的工作，而不是教會的工作。教會更適合扮演更實際角色，即新創造世界的見證人。

　　本章與尤迪對教會的生態角色的重新定位相一致，但是進一步提出了另一種神學策略，此神學策略建立的生態神學更多地是基於啟示錄而不是創世記，更多地基於神的審判而不是基於神的愛。這種生態策略的神學前提是，世界不是、也不應該是可拯救和可再生的。它既是聖經的真理，又是經驗的真理。

　　誠然，對於這種悲觀的生態策略，可以有兩種心腦神學的反應：努力拯救或放棄拯救，這對應於大腦杏仁核的搏鬥或逃跑功能。如果世界不是一個可再生的世界，為什麼我們還要參與那些最終會變成「虛空」的生態行動呢？享受世界，直到世界被上帝摧毀為止。但是這種回應太過頹廢，也會為教會群體帶來恥辱，如同林恩·懷特所描述的不負責任的基督徒。

　　實際上，美國自由派基督教徒已經準備了足夠的彈藥，可以隨意射擊那些不贊成其激進生態議程的任何保守派基督教徒，例如，美南浸信會 (Southern Baptists) 和康沃爾聯盟 (Cornwall Alliance)。他們會引用林恩·懷特關於基督教所犯的生態原罪的說法。當基督教通過推廣生態管理神學來回應懷特的挑戰時，一些自由派基督教徒

---

[80] Yordy (2008:11-12).

[81] Yordy (2008:44).

批評他們對生態計畫的熱情不足。是因為保守派基督徒沒有像泛神論者那樣崇拜自然嗎？或者，是否因為保守的基督徒歡迎末世時代的到來？[82]

本章遵循了保守的基督教徒觀點，即當前的許多生態神學都太接近泛神論而無法符合前尼西亞神學。如果生態神學和泛神論之間有艱難的選擇，「若你們認為事奉耶和華不好，今日就可以選擇所要事奉的……至於我和我家，我們必定事奉耶和華」(書24:15)。同樣，如果在保護生態和歡迎基督再臨之間有艱難的選擇，本章必定選擇後者。

此外，快速發展和衰落的是自由派教會，而不是保守教會。作為華人基督徒，在當代西方社會中尋找教會的聖經模式，我們應該在哪種模式上建立我們的生態神學？實際答案似乎很明確。最後，熟悉調查技術的社會科學家也會注意到態度和行為之間存在共同的鴻溝。保守派基督徒可能比自由派基督徒或其他宗教信徒對生態保護的關注要少。但是，到目前為止，很少有研究證明，自由派基督徒或其他宗教信徒比保守派基督徒的生活更加友好生態。生態試金石的清單上可包括我們的日常工作：穿進口的衣服或本地製造的衣服、吃進口的食物或本地種植的食物、駕駛進口的汽車或搭乘公車上班，以及住在都市小公寓還是寬敞的郊區住宅？

神學家安娜‧凱斯‧溫特斯（Anna Case-Winters）對於基督徒如何看待世界的必然結局，有個很好的建議。她對許多神學家沒有認真地對創造物的「永恆滅亡」進行科學確認這一事實感到不滿意。以卡爾‧巴特（Karl Barth）、米羅斯拉夫‧沃爾夫（Miroslav Volf）、于爾根‧莫特曼（Jürgen Moltmann）的神學見解為基礎，她提出了一種基督教末世論，可以結合科學對於世界末日的觀點。也就是說，基督徒在死亡之前和之後都持有並相信與上帝之間不變且永恆的重要的關係。在死亡或世界末日時，我們「根據神聖的結局被審判、改造、和救贖」。每當提到「上帝是萬物之源、同伴、以及萬物之終……上帝將為永恆而努力」時，我們就必須在朝向世界末日的過

---

[82] Barker and Bearce (2012); Zaleha and Szasz (2015).

程中，肯定這一信念。[83]

　　但是，出於「政治正確性」的考慮，本節在此對於另一種悲觀生態神學的批評做出回應。對這種悲觀的生態策略的第二個反應是「屈服」，不是消極地完全對污染世界的邪惡投降，而是主動地「適應」了不可再生的世界，這種適應包含靈性上和經驗上的適應。靈性上的適應是指對世界毀滅的重新詮釋，或者如啟示錄的字面意義所明確揭示的那樣，把世界的毀滅，視為迅速實現新天新地的好兆頭，這是基督教社群在過去兩千年所渴望的。創世記的創造作為靈修和哀嘆的時間點，是至少在 20 萬年前的遙遠的過去。然而，啟示錄的新天新地是值得珍惜和歡喜的未來。在這兩者之間，基督徒要忍受苦難。啟示錄或新約的主要目的不是拯救世界，而是鼓勵基督徒在患難期間「至死忠心」（啟 2:10）。即使神創造的第一個天地是神聖的，當代世界也不是神聖的、不需要聖化、也永遠不會聖化，但是基督教信仰是神聖的且將永遠存在。需要拯救的是靈性世界，而不是注定要徹底毀滅的物質世界。經驗上的適應是指適當程度的生態活動，以及為災禍做好適當的準備。

　　對於教會而言，針對世界末日有三種可能的實際適應措施：幫助加速生態危機、阻止生態危機的進一步惡化、以及與主流生態政策和公眾輿論保持一致。第一個適應行動是指加速生態危機的措施，例如增加消費品支出和使用不可回收產品。如果是摧毀世界是上帝的旨意，為什麼我們不助祂一臂之力呢？不，我們不需要這麼做。正如啟示錄所描述的，上帝在這件事上不需要我們的幫助。祂會自己做，做得很好。祂毀滅了祂創造的東西是一回事，而我們破壞了祂創造的東西，並使祂的造物因我們受損，則是另一回事。兩個錯誤不能構成一個正確。此外，基督徒應該「眾人以為美的事要留心去做。若是可行，總要盡力與眾人和睦」（羅 12:17-18）。當現今大多數社會都認為生態保護是正確的事情時，教會就不應反對它。

　　第二個適應性行動是指立即停止與人類基本需求無關的任何消費。與可再生世界的策略類似，這種適應性行動要求採取嚴厲措施

---

[83] Case-Winters (2016).

凍結或逆轉生態危機。但是，與可再生世界策略假定這些嚴厲措施
將實現可再生世界的目標不同，第二種適應性行動並未做出這樣的
神學假設。然而，如果不是這樣，那麼任何有理性的基督徒都會問，
為什麼我們要為了聖經沒有強力支持的目標，而大幅度犧牲當前的
消費呢？確實。第二種適應性行動不太可能在教會內獲得強大的神
學或信徒支持，因為它違背了人性。

　　第三個適應性行動是與主流生態政策和公眾輿論觀點一致。關
於教會與國家關係的基本問題已在本書的第四章詳細討論過。在此
足以總結其結論，即在過去的三十年裡，西方社會中的教會（新教
和天主教）由於對有爭議的社會和政治問題（如：性別平等、墮胎
權利、創造論與進化論、穆斯林移民、和同性戀婚姻等）的不成熟
和不專業的回應而飽受沒落之苦。這些問題使教會脫離社會、分裂
教會群體、並在教會內部引起了世代間的衝突。教會沒有獲得任何
好處，只有因為積極參與這些社會和政治的辯論而沒落。當代教會
不需要持續做的一件事，就是積極地參與另一個爭議高的社會和政
治問題，例如生態。本節建議如果主流生態政策要求大幅度減少消
費，則教會應與之觀點一致。如果主流的生態政策只提倡緩慢和小
幅度的改革，那麼教會也應與之相符。如果主流生態政策經常相互
衝突，請選擇爭議最小的政策（例如資源回收）。「在上有權柄的，
人人要順服，因為沒有權柄不是來自上帝的。掌權的都是上帝所立
的。所以，抗拒掌權的就是抗拒上帝所立的；抗拒的人必自招審判。
作官的原不是要使行善的懼怕，而是要使作惡的懼怕。你願意不懼
怕掌權的嗎？只要行善，你就可得他的稱讚」（羅 13: 1-3）。

　　但是，如果政府反對生態計畫，例如聘請教會成員去一家新的
燃煤廠（如同美國總統唐納・川普在 2017 年 6 月向新的煤礦坑所說
的），教會該怎麼辦？當地教會應鼓勵她的成員尋找其他工作，但
是不應批評那些別無選擇，只能從事煤炭工廠工作的人。總的來說，
教會應該遵循世界流行的公眾輿論，即每個人，無論信仰如何，都
要根據自己的生活條件採取一些生態行動。生態行為是一種道德行
為，但是它不是也不需要在基督教道德清單上排名很高。傳福音和

慈善是比生態更重要的基督教倫理，這也是教會的主要使命和特長。為了在生態與傳福音之間保持平衡，基督徒們不應破壞自然以加速基督再臨，也不應採取可能阻礙傳福音的激烈生態行動。實際上，我們無法採取任何措施加快或減慢上帝對基督再臨和生態的計畫。

　　教會的適應性行動也要求重新強調在新天新地到來之前的災難中，信徒要加強靈性和肉體的忍耐。如果本章第一、三節中的科學預測和神學討論是正確的話，則生態計畫的內容應從防止全球生態危機發生的「前生態」處方，轉變為在已無法阻擋的生態危機下能生存的「後生態」處方。[84] 根據啟示錄的字面解釋，由七號和七碗造成的自然和超自然災害，只會落在非基督徒和迷失的基督徒身上。但是，基督徒將因為這些苦難而間接受到影響，並且因為非基督徒對上帝的憤怒進行報復而直接迫害基督徒。「又有權柄賜給牠，讓那隻獸的像有生氣，並且能說話，又使所有不拜獸像的人都被殺害。……這樣，除了那有印記，有獸的名或有獸名數字的，都不得買或賣」（啟 13:14-17）。正如一位大力的天使所預言的：審判「會使你肚子發苦，然而在你口中會甘甜如蜜。」（啟 10:9）。

　　此外，除了上帝規劃以外的一些人為的災難，也有會對大多數基督徒產生影響的危害。這些包括各種外在因素導致的疾病，有太多化學添加物的食物、生物工程、城市廢氣、以及在家庭、學校和工作環境中的化學和放射性危害。隨著醫療科技的不斷進步，人類的壽命將更長。不過，人類在年輕時也可能就會患上更多的新舊疾病，這意味著靈性和身體上的痛苦，將在生命中佔更長的時間。

　　如果教會認為當代世界注定要毀壞，並且正在迅速發生，那麼對基督徒的苦難無疑是審判過程不可或缺的一部分。因此，當代教會的主要任務是教導在靈性和身體上的忍耐，為這些苦難做準備。參加主日禮拜、參加聖經學習班、參加海外福音宣教隊伍、停止不道德的行為、並開始定期進行體能訓練計畫、甚至是自衛技巧課程。在這些計畫中選一到兩個關於生態神學的課程，而且偶爾執行社區服務中的清潔環境項目就足夠了。

---

[84] 「前環境」和「後環境」二詞改寫自 Dobson (2007)。

　　關於人口增長又是如何？教會是否應該為了生態而推廣節育？畢竟，全世界到了 2050 年將有遠遠超過生態負荷的 90 億人口。由於淡水、耕地、居住空間、和其他基本所需物的大量減少，國家內部和國家之間的戰爭可能會增加。從心腦神學的後生態神學角度來看，沒有必要在教會內推廣節育，聖經也從來沒有這麼說過。相反地，上帝祝福信徒有許多後裔。[85] 此外，生育是人類生存和幸福需求的一部分。但是，決定計畫生育多少個孩子，取決於每個信徒的個人考量，以及他們是否有足夠健康的身體。平均兩到三個孩子可能符合大多數國家的生態標準。畢竟，新天新地還有一些空間可容納下一代的基督徒。

　　可能會有的一個問題：上述心腦神學的生態策略是否對日益惡化的生態危機過於滿足現狀或無動於衷？是也不是。是，這是滿足現狀或無動於衷的，因為聖經並不鼓勵基督徒拯救這個無法更新的世界。否，這不是滿足現狀或無動於衷的，因為基督徒繼續像大多數社群一樣會參加生態活動，但是不會更多也不會更少。如果整個村鎮、城市、縣、州、或國際組織的整個社群都決定採取嚴厲措施來「拯救世界」，那麼這種後生態策略也鼓勵基督徒與他們並肩前進，但是不會做得更多或更少。教會沒有神學、政治、和行政上的能力克服生態危機的集體行動問題，或者帶領十字軍東征對抗生態危機。在教會可以拯救世界之前，她必須先拯救自己。西方教會的嚴重惡化速度可能比世界生態惡化的速度快得多。

　　最後一段句話提出了心腦神學後生態神學的最後組成的部分：教會的民主化。教會在當代的失敗（未能產生適當生態神學的失敗），反映出西方教會普遍對快速變化的社會、經濟、和政治環境常有的失敗反應。這種失敗也在本書有關性別平等、墮胎、創造論與進化論、以及同性婚姻的章節討論裡，得到證明。如果這些失敗預示著即將發生的事情，西方教會很可能會在沒有健全的神學基礎、政治理性、和民主教會的情況下，跳入泥濘的生態政策辯論池子，

---

[85] 創 15:5、22:17；尼 9:23；伯 21:11；詩 107:41；賽 10:22、48:19；結 36:37。

再次弄髒整個身體。每個教會應該做和可以做的事情，取決於教會所有成員基於對聖經的整體理解、道德行為的優先順序、每個教會和教會每個成員的能力，以及當地社區與教會進行建設性對話的集體決定。如果他們決定不做任何其他事情就永遠「靈修」或「哀嘆」生態，那就讓他們這樣做。如果他們決定採取嚴厲的生態措施，例如永遠關閉空調，那就讓他們這樣做。如果他們決定靈修一年，每兩年進行一次激烈的生態行動，那就讓他們這樣做。而這些決定不該受到那些在隔音、舒適的象牙塔中發明生態神學理論，且讓空調和電腦每天運行二十四小時的教宗、主教、神父、牧師、或神學家（包括本書作者）的影響。

梵蒂岡教宗們也不需要因為對上帝犯下「社會罪」而感到內疚，僅因為他們例行地在寬敞的教堂裡打開空調來接待客人，或者經常與一大批保安人員一起環遊世界祝福天主教徒。他們應該因為採取節能措施（教會顧問建議的）而受到讚揚，但是不應該因為缺乏更激進的生態措施而受到批評。

我們還需要謹記，受聖靈啟發的個別基督徒，可能會採取更加保守或激進的行動，以超越教會的標準進行生態保護。教會應該譴責或懲罰他們嗎？如果他們的行為合法，教會應該避免批評他們的行為。畢竟，批評的對象有可能不只是個別基督徒，還可能是感動這位基督徒的聖靈。

然而，前美國副總統艾爾·高爾（Al Gore）在納什維爾（Nashville）百麗米德（Belle Meade）地區的 10,000 平方公尺的豪宅、空調全天候運行，完全是另一回事。這座豪宅「在 2006 年的用電量為 221,000 kWh，是全國平均水平 10,656 kWh 的 20 倍以上……在 2006 年（他）花費了超過 30,000 美元的電費和天然氣費。」[86] 他還至少擁有另外三個度假屋。再一次，他沒有犯下「社會罪」，而是按照普通美國人會遵循的生態標準，做出了不當行為，更不用說他在《不願面對的真相》中為其他人所倡導的那些生態標準了。這種批評是公平的，而且與本章的後生態神學觀點一致，因為我們把艾爾·

[86] Truth or Fiction, "Energy."

高爾的能源消耗與全國平均水平進行了比較。同樣，「綠色教宗」
本篤的紅色普拉達（Prada）鞋可能暗示與他的所提倡的節儉生活不
相符的信息；他很快注意到了這種不一致之處，並且再也沒有穿過。[87]
從某種意義上說，如果大多數基督教生態神學家對他人強加一套嚴
格的生態標準，但是自己卻未能遵守同樣的標準，那麼他們就只能
是生態行動的「偽君子」。[88]

---

[87] Washington Post, "story."

[88] 防備假冒為善者的警告，參見：賽 66:3；太 6:2, 5, 16、7:5、15:7、
22:18、23:13-15, 23-29, 51、24:51；可 7:6；路 6:42、12:1、12:56、13:15。

表十二　聖經中的生態與後生態

神創造大自然和自然法 (God Created Nature and Natural Law; GNL)
創 1:1-21；創 6:7-7:24；創 8:1–14, 21–22；創 9:10–16；創 14:19；出 7-10, 12；申 10:14；王下 19:15；代上 16:26；代上 29:16；代下 2:12；尼 9:6；伯 9:8；伯 12:10；伯 36:26–37:22；伯 38:4–39:30；詩 8:3；詩 24:1；詩 33:6；詩 50:10；詩 50:12；詩 89:11-12；詩 90:2；詩 95:5；詩 96:5；詩 100:3；詩 102:25；詩 102:26；詩 104:2,5；詩 104:10-14；詩 104:24,39；詩 115:15；詩 121:2；詩 124:8；詩 146:6；詩 147:4,8-9,16-18；詩 148:5；箴 3:19；箴 16:4；撒上 34:4；撒上 37:16；撒上 40:22；撒上 40:28；撒上 42:5；撒上 44:24；撒上 45:12；撒上 45:18；撒上 48:13；撒上 51:6；撒上 51:13；耶 10:12；耶 27:5；耶 32:17；耶 51:15；結 47:9；但 7:14（GNL，彌賽亞）；珥 1:15；彌 1:4；鴻 1:5；亞 12:1；太 5:18；太 6:26-34；太 10:29-30；太 24:35,37；太 28:18(GNL，耶穌)；可 13；路 17:26-27(GNL，耶穌)；約 1:1-2(GNL，耶穌)；約 3:35；約 13:3；徒 4:24；徒 7:50；徒 14:15；徒 17:24-26；徒 17:29；羅 1:20；羅 8:21；羅 11:36；林前 8:6(GNL，耶穌)；林前 15:27(GNL，耶穌)；弗 3:9；西 1:16-20；來 1:2-3(GNL，耶穌)；來 1:10；來 3:4；來 11:3；彼後 2:5；彼後 3:5；彼後 3:7；彼後 3:10；彼後 3:12；啟 4:11；啟 6:14；啟 10:6；啟 14:7；啟 6,8,9,16-20；啟 21-22。

神授權人類去管理大自然 (God delegates humans to manage the nature; HMN)
創 1:28；創 6:19–7:16；創 8:17；創 9:1,7；創 9:2-3；創 41:14-56；出 20:10(HMN 與社會正義)；出 23:10-11(HMN 與社會正義)；出 23:12；出 31:12-17；利 19:9-10(HMN 與社會正義)；利 23:22(HMN 與社會正義)；利 24:19-20(HMN 與社會正義)；利 25:7；利 26:35；申 5:14(HMN 與社會正義)；申 20:19；詩 8:6；來 2:7-8；雅 3:7。

參考書目

Allison, D.C. 2010. *Constructing Jesus: Memory, Imagination, and History.* Baker Publishing Group.

Au Sable Institute. 1993. "Au Sable Institute Forum Statement." *Evangelical Review of Theology*, 17(2): 122-133.

Aune, David E. 1997-1998. *Revelation.* Nashville, TN: Thomas Nelson Publishers.

Bardi, Ugo. 2011. *The Limits to Growth Revisited*. Springerbriefs in Energy, Energy Analysis,. New York: Springer.

Barker, David C and David H. Bearce. 2012. "End-Times Theology, the Shadow of the Future, and Public Resistance to Addressing Global Climate Change." *Political Research Quarterly*, 66(2): 267-279.

Barnhill, David Landis, Roger S. Gottlieb, and American Academy of Religion. Meeting. 2001. *Deep Ecology and World Religions: New Essays on Sacred Grounds*. SUNY Series in Radical Social and Political Theory. Albany: State University of New York Press.

Bauckham, Richard. 2011. *Living with Other Creatures: Green Exegesis and Theology*.

BBC, "Superbugs to kill more than cancer by 2050."11 (December 2014). http://www.bbc.com/news/health-30416844.

Beale, G.K. 1999. The Book of Revelation: *A Commentary on the Greek Text*. Grand Rapids, MI: Eerdmans.

Beisner, E. Calvin. 1997. *Where Garden Meets Wilderness: Evangelical Entry into the Environmental Debate.* Grand Rapids, MI: Acton Institute for the Study of Religion and Liberty.

Berry, R.J. ed. 2006. *Environmental Stewardship: Critical Perspectives.* NY: T.&T. Clark.

Berry, Thomas. 1988. *The Dream of the Earth*. San Francisco, CA: Sierra Club Books.

Bi, Jinfeng. 2013. "Theory and Practice on Buddhist Ecological Philosophy." *Studies in Dialectics of Nature*, 29(5): 122-126. 畢晉鋒。2013。「佛教生態哲學的理論與實踐」。*自然辯證法研究*，29 卷 5 期，122-126 頁。

Bratton, Susan Power. 1993. *Christianity, Wilderness, and Wildlife: The Original Desert Solitaire*. Scranton, PA: University of Scranton Press

Brunner, Daniel L, et al. 2014. *Introducing Evangelical Ecotheology: Foundations in Scripture, Theology, History, and Praxis*. Grand Rapids, MI: Baker Academic.

Butkus, Russell A and Steven A. Kolmes. 2011. *Environmental Science and Theology in Dialogue*. Maryknoll, NY: Orbis Books.

Callicott, J. Baird, James McRae, and George Alfred James. 2014. *Environmental Philosophy in Asian Traditions of Thought.* Albany: State University of New York Press.

Carr, Alan. 2011. Positive Psychology: *The Science of Happiness and Human Strengths*. 2nd ed. New York: Routledge.

Case-Winters, Anna. 2016. "The End? Christian Eschatology and the End of the World." *Interpretation: A Journal of Bible and Theology*, 70(1): 61-74.

Cassel, J. David. 1998. "Stewardship: Experiencing and Expressing God's Nurturing Love." *American Baptist Quarterly*, 17(1): 26-40.

Chardin, Pierre Teilhard de. 1959. *The Phenomenon of Man*. Trans. Bernard Wall, NY: Harper & Row.

Chen, Hongbing. 2017. "On Taoist Ecological Thoughts and Culture." *Nangjing Linye Daxue Xuebao*, 1: 29-35. 陳紅冰。2017。「試論道家道教生態思想文化」。*南京林業大學學報*，1 期，29-35 頁。

Chryssavgis, John and Bruce V. Foltz. 2013. *Toward an Ecology of Transfiguration: Orthodox Christian Perspectives on Environment, Nature,* and Creation (Orthodox Christianity and Contemporary Thought). New York: Fordham University Press.

Cobb, John B. 1972. *Is It Too Late? : A Theology of Ecology.* Faith and Life Series. Beverly Hills, Calif.: Bruce.

Cobb, John B. Jr. 1972/1995. *Is It Too Late? A Theology of Ecology*. Revised ed. Denton, TX: Environmental Ethics Books.

Coleman, Richard M. 1986. *Wide Awake at 3:00 A.M. : By Choice or by Chance?* New York: W.H. Freeman.

Cole-Turner, Ronald. 1993. *The New Genesis: Theology and the Genetic Revolution.* Louisville, KY: Westminster John Knox.

Deane–Drummond, Celia. 2017. A Primer in Ecotheology: Theology for a Fragile Earth. Eugene, OR: Cascade.

DeWitt, Calvin B. 1998. *Caring for Creation: Responsible Stewardship of God's Handiwork.* Grand Rapids, MI: Baker Publishing Group.

Dobson, Andrew. 2007. *Green Political Thought*. 4th ed. New York: Routledge

Dupuis, J. 1997. *Toward a Christian Theology of Religious Pluralism.* Orbis Books.

Dyk, Peet J. Van. 2011. "'Responsible Stewardship' – The Root of All Evil in Eco-Theology?" OTE 24/2: 523-535.

EcoWatch, "Global Fish Stocks Depleted to 'Alarming' Levels." https://www.ecowatch.com/one-third-of-commercial-fish-stocks-fished-at-unsustainable-levels-1910593830.html.

Fox, Matthew. 1991. *Creation Spirituality: Liberating Gifts for the Peoples of the Earth.* San Francisco, CA: Harper & Row.

Gardner, Gerald T. and Paul C. Stern. 2008. "The Short List: The Most Effective Actions U.S. Households Can Take to Curb Climate Change." *Environment,* 50: 12-25.

Goossaert, Vincent, and David A. Palmer. 2011. *The Religious Question in Modern China.* Chicago: The University of Chicago Press.

Gottlieb, Roger S. 2006. *A Greener Faith: Religious Environmentalism and Our Planet's Future.* Oxford; New York: Oxford University Press.

Gustafson, James. 1981-1984. Ethics from a Theocentric Perspectives. 2 vols. Chicago, IL: University of Chicago Press.

Hart, J. 2004. *What Are They Saying About Environmental Theology?* Paulist Press.

Hathaway, Mark, and Leonardo Boff. 2009. *The Tao of Liberation: Exploring the Ecology of Transformation.* Ecology and Justice. Maryknoll, N.Y.: Orbis Books.

Henning, Daniel H. 2001. *Buddhism and Deep Ecology.* United States: Xlibris Corp.

Herzog, Frederick. 1980. *Justice Church: The New Function of the Church in North American Christianity.* Maryknoll, N.Y.: Orbis Books.

Hoggan, J., and R. Littlemore. 2009. *Climate Cover-Up: The Crusade to Deny Global Warming.* Greystone Books.

Intergovernmental Panel on Climate Change (IPCC), "Working Group II: Impacts, Adaptation and Vulnerability." http://www.ipcc.ch/ipccreports/tar/wg2/index.php?idp=29.

International Institute for Applied Systems Analysis, "Global temperature rise could hit 2°C threshold by 2050." http://www.iiasa.ac.at/web/home/about/news/160929-FEU-climate.html.

International Union for Conservation of Nature, "Table 1: Numbers of threatened species by major groups of organisms (1996-2017)." http://cmsdocs.s3.amazonaws.com/summarystats/20171_Summary_Stats_Page_Documents/2017_1_RL_Stats_Table_1.pdf.

Jenkins, Willis. 2008. Ecologies of Grace : *Environmental Ethics and Christian Theology*. Oxford ; New York: Oxford University Press.

Kaza, Stephanie, and Kenneth Kraft. 2000. *Dharma Rain: Sources of Buddhist Environmentalism.* 1 ed. Boston, Mass.: Shambhala Publications.

Kearns, Laurel. 1996. "Saving the Creation: Christian Environmentalism in the United States." *Sociology of Religion* 57, no. 1: 55-70.

Keller, Catherine. 2015. "A Democracy of Fellow Creatures: Feminist Theology and Planetary Entanglement." *Studia Theologica*, 69(1): 3-18.

Kiel, Micah D. 2017. *Apocalyptic Ecology: The Book of Revelation, the Earth, and the Future.* Collegeville, Minnesota: Liturgical Press.

Kim, Heup Young. 2017. *A Theology of Dao*. Maryknoll, NY: Orbis Books.

Körtner, Ulrich. 2016. "Ecological ethics and creation faith." *HTS Teologiese Studies/Theological Studies*, 72(4), a3296, http://dx.doi.org/10.4102/hts.v72i4.3296.

Kuo, Cheng-tian. ed. 2017. *Religion and Nationalism in Chinese Societies*. Amsterdam, the Netherlands: Amsterdam University Press.

Lagerwey, John. 2010. *China : A Religious State. Understanding China*. Hong Kong: Hong Kong University Press.

Lathrop, Gordon. 2003. Holy Ground: *A Liturgical Cosmology.* Minneapolis: Fortress Press.

Lee, Fongmao. 1997. "Daoist Tribulation Theories and Contemporary Tribulation: A Religious Observation from the twentieth century to the twenty-first century." In Fengmao Lee and Ronggui Zhu, eds. *Gender, Deity, and Taiwanese Religions*. Taipei: Institute of Chinese Literature and Philosophy, Academia Sinica.

McDaniel, Jay B. 1995. *With Roots and Wings: Christianity in an Age of Ecology and Dialogue.* Maryknoll, NY: Orbis Books.

McMinn, M.R. 1996. *Psychology, Theology, and Spirituality in Christian Counseling.* Tyndale House Publishers.

Meadows, Donella H., Jørgen Randers, and Dennis L. Meadows. 2004. *The Limits to Growth : The 30-Year Update.* White River Junction, Vt: Chelsea Green Publishing Company.

Meadows, Donella, Dennis I. Meadows, and Jorgen Randers. 1992. *Be-*

yond the Limits. Post Mills, VT: Chelsea Green Publishing.

Meadows, Donella, Dennis I. Meadows, Jorgen Randers, and William W. Behrens III. 1972. *The Limits to Growth.* New York: Universe Books.

Mellor, Mary. 1997. Feminism and Ecology. New York: New York University Press.

Miller, James. 2017. *China's Green Religion: Daoism and the Quest for a Sustainable Future.* New York: Columbia University Press.

Moltmann, Jürgen. 2010. *Sun of Righteousness, Arise! : God's Future for Humanity and the Earth.* 1st Fortress Press ed. Minneapolis, MN: Fortress Press.

Murphy, Charles M. 1989. *At Home on Earth: Foundations for a Catholic Ethic of the Environment.* New York: Crossroad.

NASA, "2016 Climate Trends Continue to Break Records'," https://www.nasa.gov/feature/goddard/2016/climate-trends-continue-to-break-records.

NASA. ''Sea Ice Extent Sinks to Record Lows at Both Poles," https://www.nasa.gov/feature/goddard/2017/glacier-shape-influences-susceptibility-to-melting.

Nash, James. 1991. Loving Nature: *Ecological Integrity and Christian Responsibility.* Nashville, TN: Abingdon Press; Vatican; Bartholomew I.

Nilsen, Tina Dykesteen. 2016. "Expanding Ecological Hermeneutics: The Case for Ecolonialism." *Journal of Biblical Literature*, 135(4): 665-683.

Northcott, Michael S. 1996. *The Environment and Christian Ethics.* New Studies in Christian Ethics. Cambridge: Cambridge University Press.

O'Donovan, Oliver. 1996. *The Desire of the Nations: Rediscovering the Roots of Political Theology.* Cambridge; New York, NY: Cambridge University Press.

Payne, Richard Karl, Ryūkoku Daigaku., and Institute of Buddhist Studies (Berkeley Calif.). 2010. *How Much Is Enough? : Buddhism, Con-*

sumerism, and the Human Environment. Somerville, MA: Wisdom Publications.

PHYS, "Global warming set to pass 2C threshold in 2050." https://phys.org/news/2016-09-global-2c-threshold.html.

Randers, Jorgan. 2012. 2052 : A Global Forecast for the Next Forty Years. White River Junction, Vt.: Chelsea Green Pub.

Rasmussen, Larry L. 1996. Earth Community, Earth Ethics. Maryknoll, NY: Orbis.

Rolston, Holmes III. 1994. Conserving Natural Value. NY: Columbia University Press.

Santmire, H. Paul. 1970. Brother Earth: Nature, God, and Ecology in Time of Crisis. NY: T. Nelson.

Schaefer, Jame. 2010, "Environmental Degradation, Social Sin, and the Common Good." In Richard W. Miller, ed. God, Creation, and Climate Change: A Catholic Response to the Environmental Crisis. Maryknoll, NY: Orbis Books.

Sideris, Lisa H. 2003. Environmental Ethics, Ecological Theology, and Natural Selection. New York: Columbia University Press.

Statista. 2017. "Largest producers of CO2 emissions worldwide in 2016, based on their share of global CO2 emissions," https://www.statista.com/statistics/271748/the-largest-emitters-of-co2-in-the-world/.

Struck, Doug. 20 April 2010. "Carbon offsets: How a Vatican forest failed to reduce global warming," The Christian Science Monitor.

Sun, Yi-ping. 2015. "Inspiration of Taoist Ecological Wisdom of Nature-Human Integration to the Modern World." Philosophy of Religion, 71: 103-115. 孫亦平。2015。「道教『天人合一』的生態智慧對當代世界的啟示」。宗教哲學，71 期，103-115 頁。

Taylor, Véronique A. et al. 2013. "Impact of Meditation Training on the Default Mode Network During a Restful State." SCAN 8: 4-14.

Tuan, Yi-fu. 1968. "Discrepancies between Environmental Attitude and

Behaviour: Examples from Europe and China." *The Canadian Geographer / Le Géographe canadien* 12, no. 3: 176-91.

Tucker, Mary Evelyn, and Duncan Ryūken Williams. 1997. *Buddhism and Ecology: The Interconnection of Dharma and Deeds*. Religions of the World and Ecology. Cambridge, Mass.: Harvard University Center for the Study of World Religions: Distributed by Harvard University Press.

United Nations Convention to Combat Desertification, "Desertification: A Visual Synthesis." http://www.unccd.int/Lists/SiteDocumentLibrary/Publications/Desertification-EN.pdf.

Urbaniak, Jakub, and Elijah Otu. 2016. "How to Expect God's Reign to Come: From Jesus' through the Ecclesial to the Cosmic Body." *Hts Theological Studies* 72, no. 4 : 1-11.

Webb, Stephen H. "Eschatology and Politics." In The *Oxford Handbook of Eschatology*, edited by Jerry L. Walls, 500-517. New York: Oxford University Press, 2008.

Weigel, George. 1997. "The Church's Political Hopes for the World, or Diognetus Revisited," in Carl E. Braaten and Robert Jenson, eds. *The Two Cities of God: The Church's Responsibility for the Earthly City*. Grand Rapids, MI: Eerdmans

White, Lynn, Jr. 1967. "The Historical Roots of Our Ecological Crisis," *Science,* 155(3767): 1203-1207.

World Wild Life Foundation, "Overview." https://www.worldwildlife.org/threats/deforestation.

Yang, Zilu. 2016. "The spirit of the Way and Proper Exploitation: New Interpretations of Daoist Ecological Ethics." H*istory of Chinese Philosophy* 2: 83–88. 楊子路。2016。「道性與盜機：道教生態倫理思想新詮」。*中國哲學史*，2 期，83–88 頁。

Yordy, Laura Ruth. 2008. *Green Witness: Ecology, Ethics, and the Kingdom of God.* Cambridge, UK: The Lutterworth Press.

Zaleha Bernard Daley and Andrew Szasz. 2015. "Why Conservative Christians Don't Believe in Climate Change." *Bulletin of the Atomic Scientists*, 71(5): 19-30.

Ziegler, J.J. 17 September, 2013. "Catholics, the Environment, and a 'Culture of Waste'", *The Catholic World Report*, http://www. catholicworldreport.com/Item/2575/, accessed November 30, 2017.

第十四章　結論

本章摘要：

　　華人教會面對政治、經濟、社會倫理的爭議時，應該堅持「真理正確」，但是也要盡量做到「政治正確」，以完成主所交付的「大使命」。

　　就宗教人數和政治地位來說，基督教在華人社會之中向來是少數，就如同基督教初代教會一樣。華人教會在面對政治、經濟、社會倫理的爭議時，可以學習初代教會，堅持聖經的真理，但是盡量做到政治的正確。不論是否參政，或者如何參政，華人教會當前的主要使命是廣傳福音，預備耶穌的再臨。

主題經文：

「耶穌進前來，告訴他們說：『天上地下所有的權柄都賜給我了。所以，你們必須去，使萬族作門徒！奉父、子、聖靈的名給他們施洗，凡是我命令過你們的，都要教導他們遵守。注意！我必每天與你們同在，直到這世代的結束。」（太 28:18-20）
「不可被這世代所塑造！但是靈智必須更新而變化，使你們可以驗證上帝的旨意為何是良善、合理、與完美的。」（羅 12:2）
「如果你們有能力，要與眾人和睦」（羅 12:18）

第一節　全書摘要

　　本書《華人政治神學：恢復與調適》的核心主張，可以用上面所引用的三段聖經經文，作為摘要：為了「廣傳福音」，華人教會要「堅持真理」，但是也要盡量「政治正確」。

　　第一個主題經文，也是一般稱為「大使命」的經文，[1] 曾被當代西方以及華人政治神學家，把「使萬族作門徒」翻譯成「門訓萬民」。[2] 並且進一步應用到華人社會時，誤解為要「門訓非基督徒的政治人物」，要非基督徒的華人政治人物提倡符合基督教倫理的政策，而引起社會上非基督徒很大的反感。「門訓萬民」雖然在希臘文來說，是一種可能的翻譯，而且是照原文次序直譯。[3] 但是這句經文的意思，並沒有把全人類都變成門徒的意思。啟示錄描寫耶穌再來時，全世界的人類並沒有全部變成基督徒，甚至基督徒是少數。因此，「使萬族作門徒」的翻譯是比較符合聖經上下文意思的，就是「要使萬族中都有人成為門徒」。必須這麼翻譯的另一個原因，是接下來一個字「施洗」的詞性。[4] 這裡的「施洗」是分詞，不是像「使 …… 作門徒」是命令語氣動詞。從希臘文法來說，「奉父子聖

---

[1] 就如「行淫的婦人」的經文（約 8:1-11），這一段「大使命」的經文，並沒有出現在新約最早的原文版本。但是一方面這些經文的主旨與新約符合，另一方面有些古卷和目前大多數的中、英文聖經版本也都包含了這些經文，因此本書仍舊認定這些經文是聖經正典的一部份 (Osborne, Grant R. 2010. Matthew. Grand Rapids, MI: Zondervan, L28728-28753。

[2] 當代西方保守教會主張「門訓萬民」的代表案例，是國際「校園團契」推動的「攻下／轉化七個山頭」 (https://www.kp24-newway.com/iprayer/?recordId=11632, 2021.2.25)。該主張在臺灣與香港至今仍有相當的影響力。另一代表案例則是本書第二章討論過的「公共神學」(public theology)。

[3] 關於「門訓萬民」(μαθητεύσατε πάντα τὰ ἔθνη) 的解經爭議，見 Osborne (2010: 28799)。

[4] 「施洗」βαπτίζοντες。

靈的名，給他們施洗」可以是形容子句，用來形容「使萬族作門徒」。
也就是說，怎麼「使萬族作門徒」，就是要「奉父子聖靈的名，給
他們施洗」。下一句「都要教導他們遵守」的「教訓」也是分詞，
形容怎麼「使萬族作門徒」，是教導門徒，不是教導非基督徒。因此，
這「大使命」的經節，主要以及唯一的目的，就是要門徒出去傳福
音，而不是「門訓非基督徒」，要求非基督徒在受洗前，就要遵守
基督徒倫理。這段經文更沒有說要「門訓非基督徒的政治人物」。
這會把華人基督徒推到政治鬥爭的漩渦裡面，忘了向普羅大眾傳福
音的主要責任。

　　第二段經文是出自保羅所寫的羅馬書 12:2:「不可被這世代所
塑造！但是靈智必須更新而變化，使你們可以驗證上帝的旨意為何
是良善、合理、與完美的。」[5]「這世代」的原文不適合翻譯成「這
世界」；[6] 保羅可能想要強調的是從聖經倫理來看，當時的世代價值
觀念，有很大的偏差。基督徒應該要堅持聖經真理，不要被偏差的
世代價值觀念所污染了。但是他緊接著說:「靈智必須更新而變化」。
關於「靈智」的字義，本書第二章第五節已經詳細討論過。保羅的
意思可能是在鼓勵基督徒在對外族人宣教時，也不要死守猶太教的
（禮儀）律法，而是要運用屬靈的智慧（靈智），適應當時的政治、
經濟、社會環境，就可以「驗證上帝的旨意為何是良善、合理、與
完美的」。而從本書第二章第一節以及本書第三章來看，上帝的旨
意是符合人性中的感性（良善）、理性（合理）、與神性（完美）。
基督教政治倫理也要同時兼顧感性、理性、與神性。

　　第三段經文「如果你們有能力，要與眾人和睦」（羅 12:18），
更是說明基督徒要盡量做到「政治正確」的必要性。西元 49 年羅馬
皇帝 Claudius 下令驅逐猶太人出城，已經引起猶太居民不滿。西元

---

[5] 關於羅 12:8, 18 的翻譯與解經，參考 Longenecker, Richard N. 2016. The
Epistle to the Romans. Grand Rapids, MI: William B. Eerdmans Publishing
Company; Schreinder, Thomas R. 1998. Romans. Grand Rapids, MI: Baker Aca-
demic。

[6] 「這世代」αἰῶνι τούτῳ。

五十年代末期，羅馬城發生了許多騷亂，主要是因為羅馬市政府開徵了許多稅，引起市民不滿，尤其是生活富裕的猶太人和猶太裔的基督徒。[7] 因此，保羅於西元 58 年寫羅馬書時，對這個問題具體表達了他的神學意見，也立下了基督徒如何看待政權的基礎：「每一個人都必須順服掌權做官的！因為沒有權柄不是來自上帝，那些掌權的都是上帝指派來的 …… 該給的就必須給！該繳稅的就繳稅！該付費的就付費！[8] 該懼怕的就懼怕！該尊敬的就尊敬」[9]（羅 13：1-7）。

　　根據本書第二章的「華人政治神學的三一神命令論」以及第三章的「心腦神學的人性論」，本書有系統地整理當代華人基督教會面對的十個政治、經濟、社會議題，並且提出「堅持聖經正確、盡量政治正確」的具體作法。表十三「聖經立場與華人政治神學摘要」提供了本書主張的摘要。表十三的最左一欄，列出十個議題以及本書對應的各章。其中第七章還兼論緊密相關的墮胎和婚前性行為爭議；第十章則兼論論述結構類似的戰爭。表十三的中間一欄，是根據各章整理過的「聖經清楚立場」，也就是與議題直接相關的所有經文，所歸納出的聖經立場，是單一立場、複數立場、或者沒有立場（因為這些議題在聖經時代還沒有出現）。表十三的最右一欄，是根據聖經立場以及對於華人社會的靈智判斷，所提出的教會務實立場。以下對於表十三的各議題，做簡單的說明。

　　關於本書第四章討論當代中國社會的政教關係，可以分為政教分立、政教分離、與政教規矩三種觀點。而聖經有兩個立場：建立世俗的地上天國或者建立屬靈的地上天國（即教會）。本書建議的華人教會立場是：除了保護基督教的宗教自由以外，教會不干預政治，但是信徒可為了傳福音而參政。對於第五章的基督教如何看待

---

[7] Longenecker (2016: L28431-28571).

[8] 當時的羅馬政府徵收兩種稅：財產稅 φόρον 與貨物稅 τέλος (Schreiner 1998: L13284)。

[9] 耶 29：7。本句經文除了第一部份以外，都以間接受格表明「應該」或「歸屬」的規勸。藉著羅馬書 13：1-10，保羅只在說明一般狀況下，信徒應該服從政權，但並非無條件的服從 (Schreiner 1998: L13295)。

華人社會的宗教多元現象，聖經有三個立場：排他論、多元論、與包容論。聖經經文絕大多數都支持排他論，但是也有不少的經文支持包容論，而沒有經文支持多元論。因此，本書建議的華人教會立場是：教會內排除其他宗教的影響，避免基督教成為多神信仰；但是基督教會與其他宗教共同參與政治決策時，可以區分神論、儀式、與人論，而採取不同程度的排外論或包容論。第六章對於創造論與演化論的爭議，主張聖經中雖然有比較多的經文，支持創造論的觀點。但是也有不少關鍵性的經文，可以包容演化論的觀點。創造論必須與演化論結合在一起，才能更清楚說明神的創造過程與倫理主張。因此，華人教會不必學習美國極端保守教會，他們堅持在中、小學推動創造論的課程。第七章研究聖經中男女關係的經文。新保守派的「女輔神學」根據許多經文，仍主張男尊女卑，女性至多可以扮演輔助男性的角色。自由派女性神學則主張另有許多經文顯示，女性的地位並不低於男性。本書建立在女性神學基礎上，另主張「兩性平等互補神學」以平衡雙方的論述，不論是在教會內或者是在公共政策領域上。至於兩性關係所引起的墮胎合法化和婚前性行為爭議，本書認為聖經中相關經文的數目很少。因此，華人教會必須依據靈智的判斷，協助信徒做出符合神性、感性、理性的決定，而不是一昧地譴責。第八章找出聖經關於同性戀的直接經文，共有12處，都是明顯地譴責同性戀性行為。同志神學所依賴的五處經文，並不能通過嚴謹的神學檢驗。因此，聖經對於同性戀議題，只有單一立場。但是這個單一立場，只適用在教會內。同性家庭制度是世界的趨勢，華人教會不需要在教會內支持它，但是也不需要積極反對非基督徒的同性戀者採用它。

　　第九章對於安樂死的爭議，仔細探討了六處直接與自殺相關的經文，發現這六處經文並沒有反對積極安樂死，反而對於特殊條件下、有意義的自殺，略有贊同之意。但是畢竟安樂死是個「後現代」議題，本書認為罹患末期傷病的華人基督徒，可能要重新思考延續痛苦生命的神聖性與必要性。而華人教會應該以愛心與理性，包容末期病患選擇各種合法的安樂死。第十章的死刑爭議，是另外一個

聖經只有單一立場的例子，就是贊成死刑，沒有支持廢除死刑。但是因為死刑是不可回復的刑罰，而且歷史經驗顯示判決死刑的程序爭議甚多，華人教會可以主張政府執行死刑時應審慎施行，尤其要避免使用死刑來迫害宗教。基於同樣的邏輯，對於與死刑相關的戰爭，華人教會也可以主張不可輕易發動戰爭，但是也不能放棄自衛戰爭的準備。第十一章處理對於不同經文各自解讀的社會福音神學與自由經濟神學。社會福音神學藉著擴大聖經經文的政治意涵，主張教會應該積極支持國家的社會福利政策，以抑制資本主義的弊端。而自由經濟神學則認為教會只應該扮演好傳統慈善角色、鼓勵信徒勤奮工作，不能、也不應當支持違反市場定律的社會福利政策。本書綜合聖經相關經文，主張「經濟包容神學」，倡導勤奮工作、公平交易、與合理財富分配的原則，鼓勵信徒順著神的呼召，參與經濟改革；但是教會除了可以支持「工作福利政策」以外，不適合評論需要專業判斷的個別經濟政策。第十二章的國族主義主要在處理中國國族神學以及臺灣國族神學所引起的爭議。兩者幾乎都是建立在偏差的解經或間接經文上。畢竟，聖經所期待的「地上天國」是教會，而不是世俗國家。華人基督教會面對統獨問題，可以不予置評或採取彼此包容的民主統合神學。本書處理最後的一個議題是生態議題。根據科學證據以及聖經的末日預言，都指向世界末日很可能在本世紀中期來臨。「生態靈修神學」偏差地認為生態還可以挽救，而且靠著靈修與盼望就可以挽救生態。本書則根據科學證據與聖經的末日預言，提出「後生態神學」，一方面藉著民主方式在教會內以及社區內形成共識，選擇合法且合適的生態行動。另一方面提醒信徒傳福音的迫切性，以及面對「後生態」災難的心理與身體準備工作。

在這十個政治神學的議題之中，聖經有複數立場的有八個（含兩個也可能是無立場），而單一立場的只有兩個（同性戀與死刑）。不同的教會可以在聖經立場是複數時，根據她所在的政治、經濟、社會環境，選擇不同的聖經立場或本書所推薦的包容立場，以利傳福音。但是當聖經立場是單一立場時，教會的選擇空間就很小。本

書所推薦的包容立場，也必須符合聖經的單一立場。至於聖經對於安樂死議題中屬與科技的部分，以及對於國族主義議題中對於現代國家定義的部分，由於聖經作者並沒有論及，因此不同的教會可以讓信徒運用集體的靈智，根據所在的政治、經濟、社會環境，採取不同的立場。

第二節　其他政治神學議題

　　由於寫作時間的限制，本書只能挑選當代華人基督教所面臨的重大爭議議題。有些議題，像是戰爭、墮胎合法化、以及婚前性行為，只能掛在相關書章中，做簡單的討論。另外像是其他「後現代」的議題，如醫療科技（複製人、代理孕母、基因修補）、老人福利、毒品合法化、色情產業、賭博產業、投資與借貸、以及移民議題，聖經直接相關的經文數目大概都不太多。因此，華人教會面對這類的爭議，可能還是要依靠集體與個人的靈智去做判斷，針對政治、經濟、社會、以及個別信徒的狀況，做出符合神性、理性、與感性的決定。

　　不論是哪個議題，本書認為華人基督教既然處於人數和政治上的少數，就應該回歸教會的基本使命，就是傳福音；而不是像西方教會積極涉入政治或公共政策的辯論，造成教會的分裂以及緊張的政教關係。華人教會要學習的對象，是早期使徒教會，藉著「堅持真理正確，但是盡量政治正確」，才能避免西方保守教會的沒落或自由派教會的墮落。

表十三 聖經立場與華人政治神學摘要

議題	聖經立場（單、複、無）	華人教會立場
政教關係（四）	複	除了宗教自由，教會不干預政治；信徒可為了傳福音而參政
宗教多元（五）	複	教會內排他，教會外包容
演化論（六）	複	創造論與演化論可互補
男女平等（墮胎與婚前性行為）（七）	複	逐步邁向兩性平等與互補（墮胎與婚前性行為根據靈智判斷）
同性戀（八）	單	教會謹慎輔導同性戀；不反對也不支持同性家庭專法
安樂死（九）	複、無	可選擇合法的消極安樂死或積極安樂死
死刑（戰爭）（十）	單	保留死刑，謹慎審判與執行；關懷死刑犯的靈魂得救（謹慎支持戰爭）
經濟正義（十一）	複	宣告殷勤工作、公正交易、合理分配的原則
國族主義（十二）	複、無	不予置評、或和平解決
生態（十三）	複	彈性配合國家與社區的生態政策，積極傳福音

來源：筆者自製。

附錄：郭承天宗教政治學相關著作

(A) Periodicals 期刊論文

1. 郭承天。2021。「創造論與演化論：從衝突到互補」，臺灣宗教研究，20 (1): 1-41。

2. 郭承天。2020。「華人基督教與安樂死的選項」，臺灣宗教研究，19 (1): 1-36。

3. 郭承天。2019。「現代中國的政教分立、政教分離、與政教規矩」。華人宗教研究，13(1): 95-129。

4. 郭承天。2017。「大陸《宗教事務條例》與『宗教中國化』」。展望與探索，15 卷 10 期，25-31 頁。

5. Cheng-tian Kuo. 2017. "One Heavenly Kingdom, Two Governments: Mainland China and Taiwan." *International Journal of Public Theology*, 11(4): 405-430.

6. Cheng-tian Kuo. 2016. "In the Beginning, There Were Hermeneutical Mistakes of Church-State Relations in Modern China," 史匯，19 期，175-200 頁．

7. 郭承天。2015。「臺灣同性戀家庭權立法的政治心理學分析」，臺灣宗教研究，14(2): 3-30 頁。

8. 郭承天。2014。「平衡基督信仰與同性戀權益」，臺灣宗教研究，13 卷 2 期，41-72 頁。

9. Cheng-tian Kuo. 2014. "ICJ Opinion on Kosovo Independence and Its Implication for Taiwan's Self-Determination," 臺灣人權學刊 (*Taiwan Human Rights Journal*), 2(3, June): 53-78.

10. Cheng-tian Kuo. 2013. "State-Religion Relations in Taiwan: From Statism and Separatism to Checks and Balances." *Issues & Studies*, 49(1): 1-38.

11. Cheng-tian Kuo. 2011. "Chinese Religious Reform: The Christian

Patriotic Education Campaign." *Asian Survey,* 51:6 (November/December): 1042-1064.

12. 郭承天。2010。「臺灣宗教與保守主義」。*臺灣宗教研究*，9(2): 5-26 頁。

13. 郭承天。2009b。「兩岸宗教與政治態度之比較」。*中國大陸研究*，52 卷 2 期，67-95 頁。

14. 郭承天。2005。「宗教容忍：政治哲學與神學的對話」。*中央研究院人文及社會科學集刊*，17 卷 1 期，125-157 頁。

15. 郭承天。2002。「基督教與美國民主政治的建立：新制度論的重新詮釋」。*中央研究院人文及社會科學集刊*，14 卷 2 期，175-209 頁。

16. 郭承天。2001。「民主的宗教基礎：新制度論的分析」。*政治學報*，32 期，171-208 頁。

(B) 專書、專書論文

專書（作者）：

1. Cheng-tian Kuo. 2018. *Church, Capitalism and Democracy in Post-Ecological Societies: A Chinese Christian Perspective.* Eugene, OR: Wipf & Stock.

2. 郭承天。2014。*國族神學的民主化：臺灣與中國大陸*。臺北：政治大學出版社。

3. 郭承天。2012。*末世與啟示：啟示錄解析*。臺南：臺灣教會公報社。

4. Cheng-tian Kuo. 2008. *Religion and Democracy in Taiwan.* Albany, NY: State University of New York Press.

5. 郭承天。2001。*政教的分立與制衡：從聖經看政教關係*。臺北：中華福音神學院出版社。

專書（編輯與教科書）：

1. 郭承天。2020。*閱讀聖經希臘文速成：重建華人基督教的起初*。

　　臺南：臺灣教會公報社。

2. 郭承天。2020。*閱讀聖經希伯來文速成：重建華人基督教的起初*。
　　臺南：臺灣教會公報社。

3. 郭承天、周復初、張證豪，合編。2020。*向下紮根，向上結果：2019
　　現代中國本土基督教神學*。臺北市：政大出版社。

4. Cheng-tian Kuo, Fu-chu Chou, and Sian-chin Iap, eds. 2018. *Trans-
　　figuration of Chinese Christianity: Localization and Globalization*.
　　Taipei, TAIWAN: National Chengchi University Press.

5. 郭承天、周復初、張證豪，編著。2018。*改變形像：中國基督教
　　本土與全球發展*。新北市：聖經資源中心。

6. Cheng-tian Kuo. ed. 2017. *Religion and Nationalism in Chinese Soci-
　　eties.* Amsterdam: Amsterdam University Press.

7. 郭承天、周復初、蔡彥仁，編著。2016a。*認識耶穌，贏得基督：
　　現代中國本土基督教神學之發展*。新北市：聖經資源中心。

8. 郭承天，主編。2015。*臺灣宗教團體與同性戀運動*。臺灣宗教研
　　究專刊。臺北：臺灣宗教學會。

9. 郭承天、周復初、蔡彥仁，編著。2014。*基督生命長成：現代中
　　國華人基督教神學之發展*。新北市：聖經資源中心。

專書篇章：

1. Cheng-tian Kuo. 2020. "Democratic Prophets and Priests during
　　Taiwan's Democratization." In Dirk Ehlers and Henning Glaser,
　　eds., *State and Religion: Between Conflict and Cooperation*, Baden-
　　Baden, Germany: Nomos, pp. 507-534.

2. 郭承天。2018。「中國基督教九十九條論綱：恢復與調適」。郭
　　承天、周復初、張證豪，合編。*改變形像：中國基督教本土與
　　全球發展*。新北市：聖經資源中心，頁 13-37。

3. Cheng-tian Kuo. 2018. "Ninety-Nine Theses of Chinese Christianity:
　　Restoration and Adaptation." In Cheng-tian Kuo, Fu-chu Chou, and
　　Sian-chin Iap, eds. 2018. *Transfiguration of Chinese Christianity:*

Localization and Globalization. Taipei, TAIWAN: National Chengchi University, pp. 1-30.

4. Cheng-tian Kuo. 2017b. "Introduction: Religion, State, and Religious Nationalism in Chinese Societies." In Cheng-tian Kuo, ed. *Religion and Nationalism in Chinese Societies.* Amsterdam: Amsterdam University Press, pp. 13-51.

5. Cheng-tian Kuo. 2017a. "Sacred, Secular, and Neo-sacred Governments in China and Taiwan." In Phil Zuckerman and John R. Shook, eds., *The Oxford Handbook of Secularism,* New York: Oxford University Press, pp.249-267.

6. 郭承天。2016。「回到華人本土神學的起初：聖經希臘文的教育」。郭承天、周復初、蔡彥仁，合編。認識耶穌，贏得基督：現代中國本土基督教神學之發展。新北市：聖經資源中心，15-35頁。

7. 郭承天。2014。「導論：中國本土基督教的解經多樣性」。郭承天、周復初、蔡彥仁，編著，基督生命長成：現代中國本土基督教神學之發展。新北市：聖經資源中心，7-17頁。

8. Cheng-tian Kuo. 2013b. "Taiwanese Daoism and Religious Experiences." In Yen-zen Tsai, ed. *Religious Experience in Contemporary Taiwan and China*, Taipei: Chengchi University Press, pp.77-90.

9. Cheng-tian Kuo. 2013a. "Political Conservatism and Religious Experiences in Taiwan." In Yen-zen Tsai, ed. *Religious Experience in Contemporary Taiwan and China*, Taipei: Chengchi University Press, pp. 233-250.

10. 郭承天。2012b。「永續發展與生態末日制度論」。楊子生、吳德美，合編。中國水治理與可持續發展研究。北京：社會科學文獻出版社，347-358。

11. Cheng-tian Kuo. 2012a. "Institutional Choices of Church-State Relations in Chinese Societies." In Baogang Guo and Chung-chian Teng, eds. *Taiwan and the Rise of China: Cross-Strait Relations in*

the Twenty-first Century. Lanham, MD: Lexington Books, pp.123-144.

12. Cheng-tian Kuo. 2011. "Religious Participation in Taiwanese Democracy." In Hung-mao Tien and Wen-cheng Lin, eds. *A Spectacular Century: The Republic of China Centennial Democracy Forums.* Taipei: Institute for National Policy Research, pp. 258-289.

13. 郭承天。2008。「基督宗教與民主：臺灣與南韓之比較」。彭慧鸞，編。*蕃薯與泡菜：亞洲雙龍臺韓經驗比較*。臺北：亞太文化基金，240-263 頁。

14. 郭承天。2008。「公共宗教的三種類型以及在華人社會的適用性」。江丕盛、楊思言、梁媛媛，編。*宗教價值與公共領域：公共宗教的中西文化對話*。北京：中國社會科學出版社，317-346 頁。

15. 郭承天。2007。「政教分立理論與法治之新發展」。內政部，編。2007。*宗教論述專輯第九輯*。臺北：內政部，19-47 頁。